国家"985工程"(二期)哲学社会科学创新基地重大成果
第三届中国出版政府奖图书奖　第三届三个一百原创图书出版工程奖

学术版

中国佛教通史

第一卷

赖永海　主编

江苏人民出版社

图书在版编目(CIP)数据

中国佛教通史.第一卷/赖永海主编.
—南京:江苏人民出版社,2010.9(2021.10重印)
ISBN 978-7-214-06479-0

Ⅰ.①中… Ⅱ.①赖… Ⅲ.①佛教史-中国
Ⅳ.①B949.2

中国版本图书馆 CIP 数据核字(2010)第 185048 号

书　　　名	中国佛教通史(第一卷)
主　　　编	赖永海
策 划 编 辑	府建明
责 任 编 辑	王保顶　府建明　朱晓莹
装 帧 设 计	吴赵铎　许文菲
责 任 监 制	王　娟
出 版 发 行	江苏人民出版社
地　　　址	南京市湖南路1号A楼,邮编:210009
照　　　排	江苏凤凰制版有限公司
印　　　刷	江苏凤凰新华印务集团有限公司
开　　　本	652毫米×960毫米　1/16
总 印 张	549.25　插页62
总 字 数	7100千字
版　　　次	2010年11月第1版
印　　　次	2021年10月第2次印刷
标 准 书 号	ISBN 978-7-214-06479-0
定　　　价	2280.00元(全15卷)

(江苏人民出版社图书凡印装错误可向承印厂调换)

主编简介

赖永海 哲学博士，南京大学哲学系（宗教学系）教授、博士生导师，中华文化研究院院长，财政部、教育部哲学社会科学创新基地——南京大学宗教与文化研究中心主任，南京大学旭日佛学研究中心主任，江苏宏德文化出版基金会理事长，鉴真图书馆馆长。十几年来，相继出版了《中国佛性论》、《中国佛教文化论》、《佛学与儒学》等16部著作，主编国内第一部《中国佛教百科全书》（11卷，近300万字）。

1991年被国务院学位委员会和国家教委评为"在工作中作出突出贡献的中国博士"，1992年起享受国务院颁发的政府特殊津贴，1993年被国务院学位委员会评为博士生导师，2003年、2009年被聘为国务院学位委员会哲学学科评议组成员，2009年被人事部聘为博士后流动站评审专家组成员。

本卷撰稿人

杨维中

哲学博士。现为南京大学哲学系(宗教学系)教授、博士生导师。主要著作有《心性与佛性》、《中国佛教心性论研究》、《中国唯识宗通史》等。

撰写内容:第一、二、三、四章。

总　序

佛法东传中土之后，伴随着佛教的传播与发展，不同时期的僧人、学者曾经有不少关于僧传、僧史、宗派史乃至断代佛教史的撰述，但至今为止，尚没有一部完整的中国佛教通史。二十几年前，任继愈先生曾组织了一批资深的佛教研究者，计划编写一部《中国佛教史》，但由于多方面的原因，只编写完前三卷就搁置下来了，成先生终生之一大遗憾。日本学者镰田茂雄曾有《中国佛教通史》之作，但同样未竟而终，遂使完整"通史"之编撰，至今仍是空白。

2004年，国家"985工程"（二期）启动，我们学科所组建的"宗教与文化研究中心"，有幸成为财政部、教育部"哲学社会科学创新基地"，研究中心根据学科建设的需要和前期研究成果的特点，决定把编撰《中国佛教通史》作为"985工程"（二期）建设的重点课题，在整合南京大学佛学研究力量的基础上，又延聘了国内十多个高校与研究所的22位专家、学者，组成《中国佛教通史》编写组，经过五年多的集体攻关，终于有了这部起自佛教初传中土迄于20世纪40年代，涵盖中国佛教之典籍、人物、教义、制度、寺院经济、文化艺术乃至三教关系、对外交流等方方面面的《中国佛教通史》（以下简称《通史》）。

本《通史》的编撰,在遵循"史实为本"的"通史"编写"通例"的基础上,适度强调了教与理兼容、史与论并重的原则;又,举凡学术界已达成共识的问题,采取学界的"定论",对于那些尚有争议、看法未尽一致的问题,则根据作者的研究,直抒己见,以期抛砖引玉,因此之故,本《通史》有"学术版"之称。

根据中国佛教思想的发展变化特点,结合中国社会历史和思想文化的发展进程,《通史》分四个时期对中国佛教的历史发展进行整体的论述。

第一至第四卷,呈现与论述了汉魏两晋南北朝时期佛教的整体风貌与历史发展,主要介绍、论述与评析了此一时期佛典的翻译、义理的传播和僧团的组建,以及佛教与王道政治的相互关系、佛教与传统宗教、儒道思想的碰撞与交融等。其中,佛教的本土化是贯穿于此一时期佛教思想发展的一条主线,诸如魏晋般若学的玄学化、"神不灭"思想与佛性理论的实体化、佛教报应理论的中国化等。而自晋宋之际起,中国佛教又出现了一股向"正统佛教"回归的思潮,此中以"解空第一"的僧肇所著《不真空论》和有"中土涅槃圣"之称的竺道生的"以理说佛性"最具代表性。此外,南北朝诸学派也经常通过"正本清源"和回到经典本身的方式,以寻找和保持佛教的真精神。

隋、唐二代是中国佛教的鼎盛期,也是中国佛教的成熟期。这时期出现之佛教诸宗派,大多另辟蹊径,自造家风,以"六经注我"的精神,"说己心中所行法门"。天台宗以"性具善恶"的佛性理论和"止观并重"的修行方法,一改佛教有关佛性至纯至善的传统说法和南北朝以来南义北禅的分裂局面,建立了第一个具有中国特色的统一的佛教宗派;其"五时八教"说更是别出心裁,自成系统,以自家的理解,对释迦一代说法进行重新编排。天台宗之不依经教的精神,使得有人责备它改变了印度佛教的本来面目。华严宗在杂糅百家、兼收并蓄方面走得更远,它以"圆融无碍"的理论为法宝,调和了中土佛教史上

"众生有性"论与"一分无性"说的尖锐对立,使它们各得其所;根据《大乘起信论》的"心造诸如来"和"一心二门"的思想,改变了《华严经》以"法性清净"为基础说一切众生乃至诸法的平等无碍,从而使中土佛教的唯心倾向更加明显,为以心为宗本之禅宗的发展铺平了道路。而作为中国佛教代表的禅宗,更远承佛陀的本怀,面对现实人生且直探心海,由超佛之祖师禅而越祖之分灯禅,对佛教之传统和传统之佛教进行了革命性的变革。第五至第八卷的主体内容是对产生于隋唐时期的天台宗、三论宗、三阶教、唯识宗、华严宗、禅宗、净土宗、律宗、密宗等宗派的思想分宗进行了较为深入系统的论述与评析。此外,第八卷辟有专章,对五代十国时期的佛教进行了专门性的整体论述。

　　第九至第十一卷主要论述宋辽金元时期的佛教。宋元时期的佛教,若举其大端,主要有四个方面的内容值得特别关注:一是"看话禅",二是天台"山家山外之争",三是禅教合一与禅净合流,四是佛教思想与儒、道思想的交融。

　　与隋唐佛教诸宗派多张扬自家的思想特点不尽相同,宋元时期的佛教呈现一种逐步交融汇合的趋势。这种交融汇合不但表现在佛教内部的倡禅教一致、禅教合流,而且体现在儒释道三教及三教的相互关系中。在李唐一代,三教中的有识之士,就都站在维护本教的立场上,一方面高唱三教一家,另一方面极力抬高自己。道教在"红花白藕青荷兰,三教原本是一家"的口号下,没有放松对儒佛的攻击和排斥,力图保住自己已有的地位;儒家凭借着自己在中华民族的文化传统、思维特点等方面的优势,自觉不自觉、暗里或公开地把佛道二教的有关思想内容渐渐地纳入到自己的学说体系与思想模式中,经过隋唐五代之酝酿,至宋代终于在融摄佛道二教思想的基础上,建立了一个冶儒释道于一炉、以心性义理为纲骨的理学体系;佛教方面,如果说在隋唐时期,主要通过权实、方便究竟等说法,试图把儒道二教变成隶属于自家所谓直显真源之究竟教的权变说,那么,到了宋元时期,这一情形有了一定的变化。由于儒学的复兴和重新崛起,佛教即便在思想方面也失去了相对的优势,此时的佛教做得更多的,是强调和突出儒佛的相通处、共同点,进而提倡佛儒交融。作为结果,则是宋元佛教呈现出一种伦理化倾向,而这种伦理化对后世佛教,特别是近现代的"人间佛教"产生至为深远的影响。

第十二至第十五卷主要展现与论述明清民国时期的佛教。明之后的中国佛教从总体上说呈衰落态势。明王朝建立之初,便推崇理学,强化专制政治思想统治,故朝廷对佛教采取既充分利用又严格控制的政策,其结果导致佛教的进一步走向衰落。明代佛教在中国佛教史上较具影响的,是晚明四大高僧的出现以及在他们带动下形成的晚明佛学的复兴,而这种复兴在某种程度上可以看成是宋元时期开始的禅净合流思潮的延续。清代、民国佛教的一大特色是居士佛学的兴起,弘扬佛法的中心已逐渐由寺僧转向在家居士。其时,居士林人才辈出,佛、法、僧三宝之外,又有四宝之说。佛门之中,以晚清民国时期的印光、虚云、弘一、太虚等人最具影响力。尤以太虚法师提倡的"人生佛教"最值得关注。此"人生佛教"后来演化为"人间佛教",成为现当代中国佛教的主流。

中国佛教所以会历经二千年而不衰且不断发展,最主要的原因,是它既能保持佛教基本精神,又能因应不同的社会历史条件和文化背景,对自己不断进行调整和改铸。思想义理方面是这样,与中国古代社会之政治、经济、文化、民俗等方面的关系亦然。对此,《通史》对佛教与各个时代的王朝政治、社会经济、民俗信仰等方面的关系也进行较全面、深入的揭示和论述。

佛教与各个时代之王朝政治(包括历代帝王之佛教政策)、社会文化相互关系的分析与论述,占了《通史》相当大的篇幅,近百万言。所以在这方面如此不惜笔墨,旨在借此揭示历代佛教的表现形态、思想特点及其所以然。至于佛典翻译、僧官制度、寺院经济、三教关系和佛教文化艺术等,本属《通史》不可或缺的组成部分,《通史》按四个发展时期分别列有专章,力求以较翔实的史料和较深入的分析论述,多视角、多层面地再现中国佛教的发展历程。

值得一提的是,《通史》对于各个时期的民俗信仰、佛门生活,乃至较具代表的仪轨制度等,亦列有专章进行较详实的梳理和系统的阐述。鉴于中国佛教与印度佛教的密切关系和隋唐之后中国佛教对外交流的日渐增多,《通史》既对历史上印度来华和西行求法的高僧进行追踪与考论,亦对宋元、明清时期中国佛教的对外交流及其影响进行介绍与评析。注意到中华民族是一个多民族的共同体,《通史》不局限于汉传佛教,而给了藏传佛教和南传佛教以相当的篇幅;对于台湾地区佛教,《通史》亦列有专章,简要地介绍了1895—1945年的台湾佛教发展状况。所有这一切努力,旨在尽可能全面地展现中国佛教的整体风貌。

《通史》的编撰是因缘和合的产物。如果说,我们选择这一课题,主要是因为近十几年来学术界、佛教界的许多学者都不约而同地觉得现在是编撰《通史》的时候了,那么,"985工程"的启动,则是我们最终把它付诸实施的主要助缘。今天,《通史》终于完稿成书了,这更是"众缘和合"的结果。毋庸置疑,《通史》是一个集体攻关项目,对于《通史》的编写,许多中青年学者付出了十分艰辛的劳动,作出了很大的贡献。在写作过程中,不少作者给我文稿的电子邮件,时间显示是凌晨3点钟,不难想象,他们为《通史》的编撰不知度过了多少个不眠之夜!每当我读着他们的文稿时,心中总是充满着不安与感动。值此《通史》付梓之际,我要向所有参加《通史》编写的学者致以最真挚的谢意!

《通史》总15卷,650万字,自正式启动至全部完稿,历时五年多。实际上,因为参与编写的学者或是上世纪90年代末、本世纪初毕业的博士,他们在《通史》中所承担的内容,多是博士论文的延伸和进一步拓展；或是长期来一直致力于中国佛教某一方面的研究且卓有成就者，在《通史》中所撰写的篇章，正是他们近十几年来所关注和研究的课题。因此，可以这么说，编写者贡献给《通史》的，多是他们十几年来最有心得的研究成果，凝聚了他们最具创造力时段的智慧与心血。当然，《通史》是件集体作品，由于各编写者学术专长的差异和写作风格的不尽相同，有的较侧重于思想义理的探寻与钻研，有的多用力于史料的搜集与考订，导致全书在体例和风格上很难整齐划一，虽经通稿的多次磨合与修润，但细心的读者还是不难发现其中之印痕所在，对此，只好俟之来日的修订了。

对于《通史》的写作，各位编写者确实是尽心尽力了！当然，就主编而言，因时间、精力和学识所限，现在提供给读者的这部《通史》，肯定还存在着不少疏漏和错讹，对此，我除竭诚地期待着方家大德和广大读者的批评、指正外，在今后相当长的一段时间内，仍将把《通史》的修订作为一项重要的工作，以期《通史》的不断完善。

赖永海
2010 年夏于南京大学

目　录

第一章　佛教东传与东汉、三国时期的佛教　1
第一节　作为中国佛教源头的印度佛教　1
一、原始佛教及其基本教义　1
1. 婆罗门教与沙门思潮　2
2. 释迦牟尼与佛教的创立　6
3. 原始佛教的基本教义　14

二、部派佛教　28
1. 经典结集与部派分裂　28
2. 部派佛教争论的主要问题　36

三、大乘佛教的兴起及其发展　46
1. 小乘与大乘　46
2. 中观派的兴起　50
3. 瑜伽行派的兴起　51
4. 密教　52

四、佛教对外传播　54

第二节　佛教传入中土的路线、传说和史实　56
一、佛教由天竺经西域向内地传播　57
1. 西域诸国及其与汉王朝的关系　58
2. 大夏和大月氏佛教　61
3. 安息和康居佛教　63

4. 龟兹佛教　67

　　5. 疏勒佛教　71

　　6. 于阗佛教　74

二、佛教传入中土的传说与史实　77

　　1. 佛教初入汉地的传说　78

　　2. 伊存口授佛经　82

　　3. 楚王英奉佛　86

　　4. 永平求法　88

三、佛教传入中土的三条路线　92

第三节　东汉时期的佛教　101

一、汉桓帝奉佛　102

二、严佛调出家　104

三、笮融建寺造像　106

四、东汉佛教弘传的中心地域　112

五、东汉佛教遗存　117

第四节　三国时期的佛教　125

一、曹魏佛教　126

　　1. 曹魏的宗教政策　126

　　2. 佛教在曹魏的流行情况　129

　　3. 戒律的传入　132

　　4. 朱士行西行求法　137

　　5. 佛教音乐的兴起　139

二、东吴佛教　141

　　1. 东吴的宗教政策　141

　　2. 佛教在吴境的流行　150

　　3. 支谦　154

　　4. 康僧会　158

三、蜀汉佛教　163

第五节　东汉、三国时期的翻译活动　165

一、东汉时期的佛典翻译　166

　　1. 佛教经典翻译的肇始　166

　　2. 安世高的佛典翻译　168

　　3. 支娄迦谶及竺朔佛的佛典翻译　175

4. 其他译师的佛典翻译 *181*
    二、曹魏时期的佛典翻译 *189*
        1. 康僧铠的佛典翻译 *189*
        2. 昙谛的佛典翻译 *190*
        3. 白延、安法贤的佛典翻译 *192*
    三、东吴时期的佛典翻译 *193*
        1. 维祇难、竺律炎的佛典翻译 *193*
        2. 支谦的佛典翻译 *195*
        3. 康僧会的佛典翻译 *200*
        4. 支彊梁接的佛典翻译 *203*
    四、佛典翻译思想 *205*

  第六节 《四十二章经》和《理惑论》 *209*
    一、《四十二章经》的翻译和流传 *209*
    二、《四十二章经》的版本及其基本内容 *219*
    三、《理惑论》的作者和成书年代 *225*
    四、《理惑论》的基本内容 *231*

  第七节 汉魏时期两大佛学思潮 *238*
    一、安译经典与小乘佛教 *239*
        1. 安译经典与佛教基本教义 *239*
        2. 《阴持入经》与毗昙学 *250*
        3. 《安般守意经》及其传承 *254*
    二、支娄迦谶所译经典与大乘般若学 *263*
        1. 《道行般若经》 *263*
        2. 《般舟三昧经》 *268*

第二章 两晋时期佛教的传播 *272*

  第一节 西晋社会与佛教的传播 *273*
    一、西晋佛教的社会、文化背景 *273*
    二、帝王与佛教 *278*
    三、奉佛的士大夫和民众 *280*
    四、佛寺的修造与佛教的传播 *284*

  第二节 东晋社会与佛教在南方的传播 *293*
    一、东晋佛教的社会、文化背景 *294*
    二、东晋帝王奉佛 *298*

三、士族奉佛　307
　　四、佛教在建康的传播　312
　　五、佛教在"三吴"的传播　326
　　　　1. 吴郡　326
　　　　2. 吴兴郡　333
　　　　3. 会稽　335
　　六、佛教在荆州的传播　350
　　　　1. 武昌、竟陵　351
　　　　2. 襄阳　356
　　　　3. 江陵　359
　　　　4. 上明　372
　　　　5. 武陵、长沙　377
第三节　十六国时期佛教在北方的传播　381
　　一、北方十六国的更替与佛教政策　381
　　二、后赵社会与佛教传播　390
　　三、前秦社会与佛教传播　401
　　四、后秦社会与佛教传播　408
　　五、五凉、西秦社会与佛教传播　414
　　六、三燕社会与佛教传播　425

第三章　两晋时期的佛典翻译　430
第一节　西晋时期的佛典翻译　430
　　一、强梁娄至、安法钦的佛典翻译　431
　　二、沙门无罗叉、竺叔兰的佛典翻译　433
　　三、帛远、支法度的佛典翻译　437
　　四、竺法护的佛典翻译　440
　　　　1. 竺法护的行历　440
　　　　2. 竺法护的译籍　442
　　　　3. 竺法护的译经地点　448
　　五、聂承远、聂道真的佛典翻译　450
　　六、法炬、法立的佛典翻译　452
　　七、卫士度、支敏度、若罗严的佛典翻译　456
第二节　十六国时期的佛典翻译　459
　　一、前秦时期的佛典翻译　459
　　　　1. 昙摩持的佛典翻译　460

  2．昙摩蜱、鸠摩罗佛提的佛典翻译　462

  3．僧伽跋澄、昙摩难提的佛典翻译　463

二、后秦时期的佛典翻译　470

  1．竺佛念的佛典翻译　470

  2．弗若多罗、昙摩流支的律本翻译　474

  3．佛驮耶舍的佛典翻译　476

  4．昙摩耶舍的佛典翻译　479

三、圣坚与西秦译经　482

四、前凉、北凉的佛典翻译　485

  1．支施仑的佛典翻译　486

  2．道龚、法众、僧伽陀的佛典翻译　487

  3．浮陀跋摩、道泰的佛典翻译　488

  4．智猛、法盛的佛典翻译　492

  5．昙觉等与《贤愚经》的集成　493

五、昙无谶的佛典翻译　499

  1．昙无谶的行历　499

  2．昙无谶的译籍　502

  3．昙无谶的译经助手　507

第三节　东晋时期的佛典翻译　512

一、帛尸梨蜜、支道根的佛典翻译　513

二、昙无兰、迦留陀伽、康道和的佛典翻译　517

三、僧伽提婆的佛典翻译　521

四、佛陀跋陀罗的佛典翻译　527

五、昙摩、卑摩罗叉、竺法力的佛典翻译　528

六、不明时代的佛典翻译家　531

第四章　两晋时期的佛教僧团　533

第一节　佛图澄及其僧团　534

一、佛图澄的行历及其弘法活动　534

二、佛图澄的外来弟子　538

三、佛图澄的中土弟子　540

  1．竺僧朗　540

  2．竺法汰　547

  3．释法和　552

4. 佛图澄的其他弟子　556

第二节　道安与道安僧团　558
　　一、道安行历及其弘法活动　559
　　二、僧尼规范的制订和译经思想　566
　　三、道安的弟子　568
　　　　1. 昙翼、法遇　569
　　　　2. 昙徽、昙戒　573
　　　　3. 僧富、道立　577
　　四、道安僧团的兜率信仰　578

第三节　庐山慧远行历及其庐山僧团　581
　　一、庐山慧远行历　581
　　二、庐山慧远的佛学思想　590
　　　　1. "神不灭论"与因果报应　590
　　　　2. "法性"与"法身"　594
　　　　3. 慧远与罗什的佛学对话　596
　　三、慧永、慧持　597
　　四、庐山慧远的弟子　605
　　　　1. 道祖、僧迁、道流　605
　　　　2. 昙顺、昙诜、僧翼　606
　　　　3. 慧观、道温　609
　　　　4. 昙邕、僧济、法安　612
　　　　5. 僧彻、法庄、慧要等　614

人名索引　617

第一章　佛教东传与东汉、三国时期的佛教

佛教产生于印度,却发展于中国。佛教是从什么时候开始传入中土的？东传初期的佛教主要有哪些方面的内容？又是借助何种形式和途径进行传播的？当时的中土人士是如何看待佛教的？凡此等等,本章拟从东汉两晋的社会文化背景、王朝的宗教政策、佛典的翻译与僧团的组建、佛教的主要内容与基本教义等方面,分析与论述东汉两晋时期佛教的传播与发展情况。

第一节　作为中国佛教源头的印度佛教

在世界文化交流史上,佛教在中国的传播与发展是非常重要的事件。作为中国佛教的源头,印度佛教在中国佛教发展史上始终存在着巨大而深刻的影响。为了更系统、全面了解中国佛教的历史发展,更准确、深入把握中国佛教的思想特点,有必要简要叙述一下释迦牟尼创立佛教的社会文化背景、佛教在印度的历史发展,以及印度佛教的基本义理等。

一、原始佛教及其基本教义

原始佛教,也称早期佛教、初期佛教。一般是指自佛陀创立教团弘

扬教理开始,至佛陀入灭后约一百年间佛教僧团尚未分裂之前的佛教。与人类历史上其他宗教的产生一样,佛教的创立也是公元前6世纪古印度特定社会历史条件的产物,而原始佛教的思想特点也与当时印度的思想文化背景息息相关,因此,在叙述佛教的创立及原始佛教的基本教义及思想特点之前,有必要简要回顾一下公元前6世纪前后印度的社会历史条件和思想文化背景。

1. 婆罗门教与沙门思潮

印度是因为境内的印度河而得名的。我国古代史籍中称之为"贤豆"、"身毒"、"天竺"、"婆罗门国"等,在唐代开始定名为"印度",但印度人自称为"婆罗多"或者"阎浮提"。上一个世纪的考古发掘与研究证实,早在公元前2500年左右,在印度河流域已经形成高度发达的印度河文明。由于该文明的遗址首先发现于哈拉帕,所以,一般将其称之为"哈拉帕文明"。哈拉帕文明的范围北起喜马拉雅山麓,南至纳巴达河,西至伊朗的莫克兰海岸,东至恒河盆地。哈拉帕文明的持续年代约为公元前2500年至前1700年。但是,在哈拉帕文明兴起之前,该文明的中心地域已经存在过较为发达的文明,史学界称其为"前哈拉帕文明"。哈拉帕文明是一种以农村为依托的城市文化。当时的生产力已经发展到相当高的水平,人们主要从事农业,主要农作物有大麦、小麦、稻谷、棉花、豆类、瓜果、椰枣等。畜牧业方面则畜养水牛、黄牛、山羊、绵羊、猪、象、狗、鸡、骆驼等。手工业也比较兴盛,从遗址中大量出土的砝码、牛车模型、青铜玩具车以及各种船的图案足以显示其成就。考古发掘发现,当时居民住房的规模和设备都有较大的差别,殉葬品的数量和品质也颇为悬殊,说明阶级分化已经相当严重。

从公元前2000年末期开始,随着哈拉帕文明的衰落,雅利安人的一支游牧部落从中亚侵入印度,经过长期的斗争,原住居民——达罗毗荼人沦为奴隶。为了维护雅利安人的统治,雅利安人实行了严格的种姓制度,把全体社会成员分为四个种姓:第一种姓为僧侣或祭司,称为"婆罗门",是当时社会知识的垄断者和精神生活的指导者,被誉为"人间之神"。第二种姓为武士和军事贵族,称为"刹帝利",是当时世俗王权的主要支柱。第三种姓为农民、手工业者和商人,称为"吠舍",是当时社会的生产者阶层。第四种姓为雇佣劳动者和奴隶,称为"首陀罗",主要从事奴仆、差役等低贱的工作。婆罗门和刹帝利是当时宗教界和世俗社会的统治者,吠舍和首陀罗是当时社会的劳动者阶级,前者对于后者实行残酷的奴隶制统治。四种种姓中,第四种种姓的来源是原先的土著居民。前三个种姓则是从雅利安人中分化出来的,原属同一种族,信奉同一宗教,他们的孩子到一定年龄以后,都要按照传统举行一种宗教仪式——"再生礼",也就是获得宗教意义上的"再生"。因此,前三种种姓也称为"再生族"。被征服的首陀罗人生于相异民族,信奉不同的宗教,因此被排除在"再生族"之外,是所谓"宗教不救的人",是"一生族",只能从事低贱的工作。

　　进入印度的这一支雅利安人创立了"婆罗门教"作为整合社会的工具和全社会的信仰。婆罗门教逐渐确立了"吠陀天启"、"祭祀万能"、"婆罗门至上"三大纲领,并且奉梵天、毗湿奴、湿婆为三大主神,宣称三大主神分别代表宇宙的"创造"、"护持"和"毁灭"。在宗教思想方面,婆罗门教主张整个宇宙是一个统一体,人类与万物、精神的与物质的、主观的与客观的、个体灵魂与宇宙精神等等,都存在于这个统一体之中。这个统一体就是通常所说的"神我",也即"大梵"。宗教修行的最高境界就是"梵我合一"。为了维护种姓社会的秩序,婆罗门教为每一个种姓规定了不同的地位、权力、衣物、社会职责和生活规范,这称之为"法"。婆罗门教宣称,婆罗门是从梵天的口中生出的,刹帝利是从梵天的肩上生出的,吠舍是从梵天的膝上生出的,首陀罗是从梵天的脚上生出的,因此,他们天生有尊卑贵贱之分。《摩奴法典》规定:"不应当把任何忠告、任何残肴、任何献神的食品给予首陀罗。"《爱达罗氏梵书》将首陀罗描述成"可以随意驱逐、随意残杀"的奴仆。当时的法典规定:杀死婆罗门要处以极刑,杀死首陀罗则如同杀死牲畜一般。

雅利安人最初进入印度的时间大概是公元前1200年前后。至公元前600年前后,雅利安人由印度河向东推移至恒河、朱目那河一带,恒河流域此后就成为印度次大陆政治、经济和社会活动的中心。至佛教诞生的公元前6世纪,雅利安人在这一广大地域逐渐建立起了十六个大的部族国家,其中摩竭陀、拘萨罗、阿槃提、跋耆等四大国最为发达、强大。在佛教兴起的这一时期,随着社会经济的发展、部族国家的出现,种姓制度也面临不少挑战。婆罗门不再是原先单纯以祭祀为职业的祭祀贵族集团,他们的一些人已不是单纯依靠布施来维持生活,而是广泛参与了各种政治经济活动。刹帝利是当时新兴的专制国家的统治者,从刹帝利中产生世俗国王。刹帝利在建立和管理国家中,要求加强自己的权利,在政治经济上不可避免地与婆罗门发生矛盾。吠舍是当时分化很剧烈的一个种姓,其中一小部分已经上升为富商或自耕农,但这个种姓的大多数还是农奴、佃户、城市手工业者。首陀罗仍然是当时社会受压榨、受鄙视的对象。此外,在四种姓之外,当时还有贱民的存在,即"旃陀罗",从事狩猎、采集的部分部落,以及卑贱职业(屠宰、制革、清洁工等)的集团,皆被视为不可接触的贱民。

随着印度社会的发展变化,在意识形态方面,婆罗门的地位面临的挑战越来越多。各种反对婆罗门教的社会思潮不断涌现,后世将其称之为"沙门思潮"。据史料记载,印度当时有"九十六种外道"、"三百六十三种见",其中,较有代表性的有六家,佛教典籍中称为"六师":

第一,富兰那·迦叶,大概为伦理的怀疑者,对一切道德善恶都表示怀疑和否定。据说是一位奴隶之子,赤身裸体从奴隶主那里逃跑出来,后来创立一种"无因无缘"论的学说,否定善恶之业有相应的果报,甚至公开宣称使用暴力不以为罪。

第二,末伽黎·拘舍罗,为生命派(邪命外道)的始祖。据耆那教的传说,此派为其始祖大雄弟子的分支。若据佛教传说,则为难陀跋蹉的继承者。该教派认为,一切有生命之物都是由灵魂、地、水、风、火、虚空、得、失、苦、乐、生、死十二个元素构成,而各种元素的结合都是一种自然的、机械的、无因的。人及世界上所有的一切都是由"命运"所支配,一切都是"自在力"所为,任何人都无能为力。如果顺应"命运",则经过数百劫,自然而至解脱之域。在佛教兴起时期,这一教派影响极大,在"沙门"思潮中,其影响仅仅次于耆那教。

第三,阿耆多·翅舍钦婆罗,顺世论的先驱之一。他的思想具有唯物论的色彩,认为灵魂是肉体的属性,否定灵魂不死的观念,反对灵魂业报学说,主张种姓平等,把现世的快乐当作人生的目的。此种思想在下层民众中具有重要影响。

第四,浮陀·迦旃延,古代印度"七元素"说的创始者。认为一切物体包括人类都是由地、水、火、风、苦、乐、生命七要素构成,依其集散离合而有生死的现象,而七要素自身则永远不灭。例如以刀刺人,刀只是通过其七要素的分合点,生命自身并未丧失。

第五,散惹耶·毗罗梨子,古印度"捕鳗论"(即诡辩论)的创始人,对于因果报应等问题不作正面回答,凡事持怀疑论和不可知论立场。既反对婆罗门教的"神造"说,也反对顺世论的"断世"说。

第六,尼乾子·若提子,即耆那教的始祖,号称"大雄"。该教以"命"(近似于"灵魂")与"非命"(近似于"非灵魂")两种元素来说明世间万物,主张业报轮回、灵魂解脱,宣扬非暴力主义和苦行主义,认为人的肉身是由"业"造成的,必须通过修习苦行,如绝食、睡刺床、暴晒、火烤等才能够摆脱"业"的束缚,达到解脱的目的。

上述"六师"以及在佛教兴起时期存在的其他各种思想流派,虽然各有标榜,但是在反吠陀权威和婆罗门教的精神统治方面则是一致的。佛教创立之初,也是属于"沙门思潮"之一种。佛陀在出家求道的过程中,也拜过阿罗逻·迦罗摩、郁头迦·罗摩弗为师,也修习过苦行。在向当时流行的这些不同思想流派的学习过程中,佛陀确立了自身独特的反对婆罗门教的思想立场和解脱现实苦难的方法。

2. 释迦牟尼与佛教的创立

佛教的创始人是悉达多,族姓乔达摩。释迦牟尼是佛教徒对他的尊称,意为释迦族的圣人。

有关研究资料表明,悉达多·乔达摩是古印度迦毗罗卫国(在今之尼泊尔境内)净饭王之子,约生于在公元前565年,涅槃于公元前486年[1],其生卒年代大致与我国的孔子相当。

净饭王时期的迦毗罗卫国,无论在政治地位上还是在军事上都很弱小,处在大国的夹持之下,东南方是强大的摩竭陀国,西方是另一大国拘萨罗。史籍所载的十六国之名中不见迦毗罗卫国,很可能是因为当时已经依附于其他大国。在释迦牟尼晚年,迦毗罗卫国最终仍被拘萨罗国所灭。

据佛教经典记载,释迦太子刚出生时,浑身呈黄金色,更有三十二种异相,所以净饭王替他取名为"悉达多",意为"奇异吉祥"。相关资料还记载,悉达多太子生下来就能说会走,他向东南西北各走七步,然后一手指天,一手指地,高声说道:"天上地下,唯我独尊。"其时,有二条龙,一吐温水,一吐凉水,给他洗浴。这一天后来被定为"佛诞日",中国佛教界认定该日为农历四月初八,并把四月初八定为"浴佛节"。

释迦太子出生不久,据说有位占相的阿私陀仙人来谒见净饭王,替太子看相。阿私陀仙人说:太子今后若在家,定能成为转轮圣王,统领天下;如果出家,则定能成为法轮王,利益天人。这一预言使净饭王极为不安,担心太子日后如果出家,王位无人继承。因此,净饭王用尽一切办法

---

[1] 关于悉达多·乔达摩的生卒年月,在南传和北传佛教中有许多不同的说法,国内外研究者对此也有不同见解。北传佛教根据汉译《善见律毗婆娑》中"出律记"推断为公元前565—前486年,南传佛教则有公元前624—前544年或公元前623—前543年的说法。本书采取北传佛教的说法。

想使太子安于世俗生活。太子十七岁时,净饭王便为其纳婆罗门种姓的摩诃那摩之女耶输陀罗为妃,并且生下一子,名罗睺罗。净饭王替太子建造春、夏、秋三时宫殿,广造园林池台,物色大批宫娥彩女,供太子游玩取乐。可是,太子生性爱好沉思默想,悲天悯人,越是享尽荣华富贵,越是觉得这一切到头来终是一场梦境,热闹浓艳之场,转眼备生凄凉,富贵奢华人生,最终还是一抔尘土、几根白骨。太子老是闷闷不乐,总想认识宇宙人生的究竟实相,寻求一个彻底解脱之道。

有一次,太子驾车到城外郊游,出城东门时,看见一位老人发白面皱,曲背弯腰,行动十分困难。太子便想,光阴似流水,人难免会老,届时耳聋眼花,精力衰竭,欲听不能,欲行不便,真不知有多少痛苦。还有一次,太子出南门游玩,看见一位病人,面黄肌瘦,气喘呻吟,形容枯槁,倒在路旁,便大为伤感。太子说:"这个身体真是苦恼的根本。然而世间的人偏偏在这里无端寻求虚假的快乐。青壮年时,贪娱淫欲,一旦四大失调,疾病缠身,关节疼痛,坐卧不宁。人生在世,实在如同那波浪中的月影一般,没有一刻安静的辰光。"又有一次,太子在西门外看见一个死人,淤血流溢,臭秽难闻,这使太子更加伤感,感叹道:"人生在世,贪名贪利,贪恋女色,一死之后,竟然是这般模样,生前所有的东西,一样也带不去,就连恩爱的父母、兄弟、夫妻、儿女,都永远地抛去了,自己的身体,也脓血溃烂,虫蛆攒食,只剩白骨一堆。人们贪染爱欲,所以沉沦苦海。殊不知有合必有离,有生必有死,世间哪有不死之人?我虽贵为太子,也难免要死,现在应该趁早寻求摆脱生、老、病、死等痛苦的方法才是正道。"正好在一次出北门游玩的时候,太子遇到一位梵行沙门,圆顶法服,威仪有度,托钵持杖,怡然自得。太子一见十分仰慕,一问方才知这是一位为摆脱生老病死烦恼痛苦而出家修道的沙门。太子喟然叹息说:"善哉!善哉!这才是令人向往的生活啊!"于是下定了出家修道的决心。终于在他二十九岁那年的二月初八日,太子偷偷逾城出家,入山修道。

释迦太子出家后,四处寻找修道方法。有一天,他遇到一位名叫阿罗陀的仙人在打坐,便双手合十,恳请仙人指教。阿罗陀成为他的第一位老师。在阿罗逻·迦罗摩仙人的指导下,他学习了古老的《吠陀经》和《奥义书》,掌握了苦行术。但是,当他知晓此种修行的最终果位仍然在欲界、色界、无色界等三界之内时,他认为只是一种权宜之计,不是究竟之道。于是,太子决定放弃这种修行,远走他乡,另择名师。释迦太子又拜郁头迦·罗摩弗为师,但仍然未能达到自己的修行目标。

　　此后,他在摩竭陀国漫游苦修,或藏身密林、盘腿静坐,或节食废寝、禅定数息,最后,太子饿得瘦骨嶙峋、形容枯槁,但却没有丝毫成道的迹象。这时,释迦太子对于这种修行方法产生了怀疑。于是,他毅然放弃苦修,并到尼连禅河里洗去了他身上的积垢,随后接受了河边牧羊女的乳糜供养。此时随从他的五个侍者见此情状,以为太子已经丧失了信心,便离开了他,前往波罗奈城的鹿野苑去继续他们的苦行。太子独自一人走到一棵枝叶繁茂的毕钵罗树(后称菩提树)下,铺草打坐,静思冥想,并发下誓愿:"我若不能证到无上大觉,宁让此身粉碎,终不起此座!"佛经上说,魔王害怕释迦太子真正觉悟,就派了"爱欲"、"乐欲"和"贪欲"的三名魔女来殷勤献媚,诱惑太子。但太子对魔女的挑逗视而不见,毫不动心。据说,经过七七四十九天,终于在十二月初八日凌晨明星出时,豁然大悟,悟到了一个"真理",即"诸法因缘生,诸法因缘灭"。也就是说,世间万物(包括人生)都是因一定的条件而产生("因缘而起"),一旦这些条件发生了变化或不复存在,该事物也就归于失灭或消亡("因缘而灭")。一切事物都是因缘而起的假象或幻影,都是不真实、无自性,因而都是"空"。但世俗凡夫,却把这种假象、幻影看成一种真实的存在,因而有人我之对待、虚妄的执著,由此产生各种各样的烦恼和痛苦。既然这样,要消除烦恼痛苦,最根本的办法,当然可以也应该从破"人我"入手,此"我"既"空",何烦恼痛苦之有?据佛经记载,当释迦太子悟到这个真理后,便成就了"无上正等正觉",证成圣果了。而证成圣果的释迦太子此后就被尊称为"释迦牟尼"(即"释迦族的圣人")或"佛陀","佛陀"的本义是"觉悟者"。而他悟到的这个"真理",便是后来成为整个佛法理论基石的"缘起论"。

释迦太子成佛之后,被信徒奉为圣人,同时赋予其十大尊号:第一,"如来",其意思为乘如实之道来成正觉,来化众生。第二,"应供",应该受人天的供养。第三,"正遍知",真正遍知一切法。第四,"明行足","宿命明"、"天眼明"、"漏尽明"等"三明"与"圣行"、"梵行"、"天行"、"婴儿行"、"病行"等"五行"都具足。"圣行"是指菩萨修习戒、定、慧三业;"梵行"是指菩萨以清净心去运用慈悲,为众生拔苦与乐;"天行"之"天"是天然之理的意思,菩萨顺着天然之理,而成妙行,叫做"天行";"婴儿行"之"婴儿"是譬喻人天小乘,菩萨以慈悲之心,示现人天小乘之行,叫做"婴儿行";"病行"是菩萨为度众生,以大慈悲心与一切众生同受烦恼与病苦。第五,"善逝","善"是好,"逝"是去,佛修正道,入涅槃,有好的去处和归宿,故号"善逝"。第六,"世间解",能了解一切世间的事理。第七,"无上士",即至高无上之士。第八,"调御丈夫",能调御身心、修成正果的大丈夫。第九,"天人师",佛是一切天、人的导师。第十,"佛世尊",这一名号可以分解为"佛陀"、"世尊"两方面去理解;"佛陀",意为"觉者"、"智者",即觉悟真理者;"世尊"指佛是一切世人所共同尊重的圣人。

从释迦牟尼的修道过程以及十大名号来看,佛教确实具有不同于一般宗教的特征,更为注重"智慧"和"觉悟"。这一特征,一直贯穿佛教发展的始终。

释迦牟尼成道之后,就开始了其长达四十五年的传教历程。最初,佛陀前往鹿野苑度化因为太子放弃苦行而愤然离开的五位侍者。在去波罗奈城鹿野苑的路上,释迦牟尼接受了几位商人的供养和归依。到鹿野苑后,佛陀向昔日的五位侍者宣讲自己所证得的真理,这就是常说的"初转法轮"。初转法轮时,佛陀演说的主要内容是"四圣谛"、"八正道"及"十二因缘"。五位侍者听了佛陀的说教之后,便心悦诚服地皈依了佛陀。这样,第一个佛教团体——僧伽组织便诞生了。这也标志着佛教正式诞生。与此同时，释迦牟尼又于波罗奈城度化耶舍及其五十位朋友出家，并度化了耶舍的父亲耶输迦父，使他成为第一个皈依三宝的优婆塞。

佛陀在度化了长者耶舍等人之后，又赴尼连禅河附近的优娄频螺聚落化度了事火外道优娄频螺迦叶、那提迦叶、伽耶迦叶三兄弟及其弟子1000人。其后，他进入王舍城，为摩揭陀国王频婆娑罗说法，接受摩揭陀国王归依。当时，迦兰陀长者以其所有竹园奉献佛陀。摩揭陀国王在园中建精舍，礼请佛陀，是即迦兰陀竹林精舍。佛陀又教化住于王舍城附近的删阇耶外道舍利弗、大目犍连及其徒众二百五十人，至此，佛陀座下总有一千二百五十五名弟子。这样，佛教之僧团已经初具规模。

后来应净饭王的邀请，佛陀回迦毗罗卫城省亲，并为父王及妃等说法。在净饭王家，佛陀的异母弟难陀、罗睺罗、阿难陀、提婆达多及释迦种姓的理发匠优波离等，同时出家为弟子，教团渐渐增大。稍后，佛陀赴王舍城，为舍卫城长者须达多(亦称"给孤独长者")说法，长者感恩佛陀，回国后，购舍卫城太子祇陀的园林，建大精舍献给佛陀，这就是"祇树给孤独园"。佛陀后又应须达多之请，游化舍卫城，教化国主波斯匿王。又因毗舍离国王之请，游化其地。后来，佛陀又为调停迦毗罗卫城与拘利城之间所起的水利之争，再次回到迦毗罗卫城。遇其父王崩逝，佛陀参与净饭王的葬礼。当时，其姨母波阇波提及妃耶输陀罗等亦皆出家为佛弟子，至此佛教有了比丘尼教团。

佛陀在传教过程中建立了佛教的组织——僧伽(僧团)。释迦牟尼在鹿野苑初次说法度化憍陈如等五人皈依佛教，便是佛教僧伽之始。

憍陈如等五人皈依佛陀后号称五比丘。比丘意译"乞士"，或有译作"破恶"、"净命"等，实指跟随佛陀出家修道、以乞食为生的佛教徒。随着佛教的传播范围的逐步扩大，佛教徒数量也逐渐增多。开始时只收男弟子(比丘)，随着释迦牟尼的姨母波阇波提入教后，才开始接纳女弟子，称作"比丘尼"，简称"尼"。比丘、比丘尼，就成了佛徒的一般称谓。诸多比丘或比丘尼构成一个集体组织，叫做"僧伽"，或简称"僧"。僧伽意译"众和会",本是集合词,习惯上也把参与僧伽的男性唤作"僧"或"僧人"。

在释迦牟尼的众多弟子中,影响较大、在佛教经典中出现较多的有十位弟子,他们分别是:被誉为"智慧第一"的舍利弗、被誉为"神通第一"的目犍连、被誉为"说法第一"的富楼那、被誉为"解空第一"的须菩提、被誉为"论议第一"的迦旃延、被誉为"头陀第一"的大迦叶、被誉为"天眼第一"的阿那律、被誉为"持戒第一"的优波离、被誉为"多闻第一"的阿难陀、被誉为"密行第一"的罗睺罗。这十大弟子在辅助释迦牟尼弘法传道、推动佛教的不断发展方面曾经起过十分重要的作用。

僧团在开始的时候并无严格的制度,凡是信仰佛陀的学说,不分种姓贵贱,均可加入,在僧团内部过着平等的生活。以后为了防止僧团的混杂,避免与世俗社会的法律秩序和其他伦理道德相抵触以便僧团更好地开展活动,佛陀才制定了奴隶、负债者、杀人犯、盗贼(悔过的除外)、残废、病人以及年不满二十岁者不能加入僧团等等规定。起初,僧团以云游乞食为主,无固定的住处。后来为了适应雨季安居和集会的需要,才开始在僧众的所在地建立僧院。在僧众集体生活的过程中,又陆续制定了有关衣着、饮食、用具、礼仪、居所、医药等日常生活细则,作为僧团全体成员共同遵守的戒律内容。

早期僧团吸收社会各阶层的人入教,既没有种姓出身限制,也不管先前有什么信仰。相传佛陀在赴摩揭陀的途中,吸收了三个"事火外道"的婆罗门,这是初创时期佛教对婆罗门教斗争的首次胜利。此后,许多其他沙门派别的成员也陆续改信佛教,加入僧团。佛陀的十大弟子中,排在前二位的舍利弗与目犍连曾经是不可知论的信仰者,优婆离则出身于首陀罗种姓。佛教僧团向各种姓、各教派敞开大门,促进了僧团的壮大。

佛陀在创立僧团的同时,还给在家的信徒以相应的地位。凡遵守不杀生等"五戒"的在家众,均可以成为佛弟子。这种不出家的佛门弟子,简称"居士"或"在家二众",男众称优婆塞(清信士),女众称优婆夷(清信女)。他们除了要发愿皈依三宝、信守五戒外,晚出的经典还要求在家弟子遵奉斋日(布萨)。这些在家的佛门弟子,只要严格按照佛陀的教法去修行,同样可以证得涅槃。相传,耶舍的父母是最初的在家弟子,随着佛教的不断发展,在家信徒人数也不断增多,成为一股与僧团并行的护持佛法的社会力量。而在佛陀时代的众多居士弟子中,最著名的当推给孤独长者和迦兰陀长者,他们二人所施予佛陀的给孤独园精舍和竹园精舍,成了早期佛教僧团活动的两大中心。

早期的佛教僧团,信徒们多半追随导师过着云游生活。他们在城市和郊区,或静坐沉思,或说法布道,流动乞食。由于雨季旅行困难,僧尼只能静居不出,所以有了雨季安居三个月的规定。僧众留居一地,自然产生了住房需要,但永久性寺院出现于什么时候还难确定。

佛陀晚年时,提婆达多图谋分裂教团。提婆达多为释迦牟尼叔父斛饭王之子、阿难之兄弟(也有甘露饭王、白饭王或善觉长者之子等异说)。幼时与释尊、难陀共习诸艺,其技优异,常与释尊竞争。佛陀成道后,随佛陀出家,于十二年间善心修行,精勤不懈。后因未能得圣果而退转其心,渐生恶念,欲学神通而得利养,佛陀不许,遂至十力迦叶处习得神通力,受摩揭陀国阿阇世太子之供养。摩竭陀国王子阿阇世弑父频毗沙罗王自立为王之后,提婆达多受阿阇世王归依,名声远播,因此起了统治僧伽的野心。但因为这项提议为佛陀所拒绝,提婆达多便想置佛陀于死地。他放醉象,从山顶投石而伤佛足,出佛身血,并进一步提出禁欲式规定("五事")的主张,企图拉拢初学比丘,然后带领他们出走,另立教团。由于舍利弗和目犍连的努力,这项企图终归失败。提婆达多的党羽中较出名的有高迦离迦、迦留陀提舍等。阿阇世后来后悔弑父的罪行,皈依佛陀。

在拘舍罗国,波斯匿王死后,王子毗琉璃即位。据说,毗琉璃王的生母,原系释迦族的婢女所生。当时的波斯匿王,以大国君主的身份,命令释迦族遣送一名公主给他为妃子,释迦族王室不愿意这么做,但又不敢违命,结果便以一名聪明美丽的婢女,伪称是释迦族的公主,送给了波斯匿王。事实上,这名婢女,乃是当时释迦族的统治者摩诃男和他的婢子所生,是个混血儿。可是,当这个混血的茉利王妃为波斯匿王生了一个王子后,有一次带着王子回释迦族去参加一个盛会,释迦族的王子们竟然不许那位年已十六岁的毗琉璃王子在会场的席位上就座,并且讥笑他是婢生之子;还对他所坐过的席位,用牛奶和水来加以浣洗。对于这一侮辱,毗琉璃王子发誓报复。当毗琉璃王即位之后,便发动大军,向释迦城进兵。在汉译的《增一阿含经》第卷二六载有佛陀劝退毗琉璃王之事。在第四次进攻时,释迦牟尼才放弃了努力,释迦王国终于被灭。

释迦牟尼晚年居住在王舍城。相传,他曾多次召集住在那里的僧人,向他们讲了有关保持僧团不衰的原则,要求他们"依法而不依他处"。不久,佛陀离开王舍城北行,开始了他最后的游化。释迦牟尼从渡恒河入毗舍离,度化了游女奄婆罗,接受其所布施的园林。在随后与阿难一起"雨安居"时,已然病重。传说当释迦牟尼患病时,恶魔多次出现,劝释尊入灭,释尊乃预言三个月后即将入灭。后来,释迦牟尼便来到吠舍离附近的贝鱼伐那村(竹林村)。时值雨季,释迦牟尼决定在那里安居,留阿难陀一人随从,其余弟子均分散到各处居住。雨季过后,又继续起程,向西北地区巡游传教。到了南末罗国的波伐城(又译"婆瓦村"),驻锡铁匠纯陀的芒果林中,并吃了他供献的食物。食后,释迦牟尼中毒腹泻,病情转重。行至离拘尸那迦城(今印度联合邦迦夏城)附近的希拉尼耶伐底(或译阿利罗跋提、阿恃多伐底)河边的娑罗林,在两棵娑罗树之间,右胁而卧,半夜入灭。临终前,他告诫弟子要依法精进修行。佛陀又为求见的婆罗门须跋陀罗说法,使他成为最后一个弟子。此年佛陀八十岁,北传佛教以之为公元前 486 年,农历二月十五日。

据佛经记载,释迦牟尼临涅槃之际,嘱咐其弟子阿难:"汝欲葬我,先以香汤洗浴,以新劫贝周遍缠身,以五百张毡次如缠之。内身金棺,灌以麻油毕,举金棺置第二大铁椁中,旃檀香椁次重于外。积众名香,厚衣其上而阇维之。讫，收舍利于四衢道起立塔庙，表刹悬缯，使诸行人皆见佛塔，思慕如来法王道化，生获福利，死得上天。"①佛陀入灭之后，弟子们依照佛祖的嘱托，架起香木焚化了佛陀的遗体。大火过后，遗留下来了许多晶莹明亮、五光十色、击之不坏的珠子，此外还有一些身骨、牙齿、毛发未曾焚化掉。这便是佛舍利的来源。

据佛典记载，佛陀寂灭的消息传出以后，摩揭陀国、毗舍离国等七个国家的国王派遣使者至佛陀的火葬地拘尸那城收取舍利。起初，当地的末罗人不肯分给，经徒卢那调解，才将佛舍利平分给了八个国家。各国分到舍利之后，都带回国修建宝塔安奉。徒卢那将原来装过舍利的空瓶也带了回去，也建了一座宝塔安置供奉。迟到的孔雀王未能得到舍利，只好将释迦牟尼佛毗荼之后所遗留的灰炭带回建塔供养。这样，在古代印度就建起了十座大塔安奉释迦牟尼佛的舍利。玄奘所言："八王起八塔，金瓶及灰炭。如是阎浮提，始起于十塔"②，正指此事。

佛陀涅槃之后，弟子们遵照佛陀的教诲，继续弘扬佛法，光大僧团。可能于佛陀在世之时，已经出现了若干地方性僧团，他们各有自己的活动范围。这些僧团，除了拥戴佛陀为当然的权威之外，没有任何实体性的权力机构。佛陀去世以后，各地僧团间更没有隶属关系。只要僧团的正式比丘达到十人以上，就有权接受新成员，独立活动。僧团内部一般是民主的，重大措施都要经过讨论投票表决，往往是僧众中德高望重的学僧，自然成为僧团的领袖。如此的僧团组织，后来逐渐演变成"部派"，佛教由此就进入到部派佛教阶段。

3. 原始佛教的基本教义

一般将佛陀开始弘法至其涅槃之后约百年间的佛教，称为原始佛教。此一时期，佛教主要传播于印度恒河中游一带。在当时婆罗门教、

---

① 佛陀耶舍、竺佛念译：《长阿含经》卷三《游行经》，《大正藏》第1卷，第20页中。
② 马鸣菩萨造、北凉昙无谶译：《佛所行赞》卷五，《大正藏》第4卷，第42页中。

耆那教等各宗教之间,佛教具有独特的教义及组织。教团由在家信徒与出家教团所构成。在家信徒遵守不杀、不盗、不邪淫、不妄语、不饮酒五戒。在家众受出家教团的指导,并对出家众作衣、食、住方面的供给(布施)。出家僧团是佛教的核心。他们平素不从事生产事业,但努力于修行及弘法。这一时期的佛教教义,以四谛、八正道、十二因缘、无常、无我等理论为核心,并弘阐戒定慧三学、慈悲喜舍四无量心、四正断、四神足、五分法身、五根、五力、七觉支等教义。下文主要从四谛、十二因缘、三法印角度对原始佛教的基本教义作一简要介绍。

(1) 四谛

"四谛",即"苦谛"、"集谛"、"灭谛"、"道谛",也称为"四圣谛"、"四真谛"。"谛"是真实不虚的意思,"四谛"也就是佛教中四种最基本的道理或真理。

第一,苦谛。

在佛教看来,人所居住的世间,称为"娑婆"。"娑婆"即"堪忍"的意思,意谓人来到这个世界之后,时时处处充满痛苦,必须安忍十恶、忍受三毒以及种种烦恼痛苦,才能生存下去。佛教所说的苦,种类很多,有二苦、三苦、四苦、五苦、八苦乃至一百一十种苦。所谓"二苦",指"内苦"和"外苦"。《大智度论》卷一九说:"二种苦,内苦、外苦。内苦有二种,身苦、心苦。身苦者,身痛头痛等,四百四种病是为身苦。心苦者,忧愁、瞋、怖、嫉妒、疑,如是等,是为心苦。二苦和合,是为内苦。外苦有二种:一者,王者胜己,恶贼、师子、虎狼、蚖蛇等逼害。二者,风雨、寒热、雷电、霹雳等。是二种苦,名为外受。"①也就是说,所谓"内苦"是指身体的病痛和心理、情感方面的痛苦;所谓"外苦"是指包括来自外界的各种灾难祸殃。所谓"三苦",一是"苦苦",即遇到苦恼、苦难的事情,譬如饥渴、寒热等逼迫而产生的痛苦;二是"坏苦",即世事变迁,譬如由富贵转为贫贱等

---

① 鸠摩罗什译:《大智度论》卷一九,《大正藏》第25卷,第202页中。

所产生的痛苦;三是"行苦",是指事物的迁流不住而引起的痛苦感受。所谓"四苦"是指生、老、病、死苦。所谓"五苦",是将生、老、病、死苦合为一苦,再加上"爱别离苦"、"怨憎会苦"、"求不得苦"、"五取蕴苦"。

在佛教中,最常说的是"八苦"。具体内容如下:

其一,生苦,即出生时的痛苦。生苦虽然不为自身所知晓,但考之于旁人,则很容易了解。十月怀胎,犹如地狱,母亲喝汤,胎儿在母腹中备受煎煮。出生之际,冷气热风触身,犹如火烧刀割,婴儿坠地,呱呱大哭,乃是肉体上种种痛苦的自然反映。

其二,老苦,即年老体弱的痛苦。衰老是任何人所无法避免的。而人一旦衰老,牙齿动摇,白发苍苍,视觉茫茫,听觉嗡嗡。加之,长期劳累,弯腰驼背,肌肉松弛,神智昏迷。对于女人,除了生理痛苦之外,更有青春易逝的痛苦,昔日明目皓齿,今日齿摇发落;昔日倾城倾国,今日老态龙钟。衰老,固然使人感慨,但又有谁能使青春永驻呢?

其三,病苦,即患病时的痛苦。人自呱呱坠地,就与疾病结下了不解之缘。少年的病如天花、麻疹等,中年的病如胃溃疡、肺结核等,老年的病如高血压、心脏病等。花无百日红,人无千日好,谁能够保证自己一生都不得病呢?

其四,死苦,即面对死亡的痛苦。宇宙万象,生、住、异、灭,永不停息。山峰岩石,寿命也有尽头。一个血肉之躯,到底能够支撑多久呢?有生就有死,有成就有坏,世间万物,安有例外?人于死后,固然万念俱灭,但人之将死,四大分离,呼吸急促,千言万语,欲吐不能。这时,儿孙环绕,生离死别,凄楚难言。

其五,爱别离苦,即与所爱之人分离的痛苦。生离死别,人间惨事。中年丧子,固然万分悲痛,即便不是死别,或为谋求衣食,或因迫于形势,与相亲相爱的人分离,也是一件非常痛苦的事情。然而,天下无不散的筵席,亲如父子,近如夫妇,也难于终生相守,更何况其他呢?爱别离之苦,是谁也无法避免的。

其六,怨憎会苦,即与仇人见面、相遇的痛苦。此苦与"爱别离苦"相对。与意气相投的友朋、海誓山盟的恋人,由于种种原因,终须拆散分离,那些面目可憎、语言乏味,或者利益冲突、两不兼容的人,偏偏又聚会在一起。像这样的人,若能终生不见,岂不眼前清净?无奈社会人事问题,纷繁复杂,不是冤家不聚首,在某些情形下,愈是互相怨恨的人,愈容易被安排在一起,如影随形,好像永远摆脱不掉,这怎能不令人苦恼万分呢?

其七,求不得苦,即所求不能遂愿的痛苦。想获得一件东西,经济条件达不到;想谋求一个职位,僧多粥少谋不到;甲男爱上乙女,乙女却属意于丙男。这些都是求不得苦。还有,即便是有些愿望实现了,第二个愿望又会随之产生,山谷易平,欲壑难填,人什么时候会感到心满意足呢?不满足,就有所求,求而不得,岂不苦恼?

其八,五取蕴苦,又称"五盛阴苦"、"五阴炽盛苦"。佛家认为,这是痛苦的总根源。"五蕴",也称为"五阴"。"蕴"、"阴"都是"积集"的意思。五蕴就是"色蕴"、"受蕴"、"想蕴"、"行蕴"、"识蕴"。在此"五蕴"中,前一种属于物质,后四种属于精神。佛教认为,此五种要素是构成众生之身体的五种基本元素。

"色",有形质碍之法名为色,就是一般所说的物质。佛教所说的色有十四种,所谓四大、五根、五尘。"四大"即指地、水、火、风。"五根"即眼、耳、鼻、舌、身。"五尘"即色、声、香、味、触。这十四种都是色法,五蕴中的色法指众生的肉体,如皮、肉、筋、骨等。

"受",就是感受,以"领纳"为义,指感觉、感情,如眼、耳、鼻、舌、身、意等"六根",领纳色、声、香、味、触、法等"六尘"所产生的喜、怒、爱、乐等感受。

"想",取像之义,指知觉、想象,于善恶、憎爱等境界中,形成概念及表象的作用。

"行",造作之心能趣于果名为行,指心理活动,亦即对外境生起贪、瞋等等意念。

"识",了别之义,指"意识",也就是对于外境之分别与记忆等意识活动。

上述"五蕴"除"色蕴"之外,其余都属于"心法"。也就是说,除"色"属于有形体质碍的物质之外,其余四蕴都指人的感性、知觉、理性、意识等精神活动。佛教认为,此五蕴汇聚而成众生之身。众生执著于自己的身体以及内心的精神活动,便有了生、老、病、死等苦。

佛教从"苦"入手来建构自己的教义,这说明人生问题是佛教关注的中心。佛教视各类生命体所生存的"三界"为火宅,由之再衍生出跳离火宅、脱离苦海的种种修行方法和解脱理论。

第二,集谛。

"集"是招聚、集合的意思。旧译作"习",有修习、熏习的意思。集谛主要探讨苦的原因。佛教认为,人生之所以时时处处充满痛苦,主要原因是由于人们对于人生真理的无知(即"无明"),不懂得人生本身就是一种幻影,而错误地把人生当作一种恒常、真实的存在。既然将人生当作一种恒常、真实的存在,就会产生种种欲望和追求,譬如生存欲、爱情欲、繁荣欲、成名欲、权利欲等等。由于各种欲望的驱使,就导致贪、瞋、痴等烦恼。这无数的烦恼,也就是人生痛苦的根源。

在佛教中,"贪"、"瞋"、"痴"是三种最根本的烦恼,称之为"三毒"。所谓"贪",即贪爱、贪欲,贪于名利声色,由此起恶造业。古语云:贪为万恶之源,即是此意。所谓"瞋",即仇恨、愤恨。由于众生虚妄地区分"我"、"法",虚妄地执著人、我之别,因此对于有些人及事产生仇恨之心、憎恨之情,由此造成种种恶业。正如佛典中常说的一句话:"一念瞋心起,百万障门开。"所谓"痴",即是愚昧无知,不明事理,特别是指不明了佛教的真理,因此,坠入生死轮回,备尝人生的种种苦难。

除"三毒"之外,佛教还常说"慢"、"疑"、"见"等大烦恼。"慢"即傲慢、骄傲;"疑"即对于佛教所揭示的人生真理和解脱之道的怀疑。"见"又分为"身见"、"边见"、"邪见"、"见取见"、"戒禁取见"等五种。"身见"

是执著五蕴假和合之身为实有;"边见"是偏于一边的恶见,如有些人以为人死之后一切都归于无,所谓人死如灯灭,这叫做"断见",又有一些人以为人死之后仍是为人,猪马牛羊死后仍是为猪马牛羊,这叫做"常见",这种执断执常的见解,都偏于一边,故名"边见";"邪见"是邪而不正的见解,如谤无因果、坏诸善事等;"见取见"之"见"即指"我见"、"边见"、"邪见","取"是取著不舍,对于上述三种不正见,执以为是,名"见取见";"戒禁取见"就是执行或受持邪戒,错认其以为是正戒。"三毒"、"慢"、"疑"与"五见"合起来构成"十烦恼"。这"十烦恼"是一切烦恼的根本。因烦恼而迷于事,迷于理,这叫迷事惑、迷理惑。有了"惑",就使身、口、意作不善之业,因此就有了三界轮回之苦。

第三,灭谛。

"灭"也称为"寂灭"、"入灭"、"灭度"、"圆寂"、"涅槃"等,意思是灭除烦恼,获得解脱。这是佛教修行的最高境界。佛教认为,现实世界的一切都是变幻无常、假而非真的,人生在世也是烦恼无穷、苦多乐少。而当人们认识到佛教所言的真理,了悟了人生的真谛,就会进入一种烦恼灭尽、"常乐我净"的境界,这种境界就是"入灭"或称"涅槃"。

第四,道谛。

"道"即道路,佛教中指灭除烦恼、获得解脱的途径和方法。佛教的修行方法,与其他宗教多有不同。它不单纯依靠信仰,而更注重智慧,注重智慧解脱。这种强调智慧解脱的修行方法,在原始佛教的基本教义——"八正道"、"三十七道品"、"三学"、"六度"等方面有充分的体现。

所谓"八正道",又名"八圣道",即八种圣者的道法,包括"正见"、"正思惟"、"正语"、"正业"、"正命"、"正精进"、"正念"、"正定"。其一,"正见",即正确的知见,指佛教所说的苦、集、灭、道四谛及其他佛教的见解和智慧,不为世间邪俗之见所迷惑。其二,"正思惟",即正确的思考,指离开世俗的主观分别,离开邪妄迷谬,以佛教的纯真智慧来思考。其三,"正语",即正当的言语,远离妄言、两舌、恶口,做到不妄语、不慢语、不恶语、不谤语等。其四,"正业",即正当的业行,就是言行清净。佛教认为,起心动念,无非造业,修道须身不造杀、盗、淫等业,口不作欺妄语,意不起贪、瞋、痴,这就叫"正业"。其五,"正命",即正当的生活和谋生手段,远离一切不正当的行业,如相命、占卜、自说功德等。其六,"正精进",即正当的努力,不断策励自己,努力于道业。恶业未断者,应当立即求其断;善业未修者,应当立即求其修;未起之恶不令起,已修之善令增长。其七,"正念",即正确的忆念,即应当时时忆持佛法,不起邪思邪念。其八,"正定",即正确的禅定。也就是正身端坐,心注一境,远离散乱心,深入沉思冥想,以佛教智慧观察世界、洞察人生,从而获身心的解脱。

随着佛教的不断发展,从"八正道"又衍化出"三十七道品"。"三十七道品"共有七科三十七分,为修行入道之品类,因此名之。"七科"为"四念处"、"四正勤"、"四神足"、"五根"、"五力"、"七觉支"、"八圣道分"。

"四念处",又称"四念住"、"四意止"、"四止念",或单称"四念",即"身念处"、"受念处"、"心念处"、"法念处"。"念"为能观之智,"处"为所观之境,即以智慧观察相对之境,而留住意念于此。以身、受、心、法等四念处,观自相、共相,而一一对治"净"、"乐"、"常"、"我"等四颠倒。也就是观身不净、观受是苦、观心无常、观法无我,而对治"常"、"乐"、"我"、"净"等四颠倒的观法。于此四境起不净、苦、无常、无我等观慧时,就能够使念止住于其境,因此称为"念处"或"念住"。

四正断,即"四正勤",已生恶使其断灭,未生恶使其不生,未生善使其生起,已生善使其增长。此"四正勤"就是精进,精进勤劳修习四种道法,以策励身口意,断恶生善。

"四神足",又名"四如意足",是"四正勤"所修的行品,也就是用四种定力摄心,使定、慧均等,精力充沛,所愿皆得,故名"如意足"。一是"欲神足",指由想得到神通的意欲之力所发起的禅定。二是"精进神足",指不断止恶从善之力发起的禅定。三是"心神足",指由心念之力所发起的禅定。四是"观神足",指由思惟佛理之力发起的禅定。

"五根","根"为坚固不动之义,据《释摩诃衍论》卷一载,"根"有十义——下转、隐密、出生、坚固、相续、出离、集成、茂叶、具足、高胜,这是以草木之根来譬喻修行者所依据的五种内在条件。① "五根"如下:一是"信根","信"为入理之根本,据《释摩诃衍论》卷一载,"信"有十义:澄净、决定、欢喜、无厌、随喜、尊重、随顺、赞叹、不坏、爱乐。二是"精进根",又作"进根"、"勤根"、"精进根",是指深信教法后,如实勤奋地修行。三是"念根",由精进故,心于所缘境,念住不忘。四是"定根",又作"禅定根",即指使心止于一处而不为外境动摇之"禅定力"。五是"慧根",观达真理,称为"慧";智慧具有照破一切、生出善法之能力,可成就一切功德,以至成道,因而称"慧根"。在"三十七道品"中,"信根"、"念根"是由修"四念处"所形成的,"精进根"是由修"四正勤"所形成的,"定根"则是修"四神足"所形成的,"慧根"则是修行四谛所形成的。

"五力"是指由"信"等"五根"的增长所产生的五种维持修行、达到解脱的力量。具体而言:一是"信力",指对于如来所修植的清净法门产生坚固的信心进而形成"信根",再也不会被外道以及世间之法所吸引牵夺,"信力"是"信根"显现出来的力量。二是"精进力",指修"四正勤"可断除诸恶,为精进根增长,能破身之懈怠。三是"念力",指由勤修而念住于所缘之境,能抗外来之障碍而至无念。四是"定力",指止息散乱之心,归于静寂之禅定力。五是"慧力",指慧根增长,能破三界之诸惑。

"七觉支",又称"七等觉支"、"七遍觉支"、"七菩提分"、"七觉分"等,"觉"的意思是菩提智慧,以七种法能助菩提智慧开展,故称"觉支"。第一,"念觉分",又作"念觉支"、"念觉意"、"念等觉支"。修道者于证悟佛法的过程之中,明记戒、定、慧"三学"以及"四圣谛"、"八正道"等佛教教法而忆持不忘的阶段。在这种状态中,修道者之心是以"念"为其体性。例如恒常正念正知,了知身受心法之"不净"、"苦"、"无常"、"无我"等,并

---

① 参见龙树菩萨造、三藏筏提摩多译《释摩诃衍论》卷一,《大正藏》第32卷,第597页上。

将此等佛教正确之世界观,忆持不忘,即是此一证悟阶段——"念觉支"修行相状。第二,"择法觉分",又称"择法觉支"、"法觉意"、"法解觉意",指以智慧选择分别诸法之真伪,取真舍伪,而进入菩提。第三,"精进觉分",又称"精进菩提分"、"精进觉支",即以勇猛心,力行正法。"精"意思为"不杂","进"是毫无间断,也就是修诸道法时,能觉了且息止无益的苦行,而于真正法中,专心一意,无有间歇。第四,"喜觉分",又称"喜等觉支"、"喜觉支"、"喜觉意"、"爱喜觉意",即心得善法,以"喜"为体而产生的欣悦欢喜之心理感受。第五,"猗觉分",又作"轻安觉支"、"猗觉支"、"除觉支",指身心轻快安稳,即断除诸见、烦恼时,能觉了、除弃虚伪法,并增长真正之善根。第六,"定觉分",又作"定等觉支"、"定觉支"、"定觉意"、"惟定觉意",以"定"为体,令心安住而不散乱。修此法已,则"定觉"满足,灭除"贪"、"忧",于是产生"舍心",进而修习"舍觉支",待"舍觉支"满足,则可达于无畏之境界。第七,"舍觉分",又称"舍等觉支"、"舍觉支"、"行护觉意","舍"为舍离之意。舍离所见念著之境时,能觉了而永不追忆虚伪不实之法,心无偏颇,不执著而保持平衡,以"行舍"为体,而住于寂静。

"八圣道分"即前述"八圣道"。

上述"三十七道品"为修行之通途,入圣之法要,因此,是大小乘佛教共同提倡的。"三十七道品"又可归结为"三学"。"三学"即戒、定、慧。

戒,主要是指佛陀为出家和在家的信徒所制定的戒规。戒的作用是防非止恶,纯洁行为。佛教的戒规很多,有五戒、八戒、十戒、二百五十戒、三百八十四戒等。其中,"五戒"是最基本的,是所有佛教徒都应该时时遵守的。

"五戒"和"八戒"是在家佛教徒所应该遵守的戒条。五戒指在家佛教徒所受持的五种制戒:不杀生、不偷盗、不邪淫、不妄语、不饮酒。不杀生是不杀伤生命;不偷盗是不盗取别人的财物;不邪淫是不做夫妇以外的淫事;不妄语是不说欺诳骗人的话;不饮酒是不吸食含有麻醉人性的酒类及毒品。八斋戒:又作"八戒斋"、"八关斋"、"八支斋",简称"八戒"。第一,不杀生,不杀有生命的动物;第二,不与取,不取他不与之物;第三,不非梵行,不作男女之媾合;第四,不虚诳语,不说不符事实的话;第五,不饮酒,不饮一切的酒类;第六,不涂饰鬘舞歌观听,不身涂香饰花鬘及观舞蹈听歌曲;第七,不眠坐高广严丽床上,不坐卧于高广华丽的床上;第八,不非时食,不食非时之食,亦即过午不食。离上述八种非法行为是为八戒,又因此八戒中之第八"不非时食"是斋法,故总名"八戒斋"。"五戒"和"八戒"的基本精神是一致的,二者不同的是,五戒一旦授受就不许违反;而八戒则可以一日一夜受持,较为灵活。

"十戒"为出家修行的"沙弥"及"沙弥尼"应受持的戒条,又称"沙弥戒"、"沙弥尼戒"。即第一不杀生,第二不偷盗,第三不淫欲,第四不妄语,第五不饮酒,第六不涂饰香鬘,第七不歌舞观听,第八不坐高广大床,第九不非时食,第十不蓄金银宝物。

"具足戒"是出家的比丘、比丘尼所授受的戒条,比丘为二百五十戒,比丘尼为三百四十八戒。

"定",也就是一般所说的"禅定"。"定"是梵文的意译,音译为"三昧"、"三摩地",意思为止散乱心,使心专注于一境。本来,"禅"和"定"是有区别的,"禅"是"静虑"之意,意谓正审思虑。中国佛教常常将"禅""定"合称,这样,"定学"在中国佛教中就有了更为广泛的意义。

"慧",即智慧。佛教强调用智慧获得解脱,因此,"慧学"在佛教修行中常常占有非同寻常的意义。所谓智慧,即"四谛理"、"十二因缘"等佛教义理。通晓这些义理,便能把一切事物,包括人生当作因缘和合而起的假象,进而不虚妄执著,这样便无烦恼、得解脱。

随着佛教的发展,"三学"又进一步扩大为"六度"。"六度"即"六波罗蜜",包括布施、持戒、忍辱、精进、禅定、般若,这是大乘佛教的修行方法。

上述所说的"八正道"、"三十七道品"、"三学"等,均属于"道谛"。从上述的介绍也可以看出,"四谛法"不仅是原始佛教的根本教义,而且是整个佛教的基本思想。后来佛教的许多教义和思想都是从四谛法中派生出来的,是对四谛法的进一步发展。

除四谛法之外,原始佛教的另一个根本教义是"十二因缘"。

(2) 十二因缘

"十二因缘"又名"十二有支"、"十二缘起"。具体内容是:"无明"缘"行","行"缘"识","识"缘"名色","名色"缘"六入","六入"缘"触","触"缘"受","受"缘"爱","爱"缘"取","取"缘"有","有"缘"生","生"缘"老死"。以上十二支,包括三世起惑、造业、受生等一切因果,周而复始,至于无穷。这构成了佛教人生观的基本内容。佛教认为,人生是一个念念不住的流转过程,具体表现为"三世两重因果",也就是由过去世之惑业感现在世之苦果,再由现在世之惑业感未来世之苦果。

过去世的惑业,包括"无明"和"行"。"无明"是惑,"行"是业。"惑"也就是愚痴、无智慧,"业"即善恶诸业。也就是说,众生之所以会在过去世造出种种善恶之业,是由于对佛教真理的无知。正是这种无知,才产生种种世俗的身心活动和行为,也即"业"。由于前世造下的"业",所以感生现在世之苦果。

现在世的苦果,包括"识"、"名色"、"六入"、"触"、"受"。也就是由于过去世业力的牵引,妄生颠倒分别而入胎之"神识";"名色"亦即组成众生之身的"五蕴"的总名,指在母胎中形成的物质与精神的混合物;"六入"也即在母胎中长成的眼、耳、鼻、舌、身、意等六种感觉器官;"受"亦即由接触外界而产生的苦乐感受。

有了苦乐的感受,就会避苦求乐,自然就会有所厌恶,有所贪爱("爱"),因之就有追求、执著之心("取")。这就是现在世的惑(包括"爱"与"取")与"业"("有"),由此惑业更感生未来世之苦果。

未来世之果,也即"生"与"老死"。因现在世之业因,再去受生,再去受报,再造业,再老死,如此轮回流转、延续无尽。

上述十二个环节,辗转感果,所以称之为"因";互为条件,所以称之为"缘";合称则是"十二因缘"。十二因缘是说明众生生死流转的因果链条的,任何一个有情识的生命体,在还没有获得解脱之前,都逃不脱这一因果律的支配。十二因缘是生命过程的总结,也是众生痛苦的因由。

不仅如此,十二因缘也是一种修行方法。传说释迦牟尼就是"逆观"十二因缘而成佛的。后来出现的《大乘阿毗达摩杂集论》卷四将其归纳为四种观法,可以参照理解:第一,"杂染顺观",即从"无明"缘"行","行"缘"识"等,顺次而观迷惑之生起。第二,"杂染逆观",即把"老死"等安立谛说,从"老死"逆次第而观迷惑之生起。第三,"清净顺观",即从"无明"灭则"行"灭等顺次而观成正觉之真理。第四,"清净逆观",即从"老死"灭是由"生"灭故等,逆次第而观成正觉之真理。"顺观"也称"流转门","逆观"则称"还灭门"。"顺观"则为"苦"、"集"二谛,"逆观"则为"灭"、"道"二谛。

为便于理解和记忆,现将十二因缘的基本内容及其各个环节之间的关系列表如下:

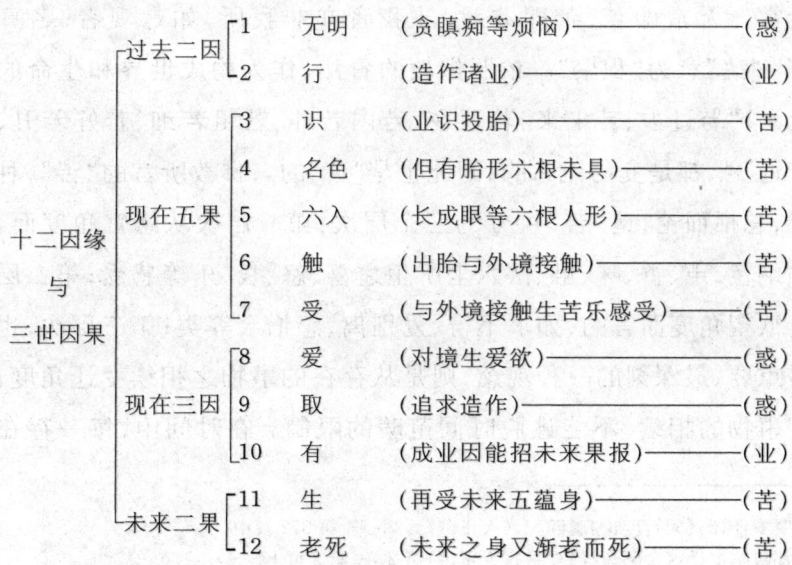

(3) 三法印

"三法印"是小乘佛教的三个基本教义,同时也是小乘佛教判断各种说法是否佛说的三个标准。它的具体内容是"诸行无常"、"诸法无我"、"涅槃寂静"。

佛陀将人生痛苦的根源归结于"无明",并将其作为众生之所以沉沦于六道轮回的主因。所谓"无明",就是众生不懂得无常、无我的道理。鉴于此,原始佛教提出了"诸行无常"、"诸法无我"两个相关的命题,并且以缘起论、五蕴论对其进行了哲学论证。

"行"是迁流转变之义,是指展转相依、生灭相续的无限活动。《大智度论》卷四三说:"无常亦有两种:一者念念灭,一切有为法不过一念住;二者相续法坏,故名为无常,如人命尽,若火烧草木,如煎水消尽。"[1]所谓"诸行无常",是指世间一切事物时时处于迁流不息、瞬息即变、无始无终的过程中,并不存在固定不变的样态。原始佛教是以五蕴论作为这一命题之依据的。《杂阿含经》有云:"色无常,无常即苦;苦即非我。非我者即非我所。如是观者,名真实观。如是受、想、行、识无常。无常即苦,苦即非我,非我者亦非我所,如是观者,名真实观。"[2]"蕴"意为"积聚"。依照佛教的看法,作为构成世界和生命的五种元素,"若过去、若未来、若现在、若内若外、若粗若细、若好若丑、若远若近"[3],都是变易无常的,因此也是"苦"的。佛教所言的"苦",种类极多,总括而论,诸"苦"可分为三个层次:第一层次从感官角度而言,如领纳色、声、香、味、触、法六尘所生之喜、怒、哀、乐等感受;第二层次是从欲望角度而言的,如求不得、爱别离、怨憎会等类;第三层次,也是其最重要、最深刻的一种观念,则是从存在的事物之相续变迁角度论,世间事物的相续,不能逃脱时间范畴的限制。在时间中,每一存在者

---

[1] 鸠摩罗什译:《大智度论》卷四三,《大正藏》第25卷,第372页中。
[2] 求那跋陀罗译:《杂阿含经》卷一,《大正藏》第2卷,第2页上。
[3] 求那跋陀罗译:《杂阿含经》卷三,《大正藏》第2卷,第22页上。

总是流向它的不存在(灭)而不由自身决定,正如佛陀入灭时所言"一切万物无常存者"①。这种坏灭是一种无奈之苦,比如人的生、老、病、死就是如此。

　　由缘起论及五蕴论的观点看,宇宙和人生只是一些无尽的、个别的、刹那即逝的元素的联合聚集,而这些元素又是依缘而瞬时生灭着。因此,在逻辑上必然会导致否定永恒的实体——"我"或"神"的存在。"诸法无我"就是"诸行无常"的合理推论。佛教中的"我"有"常、一、主、宰"四义。"常"是不变义,"一"是独立义,"主"是自在义,"宰"是支配义。换言之,所谓"我"即是指独立不变的实在自体。所谓"诸法无我",就是说一切事物或现象都是因缘而起的,这可以从两方面去理解:一、"法无我",即世间一切诸法无恒常坚固之自体;二、"人无我",即对主观的人来说也不存在一个恒常的实体或主体。原始佛教认为,所谓实体性的"我",起主宰作用的主体"我",都是不存在的。因为人都是五蕴和合的产物,五蕴离散,人即幻灭。正因为"我"并非独立的实体,因此,众生就不能依靠自身而存在,都是依缘而存在的。

　　涅槃寂静,又作"涅槃寂灭印"、"寂灭涅槃印",略称"涅槃印"。一切众生不知生死之苦,而起惑造业,流转三界,故佛说涅槃之法,以出离生死之苦,得寂灭涅槃。

　　在佛教中,涅槃的种类很多,通常分为"有余涅槃"和"无余涅槃"两种。"有余涅槃"是指断除贪欲、灭尽烦恼,已经灭除生死之因,但作为前世惑业果报的肉身仍然存在,仍然生活在世间,还有一定的思虑活动。与"无余涅槃"相比,"有余涅槃"是不彻底的,"无余涅槃"是比"有余涅槃"更高一层的境界。在"无余涅槃"中,不仅灭除了生死之因,也灭尽了生死之果,也就是说,不仅作为前世惑业果报的肉体不存在了,而且连思虑也不存在,灰身灭智,永无生死。这是佛教的最高境界。

---

① 佛陀耶舍、竺佛念译:《长阿含经》卷四,《大正藏》第1卷,第26页中。

应该特别指出,对于"涅槃"的理解,佛教不同时期、不同派别的解释和理解差别很大。小乘佛教视人生为大苦,而把人体消灭、烦恼尽除作为追求的目标,如同灯熄火灭、万事俱了一般。因此,小乘佛教的"涅槃"、"圆寂",往往成为死亡的代名词。与小乘佛教不同,大乘佛教从一种新的角度来解释"涅槃"。他们认为,世间和"涅槃"是一致的,二者都是"空",也都是"妙有"。世间的一切,都是"真如"、"实相"、佛性的体现。如果人们能够认识到佛教这一真理,返本还原,体证佛性,也就可达至"涅槃"境界。大小乘佛教对于"涅槃"境界的不同理解,说明佛教的"涅槃"学说的发展有一个过程。

二、部派佛教

在佛陀入灭后的一百年间,佛教僧团发生分裂,此后数百年佛教分部流传。这一历史时期称之为"部派佛教",时间范围大致在公元前4世纪至公元2世纪。并且,在部派佛教的发展过程中,佛教内部又兴起了新的流派——大乘佛教。大乘佛教又将许多部派的义理贬称为"小乘"。尽管大、小乘佛教在许多方面有所不同,大乘佛教对于部派佛教多有批评,但大乘佛教的兴起并未完全替代部派佛教的发展,所谓的"小乘佛教"其实一直伴随着佛教发展的始终。

1. 经典结集与部派分裂

在佛陀涅槃之后的四五百年之中,佛教僧团先后举行了四次结集以确定佛教的圣典。佛陀在世时,直接由佛陀为弟子们释疑、指导、依止等。佛陀入灭后,则有必要将佛陀所说之法共同诵出,一方面为防止佛陀遗教散佚,一方面则确定教权。历史上,将佛弟子们集会于一处,将口口相传之教法整理编集,称为"结集"。

关于"结集"时间和次数,南传与北传佛教文献的记载并不一致,若综合两传的文献加以推定,可知大致有下列四次:

第一次结集是在佛入灭之年,在阿阇世王保护之下举行。当时五百阿罗汉汇聚于摩揭陀国王舍城外七叶窟,以摩诃迦叶为上首。此次结集又称"五百集法"、"五百结集"、"五百出"。会中,摩诃迦叶命阿难升于高座以宣说佛语,阿难乃以普遍之音诵出"如是我闻,一时薄伽梵"云云,后经憍陈如等诸长老确认实系佛陀所说的经文。

第二次结集是在在佛入灭一百年时,毗舍离附近的跋耆族比丘对戒律产生异见,行"十事非法"。为此,七百比丘集会于毗舍离城,以耶舍为上首而举行结集。此次结集又称为"七百集法"、"第二集法藏"、"第二集"。此次合诵,单集律藏,主要目标在确定跋耆族比丘所行"十事"为非法。集会于毗舍离城,因此,此次结集又称为"毗舍离结集"。由于参加者多为佛门长老,故又称为"上座部结集"。然而,当时毗舍离的比丘不服上座部的决定,于是另举行约万人之集会,定"十事"为合法。由于参与者众多,因而被称为"大众部结集"。

第三次结集,相传是在佛陀入灭236年后举行。当时曾得到阿育王之护持,一千比丘汇聚于摩揭陀国波咤厘子城的阿育僧伽蓝,以目犍连子帝须为上首。此次结集,仅载于南方所传,如《善见律毗婆沙》卷二、《岛史》、《大史》及缅甸文献,至于北方所传诸律论则未见记载。当时所结集的是上座部的三藏圣典,并编辑《论事》一书。

第四次结集,相传是在佛陀入灭四百年时举行的。在迦腻色迦王护持下,汇聚于迦湿弥罗国的五百阿罗汉,以胁、世友二人为上首,共同结集三藏,并附加解释。当时所集论藏的解释即现存的《大毗婆沙论》,故又称之为"婆沙结集"。此次结集,载于《阿毗昙毗婆沙论·序》、《婆薮盘豆法师传》、《三论玄义》、《大唐西域记》卷三、《大毗婆沙论》卷二〇〇、《大慈恩寺三藏法师传》卷二等书,然而印度诸论及南传佛典都未记载。

另外,南传佛教将19世纪在斯里兰卡举行的五百僧人结集,作为第四次结集。该次结集首次将巴利语三藏辑录成册。

佛教经典的结集,一方面是佛教本身发展的需要,另一方面也反映了在佛陀入灭之后,佛教内部在某些方面存在若干分歧,经典的结集实际上是佛教僧团力图消弭这些分歧的努力。譬如,在前述第一次结集中,佛弟子对于戒律中的"八事"就发生过细微的争论,不过当时并未导致佛教的分裂。佛教的公开分派是在第二次结集时发生的,关于其原因,南传佛教和北传佛教的典籍所说并不一致。南传佛教说主要是因为戒律方面的不同意见,北传佛教则说主要是在教理方面的分歧导致统一佛教的分派。

先看南传佛教的说法。在佛陀入灭后百年,以毗舍离城为中心的东部跋耆族比丘主张"十事"可行,为合法;以耶舍为首的西部比丘则认为"十事"不合律制,为非法。为了审定此"十事"是否合于佛所制定的戒律,于是召开第二次结集。所谓"十事"如下:第一,"角盐净",为供他日使用,听任食盐贮存于角器之中。第二,"二指净",当日晷之影自日中推移至二指广间,仍可摄食。第三,"住处净",僧团原规定每月要在一定场合全体举行一次布萨会(检讨忏悔),但跋耆族认为可以自由一些。第四,"他聚落净",于一聚落食后,亦得更入他聚落摄食。第五,"生和合(不攒摇)净",食足后,亦得饮用未经搅拌去脂之牛乳。第六,"饮阇楼伽净",阇楼伽系未发酵或半发酵之椰子汁可以取而饮之。第七,"无缘坐具净",缝制坐具,可以不用贴边,并大小随意。第八,"所习净",出家前所学习的东西出家后也可以继续学习。第九,"赞同净",于众议处决之时,虽然僧数未齐,仍可以预想事后承诺而行羯磨。第十,"金银净",可以接受金银布施。这十项具有革新意味的主张,遭受到保守派教团的反对,因而在毗舍离举行"七百结集",有七百位比丘开会讨论其事,判定跋耆族比丘所提出的"十事"是不合佛教律法的。依南传文献所载,上述事件也是造成印度佛教分裂为上座部、大众部的根本原因。因为东部跋耆族比丘不满意西部比丘关于"十事非法"的判定,另举行一万人参加的集会,认定"十事"是符合佛教戒律的,并由此形成大众部,与主张"十事非法"的上座部分庭抗礼。

依照北传佛教的说法,佛教第一次分为"上座部"和"大众部"是因对阿罗汉果位存在不同的看法造成的。阿罗汉本是早期佛教所言的佛教徒修行所能够达到的修行境界,佛教最初将其当作究竟果位,认为只要达到这一境界就可以断尽一切烦恼,不再堕入轮回。当时有一位叫"大天"的比丘提出,罗汉仍然有五方面的局限性。依照《异部宗轮论》、《大毗婆沙论》卷九九等载,大众部始祖大天曾编一偈,以宣扬其对证果罗汉境界所持的观点。此偈即:"余所诱无知,犹豫他令入,道因声故起,是名真佛教。"①

所谓阿罗汉仍然存在五方面的局限性,亦即"大天五事",其主要内容如下:第一,"余所诱",阿罗汉虽已断尽诸漏而无烦恼,但仍难免漏失不净(遗精、便利、涕唾等),此因恶魔憎嫉佛法,对修善者破坏、诱惑所致。第二,"无知",阿罗汉虽无染污无知,但尚存不染污无知。染污无知为与无明相应的无知,即大乘所谓的烦恼障,二乘之人断尽之后即不现行。不染污无知不与无明相应,即大乘所谓的所知障,唯有证得佛果才能毕竟不起。第三,"犹豫",阿罗汉虽已断尽随眠疑惑,但处非处疑惑尚未尽断。第四,"他令入",阿罗汉须依他人之记别,方知自己为罗汉。第五,"道因声故起",阿罗汉虽已有解脱之乐,然诸圣道,若不至诚唱念"苦哉",则终不现起。大天的这些观点为僧团内少数较有地位的长老所反对,认为其不符合佛教教义,但僧团内的大多数僧众则支持大天的说法,认为其符合佛教教义。这样,反对大天的观点的僧人形成"上座部",支援大天的僧人形成"大众部"。

统一佛教的分裂,尽管直观地说是因为教团内部的某些争论造成的,实际上却是随着社会的发展佛教与时俱进的结果。"由于印度社会经济、民族、文化发展的极不平衡,各个地区存在一定的差别,一般说恒河流域一带经济、文化比较发达,西北山地较差。这些差别不能不反映在佛教的信仰和实践中间,佛教在新的地区传教,不能不受当地宗教信

---

① 世友菩萨造、唐玄奘译:《异部宗轮论》,《大正藏》第49卷,第19页上。

仰的一些影响,因而引起一些争论。"① 另外,随着商品经济的发展,私有财产也逐渐具有一定的合法性,在这种情况下,原始佛教的若干戒律规定,譬如关于食物的严格禁忌以及对于金银货币的决绝态度,在当时可能已经难于严格执行。"大众部"在这些方面力图有所变革,也是自然而然的。而关于围绕阿罗汉果位的争论,印顺法师有一说法颇具参考价值:"大抵佛灭以后,成为上座中心的佛教,阿罗汉是无学圣者,受到非常的尊敬。到那时,比对佛的究竟圆满,发现解脱生死的阿罗汉,还有习气'无知',还有种种不圆满。综合为五事而举扬出来,与传统无保留的赞叹尊敬,不免引起了诤论。由于阿罗汉不究竟、不圆满的宣扬,使人更仰慕佛陀,归向于佛陀。五事的宣扬者——大天,是引导佛教向大乘法演进的大师,所以《分别功德论》隐约地说:'唯大天一人是大士,其余皆是小节。'"②

在"大众部"和"上座部"根本分裂之后的二百年之间,又从这二部中分裂出十八部或者二十部。南北传的史料均记作十八部,唐译《异部宗轮论》载有二十部。

据有关资料记载,公元前 3 世纪初,上座部开始发生分裂。当时一位名叫犊子的比丘奉舍利弗、罗睺罗为祖师,声称得到一部《九分阿毗达磨》,据此提出了关于"人我"(补特伽罗)是"有"的新理论,遭到另一些佛教徒的反对,支持前者的僧侣称为"犊子部",反对者叫"化地部"。与此同时,大众部中也分出两派,即"一说部"和"鸡胤部",这两派的分歧,可能与对待释迦牟尼佛的态度有关。

约在阿育王死后,从"化地部"中又分化出"说一切有部",以"一切有"为基本思想。一切有部主要在印度西北的迦湿弥罗和犍陀罗一带活动。"化地部"的另一支由中印度到达西印度,形成"法藏部"。"法藏部"以阿跋

---

① 黄心川:《印度哲学史》,第 201 页,北京:商务印书馆,1989。
② 印顺:《初期大乘佛教之起源与开展》第六章,第 372—373 页。

兰多国为基地,后来传到伊朗、中亚和我国。还有一支传到尼泊尔地区(雪山),叫"雪山部"。化地部更有一支南下,在南印度的摩偷罗一带成立"制多山部",据有关资料记载,该部部主就是提倡"五事"的大天。后来,"制多山部"再分裂为"西山住"和"北山住"两部,通称"案达派"。案达派以案达罗王朝为背景,是大乘思潮的一个摇篮,与它对立的是法藏部。

与此同期,从"犊子部"中分化出四个派别,即"法上部"、"贤胄部"、"正量部"和"密林山部"。它们分化的主要原因是对佛经中某些颂文的解释不同,主要活动在半岛的中西部今马哈拉施特拉和古吉拉特一带。这四派中的正量部,后来逐步发展,成了犊子系的正宗代表。

此后,佛教继续分化。约在公元前3世纪末,大众部又分化出了"说出世部"。也有资料说,"鸡胤部"后来即名"说出世部"。此部又分出"多闻部"和"说假部"。约在公元前2世纪初到公元前1世纪,"饮光部"和"经量部"又分别从"有部"中脱离出来。到公元1世纪,终于形成了所谓"大乘"与"小乘"两大佛教体系的并立。

公元前1世纪左右,大乘佛教兴起,但部派佛教并没有因而消亡,而是与大乘教团同时并存。一般认为,大乘佛教是从大众部发展出来的,但大众部并没有完全消解于大乘佛教之中,大乘教团出现后,大众部还存在了很长的时间。直至"枝末分裂"后,部派佛教教团的"大众"、"上座"、"有部"、"正量"四部仍较为发达。而据法显及玄奘的有关游记记载,正量部在往后的一个时期内还具有相当大的势力。记载印度部派佛教活动情况的资料并不多,因此自中国到印度的求法僧的记录,便弥足珍贵。

399年,法显由中国出发到印度,根据他的记载,当时印度有学习小乘的寺院、学习大乘的寺院、大小兼学的寺院三种。如北印度罗夷国有三千僧人,大小二乘兼学;此外,跋那国约三千僧人,皆学小乘。根据《佛国记》记载,信仰小乘佛教的国家有九个,信仰大乘的国家有三个,大小兼行的国家有三个。此外还有二十余个信仰佛教的国家未说明大小乘。这是5世纪初印度佛教的情形,但因为法显完全未提及部派名称,所以无法得知详细情形。

玄奘于贞观年间至印度,在其所著《大唐西域记》中,较为详细地记载了7世纪时印度佛教的发展情况。《大唐西域记》中有九十九处提到佛教学派的名称,其中学小乘的有六十处,学大乘的有二十四处,大小兼学的有十五处。就比例上来看,小乘佛教占了绝大部分。小乘佛教六十处中,"说一切有部"十四处,"正量部"十九处,"上座部"二处,"大众部"三处,"说出世部"一处,"大乘上座部"五处,未指明部别的小乘佛教有十六处。从上述的情况来看,很明显,在7世纪前半叶,小乘教团具有压倒性的势力,其中以正量部和有部最强。玄奘所指出的大众部系中,只有大众部三处、说出世部一处。关于玄奘举出的五处"大乘上座部",学术界一般以为系指锡兰佛教。

玄奘时代,印度佛教已经走向衰退期,他谈到犍陀罗佛教时说:"僧伽蓝千余所,摧残荒废,芜漫萧条。诸窣堵波,颇多颓圮。天祠百数,异道杂居。"①可见,印度教的势力已逐渐强大。此外,部派佛教初期,"说一切有部"的势力很强大,后来逐渐被"正量部"的势力取代。据鹿野苑出土的碑文记载,鹿野苑的精舍在贵霜王朝时代原属"有部",到了4世纪改属"正量部"。正量部的壮大,可能由于该部主张有阿特曼,与印度的传统思想合流的缘故。

671年,义净前往印度,他在《南海寄归内法传》卷一记载:

> 其四部之中,大乘小乘区分不定。北天南海之郡,纯是小乘。神州赤县之乡,意存大教。自余诸处,大小杂行。考其致也,则律捡不殊。齐制五篇,通修四谛。若礼菩萨,读大乘经,名之为大。不行斯事,号之为小。所云大乘无过二种,一则中观,二乃瑜伽。中观则俗有真空,体虚如幻。瑜伽则外无内有,事皆唯识。斯并咸遵圣教,孰是孰非,同契涅槃。②

---

① 玄奘:《大唐西域记》卷二,《大正藏》第51卷,第879页下。
② 义净:《南海寄归内法传》卷一,《大正藏》第54卷,第205页下。

依据这一记载可知,当时印度大乘与小乘的区别并不明显,两者同守二百五十戒,都修习四谛。其中礼拜菩萨、读大乘经者,名为"大乘",否则便是"小乘"。而且大乘只有中观、瑜伽二派,强调"大小杂行"。义净又说:"故五天之地及南海诸洲,皆云四种尼迦耶,然其所钦处有多少。摩揭陀则四部通习,有部最盛。罗荼信度则少兼三部,乃正量尤多。北方皆全有部,时逢大众。南面则咸遵上座,余部少存。东裔诸国,杂行四部。师子洲并皆上座,而大众斥焉。然南海诸洲有十余国,纯唯根本有部,正量时钦。近日已来,少兼余二。斯乃咸遵佛法,多是小乘。唯末罗游少有大乘耳。"① 这是说,当时印度小乘佛教的分布,主要为"大众"、"上座"、"根本有部"、"正量"等根本四部。摩竭陀通习四部而以"有部"为盛;西印度的罗荼、信度地区,"正量部"最多,其他三部只有少许;南印度以"上座部"占极大多数;东印度四部杂行,锡兰(师子洲)都是"上座部","大众部"受到排斥。南海诸洲十余国完全是根本"有部",偶有"正量",仅末罗游(马来半岛?)有一些大乘。

兹将部派的演变列表如下:

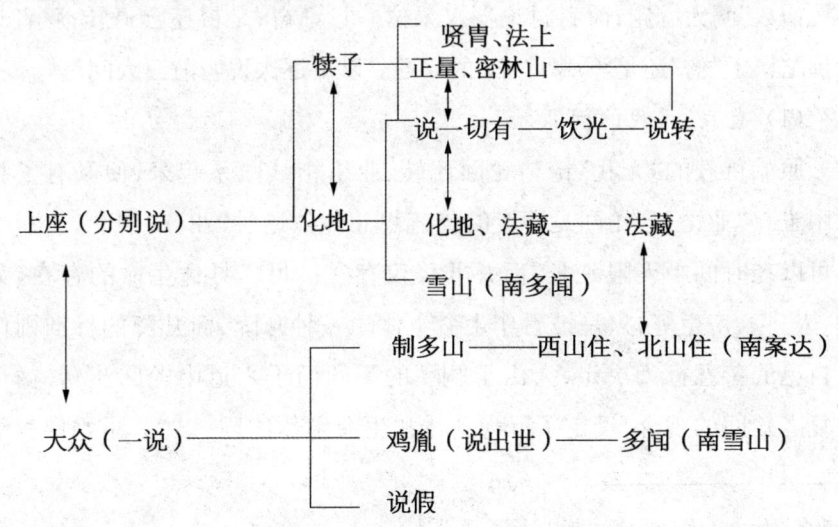

---

① 义净:《南海寄归内法传》卷一,《大正藏》第54卷,第205页中。

2. 部派佛教争论的主要问题

佛教与其他宗教的最大不同就在于智慧解脱,因此,十八部或二十部之间的分歧,有戒律制度方面的,更主要的则是思想方面的分歧。生于约3世纪的诃梨跋摩在其所著的《成实论》中将部派佛教的分歧概括为"十论"①:"所谓二世有、二世无,一切有、一切无,中阴有、中阴无,四谛次第得、一时得,有退、无退,使与心相应、心不相应,心性本净、性本不净,已受报业或有或无,佛在僧数、不在僧数,有人、无人。"②此中所说十方面可归并为如下的问题:第一,有我与无我的问题,此包含《成实论》所归纳的"中阴有、中阴无"以及"有人、无人"等两个问题;第二,过去、现在、未来之法是否是真实的存在?即"法体"问题,包含《成实论》所归纳的"二世有、二世无"和"一切有、一切无"以及"已受报业或有或无"等三个问题;第三,心的性质问题,即《成实论》所说的"使与心相应、心不相应"以及"心性本净、性本不净"等两个问题;第四,"四谛次第得、一时得",即修行是顿得真谛还是渐次获得的问题;第五,修行境界问题,即罗汉观、佛陀观的问题,这包含《成实论》所说的"有退、无退"以及"佛在僧数、不在僧数"两大问题,前者讨论罗汉果位一旦证得,是否还会退转;后者讨论佛陀属于"僧"还是不属于"僧"的问题。以下逐次说明前三大问题。

(1) 有我、无我的问题

原始佛教的"无我"论与轮回流转、业果相续联系起来,便又有了新的困难。"业论"与轮回是印度的传统思想。依这种"业"的观念,生命主体可以在时间中无限延长,而并非仅仅存在一世。具体生命的存在(如神、人、鬼、畜生等)只是被看作生命主体的一种升降,而升降的标准则由人自己的善恶行为决定,人由于"业"的不同而于六道中轮回流转,循环往复。轮回的观念,设定了行为主体和生命主体的同一性。原始佛教继

---
① 鸠摩罗什译:《成实论》第十九品至第三十五品。
② 鸠摩罗什译:《成实论》卷二,《大正藏》第32卷,第253页下。此论于此语之下逐次罗列异论,进行反驳。详见《成实论》第十九品至第三十五品。

承了这一理论,在其基础上提出缘起论,将善恶因果之流化作一缘起之流,四谛、十二因缘就是依此而展开的。依据四谛、十二因缘的原理,众生生命之流有两个方向,即流转和还灭。众生是趋向流转还是趋向还灭,完全视其业缘而定。不过,如果有情的生命是依缘而起并且处于奔流不息的变迁之中,那么生命的延续是以什么为其主体呢?谁在造业?谁在受果?谁进入生死轮回?谁又要求超脱生死轮回呢?部派佛教围绕这些问题展开了长时期的讨论。有些部派仍坚持业感缘起论,有的则通过不同的路向建立起变相的"有我"论。

出于上座系的犊子部及其支派,均建立了"不可说补特迦罗"。"补特迦罗",意译为"数取趣",即一次次地在六趣(六道)中招受轮回果报的主体,是"我"的异名。他们认为:"若定无有补特迦罗,为可说阿谁流转生死?不应生死自流转故。然薄伽梵于契经中说,诸有情无明所覆、贪爱所系,弛流生死,故应定有补特迦罗。""若一切类,我体都无,刹那灭心,于曾所受久相似境,何能忆知?"①"我体既无,孰为能忆?"②只有设定了"补特迦罗"才能解决这些问题,"补特迦罗"在流转生死,忆知过去,从前世转至后世。此"补特迦罗""其体与蕴不一不异……此如世间依薪立火,谓非离薪可立有火,而薪与火非一非异。若火异薪,薪应不热;若火与薪一,所烧即能烧,如是不离蕴立补特迦罗"③。犊子部这个"我"虽然说得很玄妙,但仍属实体范畴,"使人很自然地想到一个不离五蕴的形而上的实体"④。

经量部提出一种"胜义补特迦罗"。⑤ "胜义"是真实之义。窥基在

---

① 玄奘译:《俱舍论》卷三〇,《大正藏》第 29 卷,第 156 页下。
② 同上书,第 157 页上。
③ 唐玄奘译:《俱舍论》卷二九,《大正藏》第 29 卷,第 152 页下。此系论主与犊子部僧之问答,引文省略了论主之发问语。
④ 印顺:《唯识学探源》第 56—57 页,《妙云集》中编之三。
⑤ 此依《异部宗轮论》所载。吕澂在《略述经部学》一文中说:"《异部宗轮论》也说经部执有胜义补特伽罗,那明明是一种误传。"(吕澂:《印度佛学源流略讲》,第 314 页,上海:上海人民出版社,1979)证据恐未足,不从。

《异部宗轮论疏述记》中说,经量部"执有胜义补特迦罗,但是微细难可施设,即实我也"①。又说"诸蕴从前世转至后有。实法我,能从前世转至后世"②。这是说,"胜义补特迦罗"是一种真实的"我",其行相虽细微难知,却是众生由前世转至后世的主体。而此"胜义补特迦罗"是由体性永恒的"一味蕴"和由其所派生的、有生灭变化和作用的"根边蕴"二者所合成。窥基在《异部宗轮论疏述记》中将其释为"细意识",唐窥基注说:"有根边蕴,有一味蕴。一味者,即无始来展转和合,一味而转,即细意识,曾不间断。"③其实,经量部的譬喻师认为"灭尽定细心不灭",他们的理由是"无有有情而无色者,亦无有定而无心者。若定无心,命根应断,便名为死,非谓在定"④。"细心"相当于前述的"细意识"。吕澂先生和印顺法师均将经量部之学说列为唯识学的前驱之一,是很有道理的。与犊子部相同,经量部在修补原始佛教"无我"论之漏失方面走得很远,建立"实体我"的意图很明显。

(2) 法体问题

部派佛教一般将"法"分析为"有为法"和"无为法"两种,然后再对其分别进行分类。对于这些"法"有无实体,大致有六种意见⑤,其中有两种倾向值得注意:一是说一切有部之"法体"说,二是"一说部"之"诸法无名假体说"。

说一切有部不仅把三世作为生命主体的三生,甚至认为三世包含作为一般时间范畴的过去、现在、未来。四大论师之一的世友提出三世"位异"论,世友强调世间万物随着时间的推移,只是所处时位发生变化,而实体并不发生变化,"有为法未有作用名未来,正有作用名现在,作用已

---

①③ 窥基:《异部宗轮论疏述记》,《续藏经》第53册,第589页下。
② 同上书,第586页上。
④ 玄奘译:《大毗婆沙论》卷一五二,《大正藏》第27卷,第774页上。
⑤ 这是我国史籍中的归纳,六种为:一、我法俱有论;二、法有我无论;三、法无去来论;四、现通假实论;五、俗妄真实论;六、诸法俱名论。下文所论分别属于第一种和第六种。

灭名过去"①。世友认为:"体实恒有,无增无减,但依作用,说有说无。诸积聚事,依实有物,假施设有,时有时无。"②这就是说,事物在三世的时间变幻中,"体虽已有,而无作用。今遇因缘而生作用"③。看来,有部认为法体与其作用既有联系,也有区别,法体与作用是非一非异的关系。"法"只有体而没有"用",如过去之法与未来之法即是如此,所以体、用不能为"一";另一方面,引生自果的作用是依"法"而显起的,所以也不是"异"。"法"有三世差别,此仅依"法"的作用而言,但法体终归是恒住自性的。因此,三世从现象而言似乎有起灭,追究其背后却有恒一常存的"实体"存在。这一学说为轮回找到了一个形而上的抽象实体,比之前述的"补特迦罗"而言显然精致多了;但从法体与作用的关系而言仍然欠缺圆满,有割裂二者之嫌。

(3) 心的性质问题

佛教认为解脱的关键在于"心"之去染现净,作为解脱主体的心,其本性是净还是不净? 如何理解净与不净? 围绕着这些问题,印度部派佛教提出了两种不同的说法:即心性本净和心性本不净。这两种不同的价值判断影响了印度大乘佛教,也影响了中国佛教。

玄奘译的《异部宗轮论》将大众系的大众部、一说部、说出世部、鸡胤部视为"本宗同义者"④,并说这些部派在心性问题上的主张是:"心性本净,客尘随烦恼之所杂染,说为不净。"⑤《顺正理论》、《佛性论》、《舍利弗阿毗昙》等典籍均记载"分别论者"亦主张心性本净说。依吕澂先生之说,上座系分别说部及大众系大多数部派都持心性本净之说,上座部有关此问题的典据保存在汉译《舍利弗阿毗昙》和南方《增一部》经文中。南方上座《增一部·一法品》的第六节有对举体裁的两段,大意是:"心性

---

① ③ 玄奘译:《大毗婆沙论》卷七六,《大正藏》第27卷,第393页下、394页下。
② 同上书,第395下—396页上。
④ 玄奘译:《异部宗轮论》,《大正藏》第49卷,第15页中。
⑤ 同上书,第15页下。

本净,为客尘染。凡夫未闻故,不如实知,亦无修心";"心性本净,离客尘垢,圣人闻知,如实知见,亦有修心"。① 他们在此回答了两个问题:心可以解脱,其方法是去掉客尘。这大概是与大众部相同的部分。至于净心,立论各有不同。上座部主张净心是心所固有的,解脱之主体是净心。大众系也讲心性本净,但它不讲心原来就净,而是指其未来的可能之净,即未来可能达到的境界,而且一旦达到净位即不再退回到染位去。这样,大众系强调的是染心得解脱,如衣有污垢,未洗时脏,洗后即净,先后并非两衣,而是一衣。化地部认为心性本净,去掉染污就会出现净心,主张也有不同。② 关于本净与客尘之关系,依照窥基撰《异部宗轮论疏述记》③的看法,"心性本净,客尘所染"包含如下含义:其一,从时间上言,众生从"无始以来性体自净",而染烦恼为后起;其二,尽管心性本净,但众生仍不是"圣",因为众生之心仍含有"染"的可能性,即"有心即染"是也;其三,染、净在性质上是不相同的,染是暂时的、可断除的,即修道时"染乃离灭";而"净"是恒久的、不可断灭的,即"唯性净在"是也。

说一切有部反对心性本净说,《顺正理论》在记述了分别论者的观点后明确指出"此不应理"。④ 他们认为心性本来是染污的,只有彻底去掉染心才能得到净心,才是心性清净。他们认为,以有垢之器来说明心性是"不应理"的,"器与垢非互为因,容可计为垢除器在。贪心相望必互为因,如何从贪心可解脱?"⑤器具和污垢是外在关系,器具可以由净变垢,再除垢变净。而贪与心是互为因果关系,两者相应而生,心不可能本来就清净,所以清净是众生经过修持以后才得到的。可见,有部主张众生解脱是由染心到净心的转化,即净心代替染心的过程。前、后心是不同

---

① 转引自吕澂《印度佛学源流略讲》,第286页,上海:上海人民出版社,1979。
② 同上书,第77页。
③ 窥基:《异部宗轮论疏述记》,《续藏经》第53册,第582页中。
④⑤ 玄奘译:《顺正理论》卷七二,《大正藏》第29卷,第733页上。

的,是两个心,非一个心。然而,有部也强调解脱要依心而行,心也有离染向净的一面。杂染与离染是心的二重性质,修道的任务就是去掉杂染心,转成清净心。

部派佛教所立的两个相反的命题——"心性本净"与"心性本不净",其理论分歧主要集中在以下三方面:

其一,烦恼的分类。佛教所谓烦恼是泛指众生身心发生的恼、乱、烦、惑、污、瞋等消极的、否定性的心理活动。这些心理因素是妨碍修持达到觉悟的染相,因此都是对治去除的对象。心性本净论者将烦恼分为两方面:一是"缠",指烦恼的现行;二是"随眠",指烦恼的习气,如人处于睡眠状态一样,烦恼也可潜伏不彰。《异部宗轮论》载,大众、一说、说出世、鸡胤四派主张:"随眠非心,非心所法,亦无所缘。随眠异缠,缠异随眠。"①有部对"随眠"的体性持有异论,认为随眠就是烦恼。

其二,烦恼与心的联系。心性本净论者认为:"随眠与心不相应,缠与心相应。"②不论其与心相应或不相应,烦恼的染污并不影响心的本性,"心"尽管可与烦恼同时现起,仍然是离烦恼的,因为净心与烦恼并非同类,故表面染而其本性非染。《大毗婆沙论》卷六〇在论及分别论者关于阿罗汉果位是否退转时说:"分别论者又说,随眠是缠种子,随眠自性心不相应,诸缠自性与心相应。缠从随眠生,缠现前故退。诸阿罗汉已断随眠,缠既不生,彼如何退?故说无退。"③这里是说,"随眠"与"缠"不同,与"心"有相应、不相应之别。而"缠"是跟从随眠而生,若随眠已断,"缠"就不会再行生起。阿罗汉既已断随眠,当然不会退转而失果位。有部则坚持烦恼与心常相应并且会影响到心的本性。有部认为,烦恼与心常常相应而生,二者是共生,因此,烦恼不是"客相",而是主体心的内在本质,此念念生灭之心本身具烦恼相。

---

①② 玄奘译:《异部宗轮论》,《大正藏》第49卷,第15页下、15页下—16页上。
③ 玄奘译:《大毗婆沙论》卷六〇,《大正藏》第27卷,第313页上。

其三,垢相究竟如何而生?持心性本净论者认为:"心名但觉色等,然后取相,从相生诸烦恼,与心作垢,故说本净。"①心是一种认识觉知作用,在取得形相以后,由形相产生烦恼,再染垢心。心之垢染是主体的"取相"而生,并非本性层面产生烦恼,故言心性本净。有部则认为:"不然,是心心时即灭,未有垢相,心时灭已,垢何所染?"②正如上引"心念念生灭,不待烦恼"一样,心一发生作用也就随即消灭,既然生时即灭,烦恼没有对其发生作用,又如何可能产生垢相?有部特别强调烦恼不是在心取相之后产生,而是心与烦恼俱时而生,"若心与惑俱时而生,则不应言心本性净,有时客尘烦恼所染"③。心与烦恼既然互为因果,同时而生,就不能说心原本是清净的。"非贪势力令不染心转成染污,但有自性染污心起与贪相应……心性是染,本不由贪,故不染心本性清净,诸染污心本性染污。此义决定不可倾动。"④清净心与染污心是完全相反的两种"心",既然众生之贪心是本然性的存在,那么此染污心之生起,除"贪势力"之外尚应有"自性"层面的原因。若众生本性清净,就会使染心的形成缺乏内在根据。

(4) 证悟四谛的次第

《成实论》卷三说,关于修行的过程,部派中有不同的说法:"有人说四谛次第见,有人说一时见。"⑤《次第品》和《一时品》两品叙说了具体内容。

关于"次第见",《次第品》中记载说:"次第见者,如经中说,若人见世间集即灭无见,见世间灭即灭有见,当知集、灭二相各异。"⑥有部派依据经文说,有人见世间"集"即灭除关于世间是"无"的见解,见世间灭即灭除关于世间是"有"的见解。由此可见,四谛中的"集谛"和"灭谛"之"相"是不同的。"又若人能知所有集相皆是灭相,是名离垢得法眼净。又说,

---

①② 鸠摩罗什译:《成实论》卷三,《大正藏》第32卷,第258页中。
③ 玄奘译:《顺正理论》卷七二,《大正藏》第29卷,第733页中。
④ 同上书,第733页下。
⑤⑥ 鸠摩罗什译:《成实论》卷三,《大正藏》第32卷,第257页上。

利智慧人,渐舍诸恶,如练金师能离身垢。又《漏尽经》说,能知见者则漏得尽,行者不能自知,日日所尽,常修习故,得尽诸漏。复次佛言:'于诸谛中能生眼智明慧,欲界苦中二色、无色界二,集等亦尔。'又经中佛自口说:'渐次见谛,如人登梯,次第而上。'以是等经故,知四谛非一时得。又诸烦恼于四谛中四种邪行,所谓无苦、无集、无灭、无道,故无漏智亦应次第四种正行,又行者应定心分别是苦,是苦,因是苦灭,是苦灭道。若一心中,何得如是决定分别?故知次第非一时也。"①总之,依据经中的种种说法可知,四谛是应该次第获得证悟的。

关于"一时见",《一时品》记载说:"有人言,四谛一时见非次第。汝说见世间集即灭无见,见世间灭则灭有见者,则坏自法。若然者,亦不应以十六心十二行得道。又汝言知所有集相皆是灭相得法眼者,若尔,便应以二心得道。一者,集心。二谓灭心。但不然,又汝言利智渐舍恶者,亦不应但十六心也。又汝言《漏尽经》说能知色等得漏尽者,如是则应有无量心,非但十六心。又汝言眼智明慧者,佛自言'于四谛中得眼智明慧',不言次第有十六心。又汝言佛自口说'渐次见谛如登梯'者,我不习此经,设有应弃,以不顺法相故。又汝言四种邪行者,于五阴等亦应邪行,随所邪行皆应生智。如是,则不应但以十六心得道,又汝言应定分别者,于色等中亦应分别,是故不但应有十六心也。"这一部派对上述派别的观点作了全面反驳,认为"行者,不得诸谛唯有一谛,谓见苦灭,名初得道。以见法等诸因缘故,行者从暖等法渐次见谛灭谛,最后见灭谛,故名为得道"②。

(5) 阿罗汉退转不退转

《成实论》卷三说,关于阿罗汉果位,部派中有不同的说法:"有人说阿罗汉退,或说不退。"③《退品》和《不退品》两品来叙说具体内容。

---

① 鸠摩罗什译:《成实论》卷三,《大正藏》第32卷,第257页上一中。
②③ 同上书,第257页中。

《退品》叙述了阿罗汉退转的理由:"有退者,如经中说:'时解脱阿罗汉以五因缘故退,乐作务,乐诵读,乐断事,乐远行,长病。'又经说二种阿罗汉,退相、不退相。又经中说:'若某比丘退解脱门,则有是处'。又经中说:'观身如瓶,防意如定'。"①由于乐于作务、读诵以及远行、生病等原因,正如阿罗汉果位之后仍然会退转。"又二种智——尽智、无生智。若尽智不复生者,何用无生智?又优陀耶难得灭尽定者,即是退因。是人虽退,亦生色界。以是等缘当知有退。"②总之,阿罗汉有退转是一些部派的观点。

《不退品》记载说,有些部派反对阿罗汉有退转,主张"圣道不退,但退禅定"③,退转的是"禅定"而非"圣道"。对此有质疑说:"若然者,无二种阿罗汉,但有退相。以一切阿罗汉于禅定中,皆有退故。"这是说,如果上述说法成立,应该说只有一种阿罗汉,因为所有阿罗汉都是有退相的。持"不退"说者回答说:"退禅定中自在力,非一切阿罗汉皆得自在力。"对此,持"退转"说者说:"不然。如劬提比丘,六反退已,便以刀自害。若退禅定者,不应自害。以佛法中贵解脱,不贵定故。"持"不退"说者回答说:"是人依此禅定当得阿罗汉道,失此定故则失无漏,非无漏有退。所以者何?如偈说'毕故不造新',于诸有中皆得厌离,灭诸结使,更无生相,是诸健人犹如灯灭。……又经中说:实行圣人终无有退,阿罗汉已证四谛,诸漏尽故,名实行者。又说,七觉名不退法,阿罗汉具足七觉,是故不退。又阿罗汉证不坏解脱,是故不退。又阿罗汉于佛法中得坚固利,所谓不坏解脱。又如人截手,念与不念常名截手,阿罗汉亦尔,断结使已。念与不念,常名为断。又经中说:信等根利,名阿罗汉。利根者,终无有退。又阿罗汉能于无上断爱法中,心善得解脱,毕竟尽灭。又譬如火烧所未烧,烧已不还本处。比丘如是已能成就十一法故终无有退。"④

---

① 鸠摩罗什译:《成实论》卷三,《大正藏》第32卷,第257页中—下。
②③ 同上书,第257页下。
④ 同上书,第257—258页上。

对于持"退转"说者所说"有二种阿罗汉,汝所引经说不退",持"不退"说者回答说:"此是总相说,诸学人应不放逸,阿罗汉不须非是。别相说不退相者,又佛说偈:胜若还生,不名为胜。胜而不生,是名真胜。若阿罗汉还生烦恼,则不名胜。又阿罗汉生已尽故,不复受身。汝经虽说阿罗汉退法应还得,若尔,亦可法应不退。若比丘能令诸相不生,名阿罗汉,是故无退。"①

(6) 佛在僧数不在僧数

依据《成实论》所记载的部派佛教关于"佛在僧数不在僧数"的争论可知,部派佛教的佛陀观前后有所变化。早期佛教文献强调,佛陀的说教是终极真理,他本人是发现真理和传播真理的导师。他的学说应该信奉,他的行为值得效法。他有超人的神通,但他毕竟是人不是神。传说他在弥留之际告诫弟子辈:要依"法"不依"人"。人是有生灭的,"法"才是永恒的。佛教分派之后,围绕佛陀是人还是神这一问题,有过很不同的意见。

上座系倾向把佛陀看作历史人物,认为佛陀的肉体是有限的,寿命有边际。佛陀异于常人之处,主要在于他的思想伟大,精神纯洁高尚,智慧深湛。化地部认为,佛陀仍在僧数,供养现在的僧人比供养死去的佛陀功德还大。法藏部开始反对这种主张,认为佛虽属僧伽一员,但施佛所获福果大于施僧。

据《异部宗轮论》,大众各部普遍地神化佛陀,认为佛陀完全是出世间的,他已经断尽漏失,根绝烦恼。他的话句句是真理,所化有情无不净信。他的肉体、寿命和威力都是无限的。佛陀没有睡梦,回答问题不待思维,一刹那心知一切法,等等。世人见到的佛只是佛身的一部分,而不是全部;世人以为佛用语言向他说法,事实上佛常在定中,并不言说。佛陀的长相也异于常人,所谓"三十二大人相"、"八十微妙种好"等。总之,

---

① 鸠摩罗什译:《成实论》卷三,《大正藏》第32卷,第258页上一中。

从形体到精神,佛陀与一般常人已很少有共同之处,他被渲染成了神。

《成实论》卷三《辩三宝品》记载了两种观点,文中说:"摩醯舍婆道人说,佛在僧数。答曰:若说佛在四众,所谓有众,生众,人众,圣人众,是则非过。若言佛在声闻众中,是则有咎,以闻法得悟,故曰声闻。佛相异故,不在此中。"①这是说,佛与声闻不同。又有主张:"佛居僧之首,有人施者名为施僧。"而反驳者说:"此施属何等僧?此经小失,是应当言施属佛僧。"也有主张说:"诸有成就圣功德人,舍利弗等皆在僧数中。佛亦如是,以同相故。"②反驳者回应说:"若以同相者,诸凡夫人及非众生数,亦有应入僧数者。而不然,是故知佛不在僧中。又佛不入僧羯中,亦不同诸余僧事。又以三宝差别故,佛不在僧中。"③

三、大乘佛教的兴起及其发展

大约在公元前1世纪左右,大乘佛教在印度兴起。一般地说,大乘佛教的兴起与部派佛教中"大众部"关联较为直接些,但也不是简单的继承演变的关系。而且,大乘佛教兴起之后,部派佛教仍然在继续存在和发展。大乘佛教发展先后出现了三大系统,即中观、瑜伽行派和密宗。

1. 小乘与大乘

"乘"即运载之义。"小乘"即小的运载工具,譬如小船、小车只能运载一人到彼岸,大乘则如同一只大船、一辆大车,可以运载所有的众生到达彼岸。新兴的佛教派别为了标榜自己与各部派的区别与殊胜,称自己为"大乘",而将"小乘"的贬称送给了与自己不同的部派。综合起来,大乘佛教与小乘佛教的区别主要体现在如下几方面:

第一,自利、利他。佛教是以度化众生摆脱轮回之苦为目标的,在道理上都应是既"自利"又"利他"的。因此,一般所认为的小乘佛教仅专心

---

①③ 鸠摩罗什译:《成实论》卷三,《大正藏》第32卷,第258页下。
② 同上书,第259页上。

于解救自己而不救度他人,是不够恰当确切的。实际上,小乘佛教也行教化弟子与信徒之事,因此不能谓之为只是自利,然其教理的确以自己之修行为主,而大乘佛教的教理则以利他济世、慈航普度为号召。

第二,大乘佛教是在家、出家一贯的佛教。就不排除在家者这一点而言,它被称为大乘。小乘佛教是出家主义的佛教,他们认为若不出家修行、严守戒律,则不得解脱。因此,在家者是被排除在解脱之外的。就排除在家者这一点而言,部派佛教被称为小乘。释尊曾为在家者说适合在家者修行的法,但部派佛教没有将这一类教理保存下来。大乘佛教运动兴起于在家者之中,不区别在家与出家,是在家、出家共通之教;在不排除在家者这一点言,可谓为广大之教。虽然后来大乘佛教也采用部派佛教的戒律,区别在家与出家,但这是后世才如此的。在初期的大乘佛教中,出家菩萨并没有自己的戒律。然而这不意味初期大乘教团没有出家菩萨。在菩萨所修的"六波罗蜜"中,并没有显示在家、出家有别。在教理上,在家、出家无别,此即表明大乘佛教之广,是被称为大乘的理由之一。

第三,大乘佛教系普济贤愚与善恶之教,依难行道、易行道言之。在实践与信仰兼重这一点上,大乘是愚者、弱者皆不遗漏的佛教。大乘既有严格、艰苦修行的难行道,但同时也有用以接引意志薄弱者或为恶者的易行道,即大乘佛教是立足于佛陀之慈悲的教派,这是信仰佛陀而得救的佛教。由于信仰的佛教不舍弃意志薄弱者及恶人,因此是广大之教。

第四,佛身论发达。小乘佛教中,佛陀是"导师",是说法的佛。由于重视被说的"法",因此,对于能说者的"佛"之研究,并没有特别发展。而大乘佛教的佛陀,由于被要求是一位救度者,因此产生其救度的能力及如何救度等疑问,其"救度力"被强调,从而以之为超人的理论根据亦被研究。初期大乘佛典中,已有非常发达的佛陀观出现。例如阿閦佛建立净土一事,在成立极早的《道行般若经》中已可见及。《道行般若经》没有言及阿弥陀佛,但在同是成立颇早的《般舟三昧经》中曾提及,而讲述阿弥陀佛建立净土及救度众生的《大阿弥陀经》其成立也早。其次,在《法华经》中说久远成佛的释迦,《华严经》说遍满世界的毗卢舍那佛。这些佛的能力皆远超生于印度的释尊,具有无限光明与无限的寿命及不可思议的神通力,是真理之人格化。其后,佛陀的本质及威力的根据被更深入地探究,乃至有法身、报身、应身等佛身论产生,进而与法身有关的法性、法界、真如等思想也发展开来。研究佛陀的本质,发展出种种佛身论,这是大乘的特色。

第五,大乘佛教以作菩萨、成佛为目的,而小乘则以证阿罗汉为究竟。小乘佛教的典籍中也提到过菩萨,但主要是指释尊的前身释迦菩萨以及未来佛的弥勒菩萨。此外,也认为过去佛也有其菩萨时代,但都是指业已成佛者的前生。大乘佛教的目标更为高远,把作菩萨、成佛作为最高的境界。

第六,大乘佛教的主要修行途径是"菩萨行",而"菩萨行"的基本内容是"六度";小乘佛教的基本修行内容是"三学"。"六度"亦即"六波罗蜜多",指离生死此岸、度烦恼中流、到涅槃彼岸的六种方法,即布施、持戒、忍辱、精进、禅定、般若。"三学"即戒、定、慧。

"六度"之"布施",即布施波罗蜜,分为财施、法施、无畏施三种。所谓财施,是指以自己的财物施与他人,使其安乐;所谓法施,是指为众生演说佛法,使其开悟;所谓无畏施,是指入世间救苦救难,使众生脱离苦海。持戒波罗蜜又称"戒度",包括出家、在家、大乘、小乘一切戒法和善法,菩萨由修一切戒法和善法,能断身、口、意一切恶业。"忍辱波罗蜜"之"忍"有三层含义:忍受人世间的苦迫,叫"生忍";忍受身心的劳苦病苦,以及风雨寒热等苦,叫"法忍";忍可诸法无生性,叫"无生忍",无生忍即般若慧。"精进波罗蜜"之"精进",又作"精勤"、"勤精进"、"进"、"勤",指勇猛勤策进修诸善法。依照佛教教义,在修善断恶、去染转净之修行过程中,不懈怠地努力上进。"禅波罗蜜"是菩萨为获般若之实智,或为得神通所修的禅定。"般若波罗蜜"之"般若"即智慧,指佛教中所说的明见一切事物及道理的高深智慧。般若波罗蜜(智慧波罗蜜),被称为诸佛之母,成为其他五波罗蜜之根据,而居于最重要之地位。

"三学"之"戒",即修持戒律,以止恶扬善;"定"即修习禅定,以摄心凝神,由定发慧;"慧"即用佛教的智慧灭除无明,获得解脱。

第七,在理论上,对法空的解释,小乘对佛说很拘泥,认为(特别是有部)凡佛说的都实在。小乘佛教的"法"是一种概念的实在论,它们不承认万法皆空,最多只承认人无我,所谓人空法有。小乘中也有主张法无我的,如上座部,但也是用分析方法得出来的,这样来理解空,当然很不彻底。大乘认为一切皆空,法的自性也是空,所以说一切法的存在如幻如化。大乘佛教将"空"提升到非空非假、亦空亦假的中道观,是一种中观的思维方法。

第八,大乘与小乘的区别,还表现在佛法标准上。这就是所谓的"三法印"与"一实相印"。

"三法印"是小乘佛教的三个基本教义,同时也是小乘佛教用来判断佛法是否究竟的三个标准。它的具体内容是"诸行无常,诸法无我,涅槃寂静"。

"一实相印",是大乘佛教的一个重要教义,也是大乘佛教用来衡量是不是佛法、是不是究竟法的一个重要标尺。所谓"实相",亦称"真如"、"法界"、"法性"等,指一切万有、生佛诸法之本来的真实相状。在大乘佛教看来,世间之森罗万象、出世之诸佛菩萨都是"实相"的体现。此"实相"不生不灭,无始无终,横遍十方,竖穷三际,非青黄赤白,非长短方圆,不可以眼耳鼻舌身意六根去求取,也不能以语言文字虚妄分别,必须依佛法亲证方才能够明了。大乘佛教反复强调,凡是承认一切法是此"实相"之体现的,则是佛法、究竟之法;凡是不承认诸法都是"实相"之体现的,则不是佛法,不是究竟之法。

大乘佛教的这一"实相"说,看起来玄而又玄,不可捉摸,实际上,如果用现代哲学术语言之,此"实相"实际上是万事万物的"本质"、"本体"。这一"实相"说也是大乘佛教区别于小乘佛教的一个重要方面。释迦牟尼佛在反对婆罗门教的"神我"说的过程中,提出了万事万物无自体的缘起理论。小乘佛教正是基于缘起论,倡言"诸行无常"、"诸法无我"。而从大乘佛教出现之后,佛教又逐渐孕育出了作为诸法之本质和诸佛之体性的"实相"说,并且根据此"实相"说,在小乘佛教所说的"苦、空、无常、无我"之上更倡言"常、乐、我、净"。表面看来,这是首末易唱,实际上,其间也不是没有共通之处。例如,"三法印"中的"涅槃寂静",就是从诸法本性立论的,此一本性与大乘佛教所说的实相实在仅仅是咫尺之遥,此其一;其二,"实相"说与"无常"、"无我"说,反映了佛教思想的历史发展,如果说小乘佛教的思想较侧重于从破我法、我执的角度去讲"无常"、"无我",那么,大乘佛教则发展到更注重诸法的体性,因而更加凸显了"实相"、"佛性"、"如来藏"的地位。

大乘佛教的出现,标志着佛教发展到一个新的阶段。当然,并不是到了大乘佛教之后,佛教就不再发展了,在印度佛教史上,大乘佛教可分为三个发展期:早期的中观学派、中期的瑜伽行派和后期的密教。

2. 中观派的兴起

初期大乘佛教大约产生于1世纪左右。以龙树、提婆等人对于"般若类"经典的解释为核心,逐渐形成了大乘佛教的第一个派别——中观学派。

中观学派,中国传统称为"空宗",因宣扬龙树的"中道"而得名。中观学派的思想历程,大致可分为三个阶段:

初期以龙树、提婆师徒二人及受其直接影响的诸论师为代表,如罗睺罗跋陀罗、青目、婆薮皆属之。龙树以《般若经》为基础,造《中论》、《十二门论》、《大智度论》等书,阐明"八不中道"、"缘起无自性"、我法二空之理;提婆造《百论》,主旨在破斥外道及小乘诸派之偏执。

6世纪佛护作《中论注》,清辨作《般若灯论释》,与当时流行的唯识学派开展了"空有之争"后,大乘佛教才开始形成中观派和瑜伽行派的并立。佛护和清辨虽然都标榜弘扬龙树、提婆的中观,但他们对空性的认识和论证方法都各自不同。所以,中观派分成应成派(归谬论证派)和自续派(独立论证派)两派。应成派的佛护继承龙树、提婆破而不立的传统,认为龙树的空"是遮非表"。所谓"是遮",指从各个方面指摘论敌所说的矛盾性,证明其不能成立,从而否定一切实有自性。"非表"是不提出自己正面的、积极的主张,不肯定任何规定性的存在。在他们看来,不但对空有,而且对空的认识本身也要加以排除("非唯空有,亦复空空")。但自续派的清辨等持相反的意见,认为对空性要用因明的推论形式(比量)积极地加以表述,空不是意味着否定一切,而是修持者在禅思中能够达到的一种最高境界。应成派的后继者有月称和寂天。他们进一步发挥了佛护的"以破显空"的思想。此派至11世纪初在印度中断。但经阿底峡传入西藏复经宗喀巴的提倡,在藏地继续得到发展。自续派的后继者有难誓、室利笈多、阇那迦波、寂护、莲花戒、解脱军和师子贤等。

7—8世纪以后,随着密教的传播,大乘两个学派开始融合,形成中观瑜伽行派。寂护是这个学派的创建者,著有《摄真实论》等。他坚持自续派的独立论证路线,并受到法称因明学中认识论和方法论的影响,认为外界的一切存在虽然都是识的流转和显现,但从终极意义(胜义)上看则不过是"寂灭戏论"或"毕竟空"。莲花为对寂护的《摄真实论》作注,著有《摄真实论注》,进一步把唯识学说引入中观派中去,提出了"无相唯识说"。师子贤著有《八千颂般若解说·现观庄严明》,用般若思想贯通了中观和瑜伽两派理论。他们的思想传入藏地后对显教的各派有重要影响。

3. 瑜伽行派的兴起

瑜伽行派,中国传统称为"有宗"。因强调瑜伽的修行方法而得名,以《解深密经》、《瑜伽师地论》、《摄大乘论》、《唯识三十颂》、《唯识二十论》等为主要经典。瑜伽行派的论师以修持瑜伽行为主,所以称为"瑜伽师"。

传说瑜伽行派的祖师是弥勒,但弥勒是否实有其人,学术界一直有争论。一般认为,在瑜伽行派兴起时,大乘佛教中曾有弥勒论师,该派假托弥勒菩萨所说作了种种论著。该派理论的奠基人是无著和世亲。世亲的继承者有亲胜和火辨两家。较亲胜稍后并发挥亲胜学说的有德慧和安慧等,史家称为前期瑜伽行派或无相唯识派;世亲的另一继承者是陈那,他特别注意用因明的方法阐发瑜伽学说,是后期瑜伽行派或有相唯识派的先驱;陈那的后继者有无性、护法、戒贤、法称等。迨7—8世纪密教兴起后,大乘佛教中的两派开始接近起来,逐渐融合为瑜伽行中观派或称中观瑜伽行派。

瑜伽行派的主要学说如下:第一,三能变与八识。第二,识变说与"相分"等。第三,五位百法。第四,三性与三无性。第五,五种姓。唐代唯识宗基本上继承了这些学说,并且有所光大。

4. 密教

大乘佛教发展的第三阶段,是印度佛教最后一个时期流行的密教,即秘密教。"秘密"的意思并非秘不示人,乃谓诸佛之三业幽奥深妙,非等觉之菩萨则不能窥知之,故称秘密。密教的教典总称为怛多罗。密教在教理上以大乘中观派和瑜伽行派的思想为其理论前提,在实践上则以高度组织化了的咒术、礼仪、本尊信仰崇拜等为其特征。宣传口诵真言咒语("语密")、手结契印(手式或身体姿势,"身密")和心作观想("意密"),"三密"相应可以即身成佛。另外,在其修法之际,建筑坛场(曼荼罗,意为"轮圆具足"),配置诸佛菩萨。密教成为独立的思想体系和派别,一般认为在7世纪中叶《大日经》和《金刚顶经》成立以后。

印度密宗起源于古吠陀典籍,其后流行于民间各阶层,佛教在长期发展过程中,逐渐渗入民间信仰,并受此等咒术密法之影响,加以摄取,作为守护教徒、消除灾障之用,古来通常称为杂密。密宗并将吠陀以来之诸神,用交换神教方式重新组织佛教,而出现许多明王、菩萨、诸天、真言咒语。故后期大乘经典中出现以陀罗尼为主之经典,巴利律藏及经藏中有说护身等偈之经典,锡兰等地佛教徒将其编集,称为《明护经》,迄今仍传诵不已;又有如《大会经》(收于《长阿含经》),为列出听法会众之名的经典;此等被认为是密教陀罗尼及曼荼罗之起源。其后迄4世纪左右,出现专说咒法之独立经典《孔雀明王经》,认为口念真言,内心统一,建立方圆之土坛,供养诸尊,严修仪礼,即可产生不可思议之功德。

密教最初流传于西南印度、德干高原,后来再向南印度和东北印度传播,以超戒寺为中心,获得波罗王朝的支持而迅速发展。纯密以《大日经》、《金刚顶经》为主。在7世纪后半叶,成立于中印度之《大日经》,将杂密经典所说诸尊以大日如来为中心,集大成而成胎藏界曼荼罗。其理论可能承自《华严经》之说法,主张在现实之事相上,直观宇宙真相。《大日经》主要讲述密教的基本教义、各种仪轨和行法、供养的方法。《金刚顶经》成立稍晚,流行于南印度,系传自瑜伽行派之说,以心识为中心而言五相成身(在心身中具备五相与本尊同一之观法)。《金刚顶经》以大日如来为受用身,宣传"五佛显五智说",所谓"五佛显五智"是中央大日如来佛的法界体性智,东方的阿閦如来的大圆镜智,南方的宝生如来的平等性智,西方的无量寿如来的妙观察智,北方的不空成就如来的成所作智。其中最重要的是法界体性智,除了法界体性智外,前四智都是唯识所转,采纳了瑜伽行派的"转识成智"思想。

《金刚顶经》出现以后,密教被称为金刚乘。其后从金刚乘中又分出一支称俱生乘或易行乘。这派经典多用孟加拉国等地方语言写作,其中很多是导师所传的歌诀,主张佛身四身说(法身、报身、应身和俱生身),宣传自我是"与生俱有"(本性)的性质并是实现的目的,在实践上重视导师的作用和秘密的仪式。在11世纪西亚突厥系的伊斯兰军队侵入南亚次大陆以后,在密教中又出现了时轮教,有些学者认为时轮教即是俱生乘。他们宣传现实存在像时间的车轮一样,倏忽即逝。"般若与方便二而不二",只有信仰宇宙的绝对者本初佛才能从迷妄的世间中解脱出来。

另外，宣传佛教的理想国香巴拉的思想。在时轮教出现以后不久，印度中部的佛教寺院受到入侵军队的彻底摧毁，佛教在印度也就消失了。

四、佛教对外传播

佛陀涅槃约二百年时，孔雀王朝统治印度。约公元前273—前232年间，第三代国王阿育王在位。他积极扩张领土，几乎统一了除印度半岛南部的所有国土。大约在公元前261年，阿育王征服印度东海岸的羯陵伽国（今印度奥理萨邦）。当时的征服战争异常残酷，"俘虏十五万，毒杀了十万人，死亡者还数倍于此"①。可能因为血腥气太重，促使阿育王从战争的狂热之中清醒过来。他深深地谴责自己嗜杀成性的残暴行为，在沙门的感召下皈依了佛教。他认为，"达磨的征服乃真正之征服"，"依法胜，是最胜"。于是，战后不久，阿育王改弦更张，开始实施"达磨"（法）治国的方针。他对达磨的解释是："除邪恶，多善良，发慈悲，乐施舍，重诚实，贵纯洁"，同时规定"戒除杀生"。阿育王的"达磨"大致相当于给臣民规定的一系列道德规范。他告诫官吏，忠于职守，忠于国王，这就是善行，生时能获得宠信和赏赐，死后能升入天界。反之是恶行，生时要受惩罚，死后要下地狱。阿育王就这样把因果报应的教义与统治者的切身利益联系了起来，以维护他的政权。

为了弘扬佛法，阿育王做了四件大事：一是树立法敕，宣示皈依；二是召集高僧结集佛教经典②；三是广建佛塔，供养舍利；四是派遣僧人，到国外传教。阿育王还亲自到佛陀的故乡去朝拜，并且树立石柱记载此事。

阿育王又下令发掘八王所建的舍利塔，取出舍利，重新安奉。据佛教史籍记载，阿育王役使鬼神，在一夜之间同时建造了八万四千座佛塔。

---

① 阿育王法敕第十三号。
② 关于在阿育王时代是否结集过佛教经典，有不同记载，学术界也有不同意见。在此，姑且遵从大多数人认可的看法。

这些记述,神话色彩颇为浓厚,难于尽信。但是,阿育王曾经发掘过佛舍利塔,并且在各地修建了新的佛舍利塔,已经得到现代考古发掘的证实。据法显《佛国记》等史籍记载,十座大塔之中,有一二座宝塔因为结构牢固,阿育王未能开掘,传说是因为地下有龙王保护。现今考古发掘证实,阿育王未曾发掘的就是蓝莫塔(位于今印度中部巴斯提县)。中国古代求法高僧法显、玄奘等到达印度,都曾经礼拜过此塔。当初,蓝莫国使者未能分到舍利,只得带着灰炭回国建塔供奉。近代考古工作者从此地发掘出了装藏佛舍利的容器。玄奘在《大唐西域记》中曾记载,毗舍离国西北部有座塔,是阿育王所建,旁边有石柱,高五六十尺,顶部为狮子形。最近印度学者发掘了这一遗址,并且出土了阿育王瘗埋舍利的容器。石柱也在巴拉克村发现,狮子像和柱子雕刻保存完好,仅下半部埋于土中。据考证,这个狮子像就是现存石柱之中最早的样式,被称之为巴拉克石柱。阿育王还曾经派遣许多高僧到各地传播佛法。据学者研究,其涉足的地方竟拓展到中亚、西亚一带,最远处到达埃及、希腊。传教僧所至,为取得当地人的崇信,出示佛舍利并且建塔供养,肯定会是一项极具弘法效果的活动。阿育王于一夜之间役使鬼神建造八万四千座佛塔的传说,其原始依据大概与此相关。

阿育王派遣到印度南部案达罗国传教的僧人大天,成立了制多部,专门以佛舍利为崇拜对象。制多,也称支提,是类似于塔样的纪念物。有舍利的叫塔,无舍利的叫制多。制多部活动的中心地区在印度东南部的驮那磔迦。这里的佛塔通常被称为"阿摩罗缚提塔",塔身刻有铭文"大制多"。这一建筑一直保存到1895年。制多外栏高一丈,由巨石砌成,上面有精美的雕刻。塔基与外栏高度相同,但雕刻更为精美,描绘了佛陀一生行事以及本生事迹的浮雕异常生动,此外尚有佛的脚印、法轮等图案。"制多"一语有"积聚"的意思,是说佛陀的福分与功德全部积聚于此,因此崇拜制多就是崇拜佛陀。制多上一般都刻有佛经经文,也有一些史籍将这些刻写在塔身的经文称之为"法舍利"。从这个角度说,制多崇拜也可以看作佛舍利崇拜。大概传教需要大量舍利,而大天所带不多,情急之中就想出这个办法。不过,这也与佛祖遗言"以法为师"相契合,也可以算作大天的一个创造吧!

据《摩崖法敕》(第十三)记,阿育王为宣扬其达磨治国的德政,曾使"希腊王安条克所住之处,及北部的托勒米、安提柯、马伽斯以及亚历山大四王所住之处,南部的朱拉王国、潘地亚王国和锡兰,皆得法胜"。此中安条克(公元前261—前246)住处,指塞琉古国(小亚细亚西岸,西亚和中亚的一部分);托勒米(公元前285—前247)住处,指埃及国;安提柯(公元前278—前239)住处,指马其顿国;马伽斯(? —前258)住处,指西林尼国(利比亚北部昔兰尼加);亚历山大(公元前272—前258)住处,指伊庇鲁斯国(希腊西北);朱拉、潘地亚则是印度南端的两个小国。阿育王宣扬的"达磨"、"正法"或"法胜",当包括他支持的佛法在内。

又据南传佛教传说,阿育王第三次结集后,由目犍连子帝须长老派遣,十几位上座分成九路,到毗邻国家和地区布教。其中末阐提到罽宾和犍陀罗,摩诃勒弃多到臾那世界(印度西北,希腊移民聚居区);末士摩到雪山边国(尼泊尔),须那和郁多罗到金地(缅甸或马来半岛),摩哂陀到师子洲(斯里兰卡)。这样,到阿育王后期,佛教不但已遍及印度全境,而且影响西达地中海东部沿岸国家,北到克什米尔、白沙瓦,南到斯里兰卡,进入东南亚。

佛教由此分为两条对外传播路线,以斯里兰卡为基地并向东南亚传播的,称作南传佛教;以克什米尔、白沙瓦为中心,继续向大月氏、康居、大夏、安息和我国的于阗、龟兹传播的,叫做北传佛教。北传佛教最大成果就是汉传佛教的形成与兴盛,以及印度佛教与吐蕃宗教信仰结合而形成的藏传佛教。

第二节 佛教传入中土的路线、传说和史实

根据学术界研究,佛教传入中国汉地所经由的路径有陆路和海路两

条线路。关于陆路,过去一直强调的是由洛阳、长安为起点的丝绸之路,最近十几年,有不少学者经过对文物考古发掘资料的分析,力主佛教也可能通过川、滇、缅、印通道传入内地。如此,陆路分为两条。对于佛教从海路传入中土的证据的发掘,更使有些学者相信,这一线路对于佛教传入中土的贡献,并不亚于印度经由西域向内地传播这一从古至今备受重视的线路。从目前学者的研究成果看,后两条通道固然重要,但从初传角度推究,目前没有直接证据证实佛教从海路传入确实早于从西域通过丝绸之路传入内地。所有的考古发掘所获资料,仅仅指向南方佛教至东汉时期已经有相当规模的发展。本著综合学术界研究成果,对上述三条传播道路及其对中国佛教曾经发生的影响,逐次作一叙述说明。

一、佛教由天竺经西域向内地传播

在印度阿育王时代后期,佛教不但已遍及印度全境,而且影响西达地中海东部沿岸国家,北到克什米尔、白沙瓦,南到斯里兰卡,进入东南亚。而正是此时,佛教以克什米尔、白沙瓦为中心,以较大规模向西域的大月氏、康居、大夏、安息和我国的于阗、龟兹传播。

佛教传入西域的时间尚无定论。根据佛教自身的史籍记载,公元前3世纪印度阿育王时期,佛教便入了当时的于阗(今和田)、龟兹(今库车)等地。汤用彤认为:"盖在西汉文、景帝时,佛法早已盛行于印度西北。其教继向中亚传播,自意中事。约在文帝时,月氏族为匈奴所迫,自中国之西北,向西迁徙。至武帝时已臣服大夏。……佛法之传布于西域,东及支那,月氏领地实至重要也。"[①]而大月氏西侵大夏,汉武帝开辟西域,都为佛教传入内地提供了便利。

从现存证据看,说佛教通过西域传入内地没有任何问题,而关键在于传入内地的佛教是印度的佛教还是西域的佛教。因为目前有很多证

---

① 汤用彤:《汉魏两晋南北朝佛教史》,第33—34页,北京:中华书局,1983。

据表明,在东汉时期甚至法显西行时所见,西域佛教不是很发达,而且主要流行的是小乘佛教,与内地以大乘为主流不合拍。因此,西域很大程度上只是印度佛教进入内地的通道,而实际作用不如有些学者所说的那样大。这一态势,愈往后愈明显。

1. 西域诸国及其与汉王朝的关系

作为历史地名的"西域",在概念上有广义与狭义之分。狭义的西域专指巴尔喀什湖以东以南和我国新疆地区;广义的西域泛指玉门关、阳关以西的广大地区,包括今新疆、中亚、西亚、南亚、北非、中东欧等地。本文所谓"西域"系指狭义概念。

天山以南是四周环绕高山的一个大盆地。北有天山,南有昆仑山,西有葱岭,东有南山(即祁连山),只有在东北有个天然缺口,通达蒙古高原及甘肃西北部。这个盆地,东西约长二千八百多里,南北一千多里。在汉代,这地区已变成一望无涯的流沙,发源于周边高山的许多河流流注于大沙漠之中,其中发源于昆仑山的于阗河,北与葱岭河会合,汇流成一条自西向东横贯沙漠的塔里木河,注入蒲昌海(今罗尔淖尔)。在塔里木河许多支流的灌溉下,这里出现了许多适宜于畜牧和农耕的绿洲。秦汉时期,一些民族在此建筑城廓,逐渐形成了许多号称"国"的小城邦。从公元前3至前2世纪起,东方各族——蒙古草原上的匈奴人,锡尔河流域草原上的塞种人,在中国甘肃西部的大月氏人,以及和他们邻近的乌孙人,都通过这个地区,陆续向西方大规模地迁移。

西域是中西交通的走廊。这里是各游牧民族角逐的场所,并先后出现了许多独立的王国。有史料记载,至公元前5世纪左右,西域一带形成若干国家,并开始独立发展。《汉书·西域传》记载当时已有三十余国分布于此,因而有"西域三十六国"之说。《后汉书·班超传》也记载西域有三十六国,而《三国志·论》叙述说:"西域本三十六国,后分为五十五,稍散至百余国。"历史上的"西域三十六国"是:天山南路二十二国——若羌、楼兰、且末、小宛、精绝、戎卢、扜弥、渠勒、于阗、莎车、疏勒、尉头、温宿、姑墨、龟兹、乌垒、渠犁、危须、焉耆、墨山、狐胡,山后二国——车师(姑师)、劫,葱岭八国——皮山、西夜、子合、蒲犁、依耐、无雷、难兜、乌秅,葱岭西四国——大宛、捐毒、休循、桃槐。

在大沙漠以南,自楼兰沿昆仑山北麓西行有条通道至莎车,约有十余"国",总称"南道诸国"。自莎车向西南,至帕米尔高原山谷之间,也有几个小"国",总称"葱岭诸国"。在沙漠以北,自疏勒沿天山南麓东行至狐胡,总称"北道诸国"。沙漠南北诸"国",皆以种植、畜牧为生,有城郭庐舍,故统称为"城郭诸国"。"葱岭诸国"由于耕种面积小,一般都过着随畜转徙的游牧生活。天山以北,一直延展到西伯利亚的极南边,都是高山深谷,山谷中有许多小河和湖泊,这是一个山岳地带。在阿尔泰山与天山之间有块很大的平原,即准噶尔盆地。这里,气候湿润,水草肥美,最适宜于畜牧。汉初,分布于这一带的人们,也分为许多小"国",统称之为"山后诸国"。

在张骞打通西域之前,西域各国被匈奴支配。汉武帝欲联合大月氏共击匈奴,传旨招募能出使月氏的人。张骞应募出使西域。建元三年(公元前 138 年),张骞出陇西,经过匈奴辖区被俘。在匈奴十年余,娶妻生子,但始终秉持汉节。后来,张骞得以逃脱,西行至大宛,经康居,抵达大月氏,再至大夏,停留了一年多才返回。在归途中,张骞改从南道,依傍南山,企图避免被匈奴发现,但仍为匈奴所得,又被拘留一年多。元朔三年(公元前 126 年),匈奴内乱,张骞乘机逃回汉朝,向汉武帝详细报告了西域情况,武帝授以太中大夫。元朔六年,张骞随卫青征匈奴立功,被封为博望侯。

汉元狩二年(公元前 121 年),张骞奉命与李广出右北平(今河北东北部)击匈奴。张骞因迟误军期,当斩,用侯爵赎罪,得免为庶人。后张骞复劝武帝联合乌孙(在今伊犁河流域),武帝乃拜张骞为中郎将。于是,张骞于公元前 119 年率三百人,携牛羊金帛万数,出使乌孙。张骞到乌孙,分遣副使往大宛、康居、月氏、大夏等旁国。张骞此行取得了很大成果，西域各国也派使节回访长安，乌孙遣使送张骞归汉，并献马报谢。汉元鼎二年（公元前115年），张骞还，第二年卒。张骞所遣副使后来相继引西域诸国使者来汉，乌孙终于与汉通婚，共同击破匈奴。张骞对开辟从中国通往西域的丝绸之路有卓越贡献，至今举世称道。

张骞受武帝之命开通内地至西域的通道，使得印度佛教有可能通过这一管道逐渐地进入内地。

元封三年（公元前108年），汉派王恢、赵破奴击败西域通道上助匈奴与汉使为敌的楼兰、姑师。汉武帝因欲打破匈奴对大宛的控制和获得大宛的汗血马，于太初年间两次派贰师将军李广利远道出军击大宛。第一次大败，回到敦煌，"士不过十一二"；又再次出军，围其城，攻四十余日乃破。太初四年（公元前101年），李广利东回，"诸所过小国闻宛破，皆使其子弟从军入献，见天子，因以质焉"①。《汉书·西域传》记载："自贰师将军伐大宛之后，西域震惧，多遣来贡献，汉使西域者益得职。于是自敦煌西至盐泽，往往起亭，而轮台、渠犁皆有田卒数百人，置使者校尉领护，以给使外国者。"②盐泽即今罗布泊。

汉宣帝神爵二年（公元前60年）在西域设西域都护府，名为乌垒城（前名轮台国），是当时汉朝管理西域三十六国的政治、经济、文化和军事中心，当时西域都护由皇帝亲自任命，三年一替（也有延长和缩短的），从未间断，据《汉书》记载：西汉历任都护十八人，其中立传可考的历史上著名的有郑吉、郑宣、甘延寿、段会宗、廉褒、韩立、郭舜、孙健、李崇、但钦等十人。当时轮台国是个城郭之国，都护府直接对其统辖，相当于现在的首府，似乎比其他绿洲城国和游牧行国的权力稍大。轮台王曾多次受皇帝亲召幸朝。汉朝另设置戊己校尉、戍部侯等行政、军事、机构，对当地的少数民族上层人物封以王、侯、将、相、大夫、都尉等官职，他们均受西

---

① 《史记》卷一二三，第3178页，北京：中华书局，1982。
② 《汉书》卷九六上，第3873页，北京：中华书局，1973。

域都护府的管辖。

西汉末年,王莽篡位,中原骚乱,匈奴乘机统治西域,各族人民不堪赋税重苛的虐待,东汉光武帝建武二十一年(公元45),西域十八国请复置都护,光武帝不许。汉明帝永平十七年(公元74),始以陈睦为都护。次年,焉耆、龟兹反叛,共攻杀陈睦,汉王朝遂罢都护。汉和帝永元三年(公元91),将兵长史班超平定西域,遂以班超为都护,驻龟兹境它乾城(今新疆库车附近,其址未详)。永元十四年,班超还洛阳,继任者有任尚、段禧。汉安帝永初元年(107),西域乱,段禧归朝,自此不复置都护。至延光二年(123),以班勇为西域长史,复平西域,遂以长史行都护之职。

总之,西汉朝廷对匈奴的战争,使汉初以来北方农业地区所受到的威胁基本解除。从此,边郡与内地的联系大大加强。大量的移民和戍卒、屯田兵,在荒漠的原野上开辟耕地,垦殖发展。中原的生产技术和先进文化在边地传播开来。从令居(今甘肃永登境)西至敦煌,修起了屏蔽河西走廊的长城,敦煌以西至盐泽(罗布泊)也修起了亭燧。屯田区、城堡和烽燧,是西汉在北方边境的政治、军事据点,也是先进经济、先进文化的传播站,它们对于匈奴以及其他相邻各游牧民族社会的发展起着一定的影响。

西域道通以后,天山南北地区第一次与内地联成一体,在中国历史上具有非常深远的意义。同时,中原同西域以至更远地区,经济、文化联系日益密切。西域的各种物产向东移植,中国的丝织品、科技和农业先进技术传到西域。这种频繁的经济、文化交流,促进了西域社会的进步,也丰富了中原人民的物质文化生活。此后,佛教及佛教文化也经此通道传入内地,由此对中国文化产生深远的影响。

2. 大夏和大月氏佛教

在公元前2世纪上半叶,佛教传入希腊人统治的大夏。这时的大夏,即巴克特里亚,领域北起阿姆河上游,南抵印度河流域,是势力最强盛的时期。境内希腊人和马其顿人的移民很多,有许多希腊化城市。汉译《那先比丘经》(南传巴利文《弥兰陀王问经》),就反映了佛教在这个地区的一个城市国家舍竭(今巴基斯坦锡亚尔科特)初传的情况。

舍竭国王弥兰陀,是希腊人,他向来自罽宾(克什米尔)的那先比丘征询佛教教义,他们就沙门性质、人生本质、善恶果报、生死轮回、佛陀其人等一系列问题进行了讨论。弥兰陀王非常赞赏那先的观点,决定日供八百沙门,凡那先所欲,都可从国王处获得,以为"得师如那先,作弟子如我,可得道疾"①,弥兰陀王其后归依了佛教。这一事件应是事实,考古已发现弥兰陀王施舍的舍利壶。此外,一些碑文还记载了大夏希腊移民信仰佛教的情况,他们供养佛舍利,向寺院施舍石柱、水池和其他物品。大夏另一国王麦曼特尔,有学者认为即是弥兰陀,其发行的货币上铸有佛像。

《那先比丘经》是研究佛教在大夏,特别是希腊移民中流布状况的重要资料。此经不假佛说的名义,也非阿毗昙式的论议,而是采用记述、辩论的方式,这在一般佛典的结构上是罕见的。公元前 2 世纪中叶,大夏衰落,被来自东方的大月氏征服,一些希腊式城市国家逐渐并入大月氏领地。这样,大月氏也直接承受了在大夏流布的佛教。此正如汤用彤所说:"大月氏信佛在西汉时,佛法入华或由彼土。"②中国史书所记载的大月氏王使伊存口授《浮屠经》的事情,正是在此背景下发生的。

关于月氏的来源,中外史学家看法颇不一致。从中国史书中可知,月氏最初居于约当今甘肃省兰州以西直到敦煌的河西走廊一带。大约远在战国初期,月氏便在这一带过着游牧生活。秦及汉初,月氏势力强大,与蒙古高原东部的东胡从两方面胁迫游牧于蒙古高原中部的匈奴,匈奴曾送质子于月氏。秦末,匈奴质子自月氏逃回,杀父自立为冒顿单于,约在公元前 205 至前 202 年间举兵攻月氏,月氏失败,被迫放弃河西

---

① 《那先比丘经》卷下,《大正藏》第 32 卷,第 703 页中。
② 汤用彤:《汉魏两晋南北朝佛教史》,第 36 页。

走廊而向西迁徙,逐渐至准噶尔盆地。至老上单于时(公元前174—前161),匈奴又破月氏,月氏乃更向西迁移到伊犁河流域。公元前162年,大月氏再度被匈奴攻击。当时冒顿单于的儿子老上单于还把大月氏的国王杀掉,并把国王的首级割下带返匈奴,把他的头盖骨作杯来使用。月氏人深恨匈奴,但苦于没有支援力量。而败亡的大月氏的一支再往西迁,征服了大夏,并在当地立国。立国后,因着贸易中转而变得繁荣。

大月氏势力扩张之后,于公元1世纪后半叶,邱就却征服安息,进而入侵印度,于印度建立贵霜王朝。其后阎膏珍继任,接着著名的迦腻色迦王出现。迦腻色迦于2世纪前半掌握贵霜王国的王权,统治着中亚到阿富汗尼斯坦、西北印、北印的大帝国,是继阿育王之后于印度出现的最大王国。大乘佛教也在贵霜王朝支持下迅速发展。此时的佛教受到希腊文化和希腊罗马文化的强烈影响,建筑和雕刻出现了新样式,这就是所谓的犍陀罗艺术。从佛寺建筑中的科林斯氏柱头,以及建筑的各个地方都满布装饰图案等,可以明显地看到希腊文化的影响。

迦腻色迦王在白沙瓦附近,建造了一座迦腻色迦大塔,这座大塔的遗址在夏加奇德里被挖掘出来,发现了供奉在迦腻色迦寺的舍利瓶。而且碑文上明示,此迦腻色迦寺属于说一切有部。还有在白沙瓦的库拉姆出土的小铜塔中的碑文记载,此塔为供奉佛舍利所建,时间大约为一百四十八年。

贵霜王朝(大月氏)的中心是横贯欧亚的丝绸之路的枢纽。在佛教输入中土的历史进程中,这一王朝的僧人起了很大的推动作用,不仅仅是大月氏使者伊存口授《浮图经》之事,而且东汉、三国时期的许多译经僧都来自于此国。

3. 安息和康居佛教

大月氏西部的国家是安息。中国古代关于安息的记载,首见于《史记·大宛传》,其次复见于《汉书·西域传》。《史记·大宛传》说:

安息在大月氏西可数千里。其俗土著,耕田,田稻麦,蒲陶酒。

> 城邑如大宛。其属小大数百城,地方数千里,最为大国。临妫水,有市,民商贾用车及船,行旁国或数千里。以银为钱,钱如其王面:王死辄更钱,效王面焉。画革旁行以为书记。其西则条枝;北有奄蔡、黎轩。①

《史记》、《汉书》中的安息即中东古史上的帕提亚,久为中外史家所公认。公元前3世纪中叶,占有两河流域及伊朗高原的希腊人塞琉息王朝已呈衰弱。公元前247年前后,位于大夏以西、里海东南的帕提亚郡,在帕提亚人阿赛西及其弟提里达特的率领下,举行了反对塞琉息王朝统治的起义,由此成立汉王朝称为"安息国"的政权。安息的阿赛西王朝从此统治安息约四百年。

安息建国后,最初八十年的历史,记录十分贫乏。我们只知道他所统治的疆域,仅限于安息人原来居住的地区,即古波斯的帕提亚郡。那时安息经常受着来自西边的塞琉息王朝和来自东边的大夏王国的威胁。大夏在约公元前230至前160年时武力曾很强大。直到安息王密司立对提一世(公元前171—前138)当政时期,安息才大大强盛起来。乘塞琉息王朝内部的纷争和战乱,他率大军征伐,在短短的几年中,建成了一个当时在中东最强大的以奴隶制为基础的安息帝国,疆域东自大夏、身毒,西到幼发拉底河,北自里海,南至波斯湾。他当政的晚期,和他的继承者弗拉特二世(公元前138—前128)统治期间,是安息十分繁荣强盛的时期。张骞西使到达中亚细亚的时候,正当弗拉特二世的末年。张骞在公元前129至前128年亲身到过大宛、康居、大月氏、大夏,没有到过安息。但他"传闻其旁大国五六",回到长安后曾"具为天子(武帝)言之"。②

然而,就在安息繁荣鼎盛的时候,其北边边疆却面临着塞人游牧部落入侵的威胁。大约在张骞从大月氏动身回国后不久,居住在中亚细亚

---

① 《史记》卷一二三,第3162页。
② 同上书,第3160页。

草原上的塞人和马萨革泰人等，便从里海以东地带侵入了安息东北边，于公元前 128 或前 127 年杀害了安息王弗拉特二世，大举南下，占据了德兰癸亚那和阿拉科细亚两郡。直到安息王密司立对提二世（公元前 124—前 87）即位后，派遣大军东讨，费了十年工夫才把侵入的塞人诸部落镇压使之降服。密司立对提二世的统治时期，是安息再度强盛的时期。

就在密司立对提二世的强盛时期，汉武帝的使臣第一次到达了安息。《史记·大宛传》载："初，汉使至安息，安息王令将二万骑迎于东界。东界去王都数千里。行比至，过数十城，人民相属甚多。汉使还，而后发使随汉使来观汉广大，以大鸟卵及犁轩善眩人献于汉。及宛西小国驩潜、大益，宛东姑师、扜罙、苏薤之属，皆随汉使献见天子。天子大悦。"①汉使初次到达安息，应是在汉武帝元鼎二年（前 115）。换言之，伊朗和中国从这年起便建立了正式的交往关系。

汉与安息首次通使成功后，两国便展开贸易与文化交流，嗣后在公元前 1 世纪双方使臣、商贾就不断往来，《汉书》中虽然没有提供很详细的记载，但从汉代遗留的有关西域各方面的其他记录和遗存看来，我们可以相信汉与安息的通商关系一定相当密切。中国的锦绣丝绸等特产日益增多地运送到西方，通过安息商人之手而远达近东和罗马，"丝绸之路"从此畅通。同时西方各国的产品珠玑、琉璃、象牙、犀角等诸珍奇异物，直到葡萄、苜蓿种子等也源源输入中国。也许由于汉与安息的贸易二百余年间日益密切，加以甘英亲身出使到达过安息条支，所以《后汉书·西域传》对安息的记载便较为详细了。

安息国本来流行祆教，但因领土深入印度西北，和印度内地有密切的经济往来，大约在大月氏贵霜王朝建立时，安息国人也开始信仰佛教。

---

① 《史记》卷一二三，第 3172—3173 页。

安息国主要流行小乘佛教，特别是说一切有部的教义。在安息的遗址，就是现在的阿富汗西部，靠近古印度犍陀罗的地区，曾经发现公元一、二世纪的佛塔遗址，足见当时佛教弘传的事实。在东汉末年来到中国，并对中国佛教有巨大贡献的安世高，就是一位安息王子。之后，也是安息人的安玄，曾在汉灵帝时来到洛阳译经。安息被萨珊王朝灭亡后，当地恢复流行袄教，佛教在安息消失了。这时大约是中国的魏晋之际，不少安息的高僧大德来到中国，如曹魏时的昙无谛，西晋时的安法钦、安法贤等，相继来华译经。所译出的经典，包括大小乘经典，广涉经、律、论三藏。由此可知，在东汉、三国之际，安息国所流行的经典，应该兼含大小乘经典。

在安息西北方、大月氏北方的国家是康居。公元前1世纪安息接受佛教后，佛教便由安息往北又传入康居。

康居与大月氏同是土耳其系的游牧民族。自锡尔河下游，至吉尔吉斯平原，是康居疆域的中心地带。康居人擅长经商，常常到各地去进行贸易，往返于中亚全境，因此康居也成为中亚各国贸易及文化传播的中介。《汉书·西域传》记载：

> 康居国，王冬治乐越匿地，到卑阗城。去长安万二千三百里。不属都护。至越匿地马行七日，至王夏所居蕃内九千一百四里。户十二万，口六十万，胜兵十二万人。东至都护治所五千五百五十里。与大月氏同俗。①

西汉时期，康居地处大宛西北，大月氏之北，乌孙以西，奄蔡之东，丁令、坚昆以南。公元前2世纪时，人口八九万人；前1世纪末，人口已达六十万人，兵十二万人，在中亚形成一个大部落联盟。他们的中心驻地为卑阗城，约当今塔什干或奇姆肯特等地。康居也和一般草原游牧民一样，随季节的变化而迁移牧地，冬季南下栖息于锡尔河一带"乐越匿地"，夏

---

① 《汉书》卷九六上，第3891—3892页。

季北上至"菶内",两地相距数千里。

张骞通西域以前,汉朝已传闻遥远的西方有康居人。张骞从西域归国后说,康居在中亚虽然部众不少,但仍然南羁事月氏,东羁事匈奴。汉武帝太初二年(公元前103)出兵伐大宛时,康居曾有意援助大宛,未得逞。宣帝神爵四年(公元前58)始,匈奴内乱,五单于纷争。至五凤二年(公元前56),呼屠吾斯自立为郅支单于,与其弟呼韩邪单于对立。呼韩邪南迁归汉,郅支则率部众向西北迁徙,先设王庭于坚昆(柯尔克孜草原),后应康居王之请,西南移至康居领域内,在都赖水(怛逻斯河)上兴建了郅支城(今乌兹别克斯坦首都塔什干东北),扩张势力。汉元帝建昭三年(公元前36),西域都护甘延寿、副校尉陈汤率兵西越帕米尔进击郅支,杀郅支单于于郅支城,稳定了西域形势,但康居对汉仍长期采取敌对态度。公元前后,康居强盛,曾威胁其南邻大月氏。1世纪中叶,贵霜统一大月氏,国势转盛,康居则渐趋衰败。至3世纪时,似仍游牧于锡尔河中游,其后益弱,势力远不如两汉时代。

佛教是在何时传入康居的,目前并没有文献资料可供研判,不过可以确定,在2世纪时,佛教在康居已经非常盛行。从东汉末年到东晋之际,康居已经有不少的译经僧来到汉土,例如康巨、康孟详、康僧铠、康僧会等沙门。这些僧人,有的自己就是康居人,有的是祖先为康居人。因为康居国地处印度通往中国的通道,因此,康居佛教自然会对佛教传入内地产生重大影响。

4. 龟兹佛教

在汉传佛教传播史上,龟兹佛教曾经产生过重大影响。从中原通西域,汉朝时有南、北二道,龟兹居于北道中。龟兹的人种为白色的雅利安类型,因为王族姓"白",有时又译为"帛",龟兹人内迁后也都跟随王姓,姓"白"或"帛"。

关于龟兹,班固《汉书·西域传》记载:

龟兹国,王治延城,去长安七千四百八十里,户六千九百七十,口八万一千三百一十七,胜兵二万一千七十六人。大都尉丞、辅国侯、安国侯、击胡侯、却胡都尉、击车师都尉、左右将、左右都尉、左右骑君、左右力辅君各一人,东西南北部千长各二人,却胡君三人,译长四人。南与精绝、东南与且末、西南与扜弥、北与乌孙、西与姑墨接。能铸冶、有铅。东至都护治所乌垒城三百五十里。①

可见,汉代时期,龟兹是西域的一个大国,有居民八万余人,士兵二万余名。自汉历经魏晋、南北朝至隋唐近千年时间,龟兹势力实际统治着塔里木盆地北道诸国,即从今日阿克苏、乌什、温宿、阿瓦提、巴楚、柯坪、阿合奇、拜城、沙雅、新和、轮台等地区,在西域历史上的影响至为深远。

西汉时,龟兹隶属于匈奴。公元前101年,汉朝政府在取得了对大宛战争的胜利之后,统治区域扩大到西域。汉昭帝元凤四年(公元前77年),龟兹服从于西汉。根据《汉书·西域传》记载:汉元康元年(公元前65)龟兹王及夫人来朝,王及夫人皆赐印绶。夫人号称公主,赐车骑旗鼓,歌吹数十人,绮绣杂缯琦珍凡数千万。后数来朝贺,学习汉朝衣服制度,归国后,按汉朝制度治理宫室。汉宣帝神爵二年(公元前60),汉朝在西域设置西域都护府,辖区包括龟兹在内。汉成帝、汉哀帝时期,龟兹和汉朝关系亲密。王莽时龟兹重隶属于匈奴。

东汉建武二十二年(公元46)莎车王贤杀龟兹王,将龟兹分为龟兹、乌垒国,封则罗为龟兹王,封驷鞬为乌垒王。几年后,龟兹国人起义杀则罗、驷鞬,遣使匈奴,请立新王。匈奴立龟兹贵人身毒为龟兹王,于是龟兹属匈奴。东汉明帝永平十六年(公元73)时,龟兹曾攻破疏勒,杀其王,并其国,而立龟兹人兜题为疏勒王,称雄于西域北道。

东汉永平十七年(公元74),班超从间道到疏勒,去兜题所居橐城90里,遣吏田虑先往说降。兜题见田虑轻弱,无降意。田虑乘兜题无备,劫缚兜题,兜题左右惊惧奔走。田虑驰报班超,班超即赴之,召集疏勒全部

---

① 《汉书》卷九六下,第3911页。

将吏,说以龟兹无道之状,因立其故王兄子忠为疏勒王,疏勒国人大悦。疏勒王忠及官属皆请杀兜题,班超不听,欲示以威信,释而遣之。疏勒由是与龟兹结怨。

到东汉章帝时,龟兹便控制莎车,把其势力范围扩张到西域南道。东汉和帝永元三年(公元91),龟兹降汉。汉以班超为都护,居龟兹它乾城。汉明帝驾崩之年,焉耆以中国大丧,遂攻没都护陈睦,班超孤立无援,而龟兹、姑墨数度发兵攻疏勒,班超守盘橐城,与疏勒王忠互相支援,拒守岁余。东汉建初元年(公元76),肃宗初即位,恐班超单危不能自立,下诏征超。疏勒两城自超去后,复降龟兹。东汉建初三年(公元78),班超率疏勒、康居、于阗、居弥兵一万人攻破姑墨石城,斩首七百级。建初七年,疏勒王忠与龟兹密谋,遣使诈降班超。班超知其内奸而外伪许之。忠大喜,即从轻骑诣超。超密勒兵待之,为供张设乐,酒行,乃叱吏缚忠斩之,击破其众,杀七百余人。建初九年,龟兹、姑墨、温宿皆降;班超废龟兹王尤利多,立白霸为龟兹王。南道于是全部归顺于东汉。终汉之世,龟兹降服。

魏文帝黄初三年(222),鄯善、龟兹、于阗王各遣使奉献。晋武帝太康中(285),龟兹王遣子入侍。前秦建元十八年(382),苻坚大将吕光率兵七万伐龟兹,龟兹王白纯不降,吕光进军讨平龟兹。隋大业中(615),龟兹国王遣使贡方物。唐太宗贞观八年(634),龟兹、吐蕃、高昌、女国、石国遣使朝贡。贞观十六年,唐太宗派遣昆丘道副大总管郭孝恪讨伐龟兹,破都城。贞观二十二年,唐朝廷设安西节度使,抚宁西域,统龟兹、焉耆、于阗、疏勒四国。安西都护府治所,在龟兹国城内,管戍兵2.4万人。唐高宗乾封二年(667),吐蕃攻陷白州等18州,又攻陷龟兹。唐朝廷罢安西四镇。唐开元以后,回鹘逐渐强盛,雄视西域,唐文宗时,西域建立了高昌回鹘王国,龟兹被其吞没,不复存在。

龟兹地区何时传入了佛教,史无明证。从地理条件上来看,龟兹是丝绸之路北道重镇,处于天竺与中国之间。佛教先传入龟兹,完全是可能的。龟兹地区早期佛教情况，可以从一些汉文典籍中钩稽一些。目前已知东汉永元三年（公元91）班超废龟兹王尤利多而立白霸以来，龟兹国王以白（帛）为姓，故一般认为白或帛为姓的西域僧是来自龟兹。因此之故，学界惯于根据三国魏帛延、西晋帛尸犁密多罗等的译经来推测当时龟兹的佛教情况。

然而这些看法毕竟只是推论。据《梁书·刘之遴传》载，梁朝时刘之遴好古文物，曾在荆州收集数百种古代器物，并将四种献给东宫。其中有一种"为外国澡灌一口，铭云'元封二年，龟兹国献'"。① 按，元封二年是汉武帝年号，为公元前109年。"澡灌"是佛教僧侣所用器具。龟兹将一澡灌献给汉中央朝廷，必是一种重大的礼仪。若果真如此，那汉武帝元封二年，龟兹就已有了佛教。当代学者根据种种间接材料推测，佛教在公元前2世纪或公元前1世纪传入龟兹。不过，至3世纪，龟兹佛教才进入鼎盛时期。如《晋书·四夷传》记载："龟兹国西去洛阳八千二百八十里，俗有城郭，其城三重，中有佛塔庙千所。"② 又如《出三藏记集》卷一一的《比丘尼戒本所出本末序》对龟兹佛教概述说："寺甚多，修饰至丽，王宫雕镂，立佛形像，与寺无异。"③ 又据《出三藏记集·鸠摩罗什传》载，说鸠摩罗什从沙勒回到龟兹时"龟兹僧一万余人"。④ 可知，龟兹佛教兴盛时，僧尼总数多达万人，几乎占总人口的十分之一。

从目前的记载看，龟兹佛教一直是以小乘佛教为主，特别是小乘说一切有部长期占据龟兹。玄奘《大唐西域记》记载："屈支国……伽蓝百余所，僧徒五千余人，习学小乘教说一切有部，经教律仪，取则印度，其习读者，即本文矣。尚拘渐教，食杂三净。"⑤因为龟兹佛教主要是从犍陀罗国传入的，而犍陀罗国是一个小乘佛教的国家，法显在《佛国记》中曾说：

---

① 《梁书》卷四〇，第5页。
② 《晋书》卷九七，第2543页。
③ 僧祐：《出三藏记集》卷一一，《大正藏》第55卷，第79页下。
④ 僧祐：《出三藏记集》卷一四，《大正藏》第55卷，第100页下。
⑤ 玄奘：《大唐西域记》卷一，《大正藏》第51卷，第870页上。

"此国人多小乘学。"①龟兹僧尼按照小乘佛教说一切有部的戒律《十诵律》,从事出家修行。僧尼每经三月需要转移房间,出家不久者,不可独自住宿;比丘尼需三人一起方可出行,尼僧受僧寺管辖。这一时期,龟兹地区已是西域佛教文化传播的一个中心,许多"葱岭以东的王侯妇女"都来龟兹削发为尼,修行佛法。她们不畏道险,长途跋涉来龟兹国修行,可见龟兹在当时佛教界的地位。

公元3、4世纪,龟兹经济繁荣,文化随之得到发展,用婆罗谜字母书写的佛经慢慢出现。3世纪前后,龟兹佛教徒至中原传教译经者已不绝于途,不仅有一般的沙门,还有王族的子弟和虔信的居民,对佛教在内地的传播起了重要的推动作用。

5. 疏勒佛教

龟兹的西南是疏勒,汉代的疏勒是一个独立的西域强国。疏勒位于塔里木盆地西部,为丝绸之路南、北两道交接点,又当向西翻越葱岭的丝路干线要冲,地理位置十分重要。东北、东南与龟兹、于阗相通,盛时辖境包括今新疆喀什、疏勒、疏附、伽师、英吉沙、岳普湖、阿图什、乌恰、阿克陶、塔什库尔干等县市。在汉代,是中原和西域交通"丝绸之路"最西端的一个咽喉之地,从这里再西行,就进入今天的尼泊尔、印度等地区。因此,也有学者认为,龟兹佛教是通过疏勒传入的。

关于疏勒,《汉书·西域传》记载云:

> 疏勒国,王治疏勒城,去长安九千三百五十里,户千五百一十,口万八千六百四十七,胜兵二千人。疏勒侯、击胡侯、辅国侯、都尉、左右将、左右骑君、左右译长各一人。东至都护治所二千二百一十里,南至莎车五百六十里。有市列,西当大月氏、大宛、康居道也。②

从这一记载可知,西汉时,疏勒有户一千五百余,人口一万八千六百余,

---

① 法显:《佛国记》,《大正藏》第51卷,第858页中。
②《汉书》卷九六上,第3898页。

兵两千人,国力不强。西汉于西域建立都护府,疏勒归于都护府管辖。

东汉明帝永平十六年(公元73),龟兹王建依仗匈奴的威势,攻杀疏勒王成,立龟兹左侯兜题为疏勒王。翌年,驻扎在于阗的汉司马班超擒兜题,立成兄子榆勒为王,改名忠。章帝建初三年(公元78),班超率疏勒等国攻姑墨石城。东汉元和元年(公元84),忠反叛,与莎车连兵击超,并获得康居援助。班超另立成大为王,用计擒斩忠。东汉和帝永元三年(公元91),班超任西域都护,移驻龟兹境,留西域长史徐干留守疏勒。汉安帝初元(114—120)中,臣磐(一作槃)其外甥疏勒王安国流放到贵霜,却受到贵霜王的喜爱。安国死,无子,臣磐子遗腹立为疏勒王。臣磐因请贵霜派兵护送其至疏勒,废遗腹而自立。延光四年(125),疏勒曾随汉西域长史班勇击破车师后王国。南道大国莎车背叛于阗,归属疏勒,疏勒又以东汉和贵霜为后援,势力强大起来,有户两万一千、兵三万余人,与龟兹、于阗相抗衡。顺帝永建二年(127),臣磐遣使向汉朝进贡,被封为汉大都尉。五年,又遣子入贡。阳嘉元年(132),于阗王放前杀拘弥王兴,立于阗王子为拘弥王。敦煌太守徐由遣臣磐率兵两万击破于阗,另立兴宗人成国为拘弥王而还。阳嘉二、三年,又向汉进献狮子、封牛、宝石、金带等。汉灵帝建宁元年(168),臣磐被叔父和德杀死,和德自立为王。建宁三年,汉军讨伐疏勒,失败而归。

三国时期,疏勒兼并桢中、莎车、竭石、渠沙、西夜、依耐、满犁、纪(德)若、榆令、捐毒、休俢(循)、琴国等十二国,势力极盛。根据考古发掘资料可知,西晋曾经封其国王为"晋守侍中大都尉奉晋大侯亲晋疏勒王"[1],与龟

---

[1] 在西汉时期,西域各国中有不少的地方首领得到汉中央政府的册封。对此史籍中记载的比较丰富,而在尼雅城北出土的汉文木简(汉晋时期精绝国故址,位于中国西北部新疆的民丰县)中有晋对西域一些大国上层人物册封的资料。该简文说:"晋守侍中大都尉奉晋大侯亲晋鄯善、焉耆、龟兹、疏勒。""于阗下诏书到。"对此简文有研究的王国维先生认为,这一简意为:"晋守侍中大都尉奉晋大侯亲晋鄯善王,晋守侍中大都尉大侯亲晋焉耆王,以下放此。故上十三字,实为五王之公号也。"也就是说,这简文是晋王朝对鄯善等五国王的册封(王国维:《观堂集林》卷一七《尼雅城北古城出土晋简跋》)。

兹、于阗、焉耆、鄯善并为西域大国。北魏太延三年(437)，遣使向魏进贡，魏也派董琬等出使其国。5世纪后半叶，势力衰弱，仅有兵二千人。6世纪初，重新与中原北魏王朝建立联系。6世纪中叶以后，又被突厥控制，每年向其纳贡。隋末唐初，曾遣使向中原王朝进贡，但仍服属于西突厥，突厥嫁女给疏勒王，建立和亲关系。

高宗显庆三年(658)，唐平定西突厥阿史那贺鲁之乱，以疏勒为安西四镇之一，隶属安西都护府。此后十余年，西突联合吐蕃势力，攻占疏勒，以此为基地，数次侵袭于阗等地，唐虽曾救援，但终于在咸亨元年(670)放弃安西四镇。长寿元年(692)，唐夺回西域控权，重设四镇，并派汉兵镇守，设置屯田，疏勒总有七屯，唐在疏勒的统治得以加强。开元十年(722)、天宝六载(747)、天宝十二载(753)，住于疏勒的唐镇守军曾出击葱岭以西的小勃律、怛罗斯等地，击败吐蕃，并给突骑施部以致命打击。疏勒王室也与唐往来密切，开元十六年(728)，唐玄宗李隆基册封裴安定为疏勒王。天宝十二载，疏勒首领裴国良来长安，被授予折冲都尉衔。

宋以后，疏勒主要处在西迁的突厥族葛逻禄部和以后到来的一部分回鹘部的控制之下。到10世纪下半叶，它们联合当地其他部众，共同创立了黑汗王朝，并且成为中国历史上第一个皈依伊斯兰教的王国，开始了新疆伊斯兰化的进程。

依照间接证据推测，当大月氏兴起佛教的时候，疏勒作为大月氏东向的首要地区，接受佛教的影响必然也是很快的。疏勒因为地理之便，有可能是印度佛教东传的一个汇聚站，佛教的兴起应当是很早的。由于疏勒地处塔克拉玛干沙漠西端，它的东北方向通道是拜城、库车一线，东南方向是莎车、和田、民丰一线，所以佛教一旦传入疏勒，也就等于传入了龟兹国和于阗国，很快就会普及开来。并且也会由龟兹和于阗继续东传，高昌、楼兰的佛教艺术也必定随时兴起。所以，在时间序列上看，这些地区的佛教艺术几乎分不出相互之间多大的时间差距，实在是因为佛教艺术伴随着佛教自身的传播太过迅速。虽然今天看到的当地佛教艺术遗迹,如巴楚县城东北脱库孜萨来古城南部的佛寺遗址属北魏时期,脱库孜萨来古城南、小阿图什石窟等都延至唐中期,没有发现一例西汉时期的佛教寺院遗迹,但学者仍然相信,疏勒可能是西域最早传入佛教的区域。疏勒在伊斯兰化之前,一直是西域重要的佛教国家,对于内地佛教的发展有显著的贡献。

6. 于阗佛教

在古代西域三十六国中,于阗佛教最为发达。

于阗地处塔里木盆地南沿,中心地区在发源于昆仑山的喀拉哈什河(墨玉河)和玉龙哈什河(白玉河)之间,东通且末、鄯善,西通莎车、疏勒,盛时领地包括今和田、皮山、墨玉、洛浦、策勒、于田、民丰等县市,都西城(今和田约特干遗址)。

关于其立国,佛教史籍有若干记载。《大唐西域记》卷一二称此国为"瞿萨旦那国","昔者此国虚旷无人,毗沙门天于此栖止。无忧王太子在呾叉始罗国,被抉目已,无忧王怒谴辅佐,迁其豪族,出雪山北,居荒谷间。迁人逐物,至此西界,推举酋豪,尊立为王。当是时也,东土帝子蒙谴流徙,居此东界,群下劝进,又自称王。岁月已积,风教不通。各因田猎,遇会荒泽,更问宗绪,因而争长,忿形辞语,便欲交兵。或有谏曰:'今何遽乎因猎决战,未尽兵锋?宜归治兵,期而后集。'于是回驾而返,各归其国,校习戎马,督励士卒。至期兵会,旗鼓相望,旦日合战,西主不利,因而逐北,遂斩其首。东主乘胜,抚集亡国,迁都中地,方建城郭,忧其无土,恐难成功,宣告远近,谁识地理。时有涂灰外道,负大瓠盛满水,而自进曰:'我知地理。'遂以其水,屈曲遗流,周而复始。因即疾驱,忽而不见。依彼水迹,峙其基堵,遂得兴功,即斯国治。今王所都,于此城也。城非崇峻,攻击难克。自古已来,未能有胜。其王迁都作邑,建国安人,功绩已成,齿耋云暮,未有胤嗣,恐绝宗绪,乃往毗沙门天神所,祈祷请嗣,神像额上,剖出婴孩,捧以回驾,国人称庆。既不饮乳,恐其不寿,寻诣神祠,重请育养。神前之地,忽然隆起,其状如乳,神童饮吮,遂至成立,智勇光前,风教遐被。"①因此而以"地乳"(瞿萨旦那)为国号。藏文文献中也有类似记载,而《于阗国授记》并记其立国时间是佛涅槃后的234年、立国后165年,由尉迟胜执政,佛法才开始兴起。依照此说,于阗立国当在公元前3世纪中叶,尉迟胜执政最迟在公元前1世纪,大致相当于汉武帝、汉昭帝之际,于阗国大兴佛教。

西汉时,有户三千余,人口一万九千余,士兵二千四百人。东汉初,于阗被莎车王贤攻破,另立国王,后又杀之,不立国王,而由莎车将君得镇守于阗。汉明帝永平三年(公元60),于阗贵族都末兄弟杀君得,旋即为贵族休莫霸和汉人韩融所杀。休莫霸自立为王,两败莎车,但未捷先死;永平四年,兄子广德继位灭莎车,从精绝西北到疏勒十三国皆服从于阗。匈奴得知,遣五将率焉耆、龟兹等十五国兵围于阗。广德降,以太子入质匈奴,每年纳贡,匈奴派使者监护其国。永平十六年,汉军司马班超至于阗,广德杀匈奴使者降汉,班超以此为根据地,北攻姑墨,西破莎车、疏勒,于阗都出兵相助。汉章帝元和三年(公元86),于阗杀匈奴所立莎车王,另立新主。汉安帝永初元年(107)以后,西域复乱,相互攻伐,莎车叛归疏勒。汉顺帝永建二年(127),班勇攻降焉耆,于阗服属于东汉。永建四年,于阗王放前杀拘弥王兴,立己子为王。永建六年,遣侍子赴汉贡献。汉朝使放前重立拘弥国,放前未答应。阳嘉元年(132),敦煌太守徐由派疏勒王臣磐率兵二万击破于阗,重立拘弥王成国而还。汉桓帝元嘉元年(151),西域长史赵评在于阗病死。翌年,王敬继长史任,拘弥王成国因与于阗有仇,诬称赵评被于阗王建害死。王敬至于阗,杀建。于阗侯将率众斩敬,欲自立为王,国人不服,杀之而立建之子安国。汉灵帝熹平四年(175),安国攻杀拘弥王,汉戊己校尉、西域长史发兵立拘弥在汉的侍子定兴为王,时仅辖人口千余。

---

① 玄奘:《大唐西域记》卷一二,《大正藏》第51卷,第943页上一中。

汉末魏初,于阗仍向中原王朝进贡,国王山习曾向魏文帝曹丕献名马。西晋时,与鄯善、焉耆、龟兹、疏勒并为西域大国,晋朝封国王为"晋守侍中大都尉奉晋大侯亲晋于阗王"。前凉建兴二十三年(335),张骏遣杨宣伐西域,于阗遣使入贡。前秦灭前凉后,于阗向前秦朝贡。北魏太平真君六年(445),魏太武帝拓跋焘击败吐谷浑,吐谷浑王慕利延率众西逃,攻入于阗国,杀死国王百姓数万人。吐谷浑走后,于阗复国,但势力已衰。北魏文成帝太安三年(457),遣使入贡,并纳女于文成帝为夫人,号仙姬。此后,一度与北魏绝交,太和末(495)、景明中(502)及其后,又与北魏往来。梁天监九年(510)以后,还不断遣使南朝,曾向佞佛的梁武帝萧衍献外国刻玉佛。

于阗以农业、种植业为主,是西域诸国中最早获得中原养蚕技术的国家,故手工纺织发达。特产以玉石最有名,曾远销东西各国。关于于阗国王信佛的因缘,《洛阳伽蓝记》卷五录有《宋云记》的说法:"于阗王不信佛法,有商将一比丘名毗卢旃,在城南杏树下,向王伏罪云:'今辄将吴国沙门来在城南杏树下。'王闻忽怒,即往看毗卢旃。旃语王曰:'如来遣我来,令王造覆盆浮图一躯,使王祚永隆。'王言:'令我见佛,当即从命。'毗卢旃鸣钟告佛,即遣罗睺罗变形为佛,从空而现真容,王五体投地,即于杏树下置立寺舍。"①玄奘《大唐西域记》卷一二也有类似记载,并且明确说此位"阿罗汉自迦湿弥罗国"。②

佛教传入于阗后,逐渐发达。大乘佛教于印度兴起后,很快传入此地。曹魏时,第一个西行取经的汉族僧人朱士行,就是到于阗访求梵本《放光般若经》。《魏书·西域传》记载:"俗重佛法,寺塔僧尼甚众,王尤信向,每设斋日,必亲自洒扫馈食焉。城南五十里有赞摩寺,即昔罗汉比丘比卢旃为其王造覆盆浮图之所。石上有辟支佛跌处,双迹犹存。"③法显西行取经,于400年到达于阗,《佛国记》记其见闻说:"其城西七八里,

---

① 杨衒之:《洛阳伽蓝记》卷五,《大正藏》第51卷,第1019页上。
② 参见玄奘《大唐西域记》卷一二,《大正藏》第51卷,第943页中—下。
③ 《魏书》卷一〇八,第2262页。

有僧伽蓝名王新寺,作来八十年,经三王方成,可高二十五丈,雕文刻镂,金银覆上,众宝合成,塔后作佛堂,庄严妙好,梁柱、户扇、窗牖皆以金箔,别作僧房,亦严丽整饰,非言可尽。"①按文中"作来八十年"计,王新寺开始兴建的时间应该是东晋太兴三年(320)。法显在于阗国观礼佛教行像仪式,"其国中十四大僧伽蓝,不数小者。从四月一日,城里便扫洒道路,庄严巷陌。其城门上张大帏幕,事事严饰。王及夫人采女,皆住其中。瞿摩帝僧是大乘学,王所敬重,最先行像。离城三四里,作四轮像车,高三丈余,状如行殿,七宝庄校……皆金银雕莹,悬于虚空。像去门百步,王脱天冠,易著新衣,徒跣持华、香,翼从出城迎像。头面礼足,散花烧香。像入城时,门楼上夫人、采女遥散众华,纷纷而下,如是庄严供具,车车各异。一僧伽蓝则一日行像,四月一日为始,至十四日,行像乃讫。行像讫,王及夫人乃还宫耳"。②

魏晋至隋唐,于阗一直是内地佛教的源泉之一,如"华严部"经典,就大多是从于阗取得梵本,于阗僧人提云般若、实叉难陀等,为汉译华严经典作出贡献。近代以来在和田、敦煌发现了许多于阗文、梵文佛典,如长达六百多行的《佛本生赞》,都是具有相当规模的佛教文献。于阗人民喜爱音乐、戏剧,在绘画方面具有印度、伊朗的混合风格,著名画家尉迟乙僧于唐初至长安,绘有许多壁画,与唐人吴道子、阎立本齐名。

7世纪玄奘西行时,于阗国已大半是沙碛,但是,气候和畅,盛产宝玉及多种矿、植物,人民的性情也温恭有礼而崇尚佛法。于阗的语言属于伊朗语系的于阗语,在敦煌千佛洞发现了不少于阗语所书写的佛教经典,现存的有《金刚般若经》、《金光明经》、《大乘无量寿经》、《一百五十颂般若波罗蜜多经》等。

二、佛教传入中土的传说与史实

自汉武帝开辟与西域的交通以来,西域各国与内地在政治、经济、文

---

①② 法显:《佛国记》,《大正藏》第51卷,第857页中。

化等各方面的往来十分频繁和便利,从而为印度佛教传入汉族地区提供了条件。应该特别指出,佛教在传入中国内地之前,已经在西域地区流行很长的时间了。这里所说的"佛教东渐"特指的是佛教传入汉族地区而不包含佛教传入西域的问题。因为严格意义上的佛教传入中国,是应该将佛教传入西域这一问题包含在内的。关于佛教传入中土的准确时间,已经难于确定。但古来佛教徒间流传着许多佛教初传的史话,这一方面说明了佛教传入汉地的时间确实要早于"正史"记载以及现今史学界依据"科学"标准所能够确认的时间,另一方面也反映了佛教传入途径的多元化以及最初依靠民间通道和商业管道的事实。本节叙述说明有关佛教初入汉地的传说和基本史实。

1. 佛教初入汉地的传说

印度佛教究竟何时传入中国内地,历史上存在着许多传说。这些传说扑朔迷离,有些说法明显是佛道论争中为佛教徒所杜撰,有些说法则即便真有其事,也不可避免地夹杂着虚构和夸张的成分。近代以来,学术界运用现代学术方法进行了多方面考证,在某些方面取得一些共识。在中国,先是汤用彤在《汉魏两晋南北朝佛教史》①第一章中,列出十种不大可信的传说和数种大致可信的说法,其后任继愈主编《中国佛教史》第一卷②在此基础上作了更详尽的考证,并依照时代线索将十种说法归并为八种,遂为现今学术界所普遍采用。日本方面也有一些类似研究和结论。本文先因循《中国佛教史》中的归纳,将历史上流行的传说作一说明,然后透过若干较为可信的传说和记载,大致叙说佛教传入中国内地的史实。

第一种,三代之前已知佛教。《山海经·海内经》说:"东海之内,北海之隅,有国名朝鲜、天毒,其人水居,偎人爱之。"刘宋时期的宗炳《明佛

---

① 此书初版于1938年,而这些考证早在此前形成于汤先生的相关讲义中。
② 中国社会科学出版社1981年9月出版。

论》引用了《山海经》中的说法，宣称在三皇五帝时期已有佛教传入。此说之荒谬首先在于将佛教传入中土的时间说成远远早于佛陀诞生的时日。其次，《山海经》的成书时代一般认为较晚，而据清代学者考证，刘向校订此书时只有十三篇，并没有《海内经》篇。

第二种，周代佛教已传入中土。《魏书·释老志》说："释迦生时，当周庄王九年。《春秋》鲁庄公七年夏四月，恒星不见，夜明，是也。"①此说最早见于三国时谢承《后汉书》，记佛在周庄王九年（前688）七月十五日寄身于摩耶夫人腹中，至周庄王十年四月八日诞生。又有《周书异记》说，周昭王曾经于二十四年（应为二十六年，即公元前1029）甲寅四月八日，感应到佛陀诞生。《周书异记》是部伪书，可置之不论，而前说所言佛诞日与现今认可的时间差距甚大，自不足为信。

第三种，孔子已知佛教。《列子》卷四《仲尼篇》记载，孔子曰："西方之人，有圣者焉，不治而不乱，不言而自信，不化而自行，荡荡乎民无能名焉。丘疑其为圣，弗知真为圣欤？真不圣欤？"佛教史籍广引其说，认为孔子所说的西方圣人即指佛陀。此说认为佛陀与孔子生卒年代大致相当，从理论上说，断然否定孔子已知佛教，似也根据不足，但就当时的信息传播情况看，可信度也不高；再者，已知佛教与佛教传入是两码事。

第四种，阿育王时代佛教传入中土。此说在中国佛教史上影响深远。东汉支娄迦谶最早将阿育王的事迹介绍到中国，译出了《阿育王太子坏目因缘经》。不久，西晋安法钦、南朝梁僧伽提罗又分别译出了《阿育王传》《阿育王经》，这两经是同本异译。经过一些僧人的大力宣传，阿育王供养舍利建塔的神迹传说深入人心，由此便开始了艰苦的寻找阿育王寺址的工作。北魏魏收在《魏书·释老志》中指出，释迦牟尼涅槃后百年，"有王阿育，以神力分佛舍利，役使鬼神造八万四千塔，布于世界，

---

① 《魏书》卷一一四，第3027页。

皆同日而就。今洛阳、彭城、姑臧、临淄皆有阿育王寺,盖承其遗迹焉"①。其实,阿育王生活的公元前3世纪,相当于我国的战国时期,当时丝绸之路尚未开通。从印度方面留下来的资料看,阿育王时期佛教向外传播未曾涉足中土,当然谈不到送舍利建塔了。正如汤用彤先生所言:"魏晋佛塔,或原系中土建筑。掘出基墌,认为古塔,原无足怪。……地下枯骨,所在皆有,不必即其所传故事,尽属虚构也。"②

第五种,秦始皇时有外国僧众来华。隋费长房《历代三宝纪》说:"始皇时,有诸沙门释利防等十八贤者,赍经来化,始皇弗从,遂禁利防等。夜有金刚丈六人来破狱,出之。始皇惊怖,稽首谢焉。"③此说后来被唐初释法琳《破邪论》、道宣《序佛教隆替事简诸宰辅等状》等文所引用。法琳还说此说出于道安、朱士行《经录》。此说不可信的原因在于,没有史料可以证明秦始皇时印度与中国内地曾经发生过往来。

第六种,汉武帝时已知佛教。从现有资料看,汉武帝时佛教已传入内地尚缺乏信史根据,但汉武帝时已知佛教的事,却是有史实根据的。据《魏书·释老志》载,张骞出使西域归国后,谓大夏之邻有身毒国,尝闻浮屠之教。④ 有些学者以《史记》卷一二三《大宛列传》、《汉书》卷六《张骞传》等,虽言及身毒国,却无浮屠之记载,否定这一说法。我们认为,《魏书·释老志》所记应为事实。张骞出使西域,在大月氏停留一年余,此地当时流行佛教,而张骞知晓佛教也是可能的。至于《史记》、《汉书》的相关部分没有记载,也许与其非主要关注点有关。

第七种,刘向发现佛经。此说最早见于刘宋宗炳《明佛论》:"刘向《列仙叙》七十四人在佛经。"⑤梁刘孝标《世说新语·文学注》也说:"刘子政《列仙传》曰:'历观百家之中,以相检验,得仙者百四十六人,其七十四

---

① 《魏书》卷一一四,第3028页。
② 汤用彤:《汉魏两晋南北朝佛教史》,第5页,北京:中华书局,1983。
③ 费长房:《历代三宝纪》卷一,《大正藏》第49卷,第23页下。
④ 参见《魏书》卷一一四,第3025页。
⑤ 僧祐:《弘明集》卷二,《大正藏》第52卷,第12页下。

人已在佛经,故撰得七十,可以多闻博识者遐观焉。'"①僧祐《出三藏记集》说:"昔刘向校书,已见佛经,故知成帝之前法典久至矣。"②这些材料是说,汉成帝时的刘向在朝廷校理图书,已经看见佛经,其所总结的历代得仙者总数为一百四十六人,由于其中七十四人已经在佛经中叙说过,因此,刘向所撰的《列仙传》仅仅列入佛经所言之外的七十人。此说所疑有三:其一,比刘孝标稍后的颜之推说过:"《列仙传》,刘向所造,而赞云七十四人出佛经……盖后人所羼,非本文也。"③其二,现今流传的《列仙传》版本中已经没有上文引用的刘向之语。南宋志磐对此解释说:"梁孝标注《新语》引《列仙传序》言'七十四人已见佛经',今书肆板行者,乃云'七十四人已在仙经'。盖是道流擅改之耳。"④而现今的版本连同"七十四人在仙经"之语也已不存。其三,在刘向生活的时代,即便在印度也不存在成文的佛经。

　　这一种说法,从支持或反对的理由看,都有一些问题。从反对方面看,因为颜之推本人是信奉佛教的,并撰写有赞美佛教的《归心篇》,因此他的话应该说是有根据的。但是,即便说刘向《列仙叙》中并无上引那句话,然南北朝以及隋唐佛教史籍中常说的刘向在皇家图书馆看到"佛经"也可能是事实。以当时在印度不存在成文的佛经来论定此事的真伪是不够的。在法显、玄奘、义净等人求法的记载中,依然可以看到印度口口相传而写本佛经并不常见的情况。早期佛教史籍在追记某些事情的时候,自然将所有记载有关佛教的文字书籍都当作佛经来看。依照汉武帝之后与西域诸国紧密往来以及丝绸之路已经开通、来汉地经商的人士以及也有少许定居长安的外国人等等事实来看,出现一些介绍佛教常识的文字书籍并且被博学多见的刘向看到,并非完全不可能。

---

① 徐震谔:《世说新语校笺》(上册),第131页,北京:中华书局,1984。
② 僧祐:《出三藏记集》卷二,《大正藏》第55卷,第5页中。
③ 颜之推:《颜氏家训·书证》。
④ 志磐:《佛祖统纪》卷三五,《大正藏》卷四九,第329页上。

从上述分析中可以看出，尽管这些记载有些显得荒谬，有些则鱼龙混杂，但笔者相信，汉武帝之后，中土人士通过各种管道对于佛教已经有不同程度的了解。譬如，说张骞、东方朔、刘向等等博学知名人士，甚至说皇帝也知晓佛教，都可能于其中包含某种事实。现今完全认为这些说法为伪造的人士之论据，很大程度上是把"知晓"、"已知"佛教的标准定得太过严格。譬如，张骞在西域停留长达一年，说其对于当地的宗教信仰以及习俗一点都未关注，回国后也不曾向皇帝报告，也不曾向熟悉的人说起，恐怕也难于自圆其说。再如，在丝绸之路已经开通的情况之下，来到汉地的西域以及印度本土的人，不在中土人士面前说起或者演说、展示自己的宗教信仰活动，似乎也是不大合乎情理的。而佛教传入中土很大程度上是"商贸先行"的结果。而在这一传播途径中，迨至上层知识分子，特别是最高统治者的关注、知晓甚至信仰，确切地说，已经是跨越了若干阶段之后的产物。然而依现今学术界崇尚"科学考据"的情势观之，上述第七、第八种说法，难于被采信，也不足为奇。

仅仅依靠现存的文献资料，佛教传入中国内地的最初情况已经很难确知，但在上述八类传说之外，关于佛教传入中土的早期记载，有三件事，学术界和佛教界还是比较一致给予采信的。

2. 伊存口授佛经

现今的学界一般以汉哀帝元寿元年(公元前2)博士弟子景庐受大月氏王使伊存口授《浮屠经》为佛教正式传入中土的标志。

伊存口授佛经之事，最早见于《三国志·魏书·乌丸鲜卑东夷传》篇末注中所引《魏略·西戎传》的记载。《魏略·西戎传》是鱼豢所撰著，其文说：

> 罽宾国、大夏国、高附国、天竺国皆并属大月氏。临儿国，《浮屠经》云：其国王生浮屠。浮屠，太子也。父曰屑头邪，母曰莫邪。浮屠身服黄色，发青如青丝，乳青毛蛉，赤如铜。始莫邪梦白象而孕。及生，从母左胁出，生而有结，堕地能行七步。此国在天竺城中。天

> 竺又有神人名沙律。昔汉哀帝元寿元年,博士弟子景卢,受大月支王使伊存口授《浮屠经》,曰复立者,其人也。《浮屠》所载临蒲塞、桑门、疏问、白疏闻、比丘、晨门,皆弟子号也。《浮屠》所载与中国《老子经》相出入,盖以老子西出关,过西域,之天竺,教胡。浮屠弟子名号,合有二十九,不能详载,故略之如此。

上引文字中"临儿国",《浮屠经》说其国王生浮屠,因此当指释迦牟尼的故乡迦毗罗卫。"浮屠"也即释迦牟尼佛,而上引出自《浮屠经》的文字中,释迦太子其"父曰屑头邪,母云莫邪",即后世通行的净饭王以及摩耶夫人的早期译法。"沙律",即舍利弗,释迦牟尼的十大弟子之一,智慧第一。关于上文中的"复立",汤用彤先生谓"复立"即前文所谓之"沙律",而方广锠则解释为:"《世说》等均作'复豆'。《酉阳杂俎》前集卷二谓:'老君西越流沙,历八十一国,乌戈、身毒为浮屠,化被三千国,有九万品戒经,汉所获大月氏《复立经》是也。'均可证'立'乃'豆'字之形误。'复立',即'复豆',亦即'浮屠'、'佛陀';《复立经》即《浮屠经》。"①方说甚是。《浮屠》所载临蒲塞、桑门、伯闻、疏问、白疏闻、比丘、晨门,皆弟子号也。"临蒲塞"也即"伊蒲塞",后通译作"优婆塞",专指男性在家信徒。"桑门"、"伯闻"、"疏问"、"白疏闻"、"晨门"后通译为"沙门",原为古印度反对婆罗门教的各派别出家僧人的通称,在此是指佛教僧人。同一种身份,出现多种不同写法的音译名称,一种可能是,伊存、景卢在翻译、书写时所为;一种可能是笔录本在其后的流传过程中出现了不同的抄本,从而产生了名称上的歧义。

上引文字的核心信息是,汉哀帝元寿元年博士弟子景卢受大月支王者伊存口授而记录出《浮屠经》。而鱼豢依据此经的内容,叙述了佛陀及其弟子,并且在"老子化胡"的背景下,将其内容与《老子》作比较,结论自然互有"出入"。

---

① 方广锠:《浮屠经考》(修订稿),《法音》1988年第6期。

关于这次翻译佛经活动，上引《魏略·西戎传》是现存最早的文字叙述，在《世说新语·文学篇》的注释、《魏书·释老志》、《隋书·经籍志》、法琳《辩正论》卷五、《太平御览》的《四夷部》及《人事部》、《史记正义·大宛列传》、《通典》卷一九三、《通志》卷一九六、宋董逌《广川画跋》卷二《书〈西升经〉后》篇引《晋中经》等，都有记述，但文字略有差别。关于受经人，《世说》作"景虑"，《魏书·释老志》、《画跋》作"秦景宪"，《通典》、《隋书·经籍志》作"秦景"，《通志》作"秦匿"，想必均乃传抄之讹。关于受经方式，《通典》作"秦景馆受……伊存口授"，《画跋》作"秦景宪使大月氏，王使伊存口授《浮屠经》"，《辩正论》谓："秦景至月氏国，其王令太子授《浮屠经》"。① 此中，到底是伊存出使到汉朝向中国人口授了《浮屠经》，还是中国人出使到大月氏而学习了佛经，叙述不一。《隋书·经籍志》则记叙述："哀帝时，博士弟子秦景使伊存口授《浮屠经》"，地点模糊不清。但"《裴注》与《世说》所引相同，而年代又较早，则谓伊存使汉，博士弟子景卢受经，或较为确实也"②。

对于上述记载，当代也有学者怀疑其真实性，但大多数学者都信其为真。如前所论述，大月氏原居我国河西走廊一带，因受匈奴的压迫而逐步西迁，约于公元前113年左右迁到大夏地区，其时大夏已经信奉佛教。因此，公元前1世纪末大月氏的某些已经接受佛教信仰的人士向中国人士传授佛教经典，是完全可能的，《魏书·释老志》也有类似的记载。这一事件大约发生在公元前2年。外来宗教的传播并不是一蹴而就的，佛教传入中国大概也经过了一个相当长的历史过程。上述事件，一则因为见于流传甚广的正史《三国志》的注解之中，二则它反映了佛教已经引起了上层士人的注意，所以佛教史家特别强调其特殊意义。汤用彤先生的结论是："依上所言，可注意者，盖有三事。一、汉武帝开辟西域，大月

---

① 《大正藏》第52卷，第522页中。
② 汤用彤：《汉魏两晋南北朝佛教史》，第36页。

氏西侵大夏,均为佛教来华史上重要事件。二、大月氏信佛在西汉时,佛法入华或由彼土。三、译经并非始于《四十二章》,传法之始当上推至西汉末叶。"①——这三点结论可谓不易之论。

不过,对于汤用彤先说所说的"译经并非始于《四十二章》"而是从西汉末叶的《浮屠经》开始的观点,学术界重视不够。而方广锠撰《〈浮屠经〉考》进一步强调说:"张骞凿空之后,随着中原与西域交通的发展,佛教开始沿西域道传入内地,其中于史有征的最早传教活动,即汉哀帝元寿元年的伊存授经。佛经亦同时传入内地,即伊存所授之《浮屠经》。这部《浮屠经》当时被笔录下来,并在其后的流传过程中出现一些互有歧文的抄本。该经后虽亡佚,但不少书籍保留了它的若干片断内容。可能是所据抄本不一,故保留下来的各片断亦有矛盾互歧之处。但不管怎样,《浮屠经》是现在可以考知的第一部汉译佛经,这一点可谓毫无疑义。"②

关于这部《浮屠经》的名称,从《魏略》对《浮屠经》的解释来看,最早大概叫作《复豆经》或《浮屠经》。古印度没有一部佛教典籍的名字叫"佛经",因而这部《复豆经》不会是某部印度佛典的原原本本的翻译,很可能是某经的节译或诸经之撮要。而中国人把这一译本称作"佛经",是按照中国的传统习惯,对诸子书以作者定书名,如《老子》、《庄子》、《管子》等。而称之为"经",则反映了对释迦言教的崇拜。③ 当时,《老子》亦被称作《老子经》,当出于同一心理。关于此经的内容,《中国佛教史》又指出:"《浮屠经》很可能是如后来的《本起经》、《本行经》一类的讲佛陀生平的经。"④而方广锠则认为:"从前述《三国志》的引文可知,《浮屠经》中确有相当内容叙述佛传。但是,看来它并非仅仅叙述佛传故事。如前引文谓:'《浮屠》所载与中国《老子经》相出入',则可见其中必有叙述佛教教

---

① 汤用彤:《汉魏两晋南北朝佛教史》,第36页。
②③ 方广锠:《〈浮屠经〉考》(修订稿),《法音》1998年第6期。
④ 任继愈主编:《中国佛教史》第一卷,第91页。

义的内容。"① 方说更合理些。

关于《浮屠经》的流传,汤用彤先生在《汉魏两晋南北朝佛教史》中,从资料渊源的角度也论述了这一问题,抄录如下:"《广川画跋》引此文,谓出《晋中经》。《广弘明集》载阮孝绪《七录序》,谓《晋中经簿》有佛书经簿十六卷,则晋室秘府原藏佛经。又,《晋中经簿》源出《魏中经》(如《隋志序》),是魏世朝廷,当已颇收集佛经。疑其作簿录时,伊存之经或尚在,并已著录。……鱼豢所记或用《魏中经》文(如《魏略》成书在《中经簿》之前,则系《中经》采鱼书之文),与《画跋》、《晋中经》语同出一源,故文若是之相同也。是则鱼氏即未睹伊存之经,而《魏中经》作者必经过目,且其所见《浮屠经》当不只此一部。"② 依照此说,该经自西汉末叶译出后,经东汉、三国、西晋,一直以多种抄本形式在社会流传,并被收入魏、晋两家皇家秘藏。既然《晋中经》著录该经,而道安的《综理众经目录》中无此经,且此经从此不见踪迹,则我们有理由推测,该经很可能亡佚于两晋之交的战乱中。

3. 楚王英奉佛

据现存资料,东汉楚王刘英是最早信奉佛教的上层人物。

楚王英,光武帝之子,孝明帝之弟,母许氏。建武十五年(公元39),受封为楚公;建武十七年,进升楚王。孝明帝为太子时,特加亲爱。孝明帝即位后数受赏赐。建武二十八年,刘英赴楚国就任。据《后汉书》卷四二《楚王英传》记载:"母许氏无宠,故英国最贫小。三十年,以临淮之取虑、须昌二县益楚国。"刘英"少时好游侠,交通宾客,晚节更喜黄老,学为浮屠斋戒祭祀"。永平八年(公元65),诏令天下死罪者入缣赎罪之际,楚王英令郎中奉黄缣白纨三十匹诣国相曰:"托在蕃辅,过恶累积,欢喜大恩,奉送缣帛,以赎愆罪。"国相上奏朝廷,明帝下诏说:"楚王诵黄老之微

---

① 方广锠:《〈浮屠经〉考》(修订稿),《法音》1998年第6期。
② 汤用彤:《汉魏两晋南北朝佛教史》,第36页。

言,尚浮屠之仁祠,洁斋三月,与神为誓,何嫌何疑,当有悔吝？其还赎,以助伊蒲塞桑门之盛馔。"①

楚王英在早期中国佛教史上,被视为极具代表性的佛教徒。除《后汉书》卷四二的记载外,《后汉书》卷八八《天竺国》在叙述了明帝求法之事写道:"楚王英始信其术,中国因此颇有奉其道者。"②可见,楚王刘英信奉佛教,在当时有很强的示范性,表明东汉上层统治者已经逐渐信仰佛教。楚王英封于彭城,可知由西域来华之外国沙门,其活动范围自北方长安、洛阳已延展向南方各地。其后楚王英因故左迁丹阳,佛教得以再向南地拓展。

《后汉书》的这一记载很重要,它是佛教传入中国最早而且最可靠的史料。由此我们可以明白以下几点:第一,佛在当时是被当作神仙与黄帝、老子一起祭祀的,可见佛教刚刚传来,必须依附中国固有的信仰,与当时流行的老庄思想合流。第二,在楚王英周围或者在彭城一带有外国僧侣(沙门)和在家信徒(居士)。第三,汉明帝也闻知彭城地方有桑门和伊蒲塞(优婆塞),所以才下诏将赎罪的缣布施给他们。第四,当时信徒中间已在进行一种合乎神意的类似斋戒的忏悔法,楚王英所进行的赎罪行为,大概也有迎合神的企图。第五,明帝将前述的免罪诏书并且将其下达到封国的"国傅",楚王信奉佛教而受"鼓励",说明当时信奉佛教已经有一定的良好气氛。

后来,楚王英与方士交通,作金龟、玉鹤,刻文字为符瑞。永平十三年(公元70),有谗者奏有司,谓英招聚奸猾,造作图谶,大逆不道,故请诛之。帝不忍诛之,十一月乃废其官职,令徙丹阳泾县(今属安徽宣城),赐汤沐邑五百户,遣大鸿胪持节护送之。楚王英到丹阳并非像押送犯人一样,而是在伎人、奴婢护送下,乘衣车(有篷车),持刚弓,边狩猎边旅游而

---

① 《后汉书》卷四二,第1428页。
② 《后汉书》卷八八,第2922页。

去,明帝还赐予五百户食封,处理相当宽大。第二年四月,刘英于丹阳自杀。汉章帝元和三年(公元86),许太后去世时,刘英的遗骸改葬彭城,追爵"楚厉侯"。

楚王刘英信奉佛教不是偶发的事件,传说中的永平求法也说明此时佛教信仰在汉地已经有一定的影响。

4. 永平求法

有关佛教初传中国的种种传说中,最为有名的,是后汉明帝永平年间(58—75年在位)的梦感求法说。晋代以后的文献中,常常将此作为佛法传入中土的开始。而近代以来,又有学者怀疑其真实性。①

汉明帝刘庄(公元58—75)是光武帝刘秀第四子,三十岁时以皇太子身份嗣大位,史称孝明皇帝。关于汉明帝感梦遣人求法之事,最早见于《四十二章经序》,其后的《理惑论》则在情节上有进一步的发展。《广弘明集·笑道论》中引用《老子化胡经》叙述其事。此外,石赵时王度《奏疏》(《高僧传·佛图澄传》引用)、东晋袁宏《后汉纪》(卷一〇)、刘宋宗炳《明佛论》、范晔《后汉书》卷一一八、南齐王琰《冥祥记》(《法苑珠林》卷一三引)、萧梁时僧祐《出三藏记集》卷二、慧皎《高僧传》卷一、陶弘景《真诰》卷九,北魏郦道元《水经·谷水注》、杨衒之《洛阳伽蓝记》卷四、《魏书·释老志》,以及元魏僧徒所伪造的《汉法本内传》(见《法苑珠林》、《广弘明集》及《古今佛道论衡》等)、《续古今佛道论衡》广引其文。其余六朝人士言及之者,还有许多。

《四十二章经》序说:

昔汉孝明皇帝,夜梦见神人,身体有金色,项有日光,飞在殿前,

---

① 梁启超撰《汉明求法说辨伪》专论"汉明求法说"的疑点,引起很大反响。其文开头说:"最初见有者为西晋王浮之《老子化胡经》。王浮盖一妖妄道士,造为老子出关西度流沙之说,指彼佛陀为老子弟子也。其书经六朝唐数次禁毁,稍有识者皆知其妄,独所造汉求法说,反由佛教徒为之传播。洵一怪事也。"梁启超也同时怀疑《四十二章经》和《理惑论》为后起的伪书,因此,只承认此说最早出现于西晋。而汤用彤在《汉魏两晋南北朝佛教史》中专辟一章考证此说,其结论已经得到大多数学者的认可。本著采用其说。

意中欣然，甚悦之。明日问群臣："此为何神也？"有通人傅毅曰："臣闻天竺，有得道者，号曰佛，轻举能飞，殆将其神也。"于是上悟，即遣使者张骞、羽林中郎将秦景、博士弟子王遵等十二人，至大月支国，写取佛经《四十二章》，在第十四石函中，登起立塔寺。于是道法流布，处处修立佛寺。远人伏化，愿为臣妾者，不可称数，国内清宁。含识之类，蒙恩受赖，于今不绝也。①

《理惑论》在回答："汉地始闻佛道，其所从出耶？"的设问时说：

> 昔孝明皇帝，梦见神人，身有日光，飞在殿前，欣然悦之。明日博问群臣，此为何神？有通人傅毅曰："臣闻天竺有得道者，号之曰佛。飞行虚空，身有日光，殆将其神也。"于是上悟，遣使者张骞、羽林郎中秦景、博士弟子王遵等十二人，于大月支，写《佛经四十二章》，藏在兰台石室第十四间，时于洛阳城西雍门外起佛寺，于其壁画千乘万骑，绕塔三匝，又于南宫清凉台及开阳城门上作佛像。明帝存时，豫修造寿陵，陵曰显节，亦于其上作佛图像。时国丰民宁，远夷慕义，学者由此而滋。②

这是现存最早的记载，其他书中的记载大同小异。其基本情节是：汉明帝夜梦金人，知西方有佛，故派使者赴大月氏国，赍回经像，并为东来的西域僧建寺。于是摩腾共法兰在寺里译出《四十二章经》，当时所建的佛寺，据说就是洛阳白马寺。

此后，受佛、道二教斗争的影响，一些人出于不同的意图把明帝遣使求法加以修饰和补充，增添不少新的情节：

其一，确定求法的时间。西晋道士王浮伪造《老子化胡经》，说老子早在周幽王时已出关到西域教化"胡"人，释迦牟尼佛是他的弟子，明帝

---

① 僧祐：《出三藏记集》卷六，《大正藏》第 55 卷，第 42 页下。
② 僧祐：《弘明集》卷一，《大正藏》第 55 卷，第 4 页下—5 页上。

在永平七年(公元64)遣使求法,永平十八年(公元75)归。①《广弘明集》所载《汉法本内传》作永平三年感梦遣使。而隋代费长房《历代三宝纪》卷二则说,永平七年遣使,永平十年(公元67)归国。

其二,关于汉明帝所遣使者,《化胡经》作张骞等,《出三藏记集》所载《四十二章经序》及《弘明集》所收《理惑论》作使者张骞、羽林中郎将(《理惑论》作中郎)秦景、博士弟子王遵等,《法苑珠林》所引南齐王琰的《冥祥记》作使者蔡愔。

其三,关于佛典的传译,《化胡经》说"写经六十万五千言",《四十二章经序》及《理惑论》只说遣使到月氏,写取佛经四十二章,译事及译人都没有说到。《冥祥记》也只说写赍经像。《出三藏记集》卷二在《四十二章经》目下记载说:"于月支国遇沙门竺摩腾,译写此经"②,未说到竺法兰。《高僧传》说有摩腾译《四十二章经》,又说此经是竺法兰所译。《魏书·释老志》虽然把腾、兰结合起来成同时来汉地,然而只说"得四十二章",未说到译事。到《历代三宝纪》才具体说腾、兰共译《四十二章经》,此为后来传说的张本。

也许由于此事的发起者是皇帝,因而后世将其当作佛教传入中土的开始。东晋初年后赵著作郎王度回答石虎关于佛教的所问的奏议中说:"佛出西域,外国之神,功不施民,非天子诸华所应祠奉。往汉明感梦,初传其道,唯听西域人得立寺都邑,以奉其神。"③而东晋袁宏《后汉纪》卷一〇《孝明皇帝纪》也记入此事:"世传明帝梦见金人,长大,项有光明,以问群臣。或曰:'西方有神,名曰佛,其形长丈六尺而黄金色。'帝于是遣使天竺问佛道法,遂于中国图画形象焉。楚王英始信其术,中国因此颇有奉其道者。后桓帝好神,数祀浮图、老子,百姓稍有奉者,后遂转盛。"《后汉书》卷八八《西域传》记述颇详:

---

① 由于《化胡经》不存,这一说法现见于《广弘明集》卷九载《笑道论》所引。
② 《大正藏》第55卷,第5页下。
③ 《高僧传》卷九《佛图澄传》,《大正藏》第50卷,第385页下。

明帝梦见金人，长大，顶有光明，以问群臣。或曰："西方有神，名曰佛，其形长丈六尺而黄金色。"帝于是遣使天竺问佛道法，遂于中国图画形像焉。①

明帝乃遣使往西域求佛。永平十年，得经像以归，并修建白马寺。由于古代"正史"特殊影响力，因此作为佛教传入内地的标志，变成古人约定俗成的说法。

关于汉明帝求法之事，古代史籍记载不一，异说纷呈，因而引起现代佛教史家的怀疑。尽管现在仍然有争论，但我们以为汤用彤的说法最为允洽："求法故事，虽有疑问。但历史上事常附有可疑传说，传说固妄，然事实不必即须根本推翻。"②基本事实是真的，若干细节失真无碍整体真实的大局。他认为："牟子汉末作《理惑论》，上距永平不过百余年。《四十二章经》则桓帝以前亦已译出，《经序》或已早附入，上距永平更近，或且不及百年。此推论若确，则其记载出于佛徒，虽或有虚饰，然不应全属无稽，无中生有也。"③又说："凡治史者，就事推证，应有分际，不可作一往论断，以快心目。求法故事虽有可疑，而是否断定全无其事则更当慎重。昔者王仲任著《论衡》，《书虚》、《语增》分为二事。汉明求法之说，毋宁谓语多增饰，不可即断其全属子虚乌有也。"④

汤用彤对"永平求法"说作了基本肯定，但同时指出："至若佛教之流传，自不始于东汉初叶。"⑤因为从这一传说的内容看，当是佛教已经在汉地传播较为广泛之后才能发生的事情。依照近代以来学术界普遍的思维方式和佛教传入汉地的标准，以佛教于两汉之际传入汉地的说法最为妥当。近年来，以伊存口授《浮屠经》作为佛教（佛法）传

---

① 《后汉书》卷八八，第 2922 页。
② 汤用彤：《汉魏两晋南北朝佛教史》，第 16 页。汤先生在此书第二章专门考证求法传说之真伪，分为七部分："一、佛法不始于明帝；二、《四十二章经》之早出；三、明帝求法之真伪；四、蔡愔、摩腾事之迟见；五、竺法兰事之无征；六、求法说非王浮所假造；七、余论。"——此种考证甚为精当，是为定论。
③④⑤ 汤用彤：《汉魏两晋南北朝佛教史》，第 17、18、20 页。

入内地的标志性事件的说法，固然很有道理，但仍须明确其"权宜"的性质。

三、佛教传入中土的三条路线

印度佛教传入中国的路线，一般认为有两条，即西域的传入和南方海路的传入，现在有些人认为，南方还有陆路的传入路线，这样就有三条传入通道。对于这三条路线在中国佛教早期传播中各自的贡献，下文做一简单的辨析。

从古以来，大都强调佛教从西域向内地传播的路线，古代史籍的记载也较多。当代学术界大多数学者也认可这样的看法：印度佛教最早经中亚陆路向中国传播，在当时中亚诸国人口稀少、不足以支持佛教寺院存在的情况下，遂假途而过，继续向东传入人口相对密集的汉地，并生根、发展。但对此也有不同意见，主要的难点在于佛教传入西域的时间不易确定，如黄文弼《佛教传入鄯善与西方文化输入问题》一文认为佛教传入西域较内地晚。梁启超则撰有《佛教之初输入》、《佛教与西域》、《又佛教与西域》三篇文章，对佛教在西域诸国的传播、发展状况进行考证，否定了西域陆路传播说，提出佛教从海路传入中国内地之说。而汤用彤《汉魏两晋南北朝佛教史》，对佛教入华诸传说、永平求法的传说、《四十二章经》进行考证，认为佛教东渐首先经由西域之大月氏、康居、安息诸国，其交通多由陆路。然而，汤先生的研究完成于20世纪30年代，尔后则长江流域的广大地区不断有与佛教有关联的文物出土，特别是近二十年来，考古学界和中国艺术史界不断有学者提出在佛教传入汉地问题上，海路的重要性优先于丝绸之路，甚至也有学者进一步推进梁启超的假定，以海路来否定丝绸之路的重要性。如吴廷、郑彭年坚定地说："与上述看法相反，我们认为佛教由海路传入中国比陆路早，至迟在后汉初年即汉光武帝之子楚王英信佛之前就由海路传入江淮。过去我们一直被佛教西域传入的成说所束缚，一谈到佛教传入，总以为是遵循陆路从西域传入,事实上佛教由陆路从西域传来的可信史料相当晚。"①

20世纪末,由南京艺术学院、北京大学、南京博物院和日本龙谷大学联合组成的"佛教初传南方之路"课题研究组沿长江流域对四川、湖南、湖北、江苏、广东等十个省、市、地区展开了实地考察和调查。两年后,在此次调查的基础上,由上述单位共同编著,中国文物出版社和日本龙谷大学联合出版了文物图录《佛教初传南方之路》。② 该图录集中了半个世纪以来发现于南方的与佛像造型相关的考古遗存的相关资料。这批文物的佛像造型大多雕饰或刻画于其他的承载体上,因而与后来完全建立在佛教意义上的独立的佛教造像不同,只能说是一些有佛教含义的形象而已,称其为佛的形像或更妥当。这类造型仅见于南方,绝大部分发现于长江流域,时间则以2—4世纪为限,同一时期北方同类艺术品很少被发现,于是,这类佛像艺术品与佛教初传中国的关系,南方和北方,海路与陆路在早期佛教传入中国过程中的地位和作用等问题,相因而至。

尽管从20世纪40年代起,就不断有长江流域发现汉末三国时期佛教相关造像的考古报道,但《佛教初传南方之路文物图录》将这些零散的考古资料集中起来,还是具有相当震撼力的。这一系列成果的取得,一举填补了三国时期蜀川佛教资料的空白。随着这一研究的继续深入,早期中国佛教的面貌将会越来越清晰,越来越丰满。

现有的发现,都没有早于西汉张骞时期,而且从印度佛教发展史上言之,也不应该有如此早的佛教文物存在,因为此时印度佛教尚不流行造型艺术,自然不会在中国发现相关的佛教遗存。发生于公元前2年的伊存口授《浮屠经》,充分说明了汉地佛教传入与西域紧密关系,

---

① 吴廷、郑彭年:《佛教海上传入中国之研究》,《历史研究》1995年第2期。
② 贺云翱编:《佛教初传南方之路文物图录》,北京:文物出版社,1993。

即便有学者质疑永平求法之事的真实性而不承认其说,也不足以动摇佛教传入内地最早以及首要的通道是由印度而西域再至长安、洛阳的路径。

季羡林先生最初在《浮屠与佛》一文中说:"中国同佛教最初发生关系,我们虽然不能确定究竟在什么时候,但一定很早,而且据我的看法,还是直接的;换句话说,就是还没经过西域小国的媒介。我的意思并不是说,佛教从印度飞到中国来的。它可能是先从海道来的,也可能是从陆路来的。即便从陆路经过中亚小国而到中国,这些小国最初还没有什么作用,只是佛教到中国来的过路而已,当时很可能已经有了直接从印度俗语译过来的经典。《四十二章经》大概就是其中之一。"这一表态或者推测,被当作支持海路优先之观点的旁证之一。然而,季羡林后来在《再谈浮屠与佛》[①]一文中对自己以前所持观点进行修订,认为印度佛教分两阶段,经由大夏(大月支)和中亚新疆小国传入中国。2001年,季羡林又撰《佛教传入龟兹和焉耆的道路和时间》一文叙述其观点变化的过程。他说:"佛教史学者几乎都承认,佛教传出印度西北部第一大站就是大夏,大夏后来为大月支所征服。大月支遂据其国。中国典籍中关于佛教入华的说法虽然很多,但皆与大月支有关。这样一来,史实与语言音译完全合拍,我们不得不承认,这就是事实。我原来的假设:佛教最初是直接从印度传来的,现在不能不修正了,改为佛教是间接传进来的。"季先生指出:"佛教由印度西传至大夏,再由大夏向偏东方向流布,直到疏勒,然后再向东进向龟兹和焉耆。"[②]并且最后引用了汤用彤在《汉魏两晋南北朝佛教史》的结论作为他的观点:"依上所言,可注意者,盖有三事。一汉武帝开辟西域,大月氏西侵大夏,均为佛教来华史上重要事件。二大月氏信佛在西汉时,佛法入华或由彼土。三译经并非始于《四十二章》

[①] 此文撰写于1989年11月。
[②] 季羡林:《佛教传入龟兹和焉耆的道路和时间》,《社会科学战线》2001年第2期。

传法之始当上推至西汉末叶。"

总而言之,关于佛教传入内地的路径和时间,汤用彤先生的结论目前没有证据能够推翻。佛教早期传入的路线,几乎都是走的西域一线,所经正是古丝绸之路的路线。这一线又分为两路,一是南路,二是北路。

南路自东向西,从敦煌出发,西行到鄯善国(今新疆若羌),沿沙漠南缘、昆仑山北麓行进,过于阗(今新疆和田),再折向西北方向的莎车,越过葱岭,由此往西可至大月支、安息(今伊朗)等国,往南可入罽宾国(今克什米尔)及天竺境内。这一路的中心是于阗国。

北路自东向西,也由敦煌出发,到玉门关再折向北,经伊吾(今新疆哈密),西行至高昌(今新疆吐鲁番);或从敦煌西进至楼兰国(今新疆罗布淖尔西北),折向北也到高昌。自高昌西行,经焉夷(今新疆焉耆)、龟兹(今新疆库车)、疏勒(今新疆喀什),越过葱岭而至大宛(今乌兹别克斯坦的费尔干纳)康居(今阿姆河以北,咸海和巴尔喀什湖之间的大片地区,包括乌兹别克斯坦、塔吉克斯坦以及吉尔吉斯斯坦、哈萨克斯坦的部分地区)等国。往西南,可至大月支、罽宾等国。龟兹是这一路的中心。

沿这两条路线进入中国的早期来华僧人中,有安息国的安世高、大月支国的支娄迦谶、天竺僧昙柯迦罗、康僧铠等人。鸠摩罗什走的是北路。中土西行求法高僧也多走这两条路线,法显先是走南路,到鄯善国时又折向北,到北路上的焉夷国,再往南穿过大沙漠,到达于阗,仍走南路。

这两条线路,都在天山南麓,因而也称为天山南路。除此之外,还存在着一条天山北路,从东向西,自哈密出发,沿天山北麓而行。玄奘曾走过天山北路。

对于上述观点的质疑以及对海路传入佛教的过分强调,主要的根据是今日新疆一带以及关中、中原的广大区域内,却没有留下诸如南方常见的有佛像造型的任何文物。考古学界解释其中原因:西域未见早期佛像,有两种可能:第一,西域的历史上从未存在过早期佛像。第二,存过,但尚未发现。① 佛像最早出现于印度西北的犍陀罗地区,而不是佛教发源地恒河流域。

在希腊罗马艺术影响下产生的偶像雕塑艺术,最终形成著名的犍陀罗佛教雕塑艺术。犍陀罗贵霜时期是雕塑艺术的黄金时代,也是佛教发展的黄金时代。按理说向东越过帕米尔,塔里木盆地南北两缘是最早受到犍陀罗佛教艺术影响的地方,理应在公元以后可以见到一些迹象,缘何塔里木盆地南北两缘没有见到任何属于这一时期有关佛教的考古遗存?西域没有像南方那样因此而流行日常用具上出现佛的具体形象,这种差异恐怕还要从当地传统的生活习惯和信仰习俗中去寻找答案。

1976—1978年,天山东部的阿拉沟发现了一批古代墓葬遗址,依随葬器物和墓葬形制,墓葬分属以卵石墓室和以木椁墓室为特征的两个不同的文化类型。据碳十四测定,卵石墓文化延续的时间从公元前8世纪至公元前2世纪,可能属于车师文化。② 墓葬出土物与生产、生活相关的有大量马、羊、驼的骨骼和从事牧业的工具,也见少量农作物的种子,日常生活用具有陶器、木器和铜器,还见骨制、玛瑙制、金制、铜制的饰物,骨雕制品相对多一些,大都以野猪、熊等兽头为雕塑题材,形象颇为生动。以动物为装饰题材的饰品还见于同一地区的木椁墓,有饰以兽头或全兽的金牌、饰以兽形的金箔片,还有饰以兽纹图案的银牌。一件承兽铜盘造型生动,风格独特,铜盘中央伫立两只小兽,其周边还伫立一圈小兽。经碳十四测定的结果显示,木椁墓文化在阿拉沟延续的时间不长,大约相当于战国至汉代,即公元前2世纪前后,墓葬出土漆器的图案风格也与这一结论相吻合。③ 该文化当属乌孙,为乌孙西迁伊犁河流域前

---

① 对这一问题解释最得力的是宋晓梅《从考古遗存引发关于南北两路佛教初传问题的思考》一文(《西域研究》,2003年第2期),下文的论述大多依据此文,不一一注出。
② 参见马雍、王炳华《公元前7—2世纪的中国新疆地区》,载《中亚学刊》第三辑,具体论述转引自宋晓梅《从考古遗存引发关于南北两路佛教初传问题的思考》一文。
③ 穆舜英、王炳华、王明哲:《建国以来新疆考古的主要收获》,收入《新疆考古三十年》,乌鲁木齐:新疆人民出版社1983年版,第5页。

的文化遗存。阿拉沟两个不同族属的文化遗存中,动物形象频频出现于用具和饰物上,反映了车师和乌孙民族以畜牧业为主的传统生产和生活方式,他们的崇尚目标、信仰习俗和审美情趣统统体现在这些型制各异的动物造型上。与此形成鲜明对比的是,很少在生活用品或艺术品上见到以人物的具体形象为内容的装饰风格。佛的初形是人物,在佛教的口头传播时期,西域似乎缺少佛形象可以替代或植入的位置,或者说可以依托的载体,如同没有适宜的土壤和气候条件种子不能发芽一样,佛的形象在西域根本没有发育起来。

所以,佛教在西域的最初传播只是口头的流传,主要体现在对佛经的口头传播上,因而才有了大月氏使者取道西域将《浮图经》一路东传的记载。因此,虽未见到佛的形象,并不代表有关佛的信息没有传播到这里。后来,西域佛教译经事业的发达和成熟的程度来看,口头传播时期佛信息在此地的流传程度决不亚于当时的南方。从一开始,西域就是佛教向中国传播的最前沿的站点。

佛教初传时期,南方和西域通过不同的途径,依靠各自的传播方式,形成最初的佛教传播根据地,并继而将佛教的信息传递到中原,从这个意义上讲,佛教向中国传播的方式和途径是多元的。陆路和海路属于佛教传入中国的不同路径,各自都发挥独特的作用。从目前的证据看,以陆上"丝绸之路"为最早。

佛教传入中土的海路一般指的是"海上丝绸之路",大多数学者将海上丝绸之路开辟的时间确定为西汉中晚期和东汉。[1]《后汉书·西域传》记载:"大秦国……与安息、天竺交市于海中,利有十倍。其人质直,市无二价。……其王常欲通使于汉,而安息欲以汉缯采与之交市,故遮阂不得自达。"[2]当时与安息人和解的时机尚不成熟,但为了避开

---

[1] 关于"海上丝绸之路"开通的情形,下文参考吴廷、郑彭年《佛教海上传入中国之研究》一文的材料和观点作了叙述,文见《历史研究》1995年第2期。
[2]《后汉书》卷八八,第2919—2920页。

阿拉伯人,罗马人却找到了一种切实可行的解决办法。这就是冒险越过阿拉伯与非洲之间红海南端的曼德海峡,利用六月末至九月的东南季风穿过印度洋,直接到印度商港做生意。20世纪以来,印度及巴基斯坦全境发现六十八枚罗马金币,其中五十七枚在印度南部发现,金币大多数是奥古斯都和提比留斯时代的。由此可见,1世纪初罗马商人已来到了印度,连接地中海和印度洋的经由红海的海路相当活跃。而《后汉书·西域传》又记载:"至桓帝延熹九年,大秦王安敦遣使自日南徼外献象牙、犀角、玳瑁,始乃通焉。"①这是罗马帝国第一次与中国往来。据研究,这次航行是163年罗马(大秦)皇帝安敦打败安息后,遣使者由波斯湾乘船经由印度洋直抵中国交趾。因为使者所献的象牙、犀角、玳瑁都是安南产,并非从罗马带来。可见他们是从安南登陆,就地采购土产的。

总之,研究中西交通史的大多数学者相信,西汉时期中印海道已开通,证据之一就是《汉书·地理志》的如下记载:

> 自日南障塞、徐闻、合浦船行可五月,有都元国;又船行可四月,有邑卢没国;又船行可二十余日,有谌离国;步行可十余日,有夫甘都卢国。自夫甘都卢国船行可二月余,有黄支国,民俗略与珠崖相类。其州广大,户口多,多异物,自武帝以来皆献见。有译长,属黄门,与应募者俱入海市明珠、璧流离、奇石异物,赍黄金杂缯而往。所至国皆禀食为耦,蛮夷贾船,转送致之。亦利交易,剽杀人。又苦逢风波溺死,不者数年来还。大珠至围二寸以下。平帝元始中,王莽辅政,欲耀威德,厚遗黄支王,令遣使献生犀牛。自黄支船行可八月,到皮宗;船行可二月,到日南、象林界云。黄支之南,有已程不国,汉之译使自此还矣。②

---

① 《后汉书》卷八八,第2920页。
② 《汉书》卷二八下,第1671页。

据研究,都元国位于马来半岛;邑卢没国位于缅甸沿岸勃固附近;谌离国是伊洛瓦底江边的海港;夫甘都卢国在缅甸之蒲甘;黄支国即南印度的古国拔罗婆朝的首都建志补罗,今 Conjeveram;皮宗是马来半岛的 Pisang;已程不国即锡兰,今斯里兰卡。这个记载表明了以下几点:其一,始航地是雷州半岛,乘的是中国船,至远海由蛮夷商船转送。其二,航海者是黄门译长,携带黄金丝绸,购回珍宝,这是官商。其三,其路线是:广东→印度支那半岛→马六甲海峡→马来半岛→印度南部→斯里兰卡。其四,自汉武帝以来,印度南部的黄支国遣使朝贡,可见中印建交相当早。

后汉以来,中国与南海交通频繁。《后汉书·南蛮西南夷列传》及《西域传》记载的有以下数次:其一,"逮王莽辅政,元始二年,日南之南黄支国来献犀牛"[1]。其二,"永宁元年,掸国王雍由调复遣使者诣阙朝贺"[2]。其三,永建六年(131),"日南徼外叶调王便遣使贡献,帝赐阙便金印紫绶"[3]。其四,"天竺国一名身毒,……和帝时数遣使贡献,后西域反畔,乃绝。至桓帝延熹二年、四年,频从日南徼外来献"[4]。其五,前述桓帝延熹九年(166),罗马皇帝马克·奥理略遣使贡献。以上"掸国"即上缅甸,"叶调"即爪哇,"身毒"即印度,"黄支"即印度南部的建志补罗。掸国或许从陆上来,其他三国及罗马则肯定是从海上来的。

东、西海上交通既开,使者、商人接踵而至,外国文化也随之传来,佛教也从这条海上丝绸之路的东段传到中国。尤其三国、东晋以后,由海路来华的僧人逐渐增多。这条海上路线是从天竺出发,经由师子国(今斯里兰卡)、耶婆提国(今苏门答腊和爪哇一带)、南中国海,到达交趾(今属越南)、广东等地上岸。求那跋陀罗、真谛等人来华是在广州上的岸,求那跋摩是在交趾上的岸,法显回国走的也是海路,本想在广州上岸,结

---

[1]《后汉书》卷八六,第2836页。
[2] 同上书,第2851页。
[3] 同上书,第2837页。
[4]《后汉书》卷八八《西域传》,第2921—2922页。

果却漂到牢山(今山东崂山)上岸。

南方的传入路线,除海路之外,有人主张还有一条陆上通道,这条路以四川为中心,从南部进入四川的通道有滇缅道,是经今缅甸、云南一线入川。四川北部有甘青道,是从益州(今成都)出发,沿岷江北上,到今天青海的格尔木,再往西到鄯善国,可继续西进于阗,也走上丝绸之路。往东出川的通道有褒斜道和金牛道,即所谓的古栈道。①

关于这一通道的开辟,学者一般依据《史记》和《汉书》记载为根据。《史记·西南夷列传》记载:"及元狩元年,博望侯张骞使大夏来,言居大夏时见蜀布、邛竹杖,便问所从来。曰:'从东南身毒国,可数千里,得蜀贾人市。'或闻邛西可二千里有身毒国。骞因盛言大夏在汉西南,慕中国,患匈奴隔其道,诚通蜀,身毒国道便近,有利无害。于是天子乃令王然于、柏始昌、吕越人等,使间出西南夷,指求身毒国。至滇,滇王尝羌乃留,为求道四十余辈。岁余,皆闭昆明,莫能通身毒国。"②这就是说,张骞出使大月支国时,曾在该国看到出自四川的布和竹杖,经打听,才知道是从身毒国传来的,回国后,他把这件事告诉了汉武帝,认为从四川肯定有一条更近的通往西域的通道。汉武帝采取张骞的建议,打通从云南经缅甸到印度,再通往安息、大秦的另一条陆路,但没有成功。

直到东汉建武年间,哀牢归服东汉政府,西南夷地区才完全归入汉王朝的版图。永平十年(公元67),东汉政府在此设永昌郡。此后,东汉王朝开路架桥,增设驿站。至此,中印西南官道历经几个世纪终于全线畅通。

其实,民间沿这条中印通道交往的时间可能更早,如云南汉墓均出土了汉朝的钱币以及天竺和掸国(缅甸)的齿贝货币,而这些现在出土的中外货币,刚好在史料记载的西南丝绸之路上,起点是四川,途经云南、缅甸,终点是印度。在没有官方保护的条件下,这条通道只能进行小规

---

① 参见《佛教初传南方之路文物图录》,北京:文物出版社,1993。
② 《史记》卷一一六,第2995—2996页。

自从这条蜀—身毒国道开通后,沿路有汉史管理,快捷方便而无寇,因而贸易畅通,交流频繁。据《后汉书·南蛮西南夷传》记载,永元六年(公元94)、永元九年、永初元年(107)、永宁元年(120),不断有外国使节来汉王朝贡献通好,其中访华的掸国(缅甸)国王雍由调,被汉王朝封予"汉大都尉"的官衔,并赐给印绶、金银、彩缯等。

沿着这条道,当时有不少印度人士经过缅甸来到东汉王朝的永昌郡。《华阳国志》"永昌郡"条记载:"永昌郡,属县八,户六万,去洛六千九百里,宁州之极西南也,有闽、濮、鸠、獠、骠、越、裸濮、身毒之民。"此中的"身毒"即印度,印度人被当作当地居民,人数不少,他们之中也许会有佛教信仰者。

综上所述,"川滇缅"之间的通道可能在张骞出使大夏之前已以民间形式开通①,但迟至东汉年间才与汉王朝建立正式的联系。现今的考古发掘又发现彭山陶座佛像和什邡佛塔画像砖等佛教遗物,所有这一切都说明,蜀汉佛教传入的另一个路径可能是川滇缅道。

总而言之,佛教传入内地的路线不止一条,而是三条。三条线路中,从现有证据看,应该是陆上丝绸之路为先,海路稍后,第三条路线(川滇缅道)则可能次之。

第三节 东汉时期的佛教

佛教传入中土,经过一段时间的巩固,随即步入了一个较快的发展

---

① 吴焯等学者认为,早在殷商时代,蜀文化就受到中原文化的影响,两地间的交通是畅达的,不仅如此,蜀地与域外的交往亦很早就开始。武帝元朔年间,张骞已在大夏见到自南身毒贩卖蜀布和邛竹杖的商人。可见,至少在此前,大夏、身毒和川蜀之间已经有一条可以通行的商道,即由川西北上,进入青海湖地区,西行过柴达木盆地,穿越西域南山,继续西行,逾葱岭,至西北印度。据说其间的贸易可能是由羌人沟通的。(参见吴焯《张骞指求的身毒国应该是哪些路线》,载《南亚研究》1998年第1期。)若确实如此,该通道为秦献公时期向西向南迁徙的羌人所开发,那么,川蜀与西北印度之间的交往可以追溯到公元前4世纪。此说追究甚为遥远,可备一说。

时期。至东汉末叶桓、灵二帝的时代(146—189),有关佛教的记载才逐渐翔实,史料也逐渐丰富,这表明佛教的传播更趋于广泛。在此,先以现今可知的东汉佛教的几件大事来管窥这一时期佛教传播的面貌。至于东汉时期的佛典翻译,留待后面专节叙述说明。

一、汉桓帝奉佛

东汉桓帝刘志也许是中国第一位信奉佛教的皇帝。

汉桓帝刘志(132—167)是汉章帝的曾孙,是东汉第十位皇帝(147—167年在位)。146年,外戚梁冀毒死九岁的汉质帝,立十五岁的刘志即位。刘志从小就对梁氏不满,他即位后,就想方设法诛灭梁氏。延熹二年(159),汉桓帝在宦官单超、徐璜、具瑗、左悺等人的帮助下,杀死梁冀等数十人,掌握了朝廷大权。同日将这五位宦官封侯,称之为"五侯"。桓帝由此驱走了专权的外戚,却重用了更臭名昭著的宦官集团。"五侯"比外戚更加腐朽,他们对百姓们勒索抢劫,民不聊生,怨声载道,汉王朝政治更加腐败,国势更加衰弱。

汉桓帝统治后期,一批太学生看到朝政腐败,便要求政府消灭宦官、改革政治。宦官气急败坏,于桓帝延熹十年(167),与正直的京畿都隶李膺发生大规模冲突,桓帝大怒,下令逮捕替李膺请愿的太学生二百余人,后来在太傅陈蕃、将军窦武的反对下才释放太学生,但是将参与者禁锢终身,不许再做官,史称"党锢之祸"。

也许与这些政治背景有关,汉桓帝十分喜好道教,并将佛教当作与中土传统鬼神信仰一样来对待。

《后汉书·桓帝纪》记载,延熹八年(165)春正月,桓帝遣中常侍左悺到苦县祠老子。延熹九年秋七月,桓帝祠黄老于濯龙宫。汉桓帝还在皇宫中祭祀黄老和佛陀,《后汉书·西域传》载:"楚王英始信其术,中国因此颇有奉其道者。后桓帝好神,数祀浮图、老子。"[①]这一记载说明,桓帝

---

① 《后汉书》卷八八,第2922页。

确实是信奉佛教的。《后汉书·桓帝纪》还说,桓帝于延熹九年(166)秋七月"庚午祠黄、老于濯龙宫"①,桓帝在宫中设立了拜佛的场所,不过,仍然延续了一百年前的楚王刘英的做法,将佛和黄老并行祭祀。两汉时代,人们确实是将佛教看作黄老道术的一种。

《后汉书》卷三〇《襄楷传》收录的襄楷于延熹九年(166)所上的疏中,批评了汉桓帝的做法。其文说:

> 又闻宫中立黄老、浮屠之祠。此道清虚,贵尚无为,好生恶杀,省欲去奢。今陛下嗜欲不去,杀罚过理,既乖其道,岂获其祚哉!或言老子入夷狄为浮屠。浮屠不三宿桑下,不欲久生恩爱,精之至也。天神遗以好女,浮屠曰:"此但革囊盛血。"遂不眄之。其守一如此,乃能成道。今陛下淫女艳妇,极天下之丽,甘肥饮美,单天下之味,奈何欲如黄老乎?②

对于汉桓帝同时崇奉黄老及佛的做法,《后汉书·桓帝纪》后的"论"说:"前史称桓帝好音乐,善琴笙。饰芳林而考濯龙之宫,设华盖以祠浮图、老子,斯将所谓'听于神'乎!及诛梁冀,奋威怒,天下犹企其休息。而五邪嗣虐,流衍四方。自非忠贤力争,屡折奸锋,虽愿依斟流饶,亦不可得已。"③这是说,汉桓帝祭祀黄老、浮图,似乎是听奉于神的意思。

从楚王刘英奉佛和汉桓帝的做法,可以看出当时的信众无法辨别佛教信仰与黄老道家信仰的不同,因此,汉代的佛教乃是依附于道教之下发展的宗教,在当时被当作一种"道术"。作为皇帝而信奉佛教,汉桓帝的行为对于社会的示范效应是不可估量的。桓帝之后,大量的外国僧人涌入中土,佛典翻译也渐渐兴盛,佛教由此步入较为迅速的发展轨道。

---

① 《后汉书》卷七,第317页。
② 《后汉书》卷三〇,第1082页。
③ 《后汉书》卷七,第320页。

二、严佛调出家

关于中土最早的僧尼，不同的文献记载不一。现存隋唐时期的文献引用《汉显宗开佛化法本内传》的说法，声称在汉明帝时期就已经有汉族人士出家为僧。《广弘明集》卷一引录说："初立佛寺，同梵福量。司空阳城侯刘峻，与诸官人、士庶等千余人出家。四岳诸山道士吕惠通等六百二十人出家，阴夫人王婕妤等，与诸宫人妇女二百三十人出家。便立十寺，七所城外安僧，三所城内安尼。自斯已后广矣。"①在此引文之后，道宣有按语说："《传》有五卷，略不备载。有人疑此《传》近出，本无角力之事。按《吴书》明费叔才憾死，故《传》为实录矣。"②《汉显宗开佛化法本内传》的记载被古代各种佛教史籍所接受，如北宋赞宁《僧史略》卷上"东夏出家"条目下说："佛法既行，民人皆化，于时岂无抽簪、解佩、脱履投形者乎？乃汉明帝听阳城侯刘峻等出家，僧之始也。洛阳妇女阿潘等出家，此尼之始也。"③《汉显宗开佛化法本内传》编造痕迹很明显，是南北朝时期佛道斗争中的产物，因而不可信。然而，有些佛教史料称严佛调为汉族第一位出家人，大致可信。

严佛调，又称严浮调，临淮（今江苏盱眙）人，生卒年不详。僧祐《出三藏记集》卷一三《安玄传》中记载："佛调，临淮人也。绮年颖悟，敏而好学，信慧自然，遂出家修道。"④而同书卷一〇《法镜经序》记载："骑都尉安玄、临淮严浮调，斯二贤者，年在束龀，弘志圣业，钩深致远，穷神达幽。"⑤据此可知，佛调应该是童年出家。

而关于佛调的业绩，《出三藏记集·安玄传》称：佛调等"通译经典，见重于时。世称，安侯、都尉、佛调三人传译，号为难继。佛调又撰《十

---

① ② 道宣：《广弘明集》卷一，《大正藏》第52卷，第99页中。
③ 赞宁：《大宋僧史略》卷一，《大正藏》第52卷，第237页下。
④ 僧祐：《出三藏记集》卷一三，《大正藏》第55卷，第96页上。
⑤ 僧祐：《出三藏记集》卷六，《大正藏》第55卷，第46页下。

慧》，并传于世。安公称，'佛调出经，省而不烦，全本妙巧。'"①依据此说可知，佛调的传世功绩有二：一是翻译佛典，二是自己撰写了《沙弥十慧章句》一书。关于前者，在下节专论这一时期佛典翻译时再叙述。

关于《沙弥十慧章句》，《出三藏记集》卷一〇载有署名"严阿祇梨浮调所造"的《沙弥十慧章句序》：

> 昔在佛世，经法未记，言出尊口，弟子诵习，辞约而义博，记鲜而妙深。佛既泥曰，微言永绝，犹谷水消竭，日月陨坠，于是众贤共使阿难，演其所闻，凡所著出十二部经。其后高明，各为注说章句解故，或以十数。有菩萨者，出自安息，字世高，韬弘稽古，靡经不综，愍俗童蒙，示以桥梁。于是汉邦敷宣佛法，凡厥所出，数百万言。或以口解，或以文传，唯沙弥十慧，未闻深说。夫十者，数之终。慧者，道之本也。物非数不定，行非道不度，其文郁郁，其用亹亹，广弥三界，近观诸身。调以不敏，得充贤次，学未浃闻，行未中四，风罗凶谷，遘和上忧。长无过庭善诱之教，悲穷自潜，无所系心。于是发愤忘食，因闲历思，遂作《十慧章句》，不敢自专，事喻众经，上以达道德，下以慰己志。创奥博尚之贤，不足留意。未升堂室者，可以启蒙焉。②

此文将撰集《沙弥十慧章句》的动机和过程交待得很清楚。关于此书内容，汤用彤先生推测说："其序中又谓'十慧之文，广弥三界，近观诸身'，则乃禅观之书也。考谢敷《安般守意经序》有'建十慧以入微'之句，该经世高所出，中有十黠，谓数息、相随、止、观、还、静、四谛也。十慧似即十黠。浮调所撰，即在申明世高之遗旨。"③

关于严佛调的身份，在历史上就有不同说法，如《释氏稽古略》说，在

---

① 僧祐：《出三藏记集》卷一三，《大正藏》第55卷，第96页上。
② 僧祐：《出三藏记集》卷一〇，《大正藏》第55卷，第69页下—70页上。
③ 汤用彤：《汉魏南北朝佛教史》，第47页。

佛调以后八九十年的朱士行,是汉土最初为沙门的,《历代三宝纪》也称佛调为清信士。其原因在于当时戒律未具备,严佛调受戒不全,因此,有些佛教史籍不承认其为中土第一位出家的僧人。"然古时译经,仅由口授,译人类用胡言,笔受者译为汉言,笔之于纸,故笔受者须通胡语。浮调时人称为善译,则或擅长胡语,巧于传译,而为中华译经助手之最早者。夫调能译,且以佛理著书,又为发心出家之最早者,则严氏者,真中国佛教徒之第一人矣。"①——这一评价很客观,很确切。

三、笮融建寺造像

在汉末佛教史中,笮融奉佛建寺造像是很重要的历史事件。笮融(?—195),东汉末年丹阳(今属安徽宣城)人,字伟明,以好施名闻乡里。《三国志·吴志·刘繇传》记载,黄巾起义爆发后,笮融聚众投奔徐州刺史陶谦。陶谦重其名,派遣他监督广陵、下邳、彭城三郡粮运,并任其为下邳(今江苏睢宁一带)相。笮融于是断三郡的委输,大起佛寺,大造佛像,以信佛免除劳役的方法招引民户,一时势力大增。陶谦亡后,投靠彭城相薛礼,兵败为民所杀。

初平四年(193),曹操为报父仇而兴兵进攻陶谦,连克数城并屠杀民众数十万,整个徐州都为之震动。兴平元年(194),曹操再次东征陶谦。陶谦惊恐之下逃回丹阳老家,不久,陶谦病亡。依附于陶谦的下邳相笮融,见形势不妙,也决定另觅高枝。

兴平二年(195),与笮融有旧却被陶谦逼走的彭城相薛礼正好屯住在长江以南的秣陵(今江苏南京),笮融欲投薛礼。于是,他带着男女数万人、马三千匹奔走至广陵。其时,广陵(今江苏扬州)太守赵昱乃一代名士,受陶谦任命。赵昱以上宾之礼对待笮融。可笮融知晓广陵承平已久、钱丰粮足,于是在一次宴会上,乘酒酣之时,杀了赵昱,并且纵容部下

---

① 汤用彤:《汉魏南北朝佛教史》,第46页。

大肆劫掠广陵,然后过江投靠薛礼。这是《资治通鉴》卷一五的说法。而《汉书·赵昱传》说,笮融带兵从临淮进入广陵时,太守赵昱领兵拒之,但兵败被杀。

笮融渡过长江至秣陵投靠薛礼,"时彭城相薛礼、下邳相笮融依繇为盟主,礼据秣陵城,融屯县南"①。这时,小霸王孙策以为母舅报仇为名,向袁术借兵来攻打刘繇。而盘踞在秣陵地区的笮融和薛礼以刘繇为盟主共拒孙策。薛礼据守秣陵城,笮融兵屯县南。孙策先攻打笮融,笮融出兵交战,却被斩首五百余级,而孙策大将周瑜率水军于江上,一面防笮融自后骚扰,一面也隔绝了秣陵薛礼与笮融的联系,笮融闭门不敢再动。孙策接着渡江攻薛礼,薛礼弃城逃走,而樊能、于麋等人重新纠集人马又夺回了牛渚营。孙策回军攻破樊能等人后,再来攻打落单的笮融,不克,孙策还中了一箭,于是狡猾的孙策以己中箭身亡为名设反间计,骗取笮融遣部将于兹追击孙策,于兹部中了孙策的埋伏,被斩首千余级。笮融吓得只能深沟高垒以防孙策,幸好笮融还有一手缮治守备的本领,又加之所屯军之处地势险固。孙策束手无策,只好舍笮融、追击刘繇去了。孙策去后,笮融知道此地不得久留,乃溯江逃奔豫章,在途中遇到舍弃自己孤身一人逃奔豫章的薛礼。笮融杀害了薛礼。

笮融先于刘繇到达豫章。此时,豫章太守朱皓正与袁术所派之豫章太守诸葛玄互相攻伐以争夺豫章。袁术迫使诸葛玄退守西城。刘繇溯江西上,屯军于彭泽,听到此消息后,派人通知笮融,要其率军帮助朱皓共同对付诸葛玄,同时也可以保住自己最后一块落脚地。许邵对刘繇说:"笮融出军,不顾名义者也。朱文明喜推诚以信人,宜使密防之。"②果然,笮融兵到,以欺诈的手段杀害了朱皓,夺取了豫章。对于这件事,《牟子理惑论》也有记载:"牟子以为荣爵易让,使命难辞,遂严当行。会被州

---

① 《三国志·吴志·孙策传》注所引《江表传》之文,第1103页。
② 《三国志》裴注引《献帝春秋》,《资治通鉴》卷六一。

牧优文处士辟之，复称疾不起。牧弟为豫章太守，为中郎将笮融所杀。时牧遣刘彦将兵赴之，恐外界相疑，兵不得进。牧乃请牟子曰：'弟为逆贼所害，骨肉之痛，愤发肝心，当遣刘都尉行，恐外界疑难，行人不通。君文武兼备，有专对才。今欲相屈之零陵、桂阳假涂于通路，何如？'"①后因牟子之母卒，遂不果行。

刘繇得知后懊恼不已，进兵讨伐笮融，却为笮融所败。如《三国志·刘繇传》记载："繇进讨融，为融所破，更复招合属县，攻破融。融败走入山，为民所杀。"②刘繇起先屡败，却还能从各属县纠集人马，最后攻破了笮融所据的豫章，笮融只好逃入山中，为民所杀。这说明，笮融此时已经缺乏民众的支持，最后只能以失败告终。

关于笮融信佛之事，难于搞清楚的是他信佛的时机。笮融和陶谦都是丹阳人，而楚王刘英就是贬谪于丹阳后自杀的。从这个角度说，笮融信奉佛教似乎应该在先，投奔陶谦并且被重用应该在后。否则，在投奔军营之后，再生信佛之心似乎是困难的。而笮融之所以将三郡的委输挪用建造佛寺，直接目的就是为了增强自身的实力和扩大他的割据势力。这从其脱离陶谦、投奔薛礼的时候，能够发动男女数万人跟随而行可见一斑。同时也说明，笮融在徐州地区推广佛教，以免除徭役的优惠，吸引了大量流民跟从，跟从他的流民有可能因此而成为佛教信仰者。

关于笮融奉佛修建之事，古人评论者很多。《弘明集》卷一收有《正诬论》一文，其中引用了时人对此事的评论："汉末有笮融者，合兵依徐州刺史陶谦。谦使之督运，而融先事佛，遂断盗官运，以自利入，大起佛寺云云。行人悉与酒食云云。后为刘繇所攻见杀云云。"③此文是佛教徒批驳时人对佛教之"诬蔑"的檄文。在列举了上述评论后，作者反驳说：

> 正曰：此难不待绳约而自缚也。夫佛教率以慈仁，不杀忠信，

---

① 僧祐：《弘明集》卷一，《大正藏》第55卷，第1页中。
② 《三国志》卷四九《吴书四·刘繇传》，第1184页。
③ 僧祐：《弘明集》卷一，《大正藏》第55卷，第8页下。

不衒廉贞,不盗为首。老子云:兵者不祥之器,迩者凶。融阻兵安忍,结附寇逆,犯杀一也。受人使命,取不报主,犯欺二也。断割官物,以自利入,犯盗三也。佛经云不以酒为惠施,而融纵之,犯酒四也。诸戒尽犯,则动之死地矣。譬犹吏人解印脱冠,而横道肆暴,五尺之童,皆能制之矣。笮氏不得其死,适足助明为恶之获殃耳。①

上述"诬"方力图以笮融事佛不免兵败身死来抨击佛教,说明信佛并无用处。而"正方"则竭力说明笮融覆灭恰恰是因为他不是真正地信奉佛教,其覆灭恰恰说明佛教因果报应、助人为善的理论是正确的。

对于匮乏资料的汉末佛教史著而言,凭借笮融奉佛这一清晰的历史记载,可以大致估计佛教于此时所具有的基本形态以及社会影响,对于汉末佛教发展史的叙述而言具有十分重要的坐标意义。

《三国志·吴志·刘繇传》中关于笮融奉佛的文字记载全文如下:

笮融者,丹杨人。初聚众数百,往依徐州牧陶谦。谦使督广陵、彭城运漕,遂放纵擅杀,坐断三郡委输以自入。乃大起浮图祠,以铜为人,黄金涂身,衣以锦采,垂铜九重,下为重楼阁道,可容三千余人,悉课读佛经,令界内及旁郡人有好佛者听受道,复其他役以招致之,由此远近前后至者五千余人户。每浴佛,多设酒饭,布席于路,经数十里,民人来观及就食且万人,费以巨亿计。②

从佛教史的角度解读上述文字,要点如下:

第一,笮融用聚敛的大量财物大肆兴建浮屠祠,即佛寺。他所修佛寺已经具备后世佛寺的三大要件——佛塔、佛像、佛堂。佛塔"上累金盘,下为重楼",重楼阁道可以容纳三千人。佛寺中供奉有铜质涂黄金且衣以锦彩的佛像。汉地佛教寺院的建造,依照佛教史籍的传统说法,自

---

① 僧祐:《弘明集》卷一,《大正藏》第 55 卷,第 8 页下。
② 《三国志》卷四九《吴书四·刘繇传》,第 1185 页。

然以永平求法之后于洛阳建造的白马寺为最早。但学术界总是觉得此事传闻的成分多一些,而汉末军阀笮融大规模地建造佛寺和佛教造像,因为载之于正史,因而备受当代史家重视。

第二,佛寺中常常组织信众诵读佛经且"令界内及旁郡人有好佛者听受道",可见,此时的佛教信仰形式已经不是单纯的祭祀,而已经以诵读讲习佛经为重要活动。这一活动规模相当大,竟达三千人。

第三,不仅有寺院、佛像、"僧人",而且"僧人"为信众讲经说法,这一信仰活动体现出"三宝"具足的形态。当然,关于汉族最早的"僧人"何时出现、究竟是谁,在历史上以及近代都有不同说法。如前文已经叙述过的严佛调,以及后文将要叙述的朱士行,究竟谁是第一位僧人,历史上记载有分歧。这都是由于"僧"的标准不同所致。迨朱士行时代,佛教律本才传入中土,汉族信众才可能"如法如律"地出家成为严格意义上的"僧人"。在此之前,是否存在汉族僧人,如果依照当时人的说法和习惯,恐怕严佛调应该就是见于记载的汉族第一位僧人。从笮融大修佛寺的举动来看,修成的寺院有"僧人"居住,应该是不成问题的。也许在外来僧人之外,很大可能有汉族"僧人"住持此寺的佛事活动。

第四,佛寺举办"浴佛节"活动,"多设酒饭,布席于路,经数十里,民人来观及就食且万人,费以巨亿计",似乎采取的是"无遮大会"的形式,规模相当大,远近乡民来者众多,不啻是一种卓有成效的传播佛教的方式。

第五,笮融以免除徭役的方式招致五千余人户聚居于寺院周围,这批民户与寺院是何等关系,与作为首领的笮融又是何等关系,史籍叙述简要,不大明了。但至少说明,笮融利用佛教凝聚民户,动员群众为己所用。依照现在对佛教的叙述习惯,或者属于寺院经济的萌芽,或者属于政教关系范畴。总之,对佛教史来说,都是"创举"。

第六,笮融奉佛,显示出在江淮以南,佛教已经发展到相当的规模,具有相当的影响。笮融的故乡丹阳,是楚王刘英自刎的地方,他于其地生活数月;笮融建造佛寺的地方,就是一百多年前楚王刘英的封国所在,有深厚的佛教信仰传统。笮融之所以能够做这些事情,是此地佛教发展的必然结果,同时又进一步推动江淮地区佛教的进一步传播。

关于东汉佛教,东晋时期的叡法师在《喻疑论》中有一个概括:

> 昔汉室中兴,孝明之世,无尽之照,始得挥光此壤。于二五之照,当是像法之初。自尔已来,西域名人安侯之徒,相继而至,大化文言,渐得渊照边俗,陶其鄙倍。汉末魏初,广陵、彭城二相出家,并能任持大照。寻味之贤,始有讲次,而恢之以格义,迂之以配说。①

此段文字列出东汉佛教逐渐传播的几个大的历史事件。第一,在汉明帝时期,佛教在中土获得顺畅发展的契机,即朝廷的容纳和某种程度的认同。第二,明帝之后至桓帝时期,西域、天竺高僧不断来到内地传播佛教,特别是佛典的大量翻译,对佛教更深入的传播居功至伟。第三,汉末魏初,广陵(今江苏扬州广陵)相、彭城(今江苏省徐州)相出家。关于此处所说的这二相,如前所叙述,在193—195年间,彭城相为薛礼,下邳(今江苏睢宁西北)相为笮融,薛礼后来被笮融所杀,而这两位并未出家,仅仅是佛教的信奉者而已。《喻疑论》说,此"二相"出家后,能够"任持大照",也就是能够秉承弘扬佛法。这一评价,在当时的背景下不可谓不高。前两位"二相",肯定不具备此素质和作为,且其生存时间未到"魏初",所以《喻疑论》所说应该另有所指。第四,汉末魏初,中土人士开始举办各种讲经法会,并且以中土固有的思想、学说甚至名词概念来解释佛教教义。总而言之,《喻疑论》这一段文字所表达的内容,很好地描述了东汉佛教从涓涓细流逐渐汇聚力量的过程。

---

① 僧祐:《出三藏记集》卷五,《大正藏》第55卷,第41页中。

四、东汉佛教弘传的中心地域

佛教于两汉之际传入内地始,佛教在内地逐渐扩展地域,至东汉末年,形成了以长安、洛阳、彭城、广陵四大中心,旁及颍川、南阳、临淮、豫章、会稽直到广州、交州等地区,呈现出遍地开花的格局。

东汉时期北方佛教的中心是长安和洛阳,最重要的是洛阳。

长安为西汉的首都,是丝路的东端,是我国与西域交通的重要据点。佛教从西域传入内地,应该先到长安,然流传下来的可信记载很少。根据学者研究,现存文献最早提及关中佛教的是张衡的《西京赋》。① 该赋有一段文字描绘长安的舞女:

> 秘舞更奏,妙材骋技。妖蛊艳夫夏姬,美声畅于虞氏。始徐进而羸形,似不任乎罗绮。嚼清商而却转,增婵娟以此豸。纷纵体而迅赴,若惊鹤之群罢。振朱屣于盘樽,奋长袖之飒俪。要绍修态,丽服飚菁。眠䁂流眄,一顾倾城。展季、桑门,谁能不营?列爵十四,竟媚取荣。盛衰无常,唯爱所丁。卫后兴于鬓发,飞燕宠于体轻。尔乃逞志究欲,穷身极娱。鉴戒《唐诗》,他人是媮。自君作故,何礼之拘?

此段文字描述的是妖艳的舞女极具诱惑力的舞姿。舞女暗送秋波,即使坐怀不乱如柳下惠以及以弃绝色欲为修持的佛教徒,也会为之心动。在这里,作者是把"展季"即柳下惠和"桑门"作为能够把握自己和奉行禁欲的典范提出来的,意在反衬舞女的顾盼之美和声色之娱。这透露出在张衡生活的时期,士大夫阶层对于佛教已经有了基本了解。

《西京赋》还有一段记述长安市上的杂技表演:

> 怪兽陆梁,大雀踆踆。白象行孕,垂鼻辚囷。海鳞变而成龙,状

---

① 参见吴焯《关中早期佛教传播史料钩稽》,《中国史研究》1994年第4期。

> 蜿蜿以蝺蝺。含[舍]利风飓,化为仙车。骊驾四鹿,芝盖九葩。蟾蜍
> 与龟,水人弄蛇。奇幻倏忽,易貌分形。吞刀吐火,云雾杳冥。画地
> 成川,流渭通泾。

引文中的"怪兽"和幻术都有外来色彩。怪兽如"大雀",也作"大爵",指鸵鸟。《后汉书》卷四《孝和孝殇帝纪》记载,永元十三年(101)"冬十一月,安息国遣使献师子及条支大爵"。① 李贤注引郭义恭《广志》解释说:"大爵,颈及身、膺、蹄都似橐驼,举头高八九尺,张翅丈余,食大麦,其卵如甕,即今之鸵鸟也。"关于"吞刀吐火",《汉书·张骞传》谓大宛诸国曾以"大鸟卵及犁靬善眩人献于汉"。② 颜师古注说:"眩读如幻同,即今吞刀吐火、殖瓜、种树、屠人马之术者是也。"由此可见,上述表演来源于西域,而文中提及的"白象"和"舍利"都与佛教直接相关。"白象行孕"可能暗示释迦太子的孕育,而"舍利"则是佛陀遗留于世被佛教徒崇拜的物品等。

考古学家的发现也证实当时的民众已经充分理解了"白象"和"舍利"的含义。如山东滕州所出东汉画像石有六牙白象图像,内蒙古和林格尔东汉墓壁画有"仙人骑白象"和"猞猁"图像,并均有相应的汉文榜题。其中题作"猞猁"的图像是"一盘状物内放有四个圆球形的东西"。显而易见,这是佛的遗体焚化后结成的舍利子。"猞猁"即"舍利",为梵文的音译。佛教初传中国时期,中国的画师并不明确"舍利"的真正含义,只是模糊地把它当做一种祥瑞的征兆。在"舍利"二字上加反犬偏旁,并榜题于图像之侧,意在与同壁所绘中国传统的瑞兽,如青龙、玄武等对应,这与《西京赋》"舍利"以怪兽的形象出现如出一辙。实际上,在长安市上举行的大型化装杂技表演,"白象"和"舍利"都可能是作为祥瑞出现的:"白象"而"行孕","舍利"则化为"仙车",有一种神异的气氛。杂技表演

---

① 《后汉书》卷四,第189页。
② 《汉书》卷六一《张骞传》,第2696页。

的组织者虽不一定了解"白象"和"舍利"所包含的佛教内容①,但把它和鱼、龙、鹿、龟、蟾蜍一类的"怪兽"等同齐观,祥瑞的命题不言自明。②

王莽乱政之后,在西汉末年战乱中,长安遭到重大破坏,东汉建都洛阳,政治中心地位也被洛阳所取代,但种种证据表明东汉时期长安依旧繁华。从上述张衡《西京赋》的描述看,当时西京城中也有不少来自于西域甚至印度的商人、艺人等。在东汉时期,作为外国人聚居地之一的西都,佛教文化和信仰已经随之进入长安,而且有一定的影响。

东汉时期的洛阳佛教无疑是较为发达的。洛阳已经有佛寺存在,如《集神州三宝感通录》卷上记载:"魏明帝洛城中本有三寺。"③此处道宣标明是引用《汉法本内传》所说,而《汉法本内传》关于佛道斗争的内容,编造痕迹很明显。但洛阳在魏明帝之前有三座佛寺的说法,还是具有很高的可信度的。北魏《洛阳伽蓝记序》中记述说,西晋永嘉年间(307—312)洛阳一地即有佛寺四十二所,而魏明帝在位时期为226—240年,此时洛阳有佛寺已经不容置疑,记载三所应该可信。

古来传说,永平求法的硕果之一就是中土第一座佛寺——白马寺的建立。尽管当代学者有不同意见,但从佛教传入以来,外国僧人不断涌入,总需有一个安置的地方,因此,永平年间或者以后,接待外国僧侣的客馆,或者为这些外国僧人所建的房舍,可能就是白马寺的原型。此如

---

① 根据大约2世纪中期蔡质《汉仪》的叙述,《西京赋》所描述的这种表演出现于宫廷舞蹈中。其文记述皇帝在元旦接受朝贺后与群臣一起观看演出,有一个节目是这样的:"舍利兽从西方来,戏于庭极,乃毕,入殿前化比目鱼,跳跃潄水,作雾障日。毕,化为黄龙,长八丈,出水遨游,于庭炫耀。"《晋书·乐志》也记载:"后汉正旦,天子临德阳殿受朝贺,舍利兽从西方来,戏于殿前,激水化成比目鱼,跳跃嗽水,作雾翳日。毕,又化成龙,长八九丈,出水游戏,炫耀日光。以两大丝绳系两柱头,相去数丈,两倡女对舞,行于绳上,相逢切肩而不倾。魏晋迄江左,犹有《夏育扛鼎》、《巨象行乳》、《神龟抃舞》、《背负灵狱》、《桂树白雪》、《画地成川》之乐。"从文字上说,《晋书·乐志》的记载可能来源于蔡质的《汉仪》。这条材料可以说明两个问题:一是可证明张衡所写的内容确实与佛教有关。二是这些街头表演,逐渐地渗入了宫廷娱乐中去,这不啻是佛教传播的一种非常渠道,至少可以增加上层人士对佛教的感知频次。
② 参见吴焯《关中早期佛教传播史料钩稽》,《中国史研究》,1994年第4期。
③ 道宣:《集神州三宝感通录》卷上,《大正藏》第52卷,第410页中。

后赵时著作郎王度奏章中所说:"佛出西域,外国之神,功不施民,非天子诸华所应祠奉。往汉明感梦,初传其道,唯听西域人得立寺都邑,以奉其神。"①由此奏章可看出,汉末洛阳准许西域人建立佛寺以奉佛。从《牟子理惑论》《四十二章经序》以及《高僧传》等,可以确定在汉末洛阳城西门外有佛寺的存在,且后来被称为白马寺。今天的白马寺,由于洛阳都城西移,反而位于现在洛阳城东二十五里的义井铺。至于此寺因何命名为白马寺以及何时命名为白马寺,现存资料似乎神话色彩过于明显,因而不大被当代学者所采信,但是,说洛阳城中最早的佛寺是白马寺,应该没有问题。

此外,如前文叙述,汉桓帝在宫廷中设有"浮图祠",很多当代学者将其当作佛寺。但笔者以为,此"浮图祠"最多是一个拜佛的佛堂,而且是将佛与黄老并祀的,因而不是严格意义上的佛寺。

汉桓帝、灵帝以来,有安世高、支谶、竺佛朔等在洛阳翻译佛经。从各种翻译记序里,可以知道洛阳佛寺的存在。如《般舟三昧经记》说:"《般舟三昧经》,光和二年十月八日,天竺菩萨竺佛朔于洛阳出。……建安十三年于佛寺中校定悉具足。后有写者,皆得南无佛。又言,建安三年岁在戊子八月八日于许昌寺校定。"②上述记载中,光和二年(179)为汉灵帝时期,而译经地点先是在洛阳佛寺,建安三年在许昌寺校定。关于许昌寺,学者有不同解释,是因为此寺位于许昌而简称为许昌寺,还是以人名命名的洛阳佛寺,目前难于定论。但不管如何,此经最初是在洛阳佛寺中翻译出来是没有问题的。

《出三藏记集》卷七有《道行经后记》,记载洛阳城西菩萨寺的译经情形:"光和二年十月八日,河南洛阳孟元士,口授天竺菩萨竺朔佛,时传言译者月支菩萨支谶,时侍者南阳张少安,南海子碧,劝助者孙和、周提立。

---

① 慧皎:《高僧传》卷九,《大正藏》第50卷,第385页下。
② 僧祐:《出三藏记集》卷七,《大正藏》第55卷,第48页下。

正光二年九月十五日洛阳城西菩萨寺中沙门佛大写之。"①此文中的正光二年(521)年号有误,汉末无此年号,曹魏也无与此接近者。一般而言,此经的校写者应该是翻译的参与者之一,从这个角度推测,沙门佛大"写"此经的时间不应该晚于建安元年。

东汉时期洛阳的第三座佛寺,位于皇宫西侧。如《魏书·释老志》记载:"魏明帝曾欲坏宫西佛图"②,后来下令将此寺迁移至皇宫道东。此事也见于《集神州三宝感通录》卷上。可见,在东汉时期,洛阳内宫之西确实有一座佛寺。

在东汉时期,首都之外佛教中心最重要的是彭城。彭城佛教的历史是从楚王英开始的。楚王刘英于建武二十八年(公元52)从京城洛阳赴其封国,永平十三年(公元70)被废黜,次年于丹阳自杀。以楚王为核心,应该有一个信奉佛教的居士团体。至汉末,历史文献再一次记载了祖籍丹阳而至下邳建立佛寺雕造佛像的笮融。由此可推知,由楚王奠基的彭城、丹阳的佛教传统确实延续了下来。

其次,交州、广州的佛教的流行程度,在东汉末年显得十分突出。

秦朝在南越地方设置桂林、南海、象郡三郡,统辖今两广及越南北部地区。秦南海尉赵佗在南越独立,元鼎五年(公元前112)秋,汉军分四路越过南岭,次年冬攻下南越的都城番禺(今广州),灭南越。南越的旧地被分为九个郡,其中的交趾、九真、日南三郡在今越南的北部和中部,珠崖和儋耳二郡在今海南岛上。汉武帝于元鼎六年(公元前111)在其地设置南海、郁林、苍梧、交趾、合浦、九真、日南七郡;元封中(公元前110—前103)又置儋耳、朱崖二郡,均由交州(治今越南龙编)刺史管辖,后交州治所迁至广信(今广东封川)。三国时交州为吴国领有,孙权为增强国力,积极与南海诸国贸易,此郡中出现交趾(今越南河内)、番禺(今广东广

---

① 僧祐:《出三藏记集》卷七,《大正藏》第55卷,第47页下。
② 《魏书》卷一一四,第3029页。

州)、合浦(今广西合浦东北)等港口。

汉末乱世,中原人士纷纷往交趾避难,投奔交趾。东汉末,士燮(137—226)出任交趾太守,后改任交州牧。据史书称,此人待人宽厚,礼待下士。年少时,他游学洛阳,专攻《春秋》。出任交趾太守后他乘中原之乱,把大批文人志士招募到交趾,当时"中国士人往依避难者以百数"①,计其荦荦大者,有北海刘熙,汝南程秉、许靖,沛郡薛综,陈国袁徽等人,他们同那些官守其地,亲临其民的循吏们一起,广被教化,不遗余力,使六州地区在北方动乱不已的特殊背景下,一度成为我国南方学术文化的中心之一。袁徽在其致曹魏尚书令荀彧书中说:"交趾士府君既学问优博,又达于从政。处大乱之中,保全一郡,二十余年疆场无事,民不失业,羁旅之徒,皆蒙其庆。"②《三国志》记载:"燮兄弟并为列郡,雄长一州,偏在万里,威尊无上。出入鸣钟磬,备具威仪,笳箫鼓吹,车骑满道,胡人夹毂焚香者常有数十。"③交趾是海港,胡商一定不少。这些"胡人"中有一些佛教徒包括胡僧也是可能的。对东吴佛教影响深远的康僧会就是在此环境中成长起来的,而牟子《理惑论》的出现,更是交趾佛教流行的一个标志。

五、东汉佛教遗存

从传世资料来叙述的东汉佛教看起来很贫乏,但从考古资料来管窥东汉佛教,就会发现佛教在汉代社会的存在、流传的广度和深度可能远远超过学术界的估计。

东汉末年,下邳相笮融施造可容纳三千人的佛寺,于中"以铜为人,黄金涂身,衣以锦彩",一般认为即是金铜佛像,这是中国立寺造像首次见于史载。近几十年来,在中国内地发现汉代石雕佛像多处,南方和北

---

① 《三国志》卷四八,第1191页。
② 《三国志》卷四九《士燮传》,第1191页。
③ 《三国志》卷四八,第1192页。

方都有。在此仅将山东沂南汉墓、连云港孔望山摩崖以及四川的早期佛教造像简述于后,以之佐证佛教在汉代流传的真实情况。

沂南汉墓第一次发掘于1954年春,当发掘简报及其《沂南古画像石墓发掘报告》正式发表后,当即引起了轰动,并因此而引发了一场有关墓葬与画像的学术大讨论,掀起了一股汉代文化艺术研究的高潮。[1] 1994年,进行了第二次发掘,并结合汉墓的保护在原地修建了遗址型博物馆。沂南汉墓有两座。二号墓在一号墓的南面偏东,两墓相距20米。二号墓早期被盗,出土文物不多,闻名遐迩的项光童子像出土于一号墓中。

北寨汉画像石墓(一号墓)规模宏大,墓室结构复杂,画像雕刻精美,内容极其丰富。一号墓坐北向南,用280块预制石材筑成,其中画像石42块,画像73幅,画像面积44.2平方米。墓南北长8.7米,东西宽7.55米,由前中后3个主室,东3个侧室,西2个侧室组成,总计为8室。室与室之间都有门直通。整个墓室的构筑是由地面、台子、支柱、墙壁、横额、中柱、过梁、横枋、拦角石、盖顶石等先后顺序垒筑起来的,建筑技术相当先进。墓门高2.74米,由门楣、横额和东、西、中3个立柱组成。中室高3.12米,面阔2间,进深2间,也有八角形擎天柱。中室八角柱上线雕的神仙奇禽异兽的画像中,可以看到项有圆光的童子,这样的画像在柱身南面和北面的上端各有一个,正面和背面画着有头光的童子立像,左右两面画有载华盖而坐着的神像。立像和神像的作风差别很大。童子立像颈上有圆光,头上有饰物,颈间也有饰物,腰配铃铛,衣服窄袖,裙下裤管蓬大若灯笼,足下著尖头鞋。大多数考古学家认为,此像是受佛教故事影响而形成的。有些学者将其称之为"仙佛一体"模式。

关于沂南古墓的年代,一般推断为东汉末年,此当2世纪左右,正是笮融活动的时期。笮融所在的彭城和楚王英所在的彭城,即今徐州,距

---

[1] 参见杨泓《国内现存最古的几尊佛教造像实物》,《现代佛学》1962年第4期;曾昭燏、蒋宝庚、黎忠义合著:《沂南古画像石墓发掘报告》,南京博物院,1956年。

离沂南樽墓,不过180公里。笮融所立的浮屠铜人,桓帝所铸的黄金佛像,如果在没有图像蓝本之下,一定是继承传统道家思想,再杂糅一点初来的浮图意识,而形成一种似佛似仙、非佛非仙的式样,因此形成了沂南古墓立像的创作作风。

最近十几年,佛教考古界最引人注意的事件是关于江苏省连云港市孔望山摩崖石刻的突破性解读。

孔望山位于江苏省连云港市海州锦屏山东北,距海州古城2.5公里,是一个孤立的山丘,东西长约800米,南北宽300米,海拔高度129米,山体由太古代晚期的混合花岗岩构成,山间有怪石松柏,风光秀美。孔望山的得名,最早见于宋人写的《太平寰宇记》,该书记载孔望山是"孔子之郯"时,登此山以望东海,故称孔望山。孔望山摩崖石刻造像发现于1979年,其历史价值的认定则经历较长的过程。

孔望山摩崖造像位于南麓最西端,依山岩的自然形势雕成。现今可识并已编号的图像有105个。离造像群东70米处有一大型的圆雕石像,南150米处有一圆雕石蟾蜍。石像南25米处还有一块顶部有人工凿槽的"馒头状"巨石。

孔望山摩崖石刻造像群位于孔望山南麓西端的断崖上,分布在东西长18米、上下高约8米的范围内。造像群像有3种:浮雕造像、小龛内的线刻画像和附属于浮雕造像的台座和灯碗。浮雕造像共有89尊,其中道教的汉装人物像4尊,分别为老子及其供养人、关令尹喜和黄帝。属佛教人物造像共85尊,主要为佛经变故事,核心是位于造像中央偏下部的"涅槃图",共由46尊人物图像组成,中心人物是高浮雕的释迦牟尼仰身卧像。

孔望山除了造像群这一宗教遗迹外,还发现了其他的类似遗迹,有道教也有佛教的遗迹。在造像群东南侧不远处有一汉代高大石象,体型雄健浑厚,神态温良驯善。石象左腹刻脚带脚铃、手持长钩的象奴。以钩驯养家象属汉代常见之术,驯象用钩常见佛家经典和佛事活动之中。石象四足下,均刻出仰莲一朵,更表明了石象佛教题材的性质。再往南较远处,便是汉代的石蟾蜍。战国秦汉,直到魏晋,蟾蜍一直被人们视为神物,是辟五兵、镇凶邪、助长生、主富贵的吉祥之物。对有着超自然的神灵信仰的人们来说,只要是免灾降福的,佛祖、上帝、道尊与蟾蜍是没有什么区别的。

在宗教内容方面,孔望山遗址有浓厚的道教因素和氛围,除前述有关道教方面内容外,早在1984年,丁义珍先生在考古调查中,发现了孔望山东主峰顶有两处属于东汉至魏晋的道教遗存。一处为"石承露盘",另一处为"杯盘刻石",后者位于前者北偏东约15米处。利用"承露盘"收集和餐饮仙露是当时方士和道教常用的求仙之术。"杯盘刻石"也是当时人们普遍祭祀道教崇敬人物的祭器。这两处重要的石刻遗迹位于孔望山主峰顶上,高高在上,极目远眺,一览无余,给人飘然出世之感,实为理想的饮仙露美酒、求仙拜仙和修炼成仙的绝佳场所。

2001—2002年进行的考古发掘在孔望遗址多处发现古代建筑遗迹。特别是造像群前不远处的台地上,有一处成规模的建筑基址,有汉代绳纹瓦片和云纹瓦当出土。这一些发现至少可以告诉我们,在汉代,孔望山摩崖造像群之前的地方存在着建筑,结合周围的同时期的石象、石蟾蜍等具有宗教因素遗物和此处强烈的道教信息,可以合理地认为汉代此处存在着一座宗教性质的建筑,而不应是普通的世俗建筑。在道教中,老子为"大老君"尊为后圣,其下的东海君为古东海之神,被奉祀于"东海庙"。传世汉印有"东海庙长",为三四百石官吏(相当于东汉一小县之长)之印,表明东海庙是东汉时期由官府管理的一处极为重要的道教庙宇。宋代赵明诚所著《金石录》收录了东汉熹平元年(172)《东海庙碑》碑文,该碑的碑座据有关考证是孔望山脚下的石碣形碑座。总之,从自然地理环境、文化因素、历史记载和目前的考古发现,早期道教的重要遗存——"东海庙"应当就在孔望山遗址之中,表明连云港地区应当是东汉海滨地区的道教活动中心。

孔望山以摩崖造像为代表的宗教类遗迹,佛、道并存,而以道教为盛,符合佛教中国本土化的历史实际。

雕刻技法是判断孔望山摩崖造像雕造年代的最重要依据。孔望山摩崖造像的雕刻技法主要有三种。第一种为剔地浅浮雕,画像群中的绝大多数人物像都是用这种技法刻成的。在雕刻画像前先将石面打平,然后将物像轮廓线外剔地成平面,物像面呈边缘圆缓凸起,物像细部如人物的眉、目、口、鼻均用阴线刻出。这种技法,根据考古学家研究,在南阳地区约出现于王莽时期,在山东、苏北地区约出现于东汉早期、东汉中期以后,成为山东、苏北地区汉画像石的最重要的雕刻技法。第二种技法为阴线刻,第十五、十六、十七、十八组龛内画像都是用这种技法刻成的。在山东、苏北地区的汉画像石中,阴线刻技法约出现于西汉晚期,成熟于东汉晚期,早期作品构图简单,线条拙稚,晚期作品特别是人物像,形象洒脱传神,线条流畅准确,细部的刻画极其细腻。孔望山的四组阴线刻画像,人物众多,线条准确,刻画细腻,具有东汉晚期画像石作品的风格特点。第三种技法是高浮雕,"涅槃图"中的释迦牟尼侧卧像和"舍身饲虎图"中的虎头都是用这种技法刻成的。在汉画像石中,高浮雕技法是浅浮雕与圆雕技法发展到成熟阶段互相结合的产物。目前在山东、苏北地区发现的高浮雕画像石,都属于东汉晚期作品,孔望山画像群中的高浮雕画像,也应属于同一时期。可以看出,用传统的汉画像石雕刻技法来雕造宗教题材画像,是孔望山摩崖画像群的最大特点。这一点,使孔望山摩崖画像群具有明显的汉画像石的艺术风格,而与魏晋以后流行的具有犍陀罗风格的石刻画像迥然有别。因此,一些考古学家认为,孔望山摩崖画像群应是一组东汉晚期的石刻作品。

考古界起先主要是依据这一雕刻群的技法,以比较学的方法,确定其为东汉末年遗存。2005年后,贾瑞广先生最先发现的孔望山石象"永平四年四月"的铭刻,获得考古界的认可。这一重大考古发现,将位于连云港市的孔望山摩崖石刻雕造时间确认为永平四年,即公元61年。这不仅使多年来考古界、历史学界有关孔望山摩崖石刻造像雕造时代的

"东汉说"、"魏晋说"、"唐代说"的纷争得以统一,而且将佛像雕造的时间提前了127年。

如考古学家研究,东汉的墓室石刻中也可以找到真正的佛像,最突出的例子是四川乐山崖墓里的雕像。这尊刻在额枋上的浮雕坐佛像,坐像高37厘米,面部已残,高肉髻,背作圆形项光,身上似披通肩袈裟,左手握衣带,但因衣襟遮足,不能肯定是否为结跏趺坐。同墓的额枋上还刻有朱雀、铺首和垂钓者,而一般崖墓中在此部位也往往是雕刻朱雀、龙、虎等神兽或神仙形象。在其附近与其作风相同的有纪年铭的崖墓里,有过顺帝"永和"及桓帝"延熹"等年号,也可以说明乐山崖墓雕像应是东汉末年的作品。① 1986年,乐山西湖塘出土施无畏陶俑,着汉式衣冠,做侍立状,右手举至胸前,五指平伸,掌心向外,作施无畏印;左手动作不甚明朗。头冠正中可见莲瓣形装饰。② 该俑现藏乐山市崖墓博物馆。

另一件陶质造像出土于四川彭山汉崖墓中,像为灰陶质,系"摇钱树座",全高20.4厘米。座下部塑双龙衔壁,上端为坐佛,高肉髻,着通肩袈裟,左右各立一夹侍。四川、云南等地的汉墓里曾出土过很多"摇钱树座",通常都是塑成神仙或怪兽等形象,神仙多半是传说中的"西王母",也有的塑制得较复杂些,下面是三座山形,有奇兽出没其间,于正中一座山上再塑出坐在龙虎座上的西王母。而彭山汉崖墓里出土的这件灰陶座,却是一件较特殊的作品,是在原置神仙的位置上塑造了佛像。

东汉时期与佛教相关的文物,发现最多的是摇钱树。据有关资料统计,四川境内已发现的汉魏时期的摇钱树的数量(包括残片和钱树座)已100件有余。③ 摇钱树作为一种祭祀工具,与四川商周时期的神灵崇拜

---

① 参见李复华等《东汉岩墓内的一尊石刻佛像》,《文物参考资料》1957年第6期;杨泓《国内现存最古的几尊佛教造像实物》,《现代佛学》1962年第4期;乐山市文化局《四川乐山麻浩一号崖墓》,《考古》1990年第2期。
② 参见吴焯《四川早期佛教遗物及其年代与传播途径的考察》,《文物》1992年第11期。
③ 参见施品曲《汉魏时期中国西南地区明器"钱树"之图像内涵暨渊源探析》,台湾师范大学研究生论文。

有关,许多专家已撰文将摇钱树的渊源追溯至广汉三星堆出土的神树。中国古代的宇宙观,即"三界",也就是《太平经》中出现的代表天、地、人三者的"三界"。湖南长沙马王堆帛画表现的也是"三界"的内容。古人把三界分层,祖先和神居住在上面的层次,生人经由萨满(巫师)或萨满一类的人物,借助动物伴侣和法器包括装饰着有关动物形象的礼器的帮助与他们沟通。先秦时期,青铜礼器上的动物纹样,是协助巫觋沟通天地神人的形象,神上的飞龙,钱树上的朱雀、辟邪、猴、麒麟、天马,堆塑罐上的熊、狗、狮、虎、蛇、飞鸟等动物和瑞兽,都应视为沟通神灵的工具。值得注意的是,在东汉时期的摇钱树造像上出现了佛教内容的图饰。

1989年,绵阳何家山1号东汉崖墓出土摇钱树1株。树干纵列了5尊佛像,每尊佛像高6.5厘米,头后有横椭圆形项光,头顶高肉髻,双眼微合,上唇有口髭,穿通肩衣,领口下垂,衣袖皱纹明显;右手竖掌,掌心向外,作施无畏印相,左手握衣角,衣角甚长,延经右手腕下垂,中央形成长长的"U"形,双腿盘屈,结跏趺坐。树上还有骑马、仙人、龙等图像。①

2002年初,在重庆丰都县镇江镇槽房沟9号墓地发现铜佛像,残高5厘米,为摇钱树的一部分,火焰状发饰,肩披袈裟,右手施无畏印,左手提袈裟,下部残。根据该墓摇钱树底座一侧刻有"延光四年五月十日作"。"延光"为东汉安帝年号,"延光四年"为125年。此佛像是峡江地区乃至全国第一座最早出土铜佛像的东汉纪年墓。②

1974年,四川芦山县清源乡出土的一尊带座青铜人像,通高14.5厘米,铜人头饰锥髻,前额正中有一瘤状凸起,眉梢上挑呈如意状,目呈斜菱形,高鼻,张口露齿,双乳显露,通体雕镂花纹,年代为东汉早期或晚

---

① 参见何志国《四川绵阳何家山1号东汉崖墓清理简报》、《四川绵阳何家山2号东汉崖墓清理简报》,《文物》1991年第3期。根据墓中出土的三段式神兽镜比较分析,霍巍先生认为该墓年代定为东汉晚期至六朝初期更为稳妥(霍巍:《四川何家山崖墓出土神兽镜及相关问题研究》,《考古》2000年第5期)。
② 参见刘宏斌等《陕西宝鸡考古队完成三峡文物发掘任务》,《中国文物报》2002年3月22日,第2版。

期。此像被视为中国最早的"白毫相"实例。①

1976年冬,西昌高草东汉砖室墓发现一件摇钱树残片,上铸画像:西王母居于正中最高位置,头戴华胜,肩披云肩,圆领左衽,褒衣博带,两眼前视,笼袖挺身,坐于龙虎座上,西王母额际中一"白毫相"。下有玉兔、蟾蜍。西王母长方形座下,有一椭圆形环,另有龙首残片。② 1990年,绵阳何家山2号东汉晚期崖墓出土摇钱树,其上铸刻有雄狮、象奴、莲花以及西王母。西王母额中有小圆圈(白毫相),居于主尊位置。③

目前的考古界、艺术界非常重视这些与早期佛教相关的文物遗存。一些学者通过研究发现,中国早期佛教考古实物多出在长江上游的四川地区,而长江中、下游地区,也就是三国时期的东吴辖区所出的这类实物略微晚于四川地区。一些学者以为,这就是佛教传入中土的第三条道路即滇蜀道的实物证据。

综合上述分析叙述,本著在此特别强调四点:

其一,如果孔望山的佛教造像的纪年(永平四年)可以进一步证实的话,学术界认定的佛教传入内地的时间需要大大提前,永平求法的真实性也间接得到证明。尤其是,佛教在东汉社会中的影响力和效应,需要重新进行估计。

其二,传统文献缺载的蜀地发现如此众多的与佛教相关的实物,充分说明佛教在东汉时期传播的广度,远远超出过多相信传世文献记载的学者的想象。可以说,东汉佛教传播的地域几乎遍及大江南北。

其三,目前的考古界、艺术界热衷于凭借这些发现建构佛教传入中土的海路和第二条陆路,这固然不错,但是由此力图削弱由天竺、西域至

---

① 参见钟坚《芦山发现一尊汉代青铜人像》,《文物》1987年第10期;何志国《初论中国南方早期佛教造像的性质》,载四川省文物考古研究所编《四川考古研究论文集》,《四川文物》1996年增刊。
② 参见刘世旭《四川西昌高草出土汉代"摇钱树"残片》,《考古》1987年第3期。
③ 何志国:《四川绵阳何家山1号东汉崖墓清理简报》、《四川绵阳何家山2号东汉崖墓清理简报》,《文物》1991年第3期。

内地传入佛教之路线的重要性的做法,是不合适的。特别是,将孔望山摩崖造像直接归结为海路传入的证据,漏洞很明显。

其四,东汉佛教性质的造像的来源和形成机制很值得认真研究。现今大多数学者过分强调外来影响,这与国际学术界所认定的印度佛教造像的形成史不能完全对应起来。本著以为,与其说这些造像是外来佛教艺术传入汉地之后的产物,毋宁说是佛教内容渗透、融入汉代宗教信仰的艺术表现之中的结果,一些学者所强调的"仙佛模式"很能诠释这一现象。

第四节 三国时期的佛教

三国时期的佛教,包括220—265年间魏、蜀、吴三国的佛教。狭义地讲三国佛教是从曹丕正式建国的220年开始的,而广义地叙述曹魏时期的佛教则可以以曹操"挟天子以令诸侯"的建安元年(196)开始。本节叙述曹魏佛教主要以狭义的时间范围为主,但有时为了叙述的方便则会以建安元年起算,譬如《理惑论》即依此处理。

汉献帝建安元年(196),曹操把汉献帝迁到许县(今河南许昌),控制了东汉朝廷。建安五年(200)曹操在官渡(今河南中牟东北)击败袁绍,随即北上,消灭了袁绍的残余势力,统一了北方。建安十三年(208),曹操又出兵荆州,企图统一南方,却遭到客居荆州的刘备和割据江东的孙权的联合抵抗,结果赤壁(在今湖北蒲圻西北)一战,曹操大败而归。孙权、刘备便平分荆州。此后,刘备西据巴蜀,孙权拥有荆州和江东,奠定了三国鼎立的局面。建安二十五年(220),曹操去世,其子曹丕代汉称帝,建立魏国。221年,刘备也称帝建立汉国,史称蜀汉。222年,孙权称吴王(以后称帝),建立吴国。三国鼎立局面正式形成。

三国时期的佛教,在汉末的基础上有较大的发展。特别是北方的魏国和江东的吴国,发展更为明显。魏继东汉,建都洛阳,一切文化都承后汉余绪,所以魏代的佛教是东汉佛教的延续。吴据江南,建都建业,佛教也很发达。蜀国僻处西偏,世传史籍中没有多少有关此地佛教发展的记载。近代以来,在蜀地发现了很多与佛教相关的文物,证明三国时期的蜀地,佛教也获得了相当程度的发展,尤其佛教艺术化的成就相当突出。本节即依据史籍以及考古发掘资料对这一时期佛教的传播情况作一总体叙述,至于这一时期佛典翻译的情况,留待后面专节叙述。

一、曹魏佛教

曹魏统治区域的佛教直接接续的是东汉的佛教传统。东汉时期的洛阳,有不少外国僧人在其中翻译佛典,从事弘教活动。尽管曹操将首都迁到许昌,并且一度实行限制"淫祠"的政策,但佛教在汉建安时期以及曹魏统治的四十多年间,在北方的广大地区还是得到很大的发展。

1. 曹魏的宗教政策

关于曹魏政权对待佛教的态度,学术界一直有不同看法。一种认为,曹魏朝庭将佛教当作"淫祀"之一种,持禁止的立场。另一种观点强调,曹氏家族,包括曹操在内,对佛教有一定了解,并且持宽容态度。我们认为,以为曹魏政权禁止"淫祀"之令将佛教包含在内的观点,不但缺乏直接的文献依据,也与魏境佛教一直在发展的事实不符。而且,魏明帝之后,对佛教发展有利的因素逐渐增多,佛教在魏境内的扩展已成不可挡之势。

魏国的奠基者曹操,汉灵帝光和末年(大致为184年)为济南相时曾"禁断淫祀,奸宄逃窜,郡界肃然"[①]。关于此事,《三国志》注引《魏书》说:"初,城阳景王刘章以有功于汉,故其国为立祠。青州诸郡转相仿效,济南尤盛,至六百余祠。贾人或假二千石舆服导从作倡乐,奢侈日甚,民坐贫穷,历世长吏无敢禁绝者。太祖到,皆毁坏祠屋,止绝官吏民不得祠祀。"[②]可见,此事针对的是城阳景王祠。同书又说,曹操以汉丞相身份

[①][②]《三国志》卷一《魏志·武帝纪》,第4页。

执政时，又"除奸邪鬼神之事，世之淫祀，由此遂绝"，将这一做法推展到其统治区域。

鉴于张角曾经利用太平道组织起义，曹操下令将民间术士集中起来管理，对此，曹植撰有《辩道论》解释说：

> 世有方士，吾王悉所招致。甘陵有甘始，庐江有左慈，阳城有郄俭，始能行气导引，慈晓房中之术，俭善辟谷，悉号三百岁。卒所以集之于魏国者，诚恐斯人之徒，挟奸诡以欺众，行妖慝以惑民，故聚而禁之也。①

从曹植的表述看，曹操似乎不相信法术。但是，曹操和巫师道士交往颇为密切，如《后汉书·甘始传》记载："甘始、东郭、延年、封君达三者，皆方士也。率能行容成御妇人术，或饮小便，或自倒悬，爱啬精气，不极视大言。甘始、元放、延年皆为操所录，问其术而行之。"②曹操以相国之尊，对这些术士"悉所招致"，并"问其术而行之"，这反映了他思想上的矛盾。有一种看法认为，曹操下令断绝淫祠是将佛教包含在内的，因为佛教在当时被当作黄老道术的一种。这仅仅是一种猜测。在现有史籍中，未见曹操排佛禁佛的记载。而且，如前所叙述，笮融建寺造佛像，已经有将二者作区分的意味。而且陆澄《法论序》记载："魏祖答孔，是知英人开尊道之情。"③这是指曹操答孔融书。此信虽已不传，具体内容不可得知。但从"英人开尊道之情"看，当指曹操尊重佛教之事实。唐代僧人神清在《北山录》卷三《合霸王篇》也说曹操对佛教，"虽不能弘赞其风，而亦终不蔽其道也"④。这一说法颇为中肯，应该是可信的。

魏文帝曹丕对待术士的态度与曹操基本一致。黄初二年（221）春正月，魏文帝下诏，封孔子后裔"议郎孔羡为宗圣侯，邑百户，奉孔子祀"，并

---

① 释法琳：《辨正论》卷二引，《大正藏》第52卷，第501页上。
② 《后汉书》卷八二下，第2750页。
③ 僧祐：《出三藏记集》卷一二，《大正藏》第55卷，第83页中上。
④ 神清：《北山录》卷三，《大正藏》第52卷，第587页上。

且"令鲁郡修起旧庙,置百户吏卒以守卫之,又于其外广为室屋以居学者"①。黄初五年十二月,文帝又下诏说:

> 先王制礼,所以昭孝事祖,大则郊社,其次宗庙,三辰五行,名山大川,非此族也,不在祀典。叔世衰乱,崇信巫史,至乃宫殿之内,户牖之间,无不沃酹,甚矣其惑也。自今,其敢设非祀之祭,巫祝之言,皆以执左道论,著于令典。②

在此,明确将"名山大川"的自然崇拜等"淫祀"摒除在外。魏文帝驾崩后上台的明帝也曾经发过类似的诏书,如《三国志》卷二《魏书·明帝纪》记载,青龙元年(233)三月丁酉:"诏诸郡国山川不在祠典者勿祠。"③

史籍中未有魏文帝、明帝排佛禁佛的文字记载,相反《魏书·释老志》记载了魏明帝迁移佛寺的事情:

> 魏明帝曾欲坏宫西佛图。外国沙门乃金盘盛水,置于殿前,以佛舍利投之于水,乃有五色光起,于是帝叹曰:"自非灵异,安得尔乎?"遂徙于道东,为作周阁百间。佛图故处,凿为濛汜池,种芙蓉于中。④

此事说明:第一,曹魏皇宫附近有佛寺佛塔。第二,魏明帝想拆毁,说明他本人对佛教没有信仰。第三,有外国来的沙门通过"神通"表演使得明帝相信了佛教的神奇。第四,皇宫西侧的佛塔还是迁移到了道东,而于佛塔故处修成濛汜池。

由上述论证可见,曹魏朝庭并未将佛教当作一种"淫祀"加以禁绝,然而,曹魏的几代皇帝也没有明显的佛教信仰,只是放任其发展而已。不过,皇室成员中,也有对佛教颇有了解且有所信仰者,曹植是突出的例子。

---

① 《三国志》卷二,第78页。
② 《三国志》卷二《魏书·文帝纪》,第84页。
③ 《三国志》卷二《魏书·明帝纪》,第99页。
④ 《魏书》卷一一四,第3029页。

2. 佛教在曹魏的流行情况

曹魏政权在政治上统治了北方的广大地区,而这一区域是汉末佛教相对较为发达的地区,在与西域的交通往来方面具有得天独厚的优势。因此,在古代史籍中,曹魏佛教的相关文献记载要远远多于孙吴和蜀汉。

汉武帝时期贯通的内地与西域的交通,在东汉末年一度出现不畅的现象。到三国时期,由于曹操祖孙三代的经营,曹魏与西域的交通又得以恢复,从敦煌到西域的道路由原来的两条增加到三条。南道主要为鄯善、于阗,中道有焉耆、龟兹、疏勒,北道有车师后部等。当时曹魏在西北势力范围包括雍州(今陕甘地区)、凉州(今甘肃武威)及西域等地。魏文帝即位的这一年(220),焉耆、于阗等诸国曾遣使朝贡。黄初三年(222)二月,鄯善、龟兹、于阗各遣使来献,魏文帝下诏说:"顷者西域外夷并款塞内附,其遣使者抚劳之。"①此后,魏在西域设置戊己校尉。魏明帝太和三年(229),大月氏王波调遣使奉献,明帝封波调为亲魏大月氏王。当时,大月氏以印度西北为中心,并控制中印度广大地区,所辖地区正盛行佛教,流行大乘经典。曹魏在楼兰曾设置西域长史府管辖西域的广大地区,行使着有效的行政管辖。魏命令仓慈为敦煌太守。他抑制豪右,发展农业生产,并保护来往的西域使者和商旅。徐邈任凉州刺史,他广开水田,募贫民佃田,使境内"家家丰足,仓库盈溢"②,并保护中西交通要道,因此史称:"西域流通,荒戎入贡,皆邈勋也。"③

由于魏王朝对于西域的直接和间接的管辖,使西域以西的印度僧侣易于来华。与汉末相比,来华的西域、印度僧人明显增多,曹魏的佛典翻译也很有成绩。尤其重要的是,在曹魏辖境,佛寺的数量和所在地域也有显著扩大。

如前节所论述,东汉时期洛阳至少已经有三座佛寺存在,其中一所

---

① 《三国志》卷二,第79页。
②③ 《三国志》卷二七,第740页。

在皇宫之西。《集神州三宝感通录》卷上记载：

> 魏明帝洛城中，本有三寺，其一在宫之西。每系幡刹头，辄斥见宫内。帝患之，将毁除坏。时外国沙门居寺，乃赍金盘盛水，以贮舍利，五色光明，腾焰不息。帝叹曰："非夫神劾，安德尔乎？"乃于道东造周闾百间，名为官佛图精舍云。①

此处道宣标明是引用《汉法本内传》所说，而《汉法本内传》关于佛道斗争的内容，编造痕迹很明显，但关于此寺的说法还是具有很高的可信度的。譬如说此寺的名称为"官佛图精舍"，这是西晋之前对佛寺的习惯称呼。②从这段记载可见，魏明帝时皇宫西侧还有佛塔，京都也还有外国沙门。魏明帝本人对佛教好感不多，想将此寺平毁，在僧人使用"非常"手段争取之后，将原寺迁移至道东。

关于曹魏时期的佛寺，《魏书·释老志》又说：

> 自洛中构白马寺，盛饰佛图，画迹甚妙，为四方式。凡宫塔制度，犹依天竺旧状而重构之，从一级至三、五、七、九。世人相承，谓之"浮图"，或云"佛图"。晋世，洛中佛图有四十二所矣。汉世沙门，皆衣赤布，后乃易以杂色。③

尽管这一描述是否完全是曹魏时期洛阳佛寺的面貌已难以确知，但此时的佛寺已经修造有佛塔是毫无疑问的。而由汉末、魏明帝时期三所佛寺，发展为西晋时期的二十四所，不排除曹魏时期增修的可能。曹魏建

---

① 道宣：《集神州三宝感通录》卷上，《大正藏》第 52 卷，第 410 页中。
② 根据古代史籍的记载分析，西晋以前的寺院很少称呼为"寺"，大部分称为"祠"。西晋以后，"寺"的称呼才确立下来，不再使用"祠"这一用语。如笮融于汉灵帝时所建单独奉佛场所，史籍中称为"浮图祠"，而记载同一项史实的《后汉书》却直接称为"浮屠寺"。以"寺"字代替"祠"，显然是后人追述的语气。然僧祐《高僧传》卷一《康僧会传》在记述康僧会于建业建寺时说："权大叹服，即为建塔。以始有佛寺，故号建初寺，因名其地为佛陀里。"此寺建立的时间为 247 年。现今已不能搞清楚僧祐所记是否是此寺最初的名称。（参见颜尚文《后汉三国西晋时代佛教寺院之分布》，《台湾师大历史学报》，第 13 期，1985 年。）
③《魏书》卷一一四，第 3029 页。

国后,来洛阳的西域、天竺僧人愈来愈多,且汉族僧人也不断增加,佛典翻译也在不间断地进行。所有这些都表明,作为曹魏首都的洛阳,佛教处在不断扩张之中。

截至曹魏末年,长安至少有佛寺一座。根据文献记载,在魏晋之际,长安也有一座寺额为白马寺的佛寺。《须真天子经记》记载:

> 《须真天子经》,太始二年十一月八日,于长安青门内白马寺中,天竺菩萨昙摩罗刹(此云竺法护)口授出之。时传言者,安文惠、帛元信。手受者,聂承远、张玄伯、孙休达。十二月三十日未时讫。①

太始二年即泰始二年(266),为西晋年号,此年为司马炎代魏的第二年。而竺法护于此年十一月已经在长安白马寺内翻译佛经,可见此寺一定早已经存在。《高僧传·竺法护传》记载,竺法护后来"立寺于长安青门外,精勤行道,于是德化遐布,声盖四远,僧徒数千,咸所宗事"。② 白马寺位于青门内,竺法护于青门外另建一所寺院。从上引文字推测,后一所寺院规模较大。

此外,中土第一位汉族僧人朱士行于甘露五年(260)从雍州出发,前往于阗求取《大般若经》。朱士行曾经在长安停留,依照佛教教制,朱士行应该住锡于佛寺。如果长安仅有一所佛寺的话,朱士行就应该住于这所佛寺。从现今可考知的,西晋时期长安佛寺陡然增多的情况推测,曹魏时期长安很可能还有其他佛寺。

在上节叙述汉末佛教传播区域时,已经述及徐州、连云港和山东省境内佛教也有流传,徐州还是佛教的传播中心。三国时期,这些区域归属于曹魏,佛教于这些地域自然也会继续传播。具体证据在有关佛教艺术内容中叙述。

---

① 僧祐:《出三藏记集》卷七,《大正藏》第55卷,第48页中。
② 慧皎:《高僧传》卷一,《大正藏》第50卷,第326页下。

3. 戒律的传入

戒律的传来,是三国时代佛教传播中的重大事件。魏境虽有佛法流行,然而僧众只是剪除头发,也没有禀受具足戒,所有斋供礼仪都取法于传统的祠祀。昙柯迦罗的到来改变了这一局面。

昙柯迦罗,中文意译为"法云"。他出生在中天竺的大富之家,其家族原来信仰婆罗门教。根据《高僧传》卷一《昙柯迦罗传》记载:

> 迦罗幼而才悟,质像过人,读书一览,皆文义通畅,善学四围陀论,风云星宿,图谶运变,莫不赅综。自言:"天下文理,毕已心腹。"至年二十五,入一僧坊,看遇见法胜《毗昙》,聊取览之,茫然不解,殷勤重省,更增昏漠。乃叹曰:"吾积学多年,浪志坟典,游刃经籍,义不再思,文无重览,今睹佛书,顿出情外,必当理致钩深,别有精要。"于是赍卷入房,请一比丘略为解释,遂深悟因果,妙达三世,始知佛教宏旷,俗书所不能及,乃弃舍世荣,出家精苦。①

昙柯迦罗读了法胜撰的《阿毗昙心论》而改信佛教,"诵大、小乘经及诸部毗尼",学识渊博,精通大、小乘经,尤其擅长各部律学。

学有所成之后,昙柯迦罗"常贵游化,不乐专守",不辞艰险,来到中土。慧皎《高僧传》卷一记载:

> 以魏嘉平中,来至洛阳。于时魏境虽有佛法,而道风讹替,亦有众僧,未禀归戒,正以剪落殊俗耳。设复斋忏,事法祠祀。迦罗既至,大行佛法。时有诸僧共请迦罗译出戒律,迦罗以律部曲制,文言繁广,佛教未昌,必不承用,乃译出《僧祇戒心》,止备朝夕。更请梵僧立羯磨法受戒,中夏戒律,始自于此。②

后来的经录以及中土律学方面的著述,大多将这一时间当作译出律本并

---

① 慧皎:《高僧传》卷一、《大正藏》第50卷,第324页下。
② 同上书,第324页下—325页上。

且立羯磨法受戒的时间。如唐初道宣在《四分律删繁补缺行事钞》卷中说:"后有中天竺僧昙摩迦罗,此云法时,诵诸部毗尼。以魏嘉平年,至洛阳,立羯磨受法,中夏戒律始也。"①

关于昙柯迦罗来中土及其翻译律本的时间,现存唐代文献中也有不同的记载。如《古今译经图纪》卷一记载:昙柯迦罗"以文帝黄初三年岁次壬寅,游化许、洛,睹魏境僧众,全无律范,遂以齐王芳嘉平二年岁次庚午,于洛阳更集梵僧以羯磨受戒,并翻《僧祇戒本》一卷"②。此书编写于贞观二十二年(648),编写者是玄奘译场的参译僧靖迈。而智升在《开元释教录》卷一沿袭了这一说法。早于《古今译经图纪》,大致形成于武德四年(621)至六年中的护法沙门法琳所编撰的《破邪论》卷上中说:"《魏书》云,文帝黄初三年壬寅之岁,有沙门昙摩迦罗至许都,译出戒律。"③经过笔者查考,这一说法来源于北齐大统法上回答高丽王之问的"传"文中。学术界一致认为的伪书《汉显宗开佛化法本内传》也有此说。④

关于法上回答高丽王之事,《续高僧传》卷八《法上传》记载:"有高句丽国大丞相王高德,乃深怀正法,崇重大乘,欲播此释,风被于海曲。然莫测法教始末缘由、西徂东壤年世帝代,故具录事条,遣僧向邺,启所未闻事。"⑤北齐皇帝敕令法上作回答,于是就有一本习称为《上统师传》的书流传于世。关于此书,唐初法琳撰《辨正论》以及道宣《续高僧传·法上传》等都有引录,特别是唐道世《法苑珠林》卷八九在"感应缘"下"略引"了"齐沙门上统"之文,其文说:

齐上统师《传》云:汉明初感,摩腾、法兰唯有二人初来至此。不

---

① 道宣:《四分律删繁补缺行事钞》卷中,《大正藏》第40卷,第51页下。
② 靖迈:《古今译经图纪》卷一,《大正藏》第55卷,第351页上。
③ 法琳:《破邪论》卷上,《大正藏》第52卷,第480页中。
④ 不过,笔者以为,与其说此书为"伪书",不如说此书中有关早期佛教的大多数说法系捕风捉影,也就是说,此书是佛教徒在与道教的辩论中形成的。在此书形成过程中,尽管有许多玄虚的东西,但并不能说此书中的全部内容都是虚构的。
⑤ 道宣:《续高僧传》卷八,《大正藏》第50卷,第485页中。

得受具，但与道俗，剃发、被服缦条，唯受五戒、十戒而已。伏惟，如来出世八年始兴羯磨，震旦在白木条东二万七千里，开持律五人得授大戒。自后至汉第十桓帝，一百余年内，犹用三归、五戒、十戒，迭相传授。桓帝已后，北天竺国有五西僧，来到汉地，与大僧受具足戒：一名支法领，二名支谦，三名竺法护，四名竺道生，五名支娄谶。其时大律未有，支法领口诵出《戒本》一卷、《羯磨本》一卷，在此流行。今时名"旧羯磨"。后到魏皇初三年，昙摩迦罗又译出戒律。后至元孝文世，有光律师，验旧羯磨及以《戒本》，文有加减，多少不足，依大律本次第删集，现世流行，号为"新羯磨"。①

道世所引用的文字，是法上专门回答汉地受戒制度之发展的。上文的要点是：第一，汉明帝时期来中土的西方僧人不多，中土道俗只是"剃发、被服缦条"且只是受五戒、十戒而已。这一做法一直延续到汉桓帝时期，共百余年。第二，汉桓帝之后，中土佛教界遵从佛律所说边地以五位僧人充当戒师即可给信徒受具足戒的规定。第三，北齐之后，中土先后流行过两种羯磨法，前一种为"旧羯磨"，后一种为北魏慧光律师依据"大律本"即《摩诃僧祇律》修订"旧羯磨"而成，习称为"新羯磨"。法上是慧光弟子，他说其师所制定的"新羯磨"在当时仍然流行。应该特别指出，法上所列的桓帝以后从北天竺国来到汉地给中土人士授受具足戒的五位僧人的名字错讹太明显，特别是"竺道生"不知所云，而支法领、支谦、竺法护、支娄迦谶的时代排列也有误，且支法领、支谦并非外来僧人，前者是西行求法僧，后者是外国侨民的后代。但法上此文并不如《汉内法传》般说汉明帝时期就有多少多少汉族人士出家，且比丘、比丘尼都有。尽管文中有一些时代错置以及"神话色彩"，但基本内容应该是可信的。

《法苑珠林》卷八九所引"齐沙门上统"之文中有一段文字讲到"魏文帝三年，内勅设无遮大会，魏帝勅问此土僧尼得戒源由，有何灵验，诸大德等

---

① 道世：《法苑珠林》卷八九，《大正藏》第53卷，第944页下。

咸皆不答",当时有一"华手比丘"自告奋勇前往天竺求取戒律。此文说:

> 于时即有比丘,请向西国,问圣人得戒原由。发足长安,到于天竺,见一罗汉,启白:"振旦僧尼得戒以不?"罗汉答曰:"我是小圣,不知得不。汝在此住,吾为汝上兜率奉问弥勒世尊得不,来报。"即便入定向兜率天,具问前事。弥勒答曰:"僧尼并得戒讫。"仍请灵验。弥勒即取金华,云:"若边地僧尼得戒,愿金华入罗汉手掌。不得,莫入。"发愿既讫,将华按手,其华入掌中,高一尺影现。弥勒语曰:"汝到振旦比丘所,亦当如我此法。"罗汉下来,如弥勒法,以华按比丘手,即入掌中,高一尺影现,瑞应既征。其时即有远方道俗,来相钦仰,求受三归、五戒,乃有无数,即号为华手比丘。①

这一段文字,充满了神秘色彩,但其中蕴含的事实是:截至曹魏黄初三年(222),中土尽管有汉族出家人,但是否"得戒"是不确定的,而有"比丘"等发愿西去寻找答案。"当去之时有一十八人。自余慕住西国,或有冒涉流沙,风寒命过,唯有华手比丘独还汉地。当本去日,有迦毗罗神现身,语华手曰:'道路悬远,多诸崄难,弟子送师至彼。'来往清吉,未到之间,魏文帝殿前有金华空中现,文帝问太史曰:'有何双怪?'太史答曰:'西域正法欲来到此。'不盈一月,华手比丘掌中金华来到此土。初至之日,空里金华即灭不现。大瑞既征,故戒福永传也。"②至于此文所说,"华手比丘"等18人西行唯一人归来之事,未有其他文献佐证,不足为据。

《法苑珠林》卷八九所引"齐沙门上统"之文中说:"魏皇初三年,昙摩迦罗又译出戒律。"此句所说的两件事大概有时间间隔。隋唐几种文献都说昙柯迦罗于曹魏黄初三年(222)来洛阳、许昌,至曹魏齐王芳嘉平二年(250)于洛阳白马寺或许昌翻译出《僧祇戒心》。关于昙柯迦罗对中国佛教的贡献,上引文献所说都是一致的。关于《僧祇戒心》,《历代三宝

---

① 道世:《法苑珠林》卷八九,《大正藏》第53卷,第945页上。
② 同上书,第945页上—中。

纪》卷五、《大唐内典录》卷四、《开元释教录》卷一均称此书为《僧祇戒本》,此中的"戒心"是"核心"的意思,即戒律的节本,是大众部戒律《摩诃僧祇律》的核心部分。

关于"旧羯磨"形成的过程,《法苑珠林》卷八九所引"齐沙门上统"之文中说:"其时大律未有,支法领口诵出《戒本》一卷、《羯磨本》一卷,在此流行。今时名'旧羯磨'。"在此文之后,《法苑珠林》卷八九所引之文才叙述昙柯迦罗来华翻译律本之事,支法领为东晋时期僧人,此文如此叙述显然颠倒了时序。其文又说:

> 于时尼众来求受戒,支法领曰:"如律所明,唯开边地五人僧受具戒,不论尼众。"是时尼等辞退而还,泣泪如雨,不能自胜。后到汉末魏初,东竺国有二比丘尼来到长安,见比丘尼众,问曰:"汝谁边受戒?"尼众答曰:"我到大僧所受五戒、十戒而已。"二尼叹曰:"边地尼等悉未有具。"为还本国化得一十五人来,三人在雪山冻死,二人堕黑涧死。余到此土,唯有十人在此。诸尼悉赴京师,与授具戒。后到吴地亦与彼尼受具讫已。西尼思忆本乡,即附舶南海而还。及至上船唯有七人,三人命终。来去经途十七余年。①

上述文字所叙述的比丘尼受具足戒的过程,与宝唱《比丘尼传》所叙述不同,但此文所述之事较早。然仔细考究,二书所记载并不冲突。法上之文所述的是有天竺来洛阳的天竺十位比丘尼为中土比丘尼授具足戒,而宝唱叙述的是比丘尼受"二部戒"的问题。

昙柯迦罗以后的行踪,文献上没有留下记载。鉴于昙柯迦罗对中国佛教制度的建立所作出的开创性的贡献,唐代形成的四分律宗将其列为第二祖。

在昙柯迦罗之后,安息国沙门昙谛(即法实),亦擅长律学,于魏高贵乡公正元元年(254)来到洛阳,在白马寺译出《昙无德羯磨》一卷,此书一

---

① 道世:《法苑珠林》卷八九,《大正藏》第53卷,第945页上。

直在中土流行。《昙无德羯磨》原出于昙无德部的广律即《四分律》,后来中土的律宗独尊《四分》,此本有开创之功。

4. 朱士行西行求法

佛教发源地在印度,在中土人士对佛教有一定了解和信仰之后,自然会产生西行求法的愿望和行动。如前文所叙述,古代佛教史籍记载说,东汉明帝于永平年间派遣使者前往西域访求佛法,尔后两位印度僧人到达洛阳,带回经书和佛像。而上文引述的北齐法上的《传》文也说,曹魏黄初年间也有沙门前去天竺求取佛法,并且有一位沙门还归洛阳。然而,这些记载传闻色彩过于明显,因而不能被当代学术界采信。一般而言,古代史籍所记载的沙门朱士行,应该是目前最可信的西行求法的第一位汉族僧人。

关于朱士行的生平行历,《高僧传》和《出三藏记集》等都有记载。

朱士行,颖川(治所在今河南禹州)人。《高僧传》卷四《朱士行传》记载:朱士行"志业方直,劝沮不能移其操。少怀远悟,脱落尘俗,出家已后,专务经典"①。关于朱士行出家的时间,史籍中言之不详。《出三藏记集》卷七所载《放光经记》说:"惟昔大魏颖川朱士行,以甘露五年,出家学道为沙门,出塞西至于阗国,写得正品梵书胡本九十章,六十万余言。"②这一记载将几件事情混在一起,一般以为甘露五年(260)是朱士行出发西行的时间。而《出三藏记集》卷二说:"《放光经》二十卷,……魏高贵公时,沙门朱士行,以甘露五年到于阗国,写得此经正品梵书胡本十九章。"③朱士行出家时间失载,但从其弟子众多,并且带若干弟子至于阗等情形考虑,其西行时出家应该有较长的时间了。

朱士行出家之后,接受的是大乘般若学。《高僧传》卷四《朱士行传》说:

---

① 慧皎:《高僧传》卷四,《大正藏》第 50 卷,第 346 页中。
② 僧祐:《出三藏记集》卷七,《大正藏》第 55 卷,第 47 页下。
③ 僧祐:《出三藏记集》卷二,《大正藏》第 55 卷,第 7 页中。

> 昔汉灵之时,竺佛朔译出《道行经》,即小品之旧本也。文句简略,意义未周。士行尝于洛阳讲《道行经》,觉文章隐质,诸未尽善。每叹曰:"此经大乘之要,而译理不尽。誓志捐身,远求大本。"遂以魏甘露五年,发迹雍州,西渡流沙,既至于阗。果得梵书正本,凡九十章,遣弟子弗如檀,此言法饶,送经梵本,还归洛阳。①

从这些记载可知,朱士行有感于汉末时期翻译的《道行般若经》文句简略,经意表达不完善,于是发愿西行求取真经。他到达于阗,访得了梵文大品《般若经》,并且准备派遣弟子弗如檀送回内地,"未发之顷,于阗诸小乘学众,遂以白王云:'汉地沙门欲以婆罗门书惑乱正典。王为地主,若不禁之,将断大法,聋盲汉地,王之咎也。'王即不听赍经"②。从这一记载可知,当时的于阗流行佛教,只是以小乘佛教为主,对于大乘佛教经典持反对态度。这符合大乘佛教流行初期小乘佛教徒以"大乘非佛说"力图禁绝大乘经典之流行的情形。朱士行"深怀痛心,乃求烧经为证,王即许焉。于是积薪殿前,以火焚之。士行临火誓曰:'若大法应流汉地,经当不然。如其无护,命也如何。'言已投经火中,火即为灭,不损一字,皮牒如本。大众骇服,咸称其神感。遂得送至陈留仓恒水南寺"③。这一记载,神化色彩浓厚,但也说明,朱士行所获得的《般若经》梵文抄本并非从于阗获得,而可能来源于印度本土大乘流行地区。太康三年(282),朱士行遣弟子弗如檀送经本至洛阳,"住三年,复至许昌二年,后至陈留界仓垣水南寺"④,此经本于元康元年(291)由竺叔兰等译出,称为《放光般若》,慧皎说"皮牒故本,今在豫章"⑤,梵文原本保存时间很长。

朱士行圆寂于于阗,春秋八十。"依西方法阇维之,薪尽火灭,尸犹能全。众咸惊异。乃呪曰:'若真得道法,当毁败。'应声碎散,因敛骨起

---

①② 慧皎:《高僧传》卷四,《大正藏》第50卷,第346页中。
③ 同上书,第346页中—下。
④ 僧祐:《出三藏记集》卷七,《大正藏》第55卷,第47页下。
⑤ 慧皎:《高僧传》卷四,《大正藏》第50卷,第346页下。

塔焉。后弟子法益从彼国来,亲传此事。故孙绰《正像论》云'士行散形于于阗',此之谓也。"①朱士行的弟子法益后来回到了内地。

5. 佛教音乐的兴起

曹魏佛教突出表现之一是佛教梵呗音乐的兴起。

梵呗是一种以短偈形式赞唱佛、菩萨的颂歌,可有乐器伴奏,为印度佛经讲唱的原始形态。当早期印度梵呗传入中土以后,中土称其为"转读"。如慧皎《高僧传·经师篇》解释道:"然天竺方俗,凡歌咏法言,皆称为呗。至于此土,咏经则称为转读,歌赞则号为梵音。昔诸天赞呗皆以韵入管弦。"②可见,印度梵呗传入中土后分化成了两种形式,即转读和梵呗,"咏经"为转读,"歌赞"称梵呗。天竺的呗赞比中土的内容更为广泛,包括了"转读"在内,而中土只指歌赞的唱颂,是相对狭义的"梵呗"。

印度梵呗传入中土后,逐渐走上了本土化的道路。除了梵呗的形式发生了变化之外,它的曲调也具有了中国特色。真正具有中国特色的佛教梵呗之源,多认为始于曹魏之时的"鱼山梵呗",而为此做出重要贡献的则是被誉为"建安之杰"的文坛才子——曹植。③

曹植(192—232),字子建,沛国谯(今安徽亳州)人,乃曹操之妻卞氏所生第三子。曹植自幼颖慧,十几岁时便能诵读诗、文、辞赋数十万言,甚至出言为论、下笔成章,因此深得曹操宠信。曹操曾经认为曹植是儿子中最可成大事者。曹操几次想要立曹植为太子,都未下定决心。建安二十五年(220),曹操病逝,曹植兄曹丕继位。从此,曹植的生活便发生了根本性的转变,由屡遭打击转而被放逐,过着囚禁般的悲惨生活。曹丕对他猜忌、排挤,甚至多次想寻机陷害他。曹植的爵位和封地被迫不断地迁换,终年过着颠沛流离、朝不保夕的日子。四十一岁时,曹植死在

---

① 慧皎:《高僧传》卷四,《大正藏》第50卷,第346页下。
② 慧皎:《高僧传》卷一三,《大正藏》第50卷,第415页中。
③ 参见钱慧《汉魏佛教梵呗音乐本土化探究》,《南京艺术学院学报》(音乐与表演)2006年第2期。

他的最后一个封地陈郡,谥号"思",故后人称之为"陈王"或"陈思王"。因他生前常游鱼山,因此其子曹志便将其遗骸迁葬于鱼山。

曹植与佛教有着深厚的因缘,并对中国佛教音乐的发展做出了重大的贡献,影响至今。关于曹植与中国佛教梵呗的"殊胜因缘",有着一段神奇的历史传说。

晋人刘敬述在《异苑》中记载:"陈思王曹植,字子建,尝登鱼山,闻岩岫有诵经声,则效而仿之,今之梵唱皆植依拟所造。"《出三藏记集》卷一二载有僧祐编《法苑杂缘原始集目录》,其中有《陈思王感鱼山梵声制呗记》,此书已经散佚,而道宣《集古今佛道论衡》在《魏陈思王曹子建辩道论》之后有一段文字:

> 陈思王曹植,字子建,魏武帝第四子也,初封东阿郡王,终后谥为陈思王也。幼含珪璋,十岁能属文,下笔便成,初不改定,世间术艺无不毕善,邯郸淳见而骇服,称为天人。植每读佛经,辄流连嗟玩,以为至道之宗极也。遂制转读七声,升降曲折之响,世之讽诵,咸宪章焉。尝游鱼山,忽闻空中梵天之响,清扬哀婉,其声动心,独听良久,而侍御莫闻。植深感神理,弥悟法应,乃慕其声节,写为梵呗,撰文制音,传为后式。梵声光显,始于此焉。其所传呗,凡六契。①

道宣在上文之后说:"见梁释僧祐《法苑集》。然统括道源,精搜仙录,奸妄多奇,终归饰诈,其前论所委,辩当明矣。"道宣此中的评论针对的是《魏陈思王曹子建辩道论》之文,而上引文字则出于《法苑集》所收录的《陈思王感鱼山梵声制呗记》一文,道宣应该是见到此文的。而梁僧慧皎在《高僧传》也记载说:"始有魏陈思王曹植,深爱声律,属意经音。既通般遮之瑞响,又感鱼山之神制。于是删治《瑞应本起》,以为学者之宗。传声则三千有余,在契则四十有二。"②值得注意的是,这里提到的"转赞

---

① 道宣:《集古今佛道论衡》卷甲,《大正藏》第52卷,第365页下。
② 慧皎:《高僧传》卷一三,《大正藏》第50卷,第415页上。

七声升降曲折之响"和"私制转七声"中的"七声",当指我国传统雅乐音乐中的七个音级,即宫、商、角、变徵、徵、羽、变宫。像这样的"七声升降曲折之响",无疑使西域梵呗包含了很大一部分本土化的成分。①

由上引文献可知,陈思王曹植游览鱼山(又名"渔山",今山东东阿境内)时,听闻空中传来一连串梵响,清扬悦耳,美妙动听。他仔细聆听后,模拟其音调记录成谱,并依据《太子瑞应本起经》的内容编纂唱词填入曲中,创作而成中国最初之"梵呗",留予后人参照,后世称之为"鱼山梵呗"。这便就是曹植"鱼山制梵"的传说。曹植所删治的《瑞应本起》,很可能就是支谦所译。

曹植所作习称《太子颂》、《睒颂》等,后世总称之为"鱼山梵呗"。此后,支谦曾依《无量寿经》与《中本起经》制作连句梵呗三契,康僧会也依《泥洹》制梵呗一契。他们都创作歌咏经中故事的赞颂声调,通于乐曲。

二、东吴佛教

东吴王朝是东汉末年占据江南的讨虏大将军、会稽太守孙权建立的。208年,孙、刘联军在赤壁之战中打败了曹操,形成曹魏、蜀汉、孙吴三国鼎立之势。赤壁之战后,孙权占有江东,又占有荆州一部分,江南广大疆域都在他控制之下。229年,孙权于武昌(今湖北鄂城)称帝,东吴政权正式成立,九月即迁都建业(今江苏南京)。东吴统治时期,江南佛教继续发展,传播区域不断扩大,社会影响也逐渐增强,为东晋南北朝时期南方佛教的大发展奠定了基础。

1. 东吴的宗教政策

东吴政权由孙权始,经会稽王孙亮、景帝孙休、末帝孙皓四代而亡,历时五十九年。

---

① 参见钱慧《汉魏佛教梵呗音乐本土的探究》,《南京艺术学院学报》(音乐与表演版)2006年第2期。

孙权统治时,江东经济有显著发展。吴国地处长江中下游地区,土地肥沃,便于耕垦。其中常州、镇江、无锡一带,农业生产比较发达。北人南来,劳动力增多。东吴在长江两岸地区都设有屯田区,其中毗陵屯田区(今江苏常州、镇江、无锡一带)最大。会稽郡农业生产比较发达,历代陆续修成的浙东运河和江南运河在孙吴时发挥了通航效益。江南运河云阳至京口(今江苏丹阳至镇江)一段流经山间,不便通航,吴末得到修整。云阳以西开辟破冈渎,使秦淮河和江南运河联通,为三吴至建业的便捷水道。丝织业也开始在江南兴起,但不敌蜀锦。铜铁冶铸继承东汉规模而有所发展,青瓷业也在东汉釉陶制造基础上走向成熟。由于河海交通的需要,东吴的造船业很发达,海船经常北航辽东,南通南海诸国。黄龙二年(230),孙权派遣万人船队到达夷洲(今台湾省),这是大陆与台湾联系的最早记录。吴国使臣朱应、康泰泛海至林邑(在今越南南部)、扶南(在今柬埔寨境)诸国,大秦商人和林邑使臣也曾到达建业。

经济的发展,与外界交往的增加,促进了江南文化的提高和发展。根据现代学者研究,孙吴统治者出身寒门卑族,与崇尚儒术的世家大族不同,缺乏学术文化修养。孙坚、孙策父子对儒学之士皆怀有自卑与怨恨心理。孙权虽受过儒学启蒙,但学识有限;从其文化取向上看,孙权崇尚"驳杂"和实用,他虽未明确排儒,但更重视可资实用的法术、兵家与史书。孙权十分重视对诸子的教育,选调了不少名儒为师傅、宾友,但其最重视的教学内容还是汉代史,目的在于培养其后继者的政治才干。正因为如此,孙权当政数十年,无心设博士、建太学,使吴国的儒学教育长期处于涣散的状态。孙吴时期江南地区学术文化的传承与发展,主要有赖于儒学名士主持之"私学"、儒学大族之"家学"及地方官员所资助之地方"学官"。与这一文化趋向相应,孙吴统治者对于佛教也未曾大力扶持,只是略加关注而已。在几位佛教信仰者的不懈努力下,东吴统治集团对于佛教最终采取了"兼容并蓄"的态度。

从文献记载看,孙权对于佛教的了解,主要受支谦和康僧会的影响。

支谦祖居月氏,后来汉土。"献帝之末,汉室大乱,与乡人数十共奔于吴。……后吴主孙权闻其博学有才慧,即召见之。因问经中深隐之义,应机释难,无疑不析。权大悦,拜为博士,使辅导东宫,甚加宠秩。"① 慧皎《高僧传》也有相同的记载。根据这些记载可知,在汉献帝末年,也即建安末,支谦与乡人一起奔至吴地,后来被吴主孙权召见,并且被聘请为太子的老师。这里说的太子,有学者推测是孙权的长子孙登②,而实际上是孙权的三子孙和。慧皎《高僧传·康僧会传》在追述吴国佛教发展时述及支谦:

> 汉献末乱,避地于吴。孙权闻其才慧,召见悦之,拜为博士,使辅导东宫。与韦曜诸人共尽匡益,但生自外域,故《吴志》不载。③

此文说,支谦与韦曜一起辅导"东宫",但因为支谦是"外域"人士而没有载入《吴志》。这一记载是《出三藏记集》所漏记的。

韦曜,《三国志》卷六五《韦曜传》记载:"韦曜,字弘嗣,吴郡云阳人也。少好学,能属文,从丞相掾,除西安令,还为尚书郎,迁太子中庶子。时蔡颖亦在东宫,性好博弈,太子和以为无益,命曜论之。"④ 根据《三国志》卷五九《孙和传》记载:赤乌四年(241)五月,皇太子孙登死。第二年正月,孙权立三子孙和为太子,孙和时年十九岁。孙权以"阚泽为太傅,薛综为少傅,而蔡颖、张纯、封俌、严维等皆从容侍从"⑤。在这一段叙述之后,《孙和传》又说:"人情犹不能无嬉娱,嬉娱之好,亦在于饮宴琴书射御之间,何必博弈,然后为欢。乃命侍坐者八人,各著论以矫之。于是中庶子韦曜退而论奏,和以示宾客。时蔡颖好弈,直事在署者颇斅焉,故以

---

① 《出三藏记集》卷一三,《大正藏》第55卷,第97页中—下。
② 参见任继愈主编《中国佛教史》第一卷,第167—168页,中国社会科学出版社,1981。这一判定,可能来源于汤用彤先生的猜想:"支谦辅导东宫,不知确否,亦不知在何时。但事如确,则其所谓东宫者,或即太子登。《祐录》所谓后太子登位卒,'位'字衍文,后世传抄者不悉登为人名,故改'登卒'为'登位'。"(《汉魏两晋南北朝佛教史》,第89页。)
③ 慧皎:《高僧传》卷一,《大正藏》第50卷,第325页上。
④ 《三国志》卷六五,第1460页。
⑤ 《三国志》卷五九,第1368页。

此讽之。"① 这一记载印证了《韦曜传》所记载的在东宫时，韦曜撰文讽刺蔡颖之事。由此可见，韦曜确实曾经是太子孙和的老师。

综上所述，慧皎记载的支谦"与韦曜诸人共尽匡益"的东宫是孙权所立的第二位太子。对此，唐代僧人神清在《北山录》卷四中有一解释："东宫即太子和也，遭逸而废。韦曜，字弘嗣，好学，善属文，迁太子中庶，后累迁至侍中，修《吴史》未就，为孙皓所诛。"② 显然，神清所引文字来源于《三国志·韦曜传》。

根据史书记载，孙权于赤乌五年（242）立孙和为太子，赤乌十三年，孙权又废黜孙和，改立少子孙亮为太子。从上文引述的资料可知，孙权为太子孙和任命的第一批太子师的名单中未见韦曜，可见，韦曜应是在晚些时候被任命为太子中庶子的。慧皎叙述说，支谦与韦曜一起为太子师，也许他们人二人属于被任命的第二批太子师。

支谦被孙权召见并且被任命为太子师，充分说明孙权对于佛教已经有一定了解，也允许太子接触佛教信徒，可见孙吴政权对于佛教的态度很宽容，而孙权对待外来沙门康僧会的态度也说明了这一点。

康僧会对江南佛教的发展做出卓越贡献，在后世仍然有很大影响。慧皎《高僧传》卷一《康僧会传》记载说：康僧会以吴赤乌十年（247）到达建业，而唐道宣《集古今佛道论衡》中收录有《前魏时吴主崇重释门为佛立塔寺因问三教优劣事》一文说：

> 《吴书》云：孙权赤乌四年，有沙门康僧会者，是康居国大丞相之长子，神仪刚正，游化为任。于时三国鼎峙，各擅威衡，佛法北通，未达南国，会欲道被未闻，开教江表，初达建业，营立茅茨，设像行道，吴人初见，谓之妖异。有司奏闻。吴主问曰："佛有何神验也？"会曰："佛晦灵迹，出余千载，遗形舍利，应现无方。"吴主曰："若得舍

---

① 《三国志》卷九九，第1368页。
② 《大正藏》第52卷，第594页下。

利,当为立塔。"经三七日,遂获舍利,五色曜天,剖之逾坚,烧之不然,光明出火,作大莲华,照曜宫殿。臣主惊嗟,信情发起,因为造塔,度人立寺,以其所住,为佛陀里,教法创兴,故遂名建初寺焉。①

关于此事,慧皎《高僧传》卷一《康僧会传》也有记载:

> 时吴地初染大法,风化未全。僧会欲使道振江左,兴立图寺,乃杖锡东游。以吴赤乌十年初,达建邺,营立茅茨,设像行道。时吴国以初见沙门,睹形未及其道,疑为矫异。有司奏曰:"有胡人入境,自称沙门,容服非恒,事应检察。"权曰:"昔汉明帝梦神,号称为佛,彼之所事,岂非其遗风耶?"即召会诘问:"有何灵验?"会曰:"如来迁迹,忽逾千载,遗骨舍利,神曜无方。昔阿育王起塔乃八万四千,夫塔寺之兴,以表遗化也。"权以为夸诞,乃谓会曰:"若能得舍利,当为造塔。如其虚妄,国有常刑。"会请期七日,乃谓其属曰:"法之兴废,在此一举。今不至诚,后将何及。"乃共洁斋静室,以铜瓶加凡,烧香礼请,七日期毕,寂然无应。求申二七,亦复如之。权曰:"此寔欺诳,将欲加罪。"会更请三七,权又特听。会谓法属曰:"宣尼有言曰:文王既没,文不在兹乎。法灵应降,而吾等无感,何假王宪?当以誓死为期耳。"三七日暮,犹无所见,莫不震惧。既入五更,忽闻瓶中锵然有声。会自往视,果获舍利。明旦呈权,举朝集观。五色光炎,照耀瓶上。权自手执瓶,泻于铜盘。舍利所冲,盘即破碎。权大肃然,惊起而曰:"希有之瑞也。"会进而言曰:"舍利威神,岂直光相而已。乃劫烧之火不能焚,金刚之杵不能碎。"权命令试之,会更誓曰:"法云方被,苍生仰泽。愿更垂神迹,以广示威灵。"乃置舍利于铁砧磓上,使力者击之,于是砧磓俱陷,舍利无损。权大叹服,即为建塔。以始有佛寺,故号建初寺,因名其地为佛陀里。由是江左大法遂兴。②

---

① 道宣:《集古今佛道论衡》卷甲,《大正藏》第52卷,第364页下—365页上。
② 慧皎:《高僧传》卷一,《大正藏》第50卷,第325页中—下。

对照上述文字记载可知，前者简略，后者繁复，文学性强。尤其是，所记时间不同。此中的要点是：康僧会初来建业以比丘的面目出现，设立茅棚，安奉佛像，引起当地人的怀疑，朝廷官员报告孙权，孙权于是召见康僧会。康僧会为孙权打制舍利，引起孙权的崇信，于是孙权下令在建业为其建造一所佛寺。这就是江南第一所佛寺建初寺的由来。

关于建初寺的建造，现在最大的问题是康僧会到建业的时间有二说：一是赤乌四年(241)，二是赤乌十年。现代学者大多采信后说，笔者经过考辨，以为赤乌四年说更正确。

在前引《前魏时吴主崇重释门为佛立塔寺因问三教优劣事》一文叙述康僧会之事后，有一段孙权向其大臣询问佛法的记载，其文说：

> 寻下敕问尚书令阚泽曰："汉明已来，凡有几年？佛教入汉既久，何缘始至江东？"泽曰："自永平十年佛法初来，至今赤乌四年，则一百七十年矣。初，永平十四年，五岳道士与摩腾角力之时，道士不如。南岳道士褚善信、费叔才等，在会自憾而死，门徒弟子归葬南岳。不预出家，无人流布。后遭汉政凌迟，兵戎不息。经今多载，始得兴行。"
>
> 又问曰："孔丘、老子得与佛比对不？"泽曰："臣闻鲁孔君者，英才诞秀，圣德不群，世号素王，制述经典，训奖周道，教化来叶。师儒之风，泽润今古。亦有逸民如许成子、原阳、庄子、老子等百家子书，皆修身自烦，放畅山谷，纵汰其心，学归淡泊，事乖人伦、长幼之节，亦非安俗化物之风。至汉景帝，以黄子、老子义体尤深，改子为经，始立道学，勒令朝野悉讽诵焉。若将孔、老二教、远方佛法，远则远矣。所以然者，孔、老二教，法天制用，不敢违天。诸佛设教，天法奉行，不敢违佛。以此言之，实非比对。"吴主大悦，以泽为太子太傅。①

此文中，东吴尚书令阚泽回答吴主孙权有关佛教的两个问题。在第一个问题的应对中，涉及到汉明帝永平求法之事，对第二个问题的回答则反

---

① 道宣：《集古今佛道论衡》卷甲，《大正藏》第52卷，第365页上。

映了阚泽对三教——儒教、佛教、道教不同的看法。阚泽是当时的大儒，而《三国志》中也记载："赤乌五年,拜太子太傅,领中书如故。"①阚泽于赤乌"六年冬卒,权痛惜感悼,食不进者数日"②。这一记载与《前魏时吴主崇重释门为佛立塔寺因问三教优劣事》所说一致。

　　关于《前魏时吴主崇重释门为佛立塔寺因问三教优劣事》真伪的考订,有两个细节证明此文献为"真"。一是此文正文的起首表明其来源于《吴书》。经查考确定,此中的《吴书》是三国时期吴国的史官韦昭所编定。根据《三国志·吴书》本传的记载,韦昭就是前文所说与支谦一起任太子孙和老师的韦曜。孙亮为孙吴皇帝时,韦曜为太史令,"撰《吴书》";孙休为吴帝时,他为中书郎、博士祭酒,"命曜依刘向故事,校定众书"。这部《吴书》,不仅是韦昭一人修撰,华核、薛莹等也参与了此书的修撰。此书后来成为陈寿编撰《三国志》的主要依据之一。其二,慧皎《高僧传》卷一《康僧会传》的记载并不是现存最早提及此事的。如梁代编定的《弘明集》卷一一载有《高、明二法师答李交州淼难佛不见形事并李书》,此文中释法明说:"吴主孙权初疑佛法无验,当停罢省,遂获舍利,光明照宫,金铁不能碎,炉冶不能融,今见帝京建初寺是。"③此文是道高、法明二位僧人回答居士李淼的疑问的书信,《弘明集》的编者未标明时代,而根据《高僧传》卷一二《释超辩传》附传记载,萧齐时代"时有灵根释法明,祇洹释僧志,益州释法定,并诵经十余万言,蔬苦有至德"④。可见,此文属于萧齐时代而早于梁代慧皎《高僧传》,有文献说康僧会打制舍利和孙权就佛法询问阚泽之事来源于《吴书》。关于《吴书》的流传,《隋书·经籍志》记载说:"《吴书》二十五卷,韦昭撰。本五十五卷,梁有,今残缺。"⑤可见,此书至梁代时期仍然在流传,而至隋初方成残卷。梁代慧皎在《高僧传》

---

① 《三国志》卷五三,第1247页。
② 同上书,第1248页。
③ 《大正藏》第52卷,第71页下。
④ 慧皎:《高僧传》卷一二,《大正藏》第50卷,第408页中。
⑤ 《隋书》卷三三,第955页。

卷一《康僧会传》中说："有《记》云孙皓打试舍利，谓非其权时。余案：皓将坏寺，诸臣咸答。康会感瑞，大皇创寺。是知初感舍利必也权时，故数家传记咸言，孙权感舍利于吴宫。其后更试神验，或将皓也。"① 由此可知，至慧皎时，已经有数种文献记载康僧会感应舍利之事，韦昭的《吴书》即其中之一。上引文字可见看出，慧皎所写很详细，文学色彩很强，而《前魏时吴主崇重释门为佛立塔寺因问三教优劣事》简短而文字质朴，符合史书的风格。由此可见慧皎可能是吸收了诸种文献的内容写成《康僧会传》的上述内容的。然而不知是后世的传抄错误，还是慧皎写僧传的时期关于此事发生的事件已有二说，慧皎将此事系于赤乌十年（247）。而参照《前魏时吴主崇重释门为佛立塔寺因问三教优劣事》可知，赤乌六年阚泽就死了，因此而推知，赤乌四年说是对的。

从上引文献可知，孙权最初不信佛教，后来在康僧会以舍利神迹的吸引下，对佛教产生了好奇，阚泽的回答更加深了孙权对于佛教的好感。孙权于是在首都建业为康僧会修造了建初寺。这一系列事件发生在赤乌四年（241）。而如前文叙述，支谦也在这一时期到达建业，并且在晚些时候被孙权任命为太子孙和的师傅。这些证据足以表明，孙权对待佛教是很宽容的，在某种程度上也支持了佛教的发展。

孙权当了二十三年皇帝，七十一岁死后传位给第七子孙亮。孙亮即位时（252），年仅十岁。257年，孙亮亲政，常被当时的权臣孙綝掣肘。孙亮认为孙綝对他和朝廷造成了很大的危害，积极采取措施准备除掉孙綝。然孙亮的布置被泄，孙綝于是废黜孙亮为会稽王，改立孙亮之兄孙休为帝。时年为太平三年（258）十月。

孙亮年幼，执政仅一年就被废，对东吴的宗教政策的影响不太大。他对待佛教的态度，可从他对支谦的赞誉大致看出。《出三藏记集》卷一

---

① 慧皎：《高僧传》卷一，《大正藏》第50卷，第326页中。

三《支谦传》中记载:支谦在太子登位之后,"遂隐于穹隘山,不交世务"①。这是指孙亮即位,支谦因为曾经为前太子孙和之师,孙和被废,尔后被诛杀,所以,在孙权死后,新帝登位的情况下,支谦离开京城,隐居山林。支谦圆寂于山中之后,"吴主孙亮与众僧书曰:'支恭明不救所疾,其业履冲素,始终可高。'为之恻怆,不能已已"。从这一记载推知,孙亮一定是在未登位之前,也就是十岁之前,认识支谦,因而在支谦卒后,才会有此赞语。由此可知,孙亮本人对于佛教也是有所了解的。

孙綝废除孙亮之后,"綝意弥溢,侮慢民神,遂烧大桥头伍子胥庙,又坏浮屠祠,斩道人"②。可见,孙綝不信佛教并且毁坏了佛寺,且有杀戮僧人的行为。但《三国志》卷六四《孙綝传》记载的这些事情,是在废除孙亮立景帝孙休之后发生的,而这一废立事件,发生于太平三年(258)十月,而永安元年(258)十二月孙休就杀了孙綝。从这一系列事件推测,孙綝毁坏佛寺且杀戮僧人,似乎与政治有关,也许针对的是与孙亮关系密切的僧人及其住寺。

孙休(234—264),字子烈。又称景帝,吴国第三位皇帝(258—264),在位六年。景帝执政时期,东吴佛教继续发展。

东吴最后一位皇帝孙皓对于佛教不大尊敬,《高僧传·康僧会传》记载数事说明了其转变。

根据《高僧传·康僧会传》记载:"至孙皓即政,法令苛虐,废弃淫祀,乃及佛寺,并欲毁坏。"③康僧会通过儒佛融通的观念,减轻了孙皓对佛教的反感,阻止了其毁灭佛教的企图。

孙皓听了康僧会对佛教的阐释,但内心并未真正信服,"而昏暴之性不胜其虐。后使宿卫兵入后宫治园,于地得一金像,高数尺,呈皓。皓使著不净处,以秽汁灌之,共诸群臣笑以为乐。俄尔之间,举身大肿,阴处

---

① 僧祐:《出三藏记集》卷一三,《大正藏》第 55 卷,第 97 页下。
②《三国志》卷六四,第 1449 页。
③ 慧皎:《高僧传》卷一,《大正藏》第 50 卷,第 325 页下。

尤痛,叫呼彻天。太史占言:'犯大神所为。'即祈祀诸庙,永不差愈。婇女先有奉法者,因问讯云:'陛下就佛寺中求福不?'皓举头问曰:'佛神大耶?'婇女云:'佛为大神。'皓心遂悟,具语意故。婇女即迎像置殿上,香汤洗数十过,烧香忏悔。皓叩头于枕,自陈罪状。有顷,痛间。遣使至寺,问讯道人,请会说法。会即随入,皓具问罪福之由。会为敷析,辞甚精要。皓先有才解,欣然大悦。因求看沙门戒,会以戒文禁秘,不可轻宣。乃取《本业》百三十五愿,分作二百五十事,行住坐卧,皆愿众生。皓见慈愿广普,益增善意。即就会受五戒,旬日疾瘳。乃于会所住,更加修饰,宣示宗室,莫不必奉。"①

从上述记载可以看出,经过康僧会的努力引导,孙皓最终改变了态度,转而在一定程度上支持佛教的发展,并且跟从康僧会受了五戒。

从总体上说,东吴政权对待佛教的态度较之曹魏稍显宽松,因此佛教在江南获得了较为显著的发展。

2. 佛教在吴境的流行

由孙吴统治的江淮广大地区,早在东汉时期就有僧人传播佛教。信佛的笮融就曾经在这一地区活动过,而东汉末年,安世高曾经于汉灵帝末年南下广州,转向会稽。而月氏人支谦也南下到达孙策、孙权统治的江南地区。支谦先在武昌,后在建业,弘扬佛教。赤乌四年(241),康僧会至交趾(今越南北部一带)经广州来到建业,对于江南佛教的传播,起了极大的推动作用。

江南地区有名的重镇、三国时期一度作为吴国政治中心的武昌,最迟于此时开始接受了佛教的渗透。曹魏黄初二年(221),孙权自公安(今湖北公安)迁都于鄂(今湖北鄂州),取"以武而昌"之意,将鄂改名为武昌,开始了他对东吴的经营,从此,武昌成了吴国的政治中心和军事重镇。当时,来吴地的人中,很多是有名的佛家人物,据史料记载,最早来

---

① 慧皎:《高僧传》卷一,《大正藏》第50卷,第325页下—326页上。

到吴地的是支谦。《佛祖统纪》记载:"黄初元年,吴主孙权于武昌建昌乐寺。"①"黄初元年"为曹魏的纪年,即220年,也就是支谦来武昌的那一年。光绪十一年编修的《武昌县志》中也有这方面的记叙:"昌乐院,在县南六里,汉建安二十五年孙权作寺,有二浮图(即佛像),东有戴渊记,西为谢尚立石……"依据此中所说,支谦到武昌不久,就于此地建寺。支谦并非僧人,孙权接见重用支谦,并于武昌为其建寺,颇不寻常。然而,支谦南下至武昌并非一举成名,孙权接见支谦的地点并非今人所推测的在武昌而是在建业。因此,即便是武昌于孙吴时期建造了昌乐寺,恐怕也不会如此早,也许此寺是由支谦、维祇难和竺律炎等译经时住过的精舍发展而来的。

在支谦到达武昌不久,吴黄武三年(224),印度僧人维祇难和竺律炎也一道来到了武昌,进行译经传教的佛事活动。他们与支谦共同译出了《法句经》等。

吴黄龙元年(229),孙权将都城迁到建业。随着政治中心的迁移,孙吴佛教传播的中心也移向了建业。支谦等也由武昌转移到了建业,尤其是赤乌四年(241)康僧会又从交趾北上来到建业,孙权在其动员下在建业修造建初寺供康僧会住锡。这是史上记载东吴建造的第一所佛寺,并在此基础上,以东吴首都建业为中心形成了以康僧会为首的僧团,江南佛教进入到一个新的发展阶段。此外,唐初道世《法苑珠林》卷一二记载,吴地(今苏州)于此时已有通玄精舍。

三国时期,佛教在江南已经具有相当广泛的影响,这一点从考古工作者发现的文物中就不难看出来,首先表现在佛像的流传上。②

1956年,湖北省文管会清理的东吴墓(吴景帝永安五年,即262年)③,青釉陶俑四件,两件尖发,两件着冠,两眉之间都有凸状痣(白毫)

---

① 志磐:《佛祖统纪》卷三五,《大正藏》第49卷,第311页中。
② 此项内容参见杨秋莎《汉魏时期蜀汉、孙吴墓葬中的佛教遗物——兼谈长江流域的佛教传播》的综述,《四川文物》2003年第5期。
③ 参见湖北省文物管理委员会编《武昌莲溪寺东吴墓清理简报》,《考古》1959年第4期。

一颗,裸身托掌,做跪坐状。另有一件鎏金器物附件,形似杏叶,表面刻划有佛像,头饰尖环,身绕飘带,立于球形的圆台上。

1975年,湖北鄂钢五里墩工地孙吴晚期墓出土四叶八凤佛兽镜,主纹四桃形叶间四对凤,叶内各有一佛,其中三尊为结跏趺坐,一尊为半跏趺坐。后者面前跪一供养人,做礼佛状,佛背后一人可能为胁侍弟子。前者座下莲台两边各有二龙,即"天龙",为"八部护法"之一。① 鄂城五里墩孙吴晚期墓还出土一件柿蒂连弧夔凤镜,镜的边饰做奔腾跳跃状的珍禽和瑞兽,中间夹有两躯姿态飘逸的"飞天"像。另有一件采集而来的同型镜,三蒂内各有一兽,另一蒂内有戴高冠、蓄长须、侧坐于莲座上的人物,或系佛教中的居士。鄂城西山吴墓出土一件眉间有"白毫相"的陶俑。鄂城西山南麓孙将军墓出土一件青瓷佛像熏,三尊佛像贴印在炉钵与承盘之间的位置上,佛像均着通肩式衣,头顶有肉髻,结跏趺坐。②

1992年初,湖北鄂州塘角头六朝吴墓M4发现的釉陶佛像。佛像面部五官清晰,脸形短而圆,眼在面部所占比例较大,顶有肉髻,着通肩衣,衣褶折清晰,两手交叠于腹部,手势被衣服遮盖,做趺坐状。该佛像出土时其两侧各分列一侍俑。③ 这尊单体佛像说明这一地区的人们对佛教已有了较深的认识和理解。

其次,三国孙吴墓葬中常随葬有与佛教信仰有关的明器——"堆塑罐"。"堆塑罐"又称"谷仓罐"或"魂瓶",而这类"魂瓶"往往绘有与佛教相关的图像。

1955年,南京江宁赵史岗M7吴墓出土的一件堆塑陶罐④,罐身模印铺首、佛像、鳞凤等。罐口上分四面,前面有门,两侧有双阙,阙上有覆檐,檐下排列六人。后面门上有屋顶,四角各置一罐,檐上有鸟雀,最上

---

① 参见湖北省博物馆等编《鄂城汉三国六朝铜镜》图81,北京:文物出版社,1986。
② 参见蒋赞初等《湖北鄂城六朝考古的主要收获》,《中国考古学会第四次年会论文集》,文物出版社,1985。
③ 参见湖北省文物考古研究所等《湖北鄂州市塘角头六朝墓》,《考古》1996年第11期。
④ 参见江苏省文物管理委员会《南京近郊六朝墓的清理》,《考古学报》1957年第1期。

为盖。

南京甘家巷高场东吴 M1 出土陶魂瓶一件①,上带三层雕塑,最上层为方形陶屋,屋壁四面有门,门内各置一座佛塑像。围绕方屋四周,又有佛像七尊,均坐于与瓶口相连的盘座上,在瓶颈四周附加一盘形座,上为中层雕塑,在瓶颈正面开一门,中有一佛像,门前两旁置双缺,缺旁各有一小罐,四小罐之间共塑佛像八尊。下部瓶腹上,堆塑有佛像、铺首和鱼。所有佛像均作跏趺坐、合掌,头上似有发髻或冠,有背光。

1979 年,南京江宁县殷巷吴墓出土的人物堆塑陶罐②,罐腹附贴三层纹饰:下层为铺首衔环;中层六团龙围绕罐的一周;上层正面附贴二猴,做舞蹈状。器物上部为一宝塔形人物堆塑,分两层。门前有缺,小罐上栖息小鸟,罐口沿分前后二面,前有七个项挂佛珠、背有佛光的莲花坐佛。③江宁县上坊 79M1 东吴"天册元年"(275)墓出土青瓷人物堆塑罐,上有麒麟、仙人骑马、铺首、熊头、莲花坐佛(带圆形项光)、凤凰、飞羊,开门有立缺。四角堆塑四只小罐,上塑飞鸟,另在平台四边中部各有一项挂佛珠,背有佛光的莲花坐佛。此墓的墓砖纹饰大多为莲花。

1979 年,在浙江金华地区武义县发现三国晚期青瓷堆塑罐④,上部堆塑罐口上前后塑楼阁,左右各有佛像三座,佛像盘坐在莲花座上,双手拱于腹部,楼阁和佛像上面放一圆盘,圆盘中间堆塑方形城墙,其中二层楼阁似碉堡,四面各开方形门一个,城墙四角各有一小罐,城墙前后塑楼阁,左右各有鸟二只。

1980 年 9 月,浙江衢州市东吴墓出土青瓷谷仓罐⑤,上腹部饰贴塑三组:上组为一佛、一凤、六瑞兽;中组为一佛、六骑士;下组为七尾游鱼。

---

① 参见金琦《南京甘家巷和童家山六朝墓》,《考古》1963 年第 6 期。
②③ 参见南京市博物馆《南京郊县四座吴墓发掘简报》,《文物资料丛刊》第 8 辑,文物出版社,1983。
④ 参见金华地区文管会等《浙江武义陶器厂三国墓》,《考古》1981 年第 4 期。
⑤ 参见衢州市文管会《浙江衢州市三国墓》,《文物》1984 年第 8 期。

罐上部堆塑三层,有四小罐、门楼、缺、拱手跪坐人像(佛像)七个和飞鸟,大罐中空贯底。

1982年2月,浙江上虞县江山乡三国吴墓中出土青瓷堆塑罐①,腹部等距贴塑四只铺首衔环和佛像、辟邪等。罐的上部分分三层,第一层塑二缺、一门、佛徒像十尊;第二层塑四小罐,小罐间各塑飞鸟二只;第三层塑房屋,四周围以围墙,墙角塑熊,屋顶为方形的庑殿顶。

根据考古学家研究,魂瓶的型制源于东汉中期的五联罐,东汉晚期罐上出现简单的堆塑装饰。三国时期,堆塑趋于繁缛,多装饰人物、动物、瑞兽和门缺。三国晚期至西晋,罐上开始贴塑佛像、亭、台、楼阁,罐上部呈塔式状。魂瓶是三国东吴地区具有特色的随葬明器,从寓意到具象的演变过程反映了佛教艺术的发展,也表明佛教在孙吴中晚期已相当流行。

东吴佛教的发展有赖于两位重要人物,一位是支谦,一位是康僧会。

3. 支谦

关于支谦,现存三种较早文献简要记载了他的生平事迹。

第一种是西晋时期的支敏度所撰《合首楞严经记》一文,此文收于《出三藏记集》卷七。而关于此文的写作背景,僧祐在《出三藏记集》卷二记载说:

> 《合首楞严经》八卷,合支识、支谦、竺法护、竺叔兰所出《首楞严》四本,合为一部,或为五卷。……晋惠帝时,沙门支敏度所集其《合首楞严》。《传》云,亦愍度所集,既缺。②

支敏度集《合首楞严经》是在晋惠帝在位时期,即《合首楞严经记》一文应写于291—307年之间。

---

① 参见上虞县文物管理所《浙江上虞江山三国吴墓发掘简报》,《东南文化》1989年第2期。
② 僧祐:《出三藏记集》卷二,《大正藏》第55卷,第10页上。

第二种是僧祐《出三藏记集》卷一三的《支谦传》。僧祐卒于梁武帝天监十七年(518),可见此传记应写于此前。

第三种是慧皎《高僧传》卷一《康僧会传》行文中穿插的有关支谦的事迹。由于支谦并非比丘,因而《高僧传》中没有其本传。慧皎的生卒年失载,有文献表明,慧皎卒于梁末。

上述三种文献的记载,大同小异,但详略不同,经过对勘,可知支谦生平之梗概。

支谦,名越,字恭明,其祖居于大月氏,于汉灵帝时期来至内地。这是上述三种文献共同的记载,略有分歧的是具体的代际。支敏度《合首楞严经记》说:"又有支越,字恭明,亦月支人也。其父亦汉灵帝之世,来献中国。越在汉生。"①僧祐《出三藏记集·支谦传》又说:"支谦,字恭明,一名越,大月支人也。祖父法度,以汉灵帝世,率国人数百归化,拜率善中郎将。"②这两种说法,表面看似乎不相容,而从时间推知,二说可以相互补充。从僧祐所说可知,支谦的祖父法度以汉灵帝世率国人数百来至内地,汉朝政府任命其为率善中郎将。而支敏度说,支谦的父亲于汉灵帝时期从大月氏来到汉地。从后文将要考证的支谦的生卒年可推知,支谦之祖父所带领的数百人自然包括支谦的父亲在内,因而,同样出自于《出三藏记集》的上述两种文献各自叙述角度不同,可互相补充。

支敏度明确说支谦出生于汉地,而慧皎《高僧传·康僧会传》则记载:"先有优婆塞支谦,字恭明,一名越,本月支人,来游汉境。"③慧皎是在叙述康僧会事迹时追述吴地佛教发展而述及的,因此文字简约、语意模糊,使得有些学者误以为慧皎说支谦生于大月氏。而经过对照可知,慧皎此文,特别是这一段叙述,与僧祐的《支谦传》非常相似。僧祐、慧皎同在梁武帝时期活动,僧祐早于慧皎。因此,二文的渊源

---

① 僧祐:《出三藏记集》卷七,《大正藏》第55卷,第49页上。
② 僧祐:《出三藏记集》卷一三,《大正藏》第55卷,第97页中。
③ 慧皎:《高僧传》卷一,《大正藏》第50卷,第325页上。

可有两种可能：第一种是二文都抄自于当时还存在的有关支谦的更原始的传记材料，第二种则是慧皎沿袭了僧祐的叙述而有节略。而支敏度《合首楞严经记》有文说："从黄武至建兴中，所出诸经凡数十卷，自有别传记录。"①可见，至支敏度时期仍然流通一种记载支谦事迹和译经目录的《传》。

现存文献中没有支谦生卒年的明确记载，但可从现存文献的叙述中大致推出支谦生年的上下限。首先，现存几种早期文献都说，支谦60岁卒，而其翻译经典的时间为吴黄武元年（222）至建兴年，共三十余年。建兴为吴主孙亮年号，共两年，为252—253年，而僧祐《支谦传》说："后太子登位，遂隐于穹隘山，不交世务……后卒于山中，春秋六十。"②此文后面有吴主孙亮在支谦卒后的感喟，因此可以推知，支谦卒于孙亮在位时期，即253—258年之间。可见，支谦的生年在194—199年之间，此为东汉献帝兴平元年（194）至建安四年（199）。上述文献都说，支谦祖父、父亲是在汉灵帝时期（168—189）来汉地的，因此，支敏度所说支谦在汉地出生是准确的。

根据《出三藏记集》卷一三《支谦传》记载：支谦七岁时，"骑竹马戏于邻家，为狗所啮，胫骨伤碎。邻人欲杀狗取肝傅疮。越曰：'天生此物，为人守吠。若不往君舍，狗终不见啮。此则失在于我，不关于狗。若杀之得差，尚不可为，况于我无益，而空招大罪。且畜生无知，岂可理责？'由是村人数十家感其言，悉不复杀生"。他十岁学习《尚书》，"同时学者皆伏其聪敏。十三，学胡书，备通六国语"③。从这一叙述可知，支谦是在汉地接受的教育，十岁时学习儒家经典，十三岁时学习西域六国语言。至于支谦之师，几种文献都记载是支娄迦谶的弟子支明。又《合首楞严经记》记载："越在汉生，似不及见谶也。又支亮，字纪明，资学于谶，故越得

---

① 僧祐：《出三藏记集》卷七，《大正藏》第55卷，第49页上—中。
② 僧祐：《出三藏记集》卷一三，《大正藏》第55卷，第97页下。
③ 同上书，第97页中。

受业于亮焉。越才学深彻,内外备通。"①可见,支谦是大月氏来汉地的支娄迦谶的再传弟子,但支谦并非出家人而是优婆塞。

《高僧传》卷一《康僧会传》说:支谦"受业于亮,博览经籍,莫不究练,世间艺术,多所综习。其为人细长黑瘦,眼多白而精黄。时人为之语曰:'支郎眼中黄,形体虽细是智囊。'其本奉大法,精练经旨"②。从这些描述看,支谦在汉献帝时期皈依于支明学习佛法以及西域、天竺语言,并且精通佛教经义。汉献帝建安末年,支谦与同乡数十人一起南奔孙吴。"初发日唯有一被。有一客随之,大寒无被,越呼客共眠。夜将半,客夺其被而去。明旦,同侣问被所在。越曰:'昨夜为客所夺。'同侣咸曰:'何不相告?'答曰:'我若告发,乡等必以劫罪罪之,岂宜以一被而杀一人乎?'远近闻者,莫不叹服。"③从这些描述看,支谦的行为完全合佛教的基本精神,颇得时人尊敬。而参照前文关于支谦生年的推断,此时他的年龄在21—26岁之间。

关于支谦到达吴地之后的行事,数种文献都将孙权召见支谦并任命其为太子师之事置于首位,因而有些现代学者以为,早在武昌时期,孙权就封支谦为太子孙登之师。吴黄龙元年(229)九月,孙权迁都建业(今江苏南京),并派上大将军陆逊辅佐太子孙登留守武昌。吴赤乌四年(241),孙登卒于武昌。如果支谦真的是太子孙登之师的话,就应该一直留在武昌,直至241年。而实际上,如前文所考辨,支谦实际上是太子孙和的老师。如此,则可大致确定,支谦很大可能随孙吴国都的转移而东下至建业,所以支谦的主要弘教业绩是在建业完成的。

根据史书记载,孙权于赤乌五年(242)立孙和为太子,赤乌十三年,孙权又废黜孙和,改立少子孙亮为太子。《出三藏记集·支谦传》记载

---

① 僧祐:《出三藏记集》卷七,《大正藏》第55卷,第49页上。
② 慧皎:《高僧传》卷一,《大正藏》第55卷,第325页上。
③ 僧祐:《出三藏记集》卷一三,《大正藏》第55卷,第97页中—下。

说:"后太子登①位,遂隐于穹隘山,不交世务。从竺法兰道人更练五戒,凡所游从,皆沙门而已。"②此中所说"太子登位"是指孙亮于神凤元年(252)夏四月即皇帝位。鉴于自己曾经的特殊身份,支谦于此时决计隐居山中,直至卒于穹隘山,享年六十岁。此处的穹隘山不知所在,应在孙吴统治区域。应特别注意的是,支谦习戒的皈依师竺法兰,也不见于文献记载。由于与传说中的《四十二章经》的初译者法号一致,因此而引起当今学者的很多猜测。如前所论,支谦卒年的下限为吴天平三年(258)十月。在支谦卒后,吴主孙亮在《与众僧书》中说:"支恭明不救所疾,其业履冲素,始终可高,为之恻怆,不能已已。"③

支谦对中国佛教发展的最重要贡献在于佛教经典的翻译及其翻译理论的探索,此当在下文分析叙述。

在翻译之外,支谦曾"又依《无量寿》、《中本起经》制赞菩萨连句,梵呗三契。注《了本生死经》,皆行于世"④。由此可见,支谦深谙音律,留意经文中赞颂的歌唱。他曾依据《无量寿经》、《中本起经》创作了《赞菩萨连句梵呗》三契,这一创作对赞呗艺术的发展有相当影响。

4. 康僧会

关于康僧会的生平事迹,目前最早的资料就是僧祐《出三藏记集》卷一三《康僧会传》和慧皎《高僧传》卷一《康僧会传》,而思想资料则主要有保存至今的两篇经序。

康僧会的祖先是康居(古西域城国名,范围约当今巴尔喀什湖和咸海之间)人,世居天竺(印度古称)。僧会的父亲因经商客居于交趾(约当今广东、广西的大部,越南的北部、中部),所以僧会是在中国的南方长大的,自小深受中华文化的滋养。《出三藏记集》卷一三《康僧会传》说:"会

---

① 南宋藏本、碛砂本、元本、明本诸藏于此多一"卒"字,而高丽藏无此字。依据上文考辨,"卒"字为衍文。
②③④ 僧祐:《出三藏记集》卷一三,《大正藏》第55卷,第97页下。

年十余岁,二亲并亡,以至性闻,既而出家。"①而《高僧传》卷一《康僧会传》则补充说:"会年十余岁,二亲并终,至孝,服毕出家。"②康僧会自己在《安般守意经序》中说:"余生末踪,始能负薪,考妣殂落,三师凋丧,仰瞻云日,悲无质受,睠言顾之,潜(潸)然出涕,宿祚未没。"③三者所叙述一致。

然而,文献中没有明确记载康僧会的师承。康僧会在《安般守意经序》中叙述了安世高翻译的《安般守意经》的要点以及自述自己出家经历之后说:"会见南阳韩林、颖川皮业、会稽陈慧,此三贤者,信道笃密,执德弘正,烝烝进进,志道不倦。余之从请问,规同矩合,义无乖异。"④此文中,康僧会明确说,自己向南阳韩林、颖川皮业、会稽陈慧请教,并且对此"三贤"大加称赞,可见,康僧会所弘扬的禅观是从这三位承袭而来。然这三位并非僧人而是居士,一般以为康僧会另有所师。

康僧会出家之后,"砺行甚峻。为人弘雅,有识量,笃志好学,明练三藏,博览六典,天文图纬,多所贯涉,辩于枢机,颇属文翰"⑤。后来,康僧会到达东吴的首都建业弘扬佛法。如前文所考证,康僧会是在吴赤乌四年到达建业的。《高僧传》卷一《康僧会传》记载说:"时吴地初染大法,风化未全。僧会欲使道振江左,兴立图寺,乃杖锡东游。"⑥此中的"东游"很耐人寻思。有学者以为,康僧会是在交趾出家学道的,如此则应该说"北上"。但"东游"的表述也可能有问题,也有古代文献直接说康僧会是从康居国来的。而唐道宣《集古今佛道论衡》中收录有《前魏时吴主崇重释门为佛立塔寺因问三教优劣事》一文说:孙权赤乌四年,"有沙门康僧会者,是康居国大丞相之长子,神仪刚正,游化为任。于时三国鼎峙,各擅威衡,佛法北通,未达南国,会欲道被未闻,开教江表,初达建业,营立茅

---

①⑤ 僧祐:《出三藏记集》卷一三,《大正藏》第55卷,第96页中。
② 慧皎:《高僧传》卷一,《大正藏》第50卷,第325页上。
③ 僧祐:《出三藏记集》卷六,《大正藏》第55卷,第43页中。
④ 同上书,第43页中一下。
⑥ 慧皎:《高僧传》卷一,《大正藏》第50卷,第325页中。

茨,设像行道,吴人初见,谓之妖异"①。此文所说康僧会是康居国大丞相长子,未被慧皎《高僧传》所接受,而从康僧会《安般守意经序》所说来看,慧皎的说法是正确的。几种文献都记载说,康僧会以沙门的身份和行仪在建业建立简单的弘法场所宣讲佛教,被当地的人当作"妖异"报告孙权,于是就有前述康僧会打制舍利获得孙权崇敬,并且为其修造建初寺的事情。"由是江左大法遂兴"②,康僧会对江南佛教的贡献可见一斑。

康僧会对东吴佛教发展的贡献不仅在于说服孙权支持佛教的发展,并且以切合孙皓思想实际的因果报应理论说服东吴最后一代皇帝孙皓尊敬佛教,取消毁灭佛寺的决定。

《高僧传·康僧会传》记载:"至孙皓即政,法令苛虐,废弃淫祀,乃及佛寺,并欲毁坏。皓曰:'此由何而兴?若其教真正,与圣典相应者,当存奉其道。如其无实,皆悉焚之。'诸臣佥曰:'佛之威力,不同余神。康会感瑞,大皇创寺。今若轻毁,恐贻后悔。'皓遣张昱,诣寺诘会。昱雅有才辩,难问纵横。会应机骋词,文理锋出。自旦之夕,昱不能屈。既退,会送于门。时寺侧有淫祀者。昱曰:'玄化既孚,此辈何故近而不革?'会曰:'雷霆破山,聋者不闻,非音之细,苟在理通,则万里悬应。如其阻塞,则肝胆楚越。'昱还,叹会才明非臣所测,愿天鉴察之。皓大集朝贤,以马车迎会。会既坐,皓问曰:'佛教所明,善恶报应。何者是耶?'会对曰:'夫明主以孝慈训世,则赤乌翔而老人见。仁德育物,则醴泉涌而嘉苗出。善既有瑞,恶亦如之。故为恶于隐,鬼得而诛之。为恶于显,人得而诛之。《易》称积善余庆,诗咏求福不回。虽儒典之格言,即佛教之明训。'皓曰:'若然,则周孔已明,何用佛教?'会曰:'周孔所言,略示近迹。至于释教,则备极幽微。故行恶则有地狱长苦,修善则有天宫永乐。举兹以明劝沮,不亦大哉。'皓当时无以折其言。皓虽闻正法,而昏暴之性,

---

① 道宣:《集古今佛道论衡》卷甲,《大正藏》第52卷,第364页下。
② 慧皎:《高僧传》卷一,《大正藏》第50卷,第325页下。

不胜其虐。"①这一记载很重要,后世将其看作早期佛儒融合范例之一。尽管僧会耐心诱导,但孙皓的暴虐本性使其成效甚微。

从康僧会与孙皓辩论、宣传佛教的故事中,我们看到康僧会对儒家经典很熟悉,他很善于借儒家的名词、观点来解释、说明佛教的教理和主张。这一特点,也体现在他的译经和撰述中。此正如《出三藏记集·康僧会传》所说:"会在吴朝,亟说正法。以皓性凶粗,不及妙义,唯叙报应近验,以开讽其心焉。"②其实,不仅对孙皓如此,汉魏时期佛教在中土的传播,首先深入人心的就是因果报应思想。

康僧会在吴地,主要以翻译经典为务,但康僧会的佛学撰述,影响比他的译经更大。《高僧传·康僧会传》说:康僧会"又注《安般守意》、《法镜》、《道树》三经,并制经序。辞趣雅赡,义旨微密,并见重后世"③。隋费长房《历代三宝纪》卷五著录说:"《法镜经解子注》二卷,并制序。《道树经注解》一卷,并制序。《安般经注解》一卷,并制序。"④康僧会这三部经注都已失传,其撰述现存只有《安般守意经序》和《法镜经序》。在这两篇序文中,康僧会也喜欢用中国传统文化的理论去解释或附会佛教学说,但所使用的主要是道家的名词、概念。

康僧会说,自己师从南阳韩林、颍川皮业、会稽陈慧,而在《安般守意经》的注解方面,也沿袭、遵从陈慧注义。康僧会说:"合义无乖异陈慧注义。余助斟酌,非师不传,不敢自由也。言多鄙拙,不究佛意。明哲众贤,愿共临察。义有脱腊,加圣删定,共显神融矣。"⑤《安般守意经》是东汉安世高翻译,此经序和康僧会注此经的做法都表明在佛教修行方面,他继承的是安世高小乘禅法系统。

在《安般守意经序》中,康僧会对此经作了准确概括:"夫安般者,诸

---

① 慧皎:《高僧传》卷一,《大正藏》第50卷,第325页下—326页上。
② 僧祐:《出三藏记集》卷一三,《大正藏》第55卷,第97页上。
③ 慧皎:《高僧传》卷一,《大正藏》第50卷,第326页上。
④ 费长房:《历代三宝纪》卷五,《大正藏》第49卷,第59页中。
⑤ 僧祐:《出三藏记集》卷六,《大正藏》第55卷,第43页中—下。

佛之大乘,以济众生之漂流也。其事有六,以治六情。情有内外,眼、耳、鼻、口、身、心,谓之内矣。色、声、香、味、细滑、邪念,谓之外也。……意有一身,心不自知,犹彼种夫也。是以行寂系意著息,数一至十,十数不误,意定在之。小定三日,大定七日,寂无他念,泊然若死,谓之一禅。"①如此则较为详细地诠释了小乘禅定步骤。

康僧会所注的《法镜经》是东汉安玄和严佛调合译本,而曹魏嘉平年间(249—254)到达洛阳的康居沙门三藏康僧铠也有一本名为《郁伽长者经》的译本。康僧会作此经注时,康僧铠的译本还未出或者尚未广泛流通。此经叙述释尊应郁伽长者之请,为在家、出家之菩萨说戒行。关于此经的核心内容,康僧会概括说:

> 夫心者,众法之原,臧否之根,同出异名,祸福分流。以身为车,以家为国,周游十方,禀无倦息,家欲难足,由海吞流,火之获薪,六邪之残,已甚于蒺藜,网之贼鱼矣。女人佞等三魁,其善伪而促寡家之为祸也。尊邪秽,贱清真,连丛琐,谤圣贤,兴狱讼,丧九亲,斯家之所由矣。是以上士耻其秽,惧其厉,为之慑慑如也。默思遁迈,由明哲之避无道矣。剔发毁容,法服为珍,靖处庙堂,练情攘秽,怀道宣德,阎导聋瞽。或有隐处山泽,枕石嗽流,专心涤垢,神与道俱,志寂齐乎无名,明化同乎群生。贤圣竞乎清靖,称斯道曰大明,故曰《法镜》。②

康僧会上述文字中有许多来源于道家的语词,如"专心涤垢,神与道俱",而"志寂齐乎无名"也是从《老子》的"吾将镇之以无名之朴"引申而出,"贤圣竞乎清靖,称斯道曰大明"也颇似道家语气。

康僧会在早期佛教音乐的发展上也起了重要作用。《高僧传·康僧传》记载说:康僧会"又传泥洹呗声,清靡哀亮,一代模式"③。而《出三藏

---

① 僧祐:《出三藏记集》卷六,《大正藏》第55卷,第43页上。
② 同上书,第46页中—下。
③ 慧皎:《高僧传》卷一,《大正藏》第50卷,第326页上。

记集》卷一二载有僧祐编《法苑杂缘原始集目录》,其中有《康僧会传泥洹呗记》①,已经散佚。但康僧会的"泥洹呗"应是代有流传,在《历代三宝纪》卷五,费长房说:"又传梵呗,声甚清靡,哀亮啭韵,于今则之。"②可见,在隋代"泥洹呗"仍然在流传。

东吴天纪四年(280)四月,孙皓降晋。当年九月,康僧会"遘疾而终"③。从文献记载看,康僧会圆寂地点是在建业,而其灵塔也应在兹。《高僧传·康僧传》记载:"至晋成咸和中,苏峻作乱,焚会所建塔,司空何充复更修造。"④在其塔寺中"图写厥像,传之于今。孙绰为之赞曰:'会公箫瑟,寔惟令质。心无近累,情有餘逸,属此幽夜。振彼尤黜,超然远诣,卓矣高出。'"⑤

由赤乌四年(241)到达建业,至吴亡之年圆寂,康僧会在东吴传播佛教40年。在三国时期,他是影响最大的僧人。

三、蜀汉佛教

刘备集团于建安十九年(214)攻占益州,蜀汉章武元年(221)四月,刘备自立为皇帝,后至炎兴元年(263)蜀汉灭亡。如以刘备集团控制蜀川计算,共五十年。这一时期的蜀地佛教,传世文献几乎没有记载。而近百年来的考古资料,则证明三国时期的蜀地与吴地一样,有佛教流传。

汉末三国时期的巴蜀佛教,史籍没有记载,甚至隋唐的有关典籍还明确说蜀汉时期巴蜀地区没有佛教。隋费长房《历代三宝纪》卷五说:"魏、蜀、吴三国鼎峙,其蜀独无代录者何?岂非佛日丽天,而无缘者莫睹,法雷震地,比屋者弗闻哉!且旧录虽注《普曜》、《首楞严》等经,而复

---

① 僧祐:《出三藏记集》卷一二,《大正藏》第55卷,第92页中。
② 费长房:《历代三宝纪》卷五,《大正藏》第49卷,第60页上。
③④ 慧皎:《高僧传》卷一,《大正藏》第50卷,第326页上。
⑤ 同上书,第326页中。

缺于译人年世。设欲纪述,罔知所依,推入失翻,故无别录。"①在魏、蜀、吴三国中,只有蜀国没有经录,旧的经录虽注有蜀出《普曜经》、《首楞严经》等经但却没有译者和年代,如果记述它,却又没有根据,所以没有别录。《广弘明集》卷二八收录的唐道宣等所写《简诸宰辅叙佛教隆替状》说:"蜀中二主,四十三年,于时军国谋猷,佛教无闻信毁。"②刘备、刘禅统治蜀汉 43 年,因忙于军国大计,没有听说他们信仰佛教或毁坏佛教。但是,刘备、刘禅等统治者不信佛教,不等于民间也不信仰,只是统治者不信仰,在一定程度上会影响民间的信仰。同样的道理,经录没有明确记载蜀汉翻译佛经,也不等于蜀汉就没有佛经传播。如前文所叙述,考古发掘证明,蜀川之地,早在东汉末期就有佛教流传,而且已经渗透到民间的习俗之中。刘备集团统治时期,朝廷没有过多地关注、支持佛教的发展,因此,佛教在蜀地主要是接续汉末的陈规自然发展。

考古学界所认定的蜀汉时期与佛教有关的文物很多,在此不全面列举,仅以忠县涂井蜀汉崖墓的发现为例加以简要说明。

1981 年 5 月,重庆市忠县涂井发掘了一批蜀汉时期的崖墓,出土文物三千余件,这是四川三国考古的又一次重要发现。在这批崖墓中,有三座墓出土了四株铜制"钱树",其中 5 号墓、14 号墓出土的树干由 14 节缀合而成,每节上都有浮雕的人像,经过对这些人像的深入观察,考古工作者认为这是一批早期的佛像。③ 5 号墓未曾被盗掘扰乱,器物保持入葬时原貌,具有明确的器物共存关系,有比较准确的年代特征,是三国时期极为少见的佛教造像之一,对早期佛教研究有重要价值。

忠县涂井蜀汉崖墓 M14 出土铜树 2 株,形态各异。每节树干上铸有一尊佛像。佛像有高肉髻,着通肩大衣,宽袖,右手施无畏印,左手握衣

---

① 费长房:《历代三宝纪》卷五,《大正藏》第 49 卷,第 56 页中。
② 道宣:《广弘明集》卷二八,《大正藏》第 52 卷,第 285 页中。
③ 参见赵殿增、裘曙光《四川忠县三国铜佛像及研究》,《东南文化》1991 年第 5 期。

角,结跏趺坐。佛像两侧由枝杈、云气构成屏背,又有一对蝉形饰物。佛头两侧各有钱纹二枚,周边饰羽毛状飞翅。另一枝佛像两侧上下两对钱纹,周围各饰羽毛状飞翅。另一株摇钱树干高17.5厘米,佛像高5.1厘米,宽3.1厘米,佛像两侧对称装饰钱纹、蝉纹。涂井崖墓M5出土的一株铜摇钱树,树的主干由6节缀合而成,通高126厘米,每节上一尊佛像,高5.6厘米,宽3.5厘米,佛像有高肉髻,着通肩宽袖大衣,右手施无畏印,左手握衣角,结跏趺坐。

忠县涂井发掘的蜀汉崖墓,M5出土的眉间饰"白毫相"陶俑有:舞俑、抚琴俑、击鼓俑、武士俑、执便面俑、提罐俑、吹箫俑、听琴俑、执锸俑、执锄俑、执镜俑。其中除执锸俑为男性,其他均为头饰花、髻的女性。额上眉际有类似佛教的"白毫相"。① 这类陶俑主要分布于长江上、中游的四川、湖北、湖南等地。考古界以为这些地区发现的大量汉末三国时期与佛教有关的文物,不但说明此一时期佛教在这些地区流传广泛,而且主张其另有不同于北方佛教的来源,即前文已经叙述的第二条陆路以及海路。

第五节 东汉、三国时期的翻译活动

东汉时期,随着佛教的流布,信徒日渐增多,传播区域不断扩大。佛教信仰的传入是与译经同步的,因为佛教思想系统传播的首要条件就是佛经的翻译。此时,很多西域、印度僧人相继来到中国,如安世高、安玄从安息来,支娄迦谶、支曜从大月氏来,竺佛朔从天竺来,康孟详从康居来。佛教经典的翻译蔚然成风,佛教的传播逐渐扩大和深入。本节拟对东汉以及三国时期佛教经典汉译情况作较为详细的叙述考辨,并且对这一时期逐渐成形的翻译思想略作综合分析。

---

① 参见四川省文物管理委员会《四川忠县涂井蜀汉崖墓》,《文物》1985年第7期。

一、东汉时期的佛典翻译

关于东汉时期从西域、天竺来华的僧人数量,由于资料的散失,已经无法统计,而汉明帝永平年间派遣使者至西域月氏国迎回的沙门,应该是较为可信的到达汉地的首批僧人。

1. 佛教经典翻译的肇始

关于中国佛教翻译经典的肇端,释僧祐在《出三藏记集》卷二《序论》中说:

> 法宝所被远矣。夫神理本寂,感而后通,缘应中夏,始自汉代。昔刘向校书已见佛经,故知成帝之前法典久至矣。逮孝明感梦张骞远使,西于月支写经《四十二章》,韬藏兰台,帝王所印,于是妙像丽于城闉,金刹曜乎京洛,慧教发挥,震照区寓矣。窃寻两汉之季,世构乱离,西京荡覆,坟典皆散,东都播迁,载籍多亡。子政所睹,其文虽没,而显宗所写,厥篇犹存。东流初法,于斯有征。祐检阅三藏,访核遗源,古经现在,莫先于《四十二章》,传译所始,靡踰张骞之使。①

僧祐此文所说的刘向已经看到佛经之说,当代学者怀疑者很多,但此事并非不可能。而将汉明帝遣使求法所敕命的使者写为张骞则系讹传,将流传甚广的《四十二章》作为汉代最早的佛典翻译作品,尽管有一定道理,但不是很准确。如前文所论述,汤用彤已经说过"译经并非始于《四十二章》",而是从西汉末叶的《浮屠经》开始,而方广锠先生则进一步论证了这一观点。因此,现知最早的两部佛典汉译本为《浮图经》和《四十二章经》。关于《浮图经》翻译的考辨,见本章第二节,鉴于《四十二章经》在佛教史上的重要性以及当代学者争议激烈等因素,特在本章下文辟专

---

① 僧祐:《出三藏记集》卷二,《大正藏》第55卷,第5页中。

节论述《四十二章经》的翻译问题。

对东汉时期的佛典翻译,僧祐有一概括:

> 泊章、和以降,经出盖缺,良由梵文虽至,缘运或殊,有译乃传,无译则隐,苟非其人,道不虚行也。迄及桓、灵,经来稍广,安清、朔佛之俦,支谶、严调之属,飞译转梵,万里一契,离文合义,炳焕相接矣。①

依据此说,从汉明帝时期译出《四十二章经》后,汉章帝、汉和帝之后,虽然有印度和西域僧人携带梵文写本来华,但未曾有新的翻译成果。至汉桓帝、灵帝时,印度和西域僧人来华日渐增多,带来的佛经也越来越多,特别是安世高、竺朔佛、支娄迦谶、严佛调等翻译出了大量佛教经典。

早期佛教的弘法主体是西域以及天竺僧人。据现存最早的经录《出三藏记集》记载,从汉桓帝到汉献帝四十余年,共译出佛典54部、74卷,僧祐在卷二集中叙述了6位译者。而《开元释教录》勘定为192部、395卷,译者12人,翻译地点大多在洛阳。此数不包括"失译经",即不知译者的佛经。道安、僧祐已列《失译录》,但未分朝代,隋代费长房《历代三宝纪》开始断代记载失译经。据此,东汉失译佛经125部、148卷,《大唐内典录》所记与此相同,并说明存者只有25卷,其余皆佚。《古今译经图记》记载东汉失译经共123部、148卷。《开元释教录》则载有141部、158卷,存者19部、29卷,其余皆佚。

东汉时期译经有以下四个特点:其一,译经者主要是外来僧,他们或是单译,或是合译,虽也有少量汉地僧人或居士参加,但只是从事辅助工作;其二,外来僧带来什么梵本经或者诵出什么就译什么,而且,大小乘佛教典籍同时被翻译,人们对二者未加区别,把它们都看做是释迦的教说;其三,以译经为主,著述和注释极少;其四,译经事业没有得到政府的直接支持,而是由民间奉佛者资助进行。这些特点,是由佛教尚处于传

---

① 僧祐:《出三藏记集》卷二,《大正藏》第55卷,第6页中。

播的早期阶段所决定的，以后随着佛教在社会上广泛深入传播，才发生一些新的变化。

东汉时期的译师以安世高、支娄迦谶为代表，除此之外，还有支曜、严佛调、安玄、康孟详、康巨、昙果、竺大力等。

2. 安世高的佛典翻译

安世高，本名为清，字世高。康僧会在《安般守意经序》中这样描绘安清："有菩萨名安清，字世高，安息王嫡后之子，让国与叔，驰避本土。翔而后进，遂处京师。其为人也，博学多识，贯综神摸，七正盈缩，风气吉凶，山崩地动，针脉诸术，睹色知病，鸟兽鸣啼，无音不照。"①可见，安世高是西域安息国的王太子，因为这一王族地位，所以西域来华的人都称他为"安侯"，他所译《十二因缘经》被称为《安侯口解》。安世高小时候就因为孝行而著名，而且非常聪慧好学，知识面很宽广，上至天文，下至地理，甚至鸟兽之声，都无所不通。可以说，安世高是个神异之人，在西域地区，也早就传扬着"俊异"的名声。

《出三藏记集》卷一三《安世高传》记载说："世高虽在居家，而奉戒精峻，讲集法施，与时相续。后王薨，将嗣国位，乃深惟苦空，厌离名器，行服既毕，遂让国与叔，出家修道。"②安世高一直有放弃继承王位出家为僧的想法。父王死后，安世高继承王位，但一年之后，就把王位让给了叔叔，出家为僧。究其原因，除了因父王去世而感悟到人生无常和空幻之外，可能还有政治方面的因素，康僧会说他是"驰避本土"，也许暗示的正是此事。

安世高出家之后，"博综经藏，尤精阿毗昙学；讽持禅经，略尽其妙"③。可见，安世高所学为毗昙学和禅定。

关于安世高到达汉地的时间，《出三藏记集·安世高传》说："既而遊

---

① 僧祐：《出三藏记集》卷六，《大正藏》第55卷，第43页中。
②③ 僧祐：《出三藏记集》卷一三，《大正藏》第55卷，第95页上。

方弘化,遍历诸国。以汉桓帝之初,始到中夏。"安世高学成后,曾遍游西域诸国,弘传佛法,后来又来到中国。安世高来华的时间,大致在汉桓帝(147—167年在位)继位不久。汉桓帝的第一个年号是"建和"(147—149),安世高是在这一时期到达中土洛阳。梁慧皎《高僧传》卷一《安世高传》引东晋释道安《经录》说:"安世高以汉桓帝建和二年至灵帝建宁中,二十余年,译出三十余部经。"①可见,道安所见资料证实,安世高是于汉桓帝建和二年(148)来到中土的。来华不久,安世高就掌握了汉语。《出三藏记集·安世高传》说:"世高才悟几敏,一闻能达,至止未久,即通习华语,于是宣释众经,改胡为汉。"②这时候,佛教在中国已有一些影响,不论在王室还是在社会上都有了不少信奉者,安世高根据信徒的需求和自己的学问所长,译出了早期的一批汉译佛经。道安《经录》记载,安世高翻译时间的下限是建宁年间(168—172)。在洛阳的译经活动结束后,为了躲避祸乱,安世高离开洛阳,到南方各地游历。

由于安世高通达异术,所以每到一地,就会流传出他的种种神奇故事。在江西境内,安世高曾预言要超度一位过去的同学,后在一庙中遇到一条蟒蛇,这蟒蛇原来是安世高的同学,同在西域学法,只因生性好瞋怒,所以遭报应,转为蛇身。安世高将它超度,脱蛇身,化为少年。这一传说体现出因果报应的思想及学佛者所应去除的障碍。在广州,据说安世高被一少年所杀,又死而复生。由此可知安世高的活动范围最远已达广州。后来又北上,在浙江会稽的街市上被斗殴者误伤身亡。安世高两次遭祸,也可能与他表现异术而引起骚乱有关。至于他确切的具体事迹,已难以详考,他在华活动的时间,大约为三十多年。

慧皎在《安世高传》末尾说:"余访寻众录,纪载高公,互有出没,将以权迹隐显,应废多端。或由传者纰缪,致成乖角,辄备列众异,庶或可

---

① 慧皎:《高僧传》卷一,《大正藏》第50卷,第324页上。
② 僧祐:《出三藏记集》卷一三,《大正藏》第55卷,第95页上。

论。"① 可见，截至梁代，有关安世高的几种传记资料已经有重大差异。慧皎在《高僧传·安世高传》中罗列了几种异说：其一，《别传》说："晋太康末，有安侯道人，来至桑垣，出经竟，封一函于寺，云：'后四年可开之。'吴末行至扬州，使人货一箱物以买一奴，名福善，云'是我善知识。'仍将奴适豫章，度邪亭庙神，为立寺竟。福善以刀刺安侯胁，于是而终。桑垣人乃发其所封函，财理自成字云：'尊吾道者，居士陈慧。传禅经者，比丘僧会。'是日正四年也。"其二，庚仲雍《荆州记》说："晋初有沙门安世高，度邪亭庙神，得财物，立白马寺于荆城东南隅。"其三，宋临川康王《宣验记》说："蟒死于吴末。"其四，昙宗《塔寺记》说："丹阳瓦官寺，晋哀帝时沙门慧力所立。后有沙门安世高，以邪亭庙余物治之。"这四种文献所说的，在时代有许多明显错误，不足凭信，慧皎业已指出："然道安法师，既校阅群经，诠录传译，必不应谬。从汉桓建和二年，至晋太康末，凡经一百四十余年，若高公长寿，或能如此，而事不应然，何者？"② 慧皎并引用康僧会《注安般守意经序》的说法，证实安世高在汉末已经圆寂。

关于安世高翻译出的经典数量，各种文献所说不一。

慧皎《高僧传》卷一《安世高传》说："其先后所出经论，凡三十九部。义理明析，文字允正，辩而不华，质而不野。凡在读者，皆亹亹而不勌焉。"③ 僧祐《出三藏记集》卷二记载说："右三十四部，凡四十卷，汉桓帝时，安息国沙门安世高所译出。其《四谛》、《口解》、《十四意》、《九十八结》，安公云'似世高撰也'。"④ 经过查考，僧祐此文前共罗列35部经论共计41卷，其中包括《四谛》、《口解》、《十四意》、《九十八结》四部在内。

隋代费长房《历代三宝纪》卷四著录了176部，合197卷。对此，费长房解释说：

---

①② 慧皎：《高僧传》卷一，《大正藏》第50卷，第324页上。
③ 同上书，第323页中。
④ 僧祐：《出三藏记集》卷二，《大正藏》第55卷，第6页中。

释道安《录》、僧祐《出三藏记集》、慧皎《高僧传》等,止云世高翻三十九部……房广询求究,检众录纪述世高,互有出没,将知权迹,隐显多途。或由传者,颇致乖舛,量传所载三十九部,或但路出,自炖煌来届止京邑。灵帝之末,关中扰攘,便渡江南,达人见机,在所便译,得知他处,缺而未传。又其《传》末果云,而古旧录所载之者,此并世高删正前译,不必全翻。今总群篇,备搜杂记,有题注者,多是河西、江南道路随逐因缘,从大部出。录目分散,未足致疑。彼见故存,此宁不缵,敢依集编缉而维之。冀广法流,知本源注,欲识其迹,具诸传详。①

尽管今人很怀疑费长房所记载的真实性,但费长房所记内容显然来源于自己搜集的各类"杂记",也不能简单地斥责费长房无根据编造。

唐代智升在《开元释教录》卷一中载录安世高的译籍 95 部、115 卷,其中当时存在的 54 部、59 卷,41 部、56 卷缺本。对此,智升说:"其释道安《录》、僧祐《出三藏记》、慧皎《高僧传》等止云高译三十九部,费长房《录》便载一百七十六部。今以房《录》所载多是别生,从大部出,未可以为翻译正数。今随次删之,如后所述。"②中土早先没有编辑经录的习惯,且初始流通也不大注意题注译者,即便是道安的记载,有些也是自己依照译作的风格和内容自己辨别判断的。因此,依据目前的资料,欲探究出安世高真实的翻译数量已经不可能。面对如此纷繁的记载,当代学者吕澂在《安世高》一文中认为,安世高的译籍"历经散佚,现存 22 部 26 卷"③。

在此,谨依据《出三藏记集》(依据道安《经录》)的记载以及吕澂在《新编汉文大藏经目录》中的著录将安世高的译籍作些说明。

吕澂先生考辨确定且现存的安世高译籍:

---

① 费长房:《历代三宝纪》卷四,《大正藏》第 49 卷,第 52 页下。
② 智升:《开元释教录》卷一,《大正藏》第 55 卷,第 481 页下。
③ 吕澂:《中国佛学源流略讲》,第 283 页,北京:中华书局,1979。

1.《大安般守意经》一卷。

2.《阴持入经》一卷。

3.《大地道经》二卷,安公说《大地道经》者,《修行经》抄也,外国所抄。

4.《人本欲生经》一卷,吕澂勘出《中阿含》卷二四《大因经》。

5.《阿毗昙五法经》一卷,旧录云《阿毗昙五法行经》。

6.《十报经》二卷,旧录云《长阿含十报法》。

7.《普法义经》一卷,也曾称《具法行经》。

8.《漏分布经》一卷,《开元释教录》勘出《中阿含》卷二七,吕澂勘同《达梵行经》。

9.《四谛经》一卷,《开元释教录》勘出《中阿含》卷七,吕澂具体指为《分别圣谛经》。

10.《九横经》一卷。

11.《八正道经》一卷,《杂阿含经》卷二八。

12.《五十校计经》二卷,或云《明度五十校计经》。

13.《五阴喻经》一卷,旧录云《五阴譬喻经》,《开元释教录》勘出《杂阿含经》卷一〇。

14.《转法轮经》一卷,也称《法轮转经》。

15.《流摄经》一卷,旧录称《一切流经》,也称《一切流摄守经》、《一切摄流摄守经》,《开元录》勘出《中阿含》卷二,吕澂勘同《漏尽经》。

16.《是法非法经》一卷,勘出《中阿含》卷二一,今勘同《真人经》

17.《法受尘经》一卷。

18.《本相猗致经》一卷,《开元释教录》勘出《中阿含》卷一〇,吕澂勘同《本际经》。

19.《禅行法想经》一卷。

20.《杂经四十四篇》二卷,经对勘为《增一阿含经》的异译。

21.《七处三观经》一卷,《开元释教录》勘出《杂阿含》卷二。

22.《积骨经》一卷,《开元释教录》勘出《杂阿含》卷三四。

吕澂先生考知的上述 22 种、26 卷安世高译籍,有三个特点:其一,都是出自于僧祐所引录的道安《经录》,也就是说不承认目前在各类藏经仍然保存的署名为安世高的其他译籍。而各类藏经的署名大多数依据的是长房《录》和智升《开元录》。其二,关于《大安般守意经》,道安《经录》分别列有《安般守意经》和《大安般经》各一卷,而现存的《安般守意经》为二卷本。对此,《开元释教录》卷一解释说:"《大安般守意经》二卷,或一卷。或无'守意'字,或直云'安般'。安公云'《小安般》,兼注解'。祐《录》别载《大安般》一卷,房《录》更载《安般》一卷,并重也。见士行、僧祐、李廓三录。"①这一段文字,吕澂解释为《小安般经》是现存本《大安般守意经》除去注解所余的部分。其三,关于《杂经四十四篇》二卷,《出三藏记集》说:"安公云出《增一阿鋡》。既不标名,未详何经。今缺。"②然现存的《七处三观经》二卷中包含的四十七经中列有《佛说九横》、《佛说积骨经》、《佛说七处三观经》三个经名;而其他四十四经,没有经名。经过学者研究,现存的《七处三观经》二卷实际上是将安世高所译的《杂经四十四篇》二卷和《佛说九横经》、《佛说积骨经》、《佛说七处三观经》混杂一起。因此,吕澂在计算安世高现存译籍时将这四种单列,而僧祐在安世高译籍目录中未列入《积骨经》。

如上文所述,吕澂所考证的现存的安世高译籍实际上相当于僧祐所列 35 种的 22 部。僧祐在《出三藏记集》中记载,当时缺《七法经》一卷、《义决律》一卷、《杂经四十四篇》二卷、《十四意经》一卷、《阿毗昙九十八结经》一卷、《难提迦罗越经》一卷等六种,《杂经四十四篇》二卷的存世情况如上文所述。如此则知,于僧祐时期,道安所确定的安世高译籍缺五种五卷。后来散佚者有《百六十品经》一卷(《旧录》称《增一阿含百六十

---

① 智升:《开元释教录》卷一,《大正藏》第 55 卷,第 480 页中。
② 僧祐:《出三藏记集》卷二,《大正藏》第 55 卷,第 6 页上。

章》)、《大十二门经》一卷、《小十二门经》一卷、《道意发行经》二卷、《五法经》一卷、《思惟经》一卷(《思惟略要法》)、《十二因缘经》一卷等七种。

应该特别指出的是，发现于日本金刚寺的写本《安般守意经》，很可能含有已经失传的中国僧人道安所撰的《小十二门禅经注解》。此写本内题作"安般序"，尾题作《十二门禅经》。经过日本学者研究①，此写本第三部分的《佛说十二门经》正是已亡佚的安世高译《十二门经》。然究竟是《大十二门经》还是《小十二门经》，目前无法判定。

此外，《阿含口解》一卷的特殊性在这里也应予特别说明。僧祐在《出三藏记集》中说："《阿含口解》一卷，或云《阿含口解十二因缘经》，或云《断十二因缘》，旧经录云《安侯口解》，凡有四名，同一本。"②而此本现存。根据记载，安世高的翻译，有时用口述解释，由他人执笔成书，《阿含口解》便是这一类，亦称为《安侯口解》。不过，费长房《历代三宝纪》卷四在罗列了僧祐的上述说法后又说："祐云'世高译'，今检群录乃是安玄译。"③现存的《阿含口解十二因缘经》确实标注的是后汉安息优婆塞都尉安玄共沙门严佛调译。后文将论述，这是费长房误解误置的结果，此经应该是安世高的译籍。

关于安世高的翻译，时人严浮调说："有菩萨者，出自安息，字世高，韬弘稽古，靡经不综，愍俗童蒙，示以桥梁。于是汉邦敷宣佛法，凡厥所出，数百万言，或以口解，或以文传。"④可见，他的翻译不但数量很多，而且影响巨大。安世高的汉译佛典，可算是一种创作，内容和形式都有特色。就内容说，他很纯粹地译述出他所专精的一切。譬如，译籍的范围始终不出声闻乘，而又有目的地从大部《阿含经》中选择一些经典，且都是和止观法门有联系。至于译文形式，因为安世高通晓华语，能将原本

---

① 参见方广锠《写本一切经的资料价值》，《世界宗教研究》2000 年第 2 期。
② 僧祐：《出三藏记集》卷二，《大正藏》第 55 卷，第 6 页上。
③ 费长房：《历代三宝纪》卷四，《大正藏》第 49 卷，第 53 页中。
④ 僧祐：《出三藏记集》卷一〇，《大正藏》第 55 卷，第 69 页下。

意义比较正确地传达出来,所以僧祐称赞说,安世高的翻译,"义理明析,文字允正,辩而不华,质而不野。凡在读者,皆亹亹而不倦焉"①。这是说,他的翻译说理明白,措辞恰当,不铺张,不粗俗,恰到好处。尽管如此,与后来更趋成熟的佛典汉译比较,安世高的翻译,偏于直译。有些地方顺从原本结构,不免重复、颠倒,他所创造的术语也有些意义不够清楚(如"受"译为"痛","正命"译为"直业治"等)。综合言之,《出三藏记集·安世高传》中的评语是恰切的:"天竺国自称,书为天书,语为天语。音训诡蹇,与汉殊异。先后传译,多致谬滥。唯世高出经,为群译之首。安公以为,若及面禀,不异见圣。列代明德,咸赞而思焉。"②

关于安世高译籍内容方面的分析介绍,在本章第六节有专门叙述。

3. 支娄迦谶及竺朔佛的佛典翻译

支娄迦谶,简称为支谶,大月氏人。梁僧祐《出三藏记集》卷一《支谶传》和梁慧皎《高僧传》卷一《支娄迦谶传》对其生平有简略记载。

僧祐《出三藏记集》卷一《支谶传》记载:"支谶,本月支国人也。操行淳深,性度开敏,禀持法戒,以精勤著称。讽诵群经,志存宣法。"③支娄迦谶在出家之后,禀持法戒,严净毗尼,操守坚正,神观迈爽,精进不懈地讽诵群经,一心一意地钻研佛理。

关于支谶来汉地的时间,隋代费长房《历代三宝纪》卷二说:于汉桓帝刘志建和元年(147)支娄迦谶译出《阿閦佛经》二卷。④《出三藏记集·支谶传》记载说:"汉桓帝末,游于洛阳。以灵帝光和、中平之间,传译胡文,出《般若道行品》、《首楞严》、《般舟三昧》等三经。又有《阿阇世王》、《宝积》等十部经。"⑤而《高僧传》则简化为"汉灵帝时,游于洛阳。以光

---

① 僧祐:《出三藏记集》卷一三,《大正藏》第55卷,第95页上。
②③⑤ 同上书,第95页下。
④ 费长房:《历代三宝纪》卷二,《大正藏》第49卷,第33页上。费长房特意注明其依据是朱士行《汉录》,而朱士行《汉录》被近代许多学者当作伪书。本著以为这一结论尚有进一步斟酌的余地。

和、中平之间传译梵文"①。这两篇传记极其相似,而以《出三藏记集》为最早,因而可能是同一来源。而《高僧传》在记述与支娄迦谶合作翻译过佛典的竺佛朔时也将其记入灵帝时期,而僧祐则将其记入桓帝时期。从上述三种文献看,可以肯定支娄迦谶是在汉桓帝时期来到洛阳的,至于是在建和元年还是桓帝末年(167—168),从目前的资料看,应该不是于建和元年开始翻译的,因为一般史料中都说,安世高来华并进行翻译要早于支娄迦谶,而费长房也沿袭了僧祐的说法以建和二年为安世高来洛阳的时间。

支娄迦谶于汉桓帝时到达汉地,后于京都洛阳开始翻译佛教经典。梁僧祐《出三藏记集》卷二说他译出"十四部,凡二十七卷"②。梁慧皎《高僧传·支娄迦谶传》说他于"光和、中平之间,传译梵文,出《般若道行》、《般舟》、《首楞严》等三经,又有《阿阇世王》、《宝积》等十余部经"③。隋费长房《历代三宝纪》卷四著录:"右二十一部,合六十三卷,月支国沙门支娄迦谶,亦直云支谶,桓灵帝世建和岁至中平年,于洛阳译,河南清信士孟福、张莲等笔受。"④唐智升《开元释教录》卷一记载,支娄迦谶于洛阳译出经论"二十三部六十七卷"⑤。由于上述四种典籍所记译经年代不一,作者所见资料不同,遂使支谶译出的经数也不一致。

《出三藏记集》卷二所列的 14 种如下:

1.《般若道行品经》或称《摩诃般若波罗经》十卷或八卷,光和二年(179)十月八日出。

2.《般舟般三昧经》或称《大般舟三昧经》二卷或一卷,光和二年十月八日出。

3.《伅真陀罗经》或称《屯真陀罗王经》二卷。

---

① ③ 慧皎:《高僧传》卷一,《大正藏》第 50 卷,第 324 页中。
② 僧祐:《出三藏记集》卷二,《大正藏》第 55 卷,第 6 页中。
④ 费长房:《历代三宝纪》卷四,《大正藏》第 49 卷,第 53 页上。
⑤ 智升:《开元释教录》卷一,《大正藏》第 55 卷,第 479 页上。

4.《方等部古品曰遗日说般若经》一卷。

5.《阿阇世王经》二卷。

6.《宝积经》或称《摩尼宝》一卷,光和二年出。《旧录》云《摩尼宝经》二卷。

7.《问署经》或称《文殊问菩萨署经》一卷。

8.《兜沙经》一卷。

9.《阿閦佛国经》或称《阿閦佛刹诸菩萨学成品经》、《阿閦佛经》一卷。

10.《内藏百品经》、《内藏百宝经》一卷。

11.《首楞严经》二卷,中平二年(185)十二月八日出,今缺。

12.《光明三昧经》一卷,今缺。

13.《胡般泥洹经》一卷,今缺。

14.《孛本经》二卷,今缺。

上述14种,前10种现存,后4种散失。从僧祐的附注可知,他所著录的14种并非完全来源于道安经录,而且僧祐也指出:"其《古品》以下至《内藏百品》凡九经,安公云'似支谶出也'。"① 可见这9部经,道安也是根据翻译文体等因素自己判断的。

关于《光明三昧经》一卷,僧祐《出三藏记集》是根据《别录》增加的,而吕澂先生则说:"这是支曜译本的误记。"② 此外,还有支敏度《合首楞严记》里提到而为道安所未见的还有《閦真陀罗所问宝如来三昧经》一卷。

《历代三宝纪》卷四根据其他经录著录的支娄迦谶译籍如下:

1.《大集经》二十七卷。

2.《无量清净经》或称《无量清净平等觉经》二卷。

3.《阿阇世王问五逆经》或称《阿阇世王经》一卷。

4.《大方便报恩经》一卷。

---

① 僧祐:《出三藏记集》卷二,《大正藏》第55卷,第6页中。
② 吕澂:《中国佛学源流略讲》,第288页。

5.《禅经》一卷。

6.《杂譬喻经》一卷。

7.《阿育王太子坏目因缘经》一卷。

《开元释教录》卷一在全部吸收《历代三宝纪》的经目后,又根据法上《录》补充了《象腋经》一卷、《诸法勇王经》一卷,共成23部、67卷。

关于支娄迦谶的译风,古代评价很高。《出三藏记集》卷一三《支谶传》说:"凡此诸经,皆审得本旨,了不加饰,可谓善宣法要,弘道之士也。"①支谶的译文风格,也是注重直译,尚质,意义玄深,却多有难解之处,支愍度评为"类多深玄,贵尚实中,不存文饰"②。大乘般若学是中国佛教最早的研究热点,而中国佛教的发展,一直坚持大乘方向。从这样的角度来看支谶的译籍,其意义自然就非同一般了。从上述现存所译经典来看,支谶的译籍与安世高的译籍截然相反,大多是大乘经典。其中,《道行般若》是大部《般若》的骨干,《阿閦佛国经》、《无量清净平等觉经》、《遗日摩尼宝经》和《般舟三昧经》等是构成大部《宝积》的基础部分,《兜沙经》是大部《华严》的序品。这三部经典反映了印度大乘经典从一开始就向"境"、"行"、"果"各方面平行发展的轨迹。其次,《阿阇世王经》、《文殊师利问署经》、《内藏百宝经》、《伅真陀罗所问如来三昧经》和其译出已佚的《首楞严三昧经》,都是关于文殊菩萨的重要经典。可见,支娄迦谶确实是汉地最早传译大乘经典的一代译师,也是汉地最先传译大乘般若性空思想的著名高僧,还是汉地传译文殊般若信仰的先驱。

现存的史籍记载支娄迦谶翻译佛典的下限是中平年(184—189),此后的情况,僧传说"不知所终"。在洛阳大乱之后,他大概离开京城,其后的去向不明。

---

① 僧祐:《出三藏记集》卷一三,《大正藏》第55卷,第95页下—96页上。
② 僧祐:《出三藏记集》卷七,《大正藏》第55卷,第49页上。

支娄迦谶翻译活动中有一位合作者竺朔佛。

竺朔佛,又称为竺佛朔,天竺人,生卒年不详。《出三藏记集》和《高僧传》都是在《支娄迦谶传》中简单叙述了他的事迹。《出三藏记集》卷一三《支谶传》说:"沙门竺朔佛者,天竺人也。汉桓帝时,亦赍《道行经》来适洛阳,即转胡为汉。译人时滞,虽有失旨,然弃文存质,深得经意。"①《高僧传》卷一《支娄迦谶传》与此大同,不过将时间写成"亦以汉灵之时,赍《道行经》,来适雒阳"②。慧皎将支娄迦谶与竺朔佛到达洛阳的时间都写成汉灵帝,可能出于笔误,或者是后世传抄错误。

关于《道行般若经》的翻译,有几种文献可资对照。

《出三藏记集》卷二记载:"《道行经》一卷,安公云:'《道行品经》者,《般若抄》也,外国高明者所撰。'安公为之序注。右一部,凡一卷。汉桓帝时,天竺沙门竺朔佛赍胡本至中夏。到灵帝时,于洛阳译出。"③依据此中所说,竺朔佛曾经翻译出一卷本的《道行品经》。而《出三藏记集》卷七有未详作者的《道行经后记》:

> 光和二年十月八日,河南洛阳孟元士,口授天竺菩萨竺朔佛。时,传言译者,月支菩萨支谶。时,侍者南阳张少安、南海子碧,劝助者孙和、周提立。正光二年九月十五日,洛阳城西菩萨寺中沙门佛大写之。④

一般以为,此中所说是指八卷或十卷本的《道行般若经》的翻译过程。《出三藏记集》卷七《道行经序》记载:"外国高士抄九十章为《道行品》,桓、灵之世,朔佛赍诣京师,译为汉文。因本顺旨,转音如己,敬顺圣言,了不加饰也。然经既抄撮,合成章指,音殊俗异,译人口传,自非三达,胡能一一得本缘故乎?由是《道行》,颇有首尾隐者,古贤论之,往往有滞。

---

① 僧祐:《出三藏记集》卷一三,《大正藏》第55卷,第96页上。
② 慧皎:《高僧传》卷一,《大正藏》第50卷,第324页中。
③ 僧祐:《出三藏记集》卷二,《大正藏》第55卷,第5页下。
④ 僧祐:《出三藏记集》卷七,《大正藏》第55卷,第47页下。

仕行耻此,寻求其本。到于阗乃得,送诣仓垣,出为《放光品》。"①这就是说,《道行品》是《大般若经》的抄本,现存的署名支娄迦谶的译本共30品。

关于道安批注《道行般若经》的情况,《出三藏记集》卷五:"《道行品》者,《般若》抄也。佛去世后,外国高明者撰也。辞句质复,首尾互隐,为《集异注》一卷。"②这是说,道安为《道行品》作《集异注》一卷。现在的问题是,僧祐是否看到过道安的这本批注。汤用彤说:"《祐录》于安公之《十二门经注》等,均有注云'今有'。《道行注》下未言'今有',故知梁时此书已佚失。"③汤先生此说是正确的。但从《出三藏记集》的著录看,至僧祐时,《道行经》一卷本应该还是存在的。根据是,僧祐在《出三藏记集》卷二著录汉代翻译的佛典时,对于当时已经缺失者都一一注出,而在竺朔佛项下未有缺失此经的字样。隋代经录明确标示为缺本。

通过对上述史料的罗列可以大致得出如下结论:从现有史料看,不能轻易否定当时有一卷本《道行般若经》和十卷本《道行般若经》同时流通的事实。《出三藏记集》卷二又记载:"支谶出《般若道行品经》十卷,出《古品遗日说般若》一卷,竺朔出《道行经》一卷。《道行》者,《般若》抄也。"④尽管此书卷二仅仅著录竺朔佛翻译一卷本《道行般若经》,但上引《道行经后记》说明,十卷本也是支娄迦谶和竺朔佛合作翻译出来的。时间大致是东汉光和二年(179)十月八日。

而同书卷七收有"未详作者"的《般舟三昧经记》说:

《般舟三昧经》,光和二年十月八日,天竺菩萨竺朔佛于洛阳出,菩萨法护。时传言者,月支菩萨支谶授与河南洛阳孟福,字符士。随侍菩萨,张莲,字少安笔受。令后普著在。建安十三年,于佛寺中

---

① 僧祐:《出三藏记集》卷七,《大正藏》第55卷,第47页中。
② 僧祐:《出三藏记集》卷五,《大正藏》第55卷,第35页下。
③ 汤用彤:《汉魏两晋南北朝佛教史》,第48页。
④ 僧祐:《出三藏记集》卷二,《大正藏》第55卷,第14页上。

挍定悉具足。后有写者,皆得南无佛。又言,建安三年岁在戊子八月八日于许昌寺挍定。①

在《出三藏记集》卷一三《支谶传》中,僧祐明确记载了"朔又以灵帝光和二年于洛阳译出《般舟三昧经》,时谶为传言,河南洛阳孟福、张莲笔受"②。

综合言之,支娄迦谶和竺朔佛确实曾经在一起翻译佛典,现存的史料说明,《道行般若经》十卷本和《般舟三昧经》就是合作的产物,而经录所记载的光和二年(179)十月八日只是开始翻译的时间或者定稿的时间。至于《道行经后记》所说的"正光二年九月十五日,洛阳城西菩萨寺中沙门佛大写之"③一句,只能理解为正光二年(521)九月十五日菩萨寺沙门佛大抄写了一本流通。而《般舟三昧经记》所说的"建安十三年,于佛寺中挍定悉具足。后有写者,皆得南无佛。又言,建安三年岁在戊子八月八日于许昌寺挍定",很耐人寻味。首先,戊子为建安十三年(208),因此,上述文字有脱漏。其次,此文中明确说"挍定悉具足"并且说"后有写者,皆得南无佛",意思说此本为定本。可见,写此文者应该是对此译本有所改定。但僧祐已不知其作者,所以,无从知晓其究竟了。

4. 其他译师的佛典翻译

与安世高、支娄迦谶、竺朔佛同时或者略后,安玄、严佛调、支曜、康孟详、康巨、昙果、竺大力等七位译师也积极从事佛教经典的传译工作。

安玄和安世高一样,也是安息人。据《出三藏记集》卷一三《安玄传》记载,安玄"志性贞白,深沉有理致。为优婆塞,秉持法戒,毫厘弗亏,博诵群经,多所通习。汉灵帝末,游贾洛阳有功,号骑都尉。性虚静温恭,常以法事为己务。渐练汉言,志宣经典,常与沙门讲论道义,世所谓都尉言也。玄与沙门严佛调,共出《法镜经》"④。由此可见,安玄是个居士,生卒年代不详。东汉灵帝末年,安玄由于经商来到洛阳。因为有功,安

---

① ④ 僧祐:《出三藏记集》卷七,《大正藏》第55卷,第48页下。
② 僧祐:《出三藏记集》卷一三,《大正藏》第55卷,第96页上。
③ 僧祐:《出三藏记集》卷七,《大正藏》第55卷,第47页下。

玄被汉朝廷赐号"骑都尉"。安玄是虔诚的佛教徒,博诵群经,以弘法为业。他严守佛教戒律,丝毫不犯,逐渐学会汉话,立志弘扬佛教经典,常与沙门讲论道义,后来则与严佛调合作翻译佛典。

关于安玄与严佛调合作翻译佛典之事,《出三藏记集·安玄传》未明确记载时间。而慧皎《高僧传》卷九《竺佛调传》特别强调:"案释道安《经录》云:'汉灵帝光和中,有沙门严佛调共安玄都尉译出《法镜经》及《十慧》等。'语在《译经传》。"①慧皎这一引文是略早于僧祐撰著的《出三藏记集》所没有的。而慧皎特别指出,自己根据的是道安《经录》的相关记载,可见,慧皎是看到过道安《经录》的。这也说明,僧祐并非完全抄录道安《经录》的相关内容。慧皎引用的释道安记载,汉灵帝光和(178—184)年中,严佛调共安玄译出《法镜经》等,而费长房《历代三宝纪》卷二则列出光和四年(181)的细节,唐道宣《大唐内典录》卷一则记载:"右二部三卷,是安息国优婆塞都尉安玄,于后汉灵帝光和四年游贾雒阳,因遇经至,又逢佛调,即共翻译,佛调笔受。"②如此则成智升最完整的表述:

> 优婆塞安玄,安息国人也。志性贞白,深闲理致,秉持法戒,毫厘弗亏,博诵群经,多所通习。汉灵帝时,游贾雒阳,有功号骑都尉。性虚静温恭,常以法事为己务。渐练汉言,志宣经典,常与沙门讲论道义,世所谓都尉者也。玄以光和四年辛酉,与沙门严佛调共出《法镜》等经。玄口译梵文,佛调笔受,理得音正,尽经微旨,郢匠之美,见述后代。③

如果说道宣的表述还不算严密的话,智升则明确地说,安玄在来中土一段时间之后于光和四年(181)与严佛调一起翻译出《法镜经》二卷。

关于《法镜经》的翻译,康僧会《法镜经序》有文说:"骑都尉安玄、临

---

① 慧皎:《高僧传》卷九,《大正藏》第50卷,第388页上。
② 道宣:《大唐内典录》卷一,《大正藏》第55卷,第224页中。
③ 智升:《开元释教录》卷一,《大正藏》第50卷,第482页中—下。

淮严浮调,斯二贤者,年在束龀,弘志圣业,钩深致远,穷神达幽,愍世蒙惑,不睹大雅,竭思译传,斯经景摸,都尉口陈,严调笔受。言既稽古,义又微妙。"①此文形成很早,可信度很高。

关于安玄与严佛调翻译佛典之事,现存记载的复杂之处在于,记入二人合译名下的经典只有两部,而单独记入严佛调名下的经典却有数部。据《开元释教录》卷一所述,严佛调于后汉灵帝光和四年(181)与安息国优婆塞都尉安玄共译《法镜经》二卷、《阿含口解十二因缘经》一卷,严佛调任笔受。而《开元释教录》卷一又记载说:"调以灵帝中平五年戊辰,于洛阳译《濡首菩萨》等经五部。"对于这五部经典,智升说:"右五部八卷,前四部七卷本缺,后一部一卷见在。"②可见,佛调翻译的《菩萨内习六波罗蜜经》一卷,至智升时期尚存,且署名为佛调。中平五年为188年,距离佛调协助安玄翻译《法镜经》已经七年,佛调是否是单独译经呢?如前文已经论述,严佛调身份有二说,一说是中土最早的沙门,一说是居士。但不管如何,他的本土出身似乎决定了他基本不具备单独翻译佛典的条件。从这个角度考虑,笔者以为应该将经录单独置于严佛调名下的译籍重新看作二人的合译作品。

根据《历代三宝纪》的记载,安玄和严佛调翻译的佛典如下:

1.《法镜经》二卷,汉光和四年(181)译出,现存。

2.《古维摩诘经》二卷。

3.《濡首菩萨无上清净分卫经》二卷,一名《决了诸法如幻三昧经》,或一卷。汉灵帝中平五年(188)译出。

4.《慧上菩萨问大善权经》二卷,或《慧上问大善权经》一卷。

5.《思意经》一卷,或称《益意经》。

6.《内六波罗蜜经》一卷,现存。

---

① 僧祐:《出三藏记集》卷六,《大正藏》第55卷,第46页下。
② 智升:《开元释教录》卷一,《大正藏》第55卷,第483页上。

7.《迦叶诘阿难经》一卷。

在上述经典之外,费长房还著录了安玄、严佛调翻译出《阿含口解》一卷。《历代三宝纪》卷四说:安玄被称之为"安侯骑都尉",僧祐称"安侯"是指安世高,"此是姓同相滥涉耳。高乃国王之太子,也应嗣故让。玄职号为侯,直据经题,居然可验。以不细寻致合论耳"①。费长房指出,"安侯"是指安玄,原因是安世高在安息时是王太子并且有继承王位的机会,并不是"侯"。而安玄至汉地,被汉朝廷任命为"骑都尉",因此,安玄可称为"安侯",而安世高应该不会有如此称呼。费长房并说,他依据此"号"去查检经题,居然得到验证。费长房所说的"居然可验"恐怕指的就是这部《阿含口解》。道宣在《大唐内典录》中并存两说,以为有两译。智升指出了道宣的错误而沿袭了费长房的说法。笔者以为,费长房此说似乎证据不足。现存此经署名很有可能是受长房《录》和《开元录》影响的结果。而宋版《大藏经》仍然署名安世高翻译。

此外,费长房列入严佛调译籍的《十慧经》一卷实际上属于严佛调的自著。僧祐已经指出"《十慧》是佛调所撰"②。——此已见前文。

支曜,东汉时期的译经僧,大月氏人,生卒年不详。《高僧传》卷一《支娄迦谶传》记载说:"又有沙门支曜、康巨、康孟详等,并以汉灵、献之间,有慧学之誉,驰于京雒。曜译《成具定意》、《小本起》等。"③对于支曜来洛阳的时间,慧皎是将三人一起叙述的,因此说是汉灵帝和献帝之间,时间跨度很大。而隋费长房则说:"西域沙门支曜,灵帝世中平年,于雒阳译其七部。是《吴录》所载。"④汉灵帝中平年为184—189年,支曜于此期间在洛阳翻译佛典。而智升《开元释教录》则直接说:"沙门支曜,西域人。博达群典,妙解幽微。以灵帝中平二年乙丑,于洛阳译《成具光明》

---

①④ 费长房:《历代三宝纪》卷四,《大正藏》第49卷,第53页下、54页上。
② 僧祐:《出三藏记集》卷二,《大正藏》第55卷,第6页下。
③ 慧皎:《高僧传》卷一,《大正藏》第50卷,第324页下。

等经十部。"①参照一般经录惯例来推测文意,中平二年(185)很可能是指支曜开始翻译佛典的时间,因此,支曜应该是在此年之前到达洛阳的。

关于支曜翻译出的佛典总数,《出三藏记集》卷二记载:"《成具光明经》一卷,或云《成具光明三昧经》,或云《成具光明定意经》。右一部,凡一卷。汉灵帝时,支曜译出。"②而在卷四记载:"《小本起经》二卷,《旧录》所载。"③略后于僧祐的慧皎则在《高僧传·支娄迦谶传》中说:"曜译《成具定意》、《小本起》等。"④可见,支曜所译佛典不止一部。

隋费长房在《历代三宝纪》卷四中著录支曜译籍11部、12卷:

1.《小本起经》二卷,或称《修行本起经》,或称《宿行经》,现存。

2.《成具光明经》一卷,或称《成具光明三昧经》,或称《成具光明定意经》,现存。

3.《马有八态经》一卷,一名《马有八态譬人经》,一名《马有八弊恶态经》,出《杂阿含经》第三十四卷,现存。

4.《小道地经》一卷,现存。

5.《马有三相经》一卷,出《杂阿含经》经第三十三卷,现存。

6.《阿那律八念经》一卷,或称《八念经》,出《中阿含经》第十八卷,现存。

7.《赖咤和罗经》一卷,出《中阿含经》第三十一卷。后来又有支谦译本,现存。

8.《闻城十二因缘经》一卷。后来又有支谦译本,现存。

9.《堕落优婆塞经》一卷。

10.《摩诃摩耶经》一卷,或二卷,或称《摩耶经》。萧齐沙门释昙景后重译,现存。

---

① 智升:《开元释教录》卷一,《大正藏》第55卷,第482页下。
② 僧祐:《出三藏记集》卷二,《大正藏》第55卷,第6页下。
③ 僧祐:《出三藏记集》卷四,《大正藏》第55卷,第32页上。
④ 慧皎:《高僧传》卷一,《大正藏》第50卷,第324页下。

11.《首至问佛十四事经》一卷,或称《首至问十四事经》。

上述支曜十一部译籍中现存的是《小本起经》二卷、《成具光明经》一卷、《马有八态经》一卷、《小道地经》一卷、《马有三相经》一卷、《阿那律八念经》一卷等六部七卷。

上述十一部,费长房说都是"西域沙门支曜,灵帝世中平年,于雒阳译。其七部,是《吴录》所载"①。这七部是《马有三相经》一卷、《马有八态譬人经》一卷、《小道地经》一卷、《闻城十二因缘经》一卷、《大摩耶经》一卷、《赖咤和罗经》一卷、《堕落优婆塞经》一卷。智升在《开元释教录》卷一接受了费长房除《首至问十四章经》一卷之外的十部十卷目录作为支曜译籍。对于费长房所著录《首至问十四章经》一卷,智升说:"长房等《录》又有《首至问佛十四事经》(或无'佛'字),余亲见其本,乃是经抄。已编别生录内,此删不载。"②可见,智升经过查考认为此经本是某经的抄本。

而几种经录中又记载了安世高翻译过《十四意经》。如《出三藏记集》卷二:"《十四意经》一卷,《旧录》云《菩萨十四意经》,今缺。"③同书卷三有记载:"《首至问十四章经》一卷,《旧录》云《首至问佛十四意经》,或云《首至问十四事》,今有此经。"④而依据《开元释教录》的记载,《首至问佛十四事经》一卷当时仍然存在,为"两纸半"。从上述记载来看,安世高翻译出的《菩萨十四意经》很早就失传,而存世很长的《首至问佛十四事经》则未被僧祐列入"新集安公凉土异经录"中,费长房则将其列入支曜名下,智升则说是经抄,但他又说:"其《二十八天》等三经,捡见其本并是抄经,而未知出何经律。"⑤从行文看,此文所说三经即是指《二十八天经》一卷、《首至问佛十四事经》一卷、《数息事一卷》。

---

① 费长房:《历代三宝纪》卷四,《大正藏》第49卷,第54页上。
② 智升:《开元释教录》卷一,《大正藏》第55卷,第482页下—483页上。
③ 僧祐:《出三藏记集》卷二,《大正藏》第55卷,第6页上。
④ 僧祐:《出三藏记集》卷三,《大正藏》第55卷,第18页下。
⑤ 智升:《开元释教录》卷一六,《大正藏》第55卷,第659页中。

康巨,从法号来推测,来自于康居。僧祐《出三藏记集》卷二汉代经录部分和相关传记中未提及康巨。关于其生平,慧皎在《高僧传》卷一《支娄迦谶传》中仅仅说他与沙门支曜、康孟详等都是汉灵帝、献帝时期来到洛阳的高僧,"巨译《问地狱事经》,并言直理旨,不加润饰"[①]。隋费长房《历代三宝纪》卷四著录:"《问地狱事经》一卷,见朱士行《汉录》。右一经一卷,外国沙门康巨,灵帝中平四年,于洛阳译。并言直理诣,不加润饰。"[②]慧皎略晚于僧祐,僧祐未记而慧皎提及的译籍并非仅此一例,因此,康巨应该是实有其人的,且于汉灵帝中平四年(187)在洛阳翻译出《问地狱事经》一卷。

汉献帝时期在洛阳翻译佛典的来华僧人还有康孟祥、竺大力、昙果等三位僧人,这三位僧人也曾经合作翻译佛典。

康孟祥,《出三藏记集》卷一三《安玄传》记载说:"次有康孟祥者,其先康居人也。译出《中本起》。安公称,孟祥出经,奕奕有便,足腾玄趣。"[③]同书卷二著录:"《中本起经》二卷,或云《太子中本起经》。右一部,凡二卷,汉献帝建安中,康孟详译出。"[④]从这些记载可知,僧祐也认可康孟祥是汉献帝时期来洛阳翻译佛典的,但他却仅仅著录了《中本起经》一种,而慧皎却记载,此经是康孟祥与竺大力等合译的。

关于康孟祥的译籍,隋费长房《历代三宝纪》卷四著录了六部九卷[⑤]:

1.《四谛经》一卷,兴平元年(194)译。

2.《兴起行经》二卷,也称《十缘经》,出《杂藏》,现存。

3.《舍利弗目连游四衢经》一卷,现存。

4.《梵网经》,二卷。

[①] 慧皎:《高僧传》卷一,《大正藏》第50卷,第324页下。
[②][⑤] 费长房:《历代三宝纪》卷四,《大正藏》第49卷,第54页上、54页上一中。
[③] 僧祐:《出三藏记集》卷一三,《大正藏》第55卷,第96页上。
[④] 僧祐:《出三藏记集》卷二,《大正藏》第55卷,第6页下。

5.《报福经》一卷,或称《福报经》。

6.《太子本起瑞应经》二卷,也称《瑞应本起经》或《中本起经》。现存吴支谦重译本。

上述六部中,现存的有《兴起行经》二卷和《舍利弗目连游四衢经》一卷,其余四种失传。此外,康孟祥与竺大力、昙果等也合作翻译出几部佛经。

慧皎《高僧传·支娄迦谶传》中记载:"孟详译《中本起》及《修行本起》。先是沙门昙果,于迦维罗卫国得梵本,孟详共竺大力译为汉文。"① 依照慧皎的这一记载,《中本起经》及《修行本起经》是由昙果从迦维罗卫国获得梵本带到洛阳,然仍由三位僧人一起译出,隋费长房则记载是康孟祥分别与竺大力和昙果合译的。

关于《修行本起经》二卷,《历代三宝纪》记载:"《修行本起经》二卷,右一经二卷,亦是昙果与康孟详,于迦维罗卫国赍梵本来,沙门竺大力,以建安二年三月,于雒阳译,孟详度为汉文。"② 这一记载文字有模糊之处,但基本意思还是清楚的,也就是说,昙果于迦维罗卫国带来梵本,沙门竺大力、康孟祥与昙果一起于建安二年(196)三月于洛阳译出。此经现存。

关于《中本起经》的翻译,僧祐也说是康孟祥与昙果合译,但仅说为建安年间所出,而《历代三宝纪》卷四记载:"《中本起经》二卷,亦云《太子中本起经》,见《始兴录》。右一经二卷,释道安云:'沙门昙果于迦维罗卫国,得此梵本,来至雒阳。建安十二年翻,康孟详度语。'"③ 智升沿袭了费长房的记载,但对道宣于《大唐内典录》中将此经与《太子本起瑞应经》混为一谈做了纠正。在《开元释教录》卷一三,智升特别强调说:"《本起经》题云'出《长阿含》',检寻《长含》大本,无此一经。或恐梵文译之未尽。既云出彼,且编于末。《大周录》云:'与《过去现在因果修行本起》、

---

① 慧皎:《高僧传》卷一,《大正藏》第 50 卷,第 324 页下。
②③ 费长房:《历代三宝纪》卷四,《大正藏》第 49 卷,第 54 页中。

《瑞应本起经》等同本异译者,误也。又此《中本起经》群录咸云'后汉代译',其经本中有翻梵语处乃曰'晋言',未详何以。"①此经现存,经查有两处注曰"晋言",可能是晋代时期的注家加的。

关于康孟祥等的译风,几种史籍都引用道安的评价:"孟详所出,奕奕流便,足腾玄趣也。"②而后秦叡法师在《喻疑论》中说:"下至法祖、孟详、法行、康会之徒,撰集诸经,宣畅幽旨,粗得充允,祖听暨今。"③将孟详与康僧会并列,可见康孟祥在佛教在中土传播初期还是具有相当影响的。

二、曹魏时期的佛典翻译

曹魏翻译佛典的外国僧人,根据《历代三宝纪》和《出三藏记集》的记载,共有昙柯迦罗、康僧铠、昙谛、白延、安法贤等五人。其中,昙柯迦罗、昙谛来自于印度,康僧铠、帛延、安法贤来自西域。

昙柯迦罗大概于曹魏齐王曹芳嘉平二年(250)于洛阳白马寺或许昌翻译出《僧祇戒心》,此已见前文叙述。在此仅对康僧铠、昙谛、帛延、安法贤四位僧人的译经活动作些考证叙述。

1. 康僧铠的佛典翻译

关于康僧铠,目前所知不多,尤其是关于其国籍的记载也有可疑之处。慧皎《高僧传》卷一《昙柯迦罗传》记载:"时又有外国沙门康僧铠者,亦以嘉平之末,来至洛阳,译出《郁伽长者》等四部经。"④费长房《历代三宝纪》卷五又说:"右二部合四卷,天竺国沙门康僧铠,齐王世嘉平年,于洛阳白马寺译。"⑤此中将康僧铠的国籍写为天竺,而一般以为,法号前冠

---

① 智升:《开元释教录》卷一三,《大正藏》第 55 卷,第 611 页中。
② 慧皎:《高僧传》卷一,《大正藏》第 50 卷,第 324 页下。
③ 僧祐:《出三藏记集》卷五,《大正藏》第 55 卷,第 41 页中。
④ 慧皎:《高僧传》卷一,《大正藏》第 50 卷,第 3245 页上。
⑤ 费长房:《历代三宝纪》卷五,《大正藏》第 49 卷,第 56 页中。

之以"康"者应该为康居人。

关于其翻译时间,《历代三宝纪》卷三记载:嘉平四年(252)"康僧铠于雒阳译《郁伽长者所问经》二卷"①。费长房的这一说法,被智升所沿袭。《开元释教录》卷一记载:"沙门康僧铠,印度人也。广学群经,义畅幽旨。以嘉平四年壬申,于洛阳白马寺译《郁伽长者经》等三部。"②

关于康僧铠翻译的佛典,《高僧传》说"译出《郁伽长者》等四部经",未列出其余三部的名目。而《历代三宝纪》卷五仅列出了两部:"《郁伽长者所问经》二卷,第二译。一名《郁伽罗越问菩萨行经》,见竺道祖《魏录》。《无量寿经》二卷,第二译。见竺道祖《晋世杂录》及宝唱《录》,与世高出者小异。"费长房并有一说明:"《高僧传》载直云'《郁伽长者》等四经'。检道祖《魏晋录》及僧祐《出三藏记》并宝唱《梁代录》等,所列如前。自外二部并不显名,校阅群录未见。"③上述两部译籍,《郁伽长者所问经》一卷或二卷,后来被收入《大宝积经》第八十二卷,现存。《无量寿经》二卷也保存至今。然而,唐智升在其所撰《开元释教录》中记载:"《四分杂羯磨》一卷,题云《昙无德律部杂羯磨》,以结戒场为首,曹魏天竺三藏康僧铠译。"④智升为明确说自己的依据,但其卷一七"拾遗编"的宗旨是依据当时存在的经典的题名将传世经录失载的经典译籍收载其中的。智升说:"余二既不显名,校阅未见。今更得一部,余欠一经,检亦未获。"⑤可见,智升确实依据慧皎的记载力图依据存世经典来确定康僧铠的四部译籍,结果仅仅寻找到一部。

2. 昙谛的佛典翻译

在昙柯迦罗之后,安息国沙门昙谛,长于律学,来华传播戒律。慧皎《高僧传》卷一《昙柯迦罗传》记载:"又有安息国沙门昙帝,亦善律学。以

---

① 费长房:《历代三宝纪》卷三,《大正藏》第49卷,第37页上。
②⑤ 智升:《开元释教录》卷一,《大正藏》第55卷,第487页上。
③ 费长房:《历代三宝纪》卷五,《大正藏》第49卷,第56页中—下。
④ 智升:《开元释教录》卷一三,《大正藏》第55卷,第619页中。

魏正元之中,来游洛阳,出《昙无德羯磨》。"①而大多数史籍则写作"昙谛",关于其来华以及翻译时间也有不同说法。

隋代法经《众经目录》卷五记载:"《昙无德羯磨一卷》,魏正元年安息沙门昙谛于洛阳译。"②正元为254—256年,法经未明确指出具体年代。隋费长房《历代三宝纪》卷三记载:"甲戌,废帝高贵乡公髦,正元元年,昙谛于雒阳出《昙无德羯磨》一卷。"③同书卷五记载:"《昙无德羯磨》一卷,初出,见竺道祖《魏录》……安息国沙门昙谛,以高贵乡公正元一年届乎洛汭,妙善律学,于白马寺众请译出。"④此中的"正元一年"在宋元藏经本中作"二年"。唐道宣《大唐内典录》卷二记载:"《昙无德羯磨》一卷,初出,见竺道祖《魏录》。右一卷……后安息国沙门昙谛,以高贵乡公正元二年届于洛汭,妙善律学,于白马寺众请译出。"同书卷九:"《昙无德羯磨》,四十一纸,前魏正元元年昙谛于洛阳译。"⑤一般而言,道宣《大唐内典录》沿袭的是《历代三宝纪》的说法。由此可见,此讹误由来已久。对于这一歧异,《历代三宝纪》卷二是编年体叙述,且有干支纪年,相对而言出错的可能性小些,因此,《历代三宝纪》的原本应作"正元一年"(254)。而《开元释教录》卷一的记载就是如此:

《昙无德羯磨》一卷,题云《羯磨》一卷,出《昙无德律》,以结大界为首,见竺道祖《魏录》右一部一卷,其本见在。

沙门昙无谛,亦云昙谛,魏云法实,安息国人。善学律藏,妙达幽微,以高贵乡公正元元年甲戌,届于洛汭,于白马寺译《昙无德羯磨》一部。⑥

---

① 慧皎:《高僧传》卷一,《大正藏》第50卷,第325页上。
② 法经:《众经目录》卷五,《大正藏》第55卷,第140页中。
③ 费长房:《历代三宝纪》卷三,《大正藏》第49卷,第37页上。
④ 费长房:《历代三宝纪》卷五,《大正藏》第49卷,第56页下。
⑤ 《大正藏》第55卷,第324页中。此句宋元本藏经左"前魏正光元年",显然错误。因为"正光"是北魏孝明帝的年号。
⑥ 智升:《开元释教录》卷一,《大正藏》第55卷,第487页上。

昙谛翻译的这一部《昙无德羯磨》一卷现存。

3. 白延、安法贤的佛典翻译

曹魏高贵乡公时期又有西域僧人白延(帛延)到洛阳译经。僧祐《出三藏记集》卷二记载:"《首楞严经》二卷,缺。《须赖经》一卷,缺。《除灾患经》一卷,缺。右三部,凡四卷。魏高贵公时,白延所译出,《别录》所载,安公《录》先无其名。"①同书卷一三《安玄传》记载:"白延者,不知何许人。魏正始之末,重译出《首楞严》,又《须赖》及《除灾患经》凡三部云。"②正始年(240—249)为曹魏齐王芳的年号,僧祐标示的两处年代明显不同,必然有一个是错误的。而慧皎《高僧传》卷一《昙柯迦罗传》记载:"又有沙门帛延,不知何人,亦才明有深解。以魏甘露中,译出《无量清净平等觉经》等凡六部经,后不知所终焉。"③甘露年(256—260)为曹魏高贵乡公的年号。隋唐经录后来沿用的是慧皎的说法,而以《历代三宝纪》卷三所说的甘露三年(258)"白延于雒阳出《首楞严》等五部六卷"④为确定说法。

关于白延译籍的目录,僧祐著录《首楞严经》二卷、《须赖经》一卷、《除灾患经》一卷三种五卷,慧皎补充《无量清净平等觉经》一部,并且说白延共翻译出六部经典。隋费长房《历代三宝纪》卷五除上述内容外,还记载说:"《无量清净平等觉经》二卷,第三出。与世高、康僧铠等所出《无量寿经》本同,文名少异。见竺道祖《晋世杂录》。……《平等觉经》一卷,见竺道祖《魏吴录》。《菩萨修行经》一卷,一名《长者威施所问菩萨修行经》,一名《长者修行经》。见《始兴》及宝唱等二录。"⑤费长房于是结成六部合八卷。对此,智升认定了五部七卷。智升说:"长房等录又有《平等觉经》一卷,亦云白延所出。今以此经即是《无量清净平等觉经》,但名有

---

① 僧祐:《出三藏记集》卷二,《大正藏》第55卷,第7页中。
② 僧祐:《出三藏记集》卷一三,《大正藏》第55卷,第96页上。
③ 慧皎:《高僧传》卷一,《大正藏》第50卷,第325页上。
④ 费长房:《历代三宝纪》卷三,《大正藏》第49卷,第37页上。
⑤ 费长房:《历代三宝纪》卷五,《大正藏》第49卷,第56页下。

广略,故不复存也。"①智升认为,《平等觉经》一卷与《无量清净平等觉经》二卷为一经,只有广略之分。此外,僧祐和智升都说白延的译籍都已经散失,但现存藏经中收载有曹魏西域沙门白延于洛阳白马寺译的《佛说须赖经》一卷,是否是白延或者何时被当作白延译籍都未知,须再行研究。

除上述四人之外,隋唐经录中还记载安法贤也曾经从事过佛典翻译。《历代三宝纪》卷五记载:"《罗摩伽经》三卷,见竺道祖、宝唱、法上、灵裕等四录。《大般涅槃经》二卷,略大本前数品为此二卷。见竺道祖《魏录》初。右二部合五卷,外国沙门安法贤译。群录并云魏世,不辨何帝年。今依编于末,又《别录》亦载。"②智升《开元释教录》卷一沿袭了此并且说"右二部五卷其本并缺"③,可见,安法贤的译籍早已经失传。

三、东吴时期的佛典翻译

孙吴的佛典翻译活动,开始于武昌,大盛于建业。译人有维祇难、竺律炎、支谦、康僧会、支疆梁接等五人。

1. 维祇难、竺律炎的佛典翻译

维祇难、竺律炎是合作翻译的,《出三藏记集》卷二记载很简单:"《法句经》二卷,右一部,凡二卷。魏文帝时,天竺沙门维祇难,以吴主孙权黄武三年赍胡本武昌,竺将炎共支谦译出。"④《出三藏记集》卷一三《安玄传》记载:"后有沙门维祇难者,天竺人也。以孙权黄武三年赍《昙钵经》胡本来至武昌。《昙钵》即《法句经》也。时支谦请出经,乃令其同道竺将炎传译,谦写为汉文。时炎未善汉言,颇有不尽。然志存义本,近于质实。今所传《法句》是也。"⑤

---

①③ 智升:《开元释教录》卷一,《大正藏》第55卷,第487页上、487页中。
② 费长房:《历代三宝纪》卷五,《大正藏》第49卷,第56页下。
④ 僧祐:《出三藏记集》卷二,《大正藏》第55卷,第6页下。
⑤ 僧祐:《出三藏记集》卷一三,《大正藏》第55卷,第96页上。

《高僧传》卷一《维祇难传》则补充了其出家历程：

> 维祇难,本天竺人。世奉异道,以火祠为正。时有天竺沙门,习学小乘,多行道术,经远行逼暮,欲寄难家宿。难家既事异道,猜忌释子,乃处之门外,露地而宿。沙门夜密加咒术,令难家所事之火,欻然变灭。于是举家共出,稽请沙门入室供养。沙门还以咒术变火令生。难既睹沙门神力胜己,即于佛法大生信乐,乃舍本所事,出家为道,依此沙门以为和上,受学三藏,妙善四《含》,游化诸国,莫不皆奉。以吴黄武三年,与同伴竺律炎,来至武昌。赍《昙钵经》梵本。《昙钵》者,即《法句经》也。时吴士共请出经。难既未善国语,乃共其伴律炎,译为汉文。炎亦未善汉言,颇有不尽,志存义本,辞近朴质。①

维祇难本为"事火外道",在小乘僧人的启发下皈依佛教。后来,他游化诸国,于孙吴黄武三年(224)来到当时吴国的首都武昌,在其地与竺律炎合作翻译出《法句经》二卷。对比僧祐与慧皎所记载可知,僧祐未提及二僧结伴至武昌之事,而慧皎则明确说二人一同至武昌。后世接受的是慧皎的说法。

僧祐和慧皎只提及维祇难、竺律炎合作翻译出《法句经》,而隋费长房在《历代三宝纪》卷五中记载:"《吴阿差末菩萨经》四卷,见《吴》、《别》二录,初出。《法句经》二卷,初出,《吴录》云'五卷',见《三藏记》。"②费长房依据《吴录》和《别录》列出二僧合作翻译《吴阿差末菩萨经》四卷和《法句经》,并且说《吴录》著录《法句经》五卷。这两种译本早已散失。

维祇难大概在黄龙二年(230)之前圆寂,费长房在《历代三宝纪》卷三记载,黄龙二年,"竺律炎于杨都出《三摩竭》等经二卷"③。229年,孙

---

① 慧皎:《高僧传》卷一,《大正藏》第50卷,第326页中。
② 费长房:《历代三宝纪》卷五,《大正藏》第49卷,第57页上。
③ 费长房:《历代三宝纪》卷三,《大正藏》第49卷,第36页上。

权于黄龙元年称帝之后不久,就由武昌(今湖北鄂城)迁都建业(今江苏南京)。竺律炎大概也随迁至建业。此时维祇难已经圆寂,竺律炎继续翻译佛典,相继翻译出《三摩竭经》、《梵志经》、《佛医经》等经典。如《开元释教录》卷二记载:

> 《摩登伽经》三卷,见法上《录》,与支谦共出。与《舍头谏经》等同本,或二卷,第四译。
>
> 《三摩竭经》一卷,初出。见《始兴录》。与《分恕檀王经》同本异出,一名《须摩提女经》,一名《难国王经》,一名《恕恕檀王经》。
>
> 《佛医经》一卷,与支越共出。非是全典,从大经略出。或云《佛医王经》,见《宝唱录》。
>
> 《梵志经》一卷,见《始兴录》。①

上述四部六卷,《摩登伽经》三卷、《佛医经》一卷是竺律炎在支谦的协助下翻译出来的。这四种译籍中,《摩登伽经》三卷、《三摩竭经》一卷、《佛医经》一卷三种现存,《梵志经》一卷早已散失。

2. 支谦的佛典翻译

与维祇难、竺律炎同时在吴地翻译佛典的是支谦。支谦是三国时期一位重要的佛教居士,对孙吴的佛教发展起了重大的推动作用。

支谦所译的经典及其数量,历来经录说法不一。东晋道安的经录里就著录了三十部,梁僧祐《出三藏记集》卷二又据《别录》补充了六部:"右三十六部,四十八卷。魏文帝时,支谦以吴主孙权黄武初至孙亮建兴中所译出。"②慧皎《高僧传》记载:支谦"从吴黄武元年至建兴中,所出《维摩》、《大般泥洹》、《法句》、《瑞应本起》等四十九经,曲得圣义,辞旨文雅。"③

---

① 智升:《开元释教录》卷二,《大正藏》第55卷,第487页下。
② 僧祐:《出三藏记集》卷二,《大正藏》第55卷,第7页上。
③ 慧皎:《高僧传》卷一,《大正藏》第50卷,第325页上—中。

对于僧祐《出三藏记集》卷二著录的 36 部支谦译籍,吕澂先生经过考订认为支谦翻译的只有下列 29 部:

1. 《阿弥陀经》二卷,又称《无量寿经》,现存。
2. 《须赖经》一卷,现存。
3. 《维摩诘经》二卷,现存。
4. 《私诃昧经》一卷,现存。
5. 《差摩羯经》一卷,或称《菩萨生地经》,现存。
6. 《月明童子经》一卷或称《月明菩萨经》,现存。
7. 《龙施女经》一卷,现存。
8. 《七女经》一卷,现存。
9. 《了本生死经》一卷,现存。
10. 《大明度无极经》四卷,现存。
11. 《慧印三昧经》一卷,现存。
12. 《无量门微密持经》一卷,现存。
13. 《菩萨本业经》一卷,现存。
14. 《释摩男本四子经》一卷,现存。
15. 《赖咤和罗经》一卷,散失。
16. 《梵摩渝经》一卷,现存。
17. 《斋经》一卷,现存。
18. 《大般泥洹经》二卷,散失。
19. 《义足经》二卷,现存。
20. 《法句经》二卷,现存。
21. 《佛医经》一卷,现存。
22. 《四愿经》一卷,现存。
23. 《阿难四事经》一卷,现存。
24. 《八师经》一卷,现存。
25. 《孛经钞》一卷,现存。

26.《太子瑞应本起经》二卷,现存。

27.《菩萨本缘经》四卷,现存。

28.《老女人经》一卷,现存。

29.《撰集百缘经》七卷,现存。

上述29部,属于僧祐著录于支谦名下的26部。而《菩萨本缘经》始见于《历代三宝纪》著录,《撰集百缘经》始见于《大唐内典录》著录。吕澂以为,"虽然原始的记录出处不明,但从译文体裁上看无妨视为支谦所译"①。至于《佛医经》,僧祐是著录在竺律炎名下,但注明支谦参与助译,吕澂将其列入支谦译籍中。上述29部,现存27部。

吕澂又说,上述29部,《了本生死经》根据道安的《经注序》,原来是汉末译出,支谦加以注解或修改,道安的经录便又将它列在支谦译本之内。

此外,需要特别说明的是《法句经》的翻译。僧祐在《出三藏记集》卷一三《安玄传》叙述维祇难的翻译活动时说:"时支谦请出经,乃令其同道竺将炎传译。谦写为汉文。时炎未善汉言,颇有不尽,然志存义本,近于质实。今所传《法句》是也。"②可见,《法句经》是合作翻译的产物。而《出三藏记集》卷七收录了"未详作者"的《法句经序》,对翻译过程有如下叙述:

> 始者,维祇难出自天竺,以黄武三年来适武昌。仆从受此五百偈本,请其同道竺将炎为译。……昔传此时,有所不出。会将炎来,更从谘问,受此偈等,重得十三品,并挍往故,有所增定,第其品目合为一部,三十九篇。大凡偈七百五十二章,庶有补益,共广闻焉。③

----
① 吕澂:《中国佛学源流略讲》,第292页。
② 僧祐:《出三藏记集》卷一三,《大正藏》第55卷,第96页上。
③ 僧祐:《出三藏记集》卷七,《大正藏》第55卷,第50页上。

可以推知此文的作者是支谦,维祇难于黄武三年(224)到达武昌,支谦获得五百偈本,其后,支谦请竺将炎译出此《法句经》五百偈本。其后,支谦又获得七百偈本,他又请竺将炎重新译出。依此可知,《法句经》的翻译实际上是维祇难、竺律炎、支谦三人合作两次翻译而成,因此,在经录中于三人名下分别列入。《佛医经》也是竺律炎在支谦的协助下翻译出来的,也分别列入二人的译籍中。

僧祐列入而被吕澂去除的是:

1.《小阿差末经》二卷,散失。

2.《优多罗母经》一卷,散失。

3.《悔过经》一卷,散失。

4.《贤者德经》一卷,散失。

5.《佛从上所行三十偈》一卷,散失。

6.《惟明二十偈》一卷,散失。

7.《首楞严经》二卷,散失。

8.《法镜经》二卷,散失。

9.《鹿子经》一卷,散失。

10.《十二门大方等经》一卷,散失。

关于支谦的译籍,费长房《历代三宝纪》卷五著录为129部,合152卷。对此,费长房解释说:

> 谦以大教虽行,而经多梵语,未尽翻译。自既妙善方言,乃更广收众经旧本,译为吴言。从黄武首岁迄建兴末年,其间首尾三十余载,所出《维摩》、《大般泥洹》、《法句》、《瑞应本起经》等。僧祐《三藏集记》录载唯有三十六部,慧皎《高僧传》述止云四十九经。房广检括众家杂录,自《四十二章》已下,并是别记所显杂经,以附今录。量前传录三十六部,或四十九经,似谦自译。在后所获,或正前翻多梵语者,然纪述闻见,意体少同,录目广狭,出没多异,各存一家,致惑取舍,兼法海渊旷,事方聚渧。既博搜见,故备列之。而谦译经典,

得义辞,旨文雅,甚有硕才。①

由此可知,费长房是在僧祐著录之外,又搜集各种杂录的记载将其译籍扩充到129部,其中很多是传抄的异本,并非完全意义上的译本。

《历代三宝纪》和《开元释教录》著录于支谦名下且现在仍然保存于藏经中的译籍如下:

1. 《九色鹿经》一卷。
2. 《贝多树下思惟十二因缘经》一卷。
3. 《八吉详神呪经》一卷。
4. 《华积陀罗尼神呪经》一卷。
5. 《持句神呪经》一卷。
6. 《三品弟子经》一卷,或称《弟子学有三辈经》。
7. 《法律三昧经》一卷,或称《法律经》。
8. 《梵志阿颰经》一卷,或称《阿颰摩纳经》。
9. 《梵网六十二见经》一卷,或称《梵网经》。
10. 《七知经》一卷,或称《七智见经》。
11. 《诸法本经》一卷。
12. 《弊魔试目连经》一卷,或称《魔娆乱经》。
13. 《须摩提女经》一卷。
14. 《不自守意经》一卷。
15. 《五母子经》一卷。
16. 《龙王兄弟经》一卷,或称《难龙王经》。
17. 《长者音悦经》一卷,或称《长者音悦不兰迦叶经》。
18. 《萍沙王五愿经》一卷,或称《弗沙迦王经》。
19. 《须摩提长者经》一卷,或称《如来所说示现众生经》。
20. 《未生怨经》一卷。

---

① 费长房:《历代三宝纪》卷五,《大正藏》第49卷,第59页上。

21.《黑氏梵志经》一卷。

22.《猘狗经》一卷。

23.《孙多耶致经》一卷,或称《梵志孙多耶致经》。

24.《戒销灾经》一卷,或称《戒销伏灾经》。

25.《惟日杂难经》一卷。

在现存的大藏经中,共收有署名支谦翻译的典籍53部,除上述费长房《历代三宝纪》和智升《开元释教录》著录于支谦名下的上述52部之外,还有一部《摩登伽经》,智升著录于竺律炎名下,但指出是他与支谦共出的。

另外,《历代三宝纪》载有支谦所译《四十二章经》一卷,并加注说:"第二出,与摩腾译者小异,文义允正,辞句可观,见《别录》。"[①]关于此事,下文专门论述。

依据当代学者的观点,上述53部署名支谦的译籍,真正属于支谦参与翻译大概20余部,其余则根据不足。《佛说持句神呪经》、《佛说华积陀罗尼神呪经》中收录了大段的呪语,为后人误记的可能性很大。

支谦的翻译,并不限于大乘经典,也包括不少小乘典籍。他不但有翻译的实践,而且有对翻译的理论思考,加上他大月氏移民的身份,既学通西域、天竺语言,又精通汉语,特别是熟悉中国文化,因此,他的翻译或者是"编译",开创了一种特殊的风格。也许由于他的这一卓越贡献,使得后世将许多并不是他翻译而是由他略作改定的汉代、三国时期失译的佛典,都系于其名下。支谦对古代佛经翻译以及般若思想传播的巨大贡献,获得佛教史家的一致称颂。

3. 康僧会的佛典翻译

赤乌四年(241)到达建业,至吴亡之年圆寂,康僧会在东吴传播佛教四十年,翻译经典是其重要的弘法手段,也是他对中国佛教的重大贡献

---

① 费长房:《历代三宝纪》卷五,《大正藏》第49卷,第57页下。

之一。

关于康僧会译经的数量,东晋释道安说僧会译有《六度集经》九卷、《吴品》五卷;僧祐在《出三藏记集》卷二仅仅著录《六度集经》九卷和《吴品》五卷二部凡14卷,而在同书卷一三《康僧会传》则记载:"会于建初寺译出经法,《阿难念弥经》、《镜面王》、《察微王》、《梵皇王经》、《道品》及《六度集》,并妙得经体,文义允正。"①原因在于,前者依据的是经录的记载,而后者依据的是传记材料。慧皎在《高僧传》卷一《康僧会传》又说:"会于建初寺译出众经,所谓《阿难念弥》、《镜面王》、《梵皇经》等,又出《小品》及《六度集》、《杂譬喻》等,并妙得经体,文义允正。"②此中无《察微王经》而多出《杂譬喻经》。

关于康僧会的译籍及著述,隋代费长房《历代三宝纪》卷五著录14部合29卷,具体目录如下:

1. 《六度集经》九卷,或称《六度无极经》、《度无极经》、《杂无极经》。

2. 《吴品经》五卷,即是《小品般若》。

3. 《菩萨净行经》二卷,或称《大集宝结品》、《净律经》,赤乌年译出。

4. 《杂譬喻集经》二卷。

5. 《阿难念弥经》二卷,或称《法阿难念经》。

6. 《镜面王经》一卷。

7. 《察微王经》一卷。

8. 《梵皇王经》一卷。

9. 《权方便经》一卷。

10. 《坐禅经》一卷。

11. 《菩萨二百五十法经》一卷或二卷,以此代僧二百五十戒,呈皓者是。

---

① 僧祐:《出三藏记集》卷一三,《大正藏》第55卷,第97页上。
② 慧皎:《高僧传》卷一,《大正藏》第50卷,第326页上。

12.《法镜经解子注》二卷,并制序。

13.《道树经注解》一卷,并制序。

14.《安般经注解》一卷,并制序。

智升在《开元释教录》卷二著录7部20卷,并且解释说:"会以权太元元年辛未,于所创建初寺译《六度》等经七部,并妙得经体,文义允正。"①这七部是《杂譬喻经》二卷、《吴品经》五卷、《菩萨净行经》二卷、《权方便经》一卷、《菩萨二百五十法经》一卷、《坐禅经》一卷。对于费长房列入的其他经典,智升说:"又长房等录更有《阿难念弥经》、《镜面王经》、《察微王经》、《梵皇王经》,上之四经虽云会译,然并出《六度集》中,不合为正译之数,今载别生录中。复有《法镜经注解》二卷、《道树经注解》一卷、《安般经注解》一卷,已上三经会兼制序,三经会虽注解,本非僧会所翻。故亦不为会译之数,兼前七部今并删之。"②智升指出两点:一是《阿难念弥经》、《镜面王经》、《察微王经》、《梵皇王经》四部经已经收入《六度集经》中,因而无须单列,二是《法镜经注解》二卷、《道树经注解》一卷、《安般经注解》一卷三部是康僧会所撰批注,不能列入译籍中。可见,智升对于康僧会的译籍的记载与费长房是一致的。

对于《菩萨二百五十法经》的性质,费长房已经指出:"《菩萨二百五十法经》一卷或二卷,以此代僧二百五十戒,呈皓者是。"③根据《高僧传·康僧会传》记载:"至孙皓即政,法令苛虐,废弃淫祀,乃及佛寺,并欲毁坏。"④在康僧会的努力下,孙皓对佛教的态度有所改变,于是孙皓"遣使至寺,问讯道人,请会说法。会即随入。皓具问罪福之由。会为敷析,辞甚精要。皓先有才解,欣然大悦。因求看沙门戒,会以戒文禁秘,不可轻宣。乃取《本业》百三十五愿,分作二百五十事,行住坐卧,皆愿众生。皓

---

①② 智升:《开元释教录》卷二,《大正藏》第55卷,第491页中。
③ 费长房:《历代三宝纪》卷五,《大正藏》第49卷,第59页上。
④ 慧皎:《高僧传》卷一,《大正藏》第50卷,第325页下。

见慈愿广普,益增善意。即就会受五戒,旬日疾瘳。乃于会所住,更加修饰,宣示宗室,莫不必奉"①。从这些记载可知,《菩萨二百五十法经》是康僧会从《菩萨本业经》中摘编出来的。而《菩萨本业经》是此前支谦所译出,属于《华严经·净行品》的单行本。经过对照,此中所述与僧二百五十戒没有直接关系,可能属于康僧会的自由发挥。

康僧会所译经典,现存两种,即《六度集经》八卷和《杂譬喻集经》二卷。

4. 支疆梁接的佛典翻译

支疆梁接,也作支彊梁接。东吴时期,支疆梁接在交州翻译佛教经典。

隋费长房《历代三宝纪》卷五记载:"《法华三昧经》六卷,一本有'正'字,祐云'失译'。右一部六卷,高贵乡公世,甘露元年七月,外国沙门支疆梁接,魏言正无畏,于交州译,沙门道声笔受。祐云失译,房检乃见竺道祖《魏世录》及《始兴录》。若依交州及始兴录地,应入《吴录》。今据及《魏录》收附此。"②依据此说,甘露元年(256)七月,外国沙门支疆梁接在交州翻译出《法华三昧经》六卷,沙门道声笔受。费长房说,《法华三昧经》六卷被僧祐列入失译经中,而他通过翻检竺道祖《魏世录》及《始兴录》发现此经乃外国沙门支疆梁接于交州翻译。此经僧祐未曾见到。在《出三藏记集》卷四,僧祐将其列入"条新撰目录缺经,未见经文者如左"项下:"《正法华三昧经》六卷,疑即是《正法华经》之别名。"③从僧祐对此部分所列经的说明文字推知,他是依据自己收集到的经录编成这一部分之目录的。可见,在僧祐时期确实存在某经录列有此经名目。费长房说,他看到竺道祖《魏世录》及《始兴录》将此经著录于支疆梁接名下,于是就将其编入"魏录"中,道宣也沿袭了

---

① 慧皎:《高僧传》卷一,《大正藏》第50卷,第326页上。
② 费长房:《历代三宝纪》卷五,《大正藏》第49卷,第56页下。
③ 僧祐:《出三藏记集》卷四,《大正藏》第55卷,第32页上。

这一做法。

唐智升在《开元释教录》卷二中著录说:"《法华三昧经》六卷,一本有'正'字。初出,与法护《正法华》等同本。见竺道祖《魏录》,亦见《始兴录》。右一部六卷本,缺。沙门支彊梁接,吴云正无畏,西域人,以孙亮五凤二年乙亥,于交州译《法华三昧经》,沙门竺道馨笔受。长房、内典二录编于曹魏之代,今依交州及始兴地割入《吴录》。"①智升将其编入"吴录"是对的。

三国时期,东吴将南岭以南诸郡以今广西北海市合浦为界,以北为广州,以南为交州。孙吴时期的交州州治龙编(在今越南河内东),交州辖今越南北部和两广的雷州半岛和钦州地区,共设有三郡(交趾、九真、日南)五十六县。280 年,晋朝灭孙吴,交州汉族官吏陶璜等降晋。从管辖上说,在此之前,交州地属孙吴。但从费长房所说言之,此经翻译的地点距离孙吴的核心地带很远,此经似乎并未流入其首都,因此而未被编入《吴录》。

智升上述引文有一个年代标注错误,即费长房所说的曹魏甘露元年(256)七月被智升写成孙吴年号应该为五凤三年(256)。五凤二年为乙亥,甘露元年为丙子。

关于《法华三昧经》,唐代僧祥《法华传记》卷一记载:"《法华》翻译年代,略有六时:一者,佛灭后一千二百三十年,前魏甘露元乙亥,即吴五凤二年也,七月七日,外国支彊梁接,言正无畏,于交州城,沙门道馨笔受,译成六卷,名《法华三昧经》者是也。"②这一记述,明显是将费长房关于时间的叙述与智升的改写结合起来,但却不知智升的五凤二年应该为五凤三年之误。由于《法华传记》写成时期不详,由此旁证《法华传记》形成于《开元释教录》之后。

---

① 智升:《开元释教录》卷二,《大正藏》第 55 卷,第 491 页中。
② 僧祥:《法华传记》卷一,《大正藏》第 51 卷,第 50 页下。

四、佛典翻译思想

三国时期,不仅是佛教经典翻译活动方兴未艾,而且在翻译理论方面也有开创之功。据传为东吴支谦所撰的《法句经序》,不但是中国佛教汉译佛典最早的译经理论文章,而且也被翻译学界誉为世界翻译史上最早的译学文献。被中国翻译学界当作翻译最高境界的"信"、"达"、"雅"三标准,就是严复受佛教翻译方法和理论的影响而提出的。

汉魏时期,佛教翻译成为重要的传播佛教的手段之后,对于翻译语言以及翻译的风格等等问题的讨论,就成为贯穿于佛典翻译活动之中的历久弥新的话题。现存历史文献中,支谦是最早涉足这一领域的佛教翻译家。

早期的佛典翻译,以现代译学所说的"直译"为特色。如关于安世高的翻译,僧祐称赞说,安世高的翻译,"义理明析,文字允正,辩而不华,质而不野。凡在读者,皆亹亹而不倦焉"①。此评论的理论依据就是中国美学中的"文质之辨"。这一理论来源于孔子。

《论语·雍也》有文说:"质胜文则野,文胜质则史,文质彬彬,然后君子。"关于此句,曹魏何晏《论语集解》引包咸注:"野,如野人,言鄙略也。史者,文多而质少。彬彬,文质相半之貌。"邢昺疏说:"文华质朴相半彬彬然,然后可为君子。"《论语·颜渊》又说:"文,犹质也。质,犹文也。"孔子的这些言论,本来是就一个人的内在品德及言谈举止而说的。"文"指外在表现,"质"指道德品质。这是一方面的意义。后世文论沿用"文"、"质",在许多情况下是指语言风格范畴的华美和质朴,如梁代萧绎《内典碑铭集林序》说:"夫世代亟改,论文之理不一,能使艳而不华,质而不野。"僧祐在家弟子刘勰(约465—520)进一步发挥文质的辩证关系,认为一方面是"文附质也",另一方面是"质待文也",提出"文质相称"的创作主张。如此等等可见,以"文质"关系来论定文学,成为六朝普遍的做法。

---

① 僧祐:《出三藏记集》卷一三,《大正藏》第55卷,第95页上。

依据僧祐的说法,安世高的翻译说理明白,措辞恰当,不铺张,不粗俗,恰到好处。尽管如此,与后来更趋成熟的佛典汉译比较,安世高的翻译,偏于"质"即直译。僧祐在《出三藏记集·安世高传》中说:"天竺国自称,书为天书,语为天语。音训诡蹇,与汉殊异。先后传译,多致谬滥。唯世高出经,为群译之首。"①与当时的其他译本相比较,安世高的译本在"正确性"方面还是有所体现的。但从总体看,有些地方拘泥于原本的结构,不免重复、颠倒。

关于东汉时期与安世高并称的佛典翻译家支娄迦谶的翻译,《出三藏记集》卷七收载的支敏度《合首楞严经记》评论说:"此经本有记云'支谶所译出'。谶,月支人也。汉桓灵之世,来在中国。其博学渊妙,才思测微,凡所出经,类多深玄,贵尚实中,不存文饰。今之《小品》、《阿阇贳屯真》、《般舟》,悉谶所出也。"②这是说,支娄迦谶译籍风格是崇尚"实"而不讲究"文饰"。而三国时期的支谦,从师承上说,属于支娄迦谶的再传弟子。支谦"才学深彻,内外备通,以季世尚文,时好简略,故其出经,颇从文丽。然其属辞析理,文而不越,约而义显,真可谓深入者也"③。支谦一反其师的"贵尚实中"而"不存文饰"的风格,以"文丽"见长。支敏度对其评价很高,说其"属辞析理,文而不越,约而义显",似乎符合"文质"并重的要求。支娄迦谶的翻译则更是所谓"弃文存质"、"了不加饰"④,甚至不惜采用大量音译,徒增汉地人士理解的难度。

具体到《首楞严经》,支敏度在《合首楞严经记》中说:"然此《首楞严》自有小不同,辞有丰、约,文有晋、胡,较而寻之,要不足以为异人别出也。恐是越嫌谶所译者辞质,多胡音。异者,删而定之;其所同者,述而不改。二家各有记录耳。此一本于诸本中辞最省便,又少胡音,遍行于世,即越

---

① 僧祐:《出三藏记集》卷一三,《大正藏》第 55 卷,第 95 页下。
②③ 僧祐:《出三藏记集》卷七,《大正藏》第 55 卷,第 49 页上。
④ 慧皎:《高僧传》卷一,《大正藏》第 50 卷,第 324 页中。

所定者也。"①可见,支谦依据自己的理解对支娄迦谶所翻译的《首楞严经》作了改译。

其实,西晋时期支敏度关于支娄迦谶译籍和支谦译籍风格的区分的直接源头,是支谦对于佛典翻译风格的理论思考。

保存于《出三藏记集》中的《法句经序》尽管标注的是"未详作者",但从《法句经》翻译的相关记载以及文中的叙述语气,当代学者几乎一致断定此文的作者是支谦。

此文最初解释《法句经》的基本内容,然后说:

> 始者,维祇难出自天竺,以黄武三年来适武昌。仆从受此五百偈本,请其同道竺将炎为译。将炎虽善天竺语,未备晓汉,其所传言或得胡语,或以义出音,近于质直。仆初嫌其辞不雅,维祇难曰:"佛言依其义不用饰,取其法不以严其传经者,当令易晓,勿失厥义,是则为善。"座中咸曰:"老氏称,美言不信,信言不美。仲尼亦云:书不尽言,言不尽意。明圣人意,深邃无极,今传胡义,实宜径达。"②

此文叙述了在翻译《法句经》译场发生的关于翻译方法和原则的一番争论。维祇难出自天竺,以黄武三年(224)来到武昌,支谦于其座下获得五百偈本《法句经》,支谦请求维祇难和竺将炎等一起翻译此经。竺将炎虽善天竺语,由于支谦的语言能力显然比"虽善天竺语,未备晓汉"的主译竺将炎好,觉得竺将炎的译文"或得胡语,或以义出音,近于质直",不够雅正,于是发言征询众人的意见希望能将译文改写得"雅"一点。从支谦的经历与译者身份来看,其用心是可以理解的,即翻译理当为读者服务,译文必须让读者理解。很可惜,支谦的这一番劝说并未能使译场里的听众信服。维祇难首先发难,反驳支谦的建议。维祇难听到支谦嫌弃竺将炎的文辞不雅,他马上征引佛祖的话("依其义不用饰,取其法不以严")指出,译经

---

① 僧祐:《出三藏记集》卷七,《大正藏》第 55 卷,第 49 页中。
② 同上书,第 50 页上。

文字不必用"饰",一切当以"义"为主;传经者的任务在于使文辞"易晓",万勿失去经义才是正当。这番话马上引起座中人的共鸣,维祇难刚说完,就有人引用老子的"美言不信,信言不美"以及孔子的"书不尽言,言不尽意"来加以附和。由于支谦的身份以及种种复杂的原因,支谦的主张并非得到支持,作为笔受,他只能听受竺将炎的译文,如实笔录。

依据这一方法翻译出来的《法句经》,以支谦的看法是有许多"脱失"的。关于此,文中说:"是以自竭受译人口,因循本旨,不加文饰。译所不解,则缺不传,故有脱失多不出者。""然此虽辞朴而旨深,文约而义博,事钩众经,章有本故,句有义说,其在天竺始进业者,不学《法句》,谓之越叙,此乃始进者之鸿渐,深入者之奥藏也。可以启蒙辨惑,诱人自立,学之功微,而所苞者广,实可谓妙要者哉。"①二者对照,支谦的遗憾溢于言表。在这次翻译之后,支谦又获得七百偈本,他又请竺将炎重新译出。文中说:"昔传此时,有所不出。会将炎来,更从谘问,受此偈等,重得十三品,并挍往故,有所增定,第其品目合为一部,三十九篇。大凡偈七百五十二章,庶有补益,共广闻焉。"②这一译本,支谦尽可能地贯彻自己的翻译主张。

在中国翻译史上,这是一场很重要的论辩,诚如钱锺书《译事三难》所说的,严复译《天演论》标举的"译事三难"——"信"、"达"、"雅"三字,都可在这篇经序见到。③ 而此次辩难的结果,也为后世中国译论的法则定了基调。

支谦在《法句经序》中有"传实"、"贵其实"、"勿失厥义"、"因循本旨"的提法,就是主张注重传输原著实质性内容,也就是严复所谓的"信"。这一"信"字在唐代译家尤其是玄奘的翻译实践和理论中长期被奉为圭臬。支谦在同一篇文章中还说他最初不赞同另一译者将炎的译法,说将

---

①② 僧祐:《出三藏记集》卷七,《大正藏》第 55 卷,第 50 页上。
③ 钱锺书:《译事三难》,见罗新璋编《翻译论集》第 23 页,北京:商务印书馆,1984。

炎"虽善天竺语,未备晓汉,其所传言……近于质直。仆初嫌其辞不雅"。支谦嫌其译得"不雅",说明支谦最初也认为"雅"是翻译标准之一,后来才有所更改。关于"雅"这个翻译标准即使在当时,就已经在佛典翻译家之间争论不休了。当时与支谦在一起的人主张"今传胡义,实宜径达",可见"达"字翻译标准当时也已经提出。

由支谦发起的这一场讨论以及此文的内容所产生的影响,将佛典翻译中实际存在的"直译"和"意译"两种风格凸显于世。对这一理论的思考,使得后世翻译家在自觉的理论思考中不断地追求"理想"或"完美"的翻译,对于佛教在中国的弘传及其佛教的本土化起了积极的推动作用。

第六节 《四十二章经》和《理惑论》

在中国佛教史上,《四十二章经》和《理惑论》具有特殊的地位,二者都被古代的佛教史家当做中土第一部汉译佛经[①]和中土人士撰写的第一部佛学论文,同时,近代学界争论百年也未能完全在其形成时间和真伪方面形成一致意见。不过,在此,我们仍然将其当作东汉佛教的材料加以论述。

一、《四十二章经》的翻译和流传

关于《四十二章经》的翻译,历代相传为东汉迦叶摩腾、竺法兰共译,然近代以来,有不少人怀疑本经是东晋时的中国人撰述,又因《出三藏记集》说本经为《道安录》所不载,故疑此经非汉时译。如梁启超在《四十二章经辨伪》一文中说,这部经不是依据梵文原本翻译,而是人们在多种经内选择精要,依照《孝经》、《老子》等书编撰而成的。汤

[①] 如前文所叙述,在某种角度说,《浮屠经》应该是中土第一部汉译佛典。但古代佛教史籍中,大多以《四十二章经》为第一部汉译佛经。

用彤认为《四十二章经》既不是一部独立的经典,但也不是中土撰述,他是从小乘佛教经典中记录佛教基本教义的"外国经抄",由四十二段小经文构成,故名《四十二章经》。① 吕澂反对汤的说法,认为《四十二章经》是抄自吴支谦所译的《法句经》,时间大致为306—342年之间。② 我们赞成汤用彤的说法。

在古代史籍中,《四十二章经》的翻译总是与永平求法相联系,而怀疑者则一并怀疑其真实性。关于《四十二章经》的翻译,《四十二章经序》说:

> 昔汉孝明皇帝,……即遣使者张骞、羽林中郎将秦景、博士弟子王遵等十二人,至大月支国,写取佛经《四十二章》,在第十四石函中,登起立塔寺。于是道法流布,处处修立佛寺。③

《理惑论》在回答"汉地始闻佛道,其所从出耶?"的设问时说:

> 昔孝明皇帝,……遣使者张骞、羽林郎中秦景、博士弟子王遵等十二人,于大月支,写《佛经四十二章》,藏在兰台石室第十四间,时于洛阳城西雍门外起佛寺。

应该注意的是,这两种文献并没有说明此经的翻译情况,而仅仅说"至大月支国,写取佛经《四十二章》"、"写《佛经四十二章》"。对此中的"写"的理解有分歧,汤用彤先生解释为:"若据其所言,斯经译于月氏,送至中夏也。"④《理惑论》的这一句是否可作如此理解,可再作斟酌。笔者以为此中"写"字应该是"抄写"的意思,即抄写原本送至汉地。至于翻译地点,《理惑论》并未提及。

现存文献中最早载录《四十二章经》译者的史籍是梁代僧祐《出三藏

---

① 参见汤用彤《汉魏两晋南北朝佛教史》,第22—32页。
② 吕澂:《四十二章经抄出的年代》,《中国佛学源流略讲·附录》,第276—282页。
③ 僧祐:《出三藏记集》卷六,《大正藏》第55卷,第42页下。
④ 汤用彤:《汉魏两晋南北朝佛教史》,第22页。

记集》和慧皎的《高僧传》。《出三藏记集》卷二记载:

> 《四十二章经》一卷,《旧录》云"《孝明皇帝四十二章》"。安法师所撰《录》缺此经。
>
> 右一部,凡一卷,汉孝明帝梦见金人,诏遣使者张骞、羽林中郎将秦景到西域,始于月支国遇沙门竺摩腾译写此经,还洛阳,藏在兰台石室第十四间中,其经今传于世。①

此中的要点有二:其一,在《旧录》中此经被著录为《孝明皇帝四十二章》,而东晋道安《经录》中未著录此经。其二,此经是使者张骞、羽林中郎将秦景于月支国遇沙门竺摩腾译写此经,然后送至洛阳的。译者是竺摩腾,译地是洛阳。

略晚于僧祐的慧皎在《高僧传》卷一中设立了《摄摩腾传》和《竺法兰传》。《高僧传·摄摩腾传》记载:"摄摩腾,本中天竺人,善风仪,解大小乘经,常游化为任。昔经往天竺附庸小国,讲《金光明经》。会敌国侵境,腾惟曰:'经云能说此经法,为地神所护,使所居安乐。今锋镝方始,曾是为益乎?'乃誓以忘身,躬往和劝,遂二国交欢。由是显达。"②此后则叙述永平年中所发生的事情。其文如后:

> 愔等于彼遇见摩腾,乃要还汉地。腾誓志弘通,不惮疲苦,冒涉流沙,至乎雒邑。明帝甚加赏接,于城西门外立精舍以处之,汉地有沙门之始也。但大法初传,未有归信,故蕴其深解,无所宣述。后少时,卒于雒阳。③
>
> 有《记》云:腾译《四十二章经》一卷。初缄在兰台石室第十四间中,腾所住处,今雒阳城西雍门外白马寺是也。④

---

① 僧祐:《出三藏记集》卷二,《大正藏》第55卷,第5页下。
② 慧皎:《高僧传》卷一,《大正藏》第50卷,第322页下。
③ 同上书,第322页下—323页上。
④ 同上书,第323页上。

这一段文字最引人注意的是,慧皎明确说《四十二章经》是摄摩腾到洛阳之后翻译出的。这与僧祐所说不同。

《高僧传·竺法兰传》记载:

> 竺法兰,亦中天竺人,自言诵经论数万章,为天竺学者之师。时蔡愔既至彼国,兰与摩腾共契游化,遂相随而来。会彼学徒留碍,兰乃间行而至。既达雒阳,与腾同止。少时便善汉言,愔于西域获经,即为翻译《十地断结》、《佛本生》、《法海藏》、《佛本行》、《四十二章》等五部。移都寇乱,四部失本不传,江左唯《四十二章经》,今见在,可二千余言。汉地见存诸经,唯此为始也。……兰后卒于雒阳,春秋六十余矣。①

对于竺法兰的这般叙述,可疑点很多。如汤用彤先生所说:"然《高僧传》复于摩腾之外,叙及竺法兰,则更为可怪。《冥祥记》无法兰之名。《祐录》著录《四十二章经》,并系之于竺摩腾,而于竺法兰所译经,概不列入。夫僧祐与慧皎先后同时,僧祐独不采取竺法兰出经事,则其怀疑可推而知。《高僧传》谓兰译经五部,有《十地断结》。按罗什以前十地通译十住,此曰十地,其伪可知。又兰所译书,不见两晋南北朝各家经录。"②由这些疑点判断,竺法兰参与翻译《四十二章经》并译有其他四部经典的记载不大可信。

关于《四十二章经》的翻译过程,隋费长房在《历代三宝纪》卷四说:

> 后汉《四十二章经》一卷,右一经一卷,明帝世中天竺国婆罗门沙门迦叶摩腾译,或云竺摄摩腾,或直云摄摩腾。群录互存,未详孰是。既未审知定何是姓,何者是名。先来弗译,所以备彰。……永平年,随逐蔡愔至自洛邑,于白马寺翻出此经。依录而编,即是汉地经之祖也。《旧录》云:本是外国经抄,元出大部,撮要引俗,似此《孝

---

① 慧皎:《高僧传》卷一,《大正藏》第50卷,第323页上。
② 汤用彤:《汉魏两晋南北朝佛教史》,第19页。

经》一十八章,道安《录》无。出《旧录》及朱士行《汉录》、僧祐《出三藏记集》。又载,但大法初传,人未归信,致使摩腾,蕴其深解,不复多翻。后卒洛阳。载其委曲,备朱士行《汉录》及《高僧》、《名僧》等传,诸杂记录。宝唱又云,是竺法兰译。此或据其与摄摩腾同时来耳。①

费长房此说是将有关《四十二章经》翻译问题的相关记载糅合在一起,叙述虽然芜杂,但仍然列出了根据:《旧录》、朱士行《汉录》、僧祐《出三藏记集》、《高僧传》、《名僧传》以及《宝唱录》。

从现存史籍看,《四十二章经》已经被著录,列出的根据是《旧录》并且说道安《经录》缺此经。道安于东晋宁康二年(374)撰成《综理众经目录》,此经录早已散失,有赖《出三藏记集》保存其大部。出于对此经录的极其信赖,当代学者对于道安《经录》未记载而仅见于其他史籍中的佛典翻译大多持怀疑态度。这一思路正是《四十二章经》晚出诸说以及中土撰述说的最主要根据。对于这一问题,汤用彤先生有清楚的疏解,极可注意。

首先,僧祐和费长房所说的《旧录》,是指东晋高僧支敏度编撰的经录。僧祐《出三藏记集》卷七载支敏度撰《合首楞严经记》一文说:"今之《小品》、《阿阇贳》、《屯真》、《般舟》,悉谶所出也。"②而僧祐《出三藏记集》卷二支谶录下有此数条:

《般舟般三昧经》一卷,《旧录》云《大般舟三昧经》,光和二年十月八日出。

《伅真陀罗经》二卷,《旧录》云《屯真陀罗王经》,《别录》所载,安《录》无,今缺。

---

① 费长房:《历代三宝纪》卷四,《大正藏》第49卷,第49页下—50页上。
② 僧祐:《出三藏记集》卷七,《大正藏》第55卷,第49页上。

《阿阇世王经》二卷,安公云出《长阿含》,《旧录》《阿阇贳经》。①

汤用彤先生指出:"此云'伿',《旧录》作'屯'。'世',《旧录》作'贳'。均与支愍度《合首楞严经记》所载相符。可见僧祐所指之《旧录》,为愍度所作。其《录》在安《录》之前,或且作于江南。僧祐谓《四十二章》见于《旧录》,则安公时已有斯经,断可知也。"②

其次,"愍度均约与安公同时。而安公《经录》,竟缺此经,其故极难解索。然大凡翻译,后出者胜。吾人今于读西洋典籍,已不必求明、清二代之所译。而前代所译,因渐渐灭。今日求之,常最难得。东晋去东汉已三百年,古人传抄,流传已难。安公草创,智者千虑,究有遗失"。汤先生依据道安公《自序》所言分析说:"今按此文所谓'值残出残'云云,疑谓安公就所亲见之经,无论残简全篇,均著于录。安公治学精严,非亲过眼,则不著录,故自知遗漏者不少。故谓若欲综理已出一切经典,自知非一人所能为。夫安公之世,《方等》风行,经出更多。《四十二章》,为常日所不备。安公固未见之,遂未著录,或亦意中之事也。(又据上文安《录》断自汉灵之世,《四十二章》出于灵帝之前,故未录也。)"③由此可见,以道安《经录》未收而怀疑此经非汉代所翻译,是当代人自设的主观标准,不足凭信。

此外,吕澂先生以为,《四十二章经》是从汉译《法句经》摘抄出来的,因此,其制作肯定要晚于《法句经》的汉译时间。吕先生并且依据这些,将此经的"抄出"定在"最低年代不得迟于支录著成之年,即成帝末年(342)。又关于汉明求法故事的最初记载,现在见得到的是晋惠帝时王浮《老子化胡经》中间所引的一段,但是它并没有提到《四十二章经》,经抄当在后出,所以它最上的年限不能超过惠帝末年(306)。在这短短三十几年中间(306—342),有法炬等《法句譬喻经》的新译,它也带着抄译

---

① 僧祐:《出三藏记集》卷二,《大正藏》第55卷,第6页中。
② 汤用彤:《汉魏两晋南北朝佛教史》,第24页。
③ 同上书,第24—25页。此说首先由梁启超提出但他后来又放弃了。

的性质。此时会有《四十二章经》的抄出,无疑是受到它的启发"①。这一推理看似合理,其实最大的漏洞在于为何《四十二章经》不是在印度从梵文《法句经》摘抄出来的呢?这一问题的不可排除,说明吕先生的推论中存在"先结论后找论据"的问题。吕先生说襄楷奏折中所引经文并非出自《四十二章经》,而是出自《增一阿含经》,遵循的也是同样的逻辑。

早在东汉延熹九年(166)襄楷上书桓帝时就曾引用此经。《后汉书》卷三〇《襄楷传》记载:

> 又闻宫中立黄、老、浮屠之祠。此道清虚,贵尚无为,好生恶杀,省欲去奢。今陛下嗜欲不去,杀罚过理,既乖其道,岂获其祚哉!或言老子入夷狄为浮屠。<u>浮屠不三宿桑下,不欲久生恩爱,精之至也。天神遗以好女,浮屠曰:"此但革囊盛血。"</u>遂不眄之。其守一如此,乃能成道。今陛下淫女艳妇,极天下之丽,甘肥饮美,单天下之味,奈何欲如黄、老乎?

这一段文字中,画线的两句与《四十二章经》所说很相似。对于上述相似性的来源问题,吕澂先生提出了独特的看法:"汉桓帝延熹九年(166)襄楷上疏里有'浮屠不三宿桑下'、'天神遗以好女'两段,和《四十二章经》第二章、第二十四章很相像,似乎经抄早就有了,但事实却不然。襄疏的两段的意义并不完全和经抄相符,只是异常类似,而从此类似上也只见到它们有同出一源的关系而已。《法句经》的素材主要取自《增一阿含》,襄疏那两段也出于《增一阿含》(参照秦译本卷六、卷四一)。在襄楷上疏时安世高就已有了《增一阿含百六十章》的译本,所以疏文可以别有出处,而不必依赖《四十二章经》。"②吕先生的这一看法很耐人寻味。我们可以将相关材料罗列于后,然后再作分析。

其一,襄楷疏说"浮屠不三宿桑下,不欲久生恩爱,精之至也"。《四

---

①② 参见吕澂《〈四十二章经〉抄出的年代》一文。

十二章经》说:"日中一食,树下一宿,慎不再矣。使人愚蔽者,爱与欲也。"①对此,吕澂先生说,襄楷此句不必一定来自于《四十二章经》,而来自于《法句经》。他举证说:《法集要颂经》卷二《利养品》:"苾刍远利誉,常足不贪求。但三衣饮食,真活命快乐。"②《法句经》卷二《爱欲品》:"所生枝不绝,但用食贪欲,养怨益丘塚,愚人常汲汲。"③前者是北宋时期来华的天息灾翻译的,后者是三国时期的支谦翻译的。吕先生还说这些的直接来源是《增一阿含经》卷六《利养品》:"尔时,世尊告诸比丘:'受人利养甚为不易,令人不得至无为之处。所以然者,若修罗陀比丘不贪利养者,终不于法中舍三法衣而作居家。修罗陀比丘大作阿练若行,到时乞食,一处一坐,或正中食,树下露坐,乐闲居之处,著五纳衣,或持三衣,或乐冢间,勤身苦行,行此头陀。'"④

其二,襄楷疏说:"天神遗以好女,浮屠曰:'此但革囊盛血。'遂不盼之。"

《四十二章经》说:"天神献玉女于佛,欲以试佛意,观佛道。佛言:'革囊众秽,尔来何为。去,吾不用尔。'"⑤吕澂等人提出襄楷疏这一句来源于《增一阿含经》。《增一阿含经》卷四一有文:

> 尔时,彼城中有婆罗门,名曰摩酰提利,善明外道经术,天文、地术靡不贯练,世间所可周旋之法,悉皆明了。彼婆罗门女,名曰意爱,极为聪朗,颜貌端正,世之稀有。是时,婆罗门经籍有是语:有二人出世甚为难遇,实不可值。云何为二人?所谓如来至真等正觉、转轮圣王。若转轮圣王出世之时,便有七宝自然向应。我今有此女宝,颜貌殊妙,玉女中最第一。如今无有转轮圣王。又我闻:真净王

---

① 《四十二章经》,《大正藏》第17卷,第722页中。
② 《大正藏》第4卷,第783页下。
③ 同上书,第571页上。
④ 瞿昙僧伽提婆译:《增壹阿含经》卷六,《大正藏》第2卷,第571页上—中。
⑤ 《四十二章经》,《大正藏》第17卷,第723页中。

子名曰悉达,出家学道,有三十二大人之相、八十种好。彼若当在家者,便当为转轮圣王。若出家学道者,便成佛道,我今可将此女与彼沙门。是时,婆罗门即将此女,至世尊所。前白佛言:"唯愿沙门受此玉女。"佛告婆罗门曰:"止,止。梵志,吾不须此著欲之人。"时,婆罗门复再三白佛言:"沙门,受此玉女。方比世界,此女无比。"佛告梵志:"已受汝意,但吾已离家,不复习欲。"尔时,有长老比丘在如来后,执扇扇佛。是时,长老比丘白世尊言:"唯愿如来受此女人。若如来不须者,给我等使令。"是时,世尊告长老比丘:"汝为愚惑,乃能在如来前吐此恶意!汝云何转系意在此女人所?夫为女人有九恶法。云何为九?一者,女人臭秽不净。二者,女人恶口。三者,女人无反复。四者,女人嫉妒。五者,女人悭嫉。六者,女人多喜游行。七者,女人多嗔恚。八者,女人多妄语。九者,女人所言轻举。是诸比丘,女人有此九法弊恶之行。"①

将上述引文对照可知,正如吕澂自己承认的,襄楷疏所说与《四十二章经》"是异常类似",但奇怪的是他的结论:"而从此类似上也只见到它们有同出一源的关系而已。"

然而,将吕先生所说的《法句经》和《增一阿含经》的几个段落与襄楷疏中的文字进行对照可见,第一例中,《法句经》与《四十二章经》的文字仅仅是大致关联而已。而第二例中,关联之处仅仅是意蕴而已。而在支谦所翻译的经典中却发现了与"革囊盛血"之语极其相似的表达。《太子瑞应本起经》卷一有文:"太子听妻气息,视众伎女,皆如木人,百节空空,譬如芭蕉……太子遍观,视其妻,具见形体,发爪、髓脑、骨齿、髑髅、皮肤、肌肉、筋脉、肪血、心肺、脾肾、肝胆、肠胃、屎尿、涕唾,外为革囊,中盛臭处,无一可奇,强熏以香,饰以华彩,譬如假借当

---

① 瞿昙僧伽提婆译:《增一阿含经》卷四一,《大正藏》第2卷,第769页中一下。

还,亦不得久计。"①此外,汉代安世高翻译的《地道经》也有这一语词:"止处臭恶露一切,骨节卷缩在革囊,在腹内血,著身在外,处大便肥长。"②这一句是对人身的描述,但并非襄楷所引用的"天神献玉女"引诱佛被拒绝的故事。

从上述叙述可知,吕澂先生所说《四十二章经》抄自《法句经》是缺乏任何直接或者间接证据的。他将襄楷疏文中所引文字归结为来源于汉末时期翻译出的《增一阿含经》类似的译本,特别是安世高翻译的《百六十品经》一卷(《增一阿含百六十章》),更是揣测之词。因为安世高翻译的《百六十品经》早已经散失,因而无从对证。

在襄楷疏之外,汤用彤先生以为三国时《法句经序》、东晋郗超的《奉法要》③也曾经引用此经。三国时《法句经序》有文"惟佛难值,其文难闻",汤用彤说这一句来源于《四十二章经》第十章"佛言天下有五难:贫穷布施难,豪贵学道难,制命不死难,得睹佛经难,生值佛世难"④。而吕澂以为《四十二章经》的这一章来源于吴译《法句经》卷下《广衍品》:"人当有念意,每食知自少。则是痛欲薄,节消而保寿。学难舍罪难,居在家亦难。会止同利难,难难无过有。比丘乞求难,何可不自勉。"⑤但是,《法句经》的此段文字并未包含《四十二章经》的"得睹佛经难,生值佛世难"两重意思。笔者在《法句经》卷下《述佛品》中找到了数句:"佛出照世间,为除众忧苦。得生人道难,生寿亦难得。世间有佛难,佛法难得闻。我既无归保,亦独无伴侣。积一行得佛,自然通圣道。"⑥此中的"世间有佛难,佛法难得闻"与《法句经序》的文字较为接近,可见,《法句经序》中的"惟佛难值,其文难闻"一句,也可能直接来源于

---

① 支谦译:《太子瑞应本起经》卷一,《大正藏》第3卷,第475页中。
② 安世高译:《地道经》,《大正藏》第15卷,第234页下。
③ 鉴于时代较晚,为节省篇幅计,不赘考。
④ 《四十二章经》,《大正藏》第17卷,第722页下。
⑤ 沙门维祇难等译:《法句经》卷下,《大正藏》第4卷,第569页下。
⑥ 同上书,第567页上。

《法句经·述佛品》。

重要的是,《四十二章经》中所说的"五难",在《三慧经》中有完整表述:

> 有五事难:一者,值佛世难。二者,闻经难。三者,得善师难。四者,得善人难。五者,得作人难。

> 有五难:一者,贫能布施难。二者,豪贵能忍辱者难。三者,有事对吏不欺者难。四者,与端正女人同床意不乱者难。五者,制人命不得伤害者难。①

将《三慧经》的上述内容与《四十二章经》所说的"五难"相对照即可发现,《四十二章经》的"五难"与《三慧经》的内容是同源的。可见,《四十二章经》原版抄本来源复杂,并不局限于《法句经》或《增一阿含经》。这部《三慧经》被僧祐列入《出三藏记集》卷三的"新集安公凉土异经录"中,可见此经是东晋之前于凉州翻译而后流入内地的。因为未署译者名号,道安因此将其列入"凉土异经录",这也间接证明《四十二章经》的译籍性质,中土撰述或在中土摘抄说缺乏基本的文献支持。

综上所述,尽管现有史籍有关《四十二章经》翻译的记载不是很完备,因此有些叙述显得不大可信,但这些疑点并不能必然推出此经并非东汉翻译或者干脆认为是中土撰述的结论,本著依然将此经当做永平求法之后不久翻译出的佛教经典。

二、《四十二章经》的版本及其基本内容

在确定《四十二章经》确实是一部早期汉译的佛教经典之后,须对流传于世的《四十二章经》的版本源流及其基本内容作一说明。

汤用彤先生的一个重要研究结论是,《四十二章经》译本有二,且现

---

① 《大正藏》第 17 卷,第 703 页上。

存的译本已经被改窜，因而才备受怀疑。"现存经本，文辞优美，不似汉译人所能。则疑旧日此经，固有二译。其一汉译，文极朴质，早已亡失。其一吴支谦译，行文优美，因得流传。"①根据主要是隋代费长房《历代三宝纪》的记载。长房《录》除著录汉代的译本之外，在三国孙吴支谦名下也著录了《四十二章经》："《四十二章经》一卷，第二出，与摩腾译者小异，文义允正，辞句可观，见《别录》。"②此中所说的《别录》即《众经别录》。费长房《历代三宝纪》卷一五说，他搜寻所得前代经录六家以及未尝目见二十四家，此《别录》在费长房所目见6家之中。关于此《别录》的编集时代，费长房说："未详作者，似宋时述。"③汤用彤据此说："据此则刘宋时，《四十二章》犹存二译，一者汉代所译，一者吴支谦所出。《别录》作者谓此二本少异。汉译文句，想极朴质。而支谦所译，'则文义允正，辞句可观'。刘宋以后，汉译辞劣，因少读者，或即亡佚。支谦所出，则以文章优美，而得长存。"古人写经，往往不著译人。"而摩腾译经为一大事，因遂误以支谦所出，即是汉译，流传至今，因袭未改。"④而现存译本属支谦重译，因此梁启超、吕澂等人以为其文字优美，不似汉代译人所能达到，也是事出有因。

本经有多种异本，现存主要有五种：一是《高丽藏经》本，二是宋真宗注本，三是唐《宝林传》本，四是明了童补注的宋守遂注本，五是宋代六和塔本。其中，《高丽藏本》是最古的本子，其后的诸种版本多有改编。

所谓《高丽藏》本《四十二章经》也就是收载于《高丽藏》中的《四十二章经》。《高丽藏》是以北宋初期雕刻于四川的《开宝藏》为蓝本刊刻而成的，《开宝藏》已经散失，而此藏所收《四十二章经》便成为《大藏经》系列中最早的版本，此后的几种《大藏经》如宋、元本所收与此本相同。此本

---

① 汤用彤：《汉魏两晋南北朝佛教史》，第25页。
② 费长房：《历代三宝纪》卷五，《大正藏》第49卷，第57页下。
③ 费长房：《历代三宝纪》卷一五，《大正藏》第49卷，第125页中。
④ 汤用彤：《汉魏两晋南北朝佛教史》，第26页。

《四十二章经》经文前面有序,与《出三藏记集》所载相同。

所谓"宋真宗注本",是北宋真宗皇帝撰集《四十二章经注》所依据的本子,现行本前有宋真宗皇帝制的《注四十二章经序》。此本卷首没有"经序",而另加序分"尔时世尊……为说真经四十二章"等97字。于第一章加了"识心达本,解无为法"两句,第一章后加"出家沙门断欲去爱,识自心源"一章。将《丽藏》本第八、九两章合为一章,第十一章天下"五难"增为"二十难";第四十二章增加"视大千世界如一诃子"等十喻,又在经末增加"诸大比丘闻佛所说欢喜奉行"十二字。此外与《丽藏》本相同的各章,文字上亦有些不同。现今坊间影印唐大历十三年怀素草书《四十二章经》,与此本同,似唐代宗时已有此本。房山石经明刻《四十二章经》,明正统五年(1440)德经等刻《四十二章经》及清乾隆印四体合璧本,皆与此本同;《明藏》亦收录此本经文及序。

宋真宗注本的重要改变在于加入了体现禅宗思想的语句。如第一章的"识心达本,解无为法"以及"出家沙门断欲去爱,识自心源",禅宗色彩异常明显。而将《高丽藏》本《四十二章经》的"五难"修改补充为"二十难",在后世及当代佛教中有一定影响。其文说:

> 佛言:天下有二十难。见好不求难,有势不临难,被辱不瞋难,触事无心难,广学博究难,不轻未学难,除灭我慢难,会善知识难,见性学道难,对境不动难,善解方便难,随化度人难,心行平等难,不说是非难。①

其中,"触事无心难"与"见性学道难"当然可以说是与禅宗主张有着密切关联的产物。

1933年首次在山西赵城县霍山广胜寺发现、刊刻于金皇统九年(1149)至大定十三年(1173)的《赵城金藏》中收载有《宝林传》。在《宝林传》第一卷中,载有《四十二章经》(原卷首残缺六页)。根据学者研究,

---

① 此处经文散见宋真宗《四十二章经注》,《大正藏》第39卷,第519页上一下。

《宝林传》中收载的《四十二章经》在许多地方已经也被添加了禅宗特色的语句。① 如《高丽藏》本有文说：

> 佛言：饭凡人百，不如饭一善人；饭善人千，不如饭持五戒者一人；饭持五戒者万人，不如饭一须陀洹；饭须陀洹百万，不如饭一斯陀含；饭斯陀含千万，不如饭一阿那含；饭阿那含一亿，不如饭一阿罗汉；饭阿罗汉十亿，不如饭辟支佛一人；饭辟支佛百亿，不如以三尊之教度其一世二亲。教千亿，不如饭一佛学愿求佛欲济众生也，饭善人福最深重。②

而《赵城金藏》本则为：

> 佛言：饭恶人百，不如饭一善人；饭善人千，不如饭一持五戒者；饭持五戒者万，不如饭一须陀洹；饭百万须陀洹，不如饭一斯陀含；饭千万斯陀含，不如饭一阿那含；饭一亿阿那含，不如饭一阿罗汉；饭十亿阿罗汉，不如饭一辟支佛；饭百亿辟支佛，不如饭一三世诸佛；饭千亿三世诸佛，不如饭无念无住无修无证之者。

此中除细节的差别外，最主要的是突出了禅宗"无念、无住、无修、无证"的特色。同样的例子还有："佛言，诸沙门行道，当如牛负行深泥中，疲极不敢左右顾，趣欲离泥以自苏息。沙门视情欲，甚于彼泥，直心念道，可免众苦。"③《赵城金藏》本则为："佛言：诸沙门行道，当如磨牛，无有休息。身虽行道，心道不行。心道若行，何用行道？"最后一句明显的是南宗禅的语句。此外，《宝林传》本第三十六章末增加"既发菩提，无修无证难"一句，也掺入禅宗思想的例子。

---

① 汤用彤在《汉魏两晋南北朝佛教史》中已经指出过。其他，如日本学者柳田圣山在《宝林传本四十二章之课题》(《印度学佛教学研究》第 3 卷第 2 号，1959) 及《初期禅宗史书之研究》中，注意到由高丽本《四十二章经》(《大正藏经》第 17 卷) 到《宝林传》本《四十二章经》所变更的内容。
② 《大正藏》第 17 卷，第 722 页下。
③ 同上书，第 724 页上。

关于《宝林传》和真宗注本的前后关系，不很清楚。但真宗注本新加的"十五难"和"十喻"，此本俱有，但《宝林传》比真宗注本更大量增加了禅宗思想的字句。《宝林传》是晚唐僧智炬所撰。尽管不能据此就说这些改变是其所为，但认定这些改变出自禅宗僧人是毫无问题的。

所谓"守遂注本"的《四十二章经》，是宋代青原派曹洞宗第十三世守遂禅师批注所用。现在流行本是宋守遂注、明代了童补注《四十二章经注》一卷。此本的显著特点是：其一，其行文常用韵语，如"仰天唾章"云："佛言：恶人害贤者，犹如仰天唾。唾不至天公，还从己身堕。逆风扬恶尘，不能污上人。贤者不可毁，祸必降凶身。"其二，与《宝林传》本相比，除文字稍有出入外，与守遂注本几全相同。举凡守遂本所增加之新义，如"无念无住"、"见性学道"诸语，均原见于《宝林传》本。

第五种是发现于杭州六和塔的宋绍兴二十九年（1159）石刻《四十二章经》。此本的末尾有西蜀武翊的《跋》，其文说："迦叶、竺法译于前，智圆训于中，骆偘序于后。"石刻的经文与守遂注本大体相同。此处的智圆即北宋天台宗孤山智圆，他的《四十二章经注》已佚失，但《佛祖统纪》卷五〇收载有他撰的《四十二章经疏序》。

从上述叙述可知，《四十二章经》在流传过程中，存在严重的随意删改增添的情况。这一点，与古人对待鸠摩罗什等通行译本的严谨态度相距甚远，这也为当代学者怀疑此经典的真实性提供了证据。从上述考辨可知，《高丽藏》本可能最接近支谦译本，但也存在在抄录过程中改换语词的情况，如将"浮图"改为"佛"等。因此，以现存版本来论定此经的真伪之时，首先应该严格地以现存最早的写本为依据；其次，也要注意即便是这一写本也有个别语词的改换问题。

《四十二章经》主要阐述出家、在家应精进离欲，由修布施、持戒、禅定而生智慧，即得证四沙门果，文中包含了佛教基本修道的纲领，颇得汉魏时期佛教界的重视，在中国佛教的早期传播中起了较大的作用。

《四十二章经》的章旨如下：第一章，宣讲出家沙门行道得果和四果的意义；第二章，宣讲说沙门道法应少欲知足；第三章，宣讲十善恶业和在家修五戒十善亦能得道；第四章，宣讲有过应悔，改过灭罪，后会得道；第五章，宣讲以慈心对恶人；第六章，宣讲人以恶来反祸自身，如送礼不纳还自持归；第七章，宣讲恶人害贤者，如仰天而唾，又如逆风以土坌人还污己身；第八章，宣讲博施福大；第九章，说随喜人施亦得福报；第十章，宣讲较量施福何者最大；第十一章，宣讲天下有五难；第十二章，宣讲垢去明存，犹如磨镜；第十三章，宣讲行道者善，志与道合者大，忍辱者多力，除心垢者最明；第十四章，宣讲心垢(三毒五盖)尽，乃知生死所趣，诸佛国土道德所在；第十五章，宣讲学道见谛，如持炬火入于暗室，其冥即灭；第十六章，宣讲应念道不应稍忽；第十七章，宣讲恒念无常则得道疾速；第十八章，宣讲念道得信根其福无量；第十九章，宣讲念四大无我；第二十章，宣讲华名危身，如香自烧；第二十一章，宣讲财色如刀上蜜，贪之截舌；第二十二章，宣讲妻子情欲之患甚于牢狱之灾；第二十三章，宣讲爱欲莫甚于色；第二十四章，宣讲爱欲之于人，如逆风执炬，有烧手之患；第二十五章中，宣讲佛诃玉女如革囊众秽；第二十六章，宣讲为道不为情欲所惑，保其得道，如水中木顺流入海；第二十七章，宣讲意不可与色会合；第二十八章，宣讲无视女人，见之当如莲花不为污泥所染污；第二十九章，宣讲人为道而抛离情欲，当如草避火；第三十章，宣讲止息淫欲当先断心；第三十一章，宣讲无爱即无忧，无忧即无畏；第三十二章，宣讲坚持精进，欲灭得道；第三十三章，宣讲学道调心，应如调琴弦缓急得中；第三十四章，宣讲学道应渐渐去垢，如锻铁；第三十五章，宣讲人不为道，生老病死其苦无量；第三十六章，宣讲人离三恶道乃至信三宝值佛世等八种难得；第三十七章，宣讲为道须念人命在呼吸间；第三十八章，宣讲离佛虽远，念戒必得道；第三十九章，宣讲佛经如蜜，中边皆甜，行者得道；第四十章，宣讲为道须拔爱欲根，如摘悬珠，终有尽时；第四十一章，宣讲沙门行道，当如牛负重行于泥中，急求出离；第四十二章，宣讲轻视富贵如过客，视金玉如砾石。

从上述叙述看,《四十二章经》基本属于小乘思想,但后来流传的本子的表述带有浓厚的儒道思想的特色。如宋真宗注解本《十二章经》有文:

> 世尊成道已,作是思维,离欲寂静,是最为胜,住大禅定,降诸魔道。于鹿野苑中,转四谛法轮,度陈如等五人而证道果,复有比丘所说诸疑,求佛进止。世尊教敕——开悟,合掌敬诺,而顺尊敕。①

现存《四十二章经》的版本也混入了不少大乘思想,特别是有些语句有明显的禅宗特色。这都是后来流传过程中好事者妄加进去的,不能依此来论说东汉、三国时期两种版本的面目。

三、《理惑论》的作者和成书年代

东汉末年,随着佛教在社会上的广泛流行,影响逐渐扩大。另一方面,在儒家和道家等传统思想的秉承者心目中,佛教自然是不可接受的。现存的《牟子理惑论》在古代一直被看做反映汉末三国时期佛教发展状况的重要著作。近来以来,随着疑古思潮的兴起,此书的真伪问题成为佛教史中的核心问题之一。许多关心和从事佛教史研究的著名学者都对其发表针锋相对的看法,或认为是汉末的著述,或认为是后人的伪造。本著在权衡各方证据和立论方法之后,认同此书为汉末时期生活在交州的一位姓牟的士人所写的看法。下文参照学术界研究成果,对此书的作者和成书年代做些综述。

首先是《理惑论》的著录和流传情况。《理惑论》最初收在陆澄的《法论》中,称为《牟子》。陆澄是刘宋、南齐时候的人,受宋明帝委托编《法论》以弘扬佛教。也许陆澄因为《理惑论》中记载了汉明帝遣使求法的故事,就把它编入"缘序集"中。《法论》早已失传,仅在《出三藏记集》里保存了目录。梁代僧人僧祐在《弘明集》里收入了《理惑论》的全文。因此,

---

① 《大正藏》第39卷,第517页中。

通常就说《理惑论》首载于《弘明集》。于是，《理惑论》随着《弘明集》的刊刻而流传。其他丛书收录《理惑论》时，也都是以《弘明集》为本。此后，也有史籍对《理惑论》有所记载和收录。《隋书·经籍志》在"子部·儒家类"的目录中记有《牟子》二卷，但是不见原文。《旧唐书》和《新唐书》都沿袭了《隋书》的著录。

六朝、隋唐时期的许多文献引用了《理惑论》中的文字。宋代洪迈《容斋随笔·续篇》"计然意林"条内列举唐代马总《意林》所引书不见于世者，其中就有《牟子》。可见，洪迈并不知其尚存于《弘明集》中。清代乾嘉时期，汉学转兴，孙星衍编"平津馆丛书"，"爱其为汉魏旧帙"，遂将《理惑论》从《弘明集》中辑出，题作《牟子》，附注"一名《理惑论》"，他的学生洪颐煊为之作序。自唐代算起一千余年后，牟子《理惑论》又独立成书。

关于《理惑论》的作者，从古到今都众说纷纭。在《出三藏记集》所保存的《法论》目录中，于《理惑论》书名之下标有一个副题："一云《苍梧太守牟子博传》"，《隋书·经籍志》则说《牟子》二卷，"汉太尉牟融撰"，两《唐书》沿用了这一说法。在《出三藏记集》所列的《弘明集》目录中，没有说《理惑论》的作者是牟融，但是在明代的《弘明集》刻本中，则又注明《理惑论》的作者是"汉牟融"，同时附注"一云《苍梧太守牟子博传》"。明末胡应麟在《四部正讹》里指出《理惑论》的作者牟子不是牟融，但又相信是后汉人所作。清代孙星衍的学生洪颐煊在为牟子书作序时说："《后汉书》载牟融传，融代赵熹为太尉，建初四年薨，而是书自序灵帝崩后，天下扰乱，则相距已百年，《牟子》非融作明矣。"洪颐煊认为《理惑论》不会是牟融所作，牟子博是什么人又不见历史记载，无从考证。然而在"平津馆丛书"中仍然保留了"汉太尉牟融撰"的说法，认为其文近于汉魏，故收入丛书。据洪颐煊解释，这是因袭隋唐旧说，"以疑传疑"。晚清学者孙诒让则确认此书为东汉牟子所作。梁启超作《牟子理惑论辨伪》，否定牟子真有其人，认为此书是后世伪造，内容文字都不佳，"为晋六朝乡曲人不善属文者所作"①。而汤用彤、周叔迦同意孙诒让持的观点。吕澂在《中国佛学源流略讲》中也认为,《理惑论》"应该属于伪书","作者决非汉末时人",因"当时佛家的学说不会有书内记载的情况",推定为"约当晋宋之间"所出。日本学者山内晋卿、福井康顺肯定此书为牟子所作,但常盘大定、松元文三郎等则认为是伪书。法国学者马司帛洛也认为是伪书,但伯希和又肯定它是牟子所作。

从胡应麟以来的研究证明,《理惑论》的作者不是汉代太尉牟融。牟融是东汉初年明帝、章帝时候的官员,《后汉书》卷二六《牟融传》记载,牟融任太尉是在章帝即位之后,卒于建初四年(公元79)。根据《理惑论·序传》,牟子是东汉末年灵帝、献帝时候的人,献帝即位时已经是一百九十年,距牟融在世相去一百多年。可见,这个牟子决不会是章帝时期做过太尉的牟融。然而,现在从《弘明集》里所看到的是,《理惑论》的作者为"汉牟融",并不冠以"太尉"二字。这反映了古人已经发现不知何时加注的"太尉"二字是以讹传讹。

《法论》和《弘明集》在《理惑论》的书名下都标注了"一云《苍梧太守牟子博传》"的副题。从此引出了《理惑论》作者的又一种说法,对此题解释很多,大致有四种②:其一,牟子姓牟名博,而《理惑论》则是纪传体的书。其二,怀疑《牟子博传》中的"博"字是"传"字的误笔,后来补写传字时忘记圈去。但是《牟子传》是书名而非人名,并且是苍梧太守撰写了《牟子传》。于是,说《理惑论》是牟子的自传不对,说《理惑论》的作者是牟子博也不对,说牟子是苍梧太守更加不对。其三,牟子姓牟名融,字子博。但是这个牟融不是汉太尉牟融,而是汉末逸士。其四,牟子已失其名,他是苍梧人,但是不曾做过太守。争论表明,牟子叫什么名字,到底是什么人,已经难以确考。不过从《理惑论》的序传中还是可以对他有个

---

① 梁启超:《佛学研究十八篇》,第22页,上海:上海三联书店,2009。
② 这一叙述采纳了蒋庆寅的归纳总结,参见《牟子理惑论(释译)》,佛光出版社,1997。

大概的了解：牟子的原籍是苍梧，他精通儒家经典，博览诸子百家的著作，为避开社会动乱来到交趾。他没有做过苍梧太守，并且无意于仕途。他志在钻研学问，潜心研究佛教和《老子》。因他信奉佛教，遭到世俗的非难，于是写下了《理惑论》进行答辩，也藉以宣扬佛教原理。

《理惑论》反映了佛教在中国初期传播的情况，受到人们的重视，但是该书的某些内容也引起了争论。① 梁启超认为灵、献时的牟子不可能游于阗之国，因为史书记载桓帝时于阗与中国绝交了。周叔迦认为："夫所谓与中国绝者，朝贡之使不相往还耳，岂有私人游历亦不得经过耶？彼西域路径，非若北虏之有长城，可以闭关绝塞也……。昔唐玄奘之西游也，初结伴陈情，有诏不许。凉州都护复奉严敕，防禁特切，而奘公卒得西行。今于阗之防，亦未足异也。"梁启超又说："原文云，今沙门剃头，今沙门既好酒浆，或畜妻子。汉魏皆禁汉人不得出家，灵、献时安得有中国人为沙门者，据此文所述僧徒风纪已极败坏，必在石赵姚秦极力提倡举世风靡之后始有此现象耳。"② 梁启超所言，魏晋禁汉人出家的话，出自石赵时王度的奏议，载于《高僧传》卷一〇《佛图澄传》中。周叔迦认为王度奏语不足为据，引史实驳斥说："……殊不知汉末译师严佛调为临淮人即出家为沙门者也。又《后汉书·楚王英传》称英奉缣纨赎愆。诏报曰：其还赎以助伊蒲塞、桑门之盛馔。则汉时之沙门更尝受帝王王子之供养矣。又《陶谦传》云，笮融于广陵大兴佛寺，岂有寺而无僧者。盖汉时戒律尚无译传，其出家者，但剃发以殊俗而已。殆至魏末，始有昙柯迦罗等二三大德初翻戒本，开坛传戒，朱士行固首受其戒者也，则王度之奏亦不足为凭矣。汉末沙门既无戒本可遵，其饮酒畜妻肆行无忌，亦理所固然。殆至石赵姚秦之后，东土僧律已臻完备，更有诸大师整纲振纪，其时戒风峻肃，岂更有此等情事耶？"从佛教经典流入中国的情况看，确如周叔迦

---

① 此后的叙述参见罗辉映《牟子〈理惑论〉略析》，《法音》1984 年第 2 期。
② 梁启超：《佛学研究十八篇》，第 22 页。

所言戒律的翻译要晚一些。至于汉魏时禁汉人出家一事,出家的人多了,会使统治者失去纳赋和派役的对象,不利于封建统治,所以要禁止汉人出家。法令禁止,正说明汉人出家的情况已甚广泛。梁启超引王度的话而否定《理惑论》的记载,显然靠不住。

梁氏还认为牟子书自序、书名支离破碎,文义不相统属。而周叔迦、胡适征引《后汉书》、《三国志》有关记载,证明牟子书自序非但与史实相符,而且还补充了史书漏掉的事情。

《理惑论》序传说:"先是时,牟子将母避世交趾,年二十六归苍梧娶妻。太守闻其守学,谒请署吏。时年方盛,志精于学。又见世乱,无仕宦意,竟遂不就。是时诸郡相疑,隔塞不通。太守以其博学多识,使致敬荆州。牟子以荣爵易让,使命难辞,遂严当行。会被州牧优文处仕辟之,复称疾不起。牧弟为豫章太守,为中郎将笮融所杀。时牧遣骑都尉刘彦将兵赴之,恐外界相疑,兵不得进。牧乃请牟子曰:'弟为逆贼所害,骨肉之痛,愤发肝心。当遣刘都尉行,恐外界疑难,行人不通。君文武兼备,有专对才。今欲相屈之零陵、桂阳,假途于通路。何如?'牟子曰:'被秣伏枥,见遇日久,烈士忘身,期必骋效。'遂严当发。会其母卒亡,遂不果行。"①

据《后汉书·朱儁传》,朱儁是会稽上虞人,其子朱皓官豫章太守。《陶谦传》中记载了笮融杀豫章太守朱皓的事,《三国志·士燮传》说交州刺史为朱符。《薛综传》记载交州刺史朱符是会稽人,朱符多以乡人虞褒、刘彦之徒分任长史等官。

将以上史实贯通并结合《理惑论》序传考释之,可知朱儁的儿子朱皓官豫章太守,朱符官交州刺史。依照《理惑论》序传,可知朱符和朱皓是亲兄弟或堂兄弟。朱皓被笮融杀死,朱符称"骨肉之痛,愤发肝心",并决定派亲信骑都尉刘彦带兵去豫章报仇。汉末各州郡拥兵割据,或互相攻

---

① 《理惑论序传》,见《弘明集》,《大正藏》第52卷,第1页中。

伐,刘彦从交州带兵赴豫章(今江西南昌),要经过零陵(今湖南零陵)、桂阳(今湖南郴县),必然会引起这些州郡当局的怀疑,或会以兵阻袭之。于是朱符请牟子充当使节,向沿途州郡说明情况,假途讨伐笮融,这些完全符合汉末的社会政治情况。《后汉书》、《三国志》有关传记中记载了上述情况,牟子序传所记则比较细碎,和史书所记并不相悖,的确弥补了史书所不能顾及的细致情况。汉末州郡相攻,笮融一类豪强聚众逞强,流劫州郡。其间政治形势,人事换替,瞬息即变。若非亲历其事,断难详记无误,更不是两百年后的"乡曲不善属文者"所能伪造。梁启超对这段历史未能细究,遂以为文义不相属,乃至攻《理惑论》为伪作,殊为失当。

任继愈主编的《中国佛教史》在汤先生考证的基础上提出:"此书不是伪书,它成书于三国时孙吴初期。"我们赞成《中国佛教史》的观点。《中国佛教史》第一卷第三章的作者根据《理惑论》所引用的佛教的内容、用语等方面推断出其成书的大致年代。[①] 本著以此著所论述线索,叙述《理惑论》的真实性。

该著首先根据对于《理惑论·序传》相关记载的考证,"牟子年二十六回苍梧娶妻,当是豫章太守朱皓被笮融杀死的兴平二年(195),其生年大约在灵帝建宁三年(170)"[②]。其次,该章认为《理惑论》所说的佛陀出生、成道、纳妃的时间和情节与汉献帝建安年间竺大力和康孟祥所译的《修行本起经》二卷和《中本起经》二卷基本一致,但所用的字句与吴黄武年间支谦译的《太子瑞应本起经》二卷更为接近。尤其是,对于疑伪说者较为有利的证据——《理惑论》所引"须大拿"的故事的出处,此著也作了很为有力的考辨:"须大拿的故事见于康僧会译的《六度集经》卷二《须大拿经》。"但是,《六度集经》所选九十一经"不全是译,而是编译,所收录的其他经当主要是从交州和建业等地早已流传的译经中选编的。据此,

---

① 参见任继愈主编《中国佛教史》第一卷,第188—201页,北京:中国社会科学出版社,1981。
② 同上书,第196页。

《须大拿经》当早已译出,牟子在交州应已看到"。此著的结论是:"《牟子》成书不会早于吴支谦译《瑞应本起经》之前,也未必在康僧会编《六度集经》以后。"而"《本起经》大约在吴赤乌元年(238)以前已经译出。若按上面对牟子生年的计算,牟子写成《牟子理惑论》一书当在68岁之前。就是说,《牟子》成书于三国孙吴初期"。第三,尤其需要注意的是此著中的这一结论:"牟子地处交州,可以看到南北两地的译经,又可直接从来自南亚的佛教徒接受佛教教义,而我们现在衹可依据有限的资料进行推断。"如此去看,吕澂所总结的"否定它的人,其论证多半与佛家有关,因为它使用的佛家材料都有可疑"①,自然可以借这一角度得到纾解。

围绕《理惑论》真伪之争的焦点在于,此论前面的《序传》。以汤用彤为代表的"真"派认为:"其序文所载史事,不但与史书符合,且可补正史之缺。"②而对于这一《序传》,荷兰学者许里和质疑说:"序言明显不是自传体而具有赞颂的性质。"他对序言文字提出了多重疑问。譬如,有谁能相信一个中国学者在撰写他自己的著作是会自比孟子据杨朱、墨翟?谁能相信他会说自己学识广博,因而受职荆州?还有谁相信他自称"文武兼备,有专对之才"?③ 表面看来,许里和这一质疑颇有道理。但是,一、《序传》所记录的若干事件与历史记载很是吻合,而其记叙的亲切度与准确度恐怕非自己或者非常亲近了解者不能写出;二、汉赋常有作者以虚拟的第一人称撰写的习惯,而出于在论说中的说服力或者压服力考虑,汉赋中的"序"自我吹嘘的情况很是常见。二者综合起来看,《序传》恐怕应该是"牟子"所亲撰。

四、《理惑论》的基本内容

《理惑论》一书的结构是:卷首附有牟子序传,本文则以37条问答回

---

① 参见吕澂《中国佛学源流略讲》,第26页。
② 参见汤用彤《汉魏两晋南北朝佛教史》的考证。
③ 参见许里和著、李四龙译《佛教征服中国》第一章,南京:江苏人民出版社,1998。

答对于佛教的批判及疑问,其中述及释迦牟尼出家、成道、传教的事迹,佛经的卷数及戒律的规定,佛教关于生死问题的观点,以及佛教在中国初传的情况等。文中大量涉及到儒、佛、道三教的异同,以及佛教的优越性,是最古老的三教关系论书。以下分别从几方面,对《理惑论》所蕴含的思想作些分析说明。① 印度佛教初传来华时,人们多视之为黄老方术之一种,随着译事的发展、传教的深入,国人对佛教的认识已不再停留在这一水平上,三国初期中土人士对佛教的理解在《牟子理惑论》中有集中的体现。

第一,是佛陀观。

《理惑论》这样描述佛:"佛者,谥号也,犹名三皇神、五帝圣也。佛乃道德之元祖,神明之宗绪。佛之言觉也,恍惚变化,分身散体,或存或亡,能小能大,能圆能方,能老能少,能隐能彰,蹈火不烧,履刃不伤,在污不辱,在祸无殃,欲行则飞,坐则扬光,故号为佛也。"②此种的含义可有三层:其一,佛的名称等同于古代帝王的谥号,佛也就是中国的圣人、神王。其二,"佛之言觉也",说明作者很清楚"佛"的含义是觉悟者。其三,为了顺应当时的思想氛围,作者对于佛的描述与当时的黄老神仙之学对于"真人"的渲染几乎没有区别。其四,"分身散体"的说法略同于大乘佛教的三身说,即"法身"、"应身"、"化身",法身不变,而应身、化身则随机现身说法,释迦牟尼佛是"法身佛"的一位应身或者化身而已。

第二,以黄老之学来诠释佛教教义。

在回答"何谓之为道?道何类也?"的提问时,牟子说:"道之言导也。导人致于无为,牵之无前,引之无后,举之无上,抑之无下,视之无形,听之无声,四表为大,蜿蜒其外,毫厘为细,间关其内,故谓之道。"③这一段话中,"无为"是早期佛典翻译中借用《老子》的术语对于"涅槃"或"解脱"的一

---

① 关于此书本身所蕴含的思想价值,在大陆仍然数任继愈主编的《中国佛教史》第一卷分析得最为详尽,近年有刘立夫将其纳入《弘明集》所反映的整体思想中作了归纳分析,可以参考。
②③《大正藏》第52卷,第2页上。

种译法,其内容与《老子》"道常无为而无不为"(三十七章)是不同的。

但是,牟子后文对于"无为"的解释却与道家的解释几乎完全相同。牟子在文中设一问:"子说道虚无恍惚,不见其意,不指其事,何与圣人言异乎?"牟子回答说:"立事不失道德,犹调弦不失宫商。天道法四时,人道法五常。《老子》曰:'有物混成,先天地生,可以为天下母。吾不知其名,强字之曰道。'道之为物,居家可以事亲,宰国可以治民,独立可以治身,履而行之充乎天地,废而不用,消而不离,子不解之,何异之有乎?"这一解释不但未曾纠正前文的偏向,反而比前句的道教色彩更为明显。牟子所理解的"道"包含了"道德"、"天道"、"人道"等多方面的内涵,而且融会儒家思想于其中,然与佛教之"道"——境界与方法等含义几乎不搭界。

第三,形神之辨。

形体与灵魂的关系是中国固有思想一直关心的问题,在南北朝时期成为思想界的讨论热点,《理惑论》中已经涉及到这一问题。在回答"人死当复更生"的提问时,牟子明确将"复生"的主体诠释为灵魂。牟子说,人死而魂魄离开,能将魂魄喊回来,人则能还生,否则死后变成鬼神。这是中土灵魂说的内容。牟子曰:"魂神固不灭矣,但身自朽烂耳。身譬如五谷之根叶,魂神如五谷之种实,根叶生必当死,种实岂有终亡?得道身灭耳。"人的身体如同根叶,灵魂则如同种子和果实。五谷的根叶是有生灭的,而种子和果实是连续的不生灭的。其后对于"为道亦死,不为亦死"的疑问,牟子说:"有道虽死,神归福堂。为恶既死,神当其殃。"[①]这一回答,将"得道者"与"未得道"者从死后的不同际遇方面作了区分。它强调不要只以一期的现世的眼前生命为局限,生命存在有其永恒意义可言,只有修道向善才能超越有限性。不考虑来世,便会如愚夫在将来承受恶报。"愚夫闇于成事,贤智预于未萌,道与不道如金比草,善之与福如

---

① 《大正藏》第52卷,第3页中。

白方黑,焉得不异?"贤智者当前修道,是为了让"未萌芽"的"恶报"不至于出现。修道者所得的福与不修道者之无得,自然是天壤之别。这一段话语谈论的是业报轮回,但从"神归"、"神当"福祸的说法看,与其说属于佛教,毋宁归于中国传统更合适。

此外,对于时人所认为的佛教"道生死以乱志,说鬼神之余事"的指责,牟子曰:"若子之言,所谓见外,未识内者也。孔子疾子路不问本末,以此抑之耳。《孝经》曰:'为之宗庙,以鬼享之。春秋祭祀,以时思之。'又曰:'生事爱敬,死事哀戚。'岂不教人事鬼神,知生死哉?周公为武王请命曰:'旦多才多艺,能事鬼神。'夫何为也?佛经所说生死之趣,非此类乎?《老子》曰:'知其子,复守其母,没身不殆。'又曰:'用其光,复其明,无遗身殃。'此道生死之所趣,吉凶之所住。至道之要,实贵寂寞。佛家岂好言乎?来问不得不对耳。钟鼓岂有自鸣者?桴加而有声矣。"①牟子的这一段回答,对于后来的形神之争影响深远,甚至成为后世争论双方论辩的基本模式。牟子引述儒道两家经典重视鬼神、论说鬼神的言论,反击对方以"鬼神"之教为名对于佛教的攻击,效果很好。不过,这一段问答,从理论含量上来说,非常粗糙、浅显,与晋宋的类似争论不可同日而语。

第四,夷夏之辨。

《理惑论》中有一问答专门论说"夷夏之辨"。当对方以孔子"夷狄之有君,不如诸夏之亡也"以及孟子讥陈相更学许行之术是所说的"吾闻用夏变夷,未闻用夷变夏者也"来讥讽牟子"学夷狄之术"时,牟子说:"孔子所言矫世法矣,孟轲所云疾专一耳。昔孔子欲居九夷曰:'君子居之,何陋之有?'及仲尼不容于鲁、卫,孟轲不用于齐、梁,岂复仕于夷狄乎?禹出西羌而圣喆,瞽叟生舜而顽嚚,由余产狄国而霸秦,管蔡自河洛而流言。《传》曰:'北辰之星,在天之中,在人之北。'以此观之,汉地未必为天

---

① 《大正藏》第52卷,第3页下。

中也。佛经所说,上、下周极,含血之类物皆属佛焉。是以吾复尊而学之,何为当舍尧、舜、周孔之道?金玉不相伤,精魄不相妨,谓人为惑时,自惑乎?"①此中的要点有四:其一,儒家的圣人虽然有鄙视夷狄的言论,但只是权宜之语,有特定的目的,不具有普遍意义;其二,中国许多圣人都不是出自华夏之地;其三,汉地并非天下的中心;其四,佛教讲众生平等,没有夷夏之区分,其道理具有普遍性,因此自己才会去信仰。

第五,儒佛之辨。

《理惑论》归纳了当时的儒家对于佛教的三方面的指责,并且给予了调和性的响应。

其一是"非孝"。对于"沙门剃头,何其违圣人之语,不合孝子之道也"的指责,牟子首先举例说明:"昔齐人乘船渡江,其父堕水,其子攘臂捽头颠倒,使水从口出,而父命得苏。夫捽头颠倒,不孝莫大,然以全父之身,若拱手修孝子之常,父命绝于水矣。"②从这一例子中,牟子引申到由孔子倡导的原则:"孔子曰:'可与适道,未可与权',所谓时宜施者也。"这就是说,孝与非孝要看精神实质,而不能单纯地看是否违反了"身体发肤,受之父母,不敢毁伤"的训示。他又引述周代泰伯的故事加以说明。周祖先古公有三子——泰伯、虞仲、季历,古公有意立季历为嗣,以便最后传位给姬昌,泰伯与虞仲最后都逃到荆蛮之地,"短发文身,自从吴越之俗,违于身体发肤之义",但却使其父立储的想法得以实施。按一般的规定,文身短发与汉族的孝道不合,但孔子却因为他们顺从父命而大加称赞。从这些事例,牟子总结说:"由是而观,苟有大德,不拘于小。沙门捐家财,弃妻子,不听音,不视色,可谓让之至也。何违圣语不合孝乎?豫让吞炭漆身,聂政皮面自刑,伯姬蹈火,高行截容,君子为勇而有义,不闻讥其自毁没也。沙门剔除须发,而比之于四人,不已远乎?"③

---

① 《大正藏》第52卷,第3页下。
② 同上书,第2页下。
③ 同上书,第2页下—3页下。

豫让、聂政、伯姬、高行这四位都是为了仁义道德而毁身残形[1]的著名人士。牟子说,沙门出家剃除须发是为了修行,比这四位的行为更有意义,属于"大德"之行,并不违反孝道。此外,对于"沙门弃妻子,损财货,或终身不娶,何其违福孝之行也"的指责,牟子首先列出一项原则:"夫长左者,必短右。大前者,必狭后。"在妻子、财货与修道之间的抉择必然会有偏重,不能两全并重。而"妻子财物,世之余也。清躬无为,道之妙也",二者相比较,如《老子》所说"名与身孰亲?身与货孰多?"抛弃前者,选择后者,是最自然不过的事情。牟子又说:"观三代之遗风,览乎儒、墨之道术,诵《诗》、《书》,修礼节,崇仁义,视清洁,乡人传业,名誉洋溢,此中士所施行,恬惔者所不恤。故前有隋珠,后有虓虎,见之走而不敢取,何也?先其命而后其利也。许由栖巢木,夷齐饿首阳。舜圣,孔称其贤曰:'求仁得仁者也。'不闻讥其无后无货也。"这些事例无不说明妻子、财货与道义相比较是等而下之的。"沙门修道德,以易游世之乐;反淑贤,以贷妻子之欢。是不为奇,孰与为奇?是不为异,孰与为异哉?"[2]沙门的修道行为,并不违反孝道,反而是值得称赞的高尚行为。

其二是"非礼"。《理惑论》中的问者说:"沙门剃头发,披赤布,见人无跪起之礼仪,无盘旋之容止,何其违貌服之制,乖搢绅之饬也?"针对这一指责,牟子说:"《老子》云:'上德不德,是以有德;下德不失德,是以无德。'三皇之时,食肉衣皮,巢居穴处,以崇质朴,岂复须章黼之冠、曲裘之饬哉?然其人称有德而敦庞,允信而无为,沙门之行有似之矣。"文中引用的老子的话出自《老子》三十八章,意思是最高的"德"是"不德"之"德",并不孜孜以求外在的形式,而最低下的"德"则相反,因而是"无德"。三皇五帝之时,人们以质朴的生活方式生存,并无后来上层人士所

---

[1] 豫让吞炭漆身,毁身变容,为故主智伯报仇,谋杀赵襄子。事见《吕氏春秋·恃君》、《说苑》卷二。聂政为严仲子复仇刺韩相侠累,事见《史记·刺客列传》。伯姬夜逢失火,受礼不逃而死,事见《烈女传》卷四。寡妇高行为受贞操而自割鼻,事见《烈女传》卷四。
[2] 《大正藏》第52卷,第3页上。

流行的华丽的帽子和考究的裘皮衣,然后人们却一致认为那时的人有德而敦厚有礼。现在的沙门也就是《老子》所言的"上德"之人,与三皇五帝时期的人们的好尚很相似。牟子的如此言论,自然会引出这样的疑问:"如子之言,则黄帝、尧、舜、周、孔之俦,弃而不足法也?"对于这一反问,牟子说:"夫见博则不迷,听聪则不惑。尧、舜、周孔,修世事也。佛与老子,无为志也。仲尼栖栖,七十余国;许由闻禅,洗耳于渊。君子之道,或出或处,或默或语,不溢其情,不淫其性,故其道为贵,在乎所用,何弃之有乎?"①这里,明显是站在佛教与儒家、道家相通的角度立论的。儒家所崇尚的黄帝、尧、舜、周、孔是以"修世事"为旨归的,佛教与老子都以"无为"为宗旨,三者都是君子所应遵循的"道"。君子之道为"一",但其"用"则有别,君子无须也不能抛弃那一方面。

其三是出世禁欲。《理惑论》中的问者有这样的一项指责:"人之处世,莫不好富贵而恶贫贱,乐欢逸而惮劳倦。黄帝养性,以五肴为上。孔子云:'食不厌精,脍不厌细。'今沙门被赤布,日一食,闭六情,自毕于世,若兹何聊之有?"尽管问中引用了孔子的话语,但起首一句是从凡俗之情言之的,与儒家思想并不完全一致。牟子是清楚这一点的,因此,他说:"富与贵是人所欲,不以其道得之不处也。贫与贱是人之所恶,不以其道得之不去也。"②这是孔子、孟子对待财富、人欲的一贯态度。而《老子》第十二章说:"五色令人目盲,五音令人耳聋,五味令人口爽,驰骋田猎,令人心发狂。难得之货,令人行妨。是以圣人为腹不为目。"可见,道家也并不赞成"好富贵而恶贫贱,乐欢逸而惮劳倦"的人生态度。儒道的这一人生观,被许多有识之士所践行,"柳下惠不以三公之位易其行,段干木不以其身易魏文之富,许由、巢父栖木而居,自谓安于帝宇,夷齐饿于首阳,自谓饱于文武,盖各得其志而已。"可见,制欲的生活并不无聊。

---

① 《大正藏》第 52 卷,第 3 页上—中、4 页下。
② 同上书,第 4 页下。

除上述所论说之外,《理惑论》还对神仙道教以及佛教的一些负面现象进行了批评。限于篇幅,不再论列。

最后再一次指出,从上述对于《理惑论》的思想内容的分析,又一次佐证了笔者的前述判断,汤用彤等前辈所断定的《理惑论》为东汉末年或三国初期的作品是正确的。在此再强调一点,被称为南北朝三教论争中几乎所有基本论题都可以在《理惑论》中找到原型,而将《理惑论》的相关论述,与现今遗存的两晋南北朝的相关文献进行比照,《理惑论》都显得很质朴、原始,连力主其为伪书的吕澂都不得不承认:"凡论证《牟子》为真的资料,多半都与道家有关。"①

第七节 汉魏时期两大佛学思潮

佛教在中土的传播是以佛教经典的流通为手段,而佛教在中土深入社会、人心的程度也是以经典的接受为基本标志。由于有关东汉时期本土佛教信仰者的资料非常有限,只能借助于对现存的重要译籍的内容的分析,来管窥汉代佛教传播的大致情况。

如前所述,尽管有《四十二章经》等早期汉译佛典的流通,但佛教经典的大规模翻译是在东汉桓帝、灵帝时期发生的。这一时期,见于历史记载的有安世高、支娄迦谶、支曜、严佛调、安玄、康孟详、康巨、昙果、竺大力等九位,而最有影响的是安世高和支娄迦谶。安世高翻译出大量小乘经典,支娄迦谶则翻译出大量大乘经典,前者在历史上称为"安译",后者称为"支译"。这两位大师级僧人来华时间接近,而传播的内容则各有侧重,因此,佛教在中国的早期传播是小乘和大乘佛教同时进入,同时产生影响的。本节主要以安世高和支娄迦谶翻译的几部重要译籍为依据,来叙述汉末佛教的思想特质和教化内容。

---

① 吕澂:《中国佛学源流略讲》,第26页。

一、安译经典与小乘佛教

从佛教学说传播的角度说,最早在中土流行的是由安世高传入的小乘禅数之学。僧祐在《出三藏记集·安世高传》中谈到安世高学说的特点时,说他"博综经藏,尤精阿毗昙学,讽持禅经,略尽其妙"[①]。这说明安世高传播的主要是小乘佛教的"阿毗昙学"和"禅学"。在现存安世高二十二种译籍中,属于"阿含"类的十六种,属于"阿毗昙"的一种,属于修持内容的五种。可以说,安世高弘传的主要是印度小乘佛教的基本经典。不过,安译经典中的《五十校计经》提到十方佛显现的说法,又说诸菩萨度人欲使人悉得佛道,则属于大乘的经典。可见,安世高对大乘佛教也是有所了解的。从现存有限文献可知,安世高所翻译的经典,三国直到两晋时期,都不断有研习者。可见,安世高的译籍对佛教在中土更广泛、更深入的传播曾经发挥了积极作用。

1. 安译经典与佛教基本教义

安世高来洛阳之后,面对的是不了解佛法的民众,加之他自己擅长的就是小乘有部之学,因此,他的弘法方向无疑是以传播佛教基本教义为诉求的。后人习惯以"禅数学"来概括安世高的学说。

"禅数"之学是印度小乘上座部佛教中说一切有部的学说。"禅"又称"禅定",安世高翻译的关于禅法的典籍主要有《安般守意经》以及从僧伽罗刹大本《修行地道经》抄译的三十七章。"数"即"数法",是指《阿毗达摩》的事数。《阿毗达摩》又译《阿毗昙》、《毗昙》,意译为"对法"、"无比法"、"胜法",它以"数字"化的编排方式分类解释佛教教义,如四谛、八正道、十二因缘、五蕴、十八界等等,所以也可译为"数法"。"数法"包括《阿毗昙》的经和论,讲的是小乘佛教的基本教义。安世高翻译的有关数法的典籍有相当一部分是小乘佛教基本经典《阿含经》的单品,还有

---

① 僧祐:《出三藏记集》卷一三,《大正藏》第55卷,第95页上。

一部分就是解释《阿含经》教义的论书的《阿毗昙》的节本,其中以《阴持入经》最有代表性。在此,先以现存的几部安译《阿含经》的单品经典为例管窥这一时期译籍对佛教基本教义的论述,然后专门论述《阴持入经》的内容。

安世高翻译的《四谛经》一卷现存,此经如其经题所示是佛为诸比丘宣说"四谛"。关于此经,《开元释教录》指出它出自《中阿含经》卷七,而吕澂则具体指为《中阿含经·舍梨子相应品分别圣谛经》。《四谛经》说:"今为说是四谛。何等为四?一为苦,二为习,三为尽,四为道。"①此中所说的四谛,东晋瞿昙僧伽提婆译《中阿含经》卷七翻译为:"云何为四?谓苦圣谛,苦习,苦灭,苦灭道圣谛。"②而"苦谛"和"道谛"的译名与后来惯常使用者一致,而"集谛"两种译本都翻译为"习谛","灭谛"安世高翻译为"尽谛",东晋译本已改译为"苦灭谛"。

关于"苦谛",经中说:"何等为贤者苦谛?从生苦,从老苦,为病苦,为死苦,不哀相逢苦,离哀苦,所求不得是亦苦,仓卒五种苦生。"③这是说的"八苦",前四苦为"生苦"、"老苦"、"病苦"、"死苦",后四者,在东晋译本中已改译为"爱别离苦"、"怨憎会苦"、"求不得苦"、"五阴盛苦",然此译本的表述略有差别。

关于"不相哀相逢会贤者苦",经中说:"不相哀相逢会,为何等有?贤者人六自入,不哀不可是从是相逢会,有是一坏相,离本相聚会,共事相离,是为苦。如是外亦尔,识亦尔,思亦尔,痛亦尔,思想亦尔,念为亦尔,爱亦尔,六行亦尔。有贤者人,为六种持不哀。何等六种?若地种,若水种、火种、风种、空种、识种,是一会相有合聚,共会共事,是为苦。"④

关于"不相哀会贤者苦",经中说:"何因缘不相哀会贤者苦?不相哀

---

① ③ 安世高译:《四谛经》,《大正藏》第 1 卷,第 814 页下。
② 瞿昙僧伽提婆译:《中阿含经》卷七,《大正藏》第 1 卷,第 467 页中。
④ 安世高译:《四谛经》,《大正藏》第 1 卷,第 815 页上一中。

共事会,贤者人令身更苦。从更复更,从受复受,令意更苦。从更复更,从受复受,令身意念更苦。从更复更,从受复受,令身意念热。从更复更,从受复受,令身热疲苦恼。从更复更,从受复受,令意念热疲苦恼。从更复更,从受复受,令身意念热疲苦恼。从更复更,从受复受,不相哀相,逢会贤者苦。"①

关于"哀相别离贤者苦",经中说:"哀别离,为何等?有是贤者人,为所自所入,哀令从是相别离亡,相别相离,不相俱,不会不共居,不相逢不更,是为苦。如是自外亦尔,识亦尔,更爱亦尔,痛亦尔,念为亦尔,爱亦尔,六持亦尔。有贤者人,为哀六持,地持、水持、火持、风持、空持、识持,令从是相别离,亡相别相离,不会远离,不共居,不相会,不共更,是为苦。"

关于"求不得是亦苦",经中说:"若意生栽为莫生,是亦可舍。老法贤者为人,如是欲生为栽莫老,是意不舍。病法贤者人,病已受,为是欲生,令我莫有苦是欲舍。死法者贤者人,已应受死有,是欲生,令我莫死,得不从是舍。有贤者人,已生痛,不可不贪意不用,为是欲生,令是所生。痛不可贪,意不用,令是为可,令是为欲,令是为意,不得从欲。断有贤者人,为求思想,亦念不可,不用意,不可有,是意生。令是意生者,思想求不用,不可意,不可为欲,是意用可。可意为令我,是意当用,当可不得,从是得断。有是贤者人,有更用可,可意设有,是意生所,是更已生用可,可意令是常不离,是欲不当断。设有贤者人,生是思想,念爱可意欲,得为是欲生,令是思想,念生欲可意欲,得令是常坚勿相离,令是愿莫断,所求不得是亦苦。"②

关于"仓卒五种苦生",经中说:"本为五阴苦,是故复说,令从是法,是法非常,厄病为坏疾,败老不坚,不信欲转,离为是故,本五阴苦。"

---

① 安世高译:《四谛经》,《大正藏》第 1 卷,第 815 页中、815 页下。
② 同上书,第 815 页下。

上述"八苦"之解释,如果不参照后世的成熟翻译,几乎不能断句,自然难于准确理解。关于"苦谛"的结语是:"过世贤者同是苦谛,未来世贤者亦是苦谛,现在世贤者亦是苦谛,是无有异,不倒不惑。如有谛,如是如应贤者谛。贤者谛贤者,是谛知见解得应,如是谛觉,是故名为贤者谛。"

关于"习谛",经中说:"何等为贤者苦习贤者谛?或人贤者,六自入身,相爱彼所爱著近,往是为习。如自身,外身亦尔,识更知行哀有。贤者人为六持爱,一为地,二为水,三为火,四为风,五为空,六为识,彼所爱著,相近往发,是为习。如是何应?若人在儿子亦妻,从使御者、田地、舍宅、坐肆、卧具,便息为爱著近,更发往求,当知是爱习为苦习贤者谛。过世贤者时亦是爱习为苦习贤者习,未来世时亦是爱习为苦习贤者习,今现世时亦是爱习为苦习贤者习。如是不异,如有不倒不惑真谛正如有贤者谛,为贤者谛更见解得,相应如有觉。是故,苦习名为贤者谛。"①

关于"尽谛",经中说:"何等为贤者苦尽贤者谛?有贤者为人六自身中种入为不受得,从是解不共更已断已舍,相离已尽,不复望已灭寂然是苦灭,如是内身、外亦尔,识相近更思想念行望爱亦尔。有贤者人六持不爱,一地,二水,三火,四风,五空,六识,从是得解,不共更已断已舍,已弃已异,不用寂然,是为苦尽。……如是不异如有不惑不倒真谛,是如有是故苦已尽,名为贤者谛。"②

关于"道谛",经中解释说:"何等为贤者苦尽受行贤者谛?有是贤者八种道:一、直见。二、直治。三、直语。四、直行。五、直业。六、直方便。七、直念。八、直定。"③这就是惯常所说的"八正道"。《中阿含经》卷七的翻译为:"云何苦灭道圣谛?谓正见、正志、正语、正业、正命、正方

---

① 安世高译:《四谛经》,《大正藏》第 1 卷,第 815 页下。
②③ 同上书,第 815 页下—816 页上。

便、正念、正定。"①《四谛经》对此有一解释,而现存安世高翻译的《佛说八正道经》则对此有另一解释。二者相比,后者的解释更简明、稍显清晰些,但译名不同。

《佛说八正道经》说:"佛告诸弟子:'听我说邪道,亦说正道。何等为邪道? 不谛见,不谛念,不谛语,不谛治,不谛求,不谛行,不谛意,不谛定,是为道八邪行。'"②译文不用《四谛经》中的"直",而以"谛"表述具体名目,但总名已经用"正行"的用语。此经说:"何等为道八正行? 一者,谛见。谛见为何等? 信布施,信礼,信祠,信善恶行自然福,信父母,信天下道人,信求道,信谛行,信谛受。今世后世,自黠得证;自成,便相告说。是为谛见。"③至于"谛见"的具体内容,后文有解释:

> 谛见者,信布施后世得具福,信礼者见沙门道人作礼福,信祠者悬缯、烧香、散花、然灯,信所行十善是为自然得福,信父母者信孝顺,信天下道人者喜受经,信求道者为行道,信谛行者断恶意,信谛受者不犯戒。今世后世自黠为得黠,能教人得证。自成者能成人,能成他人便相告说。是名为谛见知,如是便自脱,亦脱他人。④

上述经文罗列十一项:信布施、信礼拜沙门有福、信祭祀、信行善获福、信父母而孝顺、信经、行道、断恶意、不犯戒以及自成、能成他人。

关于《佛说八正道经》,古代经录说出自刘宋求那跋陀罗译的《杂阿含经》卷二八,而查阅此卷,发现第 748 至 796 号诸经的内容均涉及"八正道"。其中,784 号经说:

> 世尊告诸比丘:"有邪,有正。谛听,善思,当为汝说。何等为邪,谓邪见,乃至邪定? 何等为正,谓正见,乃至正定?"何等为正见?

---

① 瞿昙僧伽提婆译:《中阿含经》卷七,《大正藏》第 1 卷,第 469 页上。
② 安世高译:《佛说八正道经》,《大正藏》第 2 卷,第 504 页下—505 页上、505 页上、505 页上一中。
③ 同上书,第 505 页上。
④ 同上书,第 505 页上一中。

谓说有施,有说,有斋,有善行,有恶行,有善恶行果报,有此世,有他世,有父母,有众生生,有阿罗汉善到、善向,有此世、他世自知作证具足住,我生已尽,梵行已立,所作已作,自知不受后有。①

对照可知,《杂阿含经》卷二八中的此经对"八正道"的说明,与安世高翻译的《佛说八正道经》有关解释相近,但有些表述并不完全一致。而仔细揣摩安世高的译文,发现上述十一项在包含佛教信仰的基本内容——布施、拜三宝、信因果报应、守戒、修道等之外,还将信父母孝顺父母包含于其中,颇显儒、佛融会的端倪。

关于"谛念"等内容,《佛说八正道经》说:"第二,谛念为何等?所意弃欲,弃家,不瞋恚怒,不相侵,是为谛念。第三,谛语为何等?不两舌,不传语,不恶骂,不妄语,是为谛语。第四,谛行为何等?不杀、盗、淫,是为谛行。第五,谛受为何等?是闻有道弟子法求不可非法,饭食、床卧、病瘦正法求,不可非法,是为谛受。第六,谛治为何等?生死意共合行,所精进行,出力因缘行,乃精进,不厌意持,是为谛治。第七,谛意为何等?生死行合意念,向意念不妄,不共意求,是名为谛意。第八,谛定为何等?生死意合念止,相止,护已止,聚止,不可为,不作所有罪,不堕中庭,是名为谛定。"②从引文可知,安世高的译文确实有难解之处。

此经又对上述界定有一解释。第二"谛念"(正志)解释是:"所意起者为失意,欲弃家者为念道,不瞋恚怒者为忍辱,不相侵者当正意。"第三"谛语"(正语)的解释是:"不恶骂,不犯口四过,但说至诚道品谛要。"此中的"道品"应该是指"三十七道品"。第四"谛行"的解释是:"不杀盗淫而行诚信。"对于"第五谛",经中解释说"不堕贪者,但求一衣一食为贤医",似乎是指对于物质生活方面的限制。第六"谛治"的解释是"为向三十七品经",而第七"谛意"的解释是"日增三十七品经不离意"。第八"谛

---

① 求那跋陀罗译:《杂阿含经》卷二八,《大正藏》第 2 卷,第 203 页上。
② 安世高译:《佛说八正道经》,《大正藏》第 2 卷,第 505 页上。

止"的解释是:"不忘因缘。止者,常还意护。已止者,一切无所犯。聚止者,得福道。"①——此中的特色是强调"三十七道品"的重要性。

对于佛教的基本教义"十二因缘",安世高翻译的几部经典都有论述,如《阿含口解十二因缘经》、《人本欲生经》和《阴持入经》都有详细说明。

关于《人本欲生经》,《出三藏记集》卷六收载有道安《人本欲生经序》,其文说:

> 《人本欲生经》者,照乎十二因缘而成四谛也。"本"者,痴也。"欲"者,爱也。"生"者,生死也。略举十二之三,以为目也。人在生死,莫不浪滞于三世,飘萦于九止,绸缪八缚者也。十二因缘于九止,则第一人亦天也。四谛所鉴鉴乎九止,八解所正正乎八邪,邪正则无往而不恬,止鉴则无往而不愉。无往而不愉,故能洞照傍通。无往而不恬,故能神变应会。神变应会,则不疾而速。洞照傍通,则不言而化。不言而化,故无弃人。不疾而速,故无遗物。物之不遗,人之不弃,斯禅智之由也。故《经》曰:道从禅智,得近泥洹,岂虚也哉!诚近归之要也。斯经似安世高译为晋言也。言古文悉,义妙理婉,睹其幽堂之美,阙庭之富或寡矣。安每览其文,欲疲不能,所乐而现者三观之妙也,所思而存者想灭之辞也。敢以余暇为之撮注,其义同而文别者,无所加训焉。②

道安对此经题目的解释是,十二因缘之"本"是"痴",此外"欲"(爱)、"生"(生死)也是关键之所在。依据道安的概括,此经的核心是"九止"和"八解"。

关于《人本欲生经》,《开元释教录》卷一三著录说:"《人本欲生经》一卷,后汉安息三藏安世高译,右出《长阿含经》第十卷。"③而吕澂先生考证

---

① 安世高译:《佛说八正道经》,《大正藏》第2卷,第505页中。
② 僧祐:《出三藏记集》卷六,《大正藏》第55卷,第45页上—中。
③ 智升:《开元释教录》卷一三,《大正藏》第55卷,第611页上。

说此经是《中阿含》卷二四《大因经》的异译本。① 经查考,《长阿含经》卷一〇《大缘方便经》也有相近内容,三者的来源可能是一致的,其中以《大因经》与《人本欲生经》更相似。

《佛说人本欲生经》所说的"九止"是指"七识止处"和"二受行",现存的道安《人本欲生经注》中说"经乎九止行者,以四谛观之,长得息解,成阿罗汉也"②。可见,"九止"是以四谛为核心的禅观。经中说:

> 有是七处,阿难,令识得驻,亦有二受行从得解。有色为令从是有,若干身,若干思想,辟或人或天,是为第一识止处。有色为令从是,一身若干思想,辟天名为梵天,长寿本在处,是为第二识止处。有色为令从是,一身若干思想,辟是天名为明声,是为第三识止处。有色为令从是,一身一像,思亦一,辟天名为遍净,是为第四识止处。有不色为令从是,一切从色想度多想灭,为无有量空,空慧受意止,辟天名为空慧行,是名第五识止处。有不色为令从是,一切从空行竟过无有量识从慧受意止,辟天为识慧,是名为第六识止处。有不色为令从是,一切从识慧过度无有量不用从是慧意受止,辟天名为不用从受慧,是为第七识止处。③

上述文字非常难解,体现出安译经典的特质。而《中阿含经》卷二四《大因因经》的含义明了,兹对照如后:

> 复次,阿难,有七识住及二处。云何七识住?有色众生若干身,若干想,谓人及欲天,是谓第一识住。复次,阿难,有色众生若干身,一想,谓梵天初生不夭寿,是谓第二识住。复次,阿难,有色众生一身,若干想,谓晃昱天,是谓第三识住。复次,阿难,有色众生一身,一想,谓遍净天,是谓第四识住。复次,阿难,有无色众生度一切色

---

① 参见《吕澂佛学论著选集》(三),第1714页,济南:齐鲁书社,1990。
② 道安:《人本欲生经注》,《大正藏》第33卷,第8页下。
③ 《人本欲生经》(东汉),《大正藏》第1卷,第245页上。

想,灭有对想,不念若干想,无量空处,是空处成就游,谓无量空处天,是谓第五识住。复次,阿难,有无色众生度一切无量空处,无量识处,是识处成就游,谓无量识处天,是谓第六识住。复次,阿难,有无色众生度一切无量识处,无所有处,是无所有处成就游,谓无所有处天,是谓第七识住。

阿难,云何有二处?有色众生无想无觉,谓无想天,是谓第一处。复次,阿难,有无色众生度一切无所有处,非有想非无想处,是非有想非无想处成就游,谓非有想非无想处天,是谓第二处。①

二者对照可知,"九止"是"禅观"的次第。

《佛说人本欲生经》所说"九解脱"是指"九止"修行之后所获得的解脱境界。经中说:"是七识止处、二受行从得解,如是如有从谛慧见从是意已解已得解脱,是名为阿难为行道无所著从慧得解脱。亦有阿难八解脱处。何等为八?色观色,是为第一解脱处。内观色不想外观色,是为第二解脱处。观三十六物净身受观行止,是为第三解脱处一切。从色想已度,灭地想,若干想不念无有量空慧已受竟,辟天名为空慧,是名为第四解脱处。一切从空慧已度无有量识慧受竟,辟天名为识慧,是名为第五解脱处。一切从识慧得度无所有不用受慧竟行,辟天名为不用无所用慧行,是为第六解脱处。一切从不用慧得度无有思想,亦不无有思想竟受止,辟天名为思想,是名为第七解脱处。一切从无有思想竟,得度灭思想,亦觉尽身已更竟受止,是为第八解脱处。若已阿难行道。七识止处、二受行,从得解脱,亦是八解脱处。"②

尽管安世高翻译的此经古奥难解,但在中土很受重视。东晋高僧道安就曾经对此经做过批注,此批注现存。

古代史籍中记载安世高有《阿含口解》(《阿口解十二因缘经》)一部。

---

① 僧伽提婆译:《中阿含经》卷二四,《大正藏》第 1 卷,第 581 页中一下。
② 《人本欲生经》(东汉),《大正藏》第 1 卷,第 246 页上。

如前文所分析的,现存的《阿含口解十二因缘经》标注的是后汉安息优婆塞都尉安玄共沙门严佛调译,而此现存的文本不是佛经的译本,而是综合性的论述,此经应该是安世高自己编述的。下文对此著的内容作些分析叙述。

第一层,此论指出"欲断生死趣度世道者,当念却十二因缘",然后提出十二因缘的名目及其总体关系:"一者本为痴,二者从痴为所作行,三者从作行为所识,四者从所识为名色,五者从名色为六衰,六者从六衰为所更,七者从所更为痛,八者从痛为爱,九者从爱为求,十者从求为得,十一者从得为生,十二者从生为老病死,是为十二因缘事。"①

第二层,"此十二事欲起,当用四非常灭之。"此"四非常"是:"一为识苦,二为舍习,三为知尽,四为行道。"参照安世高译籍可知,这是指"四谛"。"更说念生、念老、念病、念死。念是四事,便却是十二因缘道成。念是四事道人,欲得度世,当断十二因缘事,是为断生死根。"

第三层,"十二因缘有内、外"两方面。"一者,内为痴,外为地。二者,内为行,外为水。三者,内为识,外为火。四者,内为名色,外为风。五者,内为六入,外为空。六者,内为灾,外为种。七者,内为痛,外为根。八者,内为爱,外为茎。九者,内为受,外为叶。十者,内为有,外为节。十一者,内为生,外为华。十二者,内为老死,外为实。人生死从内十二因缘,万物生死从外十二因缘。"

第四层,具体解释十二因缘:"痴,谓不礼父母,不分别白黑。从是因缘得痛,不欲弃不信,今世亦后世,已作是事,便随行不作,是亦不得。是以有痴,便为行。已有行,便为识。已有识,便为名色。已有名色,便六入。已有六入,便为栽;已有栽,便为痛;已有痛,便为爱。已有爱,便为受。已有受,便为有。已有有,便为生。已有生,便为老死。故人生取十二因缘,得十二因缘生,无因缘亦不生。万物亦尔。不断十二因缘,不

---

① 《阿含口解十二因缘经》,《大正藏》第25卷,第53页上。

脱生死,行三十七品经,为从是得道。"①

第五层,"十二因缘有五事:一者,痴。二者,生死精行,是前世因缘。三者,识,从识受身生。四者,名色,色身复成五阴,是今世因缘。五者,六衰,复作生死精行种栽,是后世因缘。前后三世,转相因缘故,为有五事。"②

第六层,"十二因缘本从身十事,出身十事。七事成一,三事从四。七事成一者,杀、盗、淫、两舌、恶口、妄言、绮语,共从色为一。三事从四者,嫉、瞋恚、痴,从痛痒、思想、生死、识。是十事,合为五阴,便为十二因缘。"——此后有文解释了"身"作十事,成五阴,为十二因缘,兹从略。"道人欲断十二因缘,当先断身十事。……是为还五阴,断十二因缘本。"③

第七层,"人受身有三别:第一,五阴盛阴。第二,十八种。第三,十二因缘行。是三事得身三别。"这里通过三个方面论述"人身"形成的因缘:"第一,五阴盛阴者,五阴从身十事出,从眼为色阴,从耳为痛痒阴,从鼻为思想阴,从口为生死阴,从意为识阴,心主念,对是六事为根本,是为五阴地。第二,十八入十九根。十八种者,五阴行为盛阴,有对有入,为十二入本。六情为十八,间有识故,为十九根。言十八种者,识不生故,为十八种。是说盛阴行生十八种十九根。第三,十二因缘者,谓五阴五盛阴行求十二因缘便有身,是同身十事,俱分别之耳。从色得身,从四阴得名字,从名色得爱受,从受行痴,行痴便成十二因缘。……"④

第八层,论述了人得子的因缘:"人生子有五因缘:一者,有本愿。二者,同业。三者,晓礼。四者,来债。五者,偿债。何等为本愿?谓先世时见人子端正,便愿言我子如是。同业者,谓同计挍得利相呼。晓礼者,谓当相敬爱。来债者,谓父母主治生,子横用之。偿债者,谓子治生付父

---

① 《阿含口解十二因缘经》,《大正藏》第25卷,第53页上—中。
② 同上书,第53页中。
③ 同上书,第53页中—下。
④ 同上书,第53页下。

母,是为偿债。子以三因缘生:一者,父母先世负子钱。二者,子先世负父母钱。三者,怨家来作子,父母勤苦求财,已致便死,子得用之,是为父母先负子钱。子行求财产,已致便死,父母用之,是为子负父母钱。有时子生百日千日便死,父母便忧愁恼,是为怨家相从生。"①由此,文中论述了对父子关系的解释:"生子有三辈:一者,福子。二者,真子。三者,不真子。何等为福子?谓父母持戒、布施、忍辱、精进行道,子亦尔,是为福子。真子者,父母不信道,子独奉道教,是为真子。不真子者,父母随道业随法行,子但饮酒作恶,人所不欲见。是为不真子。子从父母生,有同意,有同行,有同念。俱长寿富,贵端正,是为同行。贪欲嗔恚,是为同意。精进行道,是为同念。本行在父多类父,本行在母多类母。不同行不相类故,人生堕地未有所知,便喜向其母者,意识本因缘故耳。"②——如此等等,与中土关于父子关系的解释明显不同。

此外,此著还论述了"人来生的因缘"、人生的欲望以及人对生老病死的恐惧、人不可忍的四事(饥、渴、寒、热)等等。这些道理直接与人生相关,既符合佛教的道理,很能投合人们生活经验。

2.《阴持入经》与毗昙学

所谓"阿毗昙",意译为"数法"或"对法";"禅"即禅定。因此,佛教史上又称安世高所传之学为"禅数学"。安世高之"数学",主要是传译、介绍诸如"五蕴"、"十二入"、"十八界"、"十二因缘"等佛教基本教理,这在佛教传入之初是必不可少的,安世高翻译的《阴持入经》是弘扬毗昙学的代表作。

所谓"阴"即构成人身的"五蕴"——色、受、想、行、识;"持"新译为"界",即十八界——"六根"、"六识"和"六尘";"入"即十二入——"六根"和"六尘"。《阴持入经》对五阴解释如下:"一为色,二为痛,三为想,四为

---

① 《阿含口解十二因缘经》,《大正藏》第25卷,第54页中。
② 同上书,第54页上一中。

行,五为识。"①此中的"痛"后来通行译法为"受"。《阴持入经》进一步解释说:

> 色阴名为十现色入,十现色入为何等? 一眼,二色,三耳,四声,五鼻,六香,七舌,八味,九身,十乐。是为十现色入,是名为色种。痛种为何等? 痛种为身六痛,一眼知痛,二耳知痛,三鼻知痛,四舌知痛,五身知痛,六心知痛。是为身六痛,名为痛种。思想种为何等? 思想种为身六思想:一、色想,二、声想,三、香想,四、味想,五、更想,六、法想。是为身六思想,名为思想种。行种为何等? 行种名为身六更:一、色所更,二、声所更,三、香所更,四、味所更,五、触所更,六、法所更。是为身六更,是名为行种。识种为何等? 识种名为身六识:眼识、耳识、鼻识、舌识、身识、心识。是为身六识,是名为识种。②

此中的"乐"后来译为"触";而文中解释"想蕴"时,"更"又相当于"触"。

《阴持入经》对十八界解释如下:"十八本持为何等? 一、眼,二、色,三、识,四、耳,五、声,六、识,七、鼻,八、香,九、识,十、舌,十一、味,十二、识,十三、身,十四、更,十五、识,十六、心,十七、法,十八、识。"③这里把"界"译为"本持",把"触"译为"更",把"意"译为"心"。

《阴持入经》对"十二入"的解释如下:"亦有十二入。何等为十二? 自身六外有六。自身六为何等? 一为眼、耳、鼻、舌、身、心,是为自身六入。外有六为何等? 色、声、香、味、更、法。是为十二入。"④本经把十二入分为自身六和外有六,"自身六"即六根,"外有六"即六境或六尘。

《阴持入经》讲五阴、十二入、十八界的目的,是想说明"我"是假的,所以要破除我执,以达到解脱。因为人的身体是五阴构成的,所以是假

---

①② 安世高译:《阴持入经》,《大正藏》第15卷,第173页中。
③ 同上书,第173页中—下。
④ 同上书,第173页下。

有、是空，不可能是永恒的，这就是无常。由于"无常"而造成痛苦。苦、空、无常、无我是苦谛四行相，《阴持入经》译为非常、苦、空、非身，"非常"即无常，"非身"即无我。《阴持入经》也讲到了"四圣谛"，译名分别为"苦"、"习"、"尽"、"道"。

此经另外一个重要内容是"三十七道品"，《阴持入经》对此的译名是："四意止"、"四意断"、"四神足"、"五根"、"五力"、"七觉支贤者"、"八种道行"，其中"五根"、"五力"后来未改变译法，其他几个分别改为"四念处"、"四正勤"、"四如意足"、"七觉支"、"八正道"。

"四念处"即"身念处"、"受念处"、"心念处"、"法念处"，《阴持入经》对四念处的解释如下："四意止为何等？或见比丘自身身身相观行止、外身身身相观行止、内外身身身相观行止，尽意念以却世间痴心不便，自痛痛痛相观行止、外痛痛痛相观行止、内外痛痛痛相观行止，尽意念以却世间痴心不便，自意意意相观行止、外意意意相观行止、内外意意意相观行止，尽意念以却世间痴心不便，自法法法相观行止、外法法法相观行止、内外法法法相观行止。尽意念以却世间痴不便。"①此中，"身念处"是观身不净，"受念处"观苦、乐等感受都是苦，"心念处"则观此心识念念生灭并非常住，"法念处"观诸法都是因缘和合而生，没有自性。

"四正勤"，又称"四正断"、"四意断"、"四正胜"等，即四种正确的修行努力。《阴持入经》对"四正勤"解释如下："何等为从四意正断？或比丘有未生弊恶，意法发方便令不生，劝意不舍方便行。精进摄正意，舍散恶意，是为一断意；已生弊恶意发，清净法欲断，劝意求方便行，精进摄正意，舍散恶意，是为二断意；未生清净法，劝意发方便令生行，精进摄制意，舍散恶意，是为三断意；已生清净法，令止不忘令不减，令行不啻令行

---

① 安世高译：《阴持入经》，《大正藏》第15卷，第173页下—174页上。

足,发方便行,精进摄制意,舍散恶意,是为四意正断。"①

"四神足",又称"四如意足",即四种可以得到神通的禅定。《阴持入经》对此的解释如下:"何等为四神足? 或有比丘为欲定断生死,随行增神足,恶生死猗,却欲猗尽猗,是为一神足;精进定,断生死,随行增神足,恶生死猗,却欲猗尽猗,从不便意生遣离去,是为二神足;意定断生死,随行增神足,恶生死猗,却欲猗尽猗,从不便意生遣离去,是为三神足;戒定断生死,随行增神足,恶生死猗,却欲猗尽猗,从不便意生遣离去,是为四神足。"安译后文的解释为:"欲如意足",由想达到神通的意欲之力发起的禅定;"念如意足",又称为"心如意足",由心念力发起的禅定;"精进如意足",由不断止恶行善发起的禅定;"慧如意足",又称为"观如意足"、"思维如意足",由思维佛理之力发起的禅定。

"五根"即"信根"、"精进根"、"念根"、"定根"、"慧根","五力"即"信力"、"精进力"、"念力"、"定力"、"慧力",《阴持入经》的翻译被后世接受。

"七觉支"如下:念觉支、择法觉支、精进觉支、喜觉支、猗觉支(又称为轻安觉支)、定觉支、舍觉支。《阴持入经》译为七觉意:念觉意、法分别觉意、精进觉意、爱可觉意、猗觉意、定觉意、护觉意。② "八正道",《阴持入经》译为直见、直行、直语、直业、直利、直方便、直意、直定。③

总之,《阴持入经》通过对"阴"、"持"、"入"的分析破除"我执",确立"无我"的教义。经中把不明了四谛、五蕴的道理而沦入人生苦海的各种"惑业"归结为"九品"——痴、爱、贪、恚、惑、受(取)、更(触)、法、色,其中最根本的"痴"与"爱"被称之为"二本罪症"。与此相应,经中又提出了九种对治惑业的方法,经中称之为"九绝"——一止、二观、三不贪、四不恚、五不痴、六非常、七为苦、八非身、九不净,其中最重要的是"止"与"观",主要用于对治痴与爱。经中将止与观喻为对治痴与爱二病的良药:"一

---

① 安世高译:《阴持入经》,《大正藏》第15卷,第174页上。
②③ 同上书,第174页中。

切天下人有二病,何等为二? 一为痴,二为爱。是二病故,佛现二药。何等为二? 一为止,二为观。若用二药,为愈二病,令自证,贪爱欲不复贪,念意得解脱。痴已解,令从慧得解脱。"这就是说,通过止息各种杂念和运用智慧观照,就能明了人在生死轮回中的各种因果关系,体悟过去、现在和未来三世因果相续的道理,破除对自我实体的执着,从而从无明与爱欲中解脱出来。因此,经中特别强调"止观双俱行",这是安世高所传禅法的特点之一。

当然,"止观双俱行"也需要戒律来保证。因此,《阴持入经》对戒律也给予了足够的重视,列"戒法"为"十一本",把戒律不仅看作是制约佛教徒的必要措施,而且看作是指导人们正确修习止观以获得解脱的必要措施,《阴持入经》最后就是以戒、定、慧三学来概括"三十七道品"的。

佛教提出各种修行方法,目的都是为了证得智慧,断除烦恼,求得解脱。因此,"慧"在修道中占有十分重要的地位。《阴持入经》在讲止观时,对慧也给予了充分的重视,它把止观对治痴爱的方法,最后集中到"慧"。它特别通过对"四倒"的分析来揭示"慧"的内容,认为对治"常、乐、我、净"这四种颠倒而获得的"非常、苦、非身、不净"这四种观念,就是慧的体现。而进行上述修行活动所依止的禅定,就是所谓的"四禅"。这样,重"慧"也就成为安世高所传禅法的又一个特点。以此来观察五阴,就能断除我见,厌恶人生,从而完成思想的根本转变,实现解脱。安世高系的禅法属于小乘,而小乘佛教的最高理想境界是"灰身灭智"的"无余涅槃",因此,为了断灭一切世间,也必须断灭"阴持入",故《阴持入经》中说:"彼以有是阴亦持亦入,已尽止寂然,从后无阴亦持亦入。"而彻底断灭阴持入,也就从世间的束缚中彻底解脱出来了。

3.《安般守意经》及其传承

安世高系的"禅学",又称"安般守意",这是禅法之一种。"安"是指入息即吸气,"般"是指出息即呼气,"安般"则是呼吸之意,"守意"即是专注一心。可见,所谓"安般守意"即是用数出入息的方法,使心专一,不令浮躁、散乱。这种禅法集中地体现在安世高传译的《安般守意经》中。《安般守意经》对"数息观"的介绍是早期禅籍中相对而言最为详细,因此也最受后人重视。

关于本经的译本,诸家经录所记颇不一致。《出三藏记集·新集经论录》载,安世高于桓帝时译出:"《安般守意经》一卷,《安录》云《小安般经》。"①此外,僧祐于此又著录安世高译有《大安般经》一卷。隋费长房《历代三宝纪》卷四著录:"《安般守意经》二卷或一卷,道安云《小安般》。见朱士行《汉录》及僧祐、李廓《录》同。"又著录:"《大安般经》一卷或二卷,道安注解,见《祐录》,或云《大安般集经》。"②《大周刊定众经目录》卷七说:"《大安般守意经》一部二卷,或一卷,四十五纸。右后汉代安世高译,出《长房录》。《大安般经》一部二卷,或一卷,二十纸。右后汉代安世高译,出《内典录》。"③《开元释教录》卷一著录如下:

　　《大安般守意经》二卷,或一卷。或无"守意"字,或直云"安般"。安公云《小安般》兼注解。祐《录》别载《大安般》一卷。房《录》更载《安般》一卷,并重也。见士行、僧祐、李廓三录。④

古代经录记载上的这些差别,说明当时流行的抄本甚多。依照唐初的著录,当时应该流传有二十纸和四十五纸两个本子,开合也有一卷和二卷之别。从智升所说推断,智升似乎只看到一种版本,因此才说前人的著录是重出。综合这些资料,可推断出二十纸的本子可能是安世高的原译本,即道安所说的《小安般经》;而四十五纸本则可能是注解本,即僧祐所说的《大安般经》。最晚在开元年间,仅有注解本流传,其名为《大安般守意经》,这就是现存的本子,批注混杂于原文之中,很难将二者区分开来。

---

① 僧祐:《出三藏记集》卷二,《大正藏》第 2 卷,第 5 页下。
② 费长房:《历代三宝纪》卷四,《大正藏》第 49 卷,第 50 页中。
③ 明佺等撰:《大周录》卷七,《大正藏》第 55 卷,第 409 页上。
④ 智升:《开元释教录》卷一,《大正藏》第 55 卷,第 480 页上。

此外，在此应该特别指出，发现于日本金刚寺的写本《安般守意经》①，其本子与传统本子也不同。

古代经录，均将此经的注解归之于东晋道安。文献记载此经曾经有很多批注，三国时期的康僧会《安般守意经序》说，此经由"陈慧注义，余助斟酌"②。可见，此经的最早注本是安世高弟子陈慧所作，康僧会则依据陈慧批注改作。东晋道安《安般注序》说："魏初康会为之注义，义或隐而未显者，安窃不自量，敢因前人为解其下。"③道安是在吸收康僧会注释的基础上撰述新注的。道安之后，东晋谢敷④也有批注问世。谢敷在其《安般守意经序》中说，他曾"推检诸数，录求明证，遂相继续撰为注义，并抄撮《大安般》、《修行》诸经事相应者，引而合之。或以隐显相从，差简搜寻之烦"⑤。可见，他是抄撮《大安般》和《修行地道经》而批注《安般守意经》的。现存的《安般守意经》保存的批注可能是集注性质，最少也有陈慧、康僧会、道安、谢敷等四家解，其中所糅入的《地道经》的内容，很可能是谢敷所为。现存的《大安般守意经》中有"五十五事"、"十九病"等说，可与《修行地道经》的说法相参照，注解的方式也与所谓"推检诸数"、"隐显相从"相似。据此推断，现存本可能就是后人的集注本。

正因为现存的经本掺杂了古人的批注，使得文本显得结构松散，次第紊乱，在细节上不易弄通，但其总体结构和思想特色还是相当清楚的。大体而言，上卷着重论述"安般守意"禅本身，下卷大部分是解释"三十七品经"。而此经的宗旨，以经中的语句表达就是："安般守意有

---

① 参见方广锠《写本一切经的资料价值》的介绍，载《世界宗教研究》2000年第2期。
②③ 僧祐：《出三藏记集》卷六，《大正藏》第55卷，第43页中一下、43页下。
④ 据《世说新语·栖逸》"郗尚书与谢居士善"条刘注引檀道鸾《续晋阳秋》可知，谢敷先戴逵而死；又《晋书·戴逵传》云戴氏卒于太元二十年（395），则谢敷死于太元二十年以前。又陆澄《法论目录》载录谢庆绪《阿毗昙五法行义》（《出三藏记集》卷一二）。太元十六年，僧伽提婆始于庐山译出《阿毗昙心》（慧远《阿毗昙心序》）（《出三藏记集》卷一〇），谢敷生前得见《阿毗昙心论》，则他的卒年应在太元十六年以后。可见，谢敷卒于太元十六年至二十年之间，而道安圆寂于太元十年，其撰著《安般守意经注》则在其早期。
⑤ 僧祐：《出三藏记集》卷六，《大正藏》第55卷，第44页中。

十黠:谓数息、相随、止、观、还、净,四谛,是为十黠成,谓合三十七品经为行成也。"①这是说,"安般守意"有"十黠",即数息、相随、止、观、还、净以及四谛。此"十黠"成就"安般守意",由此再结合修行"三十七品经"才能成功。以下依照本经的次序论述其内容。

首先,"安般守意"的释义。经中说:"安般守意得自在,慈念意,还行安般,守意已,复收意行念也。"②"安般守意"是"安那般那守意"的略称,"安那般那"为梵文音译,意译"入出息",即呼吸;"安那"略作"安",指"入息"(吸),"般那"略作"般",指"出息"(呼)。"守意"指控制思维意念活动,与后来译为"念"的含义相近。所以"安般守意"就是"念安般"、"持息念"、"数息观"等的古译,是在中国传播时间最长、范围最广的禅法之一。③ 具体解释是:"安为身,般为息。守意为道,守者为禁,亦谓不犯戒。禁者,亦为护。护者,遍护一切无所犯。意者,息意,亦为道也。安为生,般为灭。意为因缘,守者为道也。安为数,般为相随。守意为止也。安为念道,般为解结。守意为不堕罪也。安为避罪,般为不入罪。守意为道也。安为定,般为莫使动摇。守意莫乱意也。安般守意,名为御意至得无为也。安为有,般为无,意念有不得道,意念无不得道,亦不念有,亦不念无,是应空定意随道行。有者谓万物,无者谓疑,亦为空也。安为本因缘,般为无处所,道人知本无所从来,亦知灭无处所,是为守意也。安为清,般为净,守为无,意名为,是清净无为也。无者谓活,为者谓生,不复得苦,故为活也。安为未,般为起,已未起便为守意。若已意起,便为守意。若已起意,便走,为不守,当为还。故佛说安般守意也。安为受五阴,般为除五阴,守意为觉因缘,不随身口意也。守意者,无所著为守意,有所著不为守意。何以故?意起复灭故,意不复起为道,是

---

① 安世高译:《安般守意经》卷上,《大正藏》第15卷,第164页上。
② 同上书,第163页下。
③ 参见杜继文《安般守意经(释义)》,高雄:佛光出版社,1997。

为守意。守意莫令意生,生因有死为不守意。莫令意死,有死因有生意亦不死,是为道也。"①

第二,解释"守意六事"。经中说:"守意六事为有内、外,数、随、止是为外,观、还、净是为内。随,道也。何以故?念息相随,止观还净,欲习意近道故。离是六事便随世间也,数息为遮意,相随为散意。止为定意,观为离意,还为一意,净为守意。用人不能制意故,行此六事耳。"②

第三,解释"三十七道品"。上卷简单解释其名目,下卷又作详细解释。上卷的文字是:"数息为四意止,相随为四意断,止为四神足念,观为五根、五力,还为七觉意,净为八行也。得息不相随不为守意,得相随不止不为守意,得止不观不为守意,得观不还不为守意,得还不净不为守意,得净复净乃为守意也。"③此中结合"守意六事"来解释三十七道品。

第四,解释"数息"。上卷的文字是:"数息欲遮意,息中有长短,当复遮是长短意也。何以故?守意,欲止恶故。恶亦可守,亦不可守。何以故?恶已尽,不当复守也。数息有三事:一者,当坐行。二者,见色当念非常不净。三者,当晓瞋恚疑嫉念过去也。数息乱者,当识因缘所从起。"④此后有较详细解释,从略。

第五,在上述内容之后,接着说:"道人行安般守意欲止意,当何因缘得止意,听说安般守意?"⑤此后则叙述"十六特胜"。经文说:"安名为入息,般名为出息。念息不离,是名为安般。守意者欲得止意,在行者新学者。有四种安般守意行,除两恶十六胜。实时自知,乃安般守意行,令得止意。何等为四种?一为数,二为相随,三为止,四为观。何等为两恶?莫过十息,莫减十数。何等为十六胜?实时自知喘息长,即自知喘息短,即自知喘息动身,即自知喘息微,即自知喘息快,即自知喘息不快,即自知喘息止,

---

① 安世高译《安般守意经》卷上,《大正藏》第15卷,第163页下—164页上。
② 同上书,第164页上。
③ 同上书,第164页中。
④ 同上书,第164页中—下。
⑤ 同上书,第165页上。

即自知喘息不止,即自知喘息欢心,即自知喘息不欢心,即自知内心念万物已去,不可复得,喘息自知,内无所复思,喘息自知,弃捐所思,喘息自知,不弃捐所思,喘息自知,放弃躯命,喘息自知。不放弃躯命,喘息自知。是为十六实时自知也。"①此段文字之后,有一问答。问"何等为莫过十数。莫减十数?"此后以一大段文字解释"十六胜",文长不赘述。

上述为卷上的内容。卷下开头说:"出息、入息自觉,出息、入息自知。当时为觉,以后为知。觉者,谓觉息长短。知者,谓知息生灭粗细迟疾也。出息、入息觉尽止者,谓觉出入息欲报时为尽,亦计万物身生复灭。心者谓意止也。见观空者,行道得观不复见身,便堕空无所有者,谓意无所著意有所著因,为有断六入,便得贤明。贤谓身,明谓道也。知出何所灭何所者,譬如念石出石,入木石便灭,五阴亦尔。出色入痛痒,出痛痒入思想,出思想入生死。出生死入识,已分别是,乃堕三十七品经也。"②此后的主要内容是解释"三十七品经"。

《安般守意经》还进一步把"六事"与"三十七道品"联系起来,认为"六事"包括了三十七道品的全部内容,甚至认为"行数息亦为行三十七品经"。并强调修持数息观,不但应该"知十二因缘事",而且必须"识苦、弃习、知尽、行道",即观悟佛教"四谛"之理。《安般守意经》的这些说法,既表明经中所讲的"数息观"实际上包括全部小乘禅法的基本要求,同时也反映了安世高"善开禅数"、"止观俱行"等思想特点。安世高还译有《佛说禅行三十七品经》一卷对此有更详细叙述,可参照研究。

安世高所传译的佛教经典中,"数息观"影响很大。"数息观"原是"五停心观"之一。"五停心观"是指对治贪欲的"不净观",对治瞋恚的"慈愍观",对治痴愚的"因缘观",对治我见的"界分别观"和对治心神散乱的"数息观"。从小乘的禅法体系来说,包括数息观在内的五停心观只

---

① 《大正藏》第15卷,第165页上。学术界以为此段可能是注家将竺法护译《修行地道经·数息品》中的一段文字移入的结果,但二者在文字和内容方面都有不少差别。
② 安世高译:《安般守意经》卷下,《大正藏》第15卷,第168页中。

是整个修习过程的准备阶段,在扫除了贪欲、瞋恚、痴愚和心神散乱等各种思想障碍的基础上,还要进一步修习四念处、四正勤等。安世高所译的《安般守意经》的重点却是在讲"数息观"时,把它与整个佛教教义和实现解脱联系在了一起。

继承安世高禅法系统的有三国时的康僧会和东晋时的道安等人。康僧会曾问学于安世高的弟子"南阳韩林、颍川皮业、会稽陈慧"等人,并协助陈慧注解了《安般守意经》,注文已佚,现仅存康僧会作的《安般守意经序》。根据序文及其他有关材料可以看出,康僧会对安世高所传的禅法是既有继承又有发展。

关于此经的宗旨,康僧会在该经的《序》中进一步用"四禅"、"六事"作了概括。"四禅"是早期佛教常说的修禅的四个阶段,而安世高所译的《安般守意经》则结合"六事"说明修禅的阶段。所谓"六事"是指数息、相随、止、观、还、净,从经文看,"安般守意"过程应包含着六个阶段。

"一禅"与"数息"对应,其目的是"遮意"。"系意著息,数一至十,十数不误,意定在之。小定三日,大定七日。寂无他念,泊然若死,谓之一禅。"①这是说,修禅时将意识全部集中到数一至十的呼吸次数上,使意识完全系定在数数的过程中,达到"寂无他念,泊然若死"的境界。

"二禅"与"相随"对应,即把意识由数数转向随顺呼吸的气息,把注意力完全集中到一呼一吸的运行上。

"三禅"与"止"对应:"又除其一,注意鼻头,谓之止也。得止之行,三毒、四走、五阴、六冥诸秽灭矣。"②这个阶段就是把注意力从呼吸转向鼻头,使意识专注其上,这样便可以排除心中一切杂念。"行寂止意,悬之鼻头,谓之三禅也。"③

---

① 康僧会:《大安般守意经序》,梁僧祐《出三藏记集》卷六,《大正藏》第55卷,第43页中。
② 僧祐:《出三藏记集》卷六,同上书,第43页上。
③ 同上书,第43页中。

"四禅"与"观"对应:"还观其身,自头至足,反复微察内体污露,森楚毛竖,犹睹脓涕,于斯具照天地人物,其盛若衰,无存不亡。信佛三宝,众冥皆明,谓之四禅也。"这是指反观自身不净,由此明了人身是假相、幻影、臭皮囊,这样便可洞察人生的本质。

从以上"四禅"、"四事"看,"数息"、"相随"只是达到"止"、"观"的手段,而"止"又是实现"观"的前提。可见,"止"、"观"是安世高禅学中的重要修行方法。如果从"六事"看,"四禅"之"观"还远不是目的,还必须继续前进,这就是"还"、"净"二事。"摄心还念,诸阴皆灭,谓之还也。"①亦即还需从观身转回"守意",使五阴假相归于失灭。于此再进一步,则"秽欲寂尽,其心无想,谓之净也"。当一切意欲尽除,进入无思无想之境地时,则可以得到无所不能的神通了。

安世高的禅法,从形式上说,主要是通过"坐禅数息"等方法"摄心定意",也就是"止";从内容上说,主要是在"止"的基础上观察四谛、五蕴、十二因缘,以趋向"无为",获得解脱,这就是"观"。

康僧会对安世高系禅法的发展主要表现在"观"的内容上,而这又突出地表现在他对"明心"的强调上。关于心的作用,在安世高所译的禅经及注释中就已提到,例如《阴持入经注》中就提出"心念善即善法兴,恶念生即恶法兴。夫心者,众法之本也"②。这里的心,主要还是指对外境的观想,康僧会则对此有进一步的发挥。他在《法镜经序》中曾说:"心者,众法之原,臧否之根,同出异名,祸福分流。"③在他看来,作为"众法之原"的心本来是明净的,但本净的心如果受到色、声、香、味、触、法等外境的迷惑,便会生出许多秽念,清净的心就被污染了。如何使净心复明?康僧会强调,通过修持安般禅,就能去除污染,使"净心"复明,从而达到理想的境界。在《安般守意经序》中,他曾非常形象地用磨镜来比喻"明

---

① 康僧会:《大安般守意经序》,梁僧祐《出三藏记集》卷六,《大正藏》第 55 卷,第 43 页中。
②③ 僧祐:《出三藏记集》卷六,《大正藏》第 55 卷,第 46 页中。

心",认为净心被污染,就像明镜处于泥秽之中而蒙上了污垢一样。如果有良师对被污染了的镜子仔细刮磨,使镜子上的污垢灰尘荡然无存,就能使镜子恢复明净而照清人的毛发面容,明察细微。人心与镜相同,通过"明心"的修禅,去除秽念,也就是去除污垢对心的障覆,就能使心恢复明净。"心净观明,得一切智"①,便能无幽而不睹,无物而不照,获一切神通,神德无限。

康僧会也主张"止观俱行"。他把"止"看作是"明心"的功夫,认为本净的心为外尘所污,因而需要通过"止"来恢复其本然,明心所引发的神通即成为"观"的内容。这里,"净心"的地位显然被大大地抬高了,小乘禅法通向了大乘"唯心"的法门。因此,康僧会在《安般守意经序》中把安般禅法称作"诸佛之大乘"是有其一定道理的。同时,康僧会的"明心说"亦可谓开了后世禅学"修心论"的先河,对中土禅学的发展产生了一定的影响。所不同的是,康僧会"明心"的目的主要是为了引发神通,他把"轻举腾飞,履水而行,分身散体,变化万端"②等作为修禅的理想境界,这与后来的大乘禅学旨趣相异,这既反映了康僧会禅学思想的特点,也是中土早期流行的禅数学的共同特点之一,它与当时社会上盛行神仙道术是相一致的。同时,这在客观上也进一步拉近了外来佛教与中国传统宗教的距离。

另外值得一提的是康僧会还强调修禅是"去秽浊之操,就清白之德"③,要求通过禅定,"端其心,一其意,合会众善内著心中,意诸秽恶,以善消之"④。并认为,若到最后达到"善恶皆弃,心不念善,亦不存恶,心中明净,犹琉璃珠"⑤的境界,就能引发各种神通了。将修禅明心与个人道德的提升联系在一起,使"明心"中的道德化倾向更为明显,这与康僧会致力于弘扬大乘佛教自度度人的慈悲精神也是一致的。

---

①② 康僧会译:《六度集经》卷七,《大正藏》第3卷,第39页中。
③ 僧祐:《出三藏记集》卷六,《大正藏》第55卷,第43页中。
④⑤ 康僧会译:《六度集经》卷七,《大正藏》第3卷,第39页上、39页中。

安世高所传的小乘禅数学不仅在当时得到了流传,而且在以后也是有所发展的。东晋高僧释道安就是这一系学说的重要继承者和发挥者,释慧远和竺道生等的思想也深受其影响。

二、支娄迦谶所译经典与大乘般若学

在佛教初传中土的汉魏时期,大乘佛教已经在印度兴起并且渐趋兴盛。如前文所述,支娄迦谶译籍中,对于中国佛教发生重大影响的莫过于他翻译的般若类经典。在此,仅仅以支娄迦谶翻译的《道行般若经》、《般舟三昧经》等为例论述介绍支译经典的内容,以管窥支娄迦谶对于中国佛教发展的贡献。

1. 《道行般若经》

支娄迦谶译籍中,对于以后义学发生影响最大的莫过于《道行经》。印度大乘学说本来就是以般若的缘起性空思想为基础的,由于这部经的译出,使得中土人士有了趋入大乘的途径。当时思想界里有"道家常无名,为天地始"等一类说法,成为中土人士接受般若理论的思想背景,从而使般若理论更快地传播开来。因此,《道行经》一经译出,很快成为研究佛家学说特别是般若理论的入门之籍。

《道行般若经》,又称《般若道行品经》、《摩诃般若波罗蜜道行经》、《摩诃般若波罗蜜经》等。此经是支娄迦谶和竺朔佛合作翻译的,经录所记载的光和二年(179)十月八日只是开始翻译的时间或者定稿的时间。

《般若道行经》十卷三十品,主要是说佛在耆阇崛山时,令须菩提、舍利弗向诸大比丘、诸大菩萨弥勒、文殊和诸天人,讲说般若波罗蜜法和诵持讲说书写此经的无量功德。此经开宗明义说,"欲学阿罗汉法"、"欲学辟支佛法"、"欲学菩萨法",当闻当学当持当守般若波罗蜜,这就指出般若波罗蜜是声闻乘、缘觉乘和菩萨乘的通法。本经说,须陀洹道、斯陀含道、阿那含道、罗汉道、辟支佛道、菩萨道和佛道及其相应之果须陀洹、斯陀含、阿那含、罗汉、辟支佛、菩萨和佛，都是从般若波罗蜜中出生。因为般若波罗蜜即是本无，本无就是本性空、本清净，也即《般若经》中说的无相、无作、无起、无生、无灭、无染、无所有、无挂碍、无得、寂灭、远离、真如、法界、实际、涅槃等义，意思是说涅槃是圣者自证的，非能用语言文字思维所及的。换句话说，大乘佛法的涅槃是超越而又内在的，不著一切，又不离一切。

那么，菩萨如何行般若波罗蜜呢？本经卷一《难问品》云："劝二不可从色中行，亦不可离色行。亦不可从痛痒思想生死识中行，亦不可离痛痒思想生死识行。"①何以故？般若波罗蜜是不二法。

在本经卷二《功德品》中说："受般若波罗蜜者，为悉受六波罗蜜。"何谓六波罗蜜呢？般若波罗蜜与其他五波罗蜜有何关系呢？该品说：檀波罗蜜（布施）、尸波罗蜜（持戒）、羼提波罗蜜（忍辱）、惟逮波罗蜜（精进）、禅波罗蜜（一心）、般若波罗蜜（智能），是为六波罗蜜，其中，"般若波罗蜜于五波罗蜜中最尊，譬如极大地，种散其中，同时俱出，其生大株。如是阿难，般若波罗蜜者是地，五波罗蜜者是种，从其中生"②。以地与种的关系，说明五波罗蜜是从般若波罗蜜中生成的，故为"最尊"。又说："般若波罗蜜者，即五波罗蜜之护，悉与眼目；般若波罗蜜是护，令五波罗蜜各得名字。"③本经又在其《泥犁品》中赞道："般若波罗蜜者多所成，天中天！因般若波罗蜜无不得字者，天中天！般若波罗蜜为极照明，天中天！般若波罗蜜为去冥，天中天！般若波罗蜜为无所著，天中天！般若波罗蜜为极尊，天中天！无目者，般若波罗蜜为作眼目，天中天！其迷惑者，般若波罗蜜悉授道路，天中天！萨芸若者，即般若波罗蜜是，天中天！般若波罗蜜者，是菩萨摩诃萨母，天中天！无所生无所灭，即般若波罗蜜是，天中天！具足三合十二法轮，为转是般若波罗蜜，天中天！般若波罗蜜

---

① 支娄迦谶译：《道行般若经》卷一，《大正藏》第8卷，第430页中。
② 支娄迦谶译：《道行般若经》卷二，《大正藏》第8卷，第434页中。
③ 支娄迦谶译：《道行般若经》卷三，《大正藏》第8卷，第440页下。

其困苦者悉安隐之,天中天! 般若波罗蜜于生死作护,天中天!"①总之,"般若波罗蜜,于一切法悉皆自然"。

在本经卷七《善知识品》中,还说:"六波罗蜜是菩萨摩诃萨善知识,六波罗蜜是舍怛罗,六波罗蜜是护,六波罗蜜是一,六波罗蜜是将。"②过去、现在、未来佛亦皆从六波罗蜜中出,成萨云若(一切智)。但是,他们还于四事(布施于人、欢乐于人、饶益于人、等与)中取道,用四事护持萨和萨(有情众生)。这种本来成佛,不至佛道,而是回向众生、济度众生者,如文殊、普贤、观音、地藏、弥勒,就是菩萨摩诃萨。因此说"菩萨摩诃萨为舍怛罗"、"为母"、"为父"、"为舍"、"为台"、"为度"、"为自归"、"为导"、"为六波罗蜜"、"为萨和萨之度",阐明了菩萨摩诃萨的高尚精神。

本经《劝助品》中还说:"菩萨摩诃萨当学沤和拘舍罗,未得般若波罗蜜者不得入,已得般若波罗蜜乃得入。"③这是因为,般若波罗蜜是度一切众生到达涅槃彼岸的实智,沤和拘舍罗是为引导众生筹谋假设的权智,或叫方便智。前者为主,后者为辅,相辅相成,即可加速证人真如、涅槃。经中还说:"极尊无过劝助,悉代劝助,劝助已。菩萨摩诃萨从是中得何等? 佛语须菩提,菩萨道德之人,当知过去当来今现在,法无所取,亦无所舍,亦无所知,亦无所得。"④因为其法是无所生无所灭,如幻如化如影之空,故无所得。所以说,沤和拘舍罗是无所得的方便。"作是施者,疾得作阿耨多罗三耶三菩。是故,菩萨摩诃萨劝助为尊"⑤,乃至说"菩萨摩诃萨皆从沤和拘舍罗般若波罗蜜中出"⑥。这里,指出了沤和拘舍罗的重大意义。

总之,本经强调,菩萨摩诃萨在缘起性空的基础上,以菩提心为因,发起"诸未度者悉当度之,诸未脱者悉当脱之,诸恐怖者悉当安之,诸未

---

① ④ 支娄迦谶译:《道行般若经》卷三,《大正藏》第 8 卷,第 440 页中、440 页上。
② ③ 支娄迦谶译:《道行般若经》卷七,《大正藏》第 8 卷,第 461 页下—462 页上、439 页上。
⑤ 支娄迦谶译:《道行般若经》卷三,《大正藏》第 8 卷,第 440 页上。
⑥ 支娄迦谶译:《道行般若经》卷二,《大正藏》第 8 卷,第 433 页下。

般泥洹者悉皆当令般泥洹"①的大悲弘愿,依信心、至诚心、大悲心而行六波罗蜜,以布施摄众、以持戒和众、以忍辱安众、以精进成行、以禅定摄心、以般若入理、以无所得为方便,自利利他,证得阿耨多罗三藐三菩提,解脱成佛。或者说,本经是以无念为宗,无作为本,真实为体,妙有为用,心本无作,道常无念,即可体悟三明,心通八解,证人涅槃。因此说,本经是般若波罗蜜的骨干,是菩萨道、大乘法。此外,在本经的《怛竭优婆夷品》中说:"弥勒菩萨近在前,且暮当补佛处","弥勒菩萨所入慧甚深,何以故?常行般若波罗蜜以来大久远矣"。②这是弥勒信仰在中土兴起的经典依据之一。

尤其需要注意的是,支谶所译的《道行般若经》中,其用语大量借用了老庄的术语。比如说,"道行般若"是梵语的翻译,以后音译为"般若波罗蜜(般若波罗蜜多)",意译为"智慧度彼岸"。而支译的"道行"用语也许是从老子思想借鉴而来的。如《老子》第二十一章说:"孔德之容,惟道是从。"《老子》第五十三章说:"使我介然有知,行于大道。""行于大道"才能达到理想的"无为而无不为"。可见,二者的相似程度甚高。鸠摩罗什后来所译的"诸法性空"境界,支谶翻译为"诸法本无"。"性空"和"本无"的差别不仅是用语的差别,其实有深刻的哲学基础的差别。"性空"是在一切诸法没有"自性"的意思,而"自性"是相对于不断的变化"相"而言不变化的本质。但是按照佛教核心教义的"缘起法",世界上没有不变化的东西或存在,所以在这世界上没有具有"自性"事物的存在,因此成立"诸法性空"。"般若"就是"智慧"的意思,但它不是一般的智慧。本来诸法的实相是"空",但是众生不懂诸法的实相而产生执着。只有菩萨能以智慧来直观诸法的实相就是空,菩萨所具的这种智慧就叫作"般若"。不过,这种能直观诸法的实相是空的般若本身,也是没有"自性"的,因此,

---

① 支娄迦谶译:《道行般若经》卷八,《大正藏》第8卷,第465页下。
② 支娄迦谶译:《道行般若经》卷六,《大正藏》第8卷,第457页下。

般若也是空的。这就是"般若皆空"的道理。支谶翻译的《道行般若经》说:"本无亦无所从来,亦无所从去,一切皆本无,亦复无本无。"①"本无所从来,去亦无所至,佛亦如是。"②显然,"诸法本无"与后来鸠摩罗什所翻译的"诸法皆空"相比,以中土固有的道家语词格量佛教思想的倾向异常明显。虽然东汉时期支谶译经的影响不如安世高之译经大,但是却为中土以后大乘佛教的流行尤其是般若学的流行提供了基础,有极大的意义。

对于此译本,东晋道安在《道行经序》中有一评价:"外国高士抄九十章为《道行品》,桓灵之世,朔佛赍诣京师,译为汉文。因本顺旨,转音如已,敬顺圣言,了不加饰也。然经既抄撮,合成章指,音殊俗异,译人口传,自非三达,胡能一一得本缘故乎?由是《道行》颇有首尾隐者。古贤论之,往往有滞。仕行耻此,寻求其本,到于阗乃得,送诣仓垣,出为《放光品》。斥重省删,务令婉便。若其悉文,将过三倍,善出无生论空特巧,传译如是,难为继矣。二家所出,足令大智焕尔阐幽。支谶全本,其亦应然。何者?抄经删削,所害必多,委本从圣,乃佛之至戒也。"③道安对支娄迦谶译本的看法是客观公正的。作为早期译本,支娄迦谶等翻译的《般若道行经》"因本顺旨"、"敬顺圣言",主观上想重视原本,但效果不甚理想。于是,此后有几种异译本。

自《般若道行经》译出之后,与其同本异译的有吴支谦译的《大明度经》六卷、前秦昙摩蜱与竺佛念合译的《摩诃般若钞经》五卷、后秦鸠摩罗什译的《小品般若波罗蜜经》十卷、唐玄奘译的《大般若经》第四卷、北宋施护译的《佛母出生三法藏般若波罗蜜多经》二十五卷。其中,支谦译本与本经最为接近,施护译本与现存梵文八千颂《般若》及西藏译本的分品完全相同。尽管如此,支娄迦谶此译本对大乘般若思想在中国的传播所

---

① 支娄迦谶译:《道行般若经·本无品》,《大正藏》第 8 卷,第 453 页中。
② 支娄迦谶译:《道行般若经·萨阮波伦菩萨品》,《大正藏》第 8 卷,第 473 页下。
③ 《出三藏记集》卷七,《大正藏》第 55 卷,第 47 页上。

产生的深刻影响是不可磨灭的,它在历史上所起的开拓荒土的作用不会因为被后来更完善的译本所代替而为历史所遗忘。

2.《般舟三昧经》

大乘佛教性空理论应用到修行实践上,就是般舟三昧,而支娄迦谶翻译的《般舟三昧经》就是专门叙述这一内容的。这一法门属于大乘禅观,而中国佛教往往也将其当作念佛禅的渊源。

据《开元释教录》记载,该经曾经有七个译本,现存三种译本,其中署支娄迦谶译的有一卷本和三卷本两种。此外,现存的《拔陂菩萨经》一卷,古来著录为失译。僧祐《出三藏记集》卷三著录说:"《颰披陀菩萨经》一卷,安公云出方等部。"①而智升《开元释教录》卷一著录说:"《拔陂菩萨经》一卷,或为《拔波》,安录云《颰披陀菩萨经》。安公云出方等部,是《般舟经》初四品异译,第五出。"②上述三种译本,最早的应该是支娄迦谶译本,因为第三种《拔陂菩萨经》智升列其为第五译。

关于支娄迦谶翻译《般舟三昧经》之事,各种文献记载不一。僧祐在《出三藏记集》卷二于支娄迦谶名下仅仅记载《般舟般三昧经》或称《大般舟三昧经》一卷(也作二卷),光和二年(179)十月八日出。而现存署名支娄迦谶翻译的三卷本《般舟般三昧经》并不见于僧祐经录。因此有人认为三卷本可能是竺法护译,但属于推测。依译语来考察,现存的三卷本,与支谶的译语相近,作为支谶所译,是近代学者所能赞同的。现存的一卷本,部分与三卷本的文句相合,但"涅槃"、"总持"等译语及序文,都不可能是汉代译语,而近于晋代的译品。也许现存三卷本经过后人修订。

《般舟三昧经》三卷本,分十六品。《拔陂菩萨经》,没有分品,与三卷本的前四品相当。一卷本,古代经录说为三卷本的后十品,品数开合并不完全对应。《般舟三昧经》一卷本,比三卷本缺了六品,由于文字部分

---

① 僧祐:《出三藏记集》卷三,《大正藏》第55卷,第15页中。
② 智升:《开元释教录》卷一,《大正藏》第55卷,第485页中。

与三卷本相合,所以有学者推论一卷本是从三卷本抄出的。

《般舟三昧经》是以佛回答颰陀和菩萨问题的形式展开的,一开始,颰陀和菩萨就向佛提出一系列问题,请佛回答,比如说如何修行才能得到智慧、长寿、神通等。佛告诉他,只要修行般舟三昧(又称为"十方诸佛悉在前立三昧"),所想得到的都可以得到。

此经的思想特色首先在于"念佛三昧"。"三昧"是梵文的音译,意为禅定,所以"般舟三昧"又称为般舟定。"般舟"是梵文音译,意为"现前"。因为修行这种禅定,十方诸佛可以出现在面前,所以这种禅定又称为"诸佛现前三昧"、"佛立三昧"等。修行这种禅定,90天为一期,除用食之外,要常行而不休息,步步声声唯念阿弥陀佛,所以"般舟三昧"又称为"常行三昧"。

要修行般舟三昧,必须首先坚定信仰,不能有丝毫怀疑,即使"如毛发许"的怀疑都不能有。还要"避恶人,近善友,亲明师,视如佛"。再找个清净地方修炼禅定,"避乡里,远亲族,弃爱欲,履清净,行无为,断诸欲,舍乱意,习定行"①。通过禅定,增生智慧,认识各种事物的"性空本无","因缘会,因缘散,悉了是,知本无"。② 由此可见,般舟三昧的理论基础是"性空本无",是"本无"理论的具体应用。

《般舟三昧经》所说的"念佛三昧"有明显的"唯心"倾向。如一卷本有经文说:

> 颰陀和,色清净故,所有者清净,欲见佛即见,见即问,问即报,闻经大欢喜,作是念。佛从何所来,我为到何所,自念佛无所从来,我亦无所至。自念欲处、色处、无色处,是三处意所作耳。我所念即见,心作佛,心自见,心是佛心,佛心是我身,心见佛,心不自知心,心不自见心,心有想为痴心,无想是涅槃,是法无可乐者。设使念为空

---

① 《般舟三昧经》,《大正藏》第13卷,第898页下。
② 同上书,第899页上。

> 耳,无所有也。菩萨在三昧中立者,所见如是。①

在见佛以后,应这样的"念":佛从哪里来?自己又到了哪里?知道佛没有从他方净土来,自己也没有到净土去,只是从定心中见佛。因此,就理解到三界都是心所造作的,或者说是心所现的。随自己所念的,那一方那一佛,就在定心中见到了,所以只是以心见心,并没有见到心外的佛。这样,心就是佛,就是如来。从此"观"就能解了有想的就是愚疑、生死,没有想才是涅槃。一切都是虚妄不真实的,无可乐著,只是"念"所作的。然而,"念"也是空的、无所有的。前说境不可得,这才说心不可得。总之,"般舟三昧"就是观见佛悉立在前的三昧。

由于此经在列举"十方佛"时特别提及了西方阿弥陀佛,因此,此经为中国净土信仰的普及起了拓荒作用。《般舟三昧经》第二品《行品》称:

> 持是行法便得三昧,现在诸佛悉在前立。其有比丘、比丘尼、优婆塞、优婆夷如法行,持戒完具,独一处止,念西方阿弥陀佛今现在,随所闻当念,去此千亿万佛刹,其国名须摩提,一心念之,一日一夜,若七日七夜,过七日已后见之。②

> 菩萨于此间国土,念阿弥陀佛,专念故得见之,即问:"持何法得生此国?"阿弥陀佛报言:"欲来生者,当念我名,莫有休息,则得来生。"③

此经文说,一心专念阿弥陀佛名号,即可往生西方极乐世界。此中所说的方法与小本《阿弥陀经》相合。不过,《阿弥陀经》说"于其卧止梦中见阿弥陀佛",与上引一卷本"般舟三昧"的"定"中见佛不同。而三卷本补充为:"过七日已后,见阿弥陀佛;于觉不见,于梦中见之"④,才含摄了梦

---

① 《大正藏》第13卷,第899页中—下。
② 同上书,第899页上。
③ 同上书,第899页上—中。
④ 同上书,第905页上。

中见佛。

关于"念佛"而见佛的修行时间,《般舟三昧经·四事品》中说:"菩萨有四事法,疾逮得是三昧。一者,所信无有能坏者。二者,精进无有能退者。三者,智慧无有能及者。四者,常与善师从事。是为四。复有四事,疾得是三昧。一者,不得有世间思想,如弹指顷三月。二者,不得睡眠三月,如弹指顷。三者,经行不得休息三月,除其饭食左右。四者,为人说经,不得望人供养。是为四。复有四者,疾得是三昧。一者,合会人至佛所。二者,合会人使听经。三者,不嫉。四者,教人学佛道。是为四。复有四事,疾得是三昧。一者,作佛形像,用成是三昧故。二者,持好素写是三昧。三者,教自贡高人内佛道中。四者,常护佛法。是为四。"① 此处所说的修行方法,其重心显然与《阿弥陀经》不同。此经举西方阿弥陀佛,当然是由于当时念阿弥陀佛的人多,举一般人熟悉的为例而已。

庐山慧远、善导等净土宗祖师都对此经很重视,此经的内容于是与念佛往生法门便密不可分了。此外,天台宗智𫖮曾撰写《般舟三昧行法》,新罗元晓也撰有《般舟三昧经疏》,推广此经。这些都说明,支娄迦谶所翻译的大乘经典,对中国佛教的发展起到了重大推动作用。

---

① 《大正藏》第 13 卷,第 899 页下。

第二章　两晋时期佛教的传播

280年,继承魏的晋王朝统一全国,但仅仅统治了二十余年便土崩瓦解了,是为西晋(265—317)。西晋灭亡后,琅玡王司马睿奉在建业赓续晋王朝法统,是为东晋(317—420)。北方则经历了十六国(304—439)等政权的统治。以439年北魏统一北方为界,此前史称东晋十六国时期,此后史称南北朝时期。本章以西晋、东晋、十六国政权统治时期,即从265—439年共170年[1]佛教在中土的发展为叙述对象。

西晋时期,佛教在中土的传播地域不断扩大,传播的内容越来越广阔且愈来愈有深度,信仰者的数量呈现出飞速发展的态势。西晋在战乱中灭亡,代之而起的北方政权的特殊性使一贯被视为外来宗教的佛教获得前所未有的发展机遇,石赵、前秦、后秦以及北凉统治区域佛教在朝廷的大力支持下,呈现出不同程度的繁荣局面。偏居南方的东晋朝廷,也随着当时名僧的不断南移,从帝王到士大夫再到百姓,佛教信奉者数量日益扩张,佛教在社会生活中的地位日益重要,形成了庐山和建康等地

---

[1] 这是笼统的说法。在实际的叙述时,照顾到政权更替的因素,前文在叙述东吴佛教时截止时间为东吴灭亡的时间280年,而下文叙述西晋佛教时则以晋武帝称帝的时间265年为起点。下文叙述南方佛教以刘裕废除东晋皇帝自立为帝的420年开始,叙述北方佛教时则以北魏统一北方的时间439年为界限。至于北魏佛教则全部置于南北朝部分叙述。

佛教兴盛的局面。东晋佛教的发展,直接的结果就是南朝佛教的初步繁荣。

第一节 西晋社会与佛教的传播

西晋时期是佛教在中土广泛传播的开端。如果说,东汉、三国、曹魏时期佛教在中土的存在和传播,主要借助于外来僧人的传教和佛教经典的翻译和传播,本土信仰者的资料非常有限,那么,到了西晋时期,随着外来僧人的显著增多和翻译佛典的大量传布,佛教信仰者的数量则迅速增加,阶层也更为广泛,上自王公臣僚,下至平民百姓,以至边地少数民族,都有信奉佛教者在。关于外来僧人以及佛典翻译活动留待下文专节叙述,在此先从本土佛教信仰者以及佛事活动、僧人和建寺数量等方面来叙述西晋佛教传播和发展的情况。

一、西晋佛教的社会、文化背景

曹魏政权统治初期,采取了一些恢复生产、发展经济的措施,使大乱后的黄河流域得以相对稳定。[1] 魏明帝死后(239),曹氏集团开始衰落,政权为司马氏豪强集团所控制。263年,司马昭带兵灭蜀,265年,司马炎以禅让方式代魏,改国号为晋,280年灭吴,全国重新统一,史称西晋。自汉末以来,经历了将近一个世纪的动乱和分裂,社会至此总算得到了短暂的安定。西晋朝廷开始于武帝司马炎,终于愍帝司马邺,共四帝。

晋武帝司马炎在位期间(265—290),是西晋历史上最好的时期,西晋的许多重大政治、经济措施均在此期颁行,也收到了一些效果。这一时期史称"太康之治"。

晋武帝早在致力于统一全国之时,便力革曹魏积弊,下诏郡国守相

---

[1] 西晋的社会、文化背景内容系参考了史学界相关研究成果编写而成。

"务劝农功"、"务尽地利",大力发展农业生产,收到了初步效果。灭吴之后,改元"太康",以示天下从此太平康乐之意。为了实现这一目标,他采取了三条重大措施:第一,对原吴国地区仍示以宽厚,尽快安定社会秩序,"其牧守以下皆因吴所置,除其苛政,示之简易,吴人大悦"①。第二,对军队进行整编和复员。第三,颁布和推行占田制。从占田制的内容看,它试图以新形式将土地同劳动力相结合,将保护和限制地主利益相结合,以保证封建政府财政收入,并对土地和田租实行有效管理。在这种制度下,政府并不是将土地授给农民,只是承认其占有土地的限额,将其占有合法化。它的积极作用在于解除了屯田制下军事管制的强迫劳动;占田数高于课田数,可以鼓励人民去占田开荒;对士族地主占田在法律上给予了一定限制。这些都有利于提高农民的生产积极性。占田制对当时农业发展、社会繁荣是有积极作用的。据载,280年西晋有户246万,282年即激增至377万,两三年间,增加了130多万户,这与占田制实行后,大量流民垦占荒土,重新向国家呈报户口有密切关系。

两晋社会结构的变化是门阀士族阶层的形成。西晋以法律、制度的形式,在政治、经济、文化各方面将世家大族的特权固定下来,使西晋初步形成了门阀政治的格局。这一制度,萌生于东汉,发展于三国,初步形成于西晋时期。五等爵制的制定和九品中正制的蜕变是门阀形成的政治条件。

五等爵位制是司马师委托裴秀制定的。《晋书·裴秀传》记载说:"秀议五等之爵,自骑督已上六百余人皆封。"②受封者均是实力雄厚的士族,最大的是贾、裴、王三家。五等爵制制定以后,便成了西晋九品中正制选人的依据。这时,曹丕制定的"九品中正制"已发生了相当大的变化,主要是由于中正官一职逐渐被世家大族出身的官僚所把持,使这一

---

① 《晋书》卷三,第71页,北京:中华书局,1974。
② 《晋书》卷三五,第1038页。

制度成为他们培植门阀家族势力的重要工具。此时"台阁选举,涂塞耳目,九品访人,唯问中正"①。而中正官则"计资定品",只重门第,不再注重乡议。这样,九品中正制已不再是真正选拔人才的途径,而出现了"上品无寒门,下品无势族"②,"公门有公,卿门有卿"③的局面。对此,一些直臣曾给予严厉抨击,司隶校尉刘毅上书论九品中正之"八损",建议"罢中正,除九品";司徒卫瓘等也上疏要求废除九品,"复古乡议里选",但晋武帝借口"法宽有由,积之在素",继续实行这一制度,使门阀士族垄断政治的现象愈来愈严重。经济上士族不仅享有依品占田和荫客、荫亲属的特权,而且有的门阀多占土地、劳动力也被默许。这样,在法定特权之外还有特权,门阀士族的政治统治有了可靠的经济保障。

西晋建国之初,沿用汉魏旧制设置太学,太学生中既有高门大族子弟,也有寒门庶族子弟。晋武帝泰始八年(272),因高门子弟耻与寒门为伍,不入太学,下诏遣散部分太学生,令"大臣子弟堪受教者"入学。咸宁二年(276)便建立了专门教育贵族子弟的贵族学校"国子学"。④ 在教育上给世家大族提供特殊的有利条件。到惠帝时,以国子学招收太滥,只准"官品第五以上得入国(子)学"。这是西晋在教育上"殊其士庶,异其贵贱"⑤的重要举措。至此,士族的教育特权也在制度上以法律形式固定下来了。

西晋朝廷大量分封宗室为王,宗室王于是具有足以与朝廷相抗衡的力量。西晋统治阶级认为没有分封是曹魏灭亡的主要原因,于是在建国初期就分封了二十七个同姓王,并不断扩大他们的权力。诸王不仅掌握了封国中的军政大权,而且控制了相当多的军队。西晋分封宗室的目的是为了藩卫皇室,但后来随着统治阶级内部矛盾的发展,诸王大都卷入

---

① 《晋书》卷四八,第1347页。
② 《晋书》卷四五,第1274页。
③ 《晋书》卷九二,第2382页。
④ 参见《宋书》卷一四,第356页,北京:中华书局,1974。
⑤ 《南齐书》卷九,第145页,北京:中华书局,1972。

了争夺中央统治权力的斗争,反而削弱了中央皇权的统治。造成西晋分崩离析的"八王之乱"也与这一政治制度有密切关系。

晋武帝司马炎早年一度提倡朴素,但自平吴以后,就沉溺于游宴享乐之中,生活荒淫无度,"掖诞怠将万人"。① 为选择民女充后宫,竟然下诏"禁天下嫁娶"。② 皇帝昏庸腐朽,世族官僚也竞相奢靡。太傅何曾"食日万钱,犹曰无下箸处"。③ 其子司徒何劭"食必尽四方珍异,一日之供以钱二万为限"④。大族石崇与外戚王恺斗富,大臣傅咸上书说:"奢侈之费,甚于天灾。"⑤门阀世族不仅奢侈成性,而且依恃权势,公开抢劫杀人。石崇为荆州刺史,"劫远使商客,致富不赀"⑥。他宴请宾客,客饮酒不尽,竟然杀死劝酒的侍女。西晋上层社会已然腐朽。

太熙元年(290),司马炎死,惠帝司马衷继位,外戚杨骏辅政,惠帝皇后贾南风矫诏密令都督荆州军事的楚王玮入京,诛杀了杨骏。在杀了辅政的汝南王亮等人以后,又嫁祸于楚王玮,将其处死。统治集团内部的矛盾愈演愈烈,终于爆发了"八王之乱"。

所谓"八王",是指汝南王亮、楚王玮、赵王伦、齐王冏、河间王颙、成都王颖、长沙王乂和东海王越。他们为争夺中央统治权,先是同外戚杨、贾两家斗争,后来宗室诸王间兵戎相见,而且战争规模越来越大,战场从长安、洛阳延展到黄河南北,破坏性极大。306年,东海王司马越入朝专政,杀死成都王司马颖和河间王司马颙,又毒死晋惠帝,诸王力量消耗殆尽。"八王之乱"始告结束。

八王之乱前后历时16年之久,带来了严重的社会灾难,造成十万人死亡,上百万人流徙,社会生产和人民生活遭到严重破坏,洛阳一带米价

---

① 《资治通鉴》卷八一,第2576页。
② 《晋书》卷三一,第953页。
③ 《晋书》卷三三《何曾传》,第998页。
④ 《晋书》卷三三,第999页。
⑤ 《晋书》卷四七《傅咸传》,第1324页。
⑥ 《晋书》卷三三《石崇传》,第1006页。

飞涨,竟至石万钱。八王之乱还使西晋统治者耗尽了自身力量,失去了对地方的控制,形成了"州郡携贰,上下崩离"之势。西晋社会的阶级矛盾和民族矛盾,也因此而全面爆发。在周边少数民族力量不断壮大的背景下,西晋灭亡了。

308年,匈奴大单于刘渊称帝,开始了灭晋的历程。登基后,刘渊立即遣其子刘聪与大将王弥进攻西晋都城洛阳。攻克洛阳,掳走晋怀帝司马炽。怀帝被俘后,豫州刺史阎鼎与雍州刺史贾疋等人又拥立武帝之孙司马邺为帝,都于长安。至建兴四年(316),长安被围,晋愍帝司马邺出降,西晋王朝终结。

西晋在思想文化上的最大成就是玄学的发展。

玄学思潮是在汉末儒家正统观念崩溃的大背景下,于曹魏正始年形成的。曹操曾起用"不仁不孝"而有真才实学的人做官,在实践上已经提出了对纲常名教的挑战。至魏末嵇康倡导"非汤武而薄周孔",标志着对传统儒学的批判达到了一种新的自觉。何晏、王弼开创"正始之音",发挥《老子》的宇宙观,突出《周易》、《论语》的地位,并作全新的解释。由于他们立意玄远,甚少务实,亦称"玄学",或称"清谈"。玄学成了魏晋时期占统治地位的思想形态。西晋立国之后,玄学家向秀、郭象注《庄子》,肯定一切存在都是合理的,为西晋统治和士族特权辩解;裴頠著《崇有论》,斥责玄学贵无派,要求士人积极治世。王戎、王衍立论,则祖述何晏、王弼,仍主"以无为本"。西晋玄学呈"崇有"与"贵无"两派并行的态势。玄学和清谈,贯穿西晋和东晋甚至延续到南北朝时期。

非儒之风和玄学的兴起,为佛教的全面发展创造了良好的思想条件。佛教般若学正是假借玄学所开创的理路和思想风气,不断在上层知识阶层扩展自己的受众。东汉末年的支娄迦谶译出的般若类经典,汉末时已在一定范围内流传;三国至两晋时期,研究"般若"也开始成为一门独立的学问即"般若学"。

在上述几大背景的作用下,佛教在西晋乃至东晋时期的传播和发展都显现出不同于汉魏的特点。特别是士族阶层的崛起和玄学大兴,为佛教在中土的传播提供了新的契机。

二、帝王与佛教

西晋四位皇帝,真正有独立执政意志的唯有晋武帝。根据《辩正论》卷三记载:"晋世祖武皇帝,龙颜奇伟,盛明革运,大弘佛事,广树伽蓝。"在其执政期间,佛寺数量增加很多。《辩正论》卷三记载:"晋惠帝,归心妙道,契意玄宗,仍于洛下造兴圣寺,供养百僧。"①史籍记载,晋惠帝痴呆,本人是否如此所说"归心妙道",无法证实,文中所记载的在其执政期间于洛阳修造兴圣寺,并且以皇帝名义供养百名僧人,应该是可能的。晋愍帝"笃意冥感,远降神仪,仍于长安造通灵、白马二寺"②。晋愍帝登基于危难之中,在其在位期间,朝廷以其名义修造通灵寺、修葺白马寺。可见,当时执权柄者对佛教是有所期待的。

王公贵族中,河间王司马颙和中山王是现今可知支持弘扬佛教的封王。

司马颙(? —306),字文载,河内温县(今河南温县西)人,司马懿弟司马孚之孙,太原王司马瓌之子。咸宁三年(277),司马颙受封为河间王,迁北中郎将,监邺城。元康九年(299)为平西将军,镇长安。赵王伦篡位,乃举兵响应齐王冏讨伐司马伦,进位侍中、太尉。永宁二年(302)底受密诏起兵讨司马冏,次年又与成都王司马颖合兵打败长沙王司马乂,随后其部将张方劫惠帝及司马颖至长安。永兴二年(305)七月,东海王司马越被王浚推为盟主,欲率师迎惠帝还复旧都洛阳。永兴三年正月,司马颙因刘乔兵败欲与东海王越讲和,但恐张方不从,遂使人杀之,送首级于东海王越请和,越不许,命宋胄等率鲜卑兵西迎惠帝。五月,越

---

① 法琳:《辩正论》卷三,《大正藏》第52卷,第502页下。
② 《大正藏》第52卷,第502页下。有文献表明,长安白马寺早已有之,并非晋愍帝在位时新修。

前锋祁弘连败颙军,入关。司马颙单骑逃入太白山。司马越以诏书征司马颙为司徒。但司马越的弟弟南阳王司马模暗遣其将梁臣在新安(今河南渑池东)杀死司马颙和其三个儿子。

关于河间王司马颙对待佛教的态度,目前可见的资料是《高僧传》卷一《帛远传》的记载:"晋惠之末,太宰河间王颙镇关中,虚心敬重,待以师友之敬。每至闲辰靖夜,辄谈讲道德。于时西府初建,后又甚盛,能言之士,咸服其远达。"①从这些材料看,帛远在长安的影响很大,而当时的权臣河间王司马颙礼敬帛远,待之如"师友",自然对其在长安弘扬佛教大有帮助。

此外,有文献资料表明,西晋中山王之礼敬佛教,对于佛教在其地的传播也起到了重要的推动作用。《出三藏记集》卷七东晋道安《合放光光赞略解序》中说:《放光般若经》于元康元年(291)五月译出,"《放光》寻出,大行华京,息心居士,翕然传焉。中山支和上遣人于仓垣,断绢写之,持还中山。中山王及众僧,城南四十里,幢幡迎经,其行世如是"②。经查,西晋初年封司马睦为中山王,咸宁三年(277)因事被废。不久,转封济南惠王司马耽为中山王。司马耽之父为司马懿之弟司马恂的长子。晋武帝立国之后,封司马恂为济南王。司马恂于泰始二年(266)死后,司马耽嗣位济南王,咸宁三年(277)迁封为中山王。关于中山王的死亡时间,《晋书》有不同记载。卷三七《济南惠王司马遂传》中说:司马耽于"咸宁三年徙为中山王,是年薨,无子,缉继"③。而《晋书·惠帝纪》中又说,元康二年(292)"九月乙酉,中山王耽薨"④。司马耽死后,其弟司马缉继承中山王封号。《晋书·济南惠王司马遂传》又记载:"成都王颖以缉为建威将军,与石熙等率众距王浚,没于阵,薨。无子,国除。"⑤这一事件发

---

① 慧皎:《高僧传》卷一,《大正藏》第50卷,第327页上。
② 《出三藏记集》卷七,《大正藏》第55卷,第48页上。
③ 《晋书》卷三七,第1102页。
④ 《晋书》卷四,第92页。
⑤ 《晋书》卷三七,第1102页。

生于建武元年（304），此后西晋就不存在中山王了。由此可见，率领僧众出城四十里迎接《放光般若经》不是司马耽就是其弟司马缉，时间应该在《放光般若经》译出不久。中山王的封地在今河北省定县，此地在十六国和北魏时期是北方的佛教中心之一。从情理上推测，应该与中山王对待佛教的态度有一定关系。

三、奉佛的士大夫和民众

西晋时期，士大夫奉佛的逐渐增多，最著名的有石崇、周嵩等人。

石崇（249—300），字季伦，祖籍渤海南皮（今属河北），生于青州，小名齐奴。元康初年，出任南中郎将、荆州刺史。在荆州"劫远使商客，致富不赀"[1]。生活奢侈，与王恺竞相争豪，为后世所诟病。永康元年（300）赵王司马伦专权，石崇因参与反对赵王伦，被赵王伦杀死。石崇是当时的巨富高官，官至侍中，"石崇斗富"在历史上臭名远扬，不过他也事奉佛教。他是否真心奉佛，时人有怀疑。《弘明集》卷一《正诬论》记载了时人对其行事的评论。

首先，有人评论说："又诬云：石崇奉佛亦至，而不免族诛云云。"《正诬论》的作者则回答说："石崇之为人，余所悉也。骄盈耽酒，放僻无度，多藏厚敛，不恤惸独。论才，则有一割之利；计德，则尽无取焉。虽托名事佛，而了无禁戒，即如世人貌清心秽，色厉内荏，口咏禹、汤，而行偶桀跖。自贻伊祸，又谁之咎乎？"[2]这一材料说明，从形迹上说，石崇是符合"奉佛"的外在标志的，如以其财力，向佛教行布施，这也说明奉佛在当时已是一种社会风尚了。

晋愍帝时为丞相司马睿参军的周嵩，与其妻胡氏都信奉佛教。《高僧传》卷一〇《安慧则传》记载，安慧于晋永嘉年中，"止洛阳大市寺，手自

---

[1]《晋书》卷三三《石崇传》，第1006页。
[2]《大正藏》第52卷，第8页下—第9页上。

细书黄缣写《大品经》一部,合为一卷,字如小豆,而分明可识,凡十余本。以一本与汝南周仲智妻胡母氏供养。胡母过江,赍经自随,后为灾火所延,仓卒不暇取经,悲泣懊恼。火息后乃于灰中得之,首轴颜色,一无亏损"①。而《晋书·周浚传附嵩传》也说周嵩"精于事佛",后被王敦所害,"临刑犹于市诵经"。不过又说他"虽有好道之意,然意未受戒为弟子"②,不算正式佛弟子,但从文献记载看,其佛教信仰颇为虔诚。

西晋时期,居士的人数和力量都有显著发展。西晋时期见于记载的佛教居士有数人,下文略作叙述。

抵世常是当时著名的居士。《法苑珠林》卷二八记载:"晋抵世常,中山人也。家道殷富。太康中禁晋人作沙门,世常奉法精进,潜于宅中起立精舍,供养沙门,于法兰亦在焉。僧众来者,无所辞却。"③其家曾经供养僧尼数十人。

《高僧传》卷一记载:"时晋惠之世,又有优婆塞卫士度,译出《道行般若经》二卷。士度,本司州汲郡人。陆沈寒门,安贫乐道,常以佛法为心,当其亡日,清净澡漱,诵经千余言,然后引衣尸卧,奄然而卒。"④卫士度以居士的身份,翻译出《道行般若经》二卷。"度善有文辞,作《八关忏文》,晋末斋者尚用之。晋永昌中死,亦见灵异,有造像者,作《圣贤传》具载其事,云度亦生西方。吴兴王该曰:'烛日阙叟登宵,卫度继轨,咸恬泊于无生,俱蜕骸以不死者也。'"⑤

卫士度之师为阙公则,也是著名的居士。"阙公则者,赵人,恬放萧然,惟勤法事,晋武时死于洛邑,同志为设会于白马寺,其夕转经,空中闻唱萨声,仰视一人,形器光丽,曰:'我是阙公则也,生西方安乐界,与诸上人来此听经。'合堂惊出,咸共见之。时卫士度,汲郡苦行居士,师于则,

---

① 慧皎:《高僧传》卷一〇,《大正藏》第50卷,第389页中。
②《大正藏》第52卷,第9页上。
③ 道世:《法苑珠林》卷二八,《大正藏》第53卷,第492页上。
④《高僧传》卷一,《大正藏》第50卷,第327页下。
⑤ 道世:《法苑珠林》卷四二,《大正藏》第53卷,第616页中—下。

母亦笃信常饭僧。日将中,忽空中下钵,正落母前,乃则钵也。"① 这一故事,有另外的记载:"《异苑》曰:司州卫士度母常诵经长斋,非道不行,曾出自斋堂,众僧未食,俱望见云中有一物下,既落其前,乃是大钵,满中香饭,举坐肃然,一时敬礼。母自分赋斋人,皆七日不饥。"② 从这一记载可知,阙公则信佛很是虔诚,而且所修属于净土法门。而卫士度之母也是虔诚的佛教信仰者,可见此时佛教信仰已经初具家族性。卫士度是一名虔诚的居士,其母也很虔诚,不但诵经,还持斋。"常斋"即"长斋",长斋中每日不过中午食一次,中午以后就不再进食。东晋郗超《奉法要》说:"凡斋日,皆当鱼肉不御,迎中而食。既中之后,其香美味一不得尝。"③ 长斋,谓斋食长续,有"三斋月"与"六斋",均为在家居士之修持。"三斋月"是在正月、五月、九月的前半月按"八戒"规定持斋修行。"六斋",是每月的初八、十四、十五、二十三、二十九、三十等六天持斋修行。卫士度所作的《八关忏文》,大概是在八关斋戒日(即遵守八戒的斋日)向佛忏悔的文字。

从上述引证可知,平民百姓信奉佛教的人数也在不断增长,迄今所知最早的造像记是镌于西晋太康二年(285)金铜像上的铭文④,它反映了普通民众佛教信仰的状况,民间佛教的社会渗透力可见一斑。西晋的佛教生活,已开始设法会追荐亡僧,也有持斋、供养僧众等形式。晋武帝之世,阙公则死后,洛阳僧众曾在白马寺中设法会追荐。卫士度的母亲常在家吃长斋,卫士度自己也曾作《八关斋文》,这是在行斋时所用的对佛的忏悔性文字,一直到晋末,持斋者都在使用它。供养僧众者,像抵世常就在私宅中设精舍供养,卫士度的母亲也常在家中"饭僧"。这些都说明了佛教在社会上的流传程度。

---

① 道宣:《集神州三宝感通录》卷三,《大正藏》第42卷,第432页上。
② 道世:《法苑珠林》卷三六,《大正藏》第53卷,第572页下。
③ 《弘明集》卷三〇,《大正藏》第52卷,第86页中。
④ 《十二斋金石过眼录》卷四《张扬刺造像记》,但此件佛像下落不明;现存最早有铭记的佛像是后赵建武四年(三三八)的金铜像,藏于旧金山 The Asian Art Museum of San Francisco。

西晋时期的译场,活跃着一批助译居士。关于竺法护译场的助手,《高僧传》卷一记载:"时有清信士聂承远,明解有才,笃志务法。护公出经,多参正文句,《超日明经》初译,颇多烦重,承远删正,得今行二卷。其所详定,类皆如此。承远有子道真,亦善梵学。此君父子,比辞雅便,无累于古。又有竺法首、陈士伦、孙伯虎、虞世雅等,皆共承护旨,执笔详校。"①此中说及五位助译者,而聂氏父子就是其中的卓越代表。他们不但助译,自己也有译作,聂承远译有《越难经》一卷、《超日明三昧经》二卷。聂道真译有《文殊师利般涅槃经》一卷、《异出菩萨本起经》以及《三曼陀飓陀罗菩萨经》一卷。

现存几种资料都记载汉魏、西晋时期有禁止汉族人出家的规定,但这一时期却有不少的本土出家人。这一现象,一方面说明这一规定并不能贯彻落实下去,另一方面也说明本土人士欲出家者已经增多到非得由朝廷法令禁止的程度,这两方面都说明佛教在当时的流传和发展已经势不可挡。如前所说的西晋抵世常在"禁晋人作沙门"的情况下仍然在供养数十位僧尼。可见至西晋时期,汉族出家人无论是从数量上还是地域上说都已经超越了前代。据《释迦方志》卷下《教相篇》记载,西晋时期,两京僧尼数为3700多人。西晋佛教中出现的一个重要事件就是允许女性信徒正式出家,中国第一个出家的比丘尼是净检,她于西晋建兴(313—316)年间出家,居竹林寺,同时随她出家的还有二十四人。她出家之前就已通经,当时缺尼师,她因而成为众尼之师,传法授道。②

面对佛教出家人快速增长的情况,一些儒者忧心忡忡,提出限制佛教发展的看法。如西晋末年,石勒建立石赵政权之后,崇信佛图澄,百姓受此影响,"皆营造寺庙,相竞出家,真伪混淆,多生愆过"③。石勒下书让臣僚料简,其著作郎王度奏说:"佛,外国之神,非诸华所应祠奉。汉代初

---

① 《大正藏》第50卷,第327页上。
② 事见《比丘尼传》卷一《净检传》。
③ 慧皎:《高僧传》卷九,《大正藏》第50卷,第385页中。

传其道,惟听西域人得立寺都邑,以奉其神,汉人皆不出家。魏承汉制,亦循前轨。今可断赵人悉不听诣寺烧香礼拜,以遵典礼,其百辟卿士下逮众隶,例皆禁之,其有犯者,与淫祀同罪。其赵人为沙门者,还服百姓。"朝士大多同意王度的所奏。石勒听从佛图澄的建议,下书说:"朕出自边戎,忝君诸夏,至于飨祀,应从本俗。佛是戎神,所应兼奉,其夷赵百姓有乐事佛者,特听之。"①这一回答恰当地说明了西晋末年十六国兴起之际佛教面临的新形势。

西北地区的少数民族,由于地处佛教来华必经之地,接触佛教比内地早,所以佛教信仰者也较多。如竺法护从西域带经回内地时,就"自炖煌至长安,沿路传译,写为晋文"②。后来他的弟子竺法乘,又从长安去"敦煌立寺延学,忘身为道,诲而不倦"③。将佛教传播于少数民族中,故《高僧传》说:"大化西行,乘之力也。"④又如前面所述的帛远,在长安传教译经后,遂使"道化之声被于关陇,崤函之右奉之若神"⑤。后来帛远被张辅杀害,羌族等少数民族便率五千精骑攻击张辅,为帛远复仇,可见这些少数民族信仰佛教是很深的。

四、佛寺的修造与佛教的传播

佛寺在天竺称为"僧伽蓝摩",简称"伽蓝",是僧众供佛和聚居修行的处所。汉魏时期的佛寺,是供外来僧侣和信佛商人礼佛和息宿之用。外来僧侣遵守戒律,不蓄资财,生活也靠乞食,故汉人每称他们为"乞胡"。最初汉人出家后,也可能随师乞食,或依靠俗家供养。到西晋时,如果佛寺由帝王贵族所建,则僧侣生活也由他们供给。唐法琳《辩正论·十代奉佛篇》就说晋武帝"广树伽蓝",晋惠帝"于洛下造兴圣寺,供

---

① 慧皎:《高僧传》卷九,《大正藏》第50卷,第385页下。
② 慧皎:《高僧传》卷一,《大正藏》第50卷,第326页下。
③④ 慧皎:《高僧传》卷四,《大正藏》第50卷,第347页下。
⑤ 慧皎:《高僧传》卷一,《大正藏》第50卷,第327页中。

养百僧",晋愍帝"仍于长安造通灵、白马二寺"。不由帝王贵族供应的寺庙,则由信众捐资布施,如竺叔兰、无叉罗在仓垣水南寺译《放光般若经》时,"仓垣诸贤者等,大小皆劝助供养"①。寺院的大量修造,逐渐改变了出家人生活和修行的模式,定居于寺院,以佛寺为核心生活、修行、弘法逐渐成为中国佛教区别于印度佛教的标志之一。

唐初法琳《辩正论》卷三《十代奉佛篇》载:"西晋二京,合寺一百八十所,译经一十三人,七十三部,僧尼三千七百余人。"②《魏书》卷一一四《释老志》记载:"晋世,洛中佛图有四十二所矣。"③而北魏杨衒之《洛阳伽蓝记》也记载:洛阳"至晋永嘉,唯有寺四十二所"④。对于这些记载,有不同解读。西晋时期,洛阳有佛寺42所,而长安有佛寺则有138所,二者相差过大,似乎不合情理。也许,法琳所说的西晋二京合寺180所是泛指全国而言的。如此考虑到私建寺院等因素,则可大致推定,西晋全国佛寺应该在200所以上。尽管与东晋时期佛寺相比较,此数字不算大,但与三国、曹魏时期相比较,佛寺的增多是明显的。有学者依照唐代之前文献记载考证出,截至西晋,汉地有26所较为可信的寺院。⑤ 而有学者依照地方志的记载,考证出西晋时期新建佛寺58所,"方志记载的西晋佛寺,分布于12州,30郡,33县"。⑥ 依照方志记载,司州5所,兖州1所,冀州2所,幽州2所,并州1所,雍州2所,益州2所,梁州1所,宁州1所,荆州8所,扬州31所,广州2所。这一数字,对于唐朝文献所说的佛寺集中的长安、洛阳的佛寺数量统计偏少,但这一统计反映了西晋时期佛教寺院遍及大部分地区,西晋平吴之后,全国共划分为19州、156

---

① 僧祐:《出三藏记集》卷九,《大正藏》第55卷,第66页上—中。
② 《大正藏》第52卷,第505页下。
③ 《魏书》卷一一四,第3029页。
④ 《大正藏》55卷,第999页上。
⑤ 颜尚文:《后汉三国西晋时代佛教寺院之分布》,《台湾师大历史学报》第13期,1985。
⑥ 参见张弓《汉唐佛寺文化史》第26—29页,北京:中国社会科学出版社,1997。此段引文见于第27页。

郡、1109县。而统计显示,"佛寺最多的扬州,其丹阳、吴郡、豫章等地,也正是东汉三国时期出现早期佛寺的地方。"①可见,南方佛教也已经较为发达了。

综合上述材料可知,西晋时期的佛寺分布范围广,寺院数量与前朝相比,明显增多。而佛寺集中的地方,北方是长安、洛阳,南方则是扬州。下文仅仅依据唐代之前的文献,对西晋重要佛寺略作叙述考辨,以见佛教传播中心之一斑。

关于西晋时期于洛阳修建的佛寺,《辩正论》卷三记载:"晋惠帝,归心妙道,契意玄宗,仍于洛下造兴圣寺,供养百僧。"②兴圣寺尽管不一定是晋惠帝本人下令修建,但在其在位期间修建当无问题。

颜尚文先生在《后汉三国西晋时代佛教寺院之分布》一文中,依据唐初之前文献叙述了西晋时期洛阳的十二所佛教寺院。其中,白马寺、菩萨寺等建于东汉或者曹魏,西晋时期仍然是翻译佛典以及大兴佛事的寺域,而最有可能建于西晋时期的有东牛寺、满水寺、大市寺、竹林寺等六所。

东牛寺是西晋竺法护翻译佛典的地方。《正法华经后记》在叙述永熙元年(290)八月二十八日,康那律等人赴白马寺,请竺法护讲出深义后,接着在九月十四日,于东牛寺大会中讲诵此经。其文说:"以九月本斋十四日,于东牛寺中施檀大会讲诵此经,竟日尽夜无不咸欢,重已校定。"③此文所记载的活动距离西晋立国已经二十余年,而这又是有关此寺最早的记载,因此东牛寺建于西晋初期的可能性最大。

根据北魏郦道元《水经注》的记载,在洛阳城内有一寺院为愍怀太子所建,文中直接称为"愍怀太子浮图"。愍怀太子(278—300),名司马遹,字熙祖,西晋惠帝长子,幼年聪慧,为晋武帝所喜爱,后为贾后所害,年23岁。《水经注》卷一六在叙述白马寺时提及"愍怀太子浮图",其文说:"谷

---

① 颜尚文:《后汉三国西晋时代佛教寺院之分布》,《台湾师大学历史学报》第13期,1985。
② 《大正藏》第52卷,第502页下。
③ 僧祐:《出三藏记集》卷八,《大正藏》第55卷,第56页下—57页上。

水又南迳白马寺东。昔汉明帝梦见大人,金色,项佩白光,以问群臣。或对曰:西方有神名曰佛,形如陛下所梦,得无是乎?于是发使天竺,写致经像,始以榆欓盛经,白马负图,表之中夏,故以白马为寺名。此榆欓后移在城内愍怀太子浮图中,近世复迁此寺,然金光流照,法轮东转,创自此矣。"文中说浮图中能容榆欓等物,因此,"愍怀太子浮图"应该不是佛像,很可能是佛塔或佛寺,应该是为了纪念愍怀太子而立的佛寺。

关于满水寺,《梁高僧传》卷九《耆域传》记载:"耆域者,天竺人也。……以晋惠之末至于洛阳,……时衡阳太守南阳滕永文在洛,寄住满水寺。得病经年不差,两脚挛屈不能起行,域往看之曰:君欲病得差不。因取净水一杯,杨柳一枝,……即起行步如故。此手中有思惟树数十枝枯死。……域即向树咒如咒永文法,树寻荑发扶疏荣茂。"①由此可见,晋惠帝时,洛阳城内有满水寺,可供太守等高官借住养病,庭院中又有数十枝思惟树,规模应当不小。

关于大市寺,《高僧传》卷一〇《安慧则传》记载:"安慧则,工正书,善谈吐,晋永嘉中,……后止洛阳大市寺,手自细书黄缣,写《大品经》一部,合为一卷,字小如豆,而分明可识,凡十余本。"②由此可见,至西晋末年,洛阳当有大市寺存在。

尤其重要的是,洛阳于西晋时期首建一所尼众专门居住的佛寺。关于此寺的建立,《比丘尼传》卷一《晋竹林寺净检尼传》记载:净检,"后遇沙门法始,经道通达。晋建兴中于宫城西门立寺,检乃造之。始为说法,检因大悟。念及强壮以求法利,从始借经,遂达旨趣。他日谓始曰:经中云比丘比丘尼,愿见济度。……检即剃落从和上受十戒,同其志者二十四人,于宫城西门共立竹林寺"③。此中,建兴年为313—316年,是为西晋末年。对于这一段文字,当代学者标点为"后遇沙门法始,经道通达,

---

① 慧皎:《高僧传》卷九,《大正藏》第50卷,第388页下—389页上。
② 慧皎:《高僧传》卷一〇,《大正藏》第50卷,第389页中。
③ 宝唱:《比丘尼传》卷一《净检尼传》,《大正藏》第50卷,第934页下。

晋建兴中于宫城西门立寺。检乃造之,始为说法,检因大悟",如此则以为法始于洛阳宫城西门修建了一所寺院,而后净检比丘尼也在此地另建一所称为竹林寺的寺院。笔者仔细阅读,发现此段文字确实有含混之处。这似乎是说,净检应该是与建兴年跟从法始请法,其后与二十位女性一起跟从法始授受十戒,并且共建竹林寺住锡。由于不合印度关于比丘尼受戒的规定,净检等仍然不算正式比丘尼,一直到东晋升平元年(357)二月八日才如法受比丘尼戒。净检尼于升平末年(361)圆寂,时年七十岁。从这些材料看,净检跟从法始受十戒时,年龄在二十四岁之内。竹林寺的修建即在西晋末年,此时的洛阳在匈奴人刘聪的统治之下。

洛阳除了城内及城门旁的寺院外,距离一百余里的山林,也有寺院存在,此寺即盘鸱山寺。《高僧传》卷一〇《犍陀勒传》记载:"犍陀勒者,本西域人,来至洛阳积年……谓众僧曰:洛东南有盘鸱山,山有古寺庙处。基墌犹存,可共修立。众未之信,试逐检视,入山到一处,四面平坦,……示讲堂、僧房处,如言皆验。众咸惊叹,因共修立,以勒为寺主。寺去洛城一百余里,朝朝至洛阳诸寺赴中,暮辄乞油一钵,还寺燃灯,以此为常。"①慧皎在此传中未明确表示年代,但从卷一〇的编排看,此事至晚应发生于西晋时期。可以肯定此山中有座佛寺,但寺额不一定就是盘鸱山寺。

长安是西晋前期的重镇和西晋末期的都城,又是西域到达洛阳的必经之地,天竺、西域僧侣入中国后,首先立足的地方就是长安,因此从东汉以来,长安佛寺很多。如果依据唐初法琳《辩正论》卷三所说西晋二京合寺一百八十所以及北魏杨衒之《洛阳伽蓝记》记载的洛阳至晋永嘉时唯有佛寺四十二所的资料推算,西晋时期,洛阳有佛寺四十二所,而长安有佛寺则有一百三十八所。不管如何,长安佛寺众多,在西晋时期,至少可以和洛阳比肩,应该没有问题,可惜见载于史籍中的西晋时期的长安佛寺仅仅数所而已。

---

① 慧皎:《高僧传》卷一〇,《大正藏》第50卷,第388页下。

首先,西晋时期,长安也建有白马寺。《出三藏记集·须真天子经纪》中说:"《须真天子经》,太始二年十一月八日,于长安青门内白马寺中,天竺菩萨昙摩罗刹(此云竺法护)口授出之。"①可见,至迟在266年,长安已经有白马寺的存在。而唐初文献《辩正论》卷三记载:晋愍帝"笃意冥感,远降神仪,仍于长安造通灵、白马二寺"②。由此可知,晋愍帝时期,朝廷在长安新修了通灵寺。而与《出三藏记集·须真天子经纪》参照可知,《辩正论》所记载的晋愍帝造白马寺很大可能是扩建或者修葺。

现存文献表明,竺法护于西晋初年到达长安后,自己新修了一座佛寺。《高僧传·竺法护传》记载:竺法护"立寺于长安青门外,精勤行道,于是德化遐布,声盖四远,僧徒数千,咸所宗事"③。如上引文献记载,白马寺位于长安青门内,而竺法护所修新寺则位于青门外,二寺应该相距不太远。

西晋时期,长安有一座寺额为西寺的寺院。《出三藏记集·渐备经十住胡名并书叙》一文说:"元康七年十一月二十一日,沙门法护在长安市西寺中出《渐备经》。"④元康七年(297)距竺法护到达长安已经三十余年。

佛教徒通过西域向内地传播必然要经过敦煌等河西走廊一带。依照情理推测,东汉时期的敦煌也许已经有佛教传播的印记。现存文献也充分表明,至迟到曹魏时期,有僧人在敦煌地区就已开始驻足并产生了很大影响。

史载,魏明帝青龙三年(235)竺法护八岁。从此年起,竺法护在敦煌拜竺高座为师二十多年,然后随竺高座游历西域诸国,返回后又到长安继续从事弘法事业,而这个过程就发生在魏晋间。由此看来,竺法护之

---

① 僧祐:《出三藏记集》卷七,《大正藏》第55卷,第48页中。
② 《大正藏》第52卷,第502页下。
③ 慧皎:《高僧传》卷一,《大正藏》第50卷,第326页下。
④ 僧祐:《出三藏记集》卷九,《大正藏》第55卷,第62页中。

师竺高座至敦煌地区弘法行道,时间自然还要早些。稍后于竺法护,敦煌地区又有一位出家习禅者单道开以及与之同习者九人。到晋武帝太康、太熙间即289年前后,又有其生活于一秦四凉时期、时任酒泉太守的索靖"题壁号仙岩寺"或曰"虫书记仙岩之文"一事,而仙岩寺可能就在今敦煌莫高窟的所在地。考古发现也可证明这一点。敦煌机场扩建工程施工工地曾发现许多画像砖和模印砖,考古人员经初步研究指出,敦煌画像砖、模印砖的大规模出现,为敦煌石窟艺术渊源的研究提供了新的原始资料。如具有佛教色彩的白象、莲花等的出现,表明了西晋时期佛教在敦煌地区已有一定影响。

此外,见于唐代之前文献记载的敦煌地区佛寺有天水寺和敦煌某寺。竺法护世居敦煌郡,曾经在天水(今甘肃天水西六十里)翻译过佛典。《出三藏记集·普曜经记》记载:"《普曜经》,永嘉二年太岁在戊辰五月,本斋菩萨沙门法护在天水寺,手执胡本口宣晋言,时笔受者沙门康殊、帛法巨。"①永嘉二年为308年,可见至迟在西晋末年,天水已有佛寺,至于寺额是否就是天水寺,现存史料不清楚。

《高僧传·竺法乘传》记载,竺法护的徒弟竺法乘,在长安帮助其师赢得大族的信奉后,回到炖煌(今甘肃敦煌)建立寺院,传布佛学,使佛教盛行于河西。《竺法乘传》说:"竺法乘,……后西到炖煌立寺延学,忘身为道,诲而不倦,使夫豺狼革心,戎狄知礼,大化西行,乘之力也,后终于所住。"②综合这些材料可知,至西晋时期,敦煌的佛寺有数所。

此外,发现于敦煌藏经洞的《魏敦煌太守仓慈写〈佛说五王经〉题记》表明,当时的敦煌太守已经有佛教信仰。此题记如下:"景初二年岁戊午九月十六日,敦煌太守仓慈,为众生供养,熏沐写已。"景初二年为238年。仓慈,《三国志·魏书》有传。他曾先后做过绥集都尉、长安令等小

---

① 僧祐:《出三藏记集》卷七,《大正藏》第55卷,第48页中。
② 慧皎:《高僧传》卷四,《大正藏》第50卷,第347页下。

官,太和中(227—233)迁升为敦煌太守。他在敦煌对来自西域的商人给以保护政策。在西域诸胡中威信极高。如果这一题记属实①,则可证明,敦煌佛教于此时已经有相当大的影响了。

从方志记载看,西晋时期,南方佛寺很多,其中,佛寺最多的扬州,包含丹阳郡、吴郡、豫章等地,共三十一所。这些地方正是东汉三国时期出现早期佛寺的地方。可惜,见之以唐初之前文献的不多,仅有吴地东云寺、通玄寺和荆州白马寺、武当寺等寺院。

《高僧传·释慧达传》中提到东灵寺、通玄寺。通玄寺初建于东吴时期,而东灵寺可能修造于西晋时期。《高僧传·释慧达传》记载说,东晋孝武帝宁康中(373—375),释慧达往丹阳、会稽、吴郡觅阿育王塔像。他东游吴县(今苏州市吴中区和相城区)时所礼拜的石像,系出于西晋建兴元年(313)之时。《释慧达传》叙述如下:

> 像于西晋将末,建兴元年癸酉之岁,浮在吴松江沪渎口。渔人疑为海神,延巫祝以迎之,于是风涛俱盛,骇惧而还。……后有奉佛居士吴县民朱应,闻而叹曰:"将非大觉之垂应乎?"乃洁斋,共东灵寺帛尼及信者数人到沪渎口,稽首尽虔,歌呗至德。……即接还安置通玄寺。吴中士庶,嗟其灵异,归心者众矣。②

此文中涉及到吴县东云寺、通玄寺两座寺院。东云寺的僧徒获得石像后,安置于吴县的通玄寺。可见,至迟于西晋末年,东灵寺已经存在了。

西晋时期,荆州也有数所佛寺。文献记载,羊祜(221—278)镇襄阳时,曾经修造过佛寺。唐道世《法苑珠林》卷二六记载:

> 晋羊太傅祜,字叔子,泰山人也。西晋名臣,声冠区夏。……祜

---

① 有一些学者,如日本池田温等都以为此题记事属于敦煌藏经洞被发现后近人的仿古伪作,但也有学者在论及西晋佛教时使用此条材料。
② 慧皎:《高僧传》卷一三,《大正藏》第50卷,第409页下。

后为荆州都督,镇襄阳。经给武当寺殊①余精舍。或问其故,祐默然。后因忏悔,叙说因果,乃曰:"前身承有诸罪,赖造此寺,故获申济。所以使供养之情,偏殷勤重也。"②

对于上文所述羊祜何以在儿童时期就能通前后世事,《法苑珠林》有一说明:"右三验出自《冥祥记》"③,而此书为南齐人王琰所撰集。由此可见,羊祜修造武当寺的事情是可信的。羊祜任荆州刺史镇襄阳的时间是西晋泰始五年(269)。咸宁四年(278),羊祜抱病回洛阳,同年十一月病故。由此,武当寺修造的时间应该在270—277年之间。

其次,根据《高僧传》卷一〇《竺法慧传》记载,竺法慧于东晋康帝建元元年,"至襄阳,止羊叔子寺"④。此寺的地域和修造缘起不详,但从寺额推知,应与羊叔子有关,或者为他所建,或者为纪念羊叔子而建。不管是何原因,此寺很大可能建于西晋时期。

《高僧传·安清传》在叙述有关安世高的传闻时,提及荆州有白马寺。其文说:"又庾仲雍《荆州记》云,晋初有沙门安世高度䢼亭庙神,得财物,立白马寺于荆城东南隅。"⑤

关于佛寺活动及其影响,至西晋开始,文献记载逐渐变得丰富。佛寺内有读经、说法、浴佛法会等活动,动辄千万人之众,费以巨亿计。佛寺在社会中的影响自然随之扩大。不仅如此,官员以及文人士大夫暂住于寺院的记载也不少。如《高僧传·耆域传》记载,西晋惠帝时,"时衡阳太守南阳滕永文在洛,寄住满水寺。得病经年不差,两脚挛屈不能起行,域往看之曰:'君欲病得差不?'因取净水一杯,杨柳一枝,便以杨柳拂水,举手向永文而呪。如此者三,因以手搦永文两膝令起,即起行步如故"⑥。

---

① 此"殊"字似乎为"数"字之误。
②③ 道世:《法苑珠林》卷二六,《大正藏》第53卷,第479页中—下、480页上。
④ 慧皎:《高僧传》卷一〇《竺法慧传》,《大正藏》第50卷,第389页上。
⑤ 慧皎:《高僧传》卷一,《大正藏》第50卷,第324页上。
⑥ 慧皎:《高僧传》卷九《竺法慧传》,《大正藏》第50卷,第388页中。

佛教徒死后,寺院也为其提供法会、转经的服务,如西晋居士"阙公则者,赵人,恬放萧然,惟勤法事,晋武时死于洛邑,同志为设会于白马寺,其夕转经……"①总之,至西晋时期佛寺的各种活动中,除前期的翻译经典、宣讲佛经活动之外,佛寺承担的社会功能呈现扩大态势。

综合言之,相对于汉魏,西晋时期佛教获得了相对宽松的传播环境。首先是,统治者对佛教的态度大为改善,特别是佛教在上层社会的影响力逐渐趋于显著。其次,形成于曹魏而发展于两晋的玄学思潮与佛教般若学的"异质同构",使得佛教思想的接受环境大为改观,佛教依附于本土文化以求发展的路径大为流行。第三,佛教经典翻译无论数量还是质量都远远超过前代,这为佛教信仰的流行与思想的渗透提供了强有力的保证。第四,形成了敦煌、洛阳、长安等几大佛教传播中心。总之,随着译经范围的扩大和佛学理论的更深入传播,佛教信仰在西晋时期进一步普及和深化了。

第二节　东晋社会与佛教在南方的传播

280年,继承魏的西晋(265—317)统一全国,但这一统一局面仅仅维持了二十余年,西晋政权便在各种矛盾的影响下土崩瓦解。西晋灭亡后,琅玡王司马睿在江南重建晋朝廷,史称东晋。东晋时期的思想文化基本沿袭了西晋的格局,谈玄蔚然成风的背景促进了佛教般若学的进一步传播,而南迁人民的刻骨铭心的心理伤痛,更加深了人们对佛教的心理需求。永嘉之后,北方僧人大批南迁,促进了佛教在东晋统治区内的迅速传播,东晋时期的帝王、士族信佛、奉佛、供僧非常普遍。下文先从东晋帝王、士大夫奉佛入手,论述佛教在南方传播的基本情况。

---

① 道宣:《集神州三宝感通录》卷三,《大正藏》第42卷,第432页上。

一、东晋佛教的社会、文化背景

永嘉元年(307)九月,琅玡王司马睿奉司马越命出任扬州刺史,镇守建邺。八王之乱后期,继承琅玡王爵位、任左将军的司马睿支持东海王司马越,司马越率兵夺晋惠帝还都洛阳时,任命他为监徐州诸军事,留守下邳(今江苏邳县南),保卫后方。随即又任命他为安东将军、都督扬州诸军事。在战乱影响下,北方的大族与流民纷纷南下。317 年,晋愍帝投降的消息传到建业,司马睿称晋王,第二年称帝(晋元帝),都建康(即建业,因避晋愍帝司马邺讳改),史称东晋。

东晋是西晋政治上的延续。西晋士族制度下形成的百余家流亡江南的门阀士族是其政治基础。西晋时确立的士族特权在东晋进一步制度化,士族子弟可以凭其"门荫"、"世资"、"门地"出任高官,享受厚禄。西晋时一些人还竭力反对的"上品无寒门,下品无士族"①的情况在东晋则已成为理所当然的事,所谓"凡厥衣冠,莫非二品,自此以还,遂成卑庶"②。门阀士族的政治经济特权进一步扩大。

司马睿得以称帝,王导及其族兄王敦功劳最大,史称:"帝初镇江东,威名未著,敦与从弟导等同心翼戴,以隆中兴。"③故东晋诸帝,一直待王导以殊礼。在权力上,元帝任王导为元相,掌大权;以王敦任镇东大将军,都督江、扬、荆、湘、交、广六州(几乎包括当时东晋全境)诸军事、江州刺史。所以当时有"王与马,共天下"④之说,反映出琅玡王氏在晋初的特殊地位,从此开创了东晋时期祭则司马、政在士族的政治格局,使门阀士族政治在东晋发展到了最高峰。

在政治上,门阀士族几乎把持了全部朝政,故终东晋一代,一直是琅玡王氏(王导等)、颍川庾氏(庾亮、庾冰等)、谯国桓氏(桓温等)、陈郡谢

---

① 《晋书》卷四五,第 1274 页。
② 《宋书》卷九四,第 2302 页。
③④ 《晋书》卷九八,第 2554 页。

氏(谢安等)等几个大族轮流执政,皇帝几乎没有什么权力,史称:"晋主虽有南面之尊,无总御之实,宰辅执政,政出多门,权去公家,遂成习俗。"①此文言简意赅地说明了当时的实际情况。

在经济上,东晋门阀士族的特权也大大超过西晋。东晋进一步确立了"举贤不出世族,用法不及权贵"②的政治、法律准则。如果有人敢触犯豪强门阀,只有自己倒霉。如山遐为余姚令,依法清查大族户口,80天便查清大族隐占的民户万余口,还准备惩办首恶会稽大族虞喜。结果大族告到王导处,山遐竟被免官。

士族内部的等级、士族与寒门的界限也进一步森严,平时士族交友、婚宦都不能逾越这些界限。当时,修"谱牒"之风盛行,私人修谱者比比皆是,其目的就是防"假冒",以保证士族的特权。

门阀势力的迅速扩张,导致了皇权同士族的矛盾。个别大族的专权,也导致了其他大族的不满。因此东晋初年,曾发生过两次较大的内乱。

一次是元帝、明帝时期的"王敦之乱"。东晋之初,由于琅玡王氏的特殊贡献,形成了"王与马,共天下"的格局,但司马睿对此并非心甘情愿。东晋初要与北方胡族政权争正统,有重兴儒学加强皇权的要求。故司马睿在建国后不久开始疏远王导,重用南方大族戴渊、周𫖮与北方二流大族刘隗、刁协等,并令刘隗、戴渊征发扬州大户奴隶为兵,以制约拥兵坐镇武昌的王敦。对此,王导、王敦等甚为不平。元帝永昌元年(322),王敦利用大族对政府发奴为兵的不满情绪,联合南方大族吴兴沈氏,以诛刘隗、刁协"清君侧"为名,在武昌起兵叛乱。叛军迅速攻占建康,刁协战死,刘隗逃奔石勒,戴渊、周𫖮被杀。王敦随之退兵,遥控朝政。不久,元帝死,明帝即位,王敦不臣之心更著。324年,明帝下诏讨伐

---

① 《晋书》卷一一七,第2980页。
② 《资治通鉴》卷九〇,第2863—2864页。

王敦,王敦再次叛乱,不久病死,叛军遂瓦解。王敦的失败,使王氏权势稍受抑制。

另一次是苏峻之乱。326年,明帝死,成帝立,以外戚庾亮为辅政大臣。庾亮为加强中央力量,派温峤为江州刺史以防范荆州势力,又征调驻在历阳(今安徽和县)的"锐卒万人",并召不太遵守中央命令的将领苏峻入京为大司农,以便加以控制。苏峻不甘受制于人,于327年联合驻扎寿春的豫州刺史祖约,以诛庾亮为名,起兵叛乱,攻下建康。苏峻纵兵大肆抢掠,又"改易官司,置其亲党,朝廷政事一皆由之"①,欲效法王敦专制朝廷。329年,逃亡外地的庾亮联合荆州刺史陶侃,打败苏峻,收复建康,才又重新稳定了东晋统治。

东晋初年的这两次士族与皇权对抗的内乱,说明士族门阀的势力是强大的,在这两场斗争中,中央虽然获胜,但并非全凭己力,而是依靠其他士族的力量。这种形势使东晋皇室一直难以摆脱门阀的控制,而皇权同门阀的斗争以及阀内部的斗争,也一直没有停止过。东晋一朝在士族的倾轧、妥协中苟存,在北伐、统一的问题上很难有所作为。

东晋在某种意义上说是一个流亡政权,不仅依仗流亡士族为其政治基础,而且凭借北方流亡群众为其武力支柱。东晋前期创立,在拱卫京城建康、抵御北方少数族政权南进中功勋卓著,对东晋末年的政治产生了巨大影响的北府兵,正是一支流民武装,长江中游重镇荆州也以流民为主要兵员。从永嘉之乱开始,由于北方少数族政权时兴时灭,激烈的民族矛盾使大量汉族百姓不断抛弃家园,举家南迁,并因流亡先后呈现依次向南推进的趋势。东晋初年,朝廷还寄希望于北返旧都,流亡群众也思念故土,于是在流民集中地区,根据流民来向,设置与其原来州郡同名的州郡,又常在州郡名前加一"南"字以示与北方原来州郡相区别,称为侨州郡。侨州郡统辖的流民最初不承担赋役,因而其户籍称为白籍,

---

① 《晋书》卷一〇〇,第2630页。

承担赋役的民籍则称为黄籍。随着流民长期定居后安于新土,政府便开始逐渐取消侨州郡建置,将流民正式登录于所居郡县的户籍上,以供政府收纳赋税,征调徭役,这种活动被叫作土断。由于北方时局变化,流民南下高潮一波接一波地出现,侨州郡也不断兴置,土断直到南朝中后期还在进行。

作为一个流亡政权,东晋建立后,一直以华夏正统相号召,坚持不与北方在西晋废墟上建立的匈奴及羯族政权交往,并利用各少数族之间的矛盾及少数族政权兴灭无常的形势,对北方政局施加影响,三度收复洛阳,先后消灭割据今四川地区的氐族成汉、今山东半岛的慕容鲜卑南燕及关中地区的羌族后秦政权。东晋时期,北伐活动经常出现,虽因门阀政治的掣肘,往往成为权臣借以增强势力和提高威望的手段,偶有收获,随即丧失。但东晋政权终究凭借流民武装,打赢了淝水之战,使东晋北方防线在东面长期徘徊于黄河与淮河之间,在西面与各少数族政权反复争夺汉中及汉水流域,从而确保了江南地区的相对安定局面,保证了汉族传统文化的自然延续与江南社会经济的稳步发展,为东晋以后南北朝时期南北对峙局面的形成奠定了基础。

魏晋之际,玄学之风盛于洛下,名士们旷达风流,雅好《庄》、《老》,在华夏中原形成了一股强劲的思想潮流。待东晋及南朝的汉人政权偏安江左,士人学子萍浮南渡,玄学的流风余韵遍及江南。

东晋玄学,学术界一般以张湛为代表来叙述。东晋时期,社会矛盾尖锐复杂,进一步导致思想上的空虚,因此超生死、得解脱的问题便成为玄学的中心内容。张湛注《列子》,综合崇有、贵无学说,提出"群有以至虚为宗,万品以终灭为验"的思想,把世界和人生视为瞬息万变,稍纵即逝,虚伪无常,主张采取"肆情任性"的人生观。这在政治上反映了门阀士族的没落。

东晋时期,佛学蓬勃发展起来,玄学与佛学互相影响,佛学者谈玄,玄学者论佛,成为一时风尚。东晋以后,玄佛合流,般若学各宗大都以玄学语言解释佛经。因此,讨论非有非无的佛学取代了讨论本末有无的玄学,中国思想的发展进入了一个新阶段。

与前代相比较,东晋民众的佛教信仰更为兴盛。据唐代法琳《辩正论》卷三所说,东晋共有佛寺1768所,僧尼2.4万人。见于《出三藏记集》的东晋佛寺7所,建康有5所,浔阳有南山精舍,寿春有石涧寺。见于《晋书》的佛寺有瓦官寺和白马寺,而见于梁慧皎《高僧传》和唐道宣《续高僧传》的东晋佛寺52所。52所佛寺中,建康13所,会稽13所,江陵9所,庐山5所。① 这一佛寺分布,与文献所记载的佛教兴盛区域恰好互相印证。大致言之,建康、三吴、庐山、荆州是东晋境内佛教最重要的传播中心。

二、东晋帝王奉佛

东晋佛教最突出的特点是帝王贵族奉佛成为风尚,以至于现代佛教史家将其称为"贵族佛教"。西晋末年,北方战乱,许多僧人纷纷避乱江南,东晋佛教就是在这个背景下发展起来的。东晋佛教首先得到了皇室的支持,东晋皇帝无不信奉佛法,结交僧尼。据法琳《辩正论》载,东晋元帝、明帝、成帝、孝文帝、哀帝、简文帝、孝武帝、安帝等都奉佛,都扶持佛教的发展,他们造寺、度僧、设斋,并鼓励译经、讲学、造像,这是此前未曾出现过的现象。

晋元帝(317—322年在位)司马睿、晋明帝司马绍(322—325年在位)都以宾友礼敬沙门。晋元帝又"造瓦官、龙宫二寺,度丹阳、建业千僧"②,此中所说的龙宫寺未见于其他记载,不知所指。瓦官寺在东晋南北朝时期高僧辈出,在建业佛寺中具有特殊地位。在唐初流传的若干资料表明,瓦官寺的建造有晋元帝时期和晋哀帝时期两说,大多数文献以

---

① 参见张弓《汉唐佛寺文化史》,第29—31页。
② 法琳:《辩正论》卷三,《大正藏》第52卷,第502页下。

为瓦官寺是晋哀帝时期修造。不过,尽管有关晋元帝如何造佛寺以及如何礼拜僧人的记载不多,但他礼敬佛教的态度为东晋时期朝廷优遇佛教开了一个头,此后的东晋诸帝对佛教的兴趣日益浓厚。

东晋诸帝中真正推崇佛法者,当自明帝开始。东晋著名居士习凿齿写给道安的信中说:"且夫自大教东流四百余年矣。虽藩王居士时有奉者,而真丹宿训,先行上世,道运时迁,俗未会悟,藻悦涛波下士而已。唯肃祖明皇帝,实天降德,始钦斯道,手画如来之容,口味三昧之旨,戒行峻于岩隐,玄祖畅乎无生,大块既唱,万窍怒呺,贤哲君子,靡不归宗,日月虽远,光景弥晖,道业之隆,莫盛于今。"①从此文看,习凿齿以为从古以来的帝王中,唯有晋明帝司马绍真正信奉佛教,其亲手画如来像并且对于佛教的戒、定、慧等内容有一定的了解。

关于晋明帝亲自画的佛像,依据文献记载安奉于乐贤堂中。此堂位于宫城西南角外,是明帝作太子时所作。《晋书》卷七七《蔡谟传》记载:晋成帝时,"彭城王纮上言:'乐贤堂有先帝手画佛象,经历寇难,而此堂犹存,宜敕作颂。'帝下其议。谟曰:'佛者,夷狄之俗,非经典之制。先帝量同天地,多才多艺,聊因临时而画此象,至于雅好佛道,所未承闻也。盗贼奔突,王都翦败,而此堂块然独存,斯诚神灵祚祐之征,然未是大晋盛德之形容,歌颂之所先也。人臣睹物兴义,私作赋颂可也。今欲发王命,敕史官,上称先帝好佛之志,下为夷狄作一象之颂,于义有疑焉。'于是遂寝。"②此中叙述的风波,一方面说明明帝画的佛像确实存在,另一方面则反映了奉佛者和反佛者在朝廷的争议。

唐初法琳《辩正论》还记载:"晋肃宗明皇帝,聪圣玄览,设斋兴福,造皇兴、道场二寺,集义学名称百僧。"③明帝亲自设斋,大集一百僧宣讲佛教义学。不过,对法琳说明帝下诏新修皇兴寺和道场寺之事,颇有疑问。

---

① 《弘明集》卷一二,《大正藏》第 52 卷,第 76 页下。
② 《晋书》卷七七,第 2035 页。
③ 法琳:《辩正论》卷三,《大正藏》第 52 卷,第 502 页下。

关于兴皇寺,《高僧传》卷七《释道猛传》记载:宋明帝为湘东王时,崇信道猛。泰始之初,"帝创寺于建阳门外,勅猛为纲领。帝曰:'夫人能弘道,道藉人弘。今得法师,非直道益苍生,亦有光于世望,可目寺为兴皇。'由是成号"①。泰始年为465—472年,而《续高僧传》卷五《释智藏传》记载:智藏"以泰初六年勅住兴皇寺,事师上定林寺僧远、僧祐,天安寺弘宗"②。道宣此文的年号"泰初六年"不很准确,历史上并无泰初年号,考虑到"太"、"泰"通用的习惯,此年号可能是太初。而刘宋确实曾经短暂使用过此年号,弑杀其父宋文帝刘义隆的刘劭曾经在即位后改元嘉三十年为太初元年(453),不过刘劭数月即败亡,此处不可能是"太初"。其次,在六朝范围内可考虑的只能是"泰始"年号,然却是宋明帝的年号。由此可见,《辩正论》误将宋明帝刘彧修造兴圣寺之事误植于晋明帝司马绍身上。

关于晋元帝、晋明帝礼遇名僧的事例很多,最有影响的是竺法深。《世说新语·方正篇》记载:"后来年少多有道深公者。深公谓曰:'黄吻年少,勿为评论宿士。昔尝与元、明二帝,王、庾二公周旋。'"而《高僧传》卷四记载:竺法深于"晋永嘉初,避乱过江。中宗元皇及萧祖明帝,丞相王茂弘、大尉庾元规,并钦其风德,友而敬焉。建武、太宁中,潜恒著屐至殿内,时人咸谓方外之士,以德重故也"③。竺法深在东晋元帝、明帝在位的近十年中,出入宫廷,谈玄论道,影响到了东晋初期朝廷的佛教政策,推动了佛教在南方的快速发展。

东晋成帝,名司马衍(325—342年在位),明帝死后继位,时年四岁。司马衍在位期间,任用外戚庾亮执政,试图排斥王导势力,振作东晋王室。但庾亮疑忌大臣,任意杀逐重要官员,引起统治集团内部冲突。327年,历阳镇将苏峻、寿春镇将祖约以杀庾亮为名,起兵叛乱,攻入建康。后被陶侃、温峤起兵平定,王导再次出山执政,东晋王朝又一次转危

---

① 《大正藏》第50卷,第374页上。
② 同上书,第465页下。
③ 同上书,第347页上。

为安。

唐初法琳《辩正论》记载:"晋显宗成皇帝,至意冥通,圣德遐感,造中兴、鹿野二寺,集翻经义学千僧。"①从现存的零星资料分析,年轻的成帝对佛教有所了解,也有好感,因此召集义学高僧宣谈论道,是可信的。但文中所列由成帝主动敕建的中兴寺和鹿野寺的说法还是有疑点的。建康鹿野寺资料有限,不知是否如此。但有关建康中兴寺的资料很多,且此寺在南朝各朝很受重视,且代有高僧。根据《高僧传》的几则记载可知,此寺并非晋成帝所修造,而是东晋孝武帝创建,刘宋孝武帝时扩建并改名为中兴寺。《高僧传》卷四《竺法义传》记载:竺法义于晋太元五年(380)圆寂之后,孝武帝"以钱十万买新亭岗为墓,起塔三级,义弟子昙爽于墓所立寺,因名新亭精舍。后宋孝武南下伐凶,銮旆至止,弍宫此寺,及登禅,复幸禅堂,因为开拓,改曰中兴。故元嘉末童谣云:'钱唐出天子',乃禅堂之谓,故中兴禅房,犹有龙飞殿焉,今之'天安'是也"②。这一段文字,将中兴寺的沿革写得很清楚。此寺最初是东晋孝武帝为竺法义墓塔而设的,最初称之为新亭精舍;宋孝武帝在未登基之前曾经路经此寺而暂住,登基之后改名为中兴寺,梁代称为天安寺。

晋成帝四岁即位,在位近十八年,其对佛教信仰的程度不明。从现有资料看,成帝时期朝廷对佛教发展的扶持,很大程度上是由丞相王导推动的。成帝咸康五年(339)七月,丞相王导薨,庾冰、何充辅政。在庾冰的推动之下,批评佛教的势力有所上升。

晋成帝咸康六年(340)辅政的庾冰代成帝诏令"沙门应尽敬王者",引起朝廷争论。《弘明集》记载说:"晋咸康六年,成帝幼冲,庾冰辅政,谓沙门应尽敬王者,尚书令何充等议不应敬。下礼官详议,博士议与充同,门下承冰旨为驳。尚书令何充及仆射褚翜、诸葛恢,尚书凭怀、谢广等,

---

① 法琳:《辩正论》卷三,《大正藏》第 52 卷,第 502 页下。
② 《大正藏》第 50 卷,第 350 页下—351 页上。

奏沙门不应尽敬。"①最终,庾冰的建议被束之高阁。

晋成帝之后,晋康帝(342—344年在位)、晋穆帝(344—361年在位)对佛教兴致不大,东晋佛教一时颇为消沉。在成、康之际,竺法深、支道林相继隐迹东山。而《弘明集》所收的《正诬论》,根据汤用彤研究,此论中所谓诬佛者也在成帝世。②此外,唐法琳在《辩正论》逐一记载东晋皇帝奉佛情况,但空缺了晋康帝和晋穆帝两代。

晋哀帝(362—365年在位)不但信奉佛教、礼遇高僧,同时又"雅好黄老、断谷,饵长生药"③,因为服食中毒,由褚太后摄政,实际大权则由会稽王司马昱(后为简文帝)掌握。褚太后、简文帝都信奉佛教,崇佛奉佛的风气又趋浓厚。唐初法琳《辩正论》还记载:"晋孝哀皇帝,延问侍臣,回心妙理,嘉宾切对,大启龙光。"④哀帝常请于法开讲经说法,对竺法深很尊重。《高僧传》卷四记载:竺法深隐迹山林三十余载,"至哀帝好重佛法,频遣两使殷勤征请,潜以诏旨之重,暂游宫阙,即于御筵开讲《大品》,上及朝士,并称善焉。于时简文作相,朝野以为至德"⑤。

简文帝(371—372年在位)"尤善玄言"⑥,"屡尚清虚,志道无倦"⑦,也很尊崇佛教,曾经亲临瓦官寺听竺法汰讲《放光般若经》。唐初法琳《辩正论》记载:"晋太宗简文皇帝仁恕温含,作圣钦明,造像、建斋、度僧、立寺,于长干故塔起木浮图,壮丽殊伟。"⑧经过查考,法琳所说的晋简文帝所做的这五方面的事情,都有据可查。

---

① 僧祐:《弘明集》卷一二,《大正藏》第52卷,第79页中。
② 汤用彤:《汉魏两晋南北朝佛教史》,第130页。《正诬论》最早见于宋明帝敕书郎陆澄所撰《法论》第6帙目录中,至梁被僧祐收入《弘明集》。汤用彤先生提出了猜测,未作论证。近来这一结论,获得很多学者的认可。如李小荣《变文生成年代新论》(《社会科学研究》,1998年第5期)根据论文本身所涉及的历史事实、佛教义理、佛学用语,考证后认为汤先生的猜测是正确的,该文当作于东晋的中前期。
③《晋书》卷八,第208—209页。
④ 法琳:《辩正论》卷三,《大正藏》第52卷,第502页下。
⑤ 慧皎:《高僧传》卷四《竺道潜传》,《大正藏》第50卷,第347页下—348页上。
⑥⑦《晋书》卷一〇,第219页。
⑧ 法琳:《辩正论》卷三,《大正藏》第52卷,第502页下。

关于长干寺佛塔,《高僧传·释慧达传》记载:"简文皇帝于长干寺造三层塔,塔成之后,每夕放光。"①而简文帝亲自参加讲经法会,也有明文记载。《高僧传》卷五《竺法汰传》记载:竺法汰至建康,住瓦官寺。"晋太宗简文皇帝深相敬重,请讲《放光经》。开题大会,帝亲临幸。王侯公卿,莫不毕集。"②

有关简文帝敬重僧尼的记载很多。除竺法汰之外,道容尼也是重要例子。《比丘尼传》卷一《新林寺道容尼传》记载:"道容,本历阳人。住乌江寺,戒行精峻,善占吉凶,逆知祸福,世传为圣。晋明帝时,甚见敬事。以花布席下,验其凡圣,果不萎焉。"③道尼善于占卜,很得晋明帝敬重。简文帝起先信任"清水道师",而在登基之后,简文帝"遣使往乌江迎道容,以事访之。容曰:'唯有清斋七日,受持八戒,自当消弭。'帝即从之。整肃一心,七日未满,群乌竞集,运巢而去。帝深信重,即为立寺,资给所须。因林为名,名曰新林。即以师礼事之,遂奉正法。后晋显尚佛道,容之力也"④。道容尼也受到孝武帝的宠信。

孝武帝(372—396年在位)司马曜,简文帝之子。简文帝死后继位,时年十岁。在位二十四年,因酒后戏言,被张贵人命宫女用被子闷死,终年三十五岁。《晋书·孝武帝纪》记载,孝武帝"初奉佛法",于太元六年(381)春正月"立精舍于殿内,引诸沙门以居"⑤。唐初法琳《辩正论》记载:"晋烈宗孝武皇帝,精心奉法,志念冥符。师子国王钦其怀道,故遣沙门昙摩撮,远送玉像以表丹情。召义解僧,造皇泰寺,仍舍旧第为本起寺。"⑥此文简要叙述了孝武帝时期朝廷扶持佛教的大事,而孝武帝将自己未曾登基之前的旧宅舍为佛寺,显示其奉佛很是虔诚。

孝武帝在位时期,朝政不完全出于己,朝廷对待佛教的态度也受到

---

① ②《大正藏》第50卷,第409页中、354页下。
③ ④ 宝唱:《比丘尼传》卷一,《大正藏》第50卷,第936页中。
⑤《晋书》卷九,第231页。
⑥ 法琳:《辩正论》卷三,《大正藏》第52卷,第502页下。

303

当时执权柄者会稽王司马道子的影响。孝武帝和会稽王司马道子共同礼遇比丘尼妙音，使得妙音权倾一朝，颇为世人侧目。《比丘尼传》卷一《简静寺支妙音尼传》记载：

> 妙音，未详何许人也。幼而志道，居处京华，博学内外，善为文章。晋孝武皇帝、太傅会稽王道子、孟顗等，并相敬信。每与帝及太傅、中朝学士，谈论属文，雅有才致，藉甚有声。太傅以太元十年为立简静寺，以音为寺主，徒众百余人。内外才义者，因之以自达，供嚫无穷，富倾都邑，贵贱宗事。门有车马，日百余两。荆州刺史王忱死，烈宗意欲以王恭代之。时桓玄在江陵，为忱所折挫，闻恭应往，素又惮恭，殷仲堪时为恭门生，玄知殷仲堪弱才，亦易制御，意欲得之，乃遣使凭妙音尼为堪图州。既而烈宗问妙音："荆州缺外，问云谁应作者？"答曰："贫道道士，岂容及俗中论议？如闻外内谈者，并云无过殷仲堪。以其意虑深远，荆楚所须。"帝然之，遂以代忱。权倾一朝，威行内外。①

孝武帝、会稽王司马道子对妙因尼的礼遇显得过分，而妙音尼也有参与政治的嫌疑。这些在当时就引起了朝臣的议论。《晋书·司马道子传》记载："于时孝武帝不亲万机，但与道子酣歌为务，姆尼僧，尤为亲昵，并窃弄其权。凡所幸接，皆出自小竖。郡守长吏，多为道子所树立。官以贿迁，政刑谬乱。又崇信浮屠之学，用度奢侈，下不堪命。太元以后，为长夜之宴，蓬首昏目，政事多缺。"②史书中的这些记述，将朝政紊乱、帝王的个人享乐与其崇佛礼敬僧尼并列作为抨击的对象。此传中还记载了左卫领营将军会稽许荣上疏就此乱局的谏阻："僧尼乳母，竞进亲党，又受货赂，辄临官领众。无卫、霍之才，而比方古人，为患一也。臣闻佛者清远玄虚之神，以五诫为教，绝酒不淫。而今之奉者，秽慢阿尼，酒

---

① 宝唱：《比丘尼传》卷一，《大正藏》第50卷，第936页下—937页中。
②《晋书》卷六四，第1733页。

色是耽,其违二矣。夫致人于死,未必手刃害之。若政教不均,暴滥无罪,必夭天命,其违三矣。盗者未必躬窃人财,江乙母失布,罪由令尹。今禁令不明,劫盗公行,其违四矣。在上化下,必信为本。昔年下书,敕使尽规,而众议兼集,无所采用,其违五矣。尼僧成群,依傍法服。五诫粗法,尚不能遵,况精妙乎!而流惑之徒,竞加敬事,又侵渔百姓,取财为惠,亦未合布施之道也。"①许荣疏中所言朝政六大疏失,与佛教相关者竟有三方面。可见,在当时的朝臣看来,孝武帝和司马道子颇有佞佛之迹。

晋安帝司马德宗(396—418年在位),孝武帝长子。孝武帝死后继位,在位22年,最后被刘裕买通宦官勒死,终年37岁。司马德宗昏庸懦弱,继位后先后由司马道子、司马德文揽权,他始终是个傀儡。他在位期间,曾爆发孙恩、卢循起义。403年,被封为楚王的大将桓玄自称皇帝,废司马德宗为平固王(平固在今江西赣州东),命令他移居于浔阳(今江西九江),东晋中绝。不久,另一大将刘裕起兵讨伐桓玄。桓玄被击败,逃到浔阳,裹挟司马德宗辗转于江陵(今湖北江陵)一带。404年,桓玄兵败被杀,安帝才得以复位。

《晋书·安帝本纪》说:"帝不惠,自少及长,口不能言,虽寒暑之变,无以辩也。凡所动止,皆非己出。故桓玄之篡,因此获全。"②安帝在政治上无作为,但其自身对佛教很有好感。因此,在其在位时间,东晋佛教发展甚为迅速。

安帝元兴二年(403),太尉桓玄再度提出令沙门礼敬王者之事,并征询中书令桓谦、王谧,以及庐山慧远的意见。桓玄说:"佛所贵无为,殷勤在于绝欲,而比者凌迟遂失斯道,京师竞其奢淫,荣观纷于朝市,天府以之倾匮,名器为之秽黩,避役钟于百里,逋逃盈于寺庙,乃至一县数千,猥成屯落,邑聚游食之群,境积不羁之众,其所以伤治害政,尘淳佛教固已

---

① 《晋书》卷六四,第1733—1734页。
② 《晋书》卷一〇,第267页。

彼此俱弊,寔污风轨矣。便可严下,在所诸沙门,有能申述诰,畅说义理者;或禁行修整,奉戒无亏,恒为阿练者;或山居养志,不营流俗者,皆足以宣寄大化,亦所以示物以道,弘训作范,幸兼内外。其有违于此者,皆悉罢遣,所在领其户籍,严为之制。"①桓谦、王谧明确反对桓玄的做法。慧远更著《沙门不敬王者论》五篇,反对桓玄的主张。慧远之文由"序论"和五大部分组成。在"序论"中,慧远叙述了其撰述理由,其次再从第一"在家"、第二"出家"两篇中论述佛教出家之本质,强调出家生活必然超越世俗生活;第三"求宗不顺化",指出求佛道者,不应随顺世俗,而须否定世俗之生活;第四"体极不兼应",指出体得佛法者,不应再顺应世俗;第五"形尽神不灭",论说肉体终将一死,而精神永不灭绝。庐山慧远不拜王者的立场甚为鲜明,遂使桓玄于篡帝位后,下诏准许道人不致礼敬,桓玄的想法最终也未能实现。

晋安帝礼遇过的高僧、名僧很多。他对当时影响最大的高僧庐山慧远也显示出明显的敬意。《高僧传》卷六《慧远传》记载:

> 及桓玄西奔,晋安帝自江陵旋于京师。辅国何无忌劝远候觐,远称疾不行。帝遣使劳问。远修书曰:"释慧远顿首:阳月和暖,愿御膳顺宜。贫道先婴重疾,年衰益甚,狠蒙慈诏,曲垂光慰,感惧之深,实百于怀。幸遇庆会,而形不自运。此情此慨,良无以喻。"诏答:"阳中感怀,知所患未佳,其情耿耿。去月发江陵,在道多诸恶,情迟兼常,本冀经过相见。法师既养素山林,又所患未痊,邈无复因增其叹恨。"②

从安帝诏书的内容看,在经受被逼退位而又复位的剧变之后,安帝希望与慧远晤谈的愿望是显著的。由此可见,他似乎将佛教当作心灵的一种安慰剂。

---

① 僧祐:《弘明集》卷一二,《大正藏》第52卷,第85页上。
②《大正藏》第50卷,第361页上。

义熙十四年(418),大将刘裕急于篡夺皇位,密令党羽杀害了安帝,立琅玡王司马德文为帝,是为东晋最后一位皇帝恭帝(418—420年在位)。恭帝为晋孝武帝之子,晋安帝之弟。《晋书·恭帝纪》说:恭帝为王时,就"深信浮屠道,铸货千万,造丈六金像,亲于瓦官寺迎之,步从十许里"①。恭帝被刘裕废掉后,421年9月,刘裕派亲兵越墙进入司马德文室内,将毒酒放在他面前,逼他快饮。司马德文摇头拒绝说:"佛教,自杀者不复得人身。"②凡自杀,转世不能再投人胎。兵士便将他挟上床去,用被子蒙住他脸面,用力扼死,然后跳墙而去。司马德文被杀后,谥号为恭帝。从这些事例看,恭帝信奉佛教很是虔诚。

综上所述,东晋帝王大多不同程度、不同形式地信奉佛教,有些甚至十分虔诚。这是汉、三国、曹魏、西晋从未出现过的。朝廷佛教政策的宽松,大多数皇帝和权臣对佛教的扶持以及对僧尼的尊崇,都显著地促进了佛教在东晋统治区域较为迅速的传播。

三、士族奉佛

魏晋之际,玄学名士多习佛理,而义学高僧则多习玄,玄学与佛学的交融日益紧密。根据相关文献所载,东晋名士少有不与佛教发生联系的。正是由于士大夫阶层的普遍介入,佛教的传播及其与中国文化的融合才进入到一个深入的阶段。

东晋时期,士人群体中弥漫着崇佛的风气。正如刘宋文帝朝,侍中何尚之所奏:"悠悠之徒,多不信法。以臣庸蔽,独秉愚勤,惧以缺薄,贻点大教。今乃更荷褒拂,非所敢当。至如前代群英,则不负明诏矣。中朝已远,难复尽知。渡江以来,则王导、周顗、庾亮、王蒙、谢尚、郄超、王坦、王恭、王谧、郭文、谢敷、戴逵、许询及亡高祖兄弟、王元琳昆季、范汪、

---

① 《晋书》卷一〇,第270页。
② 《资治通鉴》卷一一九,第3740页。

孙绰、张玄、殷顗,或宰辅之冠盖,或人伦之羽仪,或置情天人之际,或抗迹烟霞之表,并禀志归依,厝心崇信。其间比对,则兰、护、开、潜、渊、遁崇邃,皆亚迹黄中,或不测人也。近世道俗,敷谈便尔。"① 此文中罗列东晋时期高门大族、高官显贵信奉佛教的名单,朝臣如丞相王导、中书令庾亮、尚书左仆射周、御使中丞周嵩、尚书左仆射谢琨、尚书令何亮、五州都督殷浩、宰相谢安等人都与佛教有关涉。书法家王羲之、书画家顾恺之、工书画文章的戴逵等人都好佛,其余如王蒙、谢尚、郗超、王坦、王恭、王谧、郭文、谢敷、许询、范汪、孙绰、张玄等人,都禀志归依,悉心崇敬佛教。文中的"亡高祖兄弟"是指何充、何准,"兰、护、开、潜、渊、遁"系指受到朝野崇敬的高僧竺法兰、竺法护、于法开、竺道潜、僧渊、支遁等。从上述名单中已经可以见出,东晋上层人士的佛教信仰已经具有明显的家族继承性。这一发展态势在宋、齐、梁、陈时期,得到进一步发展。

东晋时期,士人奉佛逐渐普遍,其中突出的一个现象就是天师道世家纷纷转而信奉佛教或佛教、道教兼修。东晋许多世家大族,道教信仰先于佛教存在。"吴会诸郡,实为天师道之传教区","三吴及海边之际,信之逾甚"。据陈寅恪先生《天师道与滨海地域的关系》一文考证,东晋南朝的许多门阀士族,都是信奉天师道的世家。其中代表性的世家大族有:琅玡王氏、高平郗氏、吴郡杜氏、琅玡孙氏、会稽孔氏、义兴周氏、陈郡殷氏、丹阳葛氏、东海鲍氏、丹阳许氏、丹阳陶氏、吴兴沈氏等。② 而当时江左信奉道教的士族远非这些,据任继愈先生补充,还有:殷川庾氏、阳夏谢氏、泰山羊氏、谯国桓氏、晋王室司马氏、长乐冯氏、晋陵华氏以及吴郡顾氏、陆氏、张氏、孙氏(孙吴后裔)等等。③ 根据当代学者研究,至东晋,道教在南方士族中较佛教更盛。然而此时,已有不少天师道世家中人开始接触和信奉佛教,如琅玡王氏、义兴周氏、陈郡殷氏、高平郗氏、阳

---

① 慧皎:《高僧传》卷七,《大正藏》第50卷,第367页下。
② 参见《金明馆丛稿初编》第17页,北京:三联书店,2001。
③ 任继愈:《中国道教史》,第116页,上海:上海人民出版社,1990。

夏谢氏、丹阳许氏、吴郡孙氏、顾氏等。有资料表明，东晋时天师道世家对佛教并不排斥，据《晋书·郗愔传》载，郗愔、郗昙兄弟谄于道，而郗愔子郗超却以奉佛著称。王羲之家族世事天师道，但据《莲社高贤传·道敬法师传》，王羲之子王凝之为江州刺史时，其孙年十七，从慧远出家于庐山，称道敬法师。

从现存文献来看，东晋、宋齐之时信仰转变颇具代表性的世家大族还有：

吴郡张氏：晋侍中尚书张敞，子张裕、张祎、张邵。张裕有五子演、镜、永、辩、岱。张演子绪，张永子稷；张祎子畅，张畅子淹、融，都奉佛。如南齐张融在《门律》中说："吾门世恭佛。"①——此在南朝士族奉佛部分详细叙述，此从略。

陈郡谢氏：晋谢鲲及从子安、万、石三公并其孙玄，玄之孙灵运，灵运之孙超宗、曾孙茂卿。万之曾孙弘微，弘微子庄，庄子瀹，瀹子览，览弟举，均奉佛。谢灵运的信仰转变颇可说明当时天师道世家子弟信仰变化之轨迹。钟嵘《诗品》谢灵运条云："初，钱塘杜明师夜梦东南有人来入其馆，是夕即灵运生于会稽。旬日而谢安亡。其家以子孙难得，送灵运于杜治养之。十五方还都，故名'客儿'。"钱塘杜氏本天师道世家，《南史·沈约传》载："初，钱塘人杜炅，字子恭，通灵有道术，东土豪家及都下贵望并事之为弟子，执在三之敬。"②

谢灵运自小寄养于杜子恭靖室，耳濡目染十余载，其受道教习染不可谓不深。且阳夏谢氏本天师道世家，谢灵运之名亦从天师道信仰以"灵"字命名，这些都说明谢灵运是在道教环境的熏陶下成长起来的。不过，之后的谢灵运却成了一个虔诚的佛教徒，其于义熙七年见慧远可能是他信仰转变的转折点。《高僧传·慧远传》曰："陈郡谢灵运负才傲俗，

---

① 《大正藏》第52卷，第38页下。
② 《南史》卷五七，第1405页。

少所推崇,及一相见,肃然心服。"①此后其与佛教结下不解之缘。他与慧远、慧琳、法流等众多名僧十分友善,著《辨宗论》述道生顿悟之义,与慧严、慧观共同改编北本《大般涅槃经》,并著《十四音训叙》"条例梵汉,使文字有据"②,成为当时著名的佛教学者。谢灵运信仰的变化,代表了当时世家大族信仰变化的主流情况。

庐江何氏奉佛,也堪称典型,何充、何准兄弟成为最崇信佛教的士族人物,他们对于东晋佛教的推动作用尤其显著。③

《晋书·何充传》载其家世云:"何充字次道,庐江灊人,魏光禄大夫祯之曾孙也。祖恽,豫州刺史。父叡,安丰太守。充风韵淹雅,文义见称。"④可见何氏的兴起可以追溯至魏、晋之际的何祯。关于何祯及其子孙传承的情况,《三国志》卷一一《魏书·管宁传》注引《文士传》有一段较为完整的记载:

> 祯字符干,庐江人,有文学器干,容貌甚伟。历幽州刺史、廷尉,入晋为尚书光禄大夫。祯子龛,后将军;勖,车骑将军;恽,豫州刺史;其余多至大官。自后累世昌阜,司空文穆公充,恽之孙也,贵达至今。⑤

何祯奠定了两晋南朝庐江何氏"累世昌阜"的基业。及至曾孙何充一辈,在两晋之际南渡江左,仕于东晋成帝、康帝和穆帝时期,且在康、穆之际一度掌控朝政,位至司空,将其家族的政治地位推向高峰,从而确立起其家族在东晋南朝的优越门第。在家族文化方面,两晋之间何氏也发生了深刻变化,魏晋之际何祯以"文学器干"显名,表现出汉儒"经律兼修"的

---

① 慧皎:《高僧传》卷六,《大正藏》第50卷,第361页上。
② 慧皎:《高僧传》卷七,《大正藏》第50卷,第367页中。
③ 关于何氏家族奉佛部分,参见王永平、单鹏《庐江何氏与东晋佛教》(《扬州大学学报(人文社会科学版)》,2007年第2期)一文。
④《晋书》卷七七,第2028页。
⑤《三国志》卷一一,第363页。

遗风；而东晋前期的何充则以"风韵淹雅，文义见称"，表现出明显的玄学化特征，这种由儒入玄、礼玄兼修的思想文化风尚，正是魏晋以降诸多"新出门户"改变门风、提升地位的必由之路。

《世说新语·排调篇》载："二郗奉道，二何奉佛，皆以财贿。谢中郎云：'二郗谄于道，二何佞于佛。'"①所谓"二郗"，是指郗愔、郗昙，他们崇奉天师道，世所共知。高平郗氏为天师道世家，而举何充兄弟与之并列，突出其"佞于佛"。此条下刘孝标注引《晋阳秋》曰："何充性好佛道，崇修佛寺，供给沙门以百数。久在扬州，征役吏民，功赏万计，是以为遐迩所讥。充弟准，亦精勤，唯读佛经，营治寺庙而已矣。"何充"崇修佛寺"，利用其职务之便，"征役吏民，功赏万计"。

关于何充奉佛，《晋书·何充传》也记载：何充"性好释典，崇修佛寺，供给沙门以百数，糜费巨亿而不吝也。亲友至于贫乏，无所施遗，以此获讥于世"②。何充信佛甚笃，将个人资财多用于筑寺养僧，"糜费巨亿而不吝"。

关于何准崇佛，《晋书·何准传》也有记载："何准字幼道，穆章皇后父也。高尚寡欲，……充居宰辅之重，权倾一时，而准散带衡门，不及人事，唯诵佛经，修营塔庙而已。"③何准"高尚寡欲"，一生不仕，"唯诵佛经，修营塔庙"，是一个纯粹的居士。

关于何氏兄弟建造佛寺佛塔之事，《高僧传》卷一《康僧会传》记载，东晋成帝咸和中，"苏峻作乱，焚会所建寺塔，司空何充复修造"④。《比丘尼传》卷一《建福寺康明感尼传》载：晋建元元年春，明感比丘尼与慧湛等十人济江，"诣司空公何充。充一见甚敬重。于时京师未有尼寺，充以别宅为之立寺。问感曰：'当何名之?'答曰：'大晋四部，今日始备。檀越所建，皆造福业，可名曰建福寺。'公从之矣"⑤。同书同卷《建福寺慧湛尼

---

① 《世说新语》卷下《排调篇》。
② 《晋书》卷七七，第2030页。
③ 《晋书》卷九三，第2417页。
④ 慧皎：《高僧传》卷一，《大正藏》第50卷，第326页上。
⑤ 宝唱：《比丘尼传》卷一，《大正藏》第50卷，第935页下。

传》也记载:"建元二年渡江,司空何充大加崇敬,请居建福寺住云。"①何准也曾舍宅为寺,宋范成大《吴郡志》卷九《古迹》载"般若台,在吴县西二里,晋穆侯何准所置"。在何充、何准兄弟的影响下,何氏家族其他人物也有类似的举动,比如何准女儿为晋穆帝之皇后,她也笃信佛教。《比丘尼传》卷一《昙备尼传》载:永和十年,何后为昙备尼"立寺于定阴里,名永安。今之何后寺是"②。此寺初名永安寺,后来称之为何后寺。

东晋时期奉佛虔诚且有佛学著作论文者,以孙绰和郗超最为著名。孙绰是东晋有名的文学家之一,精通玄学、儒学和佛学,与名僧支道林交往很深。他著有《喻道论》,主张儒释调和,"周孔即佛,佛即周孔,盖外内名耳。……周孔救极弊,佛教明其本耳"③。此文对后世影响很大。郗超也为支道林所推重,郗超原信奉天师道,又与支遁、竺法汰等高僧交游,渐对佛教起信。他作《奉法要》,其主题是探讨奉持佛法的要义,其文先就三自皈(即三皈戒)、五戒、十善等实践德目,加以详述;次明三界、五道、五阴、五盖、六情、四非常、六度、四空等法相,最后说明因果报应之事。《奉法要》简明而又通俗地介绍了佛教的基本内容,其中包含了三皈依、五戒十善之法、修斋法、三界五道论、五阴论、四非常、六度、报应论等内容,他也主张儒佛调和。这两篇著述,代表了东晋时期名士对于佛教的典型理解,其所主张的儒佛一致的观念,对于佛教的发展意义深远。

四、佛教在建康的传播

东晋时期,北方洛阳的名僧、名士如康僧渊、康法畅、支愍度、帛尸梨蜜多罗、于法开、于道邃、竺法汰、竺法深等皆自中原南下至建康,同时将中原的佛教思想及玄风带到建康;建康佛教逐渐兴盛。梁宝唱《比丘尼传》卷一所记载东晋时期的比丘尼都在京师建康。见于梁慧皎《高僧传》和唐道宣

---

①② 宝唱:《比丘尼传》卷一,《大正藏》第 50 卷,第 936 页上、935 页下。
③《弘明集》卷三,《大正藏》第 52 卷,第 17 页上。

《续高僧传》的建康佛寺13所,清代学者刘世珩在《南朝寺考》中依据《高僧传》、《建康实录》以及宋元时期编写的方志,考证出东晋修造的佛寺三十七所。鉴于方志以及后代碑记的追记性质,容易将佛寺的初建时间提前,因此本文叙述仅仅依据唐初之前的文献考辨建康佛寺的修造情况。

张弓先生根据《高僧传》所考出的建于东晋的建康佛寺是:高座寺、白马寺、道场寺、东安寺、瓦官寺、青园寺、灵曜寺、宋熙寺、建元寺、安乐寺、崇明寺、延贤寺、长干寺。① 这十三所佛寺中,根据《高僧传》卷三《畺良耶舍传》,宋熙寺建于元嘉十年;建元寺、灵曜寺不能确定一定是建于东晋;长干寺则是东吴所初建。这四所应该除外。在张弓先生所列之外,从《高僧传》卷三《智严传》中可知,至少在东晋末,建康城中还有始兴寺、枳园寺以及四所尼寺。因此,依据唐初之前的文献可考的东晋时期建康新建佛寺十五所。在整个东晋时期,在东晋佛教重要且因有高僧住寺而显赫的佛寺是长干寺、瓦官寺、道场寺、东安寺。

东吴最早的佛寺建初寺,东晋时期自然是建康佛教的中心寺域,代有高僧。《高僧传》卷一《帛尸梨蜜多罗传》记载:"帛尸梨密多罗,此云吉友,西域人,时人呼为高座。……晋永嘉中,始到中国。值乱,仍过江,止建初寺,丞相王导一见而奇之,以为吾之徒也。由是名显。"②

东晋简文皇帝"于长干寺造三层塔。塔成之后,每夕放光"。僧人慧达于晋宁康中至京师,从长干寺塔下丈许掘得三石碑,"中央碑覆中有一铁函,函中又有银函,银函里金函,金函里有三舍利。又有一爪甲及一发,发申长数尺,卷则成螺,光色炫耀,乃周敬王时阿育王起八万四千塔"。魏晋以来,中土人士相信阿育王传播舍利至中土的传闻,遍寻佛舍利,修塔崇拜。至此,长干寺就被认定为阿育王寺。"既道俗叹异,乃于旧塔之西更竖一刹,施安舍利。晋太元十六年,孝武更加为三层。"③从这

---

① 参见张弓《汉唐佛寺文化史》,第30页。
② 《大正藏》第50卷,第327页下。
③ 慧皎:《高僧传》卷一三,《大正藏》第50卷,第409页中。

些叙述看,长干寺似乎有两座塔。长干寺在东晋时期的建康很受重视,高僧云集。东晋孝武帝初年(372—396),朝廷勅命善于转读的支昙钥住此寺,孝武帝从受五戒,敬以师礼。《高僧传》卷一三记载:"支昙钥,本月支人,寓居建业。少出家,清苦蔬食,憩吴虎丘山。晋孝武初,勅请出都,止建初寺。孝武从受五戒,敬以师礼。"①从这一记载可知,昙钥属于月氏移民后裔,年少出家后本住于今苏州虎丘山。孝武帝登基未久,敕请其到建康住锡于建初寺。后来,八十一岁时,昙钥圆寂于所住寺。根据《高僧传·法平传》记载,昙钥也曾经在白马寺住锡过。此外,《高僧传·竺法旷传》记载:"晋孝武帝钦承风闻,要请出京,事以师礼,止于长干寺。元兴元年卒,春秋七十有六。"②

瓦官寺,是东晋时期建康重要的佛寺之一。《高僧传·竺法汰传》和《慧力传》记载,此寺之地本是河内山玩公之墓,晋元帝时,丞相王导以其地"为陶处"(即制作陶器之处)。释慧力于晋永和年(345—356)中"来游京师,常乞食蔬,苦头陀修福。至晋兴宁中,启乞陶处,以为瓦官寺"③。据唐朝许嵩《建康实录》载:"晋哀帝兴宁二年诏移陶官于淮水北,遂以南岸窑处之地,施僧慧力,造瓦官寺。"因民间俗称陶官为瓦官,故称此名。依据上述记载,则瓦官寺并非晋元帝所建,而是晋哀帝时始建。然而,唐道宣《集神州三宝感通录》卷二的记载,似乎说明《辩正论》的说法并非空穴来风。其文说:"宋元嘉十四年,孙彦曾家世奉佛,妾王惠称少而信向,年大弥笃,诵《法花经》,辄见浦中有杂色光,使人掘深二尺,得金像,连光趺高二尺一寸。趺铭云,建武元年岁在庚子,瓦官寺道人法新、僧行所造没。"④这一记载有一错误,庚子年不是晋元帝建武元年(317),而是晋成帝咸康六年(340)。然不管如何,至唐初流传的若干资料已表明,建康的瓦官寺的建造有晋元帝时期和晋哀帝时期

---

① ③ 慧皎:《高僧传》卷一三,《大正藏》第50卷,第413页下、410页上。
② 慧皎:《高僧传》卷五,《大正藏》第50卷,第357页上。
④ 《大正藏》第52卷,第418页中。

两说。另外,当代学者考证说:"瓦官寺建于兴宁二年,似于史实不合。据《世说新语》,王蒙、刘惔、何充、王修均到瓦官寺清谈,而这些人物在兴宁二年之前早已去世。然又据《高僧传》卷五《竺僧敷传》:'西晋末乱,移居江左,止京师瓦官寺。'可见,瓦官寺很可能创建于西晋末或东晋初,远在兴宁之前。"①

有资料表明,瓦官寺的初次扩建是在竺法汰的主持下完成的。兴宁三年(365),竺法汰从南阳至建康,住瓦官寺。瓦官寺在竺法汰主持下扩建了房舍以容纳更多的僧人,修"重门"而扩充了寺域。根据《高僧传》卷一三《释慧力传》记载:瓦官寺佛塔于晋孝武太元二十一年(396)七月夜自然火起,"寺僧数十,都无知者。明旦见塔,已成灰聚。帝曰:'此国不祥之相也。'即敕杨法尚、李绪等速令修复,至九月帝崩"②。瓦官寺佛塔应该于晋安帝在位时期重建了。

南朝的瓦官寺,乃是高僧萃集之所在。东晋初期,支道林曾经于其中宣讲《般若经》。刘义庆《世说新语》卷上:"有北来道人,好才理,与林公相遇,于瓦官寺讲小品。于时竺法深、孙兴公悉共听。此道人语屡设疑难,林公辩答清晰,辞气俱爽,此道人每辄摧屈。孙问深公:'上人当是逆风家,向来何以都不言?'深公笑而不答。林公曰:'白旃檀非不馥,焉能逆风?深公得此义,夷然不屑。'"③此事应该发生于晋哀帝在位时期的兴宁二年或三年间(364—365),因为文中提及的竺法深是哀帝时期至京师建康的。

瓦官寺有竺僧敷,在当时很有影响。《高僧传》卷五《竺僧敷传》记载:"竺僧敷,未详氏族。学通众经,尤善《放光》及《道行波若》。西晋末乱,移居江左,止京师瓦官寺,盛开讲席,建邺旧僧,莫不推服。"④依据此

---

① 王晓毅:《支道林生平事迹考》,《中华佛学学报》1995年第8期。
② 慧皎:《高僧传》卷一三,《大正藏》第50卷,第410页上。
③ 刘义庆:《世说新语》卷上。
④ 慧皎:《高僧传》卷五,《大正藏》第50卷,第355页中。

中的叙述,竺僧敷于东晋初年至建康之后,似乎是立即就住于瓦官寺。在上文之后,《高僧传·竺僧敷传》又叙述说:"时同寺沙门道嵩,亦才解相次,与道安书云:'敷公研微秀发,非吾等所及也。'时异学之徒咸谓'心神有形,但妙于万物,随其能言,互相摧压'。敷乃著《神无形论》,以有形便有数,有数则有尽;神既无尽,故知无形矣。时仗辩之徒,纷纭交诤。既理有所归,愖然信服。后又著《放光》、《道行》等义疏。后终于寺中,春秋七十余矣。竺法汰与道安书云:"'每忆敷上人,周旋如昨,逝殁奄复多年。与其清谈之日,未尝不相忆,思得与君共覆疏其美,岂图一旦,永为异世?痛恨之深,何能忘情?其义理所得,披寻之功,信难可图矣。'汰与安书数述敷义。"①竺法汰圆寂于太元十二年(387),道安圆寂于385年。从竺法汰写给道安书信中所说推知,竺法汰写此信时,竺僧敷已经圆寂多年。

从现有资料可知,竺法汰至建康之前,竺僧敷已经名满京师,至少在竺法汰进瓦官寺之前,已经住于此寺了。竺法汰到瓦官寺后,与僧敷交流佛教义理,乐此不疲。竺法汰并说,与僧敷的交流使其不由得想起昔日与道安在一起的日子。从现有资料看,竺法汰在瓦官寺时期,瓦官寺在京师甚至整个东晋整个统治区域内都有很大影响。《高僧传》中记载,道壹、昙一、道生等等,都是法汰的高足。

晋宋之际,瓦官寺又有释慧璩。根据《高僧传》卷一三记载:"释慧璩,丹阳人,出家止瓦官寺。读览经论,涉猎书史,众技多闲,而尤善唱导,出语成章,动辞制作。临时采博罄,无不妙诣。"②入宋之后,颇得帝王宠信。大明末(464)终于瓦官寺,年七十二。

史籍记载,瓦官寺有"三绝",在佛教艺术史上具有很高的地位。

第一绝是有顾恺之所画维摩诘像。东晋时期僧人昙宗所撰《京师寺

---

① 慧皎:《高僧传》卷五,《大正藏》第50卷,第355页中一下。
② 慧皎:《高僧传》卷一三,《大正藏》第50卷,第416页上。

记》中记载，瓦官寺有顾恺之所画维摩诘像。唐代张彦远《历代名画记》卷五记载：

> 长康又曾于瓦棺寺北小殿，画维摩诘。画讫，光彩耀目数日。《京师寺记》云："兴宁中，瓦棺寺初置。僧众设会，请朝贤鸣刹注疏。其时，士大夫莫有过十万者。既至，长康直打刹注百万。长康素贫，众以为大言。后寺众请勾疏，长康曰宜备一壁，遂闭户往来一月余。日所画维摩诘一躯工毕，将欲点眸子，乃谓寺僧曰：'第一日观者请施十万，第二日可五万第三日可任例责施。'及开户光照，一寺施者填咽，俄而得百万钱。"

顾恺之所画维摩图，历唐至宋，幸然犹存，且有了由杜牧、苏颂请画工临摹的别本。裴孝源《贞观公私画史》："晋瓦官寺，有顾恺之、张僧繇画壁，在江宁。"叶梦得《建康集》卷一记载："地近中原怯早寒，一杯何处复追欢？同寻涧壑闲谁共？强逐风尘老自难。归梦孰知元有约？故情应得旧相看。闭关且示维摩病，图画他年付瓦官。世传顾恺之画维摩像，皆此间瓦官寺本也。"韩元吉《南涧稿》卷一五《崇胜戒坛记》记载说："顾长康曾于寺室手画金粟如来之像，号为神妙，吾得旧本刊置壁间。"苏颂《苏魏公集》卷七二《题维摩像》说："顾生首创维摩诘像，有清羸示病之容，隐几忘言之状。陆探微、张僧繇效之，终不及。至唐，寺废，杜紫薇牧之为池州刺史，过金陵，叹其将圮，募工搨写十余本，以遗好事者。其一乃汝阴太守某人也，不敢携去，至今置于州廨。"

第二绝是师子国所献玉像。《高僧传·释慧力传》记载：瓦官寺"又有师子国四尺二寸玉像，并皆在焉。昔师子国王闻晋孝武精于奉法，故遣沙门昙摩抑远献此佛。在道十余年，至义熙中乃达晋"[①]。

第三绝是一尊金佛像。《高僧传·释慧力传》记载："司徒王谧尝入

[①] 慧皎：《高僧传》卷一三，《大正藏》第50卷，第410页中。

台,见东掖门口有寺,人掷樗戏,樗所著处,辄有光出。怪令掘之,得一金像,合光趺长七尺二寸。谧即启闻宋高祖,迎入台供养。宋景平末送出瓦官寺,今移龙光寺。"①

关于瓦官寺"三绝",《梁书》卷五四《师子国传》记载:"晋义熙初,始遣献玉像,经十载乃至。像高四尺二寸,玉色洁润,形制殊特,殆非人工。此像历晋、宋世在瓦官寺,寺先有征士戴安道手制佛像五躯,及顾长康维摩画图,世人谓为三绝。至齐东昏,遂毁玉像,前截臂,次取身,为嬖妾潘贵妃作钗钏。"②玉像、金像毁于齐东昏君在位时期(498—501),而顾恺之的维摩诘像流传久远,对中国佛教艺术产生过巨大影响。

东晋时期,建康又有东安寺,在当时也有很大影响,但建于何时不能详知。唐初法琳《辩正论》中保存了两种含混的说法。此著卷三说:"晋司徒公王谧。谧见东掖寺门辄有金光烛地,因往掘之,得一金像,合光七尺,别起精舍,终身供养。又感瑞呈真,造东安寺。"③这一条前半段说,王谧发掘出一金像,供奉于瓦官寺内。后半段说,他又感得瑞相并"造东安寺"。

王谧(360—407)是王导之孙。生于晋穆帝升平四年,卒于安帝义熙三年,年四十八岁,属于东晋晚期人。若将此文所说"造"理解为初建佛寺,与《高僧传》等文献所说至少在东晋中期就有高僧在此寺活动等叙述不一致。而《辩正论》卷三又说:陈高祖武皇帝于永定二年(559)于扬州(今江苏南京)造东安寺,"复为家国爰逮群生,于扬都治下造兴皇、天居等四寺,皆绣棋雕楹,文槛粉壁,三阶肃而宛转,千柱赫以玲珑,长表列于康衢,高门临于驰道,美音精舍未或可俦,善德仁祠,讵能为比"④。将东安寺说成是陈武帝始修,肯定并非事实。将两种说法参照,可以大致推定,法琳所说的"造"实际上是指修缮扩建。

---

① 慧皎:《高僧传》卷一三,《大正藏》第50卷,第410页中。
②《梁书》卷五四,第800页。
③《大正藏》第52卷,第505页上。
④ 同上书,第503页中。

根据《高僧传·支道林传》记载:"至晋哀帝即位,频遣两使,征请出都,止东安寺,讲《道行般若》,白墨钦崇,朝野悦服。"①晋哀帝于升平五年(361)五月继位,兴宁三年(365)二月驾崩。而《世说新语·文学》记载:"支道林初从东出,住东安寺中。王长史宿构精理,并撰其才藻,往与支语,不大当对。王叙致作数百语,自谓是名理奇藻。支徐徐谓曰:'身与君别多年,君义言了不长进。'王大惭而退。"②在东晋时期,支道林是名声最著的高僧之一,他到建康住于东安寺,一方面说明此寺在当时的建康地位较高,另一方面,寺以僧显,道林住于此寺,此寺自然一时会成为朝野信众关注的中心。

慧持曾住于东安寺。《高僧传》卷六《慧持传》记载:"持有姑为尼,名道仪,住在江夏。仪闻京师盛于佛法,欲下观化。持乃送姑至都,止于东安寺。晋卫军琅玡王珣深相器重。时有西域沙门僧伽罗叉,善诵四含。珣请出《中阿含经》,持乃校阅文言,搜括详定。后还山。"③根据《出三藏记集》卷九记载:僧伽罗叉等以晋隆安元年(397)十一月十日,"于扬州丹杨郡建康县界,在其精舍,更出此《中阿铪》。……至来二年戊戌之岁六月二十五日,草本始讫"④。从这一记载可知,慧持在建康数年,住于东安寺。

晋宋之际,东安寺有道渊,影响很大。《高僧传》卷七记载:"释道渊,姓寇。不知何许人,出家止京师东安寺。少持律捡,长习义宗,众经数论,靡不通达,而潜光隐德,世莫之知。后于东安寺开讲,剖析玄微,洞尽

---

① 《大正藏》第50卷,第348页下—349页上。
② 《世说新语》中未写明王长史的名字,而《高僧传》卷四《支道林传》则说:"太原王蒙,宿构精理,撰其才词,往诣遁,作数百语。自谓遁莫能抗,遁乃徐曰:'贫道与君别来多年,君语了不长进。'蒙惭而退焉。"而王蒙死于永和三年(347),"决不会于晋哀帝时代,去东安寺与支论战。再者,王蒙与支遁为神交,断然不会如此相互轻诋。查与支遁交往中可称为'王长史'者,还有王胡之和王坦之。王胡之已死于永和五年。可见,去东安寺的'王长史',只能是王坦之"。(王晓毅《支道林生平事迹考》,《中华佛学学报》第8期,1995年7月出版)。
③ 《大正藏》第50卷,第361页中。
④ 同上书,第64页上。

幽赜。使终古积滞,涣然冰解。于是学徒改观,翕然附德。"①道渊的弟子慧琳在南朝更是一名与政界交际甚广的名僧。

鸠摩罗什弟子慧严也住于东安寺。《高僧传》卷七《慧严传》记载:"释慧严,姓范,豫州人。年十二为诸生,博晓诗书,十六出家。又精炼佛理,迄甫立年,学洞群籍,风声四远,化洽殊邦。闻什公在关,复从受学,访正音义,多所异闻。后还京师,止东安寺。宋高祖素所知重。高祖后伐长安,要与同行。严曰:'檀越此行,虽伐罪吊民,贫道事外之人,不敢闻命。'帝苦要之,遂行。及文帝在位,情好尤密。"②慧严以宋元嘉二十年(443)卒于东安寺,春秋八十一。慧严在刘宋时期对宋武帝刘裕的佛教信向影响甚大。

位于建康南郊的道场寺(又名斗场寺,约在今雨花门外),是东晋乃至南朝建康佛经翻译中心,地位显赫。

道场寺也称斗场寺,因不合佛教教义被改为道场寺。关于道场寺的修造,《出三藏记集》卷八所载《六卷泥洹记》(或称《出经后记》)记载:"义熙十三年十月一日,于谢司空石所立道场寺,出此《方等大般泥洹经》。"③谢石(327—388年)是东晋名将,谢安之弟,为太元八年(383)八月淝水之战的主将。一般以为此寺的修造应该是谢石从战场归来之后至逝世之前。

道场寺的历史名声,奠定于法显西行归来曾经住锡过。法显回到建康的前一年(412),他在长安结识的中印度高僧佛驮跋陀罗及其大弟子慧观,已由东晋大将刘裕请到道场寺。接着,与法显在北天竺会过面的高僧宝云也来到道场寺。宝云曾经在国外钻研并掌握了印度的古文字"梵文",这就为他的翻译佛经工作准备了良好的条件。法显在道场寺里大约住了五年左右,除了写成《佛国记》外,还翻译了佛经六部,共一百多

---

① 《大正藏》第55卷,第369页上。
② 同上书,第368页上。
③ 同上书,第60页中。

万字。佛驮跋陀罗则和上百名中国僧人,从418年起在道场寺共同翻译出大部头的《华严经》。

当时在道场寺从佛驮跋陀罗和法显研习禅律、参与译事的还有智严、慧观、宝云等人。

智严,凉州人。二十岁左右出家。为"博事名师,广求经诰",西行至罽宾,入摩天陀罗精舍,从佛驮先比丘谘受禅法,后遇佛驮跋陀罗,相从求教,又请他来中国弘法,一同东归至后秦都长安,住大寺。后佛驮跋陀南下,智严亦离大寺另居别处,致力学修。东晋义熙十三年(417),刘裕率兵伐长安,智严应邀至建康,先后住始兴寺、枳园寺。智严参与过道场寺译事。刘宋元嘉四年(427),智严与宝云同译出《普曜经》、《四天王经》、《广博严净经》等。① 晚年又泛海至天竺,归国途中圆寂于罽宾,年七十八岁。

慧观(?—453)曾师事慧远,既而听说鸠摩罗什到了长安,又往问佛学。当时鸠摩罗什称赞他说:"通情则生(道生)、融(道融)上首,精难则观(慧观)、肇(僧肇)第一。"慧观跟随佛驮跋陀罗南下,辗转到建康,住道场寺。昙无谶的大本《涅槃经》传到建康,他参与慧严、谢灵运的修订工作,并著《辨宗论》、《论顿悟渐悟义》等。他又立"二教五时"的教判,此是中国判教的嚆矢。

宝云(376—449)传为凉州(今甘肃武威)人。少年出家,精勤于学业。东晋隆安初年(397)远游西域诸国,遍学梵书,对"天竺诸国,音字诂训,悉皆备解"②;后还长安,依止佛驮跋陀罗治学。又随师南至建康道场寺,襄理译事,晚年住六合山寺。译有《新无量寿经》、《佛所行赞》等。刘宋元嘉二十六年(449)圆寂,年七十四岁。

《高僧传·释智严传》记载:"晋义熙十三年,宋武帝西伐长安,克捷旋旆,涂出山东。时,始兴公王恢从驾游观山川,至严精舍,见其同止三

---

① 慧皎:《高僧传》卷七,《大正藏》第50卷,第368页中。
② 慧皎:《高僧传》卷三,《大正藏》第50卷,第339页下。

僧,各坐绳床,禅思湛然。恢至,良久不觉,于是弹指,三人开眼,俄而还闭,问不与言。恢心敬其奇,访诸耆老,皆云:'此三僧隐居求志,高洁法师也。'恢即启宋武帝延请还都,莫肯行者。既屡请恳至,二人推严随行。恢怀道素笃,礼事甚殷。还都,即住始兴寺。严性爱虚靖,志避喧尘,恢乃为于东郊之际更起精舍,即枳园寺也。"①此中的始兴公王恢是王导之孙王嘏之子。根据《晋书》记载,晋明帝封王导为始兴郡王,王导长子王悦无子,"以弟恬子琨为嗣,袭导爵丹阳尹,卒,赠太常。子嘏嗣,尚鄱阳公主,历中领军、尚书。卒,子恢嗣,义熙末,为游击将军"②。从这一记载看,王恢于东晋末继承了王导的封号为始兴公。可惜,《晋书》、《宋书》中都没有其传。尤其是,《晋书》、《南史》中的相关记载并不一致。《晋书》又说王恢是王劭的儿子。王劭为王导的五子。《晋书·王劭传》又记载:王劭有三子——穆、默、恢。"穆,临海太守。默,吴国内史,加二千石。恢,右卫将军。"③而《南史》记载:王嘏,"字伟世,侍中、左户尚书、始兴公。嘏子偃"。④ 王偃有兄为王恢,"偃,字子游,母晋孝武帝女鄱阳公主。宋受禅,封永成君。偃尚宋武帝第二女吴兴长公主,讳荣男。尝倮偃缚诸庭树,时天夜雪,噤冻久之。偃兄恢排阁诟主,乃免"。⑤ 王偃有兄为王恢,似乎在刘宋时期很有地位,能够帮助其弟在朝廷排困解难。推测言之,王恢即是王导的重孙。关于上述记载,《宋书》的记载可信度大一些,因为始兴公的封号是在王导嫡长子一系继承的,而《宋书》的记载符合这一要义。

智俨于东晋义熙十三年受始兴公王恢的邀请,到达建康,住于始兴寺。可见,此寺早已经存在,建立的时间是在东晋中后期。尤其是,《出三藏记集》卷一五《道生传》记载说:道生"随法不惮崄远,遂与始兴慧叡、

---

① 《大正藏》第50卷,第339页中。
② 《晋书》卷六五,第1755页。
③ 同上书,第1759页。
④ 《南史》卷二三,第618页。
⑤ 同上书,第618—619页。

东安慧严、道场慧观,同往长安,从罗什受学。关中僧众,咸称其秀悟。义熙五年,还都因停京师。游学积年,备总经论"①。慧叡住始兴寺未见于其他资料,而且《高僧传·竺道生传》在叙述这一事实时,省略了慧叡等僧的住寺。而这四位僧人出发地点是庐山。《高僧传》卷七《慧叡传》记载:慧叡"后还憩庐山,俄又入关,从什公谘禀,后适京师,止乌衣寺,讲说众经,皆思彻言表,理契环中"②。僧传中,称其为"宋京师乌衣寺释慧叡",而《高僧传》卷七《慧严传》记载:慧严"闻什公在关,复从受学。访正音义,多所异闻。后还京师,止东安寺"③。从这一记载看,慧严因为长期住于东安寺而被《出三藏记集》称之为"东安慧严"。因此,可以推测,慧叡初至建康是住于始兴寺的,而慧叡至建康是在东晋义熙末年的。

从始兴寺的寺额等资料推测,此寺应该是王氏家族的"家庙",而始兴公王恢为智俨另外修建枳园寺,则有可能是在东晋末年。根据《宋书·武帝纪》记载:宋武帝登基之后,下诏:"可降始兴公封始兴县公,庐陵公封柴桑县公,各千户;始安公封荔浦县侯,长沙公封醴陵县侯,康乐公可即封县侯,各五百户:以奉晋故丞相王导、太傅谢安、大将军温峤、大司马陶侃、车骑将军谢玄之祀。"④这是对于前朝遗臣表示的尊重,因为不久,刘宋王朝就有了自己的始兴王。大致可断定,枳园寺是在晋宋之际初建的。

尤其须注意的是,《比丘尼传》记载,东晋时期,建康新建尼寺四所:北永安寺、延兴寺、新林寺、简静寺,以此四寺为基地,实际上形成了一个比丘尼僧团。

建康也有一座称之为白马寺的佛寺。根据《法苑珠林》卷三九记载:"白马寺,在建康中黄里。太兴二年,晋中宗元皇帝起造。"⑤依据此说,建康白马寺于东晋大兴二年(319),由司马睿下令修建。如此,则是东晋建

---

① 《大正藏》第55卷,第110页下。
②③ 《大正藏》第50卷,第367页中。
④ 《宋书》卷三,第53页。
⑤ 唐道世:《法苑珠林》卷三九,《大正藏》第53卷,第594页下。

立后较早建设的寺院。

建康白马寺,史著中常常引用的是有关支道林文献中的叙述。《高僧传·支道林传》记载:"遁常在白马寺,与刘系之等谈《庄子·逍遥篇》,云各适性以为逍遥。遁曰:'不然。夫桀跖以残害为性。若适性为得者,彼亦逍遥矣。'于是退而注逍遥篇,群儒旧学莫不叹伏。"①而《世说新语·文学》有记载:"《庄子·逍遥篇》,旧是难处。诸名贤所可钻味,而不能拔理于郭、向之外。支道林在白马寺中,将冯太常共语,因及《逍遥》,支卓然标新理于二家之表,立异义于众贤之外,皆是诸名贤寻味之所不得。后遂用支理。"②学者通过对刘系之、荀纳、冯怀的生平事迹考证出,支道林在白马寺与冯太常讨论《庄子·逍遥篇》的时间大致在成帝咸康四年(338)冬十月至第二年三月之间。可见,支道林住于建康白马寺的时间就在此前。《法苑珠林》卷一八引用《冥祥记》的记载,东晋时期,白马寺曾发生火灾。其文说:"晋谢敷,字庆绪,会稽山阴人也,镇军将军辅之兄子也。少有高操,隐于东山,笃信大法,精勤不勌。手写《首楞严经》,当在都白马寺中,寺为灾所延,什物余经并成煨烬,而此经正烧纸头界外而已,文字悉存,无所毁失。"③谢敷与支道林、郗超等都有交往,此事发生于谢敷死后,因而白马寺火灾应该在隆安年(397—402)之后。

《高僧传·释法平传》又记载,法平兄弟曾经在白马寺拜师。其文说:"释法平,姓康,康居人,寓居建业。与弟法等俱出家,止白马寺,为昙钥弟子,共传师业,响韵清雅,运转无方,后兄弟同移祇洹。弟貌小丑而声踰于兄。宋大将军于东府设斋,一往,以貌轻之,及闻披卷三契,便扼腕神服。"④此中的宋大将军是指刘裕。释法平、法等都以元嘉末年卒,可见二者是晋末宋初的僧人。二僧之师昙钥,《高僧传》卷一三有传,孝武

---

① 慧皎:《高僧传》卷四,《大正藏》第50卷,第348页中。
②《世说新语》卷上。
③ 道世:《法苑珠林》卷一八,《大正藏》第53卷,第418页上。
④ 慧皎:《高僧传》卷一三,《大正藏》第50卷,第413页下。

帝登基未久,昙钥被敕请其到建康住锡于建初寺。八十一岁时圆寂于所住建初寺。可见,他除住锡于建初寺之外,也曾经住锡过白马寺。

关于高座寺的修建,《高僧传》卷一《帛尸梨蜜多罗传》记载:"蜜常在石子冈东,行头陀。既卒,因葬于此。成帝怀其风,为树刹冢所。后有关右沙门来游京师,乃于冢处起寺。陈郡谢混赞成其业。追旌往事,仍曰高座寺也。"①对此,《世说新语》刘孝标注引昙宗《塔寺记》的记载说:"尸黎蜜冢曰高坐,在石子冈。常行头陀,卒于梅冈,即葬焉。晋元帝于冢边立寺,因名高坐。"对照可知,刘注所说晋元帝显然错误,而现今著作中认定此寺为晋成帝所修建恐怕也不一定确切。依照《高僧传》的记载,帛尸梨蜜多罗于咸康年间(335—342)圆寂,被葬于其生前行头陀行之地——石子冈,晋成帝于其地树立塔刹。此塔刹也就相当于灵塔一类。后来,从关右来的沙门于其冢处起寺,谢混襄赞其事,成为高座寺。

谢混(?—412),字叔源,小字益寿。陈郡阳夏(今河南太康)人。谢安之孙,谢灵运之族叔。历任中书令、中领军、尚书左仆射,因与刘毅关系密切,晋安帝义熙八年(412)为刘裕所杀。高座寺的所在——建康石子岗,三国孙吴时期以来是乱葬之所。据《三国志·吴志·妃嫔传》,孙峻杀朱主,埋于石子冈;《三国志·吴志·诸葛恪传》记载,孙峻杀诸葛恪,以苇席裹尸投于此冈。又据《搜神记》卷二"石子冈"条说,其地"冢墓相亚,不可识别"。谢鲲死后就葬于石子冈。谢混是谢安的孙子,而谢鲲是谢安的伯父,因此,谢混助修此寺大概与此有关。如果"关右沙门"起寺的时间与谢混襄助没有时间间隔的话,谢混属于东晋末期之人,此寺的修建就不会是成帝时期了。谢混属于东晋末期之人,经过在《高僧传》等早期文献中检索,没有发现早于晋末的高座寺僧人。查阅文献可知,高座寺在南朝时期很受重视,甚至唐宋时期依然如此,但在东晋时期应

---

① 《大正藏》第 50 卷,第 328 页上。此中,"谢混",《大正藏》本作谢琨。谢鲲死于太宁元年(323),显系帛尸梨蜜多罗圆寂之前。应从宋元诸本藏经。

该是京城一座普通的佛寺。

据相关资料记载,东晋时期建康城中还有安乐寺、崇明寺。安乐寺相传为曾任左卫将军的王坦之舍园所建,据《高僧传》记载,沙门释慧受于东晋兴宁中(363—365年)游历京师,行经王坦之园时梦于园中立寺,坦之遂喜而舍园为安乐寺。关于崇明寺,《高僧传》卷一四《释僧慧传》中有明确记载:"释僧慧,未知何人,少来好修福业。晋义熙中,共长安人行长生,立寺于京师破坞村中。始迁域其处,起草屋数间,便集僧设斋。至中夜,堂内两灯忽,自然行进,前数十步,油纂如故,无所倾覆。大众惊嗟,访诸耆老,咸言:'灯所移处,是昔时外国道人起塔之基。'于是就共修立,以灯移表瑞,因号崇明寺焉。"[①]崇明寺初修于义熙年(405—418),僧慧在刘宋时期仍然住锡此寺。

建康有青园寺,因竺道生曾经住过而著名。《高僧传》卷七《竺道生传》记载:竺道生从长安鸠摩罗什门下归来,"还都,止青园寺。寺是晋恭思皇后褚氏所立,本种青处,因以为名"[②]。此寺在刘宋时期,改寺名为龙光。南朝时期,此寺在建康地位颇高。

作为东晋的政治、文化、经济中心,东晋时期,佛教兴盛的建康具有强烈的辐射性,与长江中游的荆湘、庐山佛教以及三吴佛教构成一个互相激扬并行发展的大好局面。

五、佛教在"三吴"的传播

此节所说的"三吴",包括吴郡、吴兴、会稽三郡统治区域。"三吴"为六朝最重要的经济区,是江南鱼米富足之乡。从佛教的传播来说,"三吴"地区是仅次于庐山、建康的佛教中心。

1. 吴郡

吴郡处太湖之岸,包括现今江苏南部、上海和浙江一部分,郡治为吴

---

①②《大正藏》第50卷,第410页中一下、366页下。

县,即今苏州市吴中区和相关城区。从佛教来讲,是以苏州为中心的佛教传播中心。由于此地背靠东晋首都建康,有得天独厚的条件,加之此地的数座山丘,是当时江南隐居者的宝地。因此,东晋时期,吴郡寺院众多,高僧辈出,佛教于此地十分兴盛。

根据《高僧传·释慧达传》的记载,至迟于西晋末年,吴县已经有东灵寺和通玄寺两座寺院。根据记载,通玄寺有佛像,来源神秘,"像于西晋将末,建兴元年癸酉之岁,浮在吴松江沪渎口。渔人疑为海神,延巫祝以迎之,于是风涛俱盛,骇惧而还。……后有奉佛居士吴县民朱应,闻而叹曰:'将非大觉之垂应乎?'乃洁斋,共东灵寺帛尼及信者数人到沪渎口,稽首尽虔,歌呗至德。……即接还安置通玄寺。吴中士庶,嗟其灵异,归心者众矣"①。此文中涉及到吴县东云寺、通玄寺两座寺院。东灵寺的僧徒获得石像后,接还安置于吴县的通玄寺。对此,《法苑珠林》卷一二说,"事源委曲,已详旧碑",当时有旧碑流传,具载其事。②根据《高僧传》卷一三《慧达传》记载,有僧慧达"停止通玄寺,首尾三年,昼夜虔礼,未尝暂废"③。可见,至东晋,安奉此像的通玄寺香火仍然兴盛。

吴郡的中心寺域是虎丘寺,位于"吴县西北九里二百步"④。唐陆广微撰《吴地记》说:"其山本晋司徒王珣与弟司空王珉之别墅。咸和二年,舍山为东西二寺,立祠于山。"根据此说,虎丘寺乃东晋时司徒王珣与其弟于咸和二年(327)舍别墅而建造,分为为东、西两寺,号东虎丘寺和西虎丘寺。其地古有"剑池","池傍有石,可坐千人,号千人石"。

东晋时期,吴县新修一寺,寺额为支山寺。此寺位于支硎山,在吴县西十五里,是东晋最著名的高僧支道林初创。《广弘明集》卷三〇收载有

---

① ③ 慧皎:《高僧传》卷一三,《大正藏》第 50 卷,第 409 页下、410 页上。
② 陆广微:《吴地记》说:"梁简文帝制《石佛碑》,曰有迦叶佛、维卫佛,梵字刻于像背。唐东宫长史陆柬之书碑。"(曹林娣校注《吴地记》,第 92 页,南京:江苏古籍出版社,1999。)
④ 陆广微:《吴地记》。

支遁《八关斋会诗》三首，诗前有《序》说："闻与何骠骑期，当为合八关斋，以十月二十二日集同意者在吴县土山墓下，三日清晨为斋始，道士白衣凡二十四人，清和肃穆，莫不静畅，至四日朝，众贤各去。余既乐野室之寂，又有掘药之怀，遂便独住。"①对于此事，有学者将此系于咸康八年（342）②，当时支道林已经出家五年。大概在此年之后，支道林在吴县支硎山创修佛寺。

《高僧传》卷四《支道林传》记载：支道林"后还吴，立支山寺"③。关于此，宋代范成大《吴郡记》卷九《古迹》记载："支遁庵在南峰，古号支硎山，晋高僧支遁尝居此，剜山为龛，甚宽敞，道林又尝放鹤于此，今有亭墓。道林喜养骏马，今有白马硎，云饮马处也。庵旁石上有马足四，云是道林飞步马蹄也。"

东晋时期，吴县有闲居寺。根据《高僧传·释僧业传》记载：释僧业（367—441），"姓王，河内人。幼而聪悟，博涉众典。后游长安，从什公受业。见新出《十诵》，遂专功此部，俊发天然，洞尽深奥。什叹曰：'后世之优波离也。'值关中多难，避地京师，吴国张邵挹其贞素，乃请还姑苏，为

---

① 《大正藏》第50卷，第348页中。
② 王晓毅在《支道林生平事迹考》中考证说："据《资治通鉴》卷九七，何充于咸康八年出任骠骑将军，'都督徐州、扬州之晋陵诸军事，领徐州刺史，镇京口'。第二年，即建元元年（343）十月，便调京师建康任'中书监、扬州刺史、录尚书事'，主持朝政，直至永和二年（346）正月逝世。《世说新语》及支遁《八关斋会诗序》，称何充为骠骑将军，上述两事必发生于342年之后，343年以后何充便回朝主政，再去吴县的可能性不大。而其居京口（今江苏镇江）一年内，需督晋陵（今江苏常州）军事，两地与吴县（今江苏苏州）甚近，并有发达运河水路相通，故支遁、王蒙、刘看望何充可能是其于京口任职时，并约定去吴县举行八关斋会。遍查各类史籍，苏州地区关于'土山'的记载，仅见于《越绝书》卷二《外传记·吴地传》：'土山者，春申君时治以为贵人冢，次去县十六里。'对此土山，唐宋明清其他历史地理著作均不见记载。疑'土山'即支道林出家前隐居的余杭山，理由有二：第一，余杭山产白垩，是石灰岩的一种，白色，质地软，可用来作粉刷材料，俗称'白土子'，所谓'土山'，可能因'白土子'而得名。陆广微《吴地记》称余杭山'有白土如玉，甚光润。吴中每年取以充贡，亦曰石垩、白□。第二，吴王夫差墓在余杭山，在当时属于名胜古迹，支道林笔下的'土山墓下'之'墓'，很可能是指夫差墓。《吴郡图经续记》卷下《墓》：'吴王夫差墓在吴县西北十里余杭山，……今名阳山者是也，近太湖。'"（《中华佛学学报》第八期，1995年7月出版）。
③ 《大正藏》第52卷，第350页上。

造闲居寺。地势清旷，环带长川，业居宗秉化，训诱无辍。三吴学士，辐辏肩联，又以讲导余隙，属意禅门。每一端坐，辄有异香，充塞房内，近业坐者，咸所共闻，莫不嗟其神异。"①从传记看，僧业是在鸠摩罗什圆寂之后，从关中南下至建康，后来受张邵的邀请至吴郡弘法。文中的"吴国"是吴郡曾经用过的郡名。根据文献记载，东晋咸和元年(326)，司马岳封为吴王，吴郡被改为吴国，吴县隶吴国。南朝宋永初二年(421)，罢吴国，其地复为吴郡，吴县仍为吴郡首县。《十诵律》是鸠摩罗什与罽宾国沙门弗若多罗、西域沙门昙摩流支等于姚秦弘始六年(404)至弘始七年在长安译出的。一般以为鸠摩罗什圆寂于弘始十五年。如果以罗什圆寂后僧业始至建康计，僧业到姑苏时已经至东晋末年。张邵，《宋书》卷四六有其本传。而依据《宋书》记载，吴县张氏一族乃高门士族。《宋书》卷五三《张茂度传》说："张茂度，吴郡吴人，张良后也。名与高祖讳同，故称字。良七世孙为长沙太守，始迁于吴。高祖嘉，曾祖澄，晋光禄大夫。祖彭祖，广州刺史。父敞，侍中、尚书、吴国内史。"②张茂度，名裕，乃张邵之兄。张邵之父张敞曾经为吴国内史、吴郡太守；张邵之子张敷，在晋宋之际，也历任高官。从这些材料可知，闲居寺乃是张邵为僧业所修造，时间大致在东晋末年。

由于僧业的坐镇，闲居寺东晋末年至宋齐时期，成为弘扬《十诵律》的中心。《高僧传·释僧业传》记载："昔什公在关，未出《十诵》，乃先译《戒本》，及流支入秦，方传大部，故《戒心》之与大本，其意正同，在言或异。业乃改正一依大本。今之传诵，二本并行。业以元嘉十八年，卒于吴中，春秋七十有五。业弟子慧光，袭业风轨，亦数当讲说。"③僧业圆寂于441年，在吴地二十余年，培养了不少弟子。除慧光之外，还有僧璩。

《高僧传》卷一一《释僧璩传》记载："释僧璩，姓来，吴国人。出家为

---

①③ 梁慧皎：《高僧传》卷一一，《大正藏》第50卷，第401页上。
② 《宋书》卷五三，第1509页。

僧业弟子,总锐众经,尤明《十诵》,兼善史籍,颇制文藻。始住吴虎丘山,宋孝武钦其风闻,勅出京,师为僧正悦众,止于中兴寺。"①僧璩后移止建康庄严寺,卒于所住,春秋五十八。僧璩撰有《述胜鬘文旨》,并撰《僧尼要事》两卷,至梁代仍然流行。

另外,《高僧传》卷七《释昙斌传》记载,昙斌也曾经师从僧业学习《十诵律》。《高僧传·释昙斌传》记载:"释昙斌,姓苏,南阳人。十岁出家,事道祎为师。始住江陵新寺,听经论,学禅道,覃思深至,而情未尽达。夜梦神人谓斌曰:'汝所疑义,游方自决。'于是振锡挟衣,殊邦问道。初下京师,仍往吴郡,值僧业讲《十诵》,餐听少时,悟解深入。"②昙斌于宋元徽中(473—477)卒于建康庄严寺,春秋六十七。从《高僧传》的记述看,昙斌于僧业座席下学习应该是刘宋初期。

东晋时期,僧诠活动于闲居寺和虎丘寺之间。《高僧传》卷七《释僧诠传》记载:"释僧诠,姓张,辽西海阳人。少游燕齐,遍学外典,弱冠方出家,复精炼三藏,为北土学者之宗。后过江,止京师,铺筵大讲,化洽江南。吴郡张恭请还吴讲说,姑苏之士,并慕德归心。初止闲居寺,晚憩虎丘山。诠先于黄龙国造丈六金像,入吴又造人中金像,置于虎丘山之东寺。诠性好檀施,周赡贫乏,清确自守,居无兼币。"③僧诠在吴郡影响很大,后来至吴兴郡之余杭。

总体上说,东晋时期吴郡最重要的佛教中心是虎丘山,此山的虎丘西寺、东寺代有高僧,影响很大。

根据已知资料,虎丘寺最早的僧人是支昙钥,《高僧传》卷一三记载:"支昙钥,本月支人,寓居建业。少出家,清苦蔬食,憩吴虎丘山。晋孝武初,勅请出都,止建初寺。孝武从受五戒,敬以师礼。"④从这一记载可知,

---

① 慧皎:《高僧传》卷一一,《大正藏》第50卷,第401页上。
② 慧皎:《高僧传》卷七,《大正藏》第50卷,第373页上。
③ 同上书,第369页下。
④ 慧皎:《高僧传》卷一三,《大正藏》第50卷,第413页下。

昙钥属于月氏移民后裔,年少出家后本住于今苏州虎丘山。孝武帝登基未久,敕请其到建康住锡于建初寺。孝武帝登基的时间是咸安二年(372)七月,而一般以为,虎丘寺初建于此年。从这个角度推测,支昙钥是最早住持此寺的高僧。

竺道壹,俗姓陆,东晋吴郡人。自幼出家,"晋太和中出都,止瓦官寺,从汰公受学。数年之中,思彻渊深,讲倾都邑"①。太元十二年(387),竺法汰圆寂之后,道壹"乃还东,止虎丘山。学徒苦留不止,乃令丹阳尹移壹还都。壹答移曰:'盖闻大道之行,嘉遁得肆其志,唐虞之盛,逸民不夺其性。弘方由于有外,致远待而不践。大晋光熙,德被无外,崇礼佛法,弘长弥大,是以殊域之人,不远万里,被褐振锡,洋溢天邑,皆割爱弃欲,洗心清玄,遐期旷世。故道深常隐,志存慈救。故游不滞方,自东徂西,唯道是务。虽万物惑其日计,而识者悟其岁功,今若责其属籍,同役编户,恐游方之士,望崖于圣世,轻举之徒长,往而不反。亏盛明之风,谬主相之旨。且荒服之宾,无关天台,幽薮之人,不书王府。幸以时审,翔而后集也。'壹于是闲居幽阜,晦影穷谷"②。在虎丘山隐修数年,后来应邀至会稽。不久,道壹又回到虎丘山,以晋隆安年间(397—401)中,遇疾而卒,即葬虎丘山南,春秋七十一。竺道壹到虎丘寺的时间是387年之后,他又圆寂于此寺,可见道壹在虎丘寺住锡的时间相当长,对吴郡佛教的发展贡献卓著。道壹有弟子道宝,"姓张,亦吴人。聪慧夙成,尤善席上。张彭祖、王秀琰,皆见推重,并著莫逆之交焉"③。可以推知,竺法汰一系通过道壹在虎丘山传承了下来。

根据《高僧传》的记载,东晋时期,吴郡还有一所寺额为台寺的寺院。《高僧传》卷六《释道祖传》记载:释道祖(347—419),吴国(今江苏苏州)人。"少出家,为台寺支法齐弟子。幼有才思,精勤务学。后与同志僧

---

① 慧皎:《高僧传》卷五,《大正藏》第50卷,第357页上。
②《大正藏》第50卷,第357页上。
③ 同上书,第357页中。

迁、道流等共入庐山七年,并山中受戒,各随所习,日有其新。……祖后还京师瓦官寺讲说。桓玄每往观听,乃谓人曰:'道祖后发,愈于远公,但儒博不逮耳。'及玄辅正,欲使沙门敬王,祖乃辞,还吴之台寺。有顷,玄篡位,勅郡送祖出京。祖称疾不行,于是绝迹人事,讲道终日。"①从这一叙述可推知,台寺的建造至少不晚于东晋中期。道祖后来到建康瓦官寺,在桓玄于安帝元兴二年(403)提出令沙门礼敬王者之事后,离开建康,重回吴郡台寺。道祖以晋元熙元年(419)卒,春秋七十三,由此可推知道祖晚年在台寺弘法十六七年。

《高僧传》卷六《释道祖传》说,僧迁、道流等年二十八而卒,且有庐山慧远的喟叹语。有关鸠摩罗什的传记资料中提及,鸠摩罗什也有弟子叫僧迁、道流。另外,《高僧传》卷七《释僧镜》提及"台寺沙门道流",如文中说:"释僧镜,姓焦,本陇西人,迁居吴地,至孝过人,轻财好施,家贫母亡,太守赐钱五千,苦辞不受,乃身自负土,种植松柏,庐于墓所。泣血三年,服毕出家。住吴县华山,后入关陇,寻师受法,累载方还。停止京师,大阐经论。司空东海徐湛之重其风素,请为一门之师。后东反姑苏,复专当法匠。台寺沙门道流请停岁许,又东适上虞徐山,学徒随往,百有余人。化洽三吴,声驰上国。"②释僧镜宋元徽中(473—477)卒,春秋六十七。从这一叙述,释僧镜出家学道是在东晋末年或者刘宋初年,主要活动于刘宋时期。然而,"台寺沙门道流"应该是东晋末期至刘宋初期吴郡很有影响的僧人。

根据唐陆广微《吴地记》记载,东晋时期吴县新建灵岩寺。其文说:"花山,在吴县西三十里,其山蓊郁幽邃。晋太康二年生千叶石莲花,因名。山东二里有胥葬亭,吴王阖闾置。亭东二里有馆娃宫,吴人呼西施作娃,夫差置,今灵岩山是也。晋太尉陆玩舍宅置寺,宫旁有石鼓,大三

---

① 慧皎:《高僧传》卷六,《大正藏》第50卷,第363页上。
② 慧皎:《高僧传》卷七,《大正藏》第50卷,第373页中。

十围。"此寺现在苏州城木渎镇。因为《高僧传》等文献中未曾有此寺建于东晋时期的记载，此处不赘述。

此外，两晋时期属于吴郡的余杭（今浙江杭州市余杭区）也有佛寺建于此时。唐道宣《集神州三宝感通录》卷一记载：

> 晋咸和中，北僧安法开，至余杭欲建立寺。无地欠财，手索钱贯货之积年，得钱三万，市地作屋，常以索贯为资。欲立刹，无舍利。有罗幼者，先自有之，开求不许。及开至寺礼佛，见幼舍利囊已在座前。即告幼，幼随来，见之喜悦。与开共立寺宇于余杭云。①

依照此文记载，此寺建造于东晋咸和年（326—334），且供奉有舍利。修造者为从北方来的僧人安法开和罗幼。遗憾的是，文未记载寺额。

2. 吴兴郡

三国时期，东吴宝鼎元年（266），吴国以乌程（今属浙江湖州）为郡治置吴兴郡，"吴兴"之名始于此，辖地在今浙江临安至江苏宜兴一带。晋朝义熙初年，移至吴兴（今浙江吴兴），辖地在今浙江省临安、湖州、余姚、杭州、德清一线西北兼有江苏宜兴一带。东晋在吴兴乌程（今浙江湖州）筑荻塘，溉田千顷。刘宋在乌程修吴兴塘，溉田二千余顷。经过大规模开垦，吴兴成为江南最发达富庶的地区之一。从佛教而言，此地是连接建康佛教和会稽佛教的中介，尽管不如另二地兴盛，但与西晋时期相比，显然有所进展。

关于东晋时期的吴兴佛教，现存资料不多，最重要的是《高僧传》卷五《竺法旷传》的相关记载。

竺法旷（327—402），姓皋，下邳人，寓居吴兴。《高僧传》卷五《竺法旷传》记载：他"早失二亲，事后母，以孝闻。家贫无蓄，常躬耕垄畔，以供色养。及母亡，行丧尽礼，服阕出家，事沙门竺昙印为师"②。这一段叙述，暗示法旷出家应该是在成年之后。此外，从下文叙述看，昙印应该是

---

① 道宣：《集神州三宝感通录》卷一，《大藏经》第52卷，第410页下—411页上。
② 慧皎：《高僧传》卷五，《大正藏》第50卷，第356页下。

常住于吴兴某寺的。如后文所说:"印明睿有道行,旷师事竭诚。迄受具戒,栖风立操,卓尔殊群。履素安业,志行渊深。印尝疾病危笃,旷乃七日七夜祈诚礼忏。至第七日,忽见五色光明,照印房户,印如觉有人以手按之,所苦遂愈。后辞师远游,广寻经要。还,止于潜青山石室。"①此中的"于潜"即吴兴郡的于潜县(今属浙江临安),文中说昙旷离开其师参学,"还归"吴兴,住于潜县青山"石室",即石窟寺。对于昙旷来说,吴兴既是其全家寓居之所,也是他皈依竺昙印出家受具足戒的地方。

法旷是见于文献记载的第一个以往生弥陀净土为修行法门的高僧。《高僧传·竺法旷传》记载:竺法旷"每以《法华》为会三之旨,《无量寿》为净土之因。常吟咏二部,有众则讲,独处则诵"②。从《高僧传》的叙述看,竺法旷确立弥陀净土信仰的时间是在谢安任吴兴太守之前,而慧远上庐山的时间是太元六年(381)。传文说:"谢安为吴兴,故往展敬。而山栖幽阻,车不通辙。于是解驾山椒,陵峰步往。"③根据《晋书》等文献记载,谢安任吴兴太守是在升平五年(361)之后。咸安元年(371),升为侍中。这一年,桓温废海西公,改立司马昱为皇帝,即为简文帝。如果考虑到僧传说法旷于兴宁年间到了会稽之事,则可推知,谢安至山中拜访法旷一定是在法旷去会稽之前。

《高僧传·竺法旷传》又说:"晋简文皇帝遣堂邑太守曲安远,诏问起居,并谘以妖星,请旷为力。旷答诏曰:'昔宋景修福,妖星移次。陛下光辅以来,政刑允辑,天下任重,万机事殷,失之毫牦,差以千里。唯当勤修德政,以塞天谴。贫道必当尽诚上答,正恐有心无力耳。'乃与弟子斋忏,有顷,灾灭。"④依"晋兴宁中,东游禹穴,观瞩山水"等文字,兴宁年(363—365)为晋哀帝的年号。司马昱在哀帝驾崩之后废帝登基之后的太和元年(366)进位丞相、录尚书事,直至咸安元年(371)冬十一月桓温废掉当任皇帝,立司马昱为帝,昙旷所说的"陛下光辅以来"正是此意。

---

①②③④ 慧皎:《高僧传》卷五,《大正藏》第50卷,第356页下。

文中所说的"堂邑太守曲安远",在《晋书》卷七六《王彪之传》中曾经提到:宰相司马昱命以秣陵令曲安远补句容令,殿中侍御史奚朗补湘东郡太守,王彪之坚决不同意,他说:"秣陵令三品县耳,殿下昔用安远,谈者纷然。句容近畿,三品佳邑,岂可处卜术之人无才用者邪!湘东虽复远小,所用未有朗比,谈者谓颇兼卜术得进。殿下若超用寒悴,当令人才可拔。朗等凡器,实未足充此选。"①从文中看,曲安远、奚朗擅长卜术,正与《竺法旷传》的叙述相同。堂邑县在今江苏六合北,西晋的堂邑郡即以堂邑县为治所,东晋安帝时改名秦郡。曲安远由县令升为太守,可见,此事一定发生在司马昱为帝的咸安年(371—372)。

《高僧传·竺法旷传》记载:竺法旷于晋兴宁年(363—365)间,"东游禹穴,观瞩山水",到会稽弘扬佛教。晋孝武帝"钦承风闻,要请出京,事以师礼,止于长干寺"②。法旷圆寂于元兴元年(402),春秋七十六。

总而言之,竺法旷在其母去世之后依当地的高僧昙印为师剃度出家,受具足戒后,外出参学。后来,回到吴兴郡于潜县青山石室修行净土法门。晋哀帝兴宁年间(363—365),他又至会稽郡数年。可见,竺法旷的主要活动地区是吴兴、会稽和建康,至于具体的时间区间,《高僧传·竺法旷传》的叙述顺序或者有误。此文将简文帝派人拜访法旷之事置于兴宁年间法旷至会稽之前,似乎不妥,或者此事发生于法旷在会稽郡时期。

竺昙印、竺法旷师徒在吴兴郡的活动,是现今可知的此地在东晋时期最确定的佛教传播史实。而在《高僧传》等唐初之前的佛教史籍中还有不少难于准确厘清到底属于东晋还是刘宋初年的建寺活动以及高僧住锡弘法的资料,此处暂不赘述。

3. 会稽

江南的会稽郡,是秦始皇统一后所建立的三十六郡中的一个。会稽

---

① 《晋书》卷七六,第2007页。
② 慧皎:《高僧传》卷五,《大正藏》第50卷,第357页上。

郡名历代多曾沿用,然前后辖区变化却很大。按《宋书·州郡志》会稽郡治山阴(今浙江绍兴),领山阴、永兴、上虞、余姚、剡、诸暨、始宁、句章、鄞、鄮十县,大致是钱塘湾以南今浙江绍兴、宁波所辖的地区。东晋时北方氏族在此重新建庄园,犹如昔日关中,会稽俨然与建康东西对峙,成为江南一大经济都会。在东晋统治区域,这一地区成为仅次于建康的佛教传播中心。会稽佛教的兴盛的首要表现是现今可知的佛寺的数量最多,而且高僧云集,高僧与名士呼应唱和,蔚为大观。

会稽最富传奇的佛寺是鄞县(今浙江宁波市鄞州区)阿育王寺,此寺与一位传奇僧人慧达有关,唐道宣《集神州三宝感通录》直接称呼此塔为"初西晋会稽鄮塔",并且叙述说:

> 晋太康二年,有并州离石人刘萨何者,生在畋家,弋猎为业。得病死,苏见一梵僧语何曰:"汝罪重,应入地狱。吾悯汝无识,且放。今洛下齐城、丹阳、会稽,并有古塔,及浮江石像,悉阿育王所造,可勤求礼忏,得免此苦。"既醒之后,改革前习,出家学道,更名慧达。如言南行,至会稽海畔,山泽处处求觅,莫识基绪。达悲塞烦惋,投告无地。忽于中夜,闻土下钟声,即迁记其处,剡木为刹。三日间,忽有宝塔及舍利从地踊出。灵塔相状青色,似石而非石,高一尺四寸,方七寸,五层露盘,似西域于阗所造。面开窗子,四周天铃,中悬铜磬,每有钟声,疑此磬也。绕塔身上,并是诸佛菩萨、金刚圣僧、杂类等像,状极微细,瞬目注睛,乃有百千像现,面目手足,咸具备焉。斯可谓神功圣迹,非人智所及也。①

这一叙述直接将阿育王塔的修造标示为西晋太康二年(281),而《高僧传·慧达传》叙述则有所不同。梁慧皎《高僧传》卷一三《慧达传》记载:慧达"适会稽,礼拜鄮塔。此塔亦是育王所造,岁久荒芜,示存基跧。达

---

① 道宣:《集神州三宝感通录》卷上,《大正藏》第52卷,第404页中。

翘心束想,乃见神光焰发。因是修立龛砌,群鸟无敢栖集。凡近寺侧畋渔者,必无所获。道俗传感,莫不移信。后郡守孟顗,复加开拓。"①慧达是西晋末年至东晋初期的僧人,他礼拜会稽塔基,并进而修造阿育王塔,时间应该在东晋。② 不过,关于会稽郡阿育王寺的初建时间,道宣《集神州三宝感通录》卷一并未明确说是西晋,只是说刘萨何出家时间为西晋太康二年(281)。文后又说:"《地志》云:阿育王造八万四千塔,此其一也。宋会稽内史孟顗修理之。"如此等等说明,此寺很大可能是东晋中后期所修建,宋、梁扩建。

作为会稽郡的郡治,山阴的佛寺是最多的。

南宋文献《佛祖统纪》卷三六记载:西晋永康元年(300),"会稽诸葛氏钱自井出,乃舍宅为灵宝寺"③。这一说法不见于早期佛教史籍,不能肯定此寺是否真的建造于西晋。但此寺在东晋时期,声名显赫,特别是因供奉戴逵所制作佛像而受社会关注。《法苑珠林》卷一六记载:"晋世有谯国戴逵字安道者,风清概远,肥遯旧吴,宅性居理,游心释教,且机思通赡,巧拟造化,思所以影响法相,咫尺应身,乃作无量寿挟侍菩萨,研思致妙,精锐定制。潜于帷中,密听众论,所闻褒贬,辄加详改。核准度于毫芒,审光色于浓淡。其和墨点彩,刻形镂法,虽周人尽策之微,宋客象楮之妙,不能踰也。委心积虑,三年方成,振代迄今,所未曾有。凡在瞻仰,有若至真。俄而迎像入山阴之灵宝寺,道俗观者,皆发菩提心。高平郗超闻而礼觐,遂撮香而誓曰:'若使有常,复睹圣颜。如其无常,愿会弥勒。'既而手中之香,勃焉自然,芳烟直上,其气联云。余熏葳蕤,溢于衢

---

① 《大正藏》第53卷,第409页下—410页上。
② 《高僧传》卷一三《释慧达传》记载:慧达于"晋宁康中至京师,……后东游吴县,礼拜石像,……达停止通玄寺,首尾三年,昼夜虔礼,未尝暂废。……顷之,进适会稽,礼拜鄮塔"。(《大正藏》第50卷,第409页中—410页上。)宁康年(373—375)为东晋孝武帝的年号。从慧皎的叙述可推知,慧达至会稽的时间不会早于太元元年(376—396)。慧达在佛教史上影响很大,后来的传说很多,关于阿育王寺的修造年代也被一直上推。
③ 《大正藏》第49卷,第338页下。

路。凡预闻见,皆心喜遍身。"①戴逵所制作的阿弥陀佛和挟侍菩萨像,在当时影响很大,后世也一直津津乐道。

梁慧皎《高僧传》中涉及支道林住锡过的佛寺有四所,其中有两所在山阴,即西寺、灵嘉寺。

支道林曾经在会稽西寺宣讲佛教义理。《世说新语·文学》叙述说:"许掾年少时,人以比王苟子,许大不平。时诸人士及于法师并在会稽西寺讲,王亦在焉。许意甚忿,便往西寺与王论理,共决优劣。苦相折挫,王遂大屈。许复执王理,王执许理,更相覆疏;王复屈。许谓支法师曰:'弟子向语何似?'支从容曰:'君语佳则佳矣,何至相苦邪?岂是求理中之谈哉?'"②此中的许掾即许询;王苟子即王修,字敬仁。许询生卒年不详。王修以升平元年(357)卒,年二十四。因此,此事至迟发生于永和初年。

关于会稽西寺,除《世说新语》外,史籍无载。"西寺"不是寺院的正式寺额,当代学者余嘉锡《世说新语笺疏》说"西寺即光相寺",而《嘉泰会稽志》卷七《寺院·山阴》说:"光相寺在府西北三里三百七步,后汉太守沈勋公宅,东晋义熙二年宅有瑞光,遂舍为寺,安帝赐光相额。"③

大致在永和七年之后,支道林离开建康南下会稽山阴,与王羲之谈《逍遥游》,住会稽灵嘉寺。《高僧传·支道林传》记载说:"王羲之时在会稽,素闻遁名,未之信。谓人曰:'一往之气,何足可言?'后遁既还剡,经由于郡,王故往诣遁,观其风力。既至,王谓遁曰:'《逍遥篇》可得闻乎?'遁乃作数千言,标揭新理,才藻惊绝。王遂披襟解带,留连不能已,仍请住灵嘉寺,意存相近。"④王羲之任会稽内史,灵嘉寺是何充所捐修。尽管《高僧传》等南北朝佛教史籍未曾提及此事,但从《支道林传》的叙述可知,此寺建于东晋中期之前,是没有问题的。从现存不多的文献显示,此

---

① 《大正藏》第53卷,第406页上。
② 《世说新语》卷上《文学篇》。
③ 参见王晓毅《支道林生平事迹考》一文的考证,《中华佛学学报》第八期。
④ 慧皎:《高僧传》卷四,《大正藏》第50卷,第348页下。

寺在会稽很受重视。如《高僧传》卷七《释超进传》记载：超进于东晋末年，勃勃赫连寇陷长安之时，"避地东下，止于京师。更精寻文旨，开畅讲说。顷之，进适姑苏，复弘佛法。时平昌孟颛守在会稽，藉甚风猷，乃遣使迎接，安置山阴灵嘉寺，于是停止浙东，讲论相续。邑野僧尼及清信男女，并结菩萨因缘，伏膺戒范"①。孟颛成为会稽太守的时间无考，大致在刘宋初期。东晋之后，灵嘉寺于南朝时期仍然有所拓展。

山阴南有若耶山，是东晋乃至南朝僧人隐居修行的宝地。《高僧传》记载的最早住锡于若耶山的高僧是帛道猷。帛道猷，本姓冯，山阴人。"少以篇牍著称，性率素好丘壑，一吟一咏，有濠上之风。与道壹，经有讲筵之遇。后与壹书云：'始得优游山林之下，纵心孔释之书。触兴为诗，陵峰采药，服饵蠲疴，乐有余也。但不与足下同日，以此为恨耳。'因有诗曰：'连峰数千里，修林带平津。云过远山翳，风至梗荒榛。茅茨隐不见，鸡鸣知有人。闲步践其径，处处见遗薪。始知百代下。故有上皇民。'壹既得书，有契心抱，乃东适耶溪，与道猷相会定于林下。于是纵情尘外，以经书自娱。"②从文中记述看，二位高僧所住为山寺，较为简陋，僧众不会太多。因此，"顷之，郡守琅琊王荟于邑西起嘉祥寺，以壹之风德高远，请居僧首。壹乃抽六物遗于寺，造金牒千像。壹既博通内外，又律行清严，故四远僧尼咸依附谘禀，时人号曰九州岛都维那"③。

嘉祥寺位于山阴城中，《高僧传》卷五所载释慧虔于东晋末期住锡于此寺。释慧虔，姓皇甫，北地人也。"少出家，奉持戒行，志操确然，憩庐山中，十有余年。道俗有业，志胜途者，莫不属慕风彩。罗什新出诸经，虔志存敷显，宣扬德教。以远公在山足，纽振玄风，虔乃东游吴越，嘱地弘通。以晋义熙之初，投山阴嘉祥寺，克己导物，苦身率众。凡诸新经，皆书写讲说，涉将五载，忽然得病寝疾。少时，自知必尽，乃属想赡养，祈

---

① 《大正藏》第50卷，第374页中。
②③ 慧皎：《高僧传》卷五，《大正藏》第50卷，第357页中。

诚观世音。山阴北寺,有净严尼,宿德有戒行,夜梦见观世音从西郭门入,清晖妙状,光映日月,幢幡华盖,皆以七宝庄严,见便作礼,问曰:'不审大士今何所之?'答云:'往嘉祥寺迎虔公。'因尔无常。当时疾虽绵笃,而神色平平,有如恒日,侍者咸闻异香,久之乃歇。虔既自审必终,又睹瑞相,道俗闻见,咸生叹羡焉。"①慧虔是庐山慧远的高足,后至长安跟从鸠摩罗什为师,圆寂时因念诵观音而显示出瑞相。此外,此传文中所说的"山阴北寺"可能不是寺院的正式寺额,表明此寺位于山阴的北边。而此寺中有比丘尼,说明会稽郡已经有比丘尼僧团了。

东晋时期,隐居若耶山的高僧络绎不绝,竺法旷就是其中之一。《高僧传·竺法旷传》记载,兴宁年间(363—365),竺法旷"东游禹穴,观瞩山水,始投若耶之孤潭,欲依岩傍岭,栖闲养志。郗超、谢庆绪并结居尘外,时东土多遇疫疾。旷既少习慈悲,兼善神呪,遂游行村里,拯救危急。乃出邑,止昌原寺。百姓疾者,多祈之致效。有见鬼者,言旷之行住,常有鬼神数十卫其前后。时沙门竺道邻造无量寿像,旷乃率其有缘,起立大殿"②。这里说,竺法旷先隐居于若耶山,后来出山住锡于城中的昌原寺,并且协助竺道邻造无量寿像,造立大殿,安奉无量寿佛像。

根据《高僧传》记载,晋宋之际,"有释道敬者,本琅玡胄族,晋右将军王羲之曾孙,避世出家,情爱丘壑,栖于若耶山,立悬溜精舍,敬后为供养众僧,乃舍具足,专精十戒云"③。这位道敬,乃名门之后。出家后于若耶山悬溜精舍,后来则舍弃具足戒,专奉十戒,实际上成了居士。

东晋时期的山阴城南秦望山麓新建有法华精舍和乐林精舍,是释僧翼(371—450)所建。以晋义熙十三年(418),"与同志昙学沙门,俱游会稽,履访山水。至秦望西北,见五岫骈峰,有耆阇之状,乃结草成庵,称曰法华精舍。太守孟顗、富人陈载,并倾心挹德,赞助成功"④。僧翼乃庐山

---

①② 慧皎:《高僧传》卷五,《大正藏》第 50 卷,第 357 页中—下。
② 同上书,第 357 页上。
③④ 慧皎:《高僧传》卷一三,《大正藏》第 50 卷,第 410 页中。

慧远的高足,后至长安跟从鸠摩罗什为师,尤其精通专诵《法华经》。大概因此而命名其住锡的精舍为法华精舍。

法华精舍大概很快就有所扩展而成为法华寺。《高僧传》卷八《释慧基传》记载,释慧基(412—496)于刘宋时期,"进适会稽,仍止山阴法华寺,尚学之徒,追踪问道"①。唐代的法华寺,因存有唐开元二十三年(735)括州刺史李邕撰并书《大唐秦望山法华寺碑并序》而被后世所乐道。唐会昌法难中佛毁寺废,大中年间复兴,改寺额曰天衣寺。

另外,"翼同游昙学沙门,后移卜秦望之北,号曰乐林精舍。有韶相灌蒨,并东岳望僧,咸共憩焉"②。从文中推测,乐林精舍所在的"秦望之北"也应该在秦望山。

山阴有显义寺。《高僧传》卷一二《竺法纯传》记载:"竺法纯,未详何许人。少出家,止山阴显义寺,苦行有德,善诵古《维摩经》,晋元兴中,为寺上兰渚买故屋,暮还于湖中,遇风而船小,纯唯一心凭观世音,口诵不辍。俄见一大流船,乘之获免。至岸访船无主,须臾不见,道俗咸叹神感,后不知所终。"③元兴年(402—404)为晋安帝年号,此寺建寺至少应在东晋中期。

云门寺初建于东晋末年。释弘明(403—486),本姓嬴,会稽山阴人。《高僧传·释弘明传》记载:释弘明,"少出家,贞苦有戒节,止山阴云门寺,诵《法华》,习禅定,精勤礼忏,六时不辍"④。释弘明于齐永明四年(486)卒于柏林寺,春秋八十四。而传文说他少年出家且住山阴云门寺,如果这一段文字所叙述的事实中间没有五年以上的间断的话,云门寺初建应该要早于420年。

另外,《高僧传·释法相传》提及法相住于越城寺,其文说:"释法相,

---

① 慧皎:《高僧传》卷八,《大正藏》第50卷,第379页上。
② 慧皎:《高僧传》卷一三,《大正藏》第50卷,第410页下。
③ 《大正藏》,第50卷,第406页下。
④ 慧皎:《高僧传》卷一二,《大正藏》第50卷,第408页上。

姓梁，不测何人。常山居精苦，诵经十余万言，鸟兽集其左右，皆驯若家禽。太山祠有大石函贮财宝，相时山行，宿于庙侧。忽见一人玄衣武冠，令相开函，言绝不见。其函石盖，重过千钧。相试提之，飘然而起，于是取其财，以施贫民。后度江南，止越城寺。忽游纵放荡，优俳滑稽。或时裸袒干，冒朝贵。晋镇北将军司马恬恶其不节，招而鸩之，频倾三钟，神气清夷，淡然无扰，恬大异之。至晋元兴末卒，春秋八十。"①此中所说"越城"一般指今日绍兴，而文中的叙述似乎暗示此僧住于"越城"中的某寺而已。

会稽郡上虞县（今浙江上虞）也有佛寺。《高僧传》卷一○有《晋上虞龙山史宗传》，其文说："史宗者，不知何许人，常着麻衣，或重之为纳，故世号麻衣道士。"②史宗先在广陵，"后憩上虞龙山大寺，善谈庄老，究明论孝，而韬光隐迹，世莫之知。会稽谢邵、魏迈之、放之③等，并笃论渊博，皆师受焉"④。从文中叙述看，此寺位于龙山。

在会稽郡，除郡治山阴之外，数剡县（今浙江嵊州）佛寺多。

支道林在灵嘉寺住锡一段时间后，离开山阴南下剡县，入剡山，"于沃洲小岭立寺行道，百余常随禀学"⑤。关于此事，《高僧传·竺法深传》也有记载：法深住锡剡县仰山，"支遁遣使求买仰山之侧沃洲小岭，欲为幽栖之处。潜答云：'欲来辄给，岂闻巢由买山而隐遁？'"⑥支道林前往此山的目的是隐遁，因而此寺大概属于小寺或精舍。在东晋成帝之后，竺法深从建康至此山隐遁修行，仰山成为会稽郡传播佛教的中心之一。

竺法深，名潜（286—374），或称道潜，字法深。俗姓王，琅邪（郡治在今山东临沂北）人。法深十八岁出家，师从富有才解久负盛名的名僧刘元真，慢慢克服了一般士族子弟习见的浮华性格，深刻钻研了般若学的

---

① 慧皎：《高僧传》卷一二，《大正藏》第50卷，第406页下。
②④ 慧皎：《高僧传》卷一○，《大正藏》第50卷，第390页上、390页中。
③ 似为温峤之子温放之。
⑤ 慧皎：《高僧传》卷四，《大正藏》第50卷，第348页下。
⑥ 同上书，第348页上。

佛学理论,加上相貌堂堂,谈吐风雅,在京城长安已小有名声。二十四岁时,法深独自登坛讲学,讲《正法华经》、《大品般若经》,义理深奥,剖析明白,前来听讲受业者常济济一堂,多达五六百人。

竺法深于"晋永嘉初,避乱过江。中宗元皇及萧祖明帝,丞相王茂弘、大尉庾元规,并钦其风德,友而敬焉"①。至明帝驾崩,王导去世,朝廷崇佛风气逆转,法深"乃隐迹剡山以避当世,追踪问道者,已复结旅山门。潜优游讲席三十余载,或畅方等,或释老庄,投身北面者,莫不内外兼洽"。竺法深于晋成帝世(325—342年在位)至此山,住锡仰山弘扬佛教近三十年,学徒问道者众多,法深遂以弘法为己任,优游讲席三十余年,牵引老、庄思想阐释大乘般若学说,创立了两晋般若学说六家七宗中的本无异宗,大意谓"诸法无本"是佛家第一义谛,但"无"能生万物,即"无"在"有"先,从"无"出"有"。在他的培养教导下,学生们都养成了"内(佛学)外(世俗学问,主要指老、庄玄学)兼洽"的治学特点。晋哀帝登基,朝廷对待佛教的态度有好转。哀帝"频遣两使,殷勤征请。潜以诏旨之重,暂游宫阙。即于御筵,开讲《大品》。上及朝士,并称善焉。于时简文作相,朝野以为至德。以潜是道俗标领,又先朝友敬尊重,挹服顶戴兼常,迄乎龙飞,虔礼弥笃"②。竺法深在建康数年之后,坚决要求重回山林,"乃启还剡之仰山,遂其先志,于是逍遥林阜以毕余年"③。竺法深以东晋宁康二年(374)卒于仰山寺院,春秋八十九。

关于竺法深在仰山创建佛寺的寺额,《高僧传》没有明确记载。而《名僧传抄》残存的目录中有:"晋剡东仰山寺竺法深"、"晋剡东仰山寺竺法蕴十二、晋剡东仰山寺康法式十三"等文字。而《高僧传》目录则为"晋剡东仰山竺法潜(竺法友、竺法蕴、竺法济、康法谶)"。二者对照,似乎暗示,仰山寺并非正式的寺额。

---

① 慧皎:《高僧传》卷四,《大正藏》第50卷,第347页下。
② 同上书,第347页下—348页上。
③ 同上书,第348页上。

竺法深弟子众多，《高僧传·竺法深传》附传中提及四位：第一，竺法友，"时仰山复有竺法友，志业强正，博通众典。尝从深受《阿毗昙》，一宿便诵。深曰：'经目则讽，见称昔人。若能仁更兴大晋者，必取汝为五百之一也。'年二十四，便能讲说。后立剡县城南法台寺焉"①。这位弟子后来在剡县城南修造了法台寺。② 第二，竺法蕴，"悟解入玄，尤善《放光波若》"③。第三，康法识，"亦有义学之功，而以草隶知名。尝遇康昕，昕自谓笔道过识。识共昕各作右军草，傍人窃以为货，莫之能别。又写众经，甚见重之"。第四，竺法济，"幼有才藻，作《高逸沙门传》"。《高僧传·竺道深传》说："凡此诸人，皆潜之神足。"可见，竺法深在会稽仰山弘扬佛教，很有成效。从此，此地成为当时僧侣向往的地方，因此才有支道林写信"买山"住锡之说。

《高僧传·支道林传》记载说：支道林晚年居剡县石城山，"又立栖光寺。宴坐山门，游心禅苑，木食涧饮，浪志无生。乃注《安般》、《四禅》诸经，及《即色游玄论》、《圣不辩知论》、《道行旨归》、《学道诫》等"④。根据现存《名僧传抄》残卷所附"名僧传说处"的标题"支道琳石城山立栖光精舍事"⑤，道林所建的栖光寺，规模不大。

石城山在剡县南部（今新昌县县城南郊），石城山是当时会稽佛寺较为集中的地方，在道林到达之前，该山已有两寺：一是于法兰创建的元华寺，二是僧帛光（昙光）创建的隐岳寺。

---

① 慧皎：《高僧传》卷四，《大正藏》第50卷，第348页上—中。关于剡"县城南法台寺"，《大正藏》作"剡县城南台寺"，而注释则说宋、元、明本作"法台寺"。参照其他史料，法台寺正确。
② 唐代诗人继有《剡县法台寺灌顶坛》，地方志则记载此寺后来改名惠安寺，"在剡山之阳，旧曰般若台寺，又曰法华台寺"。而《高僧传》卷八《释昙斐传》记载："释昙斐，本姓王，会稽剡人。少出家，受业于慧基法师。性聪敏素，著领牒之称。其方等深经，皆所综达；老庄儒墨，亦颇披览。后东西禀访，备穷经论之旨。居于乡邑法华台寺，讲说相仍，学徒成列。"（《大正藏》第50卷，第382页下。）昙斐于天监十七年（618）卒于寺，春秋七十六。可见，此寺在梁代仍然称之为法华台寺。
③ 慧皎：《高僧传》卷四，《大正藏》第50卷，第348页中。
④ 同上书，第348页上。
⑤ 《续藏经》第77册，第360页上。

元华寺是于法兰创立，在东晋时期一脉相承，在佛教义学方面产生过很大影响。于法兰，高阳(今河北蠡县)人。《高僧传·于法兰传》说，他"后闻江东山水，剡县称奇，乃徐步东瓯，远瞩崿嵊，居于石城山足。今之元华寺是也"①。根据这一记载，法兰住在石城山，此山位于今新昌县境。

根据报道，2007 年 3 月在上虞东山发现了僧法兰于晋永平二年(292)在东山寺僧法兰所立"棋墅"石碑一方。石碑宽 52 厘米，高 106 厘米，厚 12 厘米，背毛面，正面中部阴刻有楷书字体"棋墅"两字，左侧下部刻"永平二年僧法兰立"。一般而言，上虞东山谢安隐居东山而闻名，如果这一记载属实，则可知远至西晋初期有僧法兰就住于东山。此中的最大疑点是年号问题。"永平"是西晋皇帝晋惠帝司马衷的第二个年号，但该年号只持续了三个月，永平元年三月改元康元年(291)。此碑书永平二年，显然是错的。对于这一失误，有学者举出现存文献中也有类似错误，证明在非常情况下，错书年号也可以理解。另外，关于此石碑，明代陈仁锡的《剡溪记》有说："……惟殿后高岗，晋永平元年僧法兰书'棋墅'二字，可珍。若'东眺''西眺'二碑隶字，不知何人所书，笔亦奇古。余拜太傅公墓，上西眺崇岗，见戚家山，王家渭山，坐于江面。"从这一叙述看，明代此碑仍然立在东山。《剡溪记》的年号是对的。一些学者相信，立此碑的僧法兰就是于法兰。笔者经过仔细考辨，认定如果此石碑为真的话，此"法兰"绝不会是《高僧传》中所说的"于法兰"。依照此碑所记载，法兰于永平元年(291)已经到了东山。而法兰弟子于道邃十六岁皈依于法兰出家，三十一岁圆寂，而《于道邃传》又说："后与兰公俱过江。"②可见，于法兰、于道邃在会稽停留时间不会超过十五年，应该在十三年之内。如果上述"法兰"是一人的话，则于法兰离开会稽南下的时间不应晚于 305 年。《高僧传》说，于法兰有弟子于法开，六十岁时卒于白山灵鹫

---

① 慧皎：《高僧传》卷四，《大正藏》第 50 卷，第 350 页上。
② 同上书，第 350 页中。

寺。而法开至哀帝(362—365年在位)时仍多次被诏征至建康讲经。如果于法兰确实是立此碑的"法兰"的话,他就不会是于法开之师。

慧皎又记述说,"又有竺法兴、支法渊、于法道,与兰同时比德。兴以洽见知名,渊以才华著称,道以义解驰声矣"①。可见,于法兰、竺法兴、支法渊、于法道等四人互相唱和、互相支持,石城山成为弘扬佛教的中心。于法兰后来"远适西域,欲求异闻。至交州遇疾,终于象林"②。于法兰有弟子于道邃,于道邃始终跟随其师。于道邃跟随于法兰至石城,后又一起南下交州,因病圆寂于此。

于法兰另一高足是于法开。于法开跟随于法兰的时间、地点不详,但他未跟随其师南下交州,而是继续留在石城弘法,并且于石城修葺元华寺,另创灵鹫寺。

《高僧传》卷四《于法开传》记载:"于法开,不知何许人,事兰公为弟子。深思孤,发独见言表,善《放光》及《法华》。又祖述耆婆,妙通医法。"升平五年(361),孝武帝有疾,"开视脉知不起,不肯复入。康献后令曰:'帝小不佳,咋呼于公视脉。亘到门不前,种种辞惮,宜收付廷尉。'俄而帝崩,获免,还剡石城,续修元华寺"③。传文将此事写于此处,可能是暗示于法兰此前已经离开元华寺南下了④,而于法开从建康回到此寺,又重修扩大元华寺域。大概在此后不久,他又"后移白山灵鹫寺"。关于此事,现存《名僧传抄》残卷目录中说"于法开白山造灵鹫寺事",可见此寺

---

① ② ③ 《大正藏》第50卷,第350页上。
④ 于法兰的生卒年失载,如果假定他于西晋武帝、惠帝代替之际(290)出家(当时15岁),至升平五年(361)也已经七十余岁了。于道邃16岁皈依于法兰出家,31岁圆寂,而《于道邃传》又说:"后与兰公俱过江",可见,于法兰在会稽停留时间不会超过15年,应该在13年之内。于法兰又发心至西域求取佛典,因此,其出发时的年龄应该不会太大。如此而可推知,于法兰离开会稽的时间应该不会超过永和末年(356),此年应为下限。另外,《高僧传·于道邃传》记载说:于道邃圆寂之后,郗超图写其形,支遁为著《铭赞》。而根据学者考证,"自永和七年之后,郗超任桓温幕僚,长住武昌,难与支道林交往"。(王晓毅在《支道林生平事迹考》,《中华佛学学报》第八期)。因此,支、郗与道邃画像铭赞之事最晚为永和七年。综上所述推测,至少在永和七年(351)之前,于法兰、道邃已经离开会稽并且已经于交州圆寂了。

是于法开自己所造。

支道林至石城的时候,于法兰早已不在此地,石城最著名的法师是于法兰的弟子于法开。于法开与支道林多次就般若思想发生争论。《世说新语·文学》记载:"于法开始与支公争名,后精渐归支,意甚不忿,遂遁剡下。遣弟子出都,语使过会稽。于时支公正讲《小品》。开戒弟子:'道林讲,比汝至,当在某品中。'因示语攻难数十番,云:'旧此中不可复通。'弟子如言诣支公。正值讲,因谨述开意。往反多时,林公遂屈。厉声曰:'君子何足复受人寄载?'"①《高僧传·于法开传》也有记载:"每与支道林争即色空义,庐江何默申明开难,高平郗超宣述林解,并传于世。"②——这一段大致与《世说新语·文学》的记载相同,但未明确说辩难的地点。《世说新语》刘孝标注引《名德沙门题目》说:"于法开,才辩纵横,以数术弘教。"又引《高逸沙门传》曰:"法开初以义学著名,后与支遁有竞,故遁居剡县,更学医术。"从刘孝标的批注看,于法开是在与支道林辩难失败的情况下隐遁剡县的。因此,辩难的地点也许不在会稽郡。

于法开住锡于元华寺之后,此时支道林此时住锡于山阴(今浙江绍兴),法开特派弟子法威前去辩难。这一次准备充分,法威胜利在望,而支道林只能采取讽刺手法收场。至哀帝时,于法开"累被诏征,乃出京讲《放光经》,凡旧学抱疑,莫不因之披释,讲竟辞还东山。帝恋德殷勤,嗾钱绢及步舆,并冬夏之服。谢安、王文度悉,皆友善。或问法师:'高明刚简,何以医术经怀?'答曰:'明六度以除四魔之病,调九候以疗风寒之疾。自利利人,不亦可乎?'"③僧传说,于法开年六十时,卒于白山灵鹫寺。

石城隐岳寺是僧光于东晋永和(345—356)年初创建的。

帛僧光(297—396),或云昙光,《高僧传》卷一一《帛僧光传》记载:

---

① 《世说新语》卷上《文学》。
② 慧皎:《高僧传》卷四,《大正藏》第 50 卷,第 350 页上。
③ 同上书,第 350 页中。

> 帛僧光,或云昙光,未详何许人。少习禅业,晋永和初,游于江东,投剡之石城山。山民咸云:"此中旧有猛兽之灾,及山神纵暴,人踪久绝。"光了无惧色,雇人开剪,负杖而前。行入数里,忽大风雨,群虎号鸣。光于山南见一石室,仍止其中,安禅合掌,以为栖神之处。至明旦雨息,乃入村乞食,夕复还中。经三日,乃梦见山神,或作虎形,或作蛇身,竞来怖光。光一皆不恐。经三日,又梦见山神,自言:"移往章安县寒石山住,推室以相奉。"尔后,薪采通流,道俗宗事乐禅,来学者起茅茨于室侧,渐成寺舍,因名隐岳。①

由此可见,此寺起先是从禅窟逐渐扩展而成的。僧光"处山五十三载,春秋一百一十岁。晋太元之末,以衣蒙头安坐而卒"②。僧光在斯山斯寺五十三年,太元末年为396年,逆推可知,帛光大致从永和元年(345)入住此山,后来逐渐修成隐岳寺。

南朝时期,经过数代人的努力,在隐岳寺旁修成高数丈的弥勒佛像,此寺因此被称为大佛寺。《高僧传》卷一三《释僧护传》记载:"释僧护,本会稽剡人也。少出家,便克意常苦节,戒行严净。后居石城山隐岳寺。寺北有青壁,直上数十余丈。当中央有如佛焰光之形,上有丛树,曲干垂阴。护每经行至壁所,辄见光明焕炳,闻弦管歌赞之声。于是擎炉发誓愿,博山镌造十丈石佛。以敬拟弥勒千尺之容,使凡厥有缘,同睹三会。以齐建武中,招结道俗,初就雕剪疏凿,移年仅成面朴。顷之,护遘疾而亡。临终誓曰:'吾之所造,本不期一生成办。第二身中,其愿克果。'后有沙门僧淑,纂袭遗功。而资力莫由,未获成遂。"③至梁天监十五年春,此像方才完成。

根据方志记载,至梁朝时期,元华寺、栖光寺和隐岳寺合并为宝相寺,后来称为大佛寺。可见,此三寺相距不远。

余姚县(今浙江余姚)也有高僧的踪迹。《高僧传》卷一一记载:"时

---

① ② ③ 慧皎:《高僧传》卷一一,《大正藏》第50卷,第395页下。

又有慧开、慧真等,亦善禅业,入余姚灵秘山,各造方丈禅龛。于今尚在。"①这是说,至慧皎写《高僧传》时,此二僧所造的禅窟尚存在。而支道林晚年住于余姚。《高僧传》卷四记载:"遁先经余姚坞山中住,至于明辰犹还坞中。或问其意,答云:'谢安在昔,数来见,辄移旬日。今触情举目,莫不兴想。'后病甚,移还坞中。以晋太和元年闰四月四日,终于所住,春秋五十有三,即窆于坞中,厥冢存焉。"②尽管关于支道林病重之地早在梁代时已有不同说法,但道林晚年在余姚住过较长的时间,是肯定的。

今日浙江省内,除上述会稽郡具南方佛教中心地位之外,其他地区也有僧人修行、弘教。作为天台宗发源地的台州,也是从东晋时期开始有高僧隐居赤城山修道的。

《高僧传》记载:竺昙猷,或云法猷,敦煌人。"少苦行,习禅定,后游江左止剡之石城山,乞食坐禅。"后来,竺昙猷到赤城山。"山有孤岩独立,秀出千云,猷抟石作梯升岩宴坐,接竹传水以供常用,禅学造者十有余人,王羲之闻而故往,仰峰高挹致敬而反。赤城岩与天台瀑布、灵溪四明,并相连属。而天台悬崖峻峙,峰岭切天。古老相传云:上有佳精舍,得道者居之。虽有石桥跨涧,而横石断人,且莓苔青滑,自终古以来无得至者。猷行至桥所,闻空中声曰:'知君诚笃,今未得度。却后十年,自当来也。'猷心怅然,夕留中宿。闻行道唱萨之声。旦复欲前,见一人须眉皓白,问猷所之。猷具答意。公曰:'君生死身,何可得去?吾是山神故相告耳。'猷乃退还。道经一石室,过中憩息。俄而云雾晦合,室中尽鸣,猷神色无扰。明旦见人着单衣裌来曰:'此乃仆之所居。昨行不在家中,遂致搔动,大深愧怍。'猷曰:'若是君室,请以相还。'神曰:'仆家室已移,请留令住。'猷停少时。猷每恨不得度石桥,后洁斋累日,复欲更往。见

---

① 慧皎:《高僧传》卷一一,《大正藏》第50卷,第396页中。
② 慧皎:《高僧传》卷一三,《大正藏》第50卷,第412页上。

横石洞开,度桥少许,睹精舍神僧,果如前所说。因共烧香中食。食毕,神僧谓猷曰:'却后十年,自当来此。今未得住。'于是而返。顾看横石,還合如初。"①昙猷以太元末年(396)卒于山室。赤城山在今浙江天台县西北,为天台山南门。因山上赤石屏列如城,望之如霞,故有此名。昙猷是最早隐居此山的高僧,上述记载尽管颇为神秘,但也说明昙猷住锡之前,此山未曾有人常住。后来,天台诸位祖师在此活动,最终创立了天台宗。

六、佛教在荆州的传播

荆州所辖的范围极大,历史上变更很多。根据《晋书·地理志》记载,汉代设十三州,荆州为其中之一,统南郡、南阳、零陵、桂阳、武陵、长沙、江夏七郡。汉末三国时期,荆州行政区划经过一系列复杂变化。至西晋统一之后,"分南郡为南平郡,分南阳立义阳郡,改南乡顺阳郡,又以始兴、始安、临贺三郡属广州,以扬州之安成郡来属。州统郡二十二,县一百六十九,户三十五万七千五百四十八"②。晋惠帝元康元年(291)割荆州、扬州十郡合置江州。晋怀帝永嘉元年分荆州、广州九郡置湘州。本文所说的荆州泛指今日湖北、湖南、江西大部地区。东晋时期,荆州治所屡屡迁移,"王敦治武昌;陶侃前治沔阳,后治武昌;王廙治江陵;庾亮治武昌;庾翼进襄阳,复还夏口;桓温治江陵,桓冲治上明,王忱还江陵,此后遂治江陵"③。在佛教逐渐引起上层社会的重视的情况下,政治中心的转移往往会带来佛教弘传中心的迁移。东晋时期,佛教在这一地区的传播,恰与此相对应。东晋初期,相对于荆州其他地区,佛教在武昌的传播颇有领先之势。然而,随着荆州政治、军事中心的转移,特别是道安僧团的南下以及分张徒众,佛教在襄阳、江陵的传播后来居上。此后,在这

---

① 慧皎:《高僧传》卷一一,《大正藏》第50卷,第395页下—396页中。
② 《晋书》卷一五《地理志五》,第454页。
③ 《宋书》卷三七《州郡志》,第1127页。

一地域,逐次形成了襄阳、江陵、上明和庐山等四个佛教传播中心。东晋时期佛教在庐山的兴盛,在叙述庐山慧远僧团时叙述。在此,仅将佛教在襄阳、江陵、上明的传播情况作一较为详细叙述。武昌、江夏、长沙等地佛寺不多,则略作叙述。

1. 武昌、竟陵

作为孙吴政权早期的都城以及东晋初期荆州的州治,东晋时期,佛教在武昌(今湖北鄂州)的传播延续了此前孙吴和西晋时期的发展势头。可惜,留存资料有限,无法细说。

东晋时期,武昌最重要的佛寺是昌乐寺。关于此寺的修造,宋代文献以及地方志都将其说成是孙权初建。如宋代沙门志磐在《佛祖统纪》卷三五说:"黄初元年,吴主孙权于武昌建昌乐寺。"[1]光绪十一年编修的《武昌县志》中也有这方面的记叙:"昌乐院,在县南六里,汉建安二十五年孙权作寺,有二浮图。"魏黄初元年即220年,孙权于此年在樊口设樊山戍。到221年,他才把东吴的统治中心迁到鄂县(今鄂州市),并改此县为武昌。孙权在武昌建都仅仅九年,而如前文所分析叙述的,孙权对佛教的好感是在支谦和康僧会的影响下逐渐产生的。文献中将孙权为康僧会建造的建初寺视为江南第一寺是有道理的。尤其是,孙权建昌乐寺之事不见于南北朝至唐初的文献中。鉴于这些情况,本书将昌乐寺的初建定为西晋末年至东晋立国之初这一时间段中。

现存文献中关于昌乐寺的最早记载是唐代张彦远的《历代名画记》卷五,此卷在叙述王廙的艺术成就时说:王廙,"善属词,工书画,过江后为晋代书画第一,音律众妙毕踪。元帝时为左卫将军,封武康侯,时镇军谢尚于武昌昌乐寺造东塔,戴若思造西塔,并请廙画。王敦用廙为平南将军、荆州刺史、护南蛮校尉,赠侍中,年四十七"。依照此文所记,东晋时期,镇军谢尚曾经在武昌昌乐寺造东塔,戴若思造西塔,由此昌乐寺便

---

[1] 《大正藏》第49卷,第331页中。

有双佛塔。然而,将此文所涉及的王廙、谢尚、戴若思的生平事迹对照即可知,这一记载蹊跷之处甚多。然而无论是中国古代画史,还是当代艺术史,也包括地方志著作,大多不加辨析地采纳其说。鉴于此,本书略作考辨,以正视听。

首先,查考王廙的生平,便可发现王廙曾经两次任荆州刺史。第一次是在西晋末年。根据《晋书》卷七六《王廙传》记载:"王敦左迁陶侃,使廙代为荆州。"经查,此事发生于建兴三年(315)十月。而《晋书》卷七六《王廙传》说:"将吏马俊、郑攀等上书请留侃,敦不许。廙为俊等所袭,奔于江安。贼杜曾与俊、攀北迎第五猗以距廙。廙督诸军讨曾,又为曾所败。敦命湘州刺史甘卓、豫章太守周广等助廙击曾,曾众溃,廙得到州。"根据《晋书》记载:"廙在州大诛戮侃时将佐,及征士皇甫方回,于是大失荆土之望,人情乖阻。"①因为此前的刺史陶侃甚得民心,而王廙大肆杀戮陶侃部将,口碑不好。《晋书》卷六《元帝本纪》记载,太兴元年(318)十一月,"加大将军王敦荆州牧"②,于此时,王廙回朝廷任辅国将军、散骑常侍。王廙第二次任荆州刺史是在王敦叛乱中发生的。根据《晋书·王廙传》记载:"及王敦构祸,帝遣廙喻敦,既不能谏其悖逆,乃为敦所留,受任助乱。敦得志,以廙为平南将军、领护南蛮校尉、荆州刺史。"③王敦于永昌元年(322)正月发动叛乱,而《晋书》卷六《元帝纪》记载:永昌元年冬十月"己丑,都督荆梁二州诸军事、平南将军、荆州刺史、武陵侯王廙卒"④。可见,王廙这一次任荆州刺史仅仅数月。在此需要指出,王廙两次任职荆州刺史的镇所都在江陵,而非陶侃、王敦在任时的武昌。

其次,查考戴渊(戴若思)的生平,现存的数种正史中未发现他曾经

---

① 《晋书》卷七六,第2084页。
② 《晋书》卷五八《周访传》记载:"至王廙去职,诏以访为荆州。敦以访名将,勋业隆重,有疑色。其从事中郎郭舒说敦曰:'鄹州虽遇寇难荒弊,实为用武之国,若以假人,将有尾大之患,公宜自领,访为梁州足矣。'敦从之。"(《晋书》卷五八,第1581页。)
③ 《晋书》卷七六,第2004页。
④ 《晋书》卷六,第256页。

于武昌或者荆州任职的记载。太兴四年(321)秋七月,"以尚书戴若思为征西将军、都督司兖豫并冀雍六州诸军事、司州刺史,镇合肥"①。王敦起兵,戴若思回防建康,于永昌元年(322)正月四日,被王敦杀害。

其三,查考谢尚生平可知,谢尚与戴渊、王廙不属于同一代人。谢尚出生于永嘉元年(307),戴渊、王廙卒年,谢尚方才十四五岁。《晋书》卷七九《谢尚传》记载:"入补给事黄门侍郎,出为建武将军、历阳太守,转督江夏义阳随三郡军事、江夏相,将军如故。时安西将军庾翼镇武昌,尚数诣翼咨谋军事。"②这一事件,发生于成帝咸康年间(335—342),江夏相镇所为江夏(今湖北武昌),而荆州刺史庾翼镇所为武昌(今湖北鄂州)。由此才有驻于江夏的谢尚与镇武昌的安西将军庾翼之间发生的如下故事:"尝与翼共射,翼曰:'卿若破的,当以鼓吹相赏。'尚应声中之,翼即以其副鼓吹给之。"建元二年(344),康帝下诏说:"尚往以戎戍事要,故辍黄散,以授军旅。所处险要,宜崇其威望。今以为南中郎将,余官如故。"此年十月庾冰卒,谢尚"复以本号督豫州四郡,领江州刺史。俄而复转西中郎将、督扬州之六郡诸军事、豫州刺史、假节,镇历阳"③。谢尚任江州刺史的时间不长,永和二年(346),谢尚调任豫州刺史,镇芜湖。④ 而且江州刺史的治所并不在武昌,如《宋书》卷三六《州郡二》所说:江州刺史,"初治豫章,成帝咸康六年,移治寻阳,庾翼又治豫章,寻还寻阳"⑤。

综上所述可知,《历代名画记》所说的镇军谢尚于武昌昌乐寺造东塔和戴若思造西塔并请王廙画佛画的故事,漏洞甚多。如此以来,便有几种可能:其一,至王廙活动时期,武昌尚无昌乐寺,因而就不存在建双塔毁佛画的事实。其二,至东晋时期,武昌确实有昌乐寺存在,且确实建有双塔,但并非是在谢尚和戴若思主持下修造,然而确实有王

---

① 《晋书》卷六,第 154 页。
②③ 《晋书》卷七九,第 2070 页。
④ 参见《宋书》卷三六《州郡二》,第 1071 页。
⑤ 《宋书》卷三六,第 1086 页。

廙的佛画。其三,《历代名画记》所说全是传闻,东晋时期,武昌既无长乐寺,也无双塔,也就无王廙于塔内所绘的佛画。本书倾向于第二种情况可能近真。

《高僧传》卷六《庐山慧远传》记载,武昌有一所寺额为寒溪寺的佛寺。《高僧传·庐山慧远传》记载说:

> 又昔浔阳陶侃经镇广州,有渔人于海中见神光每夕艳发,经旬弥盛。怪以白侃,侃往详视,乃是阿育王像,即接归,以送武昌寒溪寺。寺主僧珍尝往夏口,夜梦寺遭火,而此像屋独有龙神围绕。珍觉,驰还寺。寺既焚尽,唯像屋存焉。侃后移镇,以像有威灵,遣使迎接,数十人举之至水。及上船,船又覆没。使者惧而反之,竟不能获。侃幼出雄武,素薄信情,故荆楚之间,为之谣曰:"陶惟剑雄,像以神标。云翔泥宿,邈何遥遥。可以诚致,难以力招。"及远创寺既成,祈心奉请,乃飘然自轻,往还无梗。①

从这一段文字可知,寒溪寺中有浔阳陶侃从广州送回的"阿育王像",此像后来被慧远迎到庐山东林寺供奉。

陶侃(259—334),字士行(或作士衡),江西鄱阳人,东晋大司马。初为县吏,渐至郡守。建兴元年(313),陶侃任荆州刺史。永嘉五年(311),任龙骧将军、武昌太守。此后四年间,拜南蛮校尉、荆州刺史,参与击溃杜弢领导的巴蜀流民起义军。建兴三年八月,荆州刺史陶侃攻杜弢,杜弢战败死于逃跑路上。此年,陶侃受王敦排挤,"左转广州刺史、平越中郎将,以王廙为荆州"②。太宁三年(325)五月,王敦之乱平定后,明帝即用陶侃为都督荆、湘、雍、梁四州军事、荆州刺史。陶侃重归武昌。咸和五年(330)十二月,江州刺史刘胤为后将军郭默所杀,太尉陶侃帅众讨伐郭默。第二年五月,陶侃擒郭默于寻阳,斩之。"朝廷诏侃陶侃都督江

---

① 《大正藏》第50卷,第358页下。
② 《晋书》卷六六《陶侃传》,第1772页。

州,领刺史,增置左右长史、司马、从事中郎四人,掾属十二人。侃旋于巴陵,因移镇武昌。"①这是说,陶侃于咸和五年十二月离开武昌,驻军江州之浔阳。在朝廷下诏令其兼任江州刺史之后,又移镇武昌。时间在咸和七年七月之前。②

对照陶侃的行历与《高僧传·慧远传》中的记载,二者可以相互印证。陶侃在广州任刺史时获得一尊传说是印度阿育王时期雕造的菩萨像(有关庐山慧远的文献中说是一尊文殊菩萨像),因为他曾经长期为荆州刺史住于武昌,因此派人将此像送至武昌寒溪寺安置。陶侃在广州十年,尔后重回武昌任荆州刺史等职。其间,在咸和五年(330)至咸和七年间移镇江州浔阳。也许在浔阳时,陶侃动了转移菩萨像的想法,但最终没有实现。太元十一年(386)慧远在庐山建成东林寺,将此尊菩萨像移至庐山安奉。

根据《高僧传》卷六《释法安传》记载,竟陵郡的新阳县(今湖北京山内)也有一所佛寺,是庐山慧远的弟子释法安所建。"晋义熙中,新阳县虎灾。……虎灾由此而息。因改神庙,留安立寺,左右田园,皆舍为众业。"③依据此文记载,法安于新阳县所建佛寺位于乡间,且是民间自发修建。此寺的修建时间是在庐山慧远圆寂之前,即义熙十二年(416)之前。具体过程见后文"慧远弟子"部分之叙述。

此处所讲的新阳县不大容易确定。《晋书》卷一五《地理下》记载:汉惠帝"分江夏立竟陵郡"④。而《宋书》卷三七《州郡三》记载稍详:"又竟陵太守,晋惠帝元康九年,分江夏西界立。何志又有宋县,徐无。领县六,户八千五百九十一,口四万四千三百七十五。去州水一千四百,去京都水三千四百。苌寿令,明帝泰始六年立。竟陵侯相,汉旧县,属江夏。新

---

① 《晋书》卷六六,第1776页。
② 参阅《晋书·陶侃传》将"太尉陶侃遣子平西参军斌与南中郎将桓宣攻石勒将郭敬"之事置于移镇武昌之后,而《晋书·成帝本纪》则将其系于咸和七年七月。
③ 《大正藏》第50卷,第362页中一下。
④ 《晋书》卷一五,第458页。

市子相,汉旧县,属江夏。霄城侯相,《永初郡国》有,何、徐不注置立。新阳男相,《永初郡国》有,何、徐不注置立。云杜侯相,汉旧县,属江夏。"① 此中说,汉惠帝之后,设竟陵郡,郡中有新阳县。《水经注》卷二八"沔水篇"中的"溾水条"说:"有溾水,出竟陵郡新阳县西南池河山,东流径新阳县南,县治云杜故城,分云杜立。"这是说,溾水发源于新阳县西南之池河山,东流经新阳县南。当时的新阳县治即汉晋时期的云杜县故址,即位于今湖北省京山县内。

2. 襄阳

关于东晋之前的襄阳是否有佛寺的问题,现存史料中未见明确记载,只是从《高僧传·释道安传》中可知,襄阳原本有一座称之为白马寺的佛寺,只是不能确定是否为襄阳最早的佛寺。因为早在道安到达襄阳之前,此地已经有一所称之为"羊叔子寺"的佛寺。

根据《高僧传》卷一〇《竺法慧传》记载:竺法慧,本关中人。"方直,有戒行,入嵩高山事浮图密为师。"②法慧于东晋康帝建元元年(343)至襄阳,住锡于羊叔子寺。《高僧传·竺法慧传》记载:法慧在襄阳,"不受别请。每乞食,辄赍绳床,自随于闲旷之路,则施之而坐。时或遇雨,以油帔自覆。雨止,唯见绳床,不知慧所在。讯问未息,慧已在床"。从这些记载可知,法慧不以义学见长,而以头陀僧的面目示人。这一点,在当地引起了不小的轰动。"后征西庾稚恭镇襄阳。既素不奉法,闻慧有非常之迹,甚嫉之。慧预告弟子曰:'吾宿对寻至,诫劝眷属,令勤修福善。'尔后二日,果收而刑之,春秋五十八矣。"③

庾稚恭,即庾翼(305—345),咸康六年(340)镇武昌,任都督江、荆、司、雍、梁、益六州诸军事、荆州刺史。建元元年(343)十月,庾翼移屯襄阳,准备进攻后赵。此时升庾翼征西将军,领南蛮校尉。建元

---

① 《宋书》卷三七,第1125页。
② 慧皎:《高僧传》卷一〇,《大正藏》第50卷,第389页上。
③ 同上书,第389页上—中。

二年(344)九月,晋康帝驾崩,庾翼留其长子方之戍襄阳,自己还镇夏口。庾翼卒于永和元年(345),时年四十一。从庾翼的这一段历程推知,法慧在襄阳最多一年余就被害了。法慧有弟子法照,大概是从北方跟随法慧南下的。

法慧到达襄阳的时间比道安早十几年。道安到达襄阳的时间是东晋兴宁三年(365),此年四月五日,江南名士习凿齿写信邀请道安,信中说:"又闻三千得道俱见南阳,明学开士陶演真言;上考圣达之诲,下测道行之验,深经并往,非斯而谁?怀道迈训,舍兹孰降?是以此方诸僧,咸有倾想。目欣金色之瑞,耳迟无上之藏,老幼等愿,道俗同怀,系咏之情,非常言也。"①从此信中可见,襄阳当时已经有僧人传播佛教,佛教信仰者也不少。

在襄阳信众的期盼下,道安率领弟子慧远等四百余人到襄阳,先住在白马寺,后又创立檀溪寺。道安住锡襄阳近十五年,宣讲、研究《般若经》,整理众经目录,制订僧团应该遵守的戒律规范,对佛教做出了很大贡献。对于道安此时的影响,《高僧传·释道安传》有精彩描述:"四方学士竞往师之。时征西将军桓朗子镇江陵,要安暂往。朱序西镇,复请还襄阳,深相结纳。"道安鉴于白马寺狭小,在清河张殷旧宅上另修檀溪寺。"大富长者并加赞助,建塔五层,起房四百。凉州刺史杨弘忠送铜万斤,拟为承露盘。安曰:'露盘已讫,汰公营造。欲回此铜铸像,事可然乎?'忠欣而敬诺。于是众共抽舍,助成佛像。光相丈六,神好明著,每夕放光,彻照堂殿像后。又自行至万山,举邑皆往瞻礼,迁以还寺。安既大愿果成,谓言:'夕死可矣。'苻坚遣使,送外国金箔倚像,高七尺;又金坐像。结珠弥勒像,金缕绣像,织成像各一张。每讲会法聚,辄罗列尊像,布置幢幡,珠佩迭晖,烟华乱发。使夫升阶履闼者,莫不肃焉尽敬矣。"此外,"晋孝武皇帝承风钦德,遣使通问。并有诏曰:'安法师器识伦通,风韵标

---

① 僧祐:《弘明集》卷一二,《大正藏》第52卷,第77页上。

朗,居道训俗,徽绩兼著,岂直规济当今,方乃陶津,来世俸给。'一同王公,物出所在。"①道安在襄阳十五年,以他为核心的僧团不断壮大,襄阳由于道安的住锡而成为名副其实的佛教中心。

根据记载,前秦灭亡之后,昙摩难提译经的主要助手赵正,出家之后居住襄阳。《高僧传·昙摩难提传》记载:"正,字文业,洛阳清水人,或曰济阴人。年十八,为伪秦著作郎,后迁至黄门郎武威太守。……后因关中佛法之盛,乃愿欲出家,坚惜而未许。及坚死后,方遂其志,更名道整。因作颂曰:'佛生何以晚,泥洹一何早?归命释迦文,今来投大道。'后遁迹商洛山,专精经律。晋雍州刺史郄恢,钦其风尚,逼共同游,终于襄阳,春秋六十余矣。"②苻坚死于385年10月,赵正出家即在此年此月后不久。长安战乱不宁,道整隐遁商洛山,后遇东晋雍州刺史郄恢而与其交游,由于郄恢常驻襄阳,道整随之到襄阳,最后圆寂于襄阳某寺。

至于道整至襄阳的时间可以借助于郄恢任雍州刺史的时间推定。根据《晋书》卷六七记载:"会朱序自表去职,擢恢为梁秦雍司荆扬并等州诸军事、建威将军、雍州刺史、假节,镇襄阳。"③而朱序以年老多病请求解职的时间是太元十七年(392)十月,由此可知,郄恢任雍州刺史始于此年此月,郄恢任雍州刺史的下限是隆安二年(398)十月后不久,因为有文献记载,大概在此年月,郄恢被殷仲堪派人杀死,朝廷以杨佺期为雍州制史、都督梁雍秦三州诸军事。道整年六十时,圆寂于襄阳。

关于道整,唐代刘知几说:"先是,秦秘书郎赵整参撰《国史》,值秦灭,隐于商洛山,著书不辍。有冯翊、车频助其经始。整卒,翰乃启频纂成其书。以元嘉九年起,至二十八年方罢,定为三卷。而年月失次,首尾不伦。河东裴景仁又正其讹僻,删为《秦记》十一篇。"④可见,赵整出家之

---

① 慧皎:《高僧传》卷五,《大正藏》第50卷,第352页中—下。
② 慧皎:《高僧传》卷一,《大正藏》第50卷,第328页下。
③ 《晋书》卷六七,第1805页。
④ 刘知几:《史通》卷一二,《史通通释》第359页,上海:上海古籍出版社,1978。

后,仍然不懈地记录历史。

3. 江陵

江陵(今湖北江陵)为楚故国都郢所在地,为"西通武巴,东有云梦之优";很长一段时间作为荆州刺史治所,又距北方胡族势力较远,是重要的政治中心,为南迁世族的重要寄居地;不仅是长江流域重要的造船场,更为江汉经济区各种土产的集散地。东晋时期,江陵是长江中游地区佛教最发达的地区。

早在道安师兄弟和徒弟到达此地之前,江陵即有高僧弘扬佛教般若思想。《高僧传》卷五《竺法汰传》记载:竺法汰与弟子昙一、昙二等四十余人沿江东下,遇疾停阳口,"时桓温镇荆州,遣使要过,供事汤药"。当时,"沙门道恒颇有才力,常执心无义,大行荆土。汰曰:'此是邪说,应须破之。'乃大集名僧,令弟子昙一难之。据经引理,析驳纷纭。恒仗其口辩,不肯受屈。日色既暮,明旦更集,慧远就席,设难数番,关责锋起,恒自觉义途差异,神色微动。麈尾扣案,未即有答。远曰:'不疾而速,杼轴何为?'座者皆笑矣。"①法汰在江陵组织众僧辩论般若义,由其弟子昙一和道安弟子慧远与在当地传播"心无义"的道标法师辩论。传文说"心无之义于此而息",显系文学笔法。其实这是一场在当时非常常见的"谈玄"大会,辩论的成败与一时的名声有关,并不能使一种学说当下消失,可以想见道恒仍然会在江陵弘扬其说。

西晋及其以前,江陵是否有佛寺,现存资料中没有记载。而东晋时期,此地佛寺众多,特别是道安和慧远弟子,于江陵兴建了数座佛寺。

道安在襄阳大造佛寺,影响巨大,周边地区的官吏遂有模仿者。江陵长沙寺的修造就缘于此。《高僧传》卷五《释昙翼传》记载:昙翼曾经跟随道安在襄阳檀溪寺,"晋长沙太守滕含,于江陵舍宅为寺,告安求一僧为纲领。安谓翼曰:'楚士庶始欲师宗,成其化者,非尔而谁?'翼遂杖锡

---

① 慧皎:《高僧传》卷五,《大正藏》第50卷,第354页下。

南征,缔构寺宇,即长沙寺是也"①。关于此寺的修造,《集神州三宝感通录》卷二中也有记载:"有长沙太守江陵滕畯(一云滕含)以永和二年,舍宅为寺,额表郡名。承道安法师襄川综领,请一监护。"②道安就委派弟子昙翼去住持。道宣的叙述澄清了长沙寺得名的由来,是以滕含当时所任职的郡名来命名的,但他们所记的具体时间则是永和二年(346),却明显错误。因为释道安此时还未南下,更不在襄阳。道安是兴宁三年(365)到达襄阳的,因为此年四月五日习凿齿在襄阳写信给道安邀请他前来襄阳。而前文说,长沙太守舍宅建寺,请求道安从襄阳派弟子襄理,可见,长沙寺的修建一定是在兴宁三年之后、太元三年(378)之前。《高僧传·释昙翼传》没有记载初修长沙寺所用的时间,而《名僧传抄》残卷则记载:"翼贞锡南征,至即缔构,一年功毕,名长沙寺。"③可见,长沙寺的初建历时一年。在后文将会叙述,昙翼随荆州刺史的迁镇行动至上明的时间是在东晋太元三年(378)底。如果《名僧传抄》所记长沙寺初修历时一年的话,则可知昙翼受其师派遣至江陵的时间是太元二年,长沙寺也就是太元二年始建的。

关于长沙寺的修造,现存史料中较为详尽地叙述了造像的雕凿情况。约在淝水之战后,昙翼从上明回到江陵长沙寺,"丹诚祈请,遂感舍利,盛以金瓶,置于斋座"④。这是说,长沙寺有舍利供奉。《高僧传·释昙翼传》记载了为修造长沙寺而入巴陵君山伐木之事,可见,在太元末,昙翼扩建长沙寺的步伐一直未曾停歇。昙翼为长沙寺迎来传说中的阿育王所造佛像。这在当时佛教界是一件大事,此寺地位自然非同一般。

根据《高僧传·释法遇传》记载,在襄阳被前秦军队包围前,道安派遣其徒法遇等到江陵。法遇住锡长沙寺,成为此寺的住持人。而东晋时

---

①④ 慧皎:《高僧传》卷五,《大正藏》第50卷,第355页下。
② 道宣:《集神州三宝感通录》卷中,《大正藏》第52卷,第415页中。
③ 《名僧传抄》残卷,《续藏经》第77册,第352页中。

期,"长沙寺复有僧卫沙门,学业甚著,为殷仲堪所重,尤善《十住》,乃为之注解"①。此外,常住此寺然不见于记载但在当时很有影响的僧人很多,因为从《高僧传·释法遇传》等材料推测,此寺是荆州最有影响的佛寺。

江陵竹林寺,是宁蛮校尉刘遵所修建。关于江陵竹林寺的修建的发起者,文献记载有差异。《高僧传》记载为刘遵,如《高僧传》卷六《释道祖传》记载:"远又有弟子昙顺,……南蛮校尉刘遵,于江陵立竹林寺,请经始,远遣徙焉。"②也有文献记载为刘遵考,如宋陈舜俞《庐山记》卷三记载:昙顺"入庐山,从远师同修西方净社,志道不群,利济为本。宁蛮校尉刘遵考于江林立寺,请师经始,远师遣从之"③。《佛祖统纪》卷二六也作了同样的记载:法师昙顺,"宁蛮校尉刘遵孝④,于江陵立寺,要师经始,盛弘念佛三昧之道"⑤。经过查考,此中所说的启动修造竹林寺的南蛮校尉应该是刘遵,因为刘遵考任南蛮校尉的时间是在刘宋。

关于刘遵,正史有若干记载。刘遵,字慧明,临淮海西人,刘道规从母兄萧氏舅。官至右将军、宣城内史、淮南太守。刘遵任南蛮校尉的时间是平定卢循叛乱期间。卢循以苟林为南蛮校尉,而时任都督荆、宁、秦、梁、雍六州司州之河南诸军事、领护南蛮校尉、荆州刺史的刘道规"解南蛮校尉印以授咨议参军刘遵。驰往攻谦,水陆齐进。谦大败,单舸走,欲下就林,追斩之。还至浦口,林又奔散。刘遵率军追林,至巴陵,斩之"⑥。——这些

---

① 慧皎:《高僧传》卷五,《大正藏》第50卷,第356页上。
② 慧皎:《高僧传》卷六,《大正藏》第50卷,第363页上。
③ 《大正藏》第51卷,第1042页上。
④ 刘长东认为:"《十八贤传》所言'刘遵孝'即'刘遵考',考、孝形近而讹耳。其官职作'宁蛮校尉'是。且《十八贤传》言昙顺寂于元嘉二年,也与《南史》言刘遵考在元嘉中迁宁蛮校尉、雍州刺史(雍州所辖正是襄阳、荆州一带)的史事相合。"(刘长东《论慧远的净土信仰及其地域性影响——纪念佛教传入中国二千年》,《闽南佛学院学报》1998年第2期。)这一说法,与《高僧传》所说昙顺在庐山慧远圆寂之前至竹林寺的记载不一致。
⑤ 《大正藏》第49卷,第266页中。
⑥ 《宋书》卷五一,第28页。

事都发生于义熙六年(410)。大概从此时起刘遵即任南蛮校尉。根据《宋书·武帝本纪中》记载,义熙八年四月,刘毅代刘道规为荆州刺史。"丹阳尹郗僧施并深相结。及西镇江陵,豫州旧府,多割以自随,请僧施为南蛮校尉。"①可见,义熙八年接替刘遵任南蛮校尉的是郗僧施。由此推知,竹林寺是在义熙六年至义熙八年四月刘遵任南蛮校尉时修造的。而刘遵卒于义熙十年(414),而庐山慧远圆寂于义熙十二年。这与《高僧传》的记载一致。

根据《宋书》卷五一记载,刘遵考是刘裕的族弟。在征讨卢循时,刘遵考"封乡侯,自建威将军、彭城内史随高祖北伐。时高祖诸子并弱,宗室唯有遵考。长安平定,以督并州司州之北河东北平阳北雍州之新平安定五郡诸军事、辅国将军、并州刺史,领河东太守,镇蒲坂。关中失守,南还,除游击将军,迁冠军将军"②。《宋书·文帝本纪》记载:元嘉三年冬十一月"己亥,以南蛮校尉刘遵考为雍州刺史"③。可见,刘遵考任南蛮校尉是在刘宋时期,而此时庐山慧远已经圆寂多年,这与《高僧传·释道祖传》记载的庐山慧远应南蛮校尉刘遵的邀请派遣昙顺至江陵竹林寺弘法的说法不合。

竹林寺初建完成后,因有庐山慧远高足昙顺的住持而颇受瞩目。昙顺在刘宋时期仍然在竹林寺弘法。庐山慧远的另一高足释昙邕也住锡于竹林寺。大概在其师慧远圆寂之后,昙邕离开庐山,至江陵竹林寺,后来圆寂于此寺。

江陵又有高悝寺,为时任荆州刺史的司马休之所建。《高僧传》卷七《慧观传》记载:鸠摩罗什圆寂后,慧观乃"南适荆州,州将司马休之,甚相敬重,于彼立高悝寺。使夫荆楚之民,回邪归正者,十有其

---

① 《宋书》卷二《武帝本纪中》,第28页。
② 《宋书》卷五一,第1481页。
③ 《宋书》卷五,第25页。

半"①。从这一段文字叙述的历史事实中,可以大致推知高悝寺初建时代。

司马休之(？—417),字季豫,河内温人。以讨王恭功拜龙骧将军襄城太守,镇历阳。北魏天兴五年(402),司马休之为荆州刺史,"被桓玄逼逐,遂奔慕容德。及玄诛,还建业,复为荆州刺史"②。此文未曾明确记载休之被桓玄驱逐的具体时间。根据《晋书·安帝本纪》记载,元兴元年(402)春正月以后将军元显为骠骑大将军、征讨大都督,镇北将军刘牢之为元显前锋,前将军、谯王尚之为后部讨伐桓玄。此年三月,刘牢之叛降于桓玄,东晋军队被桓玄打败。桓玄自为侍中、丞相、录尚书事等等。从这些事变考知,休之任荆州刺史的时间不会超过一年。《魏书·司马休之传》在上文之后说:"刘裕诛玄后,还建邺,裕复以休之为荆州刺史。"③此传后文直接叙述说,至义熙十年(414年),司马休之子谯王司马文思"性凶暴,好通轻侠"④,引起刘裕的戒心,交付廷尉,诛司马文思党羽,并把司马文思执送休之"令自训厉"⑤,意思要休之自行了断。司马休之上表要求废掉司马文思谯王的封号,刘裕不同意,司马休之、鲁宗之等发兵起义。义熙十一年(415年)四月,刘裕击败司马休之四万军队,攻克江陵。休之父子、鲁宗之等逃往后秦依附姚兴。刘裕诛杀桓玄的时间是东晋元兴三年(404),如果单纯依照此文去理解,似乎司马休之从元兴三年就开始任荆州刺史,因此高悝寺一定是在东晋元兴三年(404)至义熙十一年(415)之间修建的。然而,史籍所记载的司马休之任荆州刺史的时间颇为复杂。

根据《晋书》等记载,东晋末年担任荆州刺史者如下:《晋书·安帝本纪》记载:元兴三年三月辛酉,"刘裕诛尚书左仆射王愉、愉子荆州刺史绥、司州刺史温详"⑥。可见,元兴三年(404)三月之前担任荆州刺史的是

---

① 慧皎:《高僧传》卷七,《大正藏》第50卷,第368页中。
②《北史》卷二九《司马休之传》,第1041页。
③《魏书》卷三七,第853页。
④⑤《资治通鉴》卷一一六,第3664页。
⑥《晋书》卷一〇《安帝本纪》,第256页。

王绥。王绥被杀后,接续荆州刺史的是司马休之。《安帝本纪》又记载:"义熙元年三月,桓振复袭江陵,荆州刺史司马休之奔于襄阳。"①元兴三年十月改元义熙,可见,在重任荆州刺史一年后,司马休之就败于桓振,后征拜后将军、会稽内史。根据《晋书》卷一三《天文志下》记载,义熙元年(405)"十一月,荆州刺史魏咏之薨"②。可见,在中央朝廷的军队重新夺回江陵后,接续司马休之任荆州刺史的是魏咏之。

荆州刺史魏咏之卒后,习辟疆与江陵令罗修、别驾刘期公、士人王腾等奉王慧龙为盟主,举兵欲袭江陵。刘裕恐荆州有变,遣其弟刘道规至荆州任荆州刺史。③荆州局势渐趋稳定。后来,"征西将军、荆州刺史道规疾患求归,八年四月,改授豫州刺史,以后将军、豫州刺史刘毅代之"④。刘道规卒于义熙八年闰六月⑤。接续刘道规担任荆州刺史的是刘毅,但不服从刘裕,欲密谋造反。当年九月,刘裕矫诏下令攻杀刘毅,"又假黄钺,率诸军西征。以前镇军将军司马休之为平西将军、荆州刺史,兖州刺史道怜镇丹徒,豫州刺史诸葛长民监太尉留府事,加太尉司马,丹阳尹刘穆之建威将军,配以实力。壬午,发自京师。遣参军王镇恶、龙骧将军蒯恩前袭江陵。十月,镇恶克江陵,毅及党与皆伏诛"⑥。不过,至义熙十一年春正月,"荆州刺史司马休之、雍州刺史鲁宗之并举兵贰于刘裕,裕帅师讨之"⑦。三月"壬午,刘裕及休之战于江津,休之败,奔襄阳。甲午,休之、宗之出奔于姚泓"。⑧

由此上述考辨可知,司马休之曾三任荆州刺史,第一次为东晋元兴

---

① 《晋书》卷一〇,第258页。
② 《晋书》卷一三,第383页。
③ 参见《魏书》卷四三《王慧龙传》,第383页。
④ 《宋书》卷二《武帝本纪中》,第28页。
⑤ 《宋书》卷五一《临川烈武王道规传》记载:义熙"八年闰月,薨于京师,时年四十三"。《晋书》卷一三《天文志下》则说义熙"八年六月,刘道规卒",《晋书·安帝本纪》则记为义熙八年七月。
⑥ 《宋书》卷二《武帝本纪中》,第28页。
⑦ 《晋书·安帝本纪》卷一〇,第264—265页。
⑧ 《晋书》卷一〇,第265页。

元年(402),第二次为元兴三年三月至义熙元年(405)三月,为时一年。第三次为义熙八年九月至义熙十一年三月,为时近三年。司马休之第一次和第二次任职荆州,不但时间短,而且面临战乱,由他发起修建佛寺的时机不佳,因此高悝寺一定是在其第三次任荆州刺史时所修建,很大可能在义熙九年或者十年。

《高僧传·慧观传》记载,高悝寺是荆州刺史司马休之为慧观所修造,而参照觉贤之行历则可更清楚此寺的建造背景。

《出三藏记集》卷一四《佛驮跋陀罗传》记载:佛驮跋陀罗以义熙八年(412)到达荆州,"时陈郡袁豹,为宋武帝太尉长史,在荆州。佛贤将弟子慧观诣豹乞食。豹素不敬信,待之甚薄,未饱辞退。豹曰:'似未足。且复小留。'佛贤曰:'檀越施心有限,故今所设已罄。'豹即呼左右益饭,饭果尽。豹大惭。……豹深叹异,以启太尉。太尉请与相见,甚崇敬之,资供备至。俄而太尉还都,请与俱归,安止道场寺。"①稍作考辨就会发现,这一记载相当准确。《宋书》卷二《武帝本纪》记载:义熙八年九月"壬午,发自京师,……遣参军王镇恶,……前袭江陵。十月,镇恶克江陵,毅及党与皆伏诛。十一月己卯,公至江陵。……九年二月乙丑,公至自江陵"②。而《宋书》卷五二《袁豹传》记载:"孟昶卒,豹代为丹阳尹。义熙七年,坐使徒上钱,降为太尉咨议参军,仍转长史"③袁豹于义熙八年确实是太尉长史,且跟从太尉刘裕至荆州。义熙九年,袁豹卒于太尉长史位,时年四十一。从这些记载可知,经过袁豹介绍,刘裕接见了佛驮跋陀罗,并且在义熙九年二月回建康时邀请佛驮跋陀罗到建康,住于道场寺。佛驮跋陀罗离开荆州,而慧观则未必跟随。

从上述考辨分析可知,确实如《高僧传·慧观传》所说,高悝寺是荆州刺史司马休之为慧观所建,时间大概在义熙九年(413)。慧观至少在

---

① 《大正藏》第55卷,第104页上。
② 《宋书》卷二,第28—29页。
③ 《宋书》卷五二,第1500页。

此寺住锡两年,然后至建康。

东晋时期的江陵又有一座赡养寺。《高僧传》卷一二《释法恭传》记载:"释法恭,姓关,雍州人。初出家,止江陵赡养寺。后出京师,住东安寺。少而苦行殊伦,服布衣,饵菽麦,诵经三十余万言。每夜讽咏,辄有殊香异气,入恭房者,咸共闻之。又以弊纳聚蚤虱,常披以饴之。宋武、文、明三帝及衡阳文王义季等,并崇其德。所获信施,常分给贫病,未尝私蓄。宋太始中还西,卒于彼,春秋八十。"①尽管僧传将此僧标为"宋京师东安寺释法恭",但"宋太始中还西"一句似乎是暗示他晚年回到江陵赡养寺并且卒于此寺。而从其享年八十且被宋武帝、文帝、明帝三代皇帝礼敬等细节推知,此寺的修造是在东晋时期。文中所说的"衡阳文王义季"是宋武帝刘裕的七子、宋文帝的异母弟。

根据《宋书·文帝本纪》记载,东晋义熙末年,刘义隆被"授都督荆益宁雍梁秦六州,豫州之河南、广平,扬州之义成、松滋四郡诸军事、西中郎将、荆州刺史,持节如故",刘裕令刘义季跟随。刘裕登基之后,封刘义隆为"封宜都王,食邑三千户。进督北秦,并前七州。进号镇西将军,给鼓吹一部。又进督湘州,是岁入朝,时年十四"②。刘义隆镇江陵,直至被迎立登基做皇帝,是为景平二年(424)八月。《宋书》卷六一《武三王传》在叙述衡阳王经历时说:"太祖为荆州,高祖使随往江陵,由是特为太祖所爱。元嘉元年,封衡阳王,食邑五千户。五年,为征虏将军。八年,领石头戍事。九年,迁使持节、都督南徐州诸军事、右将军、南徐州刺史。"③从这一叙述看,元嘉元年(424)之前,刘义季一直跟随其兄在江陵,而刘义隆做皇帝之后,刘义季大概随其兄回京城,且被封为王,时年十岁。元嘉十六年,衡阳王代临川王刘义庆"都督荆、湘、雍、益、梁、宁、南北秦八州诸军事、安西将军、荆州刺史,持节如故,给鼓吹一部。……二十年,加散

---

① 《大正藏》第50卷,第407页下。
② 《宋书》卷五,第71页。
③ 《宋书》卷六一,第1653—1654页。

骑常侍,进号征西大将军,领南蛮校尉"①。元嘉二十一年,衡阳王又被任命为都督南兖、徐、青、冀、幽六州诸军事、征北大将军、开府仪同三司、南兖州刺史。于此时,刘义季离开了江陵。元嘉二十四年(447)八月,刘义季薨于彭城,时年三十三。

从以上材料可推知,刘义季年幼时跟随其兄常驻江陵,元嘉元年(424),刘义季十岁时回建康。二十六岁时,刘义季又回到江陵,任荆州刺史等要职五六年。《高僧传·法恭传》记载说,法恭获得了宋武帝、宋文帝和衡阳王的礼遇,从衡阳王成年后的行踪分析,法恭到达建康的时间不会早于元嘉元年,而从衡阳王与法恭交往的可能性考虑,法恭至建康的时间很大可能不会早于衡阳王赴任江陵的时间元嘉十六年(439)。

由此可见,法恭在江陵弘法的时间很长。而《高僧传·法恭传》记载,法恭于宋泰始年(465—472)中"还西,卒于彼,春秋八十"②,如果假定法恭圆寂于泰始七年(471),则可推出其生年为 393 年。从这些材料综合考虑可推知,法恭出家的时间至迟应在东晋义熙末年。可见,江陵赡养寺应是东晋时期修建的佛寺。

江陵又有琵琶寺,从现存文献推测,大概建于东晋末期,至少在刘宋元嘉初期就已建成。依《高僧传》卷一○《释慧安传》所说,释慧安出家做沙弥的时间即可推知。释慧安,"未详何许人。少经被虏,属荆州人为奴,执役勤紧,主甚爱之。年十八听出家,止江陵琵琶寺,风貌庸率,颇共轻之。时为沙弥,众僧列坐,辄使行水,安恒执空瓶,从上至下,水常不竭,时咸以异焉。及受具戒,稍显灵迹"③。从僧传叙述看,慧安是以"神通"震惊时人的高僧。他十八岁出家做沙弥时,即住于江陵琵琶寺。在受具足戒之后,仍然住于此寺多年。后来跟随商人"入湘川。中路患痢极笃,谓船主曰:'贫道命必应尽,但出置岸边,不须器木。气绝之后,即

---

① 《宋书》卷六一,第 1654 页。
② 慧皎:《高僧传》卷一二,《大正藏》第 50 卷,第 407 页下。
③ 慧皎:《高僧传》卷一○,《大正藏》第 50 卷,第 393 页上。

施虫鸟。'商人依其言,出卧岸侧,夜见火炎从身而出。商人怪惧,就往观之,已气绝矣。商人行至湘东,见安,亦已先至,俄又不知所之"。这一段文字显示,此僧卒于湘东。而同伴慧济"后至陂屺寺,诣隐士南阳刘虬,具言其事。虬即起遥礼之,谓济曰:'此得道之人,入火光三昧也'"①。这一段文字所叙内容颇显神秘,但可借助于文中提及的慧济至陂屺寺向隐士南阳刘虬叙述此事的细节大致确定琵琶寺初建的时间区间。

刘虬是当时著名的隐士。刘宋太始年中(465—471)任晋平王骠骑记室当阳令。齐萧子良《与荆州隐士刘虬书》中说:"刘虬初为富阳令,后为南郡丞,顷之自免,始事拂衣,时年三十二,论者比汉疏邴焉。遂辟谷却粒,饵术衣麻,布衣草履,茅室土帐,礼诵长斋,六时不缺,世谛典籍不复修综,棋书小艺一切屏绝,惟研精佛理。述善不受报、顿悟成佛义,当时莫能屈。注《法华》等经,讲《涅槃》、大小品等。"②刘虬主要隐居地就在荆州的江陵。齐建武二年(495)冬卒于江州,享年五十八(一说六十)。这座寺额为陂屺寺的佛寺在江陵,传说是荆州隐士刘虬舍宅而建。如萧子良文中所说,刘虬三十二岁即隐居,此年即为468年。慧济至陂屺寺拜访刘虬告知释慧安圆寂之神异的时间必然在468—493年之间。③ 假定释慧安六十岁圆寂的话,则其十八岁止江陵琵琶寺的时间在刘宋初期。琵琶寺也应在释慧安出家前就已建成,并且有师可依止。

释僧隐,姓李,秦州陇西人。《高僧传·宋江陵释僧隐传》记载:僧隐,"家世正信,隐年八岁出家,便能长斋。至十二,蔬食,及受具戒,执操弥坚。常游心律苑,妙通《十诵》,诵《法华》、《维摩》。闻西凉州有玄高法师,禅慧兼举,乃负笈从之,于是学尽禅门,深解律要。高公化后,复西游巴蜀,专任弘通"④。玄高禅师(402—444)在凉地的下限为北魏太武帝灭

---

① 《大正藏》第50卷,第393页上—中。
② 《广弘明集》卷一九,《大正藏》第52卷,第233页上。
③ 因为刘虬晚年至江州,并卒于此地。
④ 《高僧传》卷一一,《大正藏》第50卷,第404页中。

凉的时间——439年。"顷之,东下,止江陵琵琶寺,谘业于慧彻。彻名重当时,道扇方外。隐研访少时,备穷经律,禅慧之风,被于荆楚。"①从此文推知,释僧隐至江陵的时间也在刘宋初年。

琵琶寺又有释僧彻,"年十六,入庐山造远公,远见而异之,……由是乃止。至年二十四,远令讲《小品》……由是门人推服焉。远亡后,南游荆州,止江陵城内五层寺,晚移琵琶寺"②。不知释僧隐之师慧彻与僧彻是不是同一位僧人?

与琵琶寺难于确知是否为东晋末年所造不同,释僧彻曾经住锡的五层寺确实是东晋时期修造的佛寺。

五层寺修建于东晋时期的直接证据是《高僧传》卷七《释僧彻传》所说,僧彻在慧远"亡后,南游荆州,止江陵城内五层寺"③。庐山慧远卒于东晋义熙十二年(416),而如果僧彻在慧远圆寂的一两年内至江陵住锡五层寺,则可推知五层寺至迟修建于东晋末年。此外,唐道世《法苑珠林》卷三九在叙述上明寺的修造时提及江陵"四层寺",很大可能二者指的是同一所佛寺。确实如此的话,则此五层寺的建寺时间要早于长沙寺。

《高僧传》卷七《释法愍传》记载:"释法愍,北人。弱年慕道,笃志经籍。十八出家,便游践州国,观风味道。《波若》、《数论》及诸经律,皆所游刃。后憩江夏郡五层寺。时沙门僧昌于江陵城内立塔,刺史谢晦欲坏之。愍闻,故往谏晦,晦意不止。"④此文中所叙述的僧昌,慧皎《高僧传》未立传,而残存的宝唱《名僧传抄》中列有"宋谢寺僧昌",而残卷文末"名僧传说处"则有"僧昌造佛像十五躯皆高一丈八尺事"⑤的条目。值得注

---

① 《高僧传》卷一一,《大正藏》第50卷,第404页中。
② 《高僧传》卷一〇,《大正藏》第50卷,第370页下。
③ 《大正藏》第50卷,第370页下。
④ 《大正藏》第50卷,第372页上一中。此中所说的"江夏郡"疑误。汉代江夏郡治安陆(今湖北云梦),辖今豫、鄂各一部。三国魏吴各置江夏郡,孙吴江夏郡治在武昌(今鄂城),魏江夏治上昶(今云梦西南)。晋灭吴,还治旧地,改为武昌郡。南朝宋移治夏口(今汉口),辖区缩为今武汉及其附近一带。
⑤ 《续藏经》第77册,第362页中。

意的是,此中写的是僧昌的僧籍是"谢寺",传文中重要内容之一是僧昌造高一丈八尺高的佛像共十五躯,未曾提示在五层寺内立塔之事。

关于谢晦下令拆毁五层寺佛塔之事,《广弘明集》卷一二所收载唐初沙门释明槩《决对傅奕废佛法僧事并表》一文说:"宋臣谢晦,身临荆州城,内有五层寺,寺有舍利塔。晦性凶悖,先无诚信云:'寺塔不宜在城。'令毁而出之。……不久叛逆,寻被诛灭。此事并如宋《宣验记》说,略依记传疏此事条。"①谢晦(390—426),东晋时为孟昶建威中兵参军,刘裕为东晋太尉时任参军等职。刘裕篡位建宋后,迁中领军,以佐命功封武昌县公,转领军将军,散骑常侍。宋少帝即位后,加领中书令,寻与徐羡之、傅亮行废立,出为都督荆湘雍益宁北秦七州诸军事,抚军将军,领护南蛮校尉、荆州刺史。文帝即位,加使持节,寻进号卫将军,加散骑常侍。元嘉三年,举兵拒命,为檀道济所破,伏诛。从谢晦的履历可知,他任荆州刺史的时间为刘宋少帝登基(423)至文帝元嘉三年(426)间,而欲毁坏五层寺舍利塔之事即应发生于此一时间段之中。

江陵又有辛寺,在东晋南朝时期颇为有名,很多高僧住锡其中。从《高僧传》的有关记载推测,此寺最迟建于东晋末年。

《高僧传》卷七《释昙鉴传》记载,昙鉴,姓赵。冀州人。"少出家,事竺道祖为师。蔬食布衣,律行精苦。学究群经,兼善数论。闻什公在关,杖策从学,什常谓鉴为一闻持人。后游方宣化,达自荆州,止江陵辛寺。年登耳顺,励行弥洁。常愿生赡养,瞻觐弥陀。"②昙鉴是信仰弥陀净土的高僧,春秋七十时圆寂。

从罽宾来的昙摩耶舍也曾经在辛寺传播禅法。《高僧传》卷一《昙摩耶舍传》记载:"昙摩耶舍,此云法明,罽宾人。少而好学,年十四为弗若多罗所知。长而气干高爽,雅有神慧。该览经律,明悟出群。陶思八禅,

---

① 《大正藏》第52卷,第170页下—171页上。
② 慧皎:《高僧传》卷五,《大正藏》第50卷,第370页上。

游心七觉,时人方之浮头婆驮。"①三十余岁,"欲游方授道。既而踰历名邦,履践郡国。以晋隆安中,初达广州,住白沙寺。耶舍善诵《毗婆沙律》,人咸号为大毗婆沙,时年已八十五,徒众八十五人。时有清信女张普明谘受佛法,耶舍为说佛生缘起,并为译出《差摩经》一卷。至义熙中,来入长安。时姚兴僭号,甚崇佛法。耶舍既至,深加礼异。会有天竺沙门昙摩掘多来入关中,同气相求,宛然若旧,因共耶舍译《舍利弗阿毗昙》,以伪秦弘始九年初,书梵书文,至十六年翻译方竟,凡二十二卷。伪太子姚泓亲管理味,沙门道标为之作序。耶舍后南游江陵,止于辛寺,大弘禅法,其有味靖之宾,披榛而至者三百余人。凡士庶造者,虽先无信心,见皆敬悦。"②关于《舍利弗阿毗昙》翻译完成的时间,释道标《舍利弗阿毗昙序》记为弘始十七年(415),两年后,后秦被东晋太尉刘裕所灭。昙摩耶舍大概是在此事变前后南下至荆州江陵辛寺的,从传文叙述看,他在当时影响很大。刘宋建政之后,昙摩耶舍仍然在此地住寺传禅法。

《高僧传·昙摩耶舍传》记载,昙摩耶舍于宋元嘉(424—453)中,"辞还西域,不知所终"。此传文中说,他于东晋隆安(397—401)中到达广州时已经八十五岁,若如此,则回西域时已超过百岁。或者,"时年已八十五"传抄有误。《高僧传》称其为"晋江陵辛寺昙摩耶舍",可见昙摩耶舍南下后主要在江陵辛寺弘法。

昙摩耶舍有弟子法度,其严格的小乘修行做法引起时人注意。《高僧传·昙摩耶舍传》记载:"耶舍有弟子法度,善梵汉之言,常为译语。度本竺婆勒子,勒久停广州,往来求利,中途于南康生男,仍名南康,长名金迦,入道名法度。度初为耶舍弟子,承受经法。耶舍既还外国,度便独执矫异,规以摄物。乃言:'专学小乘,禁读方等,唯礼释迦,无十方佛。'食用铜钵,无别应器。又令诸尼相捉而行,悔罪之日,但伏地相向。唯宋故

---

①② 慧皎:《高僧传》卷一,《大正藏》第50卷,第329页中—下。

丹阳尹颜瑗女法弘尼,交州刺史张牧女普明尼,初受其法。今都下宣业弘光诸尼,习其遗风,东土尼众亦时传其法。"①对此,《出三藏记集》卷五收有《小乘迷学竺法度造异仪记》一文批评此事,而从该文的表述看,法度似乎是元嘉时期方才皈依昙摩耶舍。

根据《高僧传》卷二《卑摩罗叉传》记载,卑摩罗叉也曾经在江陵辛寺弘宣《十诵律》。卑摩罗叉"先在龟兹弘阐律藏,四方学者竞往师之,鸠摩罗什时亦预焉。及龟兹陷没,乃避地焉。顷之,闻什在长安大弘经藏,又欲使毗尼胜品复洽东国,于是杖锡流沙,冒险东入。以伪秦弘始八年,达自关中,什以师礼敬待,叉亦以远遇欣然。及罗什弃世,叉乃出游关左,逗于寿春,止石涧寺。律众云聚,盛阐毗尼"。后来,"南适江陵,于辛寺夏坐,开讲《十诵》"。② 在江陵辛寺,有释慧猷成为卑摩罗叉的弟子。《高僧传》卷一一《释慧猷传》记载:"释慧猷,江左人,少出家,止江陵辛寺。幼而蔬食履操,至性方直。及具戒已后专精禁。时有西国律师卑摩罗叉来适江陵,大弘律藏,猷从之受业,沈思积时。乃大明《十诵》,讲说相续,陕西律师莫不宗之。后卒于江陵,著《十诵义疏》八卷。"③卑摩罗叉至江陵最晚为刘宋初年,而慧猷少年出家即住辛寺,在受具足戒之后一段时间方礼卑摩罗叉为师。由此可推知,江陵辛寺确实属于东晋时期修造的佛寺,且在当时具有较大影响。

4. 上明

东晋时期,荆州上明县(今湖北松滋)有一所佛寺,在东晋和南朝有较大影响,是道安高徒昙翼所修。

在兴宁三年(365)至太元三年(378)之间的某年,昙翼于江陵主持修造长沙寺。此后,"互贼越逸,侵掠汉南。江陵阖境,避难上明。翼又于彼立寺。群寇既荡,复还江陵,修复长沙寺"④。对此,《名僧传抄》记载:

---

① 慧皎:《高僧传》卷一,《大正藏》第 50 卷,第 329 页下。
②③《大正藏》第 50 卷,第 333 页中—下、400 页下。
④ 慧皎:《高僧传》卷五,《大正藏》第 50 卷,第 355 页下。

"及丘贼入境,抄掠汉南,江陵阖境,避难上明。翼又于上明造东寺。"①此中,如汤用彤所指出,《名僧传抄》所说"丘贼"是指丘沈,但此事发生于西晋末年,时代不合。而《高僧传》的"互"为"丕"之误,即指苻丕侵犯攻打襄阳之事。②

根据《晋书》卷一一三《苻坚载记》和《晋书》卷九《孝武帝本纪》等史籍的记载,东晋太元三年(378)二月,苻坚遣其尚书令苻丕率司马慕容暐、苟苌等步骑七万围攻襄阳。此年八月七日,使持节、都督荆梁宁益交广六州诸军事、荆州刺史、征西大将军桓豁卒。十月六日,东晋朝廷以车骑将军桓冲都督荆江梁益宁交广七州诸军事,领护南蛮校尉、荆州刺史。而桓冲到江陵,以为其时苻坚前秦强盛,欲将荆州州治从江北的江陵移至江南,于是上疏说:"今宜全重江南,轻戍江北。南平孱陵县界,地名上明,田土膏良,可以资业军人。在吴时乐乡城以上四十余里,北枕大江,西接三峡。若狂狡送死,则旧郢以北坚壁不战,接会济江,路不云远,乘其疲堕,扑弱为易。臣司存阃外,辄随宜处分。"③朝廷同意后,桓冲移镇上明,使冠军将军刘波守江陵。在前秦的进攻下,江陵一度失陷。太元八年十月,东晋军队在淝水大败前秦军队,荆州的危险解除。此时,昙翼又回到江陵继续修造长沙寺。而荆州镇上明的格局暂未改变,这对佛教在上明传播提供了保障。

关于上明寺的修造,尽管文献记载在细节上还有一些差异,但时间和主持者是基本一致的。如上引《高僧传》和《名僧传抄》所记,道安弟子昙翼在桓冲移镇上明时从江陵南下,于其地修造佛寺,至"群寇既荡"之后,回到江陵开始修复长沙寺,所以上明寺是东晋太元三年(378)底开始建造的。

唐道世《法苑珠林》卷三九记载:在东晋之初,于松滋之地"置河东,

---

① 《名僧传抄》残卷,《续藏经》第77册,第352页中。
② 汤用彤:《汉魏两晋南北朝佛教史》,第146页。
③ 《晋书》卷七四,第1951页。

改迁裴、薛、柳、杜四姓居之。地在江曲之间,类蒲州河曲,故有河东目也,有东、西二寺。昔符坚伐晋,荆州北岸并没属秦。时桓冲为荆牧,邀翼法师度江造东寺安长沙寺僧,西寺安四层寺僧。符坚殁后,北岸诸地还属晋家,长沙、四层诸僧各还本寺。西、东二寺因旧广立"①。桓冲于太元三年(378)十月任荆州刺史后,将州镇迁移到长江南岸的上明,同时也将原江陵长沙寺、四层寺②的僧人一同迁移到上明。为了安置这些从江陵来的僧人,桓冲邀请昙翼于上明造新佛寺。

关于昙翼在上明所造佛寺的寺额,梁慧皎《高僧传》卷五《昙翼传》未曾标明,而在此书其他几卷中多次出现"上明寺"。《名僧传抄》所录《昙翼传》说,昙翼于"上明造东寺",但在其他部分又出现"上明寺"的提法。综合诸种文献记载,在桓冲移镇上明期间,在上明修建了东寺和西寺两座佛寺,而习惯上以"上明寺"称呼"上明东寺"。

关于上明东寺,《法苑珠林》卷三九有较为详细的记载:其一,关于大殿和塔:"大殿一十三间,惟两行柱通梁长五十五尺,栾栌重迭,国中京冠,即弥天释道安使弟子翼法师之所造也,自晋至唐曾无亏损。殿前四铁镬,各受十余斛,以种莲华。殿前塔,宋谯王义季所造。"③其二,关于"寺房":"寺房五重,并皆七架,别院大小今有十所。般舟、方等二院,庄严最胜,夏别常有千人。四周廊庑减一万间。寺开三门,两重七间,两厦殿宇横设,并不重安,约准地数取其久故。"④此寺殿宇至唐初仍然存在,如文中说:"所以殿宇至今三百年,余无有损败。东川大寺唯此为高,映曜川原实称壮观也。"

关于上明东寺从东晋至隋在弘法等方面的成就,《法苑珠林》卷三九有较为详细的记载:"自晋宋齐梁陈氏,僧徒常数百人。陈末隋初,有名

---

① ③ 道世:《法苑珠林》卷三九,《大正藏》第53卷,第598页上。
② 如前文所叙述,当时的江陵有"五层寺"而无"四层寺",也许二者所指相同,"四"为"五"字的误写。
④ 道世:《法苑珠林》卷三九,《大正藏》第53卷,第598页中。

者三千五百人,净人数千。……寺内僧众兼于主客,出万余人,当途讲说者五十三人,十三人得其圣果,各领千僧。余小法师五百余人,十诵律师有四十人,九人得圣。大小乘禅师八百余人,其得圣人二百二十四人。徒众严肃,说不可尽。"①此外,此寺重视研习经义,特别规定:"寺法立制,诵经六十纸者免维那,诵《法华》度免直岁。"②这一规定,有效保证了义学沙门的较高地位。

道世在文中特别指出了上引文字的来源:"余与慈恩寺嵩法师,交顾积年。其人即河东罗云法师之学士也,云此寺本曾住万僧,震旦之最。闻之欣然,莫测河东之号,请广而述之,亦佛法之大观也。"③此中所说的"罗云法师",《续高僧传》卷九有传。

释罗云(543—616),姓邢氏,南郡松滋人。"初从上明东寺出家,志操所怀,附参成德。"后至金陵更随道朗学习三论。"云以三论奥义未被荆南,二障多阻",于是回到故乡,"有龙泉寺,地隔嚣尘,心存闲旷,乃居之五十余年。修缉栋宇,常坐不卧,领徒五百,时呈翘楚"④。此地"昔释道安于上州东寺造堂七间,昺翼后造五间,连甍接栋横列十二。云此堂中讲四经、三论各数十遍,不于文外别有撰述,皆心思口演,冰释理顺,故得空、有两忘,教义双举"⑤。道宣于此传中提及道安造上明东寺大殿的传说:"传云:安公乘赤驴,从上明往襄州檀溪,一夕返覆,捡挍两寺并四层三所。人今重之名为驴庙,此庙即系驴处也。"⑥对这一传闻,道世向罗云法师的弟子慈恩寺嵩法师询问:"弥天释氏宇内式瞻云'乘赤驴荆、襄朝夕而见',未审如何?"嵩法师回答说:"虚也。"道世又问:"若尔虚传,何为东寺上有驴台,岘南有中驴村?据此行由,则乘驴之有地也。"回答是:"非也。后人筑台于寺,植树供养焉。有佛殿之侧顿置驴耶?又中驴之

---

① ③ 道世:《法苑珠林》卷三九,《大正藏》第 53 卷,第 598 页上。
② 道世:《法苑珠林》卷三九,《大正藏》第 53 卷,第 598 页上—中。
④ 道宣:《续高僧传》卷九,《大正藏》第 50 卷,第 493 页上。
⑤ 同上书,第 493 页中。
⑥ 同上书,第 493 页中—下。

名,本是鄀国郞国之故地也。后人不练,遂妄拟之。"① 道世的记载是对的,道宣所记纯粹是传闻,不足凭信。

上明寺的修造是在襄阳被前秦军队包围的情况下发生的。而道安被东晋守将朱序所限制,不得离开襄阳。此时道安又一次分张徒众,慧远兄弟等都是在此背景下离开襄阳的,有些还到了上明寺。如《高僧传》卷六《慧远传》记载:"后随安公南游樊河。伪秦建元九年,秦将符丕寇斥襄阳,道安为朱序所拘,不能得去,乃分张徒众,各随所之。……远于是与弟子数十人,南适荆州,住上明寺。"②《高僧传》卷六《释慧持传》记载,慧远也跟随慧远至荆州住于上明寺,不久又一起至庐山。

竺僧辅以及道安弟子昙徽也于此时南下至上明寺,其事迹见第四章第二节。

关于上明西寺,见于记载的不多。唐初沙门释法琳撰《辨正论》卷七依据《宣验记》说:

> 晋义熙十一年,太原郡郭宣与蜀郡文处茂,先与梁州刺史杨收敬为友,收敬以害人被幽。宣与处茂同被桎梏,念观世音。十日已后,夜三更,梦一菩萨慰喻之,告以大命无忧,亦觉而锁械自脱,及晓还著,如是数过。此二人相庆发愿,若得免罪各出钱十万与上明西寺作功德。共立重誓,少日俱免。宣依愿送钱向寺,处茂违誓不送。卢循起兵,茂在戎,于查浦为流矢所中。未死之间曰:"我有大罪。"语讫而。③

此故事说明,上明西寺在东晋末年颇有影响。

此外需要指出,不管《高僧传》、《续高僧传》以及《名僧传》等有关南

---

① 道世:《法苑珠林》卷三九,《大正藏》第 53 卷,第 597 页下—598 页中。
② 慧皎:《高僧传》卷六,《大正藏》第 50 卷,第 358 页上。
③ 《大正藏》第 52 卷,第 538 页上。

北朝佛教的史籍标明的是"荆州上明寺"还是"江陵上明寺",指的都是今湖北省松滋市的佛寺。如梁宝唱《名僧传》现存目录中有"晋江陵上明寺释昙微"和"宋江陵上明寺释惠庄"的说法,但不能依此而说今日江陵市在东晋时期有上明寺,因为南朝时期有"江陵郡"的设置。关于江陵,汉代设置江陵县,为南郡治所。南齐时改置江陵郡,而松滋县则直属江陵郡管辖,因而说"江陵郡"的"上明县"也是可以的。

5. 武陵、长沙

见于《高僧传》记载,东晋时期今湖南省内至少有三座佛寺,一所位于武陵郡(郡治在今湖南常德西)的平山,一所位于长沙的岳麓山,一所位于武当山。

《高僧传》卷一三《释慧元传》记载,释慧元,河北人。"为人性善,喜愠无色。常习禅诵经,劝化福事,以为恒业。晋太元初,于武陵平山立寺,有二十余僧。飡蔬幽遁,永绝人途。以太元十四年卒。"此寺后来习称平山寺,是目前所知唐初之前佛教史籍所记载的今湖南境内较早的佛寺。《高僧传·释慧元传》记载,慧元于太元十四年(389)圆寂之后,此寺仍然有僧居住修道,"寺内常闻空中应时有磬声,依而集众,未尝差失。沙门竺慧直居之,直精苦有戒节,后绝粒唯饵松柏,因登山蝉蜕焉"①。

关于释慧元,唐代僧人神清《北山录》卷八说:"崔慧元营寺于武陵。既殁,武当山下有见者,神色甚畅,寄语于寺僧曰:'勿令寺业有废。'自是空中依时有磬声也。"②《北山录》大概以俗姓称呼释慧元,其余文字与《高僧传》相同。

关于岳麓山寺的初建,唐代之后的说法都以之初建于西晋武帝泰始四年(268)。此说不知其最终根据为何,而被后世所称道的唐代大书法

---

① 《大正藏》第 50 卷,第 410 页上。
② 《大正藏》第 52 卷,第 623 页下。

家李邕所撰写的《麓山寺碑》无疑使这一说法得到广泛传播,宋代《佛祖统纪》直接将此事编入泰始四年下。

《麓山寺碑》,常称"李北海碑",唐开元十八年(730)李邕赴贬所途中撰书,黄仙鹤篆刻。世人以为李邕与黄仙鹤是两人,《岳麓书院志》则言之凿凿地说"仙鹤为邕托名"。湘人将文、书、刻三者都归并于李邕,并据此称为"三绝碑"。此碑叙述了麓山寺修造以来的历代高僧事迹。关于此寺的早期历史,碑文说:

> 麓山寺者,晋太始四年之所立也。有若法崇禅师者,振锡江左,除结涧阴,尝与炎汉太宗长沙清庙栋宇接近,云雾晦冥,赤豹文狸,女萝薜带。山祇见于法眼,窦后依于佛光,至请旧居,特为新寺。禅师洎翌日,弘聚谋界众表之,明诏行矣。水臬有制,丘墟尽平。太康二载,有若法导禅师,莫知何许人也。默受智印,深入证源。不坏外缘,而见心本。无作真性,而注福河。大起前功,重启灵应。神僧银色化身丈余,指定全模,标建方面。法物增备,檀供益崇。广以凌云之台,疏以布金之地。有若法愍禅师者,江夏人也。空慧双铨,寂用同辔。慈目相视,净心相续。综核万法,安住一归。注《大道经》,究上乘理。永托兹岭,克终厥生。逮宋元徽中,尚书令湘州刺史王公讳僧虔,右军之孙也。信尚敬田,作为塔庙。追存宝相,加名宝山,矧乎弓冶笔精,陶甄意匠。留书藏石,缄妙俟时。候法宇之阨,期珍价以兴葺。远虑将久,遗事未彰。……

此文说,麓山寺为晋太始四年(268)法崇禅师所立,太康二载(281)法导禅师"大起前功",后则有法愍禅师安住此寺,注释《大道经》。此中所说的法导禅师,不见于僧传,竺法崇和法愍禅师则于梁慧皎《高僧传》中有简略传记。

《高僧传》卷四《竺法崇传》全文如下:

> 竺法崇,未详何人,少入道,以戒节见称,加又敏而好学,笃志经

记,而尤长《法华》一教。尝游湘州麓山,山精化为夫人,诣崇请戒,舍所住山以为寺。崇居之少时,化洽湘土。后还剡之葛岘山,茅庵涧饮,取欣禅慧。东瓯学者,竞往凑焉。与隐士鲁国孔淳之相遇,每盘游极日,辄信宿妄归,披衿顿契,自以为得意之交也。崇乃叹曰:"缅想人外三十余年,倾盖于兹,不觉老之将至。"后淳之别游。崇咏曰:"浩然之气,犹在心目。山林之士,往而不反。其若人之谓乎?"崇后卒于山中。著《法华义疏》四卷云。①

首先需指出,此传所写确实与上述李北海《麓山寺碑》所说法崇禅师为同一僧人。然将二者对照考辨,便可发现,法崇禅师并非西晋僧人,而是东晋时期僧人。最重要的证据就是《高僧传·竺法崇传》所叙述的被法崇当作知己的"隐士鲁国孔淳之"的活动年代。

关于孔淳之,《宋书》和《南史》都将其列入"隐逸传"中。经过对照,《南史》卷七五《孔淳之传》文字稍多,然与《宋书》卷九三《孔淳之传》相比,仅是多了几段趣事,主体部分相同。鉴于《宋书》撰成时代早很多,在此仅仅引用《宋书》传文作分析。

孔淳之(372—430),字彦深,鲁郡鲁人。《宋书》卷九三《孔淳之传》说:

> 祖怆,尚书祠部郎。父粲,秘书监征,不就。淳之少有高尚,爱好坟籍,为太原王恭所称。居会稽剡县,性好山水,每有所游,必穷其幽峻,或旬日忘归。当游山,遇沙门释法崇,因留共止,遂停三载。法崇叹曰:"缅想人外,三十年矣,今乃公倾盖于兹,不觉老之将至也。"及淳之还反,不告以姓。除著作佐郎,太尉参军,并不就。居丧至孝,庐于墓侧。服阕,与征士戴颙、王弘之及王敬弘等共为人外之游。弘以女适淳之子尚。会稽太守谢方明苦要入郡,终不肯往。茅室蓬户,庭草芜径,唯床上有数卷书。元嘉初,复征为散骑侍郎,乃

---

① 《高僧传》卷四,《大正藏》第50卷,第350页中—下。

逃于上虞县界，家人莫知所之。弟默之为广州刺史，出都与别。司徒王弘要淳之集冶城，即日命驾东归，遂不顾也。元嘉七年，卒，时年五十九。①

将此传中的文字与上引《高僧传·竺法崇传》中有关法崇与孔淳之交游的文字对照便可发现，二者所叙述基本事实相同，而《宋书》稍微详细些，尤其是补充了二人在一起游山三年的细节。

现存的文献中都未列出法崇的生卒年，而从《宋书·孔淳之传》所列孔淳之的几件事可以推知，法崇到会稽是在东晋末年。理由是：《宋书·孔淳之传》说"会稽太守谢方明苦要入郡，终不肯往"。经查《宋书》卷五三《谢方明传》可知，谢方明于永初三年（422）"出为丹阳尹，有能名。转会稽太守"②。元嘉三年（426），谢方明卒于会稽太守位，年四十七。

从谢方明的这一行历以及谢方明曾经守孝三年等事可以推出，法崇与孔淳之的交游发生于东晋末年，至少是义熙末年。谢方明卒年为元嘉三年（426），前推八年（守孝三年加二人一起交游三年，再加"服阕"后与戴颙、王弘之、王敬弘等共游的时间），可得义熙十四年（418）为法崇结识孔淳之的下限。然后，依据法崇与孔淳之交游时所说的话——"缅想人外三十余年，倾盖于兹，不觉老之将至"，可大致知晓二人相识时法崇正处于由中年向老年阶段的变化。因为法崇"少入道"以及"缅想人外三十余年"，二者叠加即可得法崇于东晋末年至会稽与孔淳之相识时，最大可能是四十余岁。

僧传说，法崇在湘州麓山以山为寺，且"居之少时，化洽湘土"③，然后再至会稽。如僧传的叙述中间无时间上的间断的话，法崇建麓山寺的时间也是在东晋安帝时期，很大可能是在义熙年（405—418）中期。

前引《麓山寺碑》中说到法愍禅师，梁慧皎《高僧传》卷七有传，署为"宋长沙麓山释法愍"，而梁宝唱《名僧传》则标示为"晋江夏五层寺法愍"。

---

① 《宋书》卷九三《孔淳之传》，第2283—2284页。
② 《宋书》卷五三，第1524页。
③ 《高僧传》卷四，《大正藏》第50卷，第350页下。

梁慧皎《高僧传》卷七说，法愍禅师为"北人"，而《麓山寺碑》说其为"江夏人"。梁慧皎《高僧传》卷七记载："时沙门僧昌于江陵城内立塔，刺史谢晦欲坏之。愍闻，故往谏晦，晦意不止。愍于是隐迹于长沙麓山，终身不出。"①前文已经考证，谢晦任荆州刺史的时间为刘宋少帝登基(423)至文帝元嘉三年(426)，而欲毁坏江陵五层寺舍利塔之事即发生于此一时间段之中。可见，法愍禅师到麓山的时间确实在刘宋时期，因此《高僧传》称其为"宋长沙麓山释法愍"很恰当。法愍在麓山著《显验论》以明因果，并注《大地道经》。后卒于麓山，春秋八十三。弟子僧道立碑颂德。

第三节 十六国时期佛教在北方的传播

西晋建兴四年(316)，隶属于汉国的匈奴人刘曜带领军队攻占长安，晋在北方的统治宣告结束。广大的北方地区则先后有匈奴、鲜卑、羯、氐、羌五种异族建国，约有十六国之多，故称为五胡十六国。直到436年，北燕被北魏所灭，北方才重归于统一。然而，佛教在北方十六国的后赵、前秦、后秦与北凉等一些有影响的大国中，却获得了统治者的信仰与支持，得以广泛地传播。后赵的石勒与石虎均是羯人，而他们对于高僧佛图澄却十分礼敬；前秦的苻坚对待高僧释道安倍加尊敬，视为"国之大宝"；后秦的姚兴对鸠摩罗什更是隆礼有加。后赵、前秦、后秦三个政权统治时期，分别出现了以佛图澄、道安、鸠摩罗什为代表的僧团。这三大僧团分别在不同时期、不同方面对中国佛教的发展作出了重大贡献。本节拟从政教关系入手，概括叙述西晋、十六国佛教的传播的基本情况。僧团部分则在下章专门叙述。

一、北方十六国的更替与佛教政策

从304年巴氏李雄和匈奴刘渊分别建立政权开始，到439年魏灭北

---

① 《大正藏》第50卷，第372页上。

凉止一百三十六年间,在中国北部和四川先后建立了二十个割据政权。其中除四个汉族政权(西凉、北燕、前凉、冉魏)外,其他政权的统治者为匈奴(包括匈奴卢水胡和匈奴铁弗部)、羯、鲜卑、氐、羌五族,史称"五胡"。北魏后期的历史学家崔鸿曾撰《十六国春秋》,分国记载这一时期十六个民族政权的历史,后人因此而将这一时代概称为"五胡十六国"。十六国是:成(汉)、大夏、前赵、后赵、前秦、后秦、西秦、前燕、后燕、南燕、北燕、前凉、后凉、南凉、北凉、西凉。实际上,当时的政权并不止十六国。此外,还有汉(304年刘渊所建)、代(北魏前身)、冉魏(350—352年,汉人冉闵所建)、西燕(384—394)等。

十六国简表

民族	国名	建都	创立者	兴亡年代	亡于何国	备注
匈奴	汉、前赵	长安	刘渊、刘曜	304—329	后赵	
	夏	统万(陕西横山)	赫连勃勃	407—431	吐谷浑	
	北凉	张掖(后迁姑臧)	沮渠蒙逊	397—439	北魏	
氐	成汉	成都	李雄、李寿	304—347	东晋	初名成,后改汉
	前秦	长安	苻洪、苻坚	350—394	后秦	
	后凉	姑臧	吕光	386—403	后秦	
羯	后赵	襄国、邺	石勒	319—351	冉魏	
鲜卑	前燕	龙城、邺	慕容皝	337—370	前秦	
	后燕	中山(河北定县)	慕容垂	384—407	北燕	
	西秦	苑川、金城	乞伏国仁	385—431	夏	
	南凉	乐都(青海乐都)	秃发乌孤	397—414	西秦	
	南燕	广固(山东益都)	慕容德	398—410	东晋	
羌	后秦	长安	姚苌	384—417	东晋	
汉	前凉	姑臧	张轨、张寔	317—376	前秦	
	西凉	敦煌	李暠	400—421	北凉	
	北燕	龙城(辽宁朝阳)	冯跋	407—436	北魏	

晋惠帝永兴元年(304),匈奴贵族刘渊在左国城(今山西离石)称汉王,宣告独立。几乎是同时,氐人李雄依仗着手下的一批流民,在成都自称成都王。这两件事,宣告了十六国乱世的开始。十六国时期的历史,以秦、晋淝水之战(383年)为界,可划分为前后两个时期。秦晋淝水之战前,北方先后出现的政权主要有成汉、前赵、后赵、冉魏、前燕和前秦。

刘渊系匈奴左部帅刘豹之子,魏晋之际曾以质子身份长期留居洛阳,汉化程度很深。刘豹死后,他继为左部帅。304年起兵反晋,建国号为汉(304—318)。309年称皇帝,都城由离石迁至平阳。刘渊死后,子刘聪杀太子刘和自立。西晋灭亡后,汉国控制了黄河中下游广大地区。但刘聪父子都是昏庸的统治者,推行"胡汉分治"政策,民族压迫非常强烈,因此汉国的统治一直很不稳定。318年,外戚靳准发动政变,汉国分裂为前后二赵。

前赵(304—329)是刘聪族弟刘曜建立的。318年靳准政变,平阳城内刘氏男女老幼全部被杀。坐镇长安的刘曜遂自立为帝,并派兵族灭了靳氏,次年改国号为赵,都长安,史称前赵。328年,刘曜兵败被杀。次年,石勒派兵攻入长安,前赵灭亡。

后赵(319—351)是石勒建立的。319年,石勒在襄国称赵王,灭前赵后改称皇帝,后迁都邺城(今河北临漳西南),史称后赵。后赵全盛时的统治区域南过淮河,北及燕代,西起河西,东到大海,是与东晋对峙的大国。石勒死后,其养子石虎从石勒子石弘手中夺得帝位。由于荒淫暴虐,穷兵黩武,后赵各种社会矛盾日益尖锐。石虎死后,诸子争立,互相残杀。350年,石虎养孙汉人冉闵夺取政权,自立为帝,改国号为魏,史称冉魏(350—352)。

前燕(337—370)是鲜卑慕容氏建立的政权。慕容氏在西晋时就是东北塞外的强大部族。337年,慕容皝自称燕王,迁都龙城(今辽宁朝阳)。慕容皝之子慕容儁继位后,灭了冉魏,先后迁都蓟(北京西南)和邺,352年称帝,成为据有黄、淮河之间广大区域、在北方与前秦对峙的强大政权。370年,被前秦灭亡。

前秦(350—394)：当前燕进入中原的时候，氐族首领苻健也建立了前秦。苻健的父亲苻洪是临渭(甘肃秦安)的氐族豪强。他投归石虎，被迁到枋头(今河南浚县西南)。石虎死后，他有众十万，自称三秦王。苻洪死，苻健继位，西入关中，进据长安。351年，苻健自称天王，国号秦，都长安，史称前秦。苻健在关中减轻赋税，发展生产，优待士族，尊崇儒学，各方面都有了一些起色。苻健死后，子苻生即位。苻生极端残暴，不久，苻健的侄子苻坚在汉、氐大臣的支持下，杀了苻生，做了大秦天王。

370年，前秦灭掉了前燕，占有关东六州，并对新附地区采取安抚政策，让鲜卑贵族继续领军。不久，前秦又降服了仇池的杨纂，于其地置南秦州。373年，前秦从东晋手中夺得了西线重要的战略基地汉中、益州，拥有了对东晋顺江而下的战略优势，南中的邛、筰、夜郎皆降。前秦分别于其地置梁州、益州和宁州。376年，又攻灭了张氏的前凉和鲜卑拓跋部在代北建立的代国，统一了北方。其版图"东极沧海，西并龟兹，南苞襄阳，北尽沙漠"。

376年，前秦统一北方后，就急于进攻东晋以统一全国。383年7月，苻坚下诏大举伐晋，在全国征兵。8月，苻坚从长安启程，组成90万大军，号称百万，长驱南侵，欲问鼎江南，踏平东晋。晋相谢安，派出以谢玄、谢石为首的八万军队在淮南迎战。苻坚派前在襄阳俘获的晋将朱序前往劝降。朱序心向晋室，借机将军情密告谢石，并建议趁秦军兵力尚未集中，迅速挫其前锋。谢石采纳其计，于是派刘牢之率精兵五千渡过洛涧，一战斩秦军将领十人，秦兵万余被歼，首战告捷，晋军士气大振，于是水陆并进。苻坚与其弟苻融登上寿阳城，见晋军队伍严整，又望见八公山上草木，以为是晋军伏兵，对苻融说："此亦劲敌"，怔然有惧色。谢石将晋军推进至淝水，苻融隔水为阵。谢石"遣使谓融曰：'君若小退师，令将士周旋，仆与君公缓辔而观之，不亦美也？'融于是摩军却阵"。苻融原想趁晋军半渡淝水时出兵击之，没有想到，军队一退，就一发而不可收拾，狂奔骇退，士无斗志，阵中还有东晋降将朱序高喊"秦军败了！"被胁迫参军的各族人民乘机逃跑,阵势大乱。苻融马倒被杀,秦军大败。谢石乘胜追击,苻坚被流矢射中,单骑遁还淮北,狼狈不堪。谢玄乘胜攻进洛阳、彭城,收复大批失地。苻坚逃到关中,不久为部下所杀。

淝水之战进一步确定了早已存在的南北对峙的局面。东晋的胜利,使南方避免了一场大的混乱和破坏,经济文化得以继续发展;前秦的失败,使一个主要靠政治、军事强力维持的北方统一政权迅速瓦解,在统一政权掩盖下的各种矛盾又充分展开。384年,前燕贵族慕容垂首先建立后燕,羌族姚苌自称秦王。次年苻坚为姚苌所杀。从这之后的半个多世纪(384—439年)里,各族上层分子先后在北方建立了十三个政权,北方再度陷入分裂和混乱之中。

这些国家建立情况大致如下:关东地区先后出现的国家有六个,他们是:鲜卑慕容垂建立的后燕(384—407年),都中山(今河北定县);鲜卑慕容冲建西燕(385—394年),都长子(今山西长治);鲜卑拓跋珪重建代国,后称魏(北魏,386—534年),都盛乐(今内蒙古和林格尔);鲜卑慕容德建南燕(398—410年),都广固(今山东益都);汉人冯跋建立北燕(407—436年),都龙城。还有丁零翟氏据滑台(今属河南),建立的翟魏(388—392年)。关中地区则有羌族姚苌建立的后秦(384—417年),都长安。匈奴铁弗部赫连勃勃建立的夏(407—431年),都统万(今陕西横山)。河西走廊民族复杂,先后出现了五个国家,即鲜卑乞伏国仁建立的西秦(385—431年),都苑川(今甘肃榆中);氐人吕光建立的后凉(386—403),都姑臧(今甘肃武威);卢水胡沮渠蒙逊建立的北凉(397—439年),都张掖;鲜卑秃发乌孤建立的南凉(397—414年),都廉川堡(今青海乐都);汉人李建立的西凉(400—421年),先后都敦煌、酒泉。

"五胡"纷起,对秦汉以来的历史进程形成重大冲击和破坏。与此同时,十六国在寻求汉化、强化君权、建设法制和振兴文教上,是有作为的。而这些民族进入内地,在各方面最终都走向汉化,客观上形成了民族大融合的局面。

十六国时期的北方,为争夺土地、人民和财富,各政权之间争战不休,给各族人民带来了极大灾难,社会生产受到严重破坏。"人力凋残,百姓愁悴"①,"上下离德,百姓思乱者十室而九焉"②,是各国存在的普遍现象。有一些政权颇为残暴,如后燕皇帝慕容垂率军围攻前秦苻丕占据的邺城,久攻不下,竟决漳水灌城,城外百姓尽死,城墙"不没者尺余",危害十分严重。又如夏国王赫连勃勃不但在战争中大批地掳掠和坑杀人民,平时也常无故杀人,他强征十万民夫,筑国都统万城,"视民如草芥,蒸土以筑都城,铁锥刺入一寸,即杀作人而并筑之"。又使人造弓矢、铠甲,"射甲不入即斩弓人;如其入也便斩铠匠,凡杀工匠数千人"③,因而人民的反抗也很激烈。可以说,战乱和危机,苦难和悲情,是贯穿这一时期的历史基调。而这些苦难,也是这一时期佛教在北方较为迅速传播的原因之一。

少数民族入住中原并且建立政权,一方面展现为军事和政治的冲突,但在另一方面也展现为一个民族融合的过程。最突出的体现是在生产方式、生存方式等等经济层面,其次则是政治、宗教以及思想文化等等方面。限于本著的性质,关于前者不再赘述,对后者则需略作叙述论证。

十六国时期,"五胡"在北方建立了十几个政权。尽管这些政权在军事上取得了优势或者某种程度的成功,在政治上取得一定区域的统治权,但不可否认,在政治合法性和文化认同上都不同程度地存在需要调整和探索的问题。而大多数政权在建立之后,纷纷以儒家思想或者华夏文化传统来为自己寻找政治合法性的根源,一些政权则意识到佛教也能够在某种程度上为其提供政治合法性的支持。十六国时期,佛教在北方的发展之所以能够进入较快发展的轨道,这一背景的作用不容低估。东汉、三国和西晋时期相比,在佛教传播的背景方面,十六国时期发生的最大变化是佛教不再完全游离于国家意识形态之外,佛教首次超越了民间

---

① 《晋书》卷八七,第 2268 页。
② 《晋书》卷一二四,第 3093 页。
③ 《魏书》卷九五,第 2052 页。

层面而被纳入政治领域。十六国某些政权,如后赵、前秦、后秦等等,佛教成为与儒家并列的国家意识形态。

十六国多为少数民族建立的政权,他们入主中原,当务之急是要尽快确立自己在中原地区的统治地位。体现在政治文化上,同汉族统治者一样,少数民族政权的统治者需要通过一系列的政治举措来"证实"自身政权的合法性。他们不但改正朔,易服色,制礼作乐,以图在种种外在形式上标榜正统,更重要的是他们希望从华夏文化的"法统"层面获得历史的深厚感。十六国时期,自刘渊称汉王始,便追溯自己的先祖到刘邦,说自己是刘氏皇族的后裔,尊奉汉朝为正统,称自己建立刘汉是"绍修三祖(汉高祖、汉文帝、汉武帝)之业"。此后,氐族谓自己是有扈氏的后代,鲜卑族自称是黄帝之苗裔,前燕鲜卑族的慕容氏,便自称"其先有熊氏(黄帝)之苗裔",北魏拓跋族统治者也声称自己是黄帝的后裔。天兴元年(398),道武帝拓跋珪定都平城登基称帝之时,"群臣"便上奏"以国家继黄帝之后"。高句丽族的北燕王慕容云"自云高阳氏之苗裔",匈奴族的赫连勃勃"自以匈奴夏后氏之苗裔也,国称大夏"。上述这些"远祖追述",是当时少数民族政权通过历史叙述对汉族政权在政治文化上的一种仿效与趋同。这种仿效与趋同的结果,是使少数民族政权在实施统治的过程中不得不遵循汉族政权在长期统治过程中形成的诸多规则,也使流传已久的汉族的政治文化渗透到了这一时期北方少数民族政权的方方面面。与此同时,秦汉以来汉族史书中那种与政权传承相关联的带有浓烈政治文化色彩的"五德终始"说与图谶预言,也为北方少数民族统治者悉数吸收,为确立政权的正统性服务。如刘曜便宣称自己建立的政权是所谓"水承晋金行";石勒在称赵王之后,遵从五行学说承认赵承金为水德,崇尚玄色等。① 北方内迁民族所建政权的"国号"问题,在很大程度

---

① 此段叙述参见邹绍荣《史学与十六国北朝民族政治文化的融合》,《中国社会科学院研究生院学报》2006年第2期。

上反映了对于汉族既定"法统"的靠拢和认同。总之，十六国的少数民族政权出于统治的需要，自觉或不自觉地在政治文化上将自己"归属"于长期延续的汉族政权的传承体系之中。

汉魏时期，出于巩固政权的需要，以儒家倡导和宣扬的道德规范和礼仪制度去约束臣民，推行教化，这是统治者重要的政治举措，它表明儒家学说成为这一时期各政权实施统治过程中在思想体系上的选择，其具体表现是对孔子的尊崇和对儒学教育的重视。《史记·孔子世家》中说，西汉初期，汉高祖刘邦路过鲁地，便"以太牢祠"孔子，而"诸侯卿相至"，也是"常先谒然后从政"，这是两汉重视儒学的一个开端。到汉武帝时期，至少在外在宣传上是"独尊儒术"的，即以儒家学说为其统治的思想基础因而《史记·孝武本纪》中说"上向儒术"。这种"向儒"的行为在东汉统治者那里表现得更为突出，所谓"光武中兴，爱好经术，未及下车而先访儒雅"。此后的东汉统治者，尊孔重儒，日胜一日。其主要表现是，亲自或派遣大臣到曲阜祭祀孔子及孔门诸贤，封赏孔子后裔，在孔宅举行讲经会，礼遇儒生讲论儒经，等等。这种重儒传统在魏晋时期相沿不改。而"重儒"的最终目的，则是为了政治上的"致治"，这在《汉书·儒林传序》中说得非常清楚。因而，它是自汉魏以来汉族政权政治文化的重要组成部分。内迁各族统治者都继承了以儒家思想为核心的中原文化传统，在意识形态上，十六国和北朝内迁各族帝王都无例外地崇尚两汉以来的儒学传统，以儒学为正统思想，并都排斥以谈玄为形式的老庄学，对这一时期北方的民族融合产生了极大的社会效应。

佛教传入中国，由西晋末年影响甚微，而到了十六国末期，佛教僧尼和佛寺数量大增，以致于至北魏末年，天下寺院三万有余、僧尼二百万，北齐、北周僧尼则增至三百万。这一巨大变化，固然原因复杂，但朝廷的支持、官吏的襄助是最主要的原因。十六国的上层统治集团支持佛教的发展，是因为他们逐渐认识到了佛教的巨大社会功能，可以发挥世俗的政治权力所无法达到的作用。从总体上说，这一时期由内迁少数民族建立的政权中,奉佛者占大多数,而反感佛教者寥寥。对此,后赵石虎君臣的一段对话可以成为这一时期诸国佛教政策的典型表述。中书令著作郎王度上奏石虎说:

> 夫王者郊祀天地,祭奉百神,载在祀典,礼有尝飨。佛出西域,外国之神,不施民,非天子诸华所应祠奉。往汉明感梦,初传其道,唯听西域人得立寺都邑,以奉其神,其汉人皆不得出家。魏承汉制,亦修前轨。今大赵受命,率由旧章,华、戎制异,人、神流别,外不同内,飨祭殊礼,荒夏服祀,不宜杂错。国家可断赵人悉不听诣寺烧香礼拜,以遵典礼,其百辟卿士下逮众隶,例皆禁之。其有犯者,与淫祀同罪,其赵人为沙门者,还从四民之服。①

而石虎则下书拒绝说:

> 度议云:佛是外国之神,非天子诸华所可宜奉。朕生自边壤,忝当期运,君临诸夏,至于飨祀,应兼从本俗。佛是戎神,正所应奉。夫制由上行,永世作则。苟事无亏,何拘前代? 其夷赵、百蛮,有舍其淫祀乐事佛者,悉听为道。②

王度等大臣坚持禁止佛教传播的理由是早在先秦就存在的"夷夏之别"。而在昔日所谓的"夷狄"已成为中原的统治者的背景下,这一论调显得颇为可笑。当然,在王度的奏文中已经隐然地承认政权的建立者已是"华"的一部分。但王度这一近乎阿谀的言辞,并未使得石虎以"华族"的一部分来思维。他明确地指出,自己"生自边壤",尽管"君临诸夏",但在宗教信仰方面然仍"应兼从本俗",而"佛是戎神,正所应奉"。自此,自汉代以来不许汉人出家的政府禁令被正式取缔了,汉人此前不大"合法"的出家变为合法了。后赵的这一佛教政策,成为十六国普遍采取的一种模式。十六国时期,佛教在北方的迅速传播,政治、文化甚至信仰方面的"合法

---

①② 慧皎:《高僧传》卷九,《大正藏》第50卷,第385页下。

性"成为最重要的原因。下文对这一时期奉佛的主要政权的佛教政策以及在其统治期间佛教传播情形的分析叙述,将具体证实这些事实。

二、后赵社会与佛教传播

后赵政权是由羯族首领石勒建立的。

石勒,幼时起名匐勒,后得字世龙。生于西晋武帝咸宁五年(279),卒于东晋成帝咸和八年(333),上党武乡(今山西榆社北)人。起兵赵魏后,汲桑令他更姓为石,始名石勒。

关于羯族的种属问题,各学者观点各异,至今尚未有统一的看法。本著采用"西域胡人"的说法,即主要指祖居中亚地区、并具有雅利安血统的种族。① 因为这一说法能够比较合理地解释其与佛教的亲和力。

《晋书》卷一〇四《石勒载记上》载:"石勒字世龙。……其先匈奴别部羌渠之胄。"②《魏书》卷九五《羯胡石勒传》云:"其先匈奴别部,分散居于上党、武乡、羯室,因号羯胡。"③当时称为别部,意为与匈奴本非一族。被称之为羯,也并不完全是因为居于羯室,晋朝之杂胡皆可称为羯。《晋书》曾以"羯贼"称呼刘载、刘聪与刘曜,《南齐书》以"羯胡"称卢水胡等都可作为例证。而严格来说,魏晋南北朝史书上的羯胡则限于河北区域内(亦即山西、河北间的新徙诸胡),如李善《文选注》在沈休文《齐安陆昭王碑》注中引朱凤《晋书》说:"前后徙河北诸郡县,居山间,谓之羯胡。"匈奴族与其他各族融合的结果形成了多种杂胡,但是羯族在种族上还是有别于其他杂胡的,它不仅领袖着西域胡人,而且整个民族中西域胡人占了很大的比重。

羯族中包含了很多西域胡,是有很多证据的。首先,从相貌上说,羯

---

① 参见王青《石赵政权与西域文化在中原的传播》,《西域研究》,2002年第3期。本观点的论述部分也同见于此文。
② 《晋书》卷一〇四,第2707页。
③ 《魏书》卷九五,第2047页。

族的特征是深目、高鼻、多须,这是典型欧罗巴人种,是西域胡人的典型相貌。第二,羯胡中多有西域胡姓。如石勒家族的姓氏为石姓,很有可能即是昭武九姓之一,表明其来自于石国,也有可能"羌渠"即"康居"之异译。另外,羯胡中尚有支姓(可能来自月支国)、白姓(可能来自龟兹国),另外有人名粟特康,更明显地表明其来自于粟特康国。第三,羯族的葬俗是用火葬。《晋书》卷一〇五《石勒载记》下记载,石勒曾下令:"其烧葬令如本族。"①而石国正是盛行火葬的。《隋书》卷八三《西域·石国传》云:"正月六日、七月十五日以王父母烧余之骨,金瓮盛之,置于床上,巡绕而行。"②第四是宗教。据《晋书》卷一〇七《石季龙载记下》记载:石虎死后,汉人冉闵欲有不利于羯胡之举动,"龙骧孙伏都、刘铢等结羯士三千伏于胡天,亦欲诛闵等"③。而胡天是西域之神,祀胡天乃是信仰袄教的标志。第五,在语言上的蛛丝马迹,表明羯胡的祖先来自昭武九姓国。《晋书》卷一〇四《石勒载记上》记载石勒的祖父名耶奕于,与石勒的父亲"并为部落小率"。④ 耶奕于,应该来源于波斯语。

以上的这些证据,足以说明羯族是一个包含了很多西域胡的杂胡,这些西域胡人作为匈奴部族的一部分而内迁,因此,当石赵政权建立之后,它的政策也就明显地具有"崇胡"的特色。如石赵严禁称胡,号"胡"为"国人",对一切带有"胡"字的物品也作了相应的改称。这绝不仅仅是称呼上的改变,而是表明西域胡人与文化将成为这个国家占统治地位的人种与文化。而作为外来文化的佛教,在汉晋时期就一直被称为"胡文化"的一部分。从这个意义上说,后赵对于佛教的提倡,不仅仅渊源于佛图澄个人的因素。

崇尚武力而好杀戮的石勒本身的行为与佛教教义相去甚远,而佛图

---

① 《晋书》卷一〇五,第 2736 页。
② 《隋书》卷八三,第 1850 页。
③ 《晋书》卷一〇七,第 2791 页。
④ 《晋书》卷一〇四,第 2707 页。

澄则以投石勒之所好而取得其信任，借机劝其去杀好德。"可是奇怪的是，佛图澄是如何将一种对石虎的残暴行为有种种约束的宗教灌输给他，并获得尊宠的呢？一个重要的手段就是结合西域民族的宗教文化传统来宣扬佛教。佛图澄不仅懂羯族语言，而且深切了解羯族的宗教、方术等文化传统。我们知道，佛图澄的传教方式主要是通过预测、神咒、疗病以及其他种种方术来树立人们对佛教的信仰，而有些方术我们可以肯定是西域昭武九姓国的传统方术。"①如《高僧传·佛图澄传》载："澄左乳傍有一孔，围四五寸，通彻腹内。有时肠从中出，或以絮塞孔。夜欲读书，辄拔絮，则一室洞明。又斋日辄至水边，引肠洗之，还复内中。"②据张鹭《朝野佥载》卷三载："河南府立德坊，及南市西坊，皆有僧妖③神庙。每岁商胡祈福，烹猪羊，琵琶鼓笛，酣歌醉舞。酬神之后，募一僧为袄主。其袄主取一横刀，利同霜雪，以刀刺腹。食顷，平复如故。盖西域之幻法也。"《高僧传·佛图澄传》称佛图澄"善能神咒，以麻油杂胭脂涂掌，千里外事，皆彻见掌中，如对面焉"④。《佛图澄传》载佛图澄曾经祈水，其法也见于其他西域僧人的传记中。总之，破腹出肠、麻油涂掌、祈水下龙等，是昭武九姓国的传统方术。佛图澄正是利用了这些昭武九姓国的传统方术，才使得石赵统治者较为容易地形成了对佛教的信仰。

其实，从《高僧传·佛图澄传》记载中可以看出，佛图澄获得石勒的信任来之不易，这也说明石勒本是不信佛教的。佛图澄跟随石勒，利用自己的能力，为石勒出谋划策，逐渐取得了石勒的高度信任。《高僧传》记载："勒自葛陂还河北，过坊头。坊头人夜欲斫营，澄语黑略曰：'须臾贼至，可令公知。'果如其言。有备故不败。"⑤《晋书·石勒载记》中也叙述了坊头时发生的激烈战斗，但未提及佛图澄。

---

① 王青：《石赵政权与西域文化在中原的传播》，《西域研究》2002年第3期。
②④ 慧皎：《高僧传》卷九，《大正藏》第50卷，第383页中。
③ 当作"袄"。
⑤ 慧皎：《高僧传》卷九，《大正藏》第50卷，第383页下。

佛图澄于永嘉六年(312)二月石勒屯兵葛陂时跟从郭黑略，大概于路途就引起了石勒的注意。至当年六月，石勒居襄国。当时东晋幽州刺史王浚派将军王昌率五万部众，并统领拥有强大骑兵力量的鲜卑段部攻打襄国，佛图澄在这场战斗中起了重大作用。《高僧传》记载：

> 鲜卑段波攻勒，其众甚盛。勒惧，问澄。澄曰："昨寺铃鸣云，明旦食时，当擒段波。"勒登城望波军，不见前后。失色曰："军行地倾，波岂可获？是公安我辞耳。"更遣夔安问澄。澄曰："已获波矣。"时城北伏兵出，遇波执之。澄劝勒宥波，遣还本国。勒从之，卒获其用。①

这一战役对石勒立足来说很重要，《晋书》等正史都有记载。此战役中被俘的鲜卑将领，《魏书》作"末波"，《晋书》或作"末杯"，与《高僧传》中的"鲜卑段波"所指同一。当时，石勒一方在北城凿开二十多个突门，等王浚一方攻打北城时，石勒均从突门冲出，直冲段末杯(杯)营帐，活捉了段末杯。此建议是张宾、孔苌提议的，而佛图澄则起了坚定石勒信心的作用。许多部将主张杀死末杯，佛图澄力主放回末杯。石勒听从了佛图澄的建议，段末杯对石勒的不杀之恩很感激，就拜石勒做了自己的干爹。后来，他对段匹磾的附晋以抗石勒事业大拆其台。元帝建武元年(317)三月，段匹磾推举刘琨为大都督，召集段氏鲜卑部队共讨石勒。本来军队都已到齐，段末杯暗进谗言，力阻当时鲜卑族首领，使其撤兵，这次军事行动也就随之流产。后来，段末杯自称幽州刺史，占据了幽州的部分土地。西晋建兴元年(313)，石勒"命段末杯为子，署为使持节、安北将军、北平公，遣还辽西。末杯感勒厚恩，在途日南面而拜者三，段氏遂专心归附，自是王浚威势渐衰"②。段末杯于晋太宁三年(325)三月死去。这就是《高僧传·佛图澄传》所说的"卒获其用"的所指。

---

① 慧皎：《高僧传》卷九，《大正藏》第50卷，第384页上。
②《晋书》卷一〇四《石勒载记上》，第2719页。

尽管有这些贡献,石勒一度也狐疑佛图澄。《高僧传·佛图澄传》记载:"勒欲试澄。夜冠胄衣甲。执刀而坐。遣人告澄云:'夜来不知大将军所在。'使人始至,未及有言。澄逆问曰:'平居无寇,何故夜严。'勒益敬之。"①对照史籍可知,这两件事发生在永嘉六年(312)至襄国(今河北邢台)之前。

此后,石勒"因忿欲害诸道士,并欲苦澄。澄乃避至黑略舍,告弟子曰:'若将军信至,问吾所在者,报云不知所之。'信人寻至,觅澄不得,使还报勒。勒惊曰:'吾有恶意向圣人,圣人舍我去矣。'通夜不寝,思欲见澄。澄知勒意悔,明旦造勒。勒曰:'昨夜何行?'澄曰:'公有怒心,昨故权避。公今改意,是以敢来。'勒大笑曰:'道人谬耳。'"②这一记载表明,石勒并非真正的信仰佛教,曾经因为愤怒而想迫害僧人,并且也产生过迫害佛图澄的想法。而佛图澄也利用"法术"在石勒襄城找到水源:

> 襄国城堑水源在城西北五里团丸祀下,其水暴竭。勒问澄:"何以致水?"澄曰:"今当勒龙。"勒字世龙,谓澄嘲己。答曰:"正以龙不能致水,故相问耳。"澄曰:"此诚言非戏也。水泉之源,必有神龙居之。今往勅语,水必可得。"乃与弟子法首等数人至泉源上。其源故处,久干燥,坼如车辙,从者心疑,恐水难得。澄坐绳床,烧安息香,呪愿数百言。如此三日,水泫然微流。有一小龙,长五六寸许,随水来出。诸道士见,竞往视之。澄曰:"龙有毒,勿临其上。"有顷,水大至,隍堑皆满。③

大概因为上述努力,石勒对于佛教和僧人的反感才逐渐淡化。

前赵刘载死后,刘载的从弟曜篡袭位,改元光初。光初二年(319),石勒称大单于、赵王,定都襄国,史称后赵。

---

① 慧皎:《高僧传》卷九,《大正藏》第50卷,第383页下。
② 同上书,第383页下—384页上。
③ 同上书,第384页上。

光初八年(325),刘曜遣从弟中山王刘岳将兵进攻石勒。石勒"遣石虎率步骑拒之,大战洛西。岳败,保石梁坞。虎坚栅守之,澄与弟子自官寺至中寺,始入寺门,叹曰:'刘岳可悯。'弟子法祚问其故。澄曰:'昨日亥时,岳已被执。'果如所言。至光初十一年,曜自率兵攻洛阳。勒欲自往拒曜,内外僚佐无不必谏。勒以访澄。澄曰:'相轮铃音云:秀支替戾冈,仆谷劬秃当。此羯语也。秀支,军也。替戾冈,出也。仆谷,刘曜胡位也。劬秃,当捉也。此言军出,捉得曜也。'时徐光闻澄此旨,苦劝勒行。勒乃留长子石弘共澄,以镇襄国,自率中军步骑直指洛城。两阵才交,曜军大溃。曜马没水中,石堪生擒之,送勒。澄时以物涂掌观之,见有大众,众中缚一人,朱丝约项。其时因以告弘。当尔之时,正生擒曜也"①。这里叙述了佛图澄在石勒灭前赵的两次重大战役中的作为。东晋咸和三年(328)十一月,石勒在洛阳一战消灭前赵主力,刘曜被俘,前赵灭亡。

至此,除辽东慕容氏、河西张氏以外,石勒统一了中国北部,以淮水为界,形成了与东晋南北对峙的形势。史载后赵全盛时期所辖之地"南逾淮海,东滨于海,西至河西,北尽燕代"②。石勒完成了他建立王业的雄心大志,东晋咸和五年(330),石勒"乃僭称赵天王行皇帝事,改元建平。是岁东晋成帝咸和五年也。勒登位已后,事澄弥笃"③。石勒称帝的时间是330年。《高僧传》说,称帝之后,石勒对待佛图澄愈加敬重。

石勒由羯族的部落小帅之子沦为汉族地主的耕奴,继而为将军,以至成为十六国时期后赵的皇帝。石勒称帝的经历和治国措施,对封建社会的帝王、特别是少数民族建立的王朝产生过不小的影响。

石勒是受汉文化影响较深的杰出的少数民族帝王,他以汉族贤明皇帝为楷模,重视汉文化的继承和发扬,对后世产生过重要的影响。石勒

---

① 慧皎:《高僧传》卷九,《大正藏》第50卷,第384页上—中。
② 顾祖禹:《读史方舆纪要》卷三《历代州域形势》三。
③ 慧皎:《高僧传》卷九,《大正藏》第50卷,第384页中。

施行的许多措施是效法西汉的。在占领的州郡查明户口实行田租户调的征收。建兴二年(314)规定"户出帛二匹,谷二斛"①,比西晋、曹魏时还要轻。在农业遭受破坏的情况下轻租税有利于农业生产的恢复。石勒实行鼓励农业的措施,常常派人或亲自巡行诸郡劝民农桑,接见并奖励"力田"者。少数民族喜饮酒,石勒因浪费粮食就下令禁止酿酒,连祭祀也不能破例。

后赵政权需要各种人才,石勒采用了汉朝选官制和办学培养人才的方法。下令公卿为官每年推荐贤良、方正、直言、秀异、至孝、廉清各一人,通过答策选择任官。还亲自到郡县接见文学之士,对有才能的给以奖励或任用为官。在襄国设立太学、小学十余所,把将佐豪右的子弟送入学校学习。太学中前几名选用著作郎。还下令郡中集学子进郡立学校,并制定了考试三次学业修成的制度,后来制定了秀、孝试经之制,为隋唐王朝科举制之滥觞。石勒办学、荐贤、选能的措施在社会上树立了一种重知识、重人品、重人才的风尚,这与晋朝腐朽的选官制相比,自有一种清新进步的风气。石勒也在征战中能够礼贤下士,集中汉族士人为"君子营"。称赵王后,重用汉士族,令张宾为大执法总揽朝政。对胡汉采用分治的办法,制定互相尊重的政策,称胡人为"国人",使支雄、王阳专管胡人辞讼,令国人不得侮辱衣冠华族。在法律上对胡汉各有约束,规定尊重对方的民族习惯。在五胡十六国时期,这种汉夷分治、汉夷互尊的政策是符合民族融合的政治形势的,这也是他能够建立政权并且一度统一北方的原因。

《高僧传·佛图澄传》记载,石勒曾经称佛图澄为"大和上",原文是:"时石葱将叛。其年澄诫勒曰:'今年葱中有虫,食必害人。可令百姓无食葱也。'勒班告境内,慎无食葱。到八月石葱果走。勒益加尊重,有事

---

① 司马光:《资治通鉴》卷八九,第2817页。

必谘而后行,号大和上。"①经过查考正史可知,此中所说的"石葱"即石聪,为石勒一员猛将。《晋书》卷七《成帝本纪》记载:咸和八年(333)"秋七月戊辰,石勒死,子弘嗣伪位,其将石聪以谯来降"②。而《资治通鉴》卷九五则记载说:"秋,七月,勒疾笃,……戊辰,勒卒。……弘乃即位。……赵将石聪及谯郡太守彭彪,各遣使来降。聪本晋人,冒姓石氏。朝廷遣督护乔球将兵救之,未至,聪等为虎所诛。"③由此可知,石聪是在石勒死后当月想投奔东晋未及而被石虎所杀。如此可见,上引《高僧传·佛图澄传》的叙述有误。从《高僧传》的叙述推测,"大和上"似乎是石勒对佛图澄的尊称,应该是石勒完全信任佛图澄之后出现的。④

大概在石勒晚年,佛图澄与后赵朝廷的关系达到了高潮。《高僧传·佛图澄传》记载说:

> 石虎有子名斌,石勒爱之甚重。忽暴病而亡,已涉二日。勒曰:"朕闻虢太子死,扁鹊能生。大和上国之神人,可急往告,必能致福。"澄乃取杨枝呪之,须臾能起,有顷平复。由是勒诸稚子多在佛寺中养之。每至四月八日,勒躬自诣寺灌佛,为儿发愿。⑤

此中所说的石斌,就是后来的"燕公",在石虎濒死前被皇后刘氏以计先废后杀。从《高僧传》叙述推测,此事似乎是石斌幼年时发生的。此后,石勒将诸子送至佛寺抚养,并且每年四月八日浴佛节至佛寺为儿子发愿。

石勒死于建平四年(333)七月,其子王弘袭位。十六个月后,石虎杀掉石弘自登帝位。

石虎是一位穷奢极欲、暴虐荒淫而少有政绩的君主。他在中原大规

---

① ⑤ 慧皎:《高僧传》卷九,《大正藏》第 50 卷,第 384 页中。
② 《晋书》卷七,第 178 页。
③ 《资治通鉴》卷九五,第 2987 页。
④ 如将此称呼看作石虎所为也通。

模圈地为猎场,摧残了农业生产;又在邺、洛阳、长安等地大修宫殿和苑囿,使千千万万的农民死于苦役。为了准备侵犯东晋,他调发了成百万的农民当兵,强迫他们自带粮食车牛,农民被逼死的到处皆是。这种空前的残暴统治,引起了汉族人民的义愤。受害最深的山东人民以道教为纽带,托言李弘出世,策划大规模的起义,不幸事发,连坐而死者达数千家。刘光则假借佛教,自称"佛太子",聚众千人,在终南山建号反赵,不幸被杀。另外,后赵的东宫卫士十多万人谪戍凉州,其中一万多人,行至关中时举行兵变,由梁犊率领东归,连下关中许多城市。梁犊自称晋征东大将军,这显然符合当时汉人反对羯族统治者的要求,因而大大增长了起义的声势。这支军队缺乏武器,用大斧缚上长柄,"攻战若神",占领长安、洛阳,转战荥阳、陈留。后赵军队连战皆败,最后用氐、羌兵力才把他们镇压下去。

然而,石虎事佛比之以石勒更为虔诚。《邺中记》记载说:"石虎性好佞佛,众巧奢靡,不可纪也。尝作檀车,广丈余,长二丈,四轮。作金佛像,坐于车上,九龙吐水灌之。又作木道人,恒以手摩佛心腹之间。又十余木道人,长二尺。余皆披袈裟绕佛行,当佛前,辄揖礼佛。又以手撮香投炉中,与人无异。车行则木人行,龙吐水,车止则止,亦解飞所造也。"这一道具在法显《佛国记》中有记载,大致来源于西域。

《高僧传·佛图澄传》记载:石虎曾经下诏书说:"和上国之大宝,荣爵不加,高禄不爱,荣禄匪及,何以旌德?从此已往,宜衣以绫锦,乘以雕辇。朝会之日,和上升殿,常侍以下,悉助举舆。太子诸公,扶翼而上。主者唱大和上至,众坐皆起,以彰其尊。"[1]作为僧人,石虎给予佛图澄的待遇已经达到顶峰,是前无古人的。《高僧传》说"虎倾心事澄,有重于勒",是符合事实的。

佛图澄在石虎在位时期于政治领域扮演的角色是相同的,也就是政

---

[1] 慧皎:《高僧传》卷九,《大正藏》第50卷,第384页下。

治甚至军事顾问以及道德劝谏者。关于前者,如《高僧传》记载:石虎多次想伐燕,佛图澄多次劝谏说:"燕国运未终,卒难可克。"而石虎"屡伐败绩,方信澄诫"。① 此外,前文已经叙述过的佛图澄曾为其治病的石斌,是一位凶残而善于打仗的人,曾经有大臣推荐立其为太子。《高僧传·佛图澄传》记载:"伪大司马燕公石斌,虎以为幽州牧镇,蓟群凶凑聚,因以肆暴。澄诫虎曰:'天神昨夜言,疾收马还,至秋齐,当痛烂。'虎不解此语,即勒诸处收马送还。其秋有人谮斌于虎,虎召斌,鞭之三百,杀其所生齐氏。虎弯弓捻矢,自视斌行罚轻,虎乃手杀五百。澄谏曰:'心不可,纵死不可生。礼不亲杀,以伤恩也。何有天子手行罚乎?'虎乃止。"②此中所记述的事情,也见于《晋书·石勒载记》。此故事反映了佛图澄既从政治方面时刻提醒石虎以避免风险,但也对他的暴虐的性格和行为进行劝诫。

石虎常问佛图澄"佛法云何?"佛图澄回答说:"佛法不杀。"石虎说:"朕为天下之主,非刑杀无以肃清海内。既违戒杀生,虽复事佛,讵获福耶?"佛图澄回答说:

> 帝王之事佛当在心,体恭心顺,显畅三宝,不为暴虐,不害无辜。至于凶愚无赖,非化所迁,有罪不得不杀,有恶不得不刑。但当杀可杀,刑可刑耳。若暴虐恣意,杀害非罪,虽复倾财事法,无解殃祸。愿陛下省欲兴慈,广及一切,则佛教永隆,福祚方远。③

此中所说,既符合佛教基本教义,在世俗层面又有可行性,堪称后世帝王奉佛之心态的标准理念。"虎虽不能尽从,而为益不少"④,可见佛图澄的劝诫还是起了一定的作用的。

石虎奉佛供僧,有极其明确的政治目的,一旦无效验或者效验不明

---

①④ 慧皎:《高僧传》卷九,《大正藏》第50卷,第385页中。
② 慧皎:《高僧传》卷九,《大正藏》第50卷,第385页上。
③ 同上书,第385页上—中。

显,心理的波动在所难免。"后晋军出淮泗,陇比凡城,皆被侵逼,三方告急,人情危扰。虎乃嗔曰:'吾之奉佛供僧,而更致外寇。佛无神矣。'澄明旦早入,虎以事问澄,澄因谏虎曰:'王过去世经为大商主,至罽宾寺,尝供大会,中有六十罗汉,吾此微身亦预斯会。时得道人谓吾曰:'此主人命尽当受鸡身,后王晋地。今王为王,岂非福耶?疆场军寇,国之常耳。何为怨谤三宝,夜兴毒念乎?'虎乃信悟,跪而谢焉。"①佛图澄的这番言辞,一方面将石虎称王说成因果报应的产物,另一方面也批评了其急功近利的奉佛态度,似乎坚定了其继续奉佛的信心。

由于佛图澄不懈的努力,佛教在北方的传播,无论是区域还是出家人数、信仰者的数量,都达到了一个前所未有的程度。如《高僧传》所说:"澄道化既行,民多奉佛,皆营造寺庙,相竞出家,真伪混淆,多生愆过。"②这一情况,引起了一些大臣的非议。石虎下书询问中书说:"佛号世尊,国家所奉。里闾小人无爵秩者,为应得事佛与不?又沙门皆应高洁贞正,行能精进,然后可为道士。今沙门甚众,或有奸宄避役,多非其人,可料简详议伪。"③针对此问,中书著作郎王度上奏主张限制佛教的发展,中书令王波同意王度所奏,而石虎却说:"朕生自边壤,忝当期运,君临诸夏。至于飨祀,应兼从本俗。佛是戎神,正所应奉。"于是下令:"其夷赵百蛮,有舍其淫祀,乐事佛者,悉听为道。"④此令的要义在于提倡作为执政者的羯族民众可以放弃自己原本的宗教而改奉佛教,魏晋以来官方所未曾废弃的汉人不得出家的政令也随之正式废除。所以在后赵时期,佛教传播的迅速也是前所未有的。

后赵的首都,在石勒时期为襄国。石勒晚年,一直想迁都至邺。331年秋,石勒亲自筹划,并派大臣前往监营邺宫。而石虎长期驻扎邺城,

---

① 慧皎:《高僧传》卷九,《大正藏》第50卷,第385页上。
② 同上书,第385页中。
③ 同上书,第385页中—下。
④ 同上书,第385页下。

335年,石虎从襄国迁都于邺。从佛教传播上说,襄国和邺都自然修建了很多佛寺,十六国后期乃至北魏时期,这两个地方成为佛教在北方的传播中心,与后赵时期所打下的基础密切相关。

第二年,石虎死。当年,后赵发生了冉闵之乱。350年,汉族人冉闵建国号魏,史称"冉魏"。冉闵将邺城中羯胡"无贵贱男女少长皆斩之,死者二十余万"①,后赵灭亡。352年,冉闵焚烧石赵襄国宫室,迁其民于邺。同年,冉闵为前燕慕容儁所灭,冉魏灭亡。357年,燕王慕容儁自蓟迁都于邺。至370年,前燕被前秦苻坚所灭,前秦统一北方。而后赵时期所奠定的佛教趋向兴盛的局面,也被前秦、后秦政权所继承。

佛图澄从312年起跟随石勒集团,在长达三十七年的弘法传教生涯中,佛图澄建立了许多佛寺,皈依弟子不可胜计。佛图澄及其弟子修建佛寺八百九十三所,数量惊人。尤其是以佛图澄为核心,在后赵境内,形成了一个规模宏大的僧团,其人数之多、影响之大,都是佛教传播到内地后首次出现的。这固然主要出自于佛图澄个人的魅力和自身的努力,但与后赵时期所形成的佛教与政治乃至社会在广泛层面的互动关系,也是密不可分的。这一政教关系的模式,实际上为佛教在内地的更广泛、更迅速传播开辟了道路。最直接的效仿者,即是前秦、后秦政权。

三、前秦社会与佛教传播

继后赵之后,北地佛教最兴盛的区域是前秦统治时期的关中。前秦皇帝苻坚大力支持佛教的传播,长安一时成为北方佛教的中心。

关于氐族的来源,学术界尚无一致的意见。在秦汉之际,"氐"已单独成了一种族称。《史记·西南夷列传》中就单独提到了"氐类";西汉王朝又设了武都郡(治所在今甘肃成县西)和氐道(今甘肃天水西南)、甸氐道(今甘肃文县西)、刚氐道(今四川平武东)、湔氐道(今四川松潘西北)

---

① 《晋书》卷一〇七,第2792页。

等郡县统治氐人。《汉书·地理志》所称"氐道",颜师古注说:"氐,夷种名也。氐之所居,故曰氐道。"《魏书》说氐族"秦汉以来,世居岐陇以南,汉川以西,自立豪帅。汉武帝遣中郎将郭昌、卫广灭之,以其地为武都郡。自汧渭抵于巴蜀,种类实繁,或谓之白氐,或谓之故氐,各有侯王,受中国封拜"①。秦汉以来的氐族,主要集中于今陕西西南部、甘肃东南部和与之连接的四川西北部地区。

关于氐人的语言、风俗习惯和经济生活,《魏略·西戎传》等记载较详。大体说来,氐人在汉代已过着定居的农业生活。氐人的纺织品在汉代是有名的。《说文·系部》载:"绗,氐人殊缕布也。""纰,氐人也。"可见氐人已有较进步的农业和手工业。《魏略·西戎传》说:"其俗,语不与中国同,及羌、杂胡同,各自有姓,姓如中国姓矣。其衣服尚青绛。俗能织布,善田种,畜养豕、牛、马、驴、骡。其妇人嫁时著衽露,其缘饰之制有似羌,衽露有似中国袍。皆编发。多知中国语,由与中国错居故也。其自还种落间,则自氐语。其嫁娶有似于羌。"②氐人有自己的语言,但"多知中国语",并"各自有姓,姓如中国之姓",显然受汉族的影响很深。婚姻礼俗方面又兼受汉、羌二族的影响。这种状况是由于氐人与羌人邻居杂处,并"与中国错居故也"。自汉武帝元鼎六年(公元前111年)开西南夷,在氐族地区设置郡县后,氐人便直接受汉王朝的统治(本族仍有豪帅统领)。因此,一方面氐人可更多地接受汉族先进的经济文化,并能在一定范围内较自由地移徙;另一方面,又因"立郡赋重",致使他们多次反抗,但都遭失败,并在失败后一部分被迫迁到西部边远郡县。

氐人除到关中、河西建立政权外,还有数次大批的迁徙。如早在汉末建安中,曹操一次就徙武都氐人五万余部落出居扶风、天水界(今陕甘交界之天水、宝鸡一带)。三国时还不断地迁徙,但数量一般不太多,并

---

① 《魏书》卷一〇一,第2228页。
② 《三国志》卷三〇裴松之注引,第858页。

且多在秦陇地区。迁徙数量最大,而又迁至中原的,是苻坚统一北方后,为了加强对中原的统治,遂迁武都一带氐人十五万户于关东重要诸镇。迁离故地的氐人,在长期与汉人居处中,遂渐渐融合于汉族。

建立前秦政权的苻健,其父苻洪本是临渭(今甘肃秦安)的氐族豪强。他投归石虎,被迁到枋头(今河南浚县西南)。石虎死后,他有众十万,自称"三秦王"。苻洪死,苻健继位,乘后赵崩溃之际,西入关中,进据长安。东晋永和七年(351),苻健在长安自称大秦天王、大单于,建元皇始,第二年苻健改称皇帝,国号秦,史称前秦。苻健在位期间,废除了后赵的一些苛政,还击败了东晋桓温的进攻。苻健在关中减轻赋税,发展生产,优待士族,尊崇儒学,各方面都有了一些起色。355年,苻建卒,其第三子苻生即位。苻生极端残暴。357年,苻健的侄子苻坚在汉、氐大臣的支持下,杀了苻生,做了大秦天王,改元永兴。

苻坚,字永固,是十六国时期最有影响的统治者之一。称帝前即"博学多才艺,有经济大志,要结英豪,以图纬世之宜"[①]。苻坚称帝后,继承和发展了叔父苻健的政策,在汉人王猛的辅佐下,改革内政,打击了氐族豪强中的顽固保守势力,使"百僚震肃,豪右屏气,路不拾遗,风化大行"[②],前秦的统治达到鼎盛时期。

在苻坚统治期间,重用汉人王猛,进行了一系列重要的改革。

其一,在政治上,整顿吏治,加强集权。除重用王猛等典掌机要外,还下令"复魏晋士籍",维护士族地主特权,重用其中有才能者,争取汉族地主的支持。对其他上层分子也采取笼络政策,并通过他们加强对各族人民的控制,对骄横不法的氐族豪强,则坚决镇压。还废除了前后赵推行的胡汉分治办法,缓和民族对立。

其二,在经济上,前秦重视农业生产。苻坚常派官吏巡行郡国,劝课

[①]《晋书》卷一一三《苻坚载记》,第2884页。
[②]《晋书》卷一一三,第2887页。

农桑。又开放山泽，允许百姓渔采。针对关中少雨易旱的情况，苻坚下令在关中推广汉代的区种法，后来又征发王公富室奴隶三万人开泾水，建人工渠，以灌溉冈卤之田。在发展农业的同时，又注意发展交通事业，长安通往各州的大道重新整修，路旁栽上杨柳、槐树，二十里一亭，四十里一驿，方便行旅及驿使。

其三，在思想文化政策上，在王猛的主持下，苻坚朝廷实际上实行的是儒佛并用的策略。苻坚在位时期，前秦提倡儒学，禁止老庄玄学和图谶神学，广立学校。以精通儒学者为学官，文武百官子弟及宿卫战士、宫女后妃均要入学受业。苻坚每月一临太学，亲自考问学生经义，提拔成绩优异者为官。

前秦通过以上改革，基本上完成了封建化的过程，社会经济也有了进步，出现了"人思劝励，号称多士，盗贼止息，请托路绝，田畴修辟，帑藏充盈，典章法物，靡不悉备"①的局面，从而为前秦统一北方准备了政治和物质条件。

370年，前秦灭掉了前燕，占有关东六州，并对新附地区采取安抚政策，让鲜卑贵族继续领军。不久，前秦又降服了仇池的杨纂，于其地置南秦州。373年，前秦从东晋手中夺得了西线重要的战略基地汉中、益州，拥有了对东晋顺江而下的战略优势，南中的邛、筰、夜郎皆降。前秦分别于其地置梁州、益州和宁州。376年，又攻灭了张氏的前凉和鲜卑拓跋部在代北建立的代国，统一了北方。其版图"东极沧海，西并龟兹，南苞襄阳，北尽沙漠"②。

东晋太元八年(383)，苻坚发兵九十万，企图一举攻灭东晋。前秦军队在淝水一战中被东晋军队击溃，前秦政权也土崩瓦解。原来被前秦控制的一些少数民族的首领，乘机逐鹿中原，整个北方又陷于混乱之中。

---

① 《晋书》卷一一三《苻坚载记》，第2888页。
② 慧皎：《高僧传》卷五，《大正藏》第50卷，第353页上。

385年,长安遭到西燕慕容冲的攻击,苻坚出奔五将山(今陕西岐山东北)。不久,苻坚被后秦姚苌俘获,勒死于新平(今山西彬县)。太元十九年(394)苻坚族孙苻登为后秦姚兴所杀,苻登子苻崇逃至湟中即帝位,不久西秦乞伏乾归杀死苻崇,前秦灭亡。前秦自苻健至苻崇,立国共四十四年。

前秦建都长安,其地处于与西域往还的要冲。如前文所叙述,西晋时期的长安,佛教就比其他地区要发达一些。尽管西晋末年的战乱,影响了佛教的持续传播,建都于长安的前汉似乎并不支持佛教的传播,但后赵统治这一地区之后,佛教在这一地区继续传播的条件重新具备了。尤其是,前秦第二代统治者苻坚笃好佛教,所以当他在位时,在其统治区域,佛教接续了后赵在稳定时期所呈现的良好的发展势头。

前秦佛教的高潮是在前秦军队攻破襄阳,道安等僧人被苻坚亲迎到长安后出现的。早在道安在襄阳时,苻坚就"遣使送外国金箔倚像高七尺,又金坐像,结珠弥勒像,金缕绣像,织成像各一张"①。东晋太元四年(379)二月,苻坚攻下了襄阳,就送道安和习凿齿往关中。苻坚对仆射权翼说:"朕以十万之师取襄阳,唯得一人半。""一人"即道安,"半人"即习凿齿。习凿齿是江南最著名的奉佛名士。可见,苻坚于此时已对佛教有所了解,也明白通过佛教的感召力来凝聚对其政权的认同度和向心力。

苻坚将道安安置在长安五重寺。不出苻坚所料,道安至长安,城中便集合起"僧众数千",引来了"大弘法化"的黄金期。长安六七年,道安在苻坚支持下在长安组织译场,集合中外僧人,翻译并且研习经论,长安成为南北方僧人向往的地方。道安在长安主持译经十部、一百八十七卷,百余万言。过去的佛典翻译都是由民间人士组织的,规模小,难于持久。由于有朝廷的大力支持,道安主持的翻译活动是第一次真正的官办译场,这一组织形成的示范效应直接促成了后秦鸠摩罗什译场的诞生。

---

① 慧皎:《高僧传》卷五,《大正藏》第50卷,第352页中。

道安到长安,不仅以其"内学"修养和严谨的修为,而且以渊博的见识博得朝廷上下尊敬。《高僧传·释道安传》记载:

> 安外涉群书,善为文章。长安中衣冠子弟为诗赋者,皆依附致誉。时蓝田县得一大鼎容二十七斛,边有篆铭,人莫能识,乃以示安。安云:"此古篆书,云鲁襄公所铸。"乃写为隶文。又有人持一铜斛,于市卖之。其形正圆,下向为斗,横梁昂者为斗,低者为合,梁一头为钥,钥同钟容半合。边有篆铭。坚以问安,安云:"此王莽自言出自舜皇,龙集戊辰,改正即真,以同律量,布之四方。欲小大器钧,令天下取平焉。"①

如此等等,充分展显出道安的"多闻广识"。苻坚于是"勅学士内外有疑,皆师于安,故京兆为之语曰:'学不师安,义不中难。'"②道安在襄阳时就已经认识到"不依国主,则法事难立"③,他在长安的作为,完美地实现了自己的这一理念,为佛教在中土立足探索出一条处理政教关系的切实模式。

苻坚对于中国佛教的另外一个重要贡献,是迎请鸠摩罗什来长安弘法。"安先闻罗什在西国,思共讲析,每劝坚取之。什亦远闻安风,谓是东方圣人,恒遥而礼之。"④前秦建元十八年(382)九月,苻坚遣骁骑将军吕光等率兵七万西伐龟兹及焉耆诸国。临发,苻坚饯吕光于建章宫,对吕光说:"夫帝王应天而治,以子爱苍生为本,岂贪其地而伐之乎?正以怀道之人故也。朕闻西国有鸠摩罗什,深解法相,善闲阴阳,为后学之宗,朕甚思之。贤哲者,国之大宝。若克龟兹,即驰驿送什。"⑤吕光在建元二十年七月才攻破龟兹国,得到鸠摩罗什。但是吕光听说苻坚淝水之战失败,乃于385年回到凉州姑臧城,建国后凉。鸠摩罗什因此停留在

---

① ② 慧皎:《高僧传》卷五,《大正藏》第50卷,第353页上。
③ ④ 同上书,第352页上、354页上。
⑤ 慧皎:《高僧传》卷二,《大正藏》第50卷,第331页中。

凉州,担任后凉的顾问,长达十七年之久。道安圆寂后十六年,鸠摩罗什"方至。什恨不相见,悲恨无极"①。

苻坚在统一北方之后,就急于进攻东晋以统一全国。建元十八年(382),苻坚召集群臣商议伐晋之事。多数大臣都认为,前秦自身连年用兵,国力大耗,而且兵疲将倦,有厌战之心;内部有鲜卑、羯、羌等皆为心腹之患;晋朝君臣和睦、上下同心,又有长江天险为屏障,因此不可轻易南伐。苻坚之弟苻融更是反对,他特别提醒苻坚要提防鲜卑、羯、羌等部族的叛乱,认为这是心腹之患。他还特别提到王猛的临终遗言,以期说服苻坚。但苻坚仍然固执己见,自以为"吾强兵百万,资仗如山"②,"投鞭于江,足断其流"③,东晋是"垂亡之国",战则必克。④苻坚"每与侍臣谈话,未尝不欲平一江左,以晋帝为仆射、谢安为侍中。坚弟平阳公融及朝臣石越、原绍等并切谏,终不能回"⑤。这时,前秦朝臣以为道安是苻坚所信敬之人,于是共请道安:"主上将有事东南,公何不能为苍生致一言耶?"恰好苻坚"出东苑,命安升辇同载。仆射权翼谏曰:'臣闻天子法驾,侍中陪乘,道安毁形,宁可参厕?'坚勃然作色曰:'安公道德可尊,朕以天下不易,舆辇之荣,未称其德。'即勅仆射扶安登辇。"于是就有如下对话:

  俄而顾谓安曰:"朕将与公南游吴越,整六师而巡狩,涉会稽以观沧海,不亦乐乎?"安对曰:"陛下应天御世,有八州之贡富,居中土而制四海,宜栖神无为,与尧舜比隆。今欲以百万之师求厥田下下之上,且东南区地,地卑气厉,昔舜禹游而不反,秦皇适而不归。以贫道观之,非愚心所同也。平阳公懿戚、石越重臣,并谓不可,犹尚见拒。贫道轻浅,言必不允。既荷厚遇,故尽丹诚耳。"坚曰:"非为地不广,民不足治也。将简天心,明大运所在耳。顺时巡狩,亦著前

---

① 慧皎:《高僧传》卷五,《大正藏》第50卷,第354页上。
② 《晋书》卷一一四,第2913页。
③④ 同上书,第2912页。
⑤ 慧皎:《高僧传》卷五,《大正藏》第50卷,第353页上。

典。若如来言,则帝王无省方之文乎。"安曰:"若銮驾必动,可先幸洛阳,枕威蓄锐,传檄江南。如其不服,伐之未晚。"①

苻坚不听从众人的劝谏,执意南下伐晋,终于于淝水战败。前秦由此走向败亡之路。

前秦时期佛教在中国传播的突出成就,为后秦佛教的进一步发展提供了直接基础。特别是,鸠摩罗什到长安后集合起来的译经骨干,很多都是在前秦统治区内成长起来的,其意义不可低估。

四、后秦社会与佛教传播

后秦政权是由羌人姚苌建立的,这一政权汉化程度较高,比较早地接触佛教,特别是姚兴在位时期,大力支持鸠摩罗什翻译佛典,对于中国佛教的发展产生了巨大影响。

羌是长期居住在中国西部的少数民族之一,相传商初羌人已向商朝称臣纳贡。汉以后,羌族趁着局势大乱之际大举侵入了凉州领域并定居下来,开始与汉人杂居。西晋怀帝永嘉年(307—313),南安郡(治今甘肃陇西东南)烧当羌人姚弋仲东迁扶风境,从者数万。姚弋仲率部进入关中后,势力虽有发展,但与其他割据势力相比,仍较弱小,因而不得不处于附庸地位,先后归附于前赵刘曜和后赵石勒。东晋永和七年(351),后赵氏灭亡,姚弋仲遣使至东晋,被授予持节、东夷大都督、都督江淮诸军事、车骑大将军、仪同三司、大单于,封高陵郡公。永和八年,姚弋仲卒,其五子姚襄统领其众,受晋封为持节、平北将军、并州刺史、即丘县公。永和十一年(355),姚襄与东晋矛盾表面化,采纳将佐部众之劝北还,自称大将军、大单于,占据许昌。后来西进,与前秦争夺关中,东晋升平元年(357),兵败于三原(今陕西三原东北),姚襄被苻坚所杀,其弟姚苌率部投降。

---

① 慧皎:《高僧传》卷五,《大正藏》第50卷,第353页上一中。

姚苌为弋仲第24子，多权略。降前秦后，极为苻坚所倚重。384年，淝水之战后，鲜卑慕容垂、慕容泓乘机起兵，坚遣子睿及苌讨泓，兵败，苌逃奔渭北。西州豪族尹详、赵曜、王钦卢等率胡、汉五万余家，推苌为盟主。苌自称大将军、大单于、万年秦王，大赦境内，年号白雀，封官设治，正式建立政权。时值苻坚与慕容氏相争，苌乃进屯北地，厉兵积粟，以待时变。北地、新平、安定羌胡降者十余万户。第二年，苻坚被慕容冲所逼，遁走五将山。姚苌遣将围五将山，俘苻坚而缢杀之。明年，姚苌大败慕容冲将于新平南，又破称帝于长安的卢水胡郝奴，乃即帝位于长安，改元建初，国号大秦，改长安为常安，置百官，史称后秦。

建初九年（394）八月，姚苌死，其长子姚兴继位，改元皇初。姚兴重用其叔姚绪、姚硕德、弟姚崇及功臣尹纬、狄伯支等；斩前秦主苻登于泾阳（今甘肃泾川平凉西北），徙阴密（今甘肃灵台西南）三万户于长安；降服仇池杨盛、上邽姜乳、鲜卑薛勃、西秦乞伏乾归、后凉吕隆，并迫使南凉秃发傉檀、北凉沮渠蒙逊、西凉李玄盛皆遣使求和；与北魏拓跋氏、大夏赫连氏时战时和。姚兴在位期间，内修政事，广招人才，免奴为良，崇尚儒学，弘扬佛教，使后秦统治地区的社会经济有所恢复和发展，也促使羌族进一步汉化。由于采取了上述种种措施，姚兴时期后秦曾一度强大，辖区西起河西、东逾汝颍一带。但由于其介于北魏与东晋两大政权之间，扩展受到限制。姚兴晚年，诸子争位，内讧日烈。弘始十八年（416），姚兴死，皇太子姚泓即位，改元永和。姚泓在位期间，相继平定了其弟南阳公愔与大将军尹元等的叛乱；派遣军队镇压了并州定阳数万匈奴等族的叛乱，迁徙其豪右1.5万落与雍州。正当姚泓全力对付宗室内乱时，仇池公杨盛举兵反，大夏赫连勃勃乘机攻秦州，克安定，据雍城。南方东晋刘裕率军连下州县，直逼洛阳、潼关。而姚泓的弟弟太原公姚懿却于蒲坂（今山西永济）反叛，欲夺帝位；从弟齐公姚恢也在岭北起兵，率安定镇户3.8万攻长安。宗族内乱，内外夹攻，后秦势衰。不久后秦在潼关与刘裕决战，姚泓惨败。417年，长安被东晋击破，姚泓被俘，斩于建康，后秦亡。后秦共立国三十四年。

姚兴出身于今日甘肃陇西县的羌人。姚兴年少时在长安任苻秦的太子舍人,事实上是人质。当姚苌叛秦时,他年十九,从长安逃奔回父亲处,被册立为皇太子。姚兴年少在长安时,浸淫在苻坚所塑造的佛教环境中。羌人汉化程度较高,而西北的羌人,接触佛教较早,且有些证据表明,至少在西晋时期,就有羌人信佛。如《高僧传·帛远传》记载:西晋惠帝之末,帛远"声被关陇",被秦州刺史张辅所杀,"戎晋嗟恸,行路流涕。陇上羌胡,率精骑五千,将欲迎祖西归。中路闻其遇害,悲恨不及,众咸愤激,欲复祖之仇。辅遣军上陇,羌胡率轻骑逆战。时天水故帐下督富整,遂因忿斩辅。群胡既雪怨耻,称善而还。共分祖尸,各起塔庙"①。烧当羌人在姚弋仲率领下,东迁扶风境。这一地区也是较早接触佛教的地区。而姚襄的军中有僧侣智通提供谋略②,而姚苌、姚兴初期据有关中时,就顶礼三宝。《高僧传·僧䂮传》记载:"姚苌、姚兴早挹风名,素所知重,及䂮有关中,深相顶敬。兴既崇信三宝,盛弘大化,建会设斋,烟盖重迭。使夫慕道舍俗者,十室其半。"③可见,姚苌、姚兴奉佛敬僧,为时已久。

后秦朝廷奉佛的高潮发生在鸠摩罗什到达长安之后。鸠摩罗什被吕光所留,姚苌"亦挹其高名,虚心要请。诸吕以罗什智计多解,恐为姚谋,不许东入"④。姚兴于后秦弘始三年(401)派遣军队讨伐后凉,迎请鸠摩罗什入关。罗什至长安,一方面建立庞大的僧团从事龙树系大乘般若等经论的翻译事业,另一方面也使四方义学沙门不远千里集中于长安,

---

① 慧皎:《高僧传》卷一,《大正藏》第50卷,第327页中。
② 《晋书》卷一一六《姚襄载记》记载:"襄寻徙北屈,将图关中,进屯杏城,……襄率众西引,生又遣苻坚、邓羌等要之。襄将战,沙门智通固谏襄,宜厉兵收众,更思后举。襄曰:'二雄不俱立,冀天不弃德以济黎元,吾计决矣。'会羌师来逼,襄怒,遂长驱而进,战于三原。襄败,为坚所杀,时年二十七,是岁晋升平元年也。"(第2964页。)
③ 慧皎:《高僧传》卷六,《大正藏》第50卷,第363页中。
④ 慧皎:《高僧传》卷二,《大正藏》第50卷,第332页上。

使京兆之地成为新佛教义理研究中心。《出三藏记集·鸠摩罗什传》记载：

> 到其年十二月二十日，什至长安，待以国师之礼，甚见优宠。……兴少崇三宝，锐志讲集。什既至止，仍请入西明合逍遥园，译出众经。什率多闇诵，无不究达，转能晋言，音译流利。既览旧经，义多乖谬，皆由先译失旨，不与胡本相应。于是兴使沙门僧肇、僧略、僧邈等八百余人，谘受什旨，更令出《大品》。什持胡本，兴执旧经，以相雠校。其新文异旧者，义皆圆通，众心惬服，莫不欣赞焉。兴宗室常山公显，安成侯嵩，并笃信缘业，屡请什于长安大寺讲说新经。①

鸠摩罗什到长安后，姚兴以"国师"之礼对待他，在逍遥园为鸠摩罗什设立译场翻译佛典，译场中有僧人八百余。

在翻译《大般若经》时，姚兴亲自手执旧译本与罗什新译本对照。姚兴除了自己参与佛典翻译外，又令王公贵族参与译场工作，如释道标《舍利佛阿毗昙序》所说："天竺沙门昙摩崛多、昙摩耶舍等义学来游。秦王既契宿心，相与辩明经理。……以秦弘始九年命书梵文，至十年寻应令出。……十六年，经师渐闲秦语，令自宣译。皇储（姚泓）亲管、理味言意兼了，复所向尽，然后笔受。"②此文中的"皇储"为太子姚泓。释僧肇《百论序》说："大秦司隶校尉安城侯姚嵩，……以弘始六年岁次寿星，集理味沙门与罗什考校正本，陶练覆疏，务存论旨。"③释僧肇《维摩诘经序》记载："大秦天王，……以弘始八年岁次鹑火，命大将军常山公、左将军安城侯，与义学沙门千二百人，于长安大寺请罗什法师重译正本。"④此文中的"大将军常山公"为姚显，"左将军安城侯"为姚嵩。释僧肇《长阿含经序》

---

① 僧祐：《出三藏记集》卷一四，《大正藏》第 55 卷，第 101 页中。
② 僧祐：《出三藏记集》卷一〇，《大正藏》第 55 卷，第 71 页上。
③ 僧祐：《出三藏记集》卷一一，《大正藏》第 55 卷，第 77 页下。
④ 僧祐：《出三藏记集》卷八，《大正藏》第 55 卷，第 58 页中。

记载:"大秦天王以右将军使者、司隶校尉、晋公姚爽,……尊尚大法,妙悟自然。上特留怀,每任以法事,以弘始十二年,……请罽宾三藏沙门佛陀耶舍,出律藏《四分》四十卷。"①如此等等。姚兴鼓励皇太子姚泓、弟姚嵩以及王公贵族姚显、姚爽等参与佛经翻译事业,而且僧肇完成《涅槃无名论》、《表上秦主姚兴》后,姚兴还特别将此论"缮写班诸子侄"。所有这些,都对佛教在朝臣以及上层贵族中的传播,起了明显的推动作用。

由于鸠摩罗什的号召力和后秦朝廷对佛教的大力扶持政策,南北各地的僧人纷纷奔至长安,蔚为大观。关于此时长安僧人的数量,史籍中留下两种数字。《晋书·姚兴载记》说:"兴既托意于佛道,公卿已下莫不钦附,沙门自远而至者五千余人。起浮图于永贵里,立波若台于中宫,沙门坐禅者恒有千数。州郡化之,事佛者十室而九矣。"②《出三藏记集·鸠摩罗什传》记载:"四方义学沙门,不远万里。名德秀拔者才、畅二公,乃至道恒、僧标、僧叡、僧敦、僧弼、僧肇等三千余僧,察访精研,务穷幽旨。庐山慧远,道业冲粹,乃遣使修问。龙光道生,慧解洞微,亦入关咨察。"③关于《十诵律》的翻译,也有弗若多罗诵出,"罗什法师于长安逍遥园,三千僧中共译出之"④的记载,由此可见当时聚集在长安的僧人确实在三千之上。鸠摩罗什被称为"四大译经大师"之首,无论从翻译的数量和质量还是从佛教义学传播方面,在整个汉魏南北朝佛教中都是无与伦比的,姚兴奉佛及其宽松的佛教政策是首要原因。

关于长安鸠摩罗什僧团的来源,至今有资料可考者,根据汤用彤研究,列举如下:其一,原本在关中有法和、僧叡、昙影、僧䂮、慧精、法钦、慧斌、道恒、道标、僧导、僧苞、僧肇、昙邕、佛念、道含。其二,原从北方来者

---

① 僧祐:《出三藏记集》卷九,《大正藏》第55卷,第63页下。
② 《晋书》卷一一七,第2985页。
③ 僧祐:《出三藏记集》卷一四,《大正藏》第55卷,第101页下。
④ 僧祐:《出三藏记集》卷三,《大正藏》第55卷,第20页上。

为道融、慧严、昙鉴、昙无成、昙顺、僧业、慧询。其三,原从庐山来者有道生、慧叡、慧观、慧安、道温、昙翼、道敬。其四,原从江左来者,则有僧弼、昙干。其五,不知所从来者则有慧恭、宝度、道恢、道悰、僧迁、道流、僧嵩、僧楷、僧卫、道凭、僧因、昙晷等。①

长安僧人云集,姚兴创设僧官来管理。弘始七年(405),姚兴任命僧䂮为"僧正",僧迁为"悦众",法钦、慧斌为"僧录",令其管理国内僧尼事务,并供给优厚的秩禄、车舆及吏役随从。这一创举,对后世影响尤其深远。

姚兴除了大力支持鸠摩罗什等僧人翻译佛典之外,还大力建造浮图塔。姚兴所造"般若台"尤其奇特。宋敏求《长安志》卷五说:

> 姚兴起逍遥宫,殿庭左右有楼阁高百丈,相去四十尺,以麻绳大一围,两头各绋经楼上,会日令二人各楼内出,从绳上行过,以为佛神相遇。

> 永贵里有波若台。姚兴集沙门五千余人,有大道者五十人,起造浮图于永贵里,立波若台。居中做须弥山,四面有崇岩峻壁,珍禽异兽,林草精奇,仙人佛像具有,人所未闻,皆以为稀奇。

此台此塔之瑰丽高耸,颇得时人惊叹。

与后赵石勒、石虎父子以及前秦苻坚不同,姚兴不但参与翻译活动,而且对佛教义学兴趣颇浓。姚兴《通不住法住般若》文中说:

> 众生之所以不阶道者,有著故也。是以圣人之教,恒以去著为事,故言以不住般若。虽复大圣玄鉴,应照无际,亦不可著,著亦成患。欲使行人忘彼我,遗所寄。泛若不系之舟,无所倚薄,则当于

---

① 汤用彤:《汉魏两晋南北朝佛教史》,第209—210页。

理矣。①

此文的核心思想来自于《摩诃般若波罗蜜经·序品》:"菩萨摩诃萨以不住法,住般若波罗蜜中。"②姚兴的《通圣人放大光明普照十方》的思想来自于《摩诃般若波罗蜜经·舌相品》:"尔时世尊出舌相,遍覆三千大千世界,从其舌相,出无数无量色光明,普照十方如恒河沙等诸佛世界。"③姚兴在《通一切诸法空答安成侯姚嵩书》中说:

> 夫众生之所以流转生死者,皆著欲故也。若欲止于心,即不复生死。既不生死,潜神玄漠,与空合其体,是名涅槃耳。既曰涅槃,复何容有名于其间哉!……诸法若不空,则无二谛;若不有,亦无二谛。此定明有、无,不相离。何者?若定言有,则无以拔高士;若定明无,则无以济常流。是以圣人有无兼抱,而不舍者,此之谓也。然诸家通第一义:"廓然空寂,无有圣人。"吾常以为殊太径廷,不近人情。若无圣人,知无者,谁也?④

姚兴以他体悟的"般若"义理,驳斥小乘诸家所通的第一义——"廓然空寂,无有圣人。"凡此都表明,他对般若思想是有一定体会的。这在汉魏两晋时期的帝王中是罕见的,甚至可以说是唯一的。

五、五凉、西秦社会与佛教传播

西晋"八王之乱"后,在河西地区,先后出现了前凉、后凉、南凉、北凉、西凉五个政权以及西秦政权,前者历史上称为"五凉"。所谓河西地区,本是汉代的军事要地,汉武帝为了打击匈奴,切断其与羌族的联系,在这里设立了武威、张掖、酒泉、敦煌四郡。汉朝廷在这里驻军屯田,威

---

① 道宣:《广弘明集》卷一八,《大正藏》第 52 卷,第 228 页下。
② 鸠摩罗什译:《摩诃般若波罗蜜经》卷一,《大正藏》第 8 卷,第 218 页下。
③ 同上书,第 230 页上。
④ 道宣:《广弘明集》卷一八,《大正藏》第 52 卷,第 229 页下—230 页上。

胁匈奴,并且建成了从中原通往西域及中亚各地的通道,使这里的经济、文化日益繁荣和发展。到了东汉,这里归凉州刺史管辖。魏晋以后的凉州辖区,基本上就是这一范围,所以后来出现的五个割据政权,都以"凉"为号。如果从前凉张轨以晋凉州刺史保据河西的时间(301)算起,那么到北凉亡于北魏(439),五凉政权统治河西近一百四十年。

张轨,安定乌氏(今甘肃平凉西北)人。西晋惠帝时,他在京城洛阳做散骑常侍。西晋永宁元年(301),西晋政府委派他为凉州刺史、护羌校尉。张轨家世以儒学知名,曾被张华赏识,因被品定"为二品之精"①。他到任凉州后发展农业,提拔贤才,"征九郡胄子五百人,立学校,始置崇文祭酒,位视别驾,春秋行谢之礼。"②。当时凉州一带在张轨的治理下,政治局面稳定,成为西晋乱后中原人士的较好避难地之一。

张轨在凉州执政十三年,始终以维护西晋的统一为己任,以西晋忠臣自居自律。建兴二年(314),张轨死。张轨死后,其子张寔、张茂相继继承职位。张寔继位后,被晋愍帝正式任命为都督凉州诸军事、凉州刺史、西平公。320年,张寔为其帐下阎沙等所杀,寔弟张茂诛阎沙等,自称凉州牧。324年,张茂病死,无子,兄张寔子张骏继位,称凉州牧、西平公。"骏有计略,于是厉操改节,勤修庶政,总御文武,咸得其用,远近嘉咏,号曰积贤君。自轨据凉州,属天下之乱,所在征伐,军无宁岁。至骏,境内渐平。又使其将杨宣率众越流沙,伐龟慈、鄯善,于是西域并降","骏尽有陇西之地,士马强盛"。③

张骏时期,是前凉最兴盛的时期。张骏之子张重华继位后,也还能够"轻赋敛,除关税,省园囿,以恤贫穷"④。刘曜曾封张茂为凉王,崔鸿《十六国春秋》亦载张重华已称假凉王。

---

① 《晋书》卷八六,第2221页。
② 《晋书》卷八六《张轨传》,第2222页。
③ 《晋书》卷八六《张轨传附张骏传》,第2237页。
④ 《晋书》卷八六,第2240页。

张重华之后,由子灵曜继位,但不久骏庶长子张祚废灵曜而自立,称凉王,改元为和平元年(354)。张祚族人张瓘,又拥立灵曜弟张玄靓而杀张祚。以后张骏少子张天锡,又杀张玄靓而自立。前凉统治者内部的争权夺位,自相残杀,使其势力大为削弱。376年,前秦苻坚征调步骑十三万人进攻前凉,张天锡先后征调十万军队进行抵抗,两军几次战斗,前凉大败,张天锡被迫出降,前凉终于灭亡,河西走廊及敦煌地区开始进入前秦王朝统治时期。

前凉虽然为前秦所灭,但凉州的文化传统并未遭到破坏。值得注意的是前秦派去征服前凉的将领,就是一位汉化极深的氐族人梁熙。前秦征服前凉后不久,就因大举进犯东晋,被晋将谢玄在淝水击溃,从此前秦政权土崩瓦解。

后凉的建立者是氐族人吕光。吕光是前秦太尉吕婆楼之子,略阳(今甘肃天水)人。吕光跟随苻坚屡立战功,成为前秦名将,后升任骠骑将军。383年,吕光奉命率兵七万、铁骑五千,出征西域,大破龟兹,西域诸国纷纷归附。吕光满载西域珍奇宝玩,带着西域高僧鸠摩罗什启程东返。东归当中,凉州刺史梁熙传檄责备吕光未奉诏而还师,并派兵在酒泉阻击吕光,被吕光击败。385年,吕光从西域回到姑臧,杀了梁熙,自领凉州刺史。后闻苻坚在淝水之战中大败,被后秦姚苌所杀,吕光便于386年自立为王,设置百官,定都姑臧,史称后凉。

吕光是以氐人军事征服者的身份入据河西的,在对河西的治理中,采用了严刑重罚和以军事征服为主的简单的行政措施。吕光在位期间,四处征战,穷兵黩武,曾数次向东扩张,讨伐西秦等国,均以失败告终。此时的河西地区,政治上动荡不安,经济上停滞不前,文化教育不受重视,战乱不断,经济社会的发展处于徘徊之中。河西鲜卑秃发氏在湟水流域,卢水胡沮渠氏在张掖临松,敦煌太守李暠在酒泉、敦煌一带都树起了反凉旗号,后凉政权危机四伏。399年,吕光病殁。临死前忧心忡忡,立嫡长子吕绍继位,命庶长子吕纂等辅政,并劝兄弟们同心合力,维持吕氏政权。但他死后未及下葬,吕氏兄弟即自相残杀,争权夺位。吕绍继位后更为残暴,后被吕纂击败,吕纂后来又被堂弟吕隆所杀,而吕隆又多杀豪望,更是不得人心。后凉诸吕势力内部残杀,政治腐败,加之灾荒连年,大大削弱了统治力量。403年,后秦派兵攻取姑臧,后凉王吕隆降秦。后凉从吕光到吕隆,前后历二代四主,有国十八年。

南凉政权是由鲜卑族人秃发乌孤建立的。秃发氏是在东汉末年从塞北迁居河西地区的一个部落。西晋武帝时,秃发氏一度强盛起来,活跃于凉、秦、雍三州之地,并成为三州少数民族抗晋的中坚力量。秃发乌孤为首领后,率众南下,以自然条件较好的湟水流域为立足之地,并征服了邻近其他一些鲜卑部落,实力大大增强。他重视农业生产,发展民族关系。当时鉴于后凉势力强大,秃发乌孤审时度势,表面上臣服吕光,暗地里却积蓄力量。396年,吕光为笼络日渐强大、声威渐高的秃发乌孤,加封他为后凉征南大将军。此时的乌孤已看到了吕光政权的衰败迹象,于是拒绝受命。当398年吕光被后秦大败退回姑臧后,秃发乌孤乘机在青海西平(今西宁市)称王,建立南凉政权。414年,西秦灭南凉。南凉王朝疲于奔命,曾五次迁都,前后共传一代三主,有国十八年。

西凉是汉族人李暠于河西建立的政权。李暠,世为西州大姓。先祖仕晋为郡守。后凉主吕光时,段业于397年在张掖自称凉州牧、建康公,以暠为效谷县令,迁敦煌太守。400年,李暠据敦煌自称大都督、大将军、凉公,设官建号,发兵攻下玉门以西诸城,控制了西域,建国西凉,改元庚子,以敦煌为都城,疆域广及西域。

405年,李暠改元建初,遣使奉表于晋,并迁都酒泉,并徙胡、汉各族2.3万户于酒泉一带,以汉人一万户侨置会稽、广夏二郡,余户分置武威、武兴、张掖三郡。北凉沮渠蒙逊每年进攻,西凉力不能敌,故与其通和立盟。暠安抚境内,敦劝稼穑,但北凉背盟进攻,暠不得不迎战。417年二月,李暠病死,子李歆继位,继续对北凉作战。420年,李歆闻沮渠蒙逊南伐西秦,率军三万往攻北凉都城张掖,途中为蒙逊所败。蒙逊杀李歆,进占酒泉。同年九月，歆弟李恂据敦煌称冠军将军、凉州刺史，改元永建。不久，沮渠蒙逊派军讨伐。421年，北凉军引水灌敦煌，李恂乞降不成，部下投降，李恂遂自杀，敦煌失陷，西凉灭亡。

建立北凉的凉王沮渠蒙逊是临松卢水胡，卢水是今张掖临松山的一条河流，卢水胡，即生活在张掖临松的一支胡人，属匈奴族。沮渠蒙逊的父辈都在吕光部下任职，后被吕光听信谗言杀害。他聚众起兵反抗后凉，失败后，遂投奔建康（今甘肃高台）太守段业。段业于397年称凉王，定都建康，蒙逊自己任尚书左丞。后来蒙逊发现段业不信任自己，便采取手段削弱段业力量。他为达到目的，用计除掉段业亲信和自己的堂兄弟，又趁机煽动部族报仇。401年，蒙逊杀段业，夺其王位，改年号为永安，迁都张掖。永安十二年（412）蒙逊迁都姑臧（凉州），改元玄始，置百官，正式建国，称王。410年，蒙逊击败南凉秃发傉檀，攻占姑臧，又于次年迁都姑臧，继河西王位，改元玄始。此后数年，北凉不断侵伐，抢占了南凉大片土地，并与西秦结盟，对西凉全面进攻。北凉攻灭西凉后兵锋到达高昌一带，继前凉之后又一次统一了河西地区，达到了北凉政权的极盛时期。

蒙逊死后，三子沮渠牧犍嗣位。牧犍在才能上远逊其父，又荒于政事，致使民怨沸腾。此时，在山西大同建立的鲜卑拓跋氏北魏政权已统一了除北燕、北凉以外的北方大地。不久，北燕灭亡，北凉成为十六国中仅存的一个割据政权。439年，北魏大兵压境，姑臧失陷，牧犍投降，北凉灭亡，归北魏统治。北魏灭北凉，接受姑臧城内户口20余万，仓库珍宝不可胜计，并徙其吏民三万余户到平城等地。北凉从397年建国，至439年灭亡，有国四十三年。

西秦是陇西鲜卑族（一说属赀虏）酋长乞伏国仁所建。鲜卑乞伏氏在汉魏时自漠北南出大阴山，迁往陇西并定居于此。前秦主苻坚在位时，乞伏鲜卑酋长、国仁父乞伏司繁被命为镇西将军，镇苑川（今甘肃榆中东北）。司繁死，国仁代镇。淝水之战，苻坚败亡，国仁招集诸部，众至十余万。385年,国仁自称大将军、大单于、领秦河二州牧,筑勇士城为都(在勇士川内,后即苑川郡城),史称西秦。

388年,国仁死,弟乾归继位,称河南王,迁都金城(今甘肃兰州西北)。394年前秦主苻登败死,乾归尽有陇西之地,改称秦王。400年,迁都苑川。同年败于姚兴,遂降附后秦,为其属国。407年,乾归被姚兴留居长安,两年后回到苑川,复称秦王。412年,乾归死,子乞伏炽磐继位,称河南王,迁都临夏。414年,攻灭南凉,十月改称秦王。428年6月,炽磐死,子乞伏暮末继位,政刑酷滥,民多叛亡;又屡为北凉主沮渠蒙逊所侵逼。430年暮末欲东趋上邽(今甘肃天水),归附北魏,途中遭夏主赫连定阻击,退保南安(今甘肃陇西东南)。431年,夏军攻围南安,暮末出降,西秦亡。

河西地区北接内蒙,南邻青海,地形狭长,绵延千里。汉唐期间,这里是著名的"丝绸之路"必经之地。佛教自印度经我国新疆向内地传播,这里又成为中土和西域僧人来往求法取经的通道。魏晋时期,随着佛教广泛传播,河西地区逐渐成为我国佛教圣地之一。《魏书·释老志》概括说:"凉州自张轨后,世信佛教。敦煌地接西域,道俗交得,其旧式,村坞相属,多有塔寺。太延中,凉州平,徙其国人于京邑,沙门佛事皆俱东,象教弥增矣。"[1]从前凉张轨信奉提倡佛教以来,河西地区的历代统治者都信奉佛教,民间信奉者尤其多,加上这一地区与西域相接,西域、印度佛教传入更是顺畅,因此此地塔寺很多。北魏灭掉北凉后,将此地的许多僧人迁移到北魏的京城,因而直接推动了北魏佛教的快速发展。

史书记载,前凉张天锡在位的第三年,灾异屡见,"姑臧北山杨树生松叶,西苑牝鹿生角,东苑铜佛生毛"[2]。此铜佛之置,是前凉统治者崇信佛教的一个证明。

---

[1]《魏书》卷一一四,第3032页。
[2]《十六国春秋·前凉录》,《十六国春秋辑补》卷七三,第519页,北京:中华书局,1985。

前凉时,西通西域,南控诸羌,为佛教的传播提供了很好的条件。现存文献中有关于前凉翻译佛典的零星记载。梁僧祐《出三藏记集》卷七《首楞严后记》载:

> 咸和三年,岁在癸酉,凉州刺史张天锡,在州出此《首楞严经》。于是有月支优婆塞支施客,手执胡本,支博综众经,于方等、三昧特善,其志业大乘学也。出《首楞严》、《须赖》、《上金光》、《如幻三昧》。时在凉州,州内正厅堂湛露轩下集。时译者龟兹王世子帛延善晋胡音,延博解群籍,内外兼综,受者常侍西海赵潚、会水令马奕、内侍来恭政。此三人皆是俊德,有心道德。时在坐沙门释慧常、释进行。凉州自属辞,辞旨如本,不加文饰,饰近俗质近道,文质兼唯圣有之耳。①

从上引的材料来看,前凉境内活动的佛教人物也是很多的,如译者优婆塞月支人支施害、龟兹王世子帛延、沙门慧常、释进等,就连前凉政权的常侍西海赵潚、会水令马奕、内侍来恭政等人,也"有心道德",参与译事。

关于后凉吕光父子对待佛教的态度,目前最直接的资料是《出三藏记集》和《高僧传》的《鸠摩罗什传》。《高僧传·鸠摩罗什传》记载:

> 十八年九月,坚遣骁骑将军吕光、陵江将军姜飞,将前部王及车师王等,率兵七万,西伐龟兹及乌耆诸国。临发坚饯光于建章宫。谓光曰:"……朕闻西国有鸠摩罗什,深解法相,善闲阴阳,为后学之宗。朕甚思之。贤哲者,国之大宝。若克龟兹,即驰驿送什。"光军未至,什谓龟兹王白纯曰:"国运衰矣,当有劲敌,日下人从东方来。宜恭承之,勿抗其锋。"纯不从而战。光遂破龟兹,杀纯,立纯弟震为主。②

---

① 僧祐:《出三藏记集》卷七,《大正藏》第55卷,第49页中。
② 慧皎:《高僧传》卷二,《大正藏》第55卷,第331页中—下。

苻坚奉佛较为虔诚,派吕光伐西域的动机之一是迎接鸠摩罗什。然而吕光见到罗什,却缺乏对其应有的敬意。"光既获什,未测其智量,见年齿尚少,乃凡人戏之,强妻以龟兹王女。什拒而不受,辞甚苦到。光曰:'道士之操,不踰先父,何可固辞?'乃饮以醇酒,同闭密室。什被逼既至,遂亏其节。或令骑牛及乘恶马,欲使堕落。什常怀忍辱,曾无异色。光惭愧而止。"①吕光竟然以此下劣手段逼迫罗什犯戒,可见他并无佛教信仰。

鸠摩罗什的才能是多方面的,"光还中路,置军于山下,将士已休。什曰:'不可在此,必见狼狈,宜徙军陇上。'光不纳。至夜,果大雨洪潦暴起,水深数丈,死者数千。光始密而异之。什谓光曰:'此凶亡之地,不宜淹留。推运揆数,应速言归,中路必有福地可居。'光从之"。在吕光军旅的关键处,鸠摩罗什都能提出正确的建议,由此获得吕光的重视。"至凉州,闻苻坚已为姚苌所害,光三军缟素,大临城南。于是窃号关外,称年太安。"②从此记载看,吕光停留凉州也与鸠摩罗什的建议有关。

吕光建立政权之后,几乎在每一个关键点,鸠摩罗什都有建议或者暗示。《高僧传·鸠摩罗什传》记载:

> 太安元年正月,姑臧大风。什曰:"不祥之风,当有奸叛。然不劳自定也。"俄而梁谦、彭晃相系而叛,寻皆殄灭。③
>
> 至光龙飞二年,张掖临松卢水胡沮渠男成及从弟蒙逊反,推建康太守段业为主,光遣庶子秦州刺史太原公纂率众五万讨之。时论谓业等乌合,纂有威声,势必全克。光以访什。什曰:"观察此行,未见其利。"既而纂败绩于合梨。俄又郭馨作乱,纂委大军轻还,复为馨所败,仅以身免。光中书监张资文翰温雅,光甚器之。资病,光博营救疗。有外国道人罗叉云:"能差资疾。"光喜给赐甚重,什知叉诳诈,告资曰:"叉不能为,益徒烦费耳。冥运虽隐,可以事试也。"乃以五色系作绳,结之烧为灰末,投水中,灰若出水,还成绳者,病不可

---

① ② ③ 慧皎:《高僧传》卷二,《大正藏》第55卷,第331页下。

愈。须臾灰聚，浮出复绳本形。既而又治无效，少日资亡。顷之，光又卒，子绍袭位。数日，光庶子纂杀绍自立，称元咸宁。①

咸宁二年（400），吕超欲杀吕纂，罗什提醒吕纂提防，"今屡见则为灾眚。必有下人谋上之变。宜克禁修德以答天戒"②，吕纂不纳此言，终于被吕光之弟吕保的儿子吕超所杀。

《高僧传·鸠摩罗什传》记载说："什停凉积年，吕光父子既不弘道，故蕴其深解，无所宣化。符坚已亡，竟不相见。"鸠摩罗什在后凉停留十余年，未曾从事佛典翻译，也未曾与邀请他来内地的符坚相见，"及姚苌僭有关中，亦挹其高名，虚心要请。诸吕以什智计多解，恐为姚谋，不许东入。及苌卒，子兴袭位，复遣敦请"。姚兴于弘始三年（401）五月，"遣陇西公硕德西伐吕隆，隆军大破，至九月隆上表归降"③。后凉灭亡，鸠摩罗什方才东行至长安。

南凉秃发耨檀初不信佛，后见沙门昙霍法术高明而受其影响。《高僧传·释昙霍传》记载："释昙霍者，未详何许人，蔬食苦行，常居冢间树下，专以神力化物。时河西鲜卑偷发利鹿孤，僭据西平，自称为王，号年建和。建和二年十一月，霍从河南来至自西平，持一锡杖，令人跪之，云：'此是波若眼，奉之可以得道。'人遗其衣物，受而辄投诸地，或放之河中，有顷，衣自还本主，一无所污。行疾如风，力者追之，恒困不及。言人死生、贵贱，毫厘无爽。人或藏其锡杖，霍闭目少时，立知其处。并奇其神异，终莫能测。然因之事佛者甚众，鹿孤有弟耨檀，假署车骑，权倾伪国，性猜忌，多所贼害。霍每谓檀曰：'当修善行道，为后世桥梁。'檀曰：'仆先世以来，恭事天地名山大川，今一旦奉佛，恐违先人之旨。公若能七日不食，颜色如常，是为佛道神明，仆当奉之。'乃使人幽守七日，而霍无饥渴之色。檀遣沙门智行密持饼遗霍，霍曰：'吾尝谁欺？欺国王耶？'檀深

---

① 慧皎：《高僧传》卷二，《大正藏》第55卷，第331页下—332页上。
②③ 同上书，第332页上。

奇之，厚加敬仰。因此改信，节杀兴慈，国人既蒙其佑，咸称曰大师。出入街巷，百姓并迎为之礼。"①从这一传记叙述可知，南凉的统治者最初不信佛教，但辖境中有僧人，当然应该有佛寺。后来，建和二年(401)十一月，昙霍从中原来此地，以神通灵异引起南凉民众信奉佛教。传文中所说的蓐檀(365—415)于南凉建和三年(402)三月继承王位，自称凉王，改元弘昌，迁都乐都，直至415年被西秦攻灭。如传文所叙述，昙霍不但以其魅力使凉王皈信佛教，而且在政治上也劝谏其失。

诸凉政权中，以北凉统治者对佛教最为推崇。史称北凉"盛事佛道"，国主沮渠蒙逊好佛法，取梵音佛家语名其子曰"菩提"。沮渠蒙逊的弟弟沮渠京声曾西行于阗求法，并翻译佛经多种，蒙逊子沮渠安周亦好佛，他在河西陷落后逃往高昌称王。玄始十年(421)，蒙逊攻克敦煌、高昌等地，在敦煌得昙无谶，将其迎至姑臧，促进了佛教的普及。北凉佛教影响远及长安、建业，姑臧成为西域佛教的重镇。对此，《魏书·释老志》记载："沮渠蒙逊在凉州，亦好佛法。有罽宾沙门昙摩谶，习诸经论。于姑臧，与沙门智嵩等译《涅槃》诸经十余部。又晓术数、禁咒，历言他国安危，多所中验，蒙逊每以国事谘之。"②唐道宣《集神州三宝感通录》也说："昔沮渠蒙逊、以晋安帝隆安元年据有凉土三十余载，陇西五凉，斯最久盛，专崇福业。"③昙无谶在北凉弘扬佛教的时期，北凉很自然成为中国北方的佛教发展中心。这样的一个国度，自然要吸引各地僧人来归。而北凉的佛典翻译，在十六国时期，仅次于后秦，而可与前秦比肩。

西秦虽为一弱小政权，但其境禅学之盛却在许多政权之上④，从《高僧传》卷一一《玄高传》的叙述可管窥其地其时佛教发展之一斑。

释玄高，本名灵育，冯翊万年人。玄高原本居陇右麦积山，"山学者

---
① 慧皎：《高僧传》卷一〇，《大正藏》第55卷，第389页下。
② 《魏书》卷一三〇，第3032页。
③ 道宣：《集神州三宝感通录》卷中，《大正藏》第52卷，第417页下—418页上。
④ 参见杜斗城《西秦佛教述论》，《中华佛学学报》第13期，2000年5月出版。

423

百余人,崇其义训,禀其禅道。时有长安沙门释昙弘,秦地高僧,隐在此山,与高相会,以同业友善"①。而西秦境内有外国禅师昙无毗,领徒立众,训以禅道。对此,《高僧传·玄高传》记载:

> 时乞伏炽盘跨有陇西,西接凉土,有外国禅师昙无毗,来入其国,领徒立众,训以禅道。然三昧正受,既深且妙,陇右之益,禀承盖寡。高乃欲以己率众,即从毗受法。旬日之中,毗乃反启其志。②

正在此时,西秦有两个地位很高的沙门,"虽形为沙门,而权侔伪相。恣情乖律,颇忌学僧,昙无毗既西返舍夷,二僧乃向河南王世子曼谗构玄高,云蓄聚徒众,将为国灾,曼信谗,便欲加害,其父不许,乃摈高往河北林阳堂山"③。此中的"河南王太子乞伏曼"即喜庆,最后一位王暮末,从文中看,此时尚未即位。由于被人进谗,玄高被当局加以蓄聚徒众将为国灾的罪名被摈往外地。

当时西秦有长安昙弘法师,"迁流岷蜀,道洽成都,河南王慕其高名,遣使迎接。弘即闻高被摈,誓欲申其清白,乃不顾栈道之艰,冒险从命。既达河南,宾主仪华,便谓王曰:'既深鉴远识,何以信谗弃贤?贫道所以不远千里,正欲南此一白。'王及太子,赫然愧悔,即遣使诣高,卑辞逊请,请高还邑。高既广济为怀,忘忿赴命。如欲出山,山中草木摧折,崩石塞路,高咒愿曰:'吾拆志弘道,岂得滞方!'乃风息路开,渐还到国。王及臣民,近道候迎,内外敬奉,崇为国师。"④玄高又回到西秦,被尊为国师。后来,北魏占领河西地区,玄高至平城,对北魏境内禅法的流行做出了很大贡献。

西秦又有玄绍,秦州陇西人。"学究诸禅,神力自在,手指出水,供高洗漱,其水香净,倍异于常。每得非世华香,以献三宝。灵异如绍者又十一人。绍后入堂术山,蝉蜕而逝。"⑤堂术山即炳灵寺所在的唐述山。

---

① 慧皎:《高僧传》卷一一,《大正藏》第 55 卷,第 397 页上。
② 同上书,第 397 页上—中。
③④⑤ 同上书,第 397 页中。

五凉佛教繁荣的另一标志是石窟寺的大量出现。五凉时期,河西禅僧云集,故开窟之事也与之俱生,闻名中外的敦煌莫高窟即是从十六国时期最先开凿的。

总而言之,十六国时期的河西,因其独特地理位置以及西晋时期所奠定的基础,佛教有较大的发展并对中国佛教的传播有较大的推动作用。一方面,五凉和西秦政权都不同程度地扶持佛教,使得这一时期该地区佛教颇为兴盛,而且河西的僧人频繁进入内地;另一方面,此地是天竺、西域僧人来华进入内地以及内地僧人西行求法的必由之路,使得十六国时期河西地区的佛教在中国佛教传播史上影响至为深远,其中最具代表性的,当推鸠摩罗什与般若学在中国的传播。

六、三燕社会与佛教传播

十六国时期,在河北和东北一部分地区先后建立三个政权,即前燕、后燕、北燕,史书简称为"三燕"。这三个地方王朝,先后与石赵、二秦、北魏相争,且与江南东晋、辽东高句丽有密切关系,为当时北方佛法隆盛之地。①

慕容鲜卑是东胡族的后裔。207年,曹操平定了辽西柳城的三郡乌桓之后,慕容鲜卑的首领莫护跋乘机率部入居辽西。慕容鲜卑入居辽西之后,不断吸收汉文化因素,逐渐改游牧经济为定居的农业经济,中原的先进思想文化、农业生产技术及货币、日用杂物、生产工具、兵器也大量输入辽西,为其所用,从而加速了慕容鲜卑的汉化过程。那些在中原无法生存的大批流民和汉族知识分子,为逃避战乱,纷纷涌入辽西,受到慕容廆的尊重,成为座上嘉宾,为慕容廆出谋划策,建立典章制度,创办学校,为前燕国的建立奠定了基础。

---

① 参见董高《三燕佛教略考》,《辽海文物学刊》,1996年第1期。下文论述参考此文处甚多,限于体例,不一一注出。

333年，慕容廆死，其第三子慕容皝以平北将军、行平州刺史统帅慕容鲜卑。337年，慕容皝称王，国号燕，都棘城，是为前燕。341年，慕容皝派阳裕、唐柱于柳城之北、龙山之西筑龙城。342年，慕容皝将都城由棘城迁到龙城。东晋成帝遣使正式承认慕容皝为燕王。经过几年的鏖战，慕容皝消灭了段氏鲜卑和宇文鲜卑，又让扶余和高句丽俯首称臣，大大扩展了前燕政权的势力范围，成为东北地区的霸主。348年，慕容皝病死，子俊继位。352年，慕容俊在蓟城正式称皇帝，署置百官。蓟城在现在的北京西南，所以说，历史上第一个在北京建都称皇帝的，是前燕慕容俊。前燕政权成为南与东晋隔江对峙，西与前秦为邻，以东北为后方，雄据华北的强大政权。357年，慕容俊将都城从蓟城迁到邺城。360年，慕容俊死，子暐继位。370年，前秦苻坚、王猛率大军围攻邺城。慕容暐率文武百官出城降秦，前燕灭亡。前秦在前燕故地设平州，以石越为平州刺史，领护鲜卑中郎将，镇和龙（龙城）。

383年，前秦苻坚在淝水之战中失利，那些投降前秦的慕容鲜卑贵族都趁机纷纷起兵复国。386年，慕容垂称帝，置百官，立太子，定都中山，据有幽、冀、平三州，即今河北、辽西地区，是为后燕。397年，后燕慕容宝在中原被拓跋魏打败，无法立足，将都城迁回龙城。慕容熙为后燕皇帝时，荒淫无道，穷奢极欲。407年，冯跋和高云乘慕容熙出葬苻皇后之机，杀掉慕容熙，拥立高云为天王。后燕亡，北燕建立。

409年，高云被豢养的爪牙离班、桃仁杀害。高云被杀后，冯跋被拥立为王，国号仍为燕，建元太平，仍以龙城为都城。冯跋继位后，吸取了后燕亡国教训，采取了一些有利于社会稳定、发展的措施，使北燕国力得到恢复，政权亦较稳定。冯跋死后，其弟冯弘杀太子冯翼自立为王。436年，北魏又派大将古弼、鹅青率军来攻，魏军克白狼，兵临龙城。尚书令郭生开城门招引魏军，这时，高句丽援兵亦到达龙城，冯弘及龙城民户均随高句丽军队东迁。高句丽军队将龙城库府掳掠一空，并纵火焚毁了龙城宫殿，北燕灭亡。冯弘到辽东后，被安置在平郭，两年后为高句丽所杀。

从342年慕容皝将都城由棘城迁到龙城,到436年北燕被北魏灭亡,中间去掉前秦占据十五年,三燕王朝以龙城为都城或留都,前后共计约八十年。

关于前燕区域内的佛教传播,现存资料不多。慕容皝于东晋咸康三年(337)称燕王以前,鲜卑慕容氏是否信奉佛教,史书无载。从史料上看,最先踏入辽西乃至东北地区的沙门是佛图澄。慕容皝称燕王之翌年(338),佛图澄随后赵石虎进军辽西,石虎欲攻前燕首都大棘城,佛图澄进曰:"燕福德之国,未可加兵。"①石虎不纳,后赵果然战败而归。

见于记载的前燕乃至东北地区佛教的第一件大事,是慕容皝立龙翔佛寺于龙山(今辽宁朝阳城东凤凰山)。《晋书·慕容皝载记》:东晋永和元年(345),"黑龙、白龙各一,见于龙山,皝亲率群寮观之,去龙二百余步,祭以太牢。而龙交首戏翔,解角而去。皝大悦,还宫,赦其境内,号新宫曰和龙,立龙翔佛寺于山上"②。《十六国春秋·前燕录》与《晋书》记载同,只是时间为"十二年四月",应指慕容皝称燕王的十二年(349)。尽管时间记载不一,但慕容皝立龙翔佛寺于龙山是确定的。

前燕于352年灭掉后赵,据有后赵中原、河北之地。后赵境内佛教传播较广,在前燕统治时期,其境内佛教的传播仍然延续后赵的发展势头。前燕于晋太和五年(370)被前秦苻坚所灭。前秦苻坚信奉佛教,原来由前燕统治的地区,佛教进一步传播的条件更好些。

有关慕容垂建立的后燕佛教传播的史料稍多些③:

其一,慕容宝与支昙猛。《晋书·慕容垂载记》载,太元二十年(395),慕容垂遣太子宝率军伐魏,十一月,燕军至参合陂,"有大风,黑气,状若隄防,或高或下,临覆军上。沙门支昙猛言于宝曰:'风气宝暴

---

① 《晋书》卷一〇六,第2768页。
② 《晋书》卷一〇九,第2825—2826页。
③ 参见董高《三燕佛教略考》,《辽海文物学刊》1996年第1期。

迅,魏军将至之候,宜遣兵御之。'宝笑而不纳"①。虽经"昙蒙固以为言",慕容宝及属下仍疏于防备,终至惨败而归。支昙猛无传,事迹无考,但从他能参与后燕军国大事来看,是一位有道高僧。慕容垂父子之事支昙猛,与石勒、石虎事佛图澄,苻坚事道安是一样的,有趣的是,也都因不纳沙门之谏而打了败仗。

其二,慕容德与朗公。慕容德在称南燕王翌年(399),遣苏抚问计于沙门朗公,并听从了朗公建议,遂攻占广固(今山东益都),巩固了南燕政权。燕主还给朗公二县租税,立神通寺。"朗公"即释道安同学竺法朗,京兆人,后居泰山,苻坚、姚兴等均曾加以钦敬。

其三,慕容熙令沙门素服。据《晋书·慕容熙传》等书记载,晋义熙三年(407),后燕王后"苻氏死,熙悲号躄踊,若丧考妣,……制百僚于宫内哭临,令沙门素服"②。慕容熙荒淫无道,宠妃死后竟令僧人穿白戴孝,终至身败国亡。

其四,沙门法长谋反。据《资治通鉴》卷一〇七载,晋太元十五年(390),"九月,北平人吴柱聚众千余,立沙门法长为天子,破北平郡(今河北遵化东),转寇广都(今建昌县境),入白狼城(今喀左县黄道营子)……"。③ 以法长为天子的这支造反队伍,从河北转战到辽西,攻克白狼城,威胁到了后燕留都龙城,引起统治者的恐慌,急忙派军队镇压下去。这也表明后燕佛教信仰在民间相当流行,僧俗信徒甚多,因此沙门才能有很强的煽惑力。

其实,在法长造反之前,后赵石虎时(晋咸康三年,337),安定人侯子光自称佛太子,聚众数千人于杜南山,称大黄帝,建元曰龙兴,后被击斩之。沙门面对各族统治者相互争虞、赋役繁重、民不聊生的社会现实,悯念苍生,揭竿而起,救民众于苦海之中,以实践佛教思想。这也从一方面

---

① 《晋书》卷一二三,第 3089 页。
② 《晋书》卷一二四,第 3106—3107 页。
③ 《资治通鉴》卷一〇七,第 3397 页。

反映了佛教的社会影响力。

其五,河北定县发现的宋代静志寺真身舍利塔塔基石函上刻有"修燕魏废塔"字样。这里的"燕",即曾定都中山(今河北定县)的后燕,"魏"即北魏。后燕和北魏均曾在定县建过塔寺,当属可信。

北燕统治者冯氏是否崇信佛教,史籍未明确记载,但有旁证可资说明。《十六国春秋·北燕录》载:"太平十七年(425),二月,北部人赵寿女既嫁化为男,娶妻而无子。尚书左丞付权对曰:'……今女为男,臣将无君之征。'(冯)跋曰:'将何以禳之?'付权曰'……唯修身崇善,可以转祸为福。'"可见,北燕王冯跋和付权君臣对佛教都有一定了解。此外,北票西官营子发现的北燕冯素弗墓,出土一件压印佛像纹饰的山字形金饰①,证明北燕统治集团二号人物冯跋弟冯素弗是一个虔诚的优婆塞——在家的佛教信徒。

经过几个政权的经营,北燕政权统治区域的佛教已经发展到一定规模,佛寺和僧尼人数很多。如《高僧传》卷七《释僧诠传》记载,僧诠是辽西海阳人。辽西郡,前燕移治令支(今河北迁安南),北燕时移治肥如(今河北卢龙北)。僧诠"少有燕齐,遍学外典,弱冠方出家,后精炼三藏,为北土学者之宗"②,在佛学上颇有造诣。他还精于造像艺术,先在北燕"造丈六金像",后过江至建康闲居寺,晚年至吴郡虎丘山东寺。其余见于文献资料中在北燕出家的僧人尚有多人,不赘述。

---

① 参见黎瑶渤《辽宁北票县西官营子北燕冯素弗墓》图一四,《文物》1973年第3期。
② 慧皎:《高僧传》卷七,《大正藏》第55卷,第369页下。

第三章 两晋时期的佛典翻译

作为佛教传入汉地初期的两晋时期,佛典翻译可以说是佛教传播的重中之重。从佛典翻译而言,汉魏仅仅是涓涓细流;而至西晋、东晋十六国时期,佛典翻译无论是从经典的内容,还是语言表达方面,都取得了长足的进步。从内容而言,阿含类、般若类、如来藏系、涅槃类以及禅籍、律本等等大、小乘佛教的基本经典都传译过来。在这一时期,涌现出了竺法护、鸠摩罗什、昙无谶等等足以彪炳史册的译经大师。本章拟对从晋武帝立国(265)至东晋被刘裕篡夺(420)为止的一百五六十年间的佛典翻译活动及其成果作一论述,以彰显这一历史时期中国佛教的发展成就。

第一节 西晋时期的佛典翻译

西晋时期的佛教传播还不太广泛,相对而言,佛典翻译的成就最大。关于西晋佛典翻译者的数量,费长房说是十三人,智升说是十二人。《历代三宝纪》卷六列入的是:沙门竺法护、沙门强梁娄至、沙门安法钦、沙门无罗叉、清信士聂承远、沙门竺叔兰、清信士道真、沙门白法祖、沙门释法立、优婆塞卫士度、沙门支敏度、沙门释法炬、沙门支法度,《开元释教录》

卷二列入的是：沙门竺法护、沙门强梁娄至、沙门安法钦、沙门无罗叉、优婆塞竺叔兰、沙门白法祖、沙门释法立、沙门释法炬、清信士聂承远、清信士聂道真、沙门支法度、沙门若罗严；二者相比，后者少了优婆塞卫士度、沙门支敏度，而多了沙门若罗严。综合二者，则得西晋时期的译家十四位，其中翻译数量最多、质量最好、影响最大的是竺法护。至于翻译的数量，《出三藏记集》卷二记载为一百六十七部（不包括失译经），而《开元释教录》考订为三百三十部。下文依照时间顺序对上述十四位译家的佛典翻译活动作些叙述。

一、强梁娄至、安法钦的佛典翻译

根据《历代三宝纪》和《开元释教录》记载，强梁娄至、安法钦于太康年分别在广州和洛阳翻译佛典。

关于强梁娄至，《历代三宝纪》卷六记载："《十二游经》一卷，右一经一卷，武帝世，外国沙门强梁娄至，晋言真喜，太始二年于广州译。见《始兴》及《宝唱录》。"①此中的"太（泰）始二年"可疑，与其他文献不一致，可能出于传抄失误。同书卷三：泰康"辛丑，二，强良娄至出《十二游经》一卷"②。而沿袭费长房记载的道宣和智升都相同，著录为太康二年。如《开元释教录》卷二："《十二游经》一卷，初出。右一部一卷本缺。沙门强梁娄至，晋言真喜，西域人，志情旷放，弘化在怀，以武帝太康二年辛丑，于广州译。《十二游经》一部，见《始兴录》及《宝唱录》。"③由这些记载可知，强梁娄至于西晋太康二年（281）在广州翻译出《十二游经》一卷。

但是，《出三藏记集》卷四"新集续撰失译杂经录"中列有"《十二游经》一卷，旧录云《十二由经》。《十二游经》一卷，异本，大同小异"④。此

---

① 费长房：《历代三宝纪》卷六，《大正藏》第49卷，第65页上。
② 同上书，第38页上。
③ 智升：《开元释教录》卷二，《大正藏》第55卷，第497页中。
④ 僧祐：《出三藏记集》卷二，《大正藏》第55卷，第30页中。

简短话语中可注意三点:其一,僧祐看到了两种译本,且说是"异本"但"大同小异";其二,关于第一种译本,僧祐说"旧录"称其经名为《十二由经》;其三,第一种译本也就是费长房所说的强梁娄至的译本后来散失了,现存的是东晋迦留陀伽的译本。但是,难于理解僧祐将这两种译经列入"失译杂经录"中的原因。

关于安法钦,《历代三宝纪》卷六记载:

> 《大阿育王经》五卷,光熙年出。见竺道祖《晋世杂录》。
>
> 《道神足无极变化经》二卷,第二译。或三卷,四卷。即是竺法护所出《佛升忉利天为母说法经》同本别名,文小异,见竺道祖《晋世杂录》。
>
> 《文殊师利现宝藏经》二卷,太安二年出。或三卷。亦云《示现宝藏经》,见竺道祖《晋世杂录》。
>
> 《阿阇贳王经》二卷,太康年译。见竺道祖《晋世杂录》。
>
> 《阿难目佉经》一卷,与《微密持经》本同名异。见竺道祖《晋世杂录》,有作目法字。
>
> 右五部合一十二卷,惠帝世,安息国沙门安法钦,太康年于雒阳译。①

费长房的以上叙述是有瑕疵的,特别是结语部分容易引起误解。道宣《大唐内典录》卷二沿袭了这一缺陷:"右五部合一十二卷,惠帝世安息国沙门安法钦,太康年于洛阳译。"②而智升则作了修正:"沙门安法钦,安息国人,学赡众经,幽鉴无滞。以武帝太康二年辛丑讫惠帝光熙元年丙寅,于洛阳译《道神足》等经五部。"③不过,在各经的卷数和经名方面,智升作了说明:

> 《道神足无极变化经》四卷,第二出。一名《合道神足经》;或三

---

① 费长房:《历代三宝纪》卷六,《大正藏》第49卷,第65页上。
② 道宣:《大唐内典录》卷二,《大正藏》第55卷,第236页上,497页中一下。
③ 智升:《开元释教录》卷二,《大正藏》第55卷,第497页中一下。

卷。与竺法护所出《佛升忉利天为母说法经》同本异译,见竺道祖《录》。

《阿育王传》七卷,或加"大"字,亦云《大阿育王经》。或五卷。初出,与梁译《育王经》同本。光熙年译,见竺道祖《录》。

《文殊师利现宝藏经》二卷,初出。亦云《示现宝藏经》,或三卷,与《宝箧经》等同本。太安年译。见竺道祖《录》。

《阿阇贳王经》二卷,太康年译。见竺道祖《录》。第三出,与《普超经》等同本。

《阿难目佉经》一卷,第三出。与《微密持经》等同本异译。见竺道祖《录》。

右五部一十六卷,前二部十一卷见在,后三部五卷缺本。①

综上所述,来自于安息国的安法钦从太康二年(281)至光熙元年(306)在洛阳翻译出《道神足无极变化经》四卷、《阿育王传》七卷、《文殊师利现宝藏经》二卷、《阿阇贳王经》二卷、《阿难目佉经》一卷,共五部十六卷。

二、沙门无罗叉、竺叔兰的佛典翻译

于阗沙门无叉罗、优婆塞竺叔兰是朱士行从西域取回的《放光般若经》的翻译者。关于《放光般若经》的翻译过程,《出三藏记集·放光经记》记载最详细:

> 惟昔大魏颍川朱士行,以甘露五年出家学道为沙门,出塞西至于阗国,写得正品梵书胡本九十章,六十万余言,以太康三年,遣弟子弗如檀晋字法饶送经胡本至洛阳,住三年,复至许昌二年。后至陈留界仓垣水南寺,以元康元年五月十五日,众贤者皆集议,晋书正

---

① 智升:《开元释教录》卷二,《大正藏》第55卷,第497页下。

> 写。时执胡本者,于阗沙门无叉罗、优婆塞竺叔兰口传,祝太玄、周玄明共笔受。正书九十章,凡二十万七千六百二十一言。时仓垣诸贤者等,大小皆劝助供养。至其年十二月二十四日写都讫。经义深奥,又前后写者,参校不能善悉。至太安二年十一月十五日,沙门竺法寂来至仓垣水北寺,求经本写时,捡取现品五部并胡本,与竺叔兰更共考挍书写,永安元年四月二日讫。于前后所写捡,最为差定。其前所写,可更取挍。晋胡音训,畅义难通。诸开士大学文生,书写供养、讽诵读者,愿留三思,恕其不逮也。①

此经翻译地点是陈留(今河南开封内)界仓垣水南寺,从元康元年(291)五月十五日开始,至当年十二月二十四日初步完成。主要译者是:于阗沙门无叉罗、优婆塞竺叔兰执胡本口传,祝太玄、周玄明共笔受。至太安二年(303)十一月十五日至永安元年(304)四月二日,沙门竺法寂和优婆塞竺叔兰又对上述译本作了校定。

但是,《高僧传》卷四《朱士行传》记载的参与者是支孝龙:

> 又有无罗叉比丘,西域道士,稽古多学,乃手执梵本,叔兰译为晋文,称为《放光波若》。皮牒故本,今在豫章。至太安二年,支孝龙就叔兰一时写五部,校为定本。时未有品目,旧本十四匹缣,今写为二十卷。②

这一记载,在细节方面有补充,如最初译本抄写在丝绸上,共十四匹缣,而经过支孝龙和叔兰整理抄写成二十卷,且共抄成五部,以广流通。

支孝龙,淮阳人。《高僧传》卷四《支孝龙传》记载说:

> 少以风姿见重,加复神彩,卓荦高论。适时,常披味《小品》,以为心要。陈留阮瞻、颍川庾凯,并结知音之交,世人呼为"八达"。时

---

① 僧祐:《出三藏记集》卷七,《大正藏》第55卷,第47页下。
② 《大正藏》第50卷,第346页下。

或嘲之曰:"大晋龙兴,天下为家。沙门何不全发肤,去袈裟,释胡服,被绫罗?"龙曰:"抱一以逍遥,唯寂以致诚,剪发毁容,改服变形,彼谓我辱,我弃彼荣。故无心于贵而愈贵,无心于足而愈足矣。"其机辩适时,皆此类也。时竺叔兰初译《放光经》,龙既素乐无相,得即披阅,旬有余日,便就开讲。后不知所终矣。①

此文中未曾明确说支孝龙改译之事,仅仅说及披阅和宣讲。

综上所述,太安二年(303)改译者是竺法寂和竺叔兰,支孝龙仅仅参与抄写修订等。此正如道安在《合放光、光赞随略解序》中所说:"《放光》寻出,大行华京,息心居士,翕然传焉。中山支和上遣人于仓垣,断绢写之,持还中山。中山王及众僧,城南四十里,幢幡迎经。其行世如是。"②此中的支和上应该是支孝龙,而"中山"是因其住锡过中山的佛寺而称之的。由此可知,支和上参与抄写五部,是为了将此经传回中山。

关于竺叔兰,《出三藏记集》卷一三有《竺叔兰传》较为详细地记载了其家庭背景和生平行事,叙述很生动,但未具体记载生卒年。

竺叔兰,本天竺人,其祖父娄陀被密谋反叛者杀死。"娄陀子达摩尸罗,齐言法首,先在他国,其妇兄二人并为沙门,闻父被害,国内大乱,即与二沙门奔晋,居于河南,生叔兰。叔兰幼而聪辩,从二舅谘受经法,一闻而悟,善胡汉语及书,亦兼诸文史。然性颇轻躁,游猎无度,常单骑逐鹿。值虎堕马,折其右臂,久之乃差。后驰骋不已。母数呵谏,终不改,为之蔬食乃止。性嗜酒,饮至五六升方畅,常大醉,卧于路旁。仍入河南郡门,唤呼吏录,送河南狱。时河南尹乐广与宾客共酣,已醉谓兰曰:'君侨客,何以学人饮酒?'叔兰曰:'杜康酿酒,天下共饮,何以侨旧?'广又曰:'饮酒可尔,何以狂乱乎?'答曰:'民虽狂而不乱,犹府君虽醉而不

---

① 《大正藏》第50卷,第346页下。
② 僧祐:《出三藏记集》卷七,《大正藏》第55卷,第48页上。

狂。'广大呼。时坐客曰：'外国人那得面白？'叔兰曰：'河南人面黑尚不疑，仆面白，复何怪耶？'于是宾主叹其机辩，遂释之。"① 从这一叙述可知，竺叔兰生于河南，从出家的舅舅处学习了自己本族的语言，并且对佛教也有所了解。尤其是，他还具有当时流行的玄学气质，传文中所说"兼诸文史"是指他精通中国文化。

《出三藏记集·竺叔兰传》记载，竺叔兰在"无疾暴亡，三日还苏"之后，"改节修慈，专志经法。以晋元康元年，译出《放光经》及《异维摩诘》十余万言。既学兼胡汉，故译义精允"。② 从此文可知，竺叔兰除与无罗叉合译出《放光般若经》之外，还翻译了《异维摩诘》。此事亦见于《出三藏记集》卷二：

> 《异维摩诘经》三卷，《首楞严经》二卷。《别录》所载，安录先缺，《旧录》有叔兰《首楞严》二卷。右二部，凡五卷。晋惠帝时，竺叔兰，以元康元年译出。③

根据这一记载，竺叔兰译出《异维摩诘经》三卷、《首楞严经》二卷。这一说法，后来的经录与此一致，差别在于翻译的时间。僧祐所说的元康元年(291)也是他自己著录翻译《放光般若经》的时间。

隋费长房《历代三宝纪》卷六记载：

> 《异毗摩罗诘经》三卷，元康六年，第五出。与汉世严佛调、吴世支谦、竺法护、罗什等所译本，大同小异。或二卷，见竺道祖录。
>
> 《首楞严经》二卷，元康元年出。是第五译，与二支一白一竺出者，文异本同，见道真录。④

费长房强调，竺叔兰翻译佛经的地点在洛阳。

---

① 僧祐：《出三藏记集》卷二，《大正藏》第50卷，第9页下。
②③ 僧祐：《出三藏记集》卷一三，《大正藏》第50卷，第98页下。
④ 费长房：《历代三宝纪》卷六，《大正藏》第49卷，第65页中。

唐智升在《开元释教录》卷二中沿袭了费长房的记载①,其文说:竺叔兰"以晋惠帝元康元年,与无罗叉出《放光经》。后于洛阳自出《异毗摩诘》等经二部。既学兼梵晋,故译义精允"②。这一叙述,将费长房叙述的模糊之处明晰化了。如此则可知,竺叔兰于元康元年(291)五月十五日至十二月二十四日在陈留与无叉罗翻译出《放光般若经》,然后回到洛阳翻译出《首楞严经》二卷。然而,如果《首楞严经》确实是在洛阳翻译的,其开始时间一定不会在元康元年。元康六年,竺叔兰译出《异毗摩罗诘经》三卷。而至太安二年(303)十一月十五日至永安元年(304)四月二日,他又与沙门竺法寂一起对《放光般若经》译本作了校定。

《出三藏记集·竺叔兰传》记载:"后遭母难,三月便欲葬。……即葬毕。明年,石勒果作乱,寇贼纵横。"——查考史书可知,此是指永嘉五年(311)六月间,刘曜、王弥、石勒等一同围攻河南,孝怀帝被迫西逃后,被刘曜所缚,洛阳宫殿被焚毁。此时,竺叔兰"因避地奔荆州,后无疾,忽告知识曰:'吾将死矣。'数日便卒"③。具体年月不详。

三、帛远、支法度的佛典翻译

帛远和支法度,现存史籍未记载生卒年,但其翻译活动都在晋惠帝时期。

帛远(?—304?),字法祖,本姓万氏,河内人。慧皎《高僧传》有本传,其文曰:

> 帛远,字法祖,本姓万氏,河内人。父威达,以儒雅知名,州府辟命皆不赴。祖少发道心,启父出家,辞理切至,父不能夺,遂改服从道。祖才思俊彻,敏朗绝伦,诵经日八九千言,研味《方等》,妙入幽

---

① 费长房将竺叔兰的身份误认为沙门,智升作了纠正。
② 智升:《开元释教录》卷二,《大正藏》第55卷,第498页中。
③ 僧祐:《出三藏记集》卷一三,《大正藏》第50卷,第98页下。

微,世俗坟素,多所该贯。乃于长安造筑精舍,以讲习为业,白黑宗禀几且千人。①

法祖出家后,长时间住锡于长安自己所造的精舍内,以宣讲佛经为要务,其间也从事佛典翻译活动。

关于帛法祖所译佛典,僧祐《出三藏记集》卷一五说:"祖既博涉多闲,善通胡汉之语,常译《惟逮》、《弟子本》、《五部僧》等三部经,又注《首楞严经》。又言,别译数部小经,值乱零失,不知其名。"②然而,僧祐在《出三藏记集》卷二经目部分却只记载了一部:"《惟逮菩萨经》一卷,今缺。右一部,凡一卷。晋惠帝时,沙门帛法祖译出。"③隋代的费长房《历代三宝纪》在列出帛法祖所翻译的佛典的总目之后说:

> 右二十三经合二十五卷,惠帝世河内沙门白法祖出。《高僧传》止云祖出一经,然其所出诸经,遭世扰攘,名录罕存,莫纪其实。房广搜检诸杂记录,见此二十二经,并注祖出。今依所睹备而载之。④

费长房此处所说的"《高僧传》止云祖出一经"应为《出三藏记集》。对于费长房的著录,智升认定了十六部十八卷;其余七部,智升说:"又长房等录更有七经,亦云祖出。今以并是别生,故删不立。"⑤这是说,费长房所列的7部经属于经抄,因此必须除外。

智升认定的帛法祖所译的十六部经,有五部现存:《菩萨逝经》一卷,《菩萨修行经》一卷,《佛般泥洹经》一卷,《大爱道般泥洹经》一卷,《贤者五福经》一卷。散失的十一部是:《严净佛土经》二卷,《郁伽罗越问菩萨经》一卷,《等集三昧经》一卷,《无量破魔陀罗尼经》一卷,《大方等如来藏经》一卷,《惟逮菩萨经》一卷,《檀特陀罗尼经》一卷,《如来兴显经》一卷,

---

① 慧皎:《高僧传》卷一,《大正藏》第50卷,第327页上。
② 僧祐:《出三藏记集》卷一五,《大正藏》第55卷,第107页下。
③ 僧祐:《出三藏记集》卷二,《大正藏》第55卷,第9页下。
④ 费长房:《历代三宝纪》卷一,《大正藏》第49卷,第66页中。
⑤ 智升:《开元释教录》卷二,《大正藏》第55卷,第499页上。

《善权经》一卷，《海龙王经》一卷，《持心梵志经》一卷。

《高僧传》叙述了法祖被杀的经过，其文说：

> 晋惠之末，太宰河间王颙镇关中，虚心敬重，待以师友之敬，每至闲辰靖夜，辄谈讲道德。于时西府初建，后又甚盛，能言之士，咸服其远达。祖见群雄交争，干戈方始，志欲潜遁陇右以保雅操。会张辅为秦州刺史，镇陇上，祖与之俱行。辅以祖名德显著，众望所归，欲令反服为己僚佐。祖固志不移，由是结憾。先有州人管蕃与祖论议，屡屈于祖，蕃深衔耻恨，每加逸构。祖行至汧县，忽语道人及弟子云："我数日对当至。"便辞别，作素书，分布经像及资财都讫。明晨诣辅共语，忽忤辅意。辅使收之行罚，众咸怪惋。祖曰："我来此毕对，此宿命久结，非今事也。"乃呼十方佛。祖前身罪缘，欢喜毕对，愿从此以后，与辅为善知识，无令受杀人之罪。遂便鞭之五十，奄然命终。①

晋惠帝元康九年(299)，太宰河间王司马颙为平西将军镇关中；永安元年(304)张辅为秦州刺史镇陇右，张辅于永安二年被陇西太守韩稚所杀。从这些事件推断，帛法祖被杀于永安元年。现在的问题是，现存的史籍中，未曾记载法祖的年寿以及开始译经的时间，但从上文的记述推测，其译经的下限应该是元康九年。

帛法祖在当时影响非常大，"道化之声被于关陇，崤函之右奉之若神"，在其被杀之后，东晋"孙绰《道贤论》以法祖匹嵇康。论云：'帛祖衅起于管蕃，中散祸作于钟会。二贤并以俊迈之气，昧其图身之虑，栖心事外，经世招患，殆不异也。'"②

关于支法度，现今可知的仅仅是费长房《历代三宝纪》所说的一句话："右四经合五卷，惠帝永宁年中，沙门支法度出。总见《宝唱录》。"四部经是：

---

①② 慧皎：《高僧传》卷一，《大正藏》第50卷，第327页上一中。

《文殊师利现宝藏经》二卷,第二出,与安法钦所译三卷者,大同小异。见竺道祖《杂录》。

　　《十善十恶经》一卷,见竺道祖晋世《杂录》。

　　《逝童子经》一卷,第三出。亦名《长者制经》,亦直云《制经》,亦云《菩萨逝经》,亦《直云逝经》,五本大同,别译为异,名殊耳。

　　《善生子经》一卷,第三出,与竺法护、竺难提《尸迦罗越六向拜经》大同小异。见支敏度及竺道《祖录》。[①]

费长房的这一记载,唐代几种经录都作了继承。永宁年(301—302)仅有一年多,支法度在此期间翻译了四部佛典,此后的事迹缺载。

四、竺法护的佛典翻译

　　西晋时期最有成就的佛经翻译家是竺法护,不仅数量多,而且在质量上代表了当时的最高水平。竺法护所传译的大乘佛教的基本经典,对中国佛教的发展产生过重大影响,无愧于"敦煌菩萨"的尊号。

1. 竺法护的行历

　　竺法护,音译昙摩罗刹或昙摩罗察,是西晋最有成就的译经家。本姓支,为大月支国侨民,世居敦煌。他八岁出家,从竺高座(可能是天竺僧)受学,并随师姓竺。他"博览六经,游心七籍,虽世务毁誉,未尝介抱。是时晋武之世,寺庙图像虽崇京邑,而方等深经蕴在葱外。护乃慨然发愤,志弘大道,遂随师至西域,游历诸国。外国异言三十六种,书亦如之,护皆遍学,贯综诂训,音义字体,无不备识。遂大赍梵经,还归中夏。自炖煌至长安,沿路传译,写为晋文,所获览即《正法华》、《光赞》等一百六十五部。孜孜所务,唯以弘通为业,终身写译,劳不告勌。经法所以广流中华者,护之力也"[②]。一般以为,竺法护随师至西域是在"出师"之前,也

[①] 费长房:《历代三宝纪》卷六,《大正藏》第49卷,第68页上。
[②] 慧皎:《高僧传》卷一,《大正藏》第50卷,第326页下。

就是泰始二年(266)之前。但一句"时晋武之世"又使得这一判断有些问题。文中又说"自炖煌至长安,沿路传译,写为晋文",但此后的翻译编年将显示,现存文献记载的竺法护翻译历程是先从长安开始,再至洛阳,后至敦煌。总之,关于竺法护早期的经历,依据现存文献已经无法搞清楚。

关于竺法护的生卒年,史籍未曾明载,但《高僧传》记载:"及晋惠西奔,关中扰乱,百姓流移,护与门徒避地东下,至渑池,遘疾而卒,春秋七十有八。"①建兴元年(313)三月二十六日,出《大净法门经》一卷。关于此经的翻译时间,《出三藏记集》通行本著录为:"《大净法门经》一卷,建始元年三月二十六日出。"②赵王伦曾经用过此年号,为301年。经查,《历代三宝纪》卷六是:"《大净法门经》一卷,建兴元年十二月二十六日出,见聂道真录。"③由此可见,建兴元年(313)竺法护仍然健在,这也就是竺法护圆寂时间的上限。

关于竺法护的圆寂之地,《高僧传》明确说是东下至渑池(即今河南渑池)而卒。而唐代智升就怀疑慧皎的这一记载,推测可能在西行凉州。汤用彤先生论述说:"《祐录》、《僧传》云,护公于晋惠西奔,关中扰乱,与门徒避地东下,至渑池遘疾而卒。查晋惠西奔在永安元年(304)。其后四年乃怀帝永嘉二年,护尚在天水寺译经,自非死于惠帝之时。而洛都自元康以后,祸乱相寻(永宁元年齐王同与赵王伦等战于洛阳,明年长沙王义又在洛与同战,次年张方入洛,次年为永安元年,劫帝幸长安),元康七年护在长安,永康元年护不在洛阳,此后东都大乱,无东奔之理。且长安大乱,人民多避乱凉州,法护世居敦煌,似亦应西遁而不东迈。按道安《合放光光赞随略解序》,谓《光赞》'寝逸凉土',则凉州或护晚年所在地,而所译诸经,多藏于彼处也。"④从后文叙述法护译出佛典编年看,这一说

---

① 慧皎:《高僧传》卷一,《大正藏》第50卷,第326页下。
② 僧祐:《出三藏记集》卷二,《大正藏》第55卷,第7页下。
③ 费长房:《历代三宝纪》卷六,《大正藏》第49卷,第62页下。
④ 汤用彤:《汉魏两晋南北朝佛教史》,第113—114页。

法最为合理。

竺法护弟子众多,但名留史籍者寥寥。其译经助手,有聂承远、聂道真父子,经录将其列入主译者行列,"又有竺法首、陈士伦、孙伯虎、虞世雅等,皆共承护旨,执笔详校。安公云:'护公所出,若审得此公手目,纲领必正。凡所译经,虽不辩妙婉显,而宏达欣畅,特善无生,依慧不文,朴则近本。'"① 评价颇为公允。

2. 竺法护的译籍

竺法护的译经数,道安《众经目录》中收录150部,《出三藏记集》卷二载为154部、309卷,《高僧传》本传记载为165部。《历代三宝纪》卷六载为210部、394卷,《开元释教录》卷二刊定为175部、354卷,当时存在的有91部、208卷。经吕澂先生的对勘,认为《开元释教录》所载的91部竺法护译经中真正为其所译的数应是74部、177卷,另有10部是竺法护所译而标为他人为译者。② 竺法护所翻译的佛典有般若经类、宝积经类、大集经类、大乘律类以及(小乘)涅槃经类、本生经类,而与如来藏思想有直接或间接关系的有华严经类、涅槃经类、法华经类,种类繁多,几乎具备了当时西域流行的要籍,这就为大乘佛教在中国的弘传打开了广阔的局面,正如僧祐的评价:"经法所以广流中华者,护之力也。"③

下文依据《出三藏记集》等经录所记载的翻译时间,将竺法护译时明确的译籍罗列于后:

晋武帝泰始二年(266)十一月八日,出《须真天子经》。《出三藏记集》卷七《须真天子经记》记载:"《须真天子经》,太始二年十一月八日,于长安青门内白马寺中,天竺菩萨昙摩罗察口授出之。时传言者,安文惠、帛元信。手受者,聂承远、张玄泊、孙休达,十二月三十日未时讫。"④

---

① 慧皎:《高僧传》卷一,《大正藏》第50卷,第327页上。
② 参见吕澂《中国佛学源流略讲》所附《竺法护》第298页,北京:中华书局,1979。
③ 僧祐:《出三藏记集》卷一三,《大正藏》第55卷,第98页上。
④ 僧祐:《出三藏记集》卷七,《大正藏》第55卷,第48页中。

泰始五年(269)七月二十三日,出《方等泥洹经》二卷。

泰始六年(270)

九月三十日,出《德光太子经》一卷。

十月,出《宝藏经》二卷。

太康五年(284)

二月二十三日,出《修行经》七卷。《修行地道经出经后记》说:"罽宾文士竺侯征者,赍此经文,来至敦煌。是时月支菩萨沙门法护,究天竺语,又畅晋言,于此相值,共演之。其笔受者:弟子沙门法乘,月支法宝,贤者李应、荣承、索乌子、剡迟、时通武、支晋、支宝等三十余人,咸共劝助,以太康五年二月二十二日始讫。正书写者:荣携业,侯无英也。其经上下二十七品,分为六卷,向六万言,于是众贤各各布置。"

十月十四日,出《阿惟越致遮经》四卷。《阿维越遮致经记》即《出经后记》记载:"太康五年十月十四日,菩萨沙门法护,于炖煌从龟兹副使美子侯,得此梵书《不退转法轮经》,口敷晋言,授沙门法乘,使流布,一切咸悉闻知。"①

太康六年(285)

六月十七日,出《大善权经》二卷。

七月十日,出《海龙王经》。

太康七年(286)

三月十日,出《持心经》六卷。《持心经记》即《出经后记》说:"《持心经》,太康七年三月十日,炖煌开士竺法护在长安说出梵文,授承远。"②

八月十日,出《正法华经》十卷。《正法华经记》记载:"太康七年八月十日,炖煌月支菩萨沙门法护手执经,口宣出《正法华经》二十七品,授优婆塞聂承远、张仕明、张仲政共笔受。竺德成、竺文盛、严威伯续文,承赵

---

① 僧祐:《出三藏记集》卷七,《大正藏》第55卷,第50页中。
② 僧祐:《出三藏记集》卷八,《大正藏》第55卷,第57页下。

叔初、张文龙、陈长玄等共劝助欢喜。九月二日讫。天竺沙门竺力、龟兹居士帛元信共参校,元年二月六日重复。又元康元年,长安孙伯虎,以四月十五日写素解。"①

十一月二十五日,出《光赞经》十卷。《出三藏记集》卷七载释道安《合放光光赞略解序》说:"《光赞》,于阗沙门祇多罗以泰康七年赍来,护公以其年十一月二十五日出之。……《光赞》,护公执胡本,聂承远笔受。言准天竺,事不加饰,悉则悉矣,而辞质胜文也。"②《出三藏记集》卷九《渐备经十住胡名并书叙》说:"护公出《光赞》,计在《放光》前九年,不九年,当八年。不知何以遂逸在凉州,不行于世。寻出经时,乃在长安出之,而都不流行,乃不知其故。吾往在河北,唯见一卷经。《后记》云十七章,年号日月亦与此记同,但不记处所,所以为异。然出经时人云聂承远,笔受帛元信、沙门法度,此人皆长安人也。以此推之,略当必在长安出。此经胡本,亦言于阗沙门祇多罗所赍来也。此同如慧常等凉州来疏,正似凉州出,未详其故。或乃护公在长安时,经未流宣,唯持至凉州。"③

十二月二十七日,出《普超经》四卷。

太康八年(287)

正月十一日,出《普门经》一卷。

四月二十七日,出《宝女经》四卷。

太康九年(288)十月八日,出《密迹经》五卷。

太康十年(289)

四月八日,出《文殊师利净律经》一卷。《出三藏记集》卷七《文殊师利净律经记》即《经后记》记载:"沙门竺法护于京师遇西国寂志,从出此经。经后尚有数品,其人忘失,辄宣现者转之为晋,更得其本,补令具足。太康十年四月八日,白马寺中,聂道真对笔受,劝助刘元谋,傅公信侯彦

---

① 僧祐:《出三藏记集》卷八,《大正藏》第55卷,第56页下。
② 僧祐:《出三藏记集》卷七,《大正藏》第55卷,第48页上。
③ 僧祐:《出三藏记集》卷九,《大正藏》第55卷,第62页中—下。

长等。"①

十二月二日,出《离垢施女经》一卷、《魔逆经》一卷。《出三藏记集》卷七《魔逆经记》即《出经后记》记载:"太康十年十二月二日,月支菩萨法护手执梵书,口宣晋言,聂道真笔受,于洛阳城西白马寺中始出。折显元写,使功德流布,一切蒙福度脱。"②

永熙元年(290)七月十四日,出《宝结经》二卷。

元康元年(291)

四月九日,出《勇伏定经》二卷。《出三藏记集》卷七:"《勇伏定记》曰:元康元年四月九日,炖煌菩萨支法护手执胡经,口出《首楞严三昧》,聂承远笔受。"③《勇伏定经》与鸠摩罗什翻译的《首楞严三昧经》是同本异译。

四月十三日,出《度世品经》六卷。

七月七日,出《大哀经》七卷。《出三藏记集》卷九收有未详作者的《如来大哀经记》,其文曰:"元康元年七月七日,炖煌菩萨支法护手执胡经,经名《如来大哀》,口授聂承远、道真正书晋言。以其年八月二十三日讫,护亲自覆校。当令大法光显流布,其有揽者,疾得总持,畅泽妙法。"④可见,此经的翻译始于西晋元康元年(291)七月七日,八月二十三日最终完成。

十二月二十五日,出《如来兴显经》四卷。

元康二年(292)正月二十二日,出《诸佛要集经》二卷。关于此经,《出三藏记集》卷二记载:"《要集经》二卷,或云《诸佛要集经》天竺曰'佛陀僧祇提'。"⑤此后的经录都延续这一说法,未记载翻译时间。1909、1910年,日本大谷探险队在我国新疆吐鲁番的吐峪沟古寺院遗址,获得一件《诸佛要集经》残卷,经尾跋语是:

---

① 僧祐:《出三藏记集》卷七,《大正藏》第55卷,第51页中。
② 同上书,第50页中。
③ 同上书,第49页中。
④ 僧祐:《出三藏记集》卷九,《大正藏》第55卷,第63页中。
⑤ 僧祐:《出三藏记集》卷二,《大正藏》第55卷,第7页下。

　　　　□康二年正月廿二日,月支菩萨法护手执□
　　　　□□授聂承远。和上弟子沙门竺法首笔
　　　　□□令此经布流十方,载佩弘化,速成巨□□。
　　　　元康六年三月十八日写已
　　　　凡三万十二章合一万九千五百九十六字。①

根据学界研究,上文第一行所缺一字当为"元"字。② 从笔受者判定,此经的翻译地点不是在长安就在洛阳。

　　元康四年(294)十二月二十五日,出《圣法印经》一卷。《出三藏记集》卷七《圣法印经记》即《出经后记》记载:"元康四年十二月二十五日,月支菩萨沙门昙法护,于酒泉演出此经,弟子竺法首笔受。"③

　　元康七年(297)十一月二十一日,出《渐备一切智经》十卷。《出三藏记集》卷九《渐备经十住胡名并书叙》记载:"元康七年十一月二十一日,沙门法护在长安市西寺中出《渐备经》,手执胡本,译为晋言。"此译本后来流落凉州,以太元元年(376)十月三日达襄阳,"亦是慧常等所送,与《光赞》俱来。顷南乡间人留写,故不与《光赞》俱至耳。《首楞严》、《须赖》并皆与《渐备》俱至。凉州道人释慧常,岁在壬申,于内苑寺中写此经,以酉年因寄。至子年四月二十三日达襄阳。"④此中所说的壬申年应该是372年,酉年即373年。这一记载,说明了竺法护一部分译籍进入流通领域的艰难。

　　永康元年(300)七月二十一日,出《贤劫经》七卷。《出三藏记集》卷七记载:"《贤劫经》,永康元年七月二十一日,月支菩萨竺法护从罽

---

① 此题记的图片参见羽田亨《西域文明史概论》第46页,郑远芳译,商务印书馆,1934。原件一度不知所之。本世纪初,在旅顺博物馆馆藏的原大谷探险队遗留文物中找到一部分残片。
② 参见陈国灿《吐鲁番出土的〈诸佛要集经〉残卷与敦煌高僧竺法护的译经考略》,《敦煌学辑刊》,1983年第2期。
③ 僧祐:《出三藏记集》卷七,《大正藏》第55卷,第51页中。
④ 僧祐:《出三藏记集》卷九,《大正藏》第55卷,第62页下。

宾沙门得是《贤劫三昧》，手执口宣。时竺法友从洛寄来，笔者赵文龙。"①

永宁二年(302)四月十二日，出《五盖疑结失行经》一卷。

元熙元年(306)八月十四日，出《灭十方冥经》一卷。

永嘉二年(308)五月，出《普曜经》八卷。《出三藏记集》卷七《普曜经记》记载："《普曜经》，永嘉二年太岁在戊辰五月，本斋菩萨沙门法护，在天水寺，手执胡本，口宣晋言。时笔受者，沙门康殊帛、法巨。"②

建兴元年(313)三月二十六日，出《大净法门经》一卷。关于此经的翻译时间，《出三藏记集》通行本写作："《大净法门经》一卷，建始元年三月二十六日出。"③赵王伦曾经用过此年号，为 301 年。经查，《历代三宝纪》卷六所记是："《大净法门经》一卷，建兴元年十二月二十六日出，见聂道真录。"④《大唐内典录》卷二记作："《大净法门经》一卷，建兴元年十二月二十六日出，见道真录。"⑤特别是《开元释教录》卷二记载："《大净法门》一卷，题云《大净法门品上金光首女所问溥首童真所开化经》，初出，与《大庄严法门经》等同本，建兴元年十二月二十六日出。见聂道真及僧祐二录。"⑥可见，《出三藏记集》通行本系传抄错误。⑦ 至于月、日标示不

---

① 僧祐:《出三藏记集》卷七，《大正藏》第 55 卷，第 48 页下。
② 同上书，第 48 页中一下。
③ 僧祐:《出三藏记集》卷二，《大正藏》第 55 卷，第 7 页下。
④ 僧祐:《出三藏记集》卷九，《大正藏》第 55 卷，第 62 页下。
⑤ 道宣:《大唐内典录》卷二，《大正藏》第 55 卷，第 233 页下。
⑥ 智升:《开元释教录》卷二，《大正藏》第 55 卷，第 494 页中。
⑦ 关于这一问题，陈国灿认为："《出三藏记集》卷二《新集经论录》在法护所译经目中列有《大净法门经》一卷，'建始元年三月二十六日出'，'建始'年号，吕澂氏《新编汉文大藏经目录》改作'建兴'，建兴元年(313)在永嘉二年之后五年，这五年间不见法护活动的记载，突然在建兴元年出来一卷译经，令人难以置信。晋愍帝司马邺于永嘉七年(313)即位，四月改元'建兴'，而《大净法门经》署在'三月二十六日出'，其非建兴年所译甚明。或谓是否为'建武元年'(304)之误？晋惠帝永安元年(304)七月始改元'建武'，也不可能是。晋惠帝永宁元年(301)正月，赵王伦曾'僭即帝位，大赦，改元建始'。称'建始'年号只有三个月，到夏四月辛酉，便'逐伦归第，即日乘舆反正'，改年号为'永宁'。所谓'建始元年三月二十六日'，正是赵王伦当政期间译出的经卷留下的特征。"(陈国灿《吐鲁番出土的〈诸佛要集经〉残卷与敦煌高僧竺法护的译经考略》，《敦煌学辑刊》，1983 年第 2 期。)

同,在经录中很常见。因为编经录时依据的原始材料有的标的是翻译的起始时间,有的则是完成时间,而经录编纂者选择其中之一,就会出现歧异。另外,也有可能现存的《出三藏记集》的"三月"也应该是十二月。

上述竺法护可编年的译籍共三十部,其他译籍限于篇幅,不再一一罗列。

3. 竺法护的译经地点

从上述编年叙述所引用的佛经译后记中可知,竺法护翻译佛典的地点有长安、洛阳和敦煌等地。大致言之,竺法护于晋武帝泰始二年(266)某时到达长安,并且于十一月八日于长安青门内白马寺中开始翻译佛典。如前文所显示,泰始六年(270)十月至太康五年(284)二月近十五年,竺法护在何地,是否从事翻译活动,文献都没有明确记载。《高僧传·竺昙摩罗刹传》仅记载:"护以晋武之末,隐居深山。"①而这里所说的"晋武之末"是指太康末年晋武帝死后朝政的动荡时期。

有学者对于《高僧传·竺昙摩罗刹传》的这一段文字作了不同的解释:"法护西游是在晋武帝世,而且是在到过京邑洛阳和长安之后,感到许多深经不完备,才发愤去'葱外'的。……《法护传》云:'晋武之末,隐居深山',而这十年却非晋武之末,而是晋武帝统治的中期。"②尽管与《高僧传》所说竺法护是"随师西行"不符,但这一解读有一定道理。最重要的旁证:现存竺法护所译佛经的题记或后记记载显示,太康十年(289)十二月二日竺法护在洛阳城西白马寺中翻译出《离垢施女经》一卷、《魔逆经》一卷;永熙元年(290)七月十四日出《宝结经》二卷。而《出三藏记集》卷八《正法华经后记》记载:"永熙元年八月二十八日,比丘康那律,于洛阳写《正法华品》竟。时与清戒界节优婆塞张季博、董景玄、刘长武、长文等,手执经本,诣白马容对与法护,口校古训,讲出深义。

---

① 慧皎:《高僧传》卷一,《大正藏》第50卷,第326页下。
② 陈国灿:《吐鲁番出土的〈诸佛要集经〉残卷与敦煌高僧竺法护的译经考略》,《敦煌学辑刊》1983年第2期。

以九月本斋十四日,于东牛寺中施檀大会讲诵此经,竟日尽夜,无不咸欢,重已校定。"①元康元年(291)四月九日,翻译出《勇伏定经》二卷。如果说,竺法护真的是于"晋武之末"隐居深山的话,则时间仅仅数月。从这些材料综合考虑,笔者赞同将法护隐居的时间确定为泰始六年(270)十月至太康五年(284)之间,而不赞成将竺法护"随师西行"与"隐居深山"并为一件事。

根据前引译经后记记载,太康五年(284),竺法护在敦煌翻译出《修行经》七卷。至太康七年(286)三月十日,竺法护在长安翻译出《持心经》六卷。太康八年、九年,翻译出《普门经》一卷、《宝女经》四卷、《密迹经》五卷等,但不知所在。太康十年(289)四月八日,竺法护在洛阳白马寺翻译出《文殊师利净律经》一卷。由此可见,竺法护第二次到长安停留的时间是太康五年至太康十年(也可能还要前移一些时日)。依据《高僧传》的叙述顺序,竺法护出山之后,又"立寺于长安青门外,精勤行道,于是德化遐布,声盖四远,僧徒数千,咸所宗事"②。关于此寺的修造时间,《高僧传》未明确说明,但从竺法护在长安停留的时间考虑,则此寺的初建应该是在太康七年至九年之间。至于寺额,《高僧传》和《出三藏记集》等早期史籍中未记载,也许为了纪念竺法护,后世称其为敦煌寺。竺法护重回长安,影响更甚于前,有千名以上的徒众跟随。

竺法护至迟于太康十年(289)四月开始在洛阳翻译佛典,大概在元康二年(292)之后,至迟在元康四年,竺法护离开洛阳(长安)西行,元康四年(294)十二月二十五日,在酒泉翻译出《圣法印经》一卷。此后几年,竺法护的译经地点失载,但文献记载,元康七年十一月二十一日,他于长安西寺翻译出《渐备一切智经》十卷。可见,在此之前,他又东行回到长安。

---

① 僧祐:《出三藏记集》卷八,《大正藏》第55卷,第56页下—57页上。
② 慧皎:《高僧传》卷一,《大正藏》第50卷,第326页下。

449

根据《出三藏记集》卷七《普曜经记》的记载，竺法护于永嘉二年(308)五月，在"天水寺"翻译出《普曜经》。此中的"天水寺"应该是位于天水郡的佛寺。西晋时期佛寺较少，以地名命名的情况很常见。根据《汉书·地理志注》的记载，"天水郡，武帝元鼎三年置"。西晋时沿袭之。由此可见，至少在永嘉二年初，竺法护再次离开长安西行。

竺法护译经地点多变，可谓颠簸流离，但翻译出的佛典数量巨大，对佛教在中土的传播贡献卓著。东晋时期的孙绰制《道贤论》，以天竺七僧比拟竹林七贤，以竺法护匹山巨源。其文说："护公德居物宗，巨源位登论道。二公风德高远，足为流辈矣。"①

五、聂承远、聂道真的佛典翻译

竺法护最主要的译经助手聂承远、聂道真父子，对竺法护的译籍作过重要修正，因此诸家经录将一些佛典的翻译著录于二人名下。

《高僧传》卷一《竺昙摩罗刹传》记载："时有清信士聂承远，明解有才，笃志务法，护公出经，多参正文句。《超日明经》初译，颇多烦重，承远删正，得今行二卷。其所详定，类皆如此。承远有子道真，亦善梵学。此君父子比辞雅便，无累于古。"②

关于聂承远的译籍，梁僧祐《出三藏记集》卷二著录："《超日明经》二卷，旧录云《超日明三昧经》。右一部，凡二卷。晋武帝时，沙门竺法护先译梵文，而辞义烦重。优婆塞聂承远整理文偈，删为二卷。"③根据《历代三宝纪》卷六的记载，此本"与竺法护前出三卷者，大同小异"④。可见，聂承远是将竺法护所翻译的《超日明三昧经》三卷本改编为二卷本。根据费长房《历代三宝纪》的记载，聂承远还译有《越难经》一卷。这两种译本现存。

---

① 慧皎：《高僧传》卷一，《大正藏》第 50 卷，第 326 页下—327 页上。
② 同上书，第 327 页上。
③ 僧祐：《出三藏记集》卷二，《大正藏》第 55 卷，第 9 页下。
④ 费长房：《历代三宝纪》卷六，《大正藏》第 49 卷，第 65 页中。

此外，费长房还列有《迦叶诘阿难经》一卷，"第二译，与汉世严佛调出者小异，见《始兴》及《宝唱录》"①。而智升则说："又长房等录云，承远更译《迦叶诘阿难经》，此乃《杂譬喻》抄，非是别翻。又汉世佛调、世高及此承远三录俱载，误之甚也。"②

关于聂道真的译籍，经录著录很多。《历代三宝纪》卷六记载说："右五十四经合六十六卷，聂承远子道真，惠帝之世始太康年迄永嘉末，其间询禀谘承法护，笔受之外，及护没后，真遂自译前件杂经。诚师护公，真当其称，颇善文句，辞义分炳。此并见在《别录》所载。"③智升在《开元释教录》中说："右二十四部三十六卷，《菩萨受斋》上六部六卷见在，《大方广》下一十八部三十卷缺本。……及护殁后，真遂自译《无垢施应辩》等经二十四部。……又长房等录更有二十九经，亦云道真所出，今以并是别生抄经，故删之不存也。"④依据智升的判定，聂道真翻译出二十四部佛典，费长房所记载的其他译籍则是聂道真从佛经中摘抄出来的。

下文依据《开元释教录》卷二的记载，将聂道真的译籍罗列如下：

《无垢施菩萨分别应辩经》一卷，与法护《离垢施经》等同本，亦云《分别应报》，今编入《宝积》，当第三十三会。

《诸菩萨求佛本业经》一卷，《华严净行品》异译。

《文殊师利般涅槃经》一卷。

《异出菩萨本起经》一卷。

《三曼陀颰陀罗菩萨经》一卷。

《菩萨受斋经》一卷。

《大方广菩萨十地经》一卷，与法护译者，大同小异。

《菩萨十法住经》一卷，是《华严十住品》异译。

---

① 费长房：《历代三宝纪》卷六，《大正藏》第49卷，第65页中。
② 智升：《开元释教录》卷二，《大正藏》第55卷，第500页中。
③ 费长房：《历代三宝纪》，《大正藏》第49卷，第66页上。
④ 智升：《开元释教录》卷二，《大正藏》第55卷，第501页上。

《十住经》十二卷,是《华严十地品》异译。

《菩萨缘身五十事经》一卷,与《五十缘身经》大同小异。

《观世音受记经》一卷。

《诸佛要集经》二卷。

《寂音菩萨愿经》一卷。

《菩萨求五眼法经》一卷。

《菩萨道行六法经》一卷。

《菩萨初地经》一卷。

《菩萨十地道经》一卷,有云是前译《菩萨十地》。

《文殊师利与离意女论议极似维摩经》一卷。

《菩萨杂行法》一卷。

《菩萨所行四法》一卷。

《菩萨宿命经》一卷。

《文殊师利净律经》一卷,与法护译小异。

《菩萨戒独受坛文》一卷。

《菩萨忏悔法》一卷。

根据费长房《历代三宝纪》的记载,聂道真还撰集有《众经录目》一卷。[①]

六、法炬、法立的佛典翻译

西晋末年,法炬和法立合作翻译佛典;法立圆寂之后,法炬又继续翻译佛典。在《出三藏记集》卷一三记载说:

> 惠、怀之际,有沙门法炬者,不知何许人,译出《楼炭经》。炬与沙门法立共出《法句喻》及《福田》二经。法立又访得胡本,别译出百余首,未及缮写,会病卒,寻值永嘉扰乱,散灭不存。[②]

---

① 费长房:《历代三宝纪》卷六,《大正藏》第49卷,第66页上。
② 僧祐:《出三藏记集》卷一三,《大正藏》第55卷,第908页上—中。

而同时代的《高僧传》卷一《维祇难传》在叙述《法句经》的翻译过程时提及法炬、法立二僧,其文曰:"至晋惠之末,有沙门法立更译为五卷,沙门法巨著笔,其辞小华也。立又别出小经近四许首,值永嘉末乱,多不复存。"①这些文献中,"法炬"也写作"法巨"。

关于法立翻译的佛典,《出三藏记集》卷二记载:

> 《楼炭经》六卷,《别录》所载,安录先缺。
> 《大方等如来藏经》一卷,《旧录》云《佛藏方等经》。
> 《法句本末经》四卷,一名《法句喻经》,或六卷。或云《法句譬经》。
> 《福田经》一卷,或云《诸德福田经》。
> 右四部,凡十二卷。晋惠、怀时,沙门法炬译出。其《法句喻》、《福田》二经,炬与沙门法立共译出。②

此中仅列入法炬所翻译的佛典四部,其中两部是与法立合译的。而费长房将《楼炭经》六卷、《大方等如来藏经》一卷、《法句本末经》五卷、《诸德福田经》一卷等四经合十三卷一并标为"惠帝世沙门释法立共法炬等于洛阳出"③。此后的几乎所有经录就依据上述两部经录的说法,将《如来藏经》的最早一本当作了法炬、法立二人的合译本。

《历代三宝纪》卷六又说:

> 右一百三十二部合一百四十二卷,惠帝世沙门释法炬出。初,炬共法立同出。立死,炬又自出。多出大部与立所出,每相参合,广略异耳。《僧祐录》全不载。既见《旧》、《别》诸录,依聚继之。庶知有据,以考正伪焉。④

---

① 慧皎:《高僧传》卷一,《大正藏》第50卷,第326页下。
② 僧祐:《出三藏记集》卷二,《大正藏》第55卷,第9页下—10页上。
③ 费长房:《历代三宝纪》卷一,《大正藏》第49卷,第66页中。
④ 费长房:《历代三宝纪》卷六,《大正藏》第49卷,第68页上。

智升在《开元释教录》卷二中说：

> 沙门释法炬，亦未详氏族。器量高峙，游化在怀。于惠帝代初，与法立同共出经。法立没后，炬遂自译《优填王》等经四十部。又长房等录更有诸经，并云炬出。今以皆是别生之经录家误上，今并删之，如后所述。①

对于费长房所说的法炬独立翻译 132 部、142 卷的记载，智升表示了部分怀疑，最终确认了其中的 40 部、50 卷。智升的认定自然也有自己的标准和道理，但是也应该承认，费长房所说也并非毫无根据和道理。如上引僧祐说："法立又访得胡本，别译出百余首，未及缮写，会病卒，寻值永嘉扰乱，散灭不存。"②而慧皎所说"立又别出小经近四许首"③之"四"字，日本编《弘教藏》本和金陵刻经处本均为"百"字。可见，法立寻访到"胡本"佛典，并且草译为汉语，只是由于未及抄写流通而病卒。而如果将费长房依据另外的经录所说法炬在法立圆寂之后又单独翻译了 132 部佛典与僧祐、慧皎所说联系起来，是否可以推测，法炬确实是在法立遗稿的基础上，又翻译出了一百余部佛典。因此，智升对于费长房之说的质疑，恐怕不见得就更准确。

《开元释教录》卷二所认定的法炬单独翻译的 40 部、50 卷佛典如下：

《优填王经》一卷、《前世三转经》一卷、《阿阇世王受决经》一卷、《灌洗佛形像经》一卷、《恒水经》一卷、《顶生王故事经》一卷、《求欲经》一卷、《苦阴因事经》一卷、《瞻婆比丘经》一卷、《伏淫经》一卷、《数经》一卷、《波斯匿王太后崩尘土坌身经》一卷、《频毗娑罗王诣佛供养经》一卷、《鸯崛髻经》一卷、《难提释经》一卷、《相应相可经》一卷、《慢法

---

① 智升：《开元释教录》卷二，《大正藏》第 55 卷，第 499 页下—第 500 页上。
② 僧祐：《出三藏记集》卷一三，《大正藏》第 55 卷，第 908 页上—中。
③ 慧皎：《高僧传》卷一，《大正藏》第 50 卷，第 326 页中—下。

经》一卷、《法海经》一卷、《阿阇世王问五逆经》一卷、《罗云忍辱经》一卷、《佛为年少比丘说正事经》一卷、《沙曷比丘功德经》一卷、《群牛譬经》一卷、《比丘避女恶名欲自杀经》一卷、《福田经》一卷、《诸经菩萨名经》二卷、《正意经》一卷、《明帝释施经》一卷、《楼炭经》八卷、《净饭王般泥洹经》一卷、《贫穷老公经》一卷、《危脆经》一卷、《大蛇譬喻经》一卷、《罗汉迦留陀夷经》一卷、《爪甲擎土譬经》一卷、《衰利经》一卷、《众生未然三界经》一卷、《求欲说法经》一卷、《罗旬喻经》一卷、《遗教法律经》三卷。

经过查考现存南北朝史籍,发现竺法护的译经助手中有一位法巨,很可能与此处所说的翻译佛典的法炬是同一人。《出三藏记集》卷七《普曜经记》中说:"《普曜经》,永嘉二年太岁在戊辰五月,本斋菩萨沙门法护,在天水寺,手执胡本口宣晋言。时笔受者,沙门康殊、帛法巨。"①同书卷九《渐备经十住胡名并书叙》中说:

> 《兴显经》,且亦是大经,说事广大,义理幽深,乃是众经之美望,辞叙茂赡,真有奇闻。而帛法巨亦是博学道士,昔邺中亦与周旋,不知何以复不集此经?②

《普曜经记》与《渐备经十住胡名并书叙》都作"帛法巨",可见此位僧人如果不是来自于龟兹,就是其师是龟兹僧人。《渐备经十住胡名并书叙》文中的意思是,"博学"的法巨,为何未曾"集"《如来兴显经》呢?在此,"集"字的理解成为关键。根据《出三藏记集》卷二的记载:《如来兴显经》四卷是竺法护于元康元年十二月二十五日翻译的。在上引《渐备经十住胡名并书叙》有文说:"《渐备经》十住与《本业大品》异,说事委悉于《本业大品》,不知何以瞪于凉州?昔凉州诸道士释教道竺法彦义,斯二道士普皆博学,以经法为意,不知何以不集此经?又亦不闻其有所说,始知博闻之

---

① 僧祐:《出三藏记集》卷七,《大正藏》第 55 卷,第 48 页中—下。
② 僧祐:《出三藏记集》卷九,《大正藏》第 55 卷,第 62 页上—中。

难为人。"① 由此可见,此文中的"集"不是翻译的意思,是抄写或者宣讲的意思。

对于《渐备经十住胡名并书叙》,僧祐出于谨慎的原则写上了"未详作者"的字样,但从文中所叙述的内容来观察,学术界一般都认可此篇出自于道安。如果参照道安的生平会推出很有意思的结论。道安出生于西晋永嘉六年(312),十二岁出家。东晋咸和九年(334)石虎即位,将赵都迁移到邺,佛图澄也到了此地。《高僧传·道安传》记载,此时道安投至佛图澄门下。上述文中说"昔邺中亦与周旋",说明在后赵时期,法巨曾经在邺城住锡过。而从年龄上推测,这是完全可能的。笔者相信,和法立合作翻译佛典的法巨、竺法护门下笔受者法巨、道安在邺城遇到的帛法巨,三者为同一位僧人。

七、卫士度、支敏度、若罗严的佛典翻译

关于卫士度、支敏度、若罗严的佛典翻译,《历代三宝纪》和《开元释教录》的记载有些分歧。

关于卫士度,《高僧传》卷一《帛远传》记载:"又有优婆塞卫士度,译出《道行般若经》二卷。士度,本司州汲郡人。陆沈寒门,安贫乐道,常以佛法为心。当其亡日,清净澡漱,诵经千余言,然后引衣尸卧,奄然而卒。"②《出三藏记集》也有类似的记载:"《摩诃般若波罗蜜道行经》二卷,众录并云《道行经》二卷,卫士度略出,今缺。右一部,凡二卷,晋惠帝时,卫士度略出。"③

《历代三宝纪》沿袭了僧祐的说法,说明文字增加了:"右一经二卷,惠帝世,优婆塞卫士度略出。从旧《道行》中删改,亦是《小品》及《放光》

---

① 僧祐:《出三藏记集》卷九,《大正藏》第 55 卷,第 62 页上。
② 慧皎:《高僧传》卷一,《大正藏》第 50 卷,第 327 页下。
③ 僧祐:《出三藏记集》卷二,《大正藏》第 50 卷,第 10 页上。

等要别名耳。未详士度是何许人,传录弗载,缘起莫寻。"①费长房此说暗示此经是从旧《道行般若经》中删改出的。顺此思路,智升则认定:"长房等《录》云,优婆塞卫士度,于惠帝代,出《摩诃般若波罗蜜道行经》二卷,云从旧《道行》中删改略出。僧祐《录》云众录并云《道行经》二卷,卫士度略出。既取旧经删略,即非梵本别翻,今载别生录中。"②

关于支敏度,《高僧传》卷四《康僧渊传》有附传:

> 康僧渊,本西域人,生于长安。貌虽梵人,语实中国,容止详正,志业弘深。诵《放光》、《道行》二波若,即大小品也。晋成之世,与康法畅、支敏度等俱过江。……敏度亦聪哲有誉,著译《经录》,今行于世。③

依据此文叙述可知,支敏度先在江北,至东晋成帝(326—342 年在位)时过江。文中说,敏度撰有《经录》,而费长房屡屡提及此录。

关于支敏度的"译籍",《出三藏记集》卷二著录:

> 《合维摩诘经》五卷,合支谦、竺法护、竺叔兰所出《维摩》三本,合为一部。
>
> 《合首楞严经》八卷,合支谶、支谦、竺法护、竺叔兰所出《首楞严》四本,合为一部,或为五卷。
>
> 右二部,凡十三卷。晋惠帝时,沙门支敏度所集。其《合首楞严》,传云,亦愍度所集,既缺注目,未详信否?④

僧祐此文很清楚,支敏度将支谦、竺法护、竺叔兰所出《维摩经》三本合编为一部,称《合维摩诘经》五卷;将支谶、支谦、竺法护、竺叔兰所出《首楞严》四本合为一本,称为《合首楞严经》八卷。出于谨慎原则,僧祐将看到

---

① 费长房:《历代三宝纪》卷六,《大正藏》第 49 卷,第 66 页下。
② 智升:《开元释教录》卷二,《大正藏》第 55 卷,第 501 页上一中。
③ 慧皎:《高僧传》卷四,《大正藏》第 50 卷,第 347 页上。
④ 僧祐:《出三藏记集》卷二,《大正藏》第 50 卷,第 10 页上。

的《合首楞严经》的署名"愍度集"也一并抄上，并且不能肯定二者所指同一。

《出三藏记集》卷七收有支敏度《合首楞严经记》一文，当时有四种本子流行，敏度以为，支娄迦谶和支谦所出的两种译本，"自有小不同，辞有丰约，文有晋、胡。较而寻之，要不足以为异人别出也。恐是越嫌谶所译者辞质，多胡音。异者删而定之，其所同者述而不改"。鉴于此，他最终是以支谦译本为准的。"至大晋之初，有沙门支法护、白衣竺叔兰，并更译此经。求之于义，互相发明。拔寻三部，劳而难兼，欲令学者，即得其对。今以越所定者为母，护所出为子，兰所译者系之。其所无者，辄于其位记而别之。或有文义皆同，或有义同而文有小小增减，不足重书者，亦混以为同。虽无益于大趣，分部章句，差见可耳。"由此可见，支敏度以三种译本合编对勘的方式成《合首楞严经》一部五卷，不属于翻译，而是改译。

《出三藏记集》卷八收有支敏度作的《合维摩诘经序》，其文说："此经有支谦、竺法护、竺叔兰，先后译传，别为三经，同本人殊出异。或辞句出入，先后不同。或有无离合，多少各异。或方言训诂，字乖趣同。或其文胡越，其趣亦乖。或文义混杂，在疑似之间。若此之比，其涂非一。若其偏执一经，则失兼通之功。广披其三，则文烦难究。余是以合两令相附，以明所出为本，以兰所出为子，分章断句，使事类相从。令寻之者，瞻上视下，读彼案此，足以释乖迕之劳，易则易知矣。若能参考校异，极数通变，则万流同归，百虑一至，庶可以阐大通于未寐，阖同异于均致。若其配不相俦偶失其类者，俟后明哲君子刊之从正。"①可见，此本是以支谦本为底本，以竺叔兰本为参照，对勘而成，属于编译而非重译。

若罗严是智升列出的译者，根据是他发现的一份《后记》。《开元释教录》卷二记载：

《时非时经》一卷，或直云《时经》，见《经后记》。

---

① 僧祐：《出三藏记集》卷八，《大正藏》第50卷，第48页下。

右一部一卷，其本见在。沙门若罗严，外国人也。译《时非时经》一部经。《后记》云："外国法师若罗严，手执胡本，口自宣译。凉州道人于阗城中写记。"房等皆云法炬译者，谬也。既莫知于帝代，且附西晋录中。①

智升所引用的《后记》现保存在《佛说时非时经》尾。而此《时非时经》，僧祐说此经当时存在，但散失译者，费长房将其列入法巨译籍目录中。而智升根据其翻检经本的成果，做出纠正，他的说法应该更准确。

第二节 十六国时期的佛典翻译

西晋灭亡之后北方所建立的十六个政权中，有翻译活动的国家有前秦、后秦、西秦和前凉、北凉。在众多的译经师中，鸠摩罗什、昙无谶成就最大，其译籍对中国佛教影响最为深远。特别是，鸠摩罗什不仅是翻译大师，更是佛教领袖，以他为核心形成了数千人的僧团。有鉴于此，鸠摩罗什的翻译活动留待下章专节叙述，在此将前秦、后秦（鸠摩罗什除外）、西秦和前凉、北凉的佛典翻译活动及其成果论述如下。

一、前秦时期的佛典翻译

关于前秦的佛典翻译，费长房将其与后秦合并叙述。而智升在《开元释教录》卷三中说："秦苻氏都长安（亦云前秦），起苻健（谥为明帝）皇始元年辛亥，至苻登（无谥）太初九年甲午，凡经五主四十四年，沙门六人，所译经律论等，总一十五部，合一百九十七卷，于中七部六十五卷见在，八部一百三十二卷缺本。"② 六人是沙门昙摩持、沙门鸠摩罗佛提、沙门僧伽跋澄、沙门昙摩蜱、沙门僧伽提婆、沙门昙摩难提。六人中，僧伽提婆后来南下至东晋辖境，其在北方的佛典翻译，也一并置于下一节叙

①② 智升：《开元释教录》卷二，《大正藏》第 55 卷，第 501 页中。

述。在此,仅将昙摩持、鸠摩罗佛提、昙摩蜱、僧伽提婆、昙摩难提五人的翻译活动叙述如下。

1. 昙摩持的佛典翻译

沙门昙摩持,也写作"昙摩侍"。关于昙摩持,《高僧传》未立传,几种经录记载简单。《出三藏记集》卷二记载:"《十诵比丘戒本》一卷,或云《十诵大比丘戒》。右一部,凡一卷。晋简文帝时,西域沙门昙摩持诵胡本,竺佛念译出。《比丘尼大戒》一卷,右一部,凡一卷。晋简文帝时,沙门释僧纯于西域拘夷国得胡本,到关中令竺佛念、昙摩持、慧常共译出。"①僧祐仅列出两部二卷,将翻译时间标为东晋简文帝时期(371—372)。

《开元释教录》卷三记载:

  《十诵比丘戒本》一卷,或云《十诵大比丘戒》,初出,见僧祐《录》。

  《比丘尼大戒》一卷,亦云《十诵比丘尼戒》,第二出,见僧祐《录》。

  《教授比丘尼二岁坛文》一卷,或无"尼"字,僧纯于龟兹国得梵本来,佛念译语,慧常笔受,见《宝唱录》。

  右三部三卷,其本并缺。

  沙门昙摩持,或云侍,秦言法慧,或云法海。西域人,善持律藏,妙入契经。以苻坚(谥庄烈天王)建元三年丁卯四年戊辰,于长安译《十诵戒本》等三部,竺佛念传语,慧常笔受。②

昙摩持翻译出《十诵比丘戒本》一卷、《比丘尼大戒》一卷、《教授比丘尼二岁坛文》一卷,竺佛念译语,慧常笔受,时间为前秦建元三年(367)至建元四年。

---

① 僧祐:《出三藏记集》卷二,《大正藏》第55卷,第10页上。
② 智升:《开元释教录》卷三,《大正藏》第55卷,第510页下。

另外,《出三藏记集》卷一一载有道安撰的《比丘大戒序》中说:"自襄阳至关右,见外国道人昙摩侍讽《阿毗昙》,于律持善,遂令凉州沙门佛念写其梵文,道贤为译,慧常笔受,经夏渐冬,其文乃讫。……寻僧纯在丘慈国佛陀舌弥许,得《比丘尼大戒》来出之,正与侍同。"①同书同卷载《比丘尼戒本所出本末序》一文又说:"拘夷国寺甚多,修饰至丽,王宫雕镂,立佛形像,与寺无异。有寺名达慕蓝(百七十僧),北山寺名致隶蓝(五十僧),剑慕王新蓝(六十僧),温宿王蓝(七十僧)。右四寺佛图舌弥所统。……今所出《比丘尼大戒本》,此寺常所用者也。舌弥乃不肯令此戒来东,僧纯等求之至勤。……法汰顷年鄙当世为人师,处一大域,而坐视令无一部僧法。推求出之,竟不能具。吾昔得《大露精比丘尼戒》,而错得其药方一柙,持之自随二十余年,无人传译。近欲参出,殊非尼戒,方知不相开通,至于此也。赖僧纯于拘夷国来得此戒本,令佛念、昙摩持、慧常传,始得具斯一部法矣。"②从叙述内容看,此文应该是竺法汰所撰,叙述了此戒本的来源。而此卷《关中近出尼二种坛文夏坐杂十二事并杂事共卷前中后三记》则记载了此戒本的翻译时间:"卷初记云,太岁己卯鹑尾之岁十一月十一日,在长安出此《比丘尼大戒》,其月二十六日讫。僧纯于龟兹佛陀舌弥许戒本,昙摩侍传,佛念执胡,慧常笔受。"③此中的岁星有误,己卯即前秦建元十五年(379),此年二月道安到达长安,此年先出《比丘大戒》,至十一月十一日出《比丘尼大戒本》。

上述记载分歧,笔者的结论是:僧祐所记载的简文帝时代等等应该是指"沙门释僧纯于西域拘夷国得胡本到关中"的时间,未必是翻译的时间,上引僧祐的说法将二者合为一,因而造成讹误。总之,关于沙门昙摩持翻译出上述四部经典的时间应该以道安和竺法汰所记载的为是。

---

① 僧祐:《出三藏记集》卷一一,《大正藏》第55卷,第80页上。
② 同上书,第79页下—80页上。
③ 同上书,第81页中。

2. 昙摩蜱、鸠摩罗佛提的佛典翻译

昙摩蜱、鸠摩罗佛提都是应释道安的邀请从事翻译活动的,而且其所用的佛典原本来源一致。

关于昙摩蜱的翻译活动,《出三藏记集》所收道安法师撰《摩诃钵罗若波罗蜜经抄序》说:"会建元十八年正车师前部王名弥第来朝。其国师,字鸠摩罗跋提,献胡大品一部四百二牒,言二十千失卢。失卢,三十二字,胡人数经法也。即审数之,凡十七千二百六十首卢,残二十七字,都并五十五万二千四百七十五字。"道安于是邀请"天竺沙门昙摩蜱执本,佛护为译,对而捡之,慧进笔受。与《放光》、《光赞》同者,无所更出也。其二经译人所漏者,随其失处,称而正焉。其义异不知孰是者,辄并而两存之,往往为训其下。凡四卷,其一经五卷也"①。此文记载的翻译时间是前秦建元十八年(382),天竺沙门昙摩蜱执胡本,佛护为译,慧进笔受。而《出三藏记集》卷二记载:《摩诃钵罗若波罗蜜经抄》五卷,"伪秦苻坚建元十八年出。右一部,凡五卷。晋简文帝时,天竺沙门昙摩蜱执胡大品本,竺佛念译出"②。与前相比,多了助译者竺佛念。

关于鸠摩罗佛提,慧皎《高僧传》未立传,只有经录的简单记载。《出三藏记集》卷二记载:"《四阿鋡暮抄经》二卷,右一部,凡二卷。晋孝武时,西域沙门鸠摩罗佛提,于邺寺出,佛提执胡本,竺佛念、佛护为译,僧导、僧叡笔受。"③而同书卷九所收《四阿鋡暮抄序》说:

> 《阿鋡暮》者,秦言趣无也。阿难既出十二部经,又采撮其要,径至道法,为《四阿鋡暮》,与《阿毗昙》及律并为三藏焉。身毒学士以为至德,未坠于地也。有阿罗汉,名婆素跋陀,抄其膏腴,以为一部,九品四十六叶。斥重去复,文约义丰,真可谓经之璎蔓也。百行美妙,辨是与非,莫不悉载也。优奥深富,行之能事毕矣。有外国沙

---

① 僧祐:《出三藏记集》卷八,《大正藏》第55卷,第52页中。
②③ 僧祐:《出三藏记集》卷二,《大正藏》第55卷,第10页下。

门,字因提丽,先赍诣前部国,秘之佩身,不以示人,其王弥第,求得讽之,遂得布此。余以壬午之岁八月,东省先师寺庙,于邺寺,令鸠摩罗佛提执胡本,佛念、佛护为译,僧导、昙究、僧叡笔受,至冬十一月乃讫。此岁夏,出《阿毗昙》。冬,出此经。一年之中,具二藏也,深以自幸。①

此文僧祐注"未详作者",但根据内容判定是道安所写。此经也是车师前部王弥第带来长安的,"余以壬午之岁八月,东省先师寺庙",道安于此年东行回到昔日其师佛图澄所住锡过的佛寺。佛图澄后期长期住于后赵的首都邺城,而道安也是在邺城礼佛图澄为师的。因此,此文中的"邺寺"也就是邺城之佛寺的意思,或者直接就是指佛图澄当年所住的邺宫寺。

综上所述,应道安所请,沙门鸠摩罗佛提于前秦建元十八年(382)八月至十一月,于邺城某寺翻译出《四阿含暮抄解》二卷。佛提执梵本,佛念、佛护译为秦文,沙门僧导、僧叡、昙究笔受。

3. 僧伽跋澄、昙摩难提的佛典翻译

僧伽跋澄、昙摩难提二位都是建元末年至长安从事翻译佛典活动的外来僧人,且有过合作。

僧伽跋澄,或称跋橙,意译众现,罽宾人。《高僧传》卷一《僧伽跋澄传》记载说:"毅然有渊懿之量,历寻名师,备习三藏,博览众典,特善数经。阇诵《阿毗昙毗婆沙》,贯其妙旨。常浪志游方,观风弘化。苻坚建元十七年,来入关中。先是大乘之典未广,禅数之学甚盛。既至长安,咸称法匠焉。苻坚秘书郎赵正崇仰大法,尝闻外国宗习《阿毗昙毗婆沙》而跋澄讽诵,乃四事礼供,请译梵文。遂共名德法师释道安等集僧宣译,跋证口诵经本,外国沙门昙摩难提笔受为梵文,佛图罗刹宣译,秦沙门敏智笔受为晋本。以伪秦建元十九年译出,自孟夏至仲秋方讫。初跋澄又赍

---

① 僧祐:《出三藏记集》卷九,《大正藏》第55卷,第64页下。

《婆须蜜》梵本自随,明年赵正复请出之。跋澄乃与昙摩难提及僧伽提婆三人共执梵本,秦沙门佛念宣译,慧嵩笔受,安公、法和对共校定。故二经流布,传学迄今。跋澄戒德整峻,虚靖离俗。关中僧众,则而象之。后不知所终。"①依据《高僧传》所说,僧伽跋澄于前秦建元十七年(381)来到长安,关中大乱之后,不知所终。

现存于《出曜经》卷前的僧叡所撰《出曜经序》一文提供了《高僧传》和《出三藏记集》所未曾记载的事情。其文说:

> 《出曜经》者,……有罽宾沙门僧伽跋澄,以前秦建元十九年,陟葱岭,涉流沙,不远万里,来至长安。其所暗识,富博绝伦。先师器之,既重其人,吐诚亦深,数四年中,上闻异要,奇杂盈耳。俄而三秦覆坠,避地东周。后秦皇初四年,还辕伊洛,将返旧乡,仵驾京师,望路致慨,恨《法句》之不全,《出曜》之未具,缅邈长怀,蕴情盈抱。太尉姚旻笃诚深乐,闻不俟驾,五年秋,请令出之,六年春讫。澄执梵本,佛念宣译,道嶷笔受,和、碧二师师法,括而正之。时不有怙,从本而已。旧有四卷,所益已多,得此具解,览之画然矣。予自武当,轩衿华领,咨询观化,预参检校,聊复序之。弘始元年八月十二日僧叡造首。②

此文包含的内容很丰富:其一,文中说僧伽跋澄于前秦建元十九年来长安,与《高僧传·僧伽跋澄传》所说建元十七年不符,而文中又说其来长安"数四年"后"三秦覆坠",可见建元十七年说稍优;其二,僧伽跋澄在长安大乱后不是西行,而是"避地东周",此地具体地点不详,但从下文看,应该是洛阳以东;其三,于后秦皇初四年(397),僧伽跋澄回到洛阳,其后至长安;其四,后秦太尉姚旻于皇初五年秋请僧伽跋澄翻译《出曜经》,于第二年春完成。具体分工是僧伽跋澄执梵本,竺佛念宣译,道嶷笔受,

---

① 慧皎:《高僧传》卷一,《大正藏》第 50 卷,第 328 页上—中。
②《大正藏》第 4 卷,第 609 页下。

"和、碧二师师法,括而正之"。此中"和、碧二师"中的"和师"应该是指法和。其五,"旧有四卷"是说原有一个四卷的旧译本,"得此具解,览之画然",二者对照,其意更明了。其六,"予自武当"一句是说,僧叡自己是从武当山来的。如前文叙述,根据《高僧传》卷一三《释慧元传》所记载,释慧元就在武当山一带活动,僧叡隐居应该是可信的。

综上所述,僧伽跋澄是一位跨前、后秦两朝的外来译经高僧,截至后秦皇初六年(399)他仍然在长安翻译佛典。也许最终还是西行欲回归故国,因此《高僧传》才说"后不知所终"。

关于僧伽跋澄所出经典,《出三藏记集》卷二记载:"《杂阿毗昙毗婆沙》十四卷,伪秦建元十九年四月出,至八月二十九日出讫。或云《杂阿毗昙心》。《婆须蜜》十卷,建元二十年三月十五日出,至七月十三日讫。《僧伽罗刹集经》三卷,秦建元二十年十一月三十日出。右三部,凡二十七卷,晋孝武帝时,罽宾沙门僧伽跋澄,以苻坚时入长安,跋澄口诵,毗婆沙佛图罗刹译出。又赍《婆须蜜》胡本,竺佛念译出。"[①]此中著录了僧伽跋澄三种译籍。

关于《杂阿毗昙毗婆沙》的翻译,《出三藏记集》卷一〇道安撰《鞞婆沙序》中说:"会建元十九年,罽宾沙门僧伽跋澄讽诵此经四十二处,是尸陀盘尼所撰者也,来至长安,赵郎饥虚在往,求令出焉。其国沙门昙无难提笔受为梵文,弗图罗刹译传,敏智笔受为此秦言。赵郎正义起尽,自四月出,至八月二十九日乃讫。胡本一万一千七百五十二首卢长五字也,凡三十七万六千六十四言也。秦语为十六万五千九百七十五字。"[②]此中的"昙无难提"应该是"昙摩难提"的误写。

关于《婆须蜜》的翻译,《出三藏记集》卷一〇《婆须蜜集序》记载:"罽宾沙门僧伽跋澄,以秦建元二十年,转此经一部来诣长安。武威太守赵

---

① 僧祐:《出三藏记集》卷二,《大正藏》第55卷,第10页中。
② 僧祐:《出三藏记集》卷一〇,《大正藏》第55卷,第73页下。

政文业者，学不厌士也。求令出之。佛念译传，跋澄、难陀、提婆三人执胡本，慧嵩笔受，以三月五日出，至七月十三日乃讫。胡本十二千首卢也。余与法和对挍修饰，武威少多润色。"①与同书卷二著录相比，翻译时间相同，参与者名单完备些。僧祐注明"未详作者"的此文，应该是道安所亲撰。参照《高僧传》和《出三藏记集》的《僧伽跋澄传》可知，难陀应该是指昙摩难提。

关于《僧伽罗刹集经》的翻译，《出三藏记集》卷一〇载释道安撰《僧伽罗刹经序》记载："以建元二十年，罽宾沙门僧伽跋澄赍此经本来诣长安。武威太守赵文业请令出焉，佛念为译，慧嵩笔受。正值慕容作难于近郊，然译出不襄。余与法和对检定之，十一月三十日乃也。"②此卷另有一文《僧伽罗刹集经后记》又说："大秦建元二十年十一月三十日，罽宾比丘僧伽跋澄，于长安石羊寺口诵此经，及《毗婆沙》佛图罗刹翻译，秦言未精，沙门释道安、朝贤赵文业，研核理趣，每存妙尽，遂至留连，至二十一年二月九日方讫。"③此文有数句是对竺佛念、佛图罗刹翻译的批评，《僧伽罗刹集经》和《毗婆沙》翻译时的表达有缺憾，经过道安与赵文业等的校对，方才有所改观。此文作者失载，但从文中说"余既预众末，聊记卷后，使知释赵为法之至"等文字判断，此文是参译者所撰，也许就是法和。两文提供了不同的时间，从文中的表述推知，前秦建元二十年（384）十一月三十日，僧伽跋澄于长安石羊寺口诵此经，毗婆沙佛图罗刹翻译，佛念为译传，慧嵩笔受，释道安、朝贤赵文业等参校。这一时间应该是初译完成的时间，尔后，沙门释道安与朝贤赵文业等参校复核，至二十一年二月九日方讫。值得注意的是，根据《高僧传》和《出三藏记集》的记载，道安圆寂于此年的二月八日。这一条资料，对于校证道安准确的卒日很重要。

---

① 僧祐：《出三藏记集》卷一〇，《大正藏》第55卷，第71页下—72页上。
②③ 同上书，第71页中。

僧伽跋澄翻译的《阿毗昙毗婆沙》、《婆须蜜》、《僧伽罗刹集经》等论典，昙摩难提也是参与其中的。

关于昙摩难提，《出三藏记集》和《高僧传》都有传，内容大同小异。关于昙摩难提的生平行历，《出三藏记集》卷一三《昙摩难提传》记载：

> 昙摩难提，兜佉勒人也。龆岁出家，聪慧夙成，研讽经典，以专精致业。遍观三藏，阇诵《增一》、《中阿含经》，博识洽闻，靡所不练，是以国内远近，咸共推服。少而观方，遍涉诸国，常谓弘法之体，宜宣布未闻，故远冒流沙，怀宝东游。以苻坚建元二十年，至于长安。先是中土群经，未有四含，坚侍臣武威太守赵政，志深法藏，乃与安公共请出经。是时慕容冲已叛，起兵击坚，关中骚动。政于长安城内，集义学僧，写出两经。佛念传译，慧嵩笔受。自夏迄春，绵历二年方讫。具二阿含，凡一百卷。自经流东夏，迄于苻世，卷数之繁，唯此为广。难提学业既优，道声甚盛，坚屡礼请厚致供施，在秦积载，后不知所终。①

依据此说，昙摩难提于前秦建元二十年（384）到达长安，历经二年，翻译出《增一阿含经》和《中阿含经》。

《高僧传·昙摩难提传》在细节方面有所补充。其文说：赵正等"乃请安公等于长安城中，集义学僧，请难提译出《中》、《增》一二《阿含》，并先无所出《毗昙心》、《三法度》等，凡一百六卷。佛念传译，慧嵩笔受。自夏迄春，绵涉两载，文字方具。及姚苌寇逼，关内人情危阻，难提乃辞还西域，不知所终"②。此文有两个细节是《出三藏记集·昙摩难提传》所没有的：一是以两年时间翻译出四部佛典；二是在关中大乱的情况下，昙摩难提西行准备回国。

关于昙摩难提的译籍，《出三藏记集》卷二记载："《增一阿含经》三十

---

① 僧祐：《出三藏记集》卷一三，《大正藏》第55卷，第99页中。
② 慧皎：《高僧传》卷一，《大正藏》第50卷，第328页中一下。

三卷,秦建元二十年夏出,二十一年春讫定。三十三卷,或分为二十四分。《中阿鋡经》五十九卷,秦建元二十年出。右二部,凡九十二卷。晋孝武时,兜佉勒国沙门昙摩难提,以苻坚时入长安,难提口诵胡本,竺佛念译出。"①

《出三藏记集》卷九载有道安撰的《增一阿含序》,文中说:"有外国沙门昙摩难提者,兜佉勒国人也。龆龀出家,孰与广闻诵,二《阿含》温故日新,周行诸国,无土不涉。以秦建元二十年来诣长安,外国乡人咸皆善之。武威太守赵文业,求令出焉。佛念译传,昙嵩笔受,岁在甲申夏出,至来年春乃讫,为四十一卷,分为上、下部。上部二十六卷,全无遗忘。下部十五卷,失其录偈也。余与法和共考正之,僧略、僧茂助校漏失,四十日乃了。"②昙摩难提是建元二十年(384)来长安的,但前引道安撰《鞞婆沙序》已经指出,建元十九年昙摩难提已经参与了《鞞婆沙论》的翻译。可见,此中的建元二十年有疏漏。依据此文所说,《增一阿含经》是昙摩难提执胡本,佛念译传,昙嵩笔受。尔后发现下部"失其录偈",道安与法和共考正之,直至建元二十一年春天方才完成。

关于昙摩难提翻译的佛典数量,《出三藏记集》仅列了《增一阿含经》和《中阿含经》两部,而《历代三宝纪》则列入五部。此书卷八记载:

《中阿含经》五十九卷,建元二十一年出,出第一译,竺佛念笔受。见竺道祖《晋世杂录》。

《增一阿含经》五十卷,建元二十年四月一日,为秦武威太守赵文业出,是第一译。沙门慧嵩、竺佛念等笔受。见僧叡《二秦录》僧祐及宝唱并载。

《阿育王太子坏目因缘经》一卷,亦云《王子法益坏目因缘经》,建初二年二月八日,于安定城,为尚书令姚旻出。见《二秦录》。一

---

① 僧祐:《出三藏记集》卷二,《大正藏》第55卷,第10页中。
② 僧祐:《出三藏记集》卷九,《大正藏》第55卷,第64页上。

本无"经"字。此应入后秦,从多附少。

《僧伽罗刹集》二卷,佛灭后七百年僧伽罗刹造,见《宝唱录》。

《三法度》二卷,与晋世僧伽提婆出者小异。①

上述五部之中,《阿育王太子坏目因缘经》一卷、《僧伽罗刹集》二卷、《三法度》二卷三部参译者很多,属于合译,不同经录的处理方法不一。

关于《阿育王太子坏目因缘经》一卷,《出三藏记集》卷七载有竺佛念《王子法益坏目因缘经序》一文,叙述了其翻译过程。其文说:

> 会秦尚书令辅国将军宗正卿领城门挍尉使者司隶挍尉姚旻者,南安郡人也。亲姚韶之次兄,字景嶷,文为儒表,则烈勋于千载,武为逸群,则皎然而独标,凡音通实……故请天竺沙门昙摩难提出斯缘本,秦建初六年岁在辛卯,于安定城,二月十八日出,至二十五日乃讫。胡本三百四十三首卢也,传为汉文,一万八千言。佛念译音,情义实难,或离文而就义,或正滞而傍通,或取解于诵人,或事略而曲备,冀将来之学士,令鉴罪福之不朽,设有毫牦润色者,尽铭之于萌兆。故序之焉。②

依据此文记载,后秦建初六年(391)岁在辛卯,天竺沙门昙摩难提出《阿育王太子坏目因缘经》一卷,竺佛念译音,于二月十八日开始,至二十五日结束。翻译地点是安定城(今宁夏固原)。如此一来,便有两个翻译时间,一是建初二年,二是建初六年。从竺佛念的《王子法益坏目因缘经序》中干支纪年和帝王年号一致看,建初六年应该是正确的。

此外,《出三藏记集》卷一〇《僧伽罗刹集经后记》蕴含了若干重要信息。此文说:"且《婆须蜜经》,及昙摩难提口诵《增一阿含》并《幻网经》,使佛念为译人。"③此中所说《幻网经》有许多论典引用过,但未有汉译本

---

① 费长房:《历代三宝纪》卷八,《大正藏》第49卷,第75页下。
② 僧祐:《出三藏记集》卷七,《大正藏》第55卷,第51页中—下。
③ 僧祐:《出三藏记集》卷一〇,《大正藏》第55卷,第71页中—下。

传世。从这一记载看,昙摩难提曾经译出过此经,可惜流传不远。

昙摩难提主译的佛典应该是六部,除《历代三宝纪》和《开元释教录》所认可的五部之外,应将《幻网经》列入。其翻译的时间已经延伸到后秦与前秦对峙时期,其见于文献记载的最后一次翻译活动发生在当时由后秦控制的通往西域的重镇安定城。

二、后秦时期的佛典翻译

后秦的佛典翻译实际上从建初六年(391)就开始了。当年,沙门昙摩难提于安定城翻译出《阿育王太子坏目因缘经》一卷,而当时担任助译的竺佛念后来又回到长安,成为后秦佛典翻译的重要人物之一。后秦在中国佛典翻译史上的创举是国家译场的设立,翻开了佛典翻译国家化的新一页,这对中国佛教的发展影响深。关于后秦佛典翻译成就,《开元释教录》卷四记载:"起姚苌(谥为昭武皇帝)白雀元年甲申至姚泓(无谥)永和三年丁巳,凡经三主三十四年,沙门五人,所出经律论等总九十四部合六百二十四卷。"[①]五位主译僧人是竺佛念、鸠摩罗什、弗若多罗、佛陀耶舍、昙摩耶舍,此外则有接续弗若多罗完成《十诵律》的昙摩流支以及译出一部禅籍的佛陀跋陀罗。其中,鸠摩罗什翻译的佛典最多,是中国佛教史上四位译经大师之一,鉴于其特殊地位,他的翻译成就置于第五章论述。在此,仅将其余四位的翻译活动叙述如下。

1. 竺佛念的佛典翻译

竺佛念是前秦、后秦时期北方佛教翻译活动中的关键人物之一。在前秦时期,他以助译为主,而在后秦时期则独立主译佛典。

关于竺佛念,《出三藏记集》卷五有《佛念法师传》,《高僧传》卷一有《竺佛念传》,但都很简略,缺乏关键的信息,如师承关系、生卒年等等。两传大同小异,但细节有别,以下参照二者对其生平略作考述。

---

① 智升:《开元释教录》卷四,《大正藏》第55卷,第511页下。

竺佛念,凉州人。"弱年出家,志业坚精,外和内朗,有通敏之鉴。讽习众经,粗涉外学。其仓雅诂训,尤所明练。少好游方,备贯风俗。家世西河,洞晓方语。华戎音义,莫不兼解。故义学之徒虽缺,而洽闻之声甚著。"①这是对竺佛念早期行事的叙述,要点有三:其一,家世河西,从文字叙述推测,他是河西的汉族人,但通晓当地流行的各种语言,尤其是对西域和天竺的语言也很熟悉。其二,他"弱年"即十四五岁出家,学习众经,粗涉外学,知识渊博。其三,他声名早著,是引人注目的僧人。僧传未记载他的师傅是谁,但从其前冠之以"竺"来看,跟随学习的一定是来自于天竺的僧人,且从《名僧传》目录来推测,佛念应该是去过天竺的。

至于竺佛念何时来长安,史籍未曾提及。《出三藏记集·佛念法师传》和《高僧传·竺佛念传》都说:"苻氏建元中,有僧伽跋澄、昙摩难提等入长安,赵正请出诸经,当时名德莫能传译。众咸推念,于是澄执梵文,念译为晋,质断疑义,音字方明。"②如前文已叙述的,僧伽跋澄是前秦建元十七年(381)来入关中的。如单纯依据此文,很容易得出,至建元十七年,竺佛念方才参与佛典翻译活动。实际上并不如此。如上文已经叙述的,僧祐在《出三藏记集》卷二中已经记载,昙摩持翻译《十诵比丘戒本》时的译者就有竺佛念,而时间是建元三年(367)至建元四年。可见,至迟于建元四年,竺佛念已经参与了长安的佛典翻译活动。而至建元十七年之后一直至前秦大乱为止,长安的佛典翻译活动的助译者几乎都有竺佛念。

《出三藏记集》卷二著录了竺佛念六部译籍:

《出曜经》十九卷。

《菩萨璎珞经》十二卷。

《十住断结经》十一卷。

---

① 僧祐:《出三藏记集》卷一五,《大正藏》第55卷,第111页中。
② 慧皎:《高僧传》卷一,《大正藏》第50卷,第329页中。

《菩萨处胎经》五卷,一名《胎经》,或为四卷。

《中阴经》二卷,缺。

《王子法益坏目因缘经》一卷,或云《阿育王息坏目因缘经》。①

对于上述译籍,僧祐说是"凉州沙门竺佛念,以苻坚时,于关中译出"②。时间标注不具体。

隋费长房《历代三宝纪》卷八著录如后:

《出曜经》一十九卷,建元十年出。见《二秦录》及《高僧传》、宝唱《录》等,或云"论"。

《菩萨璎珞经》一十四卷,建元十二年七月出。见《二秦录》及《高僧传》。或十三卷。

《十住断结经》一十一卷,第二出。与汉世竺法兰所译八卷者小异。见《二秦录》及《高僧传》或十卷。

《鼻奈耶经》一十卷,或云《戒因缘经》,沙门昙景笔受,见释道安《经序》。

《十地断结经》一十卷,第二出。

《菩萨处胎经》五卷,亦直云《胎经》,见《二秦录》及《高僧传》。

《大方等无相经》五卷,或四卷,亦名《大云经》。

《持人菩萨经》三卷,《菩萨普处经》三卷,《璎珞本业经》二卷,《中阴经》二卷,见《二秦录》及《高僧传》。

《王子法益坏目因缘经》一卷,第二出。与昙摩难提译者小异,或云《阿育王息坏目因缘经》。

《十诵比丘尼戒所出本末经》一卷,僧纯于拘夷国得本,佛念译文烦,后竺法汰删改正之。见《宝唱录》。③

对于费长房的著录,智升指出:"长房《录》中别存《十地断结经》十卷者,

---

① ② 僧祐:《出三藏记集》卷二,《大正藏》第55卷,第10页中一下、10页下。
③ 费长房:《历代三宝纪》卷八,《大正藏》第49卷,第77页上。

非也。'住'之与'地'二义无别,今存《十住》,《十地》删之。"①将《十地断结经》10卷删去,这样竺佛念的译籍是十二部。

但是,确定竺佛念的译籍特别是主译的译籍很困难。首先,关于《出曜经》的翻译的记载差别很大。《出三藏记集》和《高僧传》以及隋唐经录都在竺佛念译籍中列入此经。《出三藏记集》未记载时间。而《历代三宝纪》记载为建元十年(374),而智升则记载为:"《出曜经》二十卷,亦云《出曜论》,或十九卷。符秦建元十九年出。见《二秦录》、《高僧传》、僧祐宝唱等《录》。"②前文所引用的现存于《出曜经》卷前的僧叡所撰《出曜经序》一文所说:于后秦皇初五年(398)秋,后秦太尉姚旻请僧伽跋澄于长安翻译《出曜经》,第二年春完成,当时僧伽跋澄执梵本,竺佛念宣译,道嶷笔受。这与经录记载的内容差别很大。或者,僧叡所说的"旧有四卷,所益已多,得此具解,览之画然矣"③,是指当时已经流行一本四卷的译本,而此译本可能就是竺佛念于前秦建元十年或建元十九年曾经参与翻译的《出曜经》。

其次,关于《王子法益坏目因缘经》一卷,费长房说竺佛念所出的这一译本"与昙摩难提译者小异",而《出三藏记集》卷七载有竺佛念所撰《王子法益坏目因缘经序》,文中明确说,此经是沙门昙摩难提所出,竺佛念译音。可见,此经也是竺佛念与昙摩难提合作译出的,似乎不存在竺佛念再行单独翻译的情形。也许,后来流传的两种抄本,一本署昙摩难提译,一本署竺佛念译。

其三,关于《鼻奈耶经》的翻译,现存《鼻奈耶经》的卷首有释道安述《鼻奈耶序》一文,文中说:"岁在壬午,鸠摩罗佛提赍《阿毗昙抄》、《四阿含抄》来至长安,渴仰情久,即于其夏出《阿毗昙抄》四卷,其冬出《四阿含抄》四卷。又其伴罽宾鼻奈,厥名耶舍,讽《鼻奈经》甚利,即令出之。佛

---

① 智升:《开元释教录》卷四,《大正藏》第55卷,第512页中。
② 同上书,第512页上。
③ 《大正藏》第4卷,第609页下。

提梵书,佛念为译,昙景笔受。自正月十二日出,至三月二十五日乃了,凡为四卷。与往年昙摩持出戒典相似,如合符焉。"①此经翻译于壬午即前秦建元十八年(382)正月十二日至三月二十五日。如前文所叙述,此年八月道安东行至邺城,而于其地翻译出《四阿鋡暮抄序》,鸠摩罗佛提执胡本,竺佛念、佛护也参与翻译。可见,竺佛念是跟随道安东行的。

其四,关于《十诵比丘尼戒所出本末经》,在经录中也常常列入昙摩持的译籍中,时间则为前秦建元十五年(379)十一月十一日至二十六日。而署名是昙摩持传译,竺佛念执胡,慧常笔受。

根据《高僧传》卷二记载,竺佛念也参加了佛驮耶舍的翻译活动。佛驮耶舍以弘始十二年(410)翻译出《四分律》四十四卷以及《长阿含》等,"凉州沙门竺佛念译为秦言,道含笔受。至十五年解座,兴嚫耶舍布绢万匹,悉不受。道含、佛念布绢各千匹"②。可见,鸠摩罗什来长安后,竺佛念仍然在长安从事翻译活动。正因为如此,史籍中评价说:竺佛念"于苻、姚二代为译人之宗,自世高、支谦以后,莫踰于念。关中僧众,咸共嘉焉"③。竺佛念后卒于长安,具体时间失载。

关于竺佛念的翻译风格,《出三藏记集》卷一〇《僧伽罗刹集经后记》略有提及:"念乃学通内外,才辩多奇。常疑西域言繁质谓,此土好华,每存莹饰文句,灭其繁长。安公、赵郎之所深疾,穷挍考定,务在典骨。既方俗不同,许其五失胡本。出此以外毫不可差。"④竺佛念翻译时喜欢删减原文中繁复的文句,而道安和赵正则反之。

2. 弗若多罗、昙摩流支的律本翻译

弗若多罗、昙摩流支精通律法,前后接续完成了《十诵律》的翻译。

《高僧传》卷二《弗若多罗传》记载:"弗若多罗,此云功德华,罽宾

---

① 《大正藏》第 24 卷,第 851 页上。《大正藏》本有两个错误,"昙摩寺出戒曲"应为"昙摩持(侍)出戒典"。"寺"字有藏经本作"待"。
② 慧皎:《高僧传》卷二,《大正藏》第 50 卷,第 334 页中。
③ 僧祐:《出三藏记集》卷一五,《大正藏》第 55 卷,第 111 页中。
④ 僧祐:《出三藏记集》卷一〇,《大正藏》第 55 卷,第 71 页下。

人也。少出家,以戒节见称,备通三藏而专精《十诵律》部,为外国师宗,时人咸谓已阶圣果。以伪秦弘始中振锡入关,秦上姚兴待以上宾之礼。罗什亦挹其戒范,厚相宗敬。先是经法虽传,律藏未阐,闻多罗既善斯部,咸共思慕。以伪秦弘始六年十月十七日,集义学僧数百余人于长安中寺,延请多罗诵出《十诵》梵本,罗什译为晋文。三分获二,多罗构疾,奄然弃世。"①弘始六年十月十七日,由弗若多罗主持开始翻译《十诵律》,至三分之二时,弗若多罗病逝。鸠摩罗什后来又邀请昙摩流支接续完成。

《高僧传》卷二《昙摩流支传》记载:"昙摩流支,此云法乐,西域人也。弃家入道,偏以律藏驰名。以弘始七年秋,达自关中。初弗若多罗诵出《十诵》,未竟而亡。庐山释慧远闻支既善毗尼,希得究竟律部。"②昙摩流支接到慧远的书信,在姚兴敦请之下,与鸠摩罗什一同翻译完成《十诵律》。"研详考核,条制审定。而什犹恨文烦未善。既而什化,不获删治。流支住长安大寺,慧观欲请下京师。支曰:'彼土有人有法,足以利世。吾当更行无律教处。'于是游化余方,不知所卒。或云终于凉土,未详。"③昙摩流支在后秦弘始七年(405)秋到达长安,在鸠摩罗什圆寂后,婉拒南下,后来西归。

《出三藏记集》卷三著录《萨婆多部十诵律》六十一卷,有文字记述其过程说:

> 至秦弘始之中,有罽宾沙门弗若多罗,诵此《十诵》胡本,来游关右,罗什法师于长安逍遥园三千僧中共译出之,始得二分余未及竟,而多罗亡。俄而有外国沙门昙摩流支续至长安,……于关中共什出所余律,遂具一部,凡五十八卷。后有罽宾律师卑摩罗叉来游长安,罗什先在西域从其受律,罗叉后自秦适晋,住寿春石涧寺,重校《十

---

①② 慧皎:《高僧传》卷二,《大正藏》第 50 卷,第 333 页上。
③ 同上书,第 333 页上一中。

诵律》本,名品遂正,分为六十一卷,至今相传焉。①

总之,经过三次翻译补定,方成六十一卷本的《十诵律》。关于卑摩罗叉对于《十诵律》的补定,在东晋部分再叙述。

3. 佛驮耶舍的佛典翻译

佛驮耶舍,也作佛陀耶舍,法号的含义是"觉明",罽宾人,曾为鸠摩罗什的老师。根据《高僧传·佛陀耶舍传》记载:十三岁时,耶舍受父命出家,"至年十五,诵经日得二三万言。所住寺常于外分卫废于诵习。有一罗汉重其聪敏。恒乞食供之。至年十九,诵大小乘经,数百万言"②。由于颇显自负,"年及进戒莫为临坛,所以向立之岁,犹为沙弥。乃从其舅学五明诸论,世间法术,多所练习。年二十七,方受具戒。恒以读诵为务,手不释牒。每端坐思义,尚云不觉虚过于时"③。后至沙勒国,获得太子达摩弗多的礼遇,请留宫内供养,待遇隆厚。适逢鸠摩罗什,罗什于是"复从舍受学,甚相尊敬。什既随母还龟兹,耶舍留止"④沙勒国十余年。

吕光西伐龟兹,罗什被请至姑臧,罗什"遣信要之,裹粮欲去。国人留之,复停岁许"⑤。后来设法逃出。他行达姑臧时,罗什已入长安。"什闻其至姑臧,劝姚兴迎之,兴未纳。顷之,兴命什译出经藏。什曰:'夫弘宣法教,宜令文义圆通,贫道虽诵其文,未善其理。唯佛陀耶舍深达幽致,今在姑臧,愿下诏征之。一言三详,然后著笔,使微言不坠,取信千载也。'兴从之,即遣使招迎,厚加赠遗,悉不受。……方至长安,兴自出候问,别立新省于逍遥园中,四事供养,并不受,时至分卫一食而已。于时,罗什出《十住经》,一月余日疑难犹豫,尚未操笔。耶舍既至,共相征决,辞理方定。道俗三千余人,皆叹其当要。舍为人赤髭,善解《毗婆沙》,时人号曰赤髭毗婆沙。既为罗什之师,亦称大毗婆沙,四事供养,衣

---

① 僧祐:《出三藏记集》卷三,《大正藏》第 55 卷,第 20 页上—中。
②③ 慧皎:《高僧传》卷二,《大正藏》第 50 卷,第 333 页下—334 页上。
④⑤ 同上书,第 334 页上。

钵卧具,满三间屋,不以关心。姚兴为货之,于城南造寺。耶舍先诵《昙无德律》,伪司隶校尉姚爽请令出之,兴疑其遗谬,乃请耶舍令诵羌籍药方可五万言。经二日,乃执文覆之,不误一字。众服其强记。即以弘始十二年译出《四分律》,凡四十四卷,并《长阿含》等,凉州沙门竺佛念译为秦言,道含笔受。至十五年解座,兴嚫耶舍布绢万匹,悉不受。道含、佛念布绢各千匹,名德沙门五百人皆重嚫施。"①佛驮耶舍属于小乘学者,精通戒律和毗婆沙,于弘始十二年(410)前不久来到长安,得到了后秦朝廷的尊崇。

关于佛驮耶舍的译籍,几种经录记载一致。《出三藏记集》卷二著录如下:

> 《长铪铪经》二十二卷,秦弘始十五年出竺佛念传译。
>
> 《昙无德律》四十五卷,已入律录。
>
> 《虚空藏经》一卷,或云《虚空藏菩萨经》。三藏后还外国,于阗宾得此经,附商人送到凉州。
>
> 《昙无德戒本》一卷。②

《昙无德律》即《四分律》。关于《四分律》和《长阿含经》的翻译,现存僧肇《长阿含经序》记载:"以弘始十二年岁,上章掩茂,请罽宾三藏沙门佛陀耶舍出《律藏四分》四十卷,十四年讫。十五年岁昭阳奋若,出此《长阿含》讫。凉州沙门佛念为译,秦国道士道含笔受。时集京夏名胜沙门于宅第挍定,恭承法言,敬无差舛,蠲华崇朴,务存圣旨。余以嘉遇,猥参听次。虽无翼善之功,而豫亲承之末,故略记时事,以示来览焉。"③佛驮耶舍从弘始十二年(410)开始翻译《四分律》,至弘始十四年完成。第二年,翻译完成了《长阿含经》。

---

① 慧皎:《高僧传》卷二,《大正藏》第50卷,第334页上—中。
② 僧祐:《出三藏记集》卷二,《大正藏》第55卷,第11页中。
③ 僧祐:《出三藏记集》卷九,《大正藏》第55卷,第63页下。

不过,关于《四分律》的翻译,不知撰者的《四分律序》中说:

> 暨至壬辰之年,有晋国沙门支法领,感边土之乖圣,慨正化之未夷,乃亡身以徂险,庶弘道于无闻。西越流沙,远期天竺,路经于阗,会遇昙无德部、体大乘三藏。沙门佛陀耶舍,才体博闻,明炼经律,三藏方等,皆讽诵通利。即于其国,广集诸经于精舍。还以岁在戊申,始达秦国,秦主姚欣然以为深奥,冥珍嘉瑞,而谓大法渊深,济必由戒,神众所传,不可有缺。即以其年,重请出律藏。时集持律沙门三百余人,于长安中寺出,即以领弟子慧辩为译校定。陶炼反复,务存无朴,本末精悉。①

壬辰之年即东晋太元十七年(392),沙门支法领西行求法,带回昙无德部律本。然后,佛驮耶舍"岁在戊申"即后秦弘始十年(408)到达长安,受秦主邀请翻译《四分律》。当代有学者将其解读为法领与佛驮耶舍一起于弘始十年到达长安,本卷第十章将会考辨法领在此前已经到达长安了。在《四分律序》中,智升也未解读出他们一起到达长安的意思,而是记载说:"又有说云,耶舍与佛念等共勘法领所将梵本,然后翻出。"②现在的问题是,此序文所说的时间要早于僧肇《长阿含经序》所记载的弘始十二年。笔者以为,应该说,此律序对时间的记载也许并不错,错在后人的解读,将其到达时间与开始翻译《四分律》的时间合为一个,而文中叙述的含混则是其原因之一。

对于《四分律序》中提到的法领弟子慧辩,《出三藏记集》卷七收载的道安所撰《合放光光赞略解序》中说:"此会慧常、进行、慧辩等持如天竺,路经凉州,写而因焉。展转秦雍,以晋泰元元年五月二十四日乃达襄阳。"③这是道安对于《光赞般若经》由凉州到达襄阳的叙述。晋泰元元年

---

① 《大正藏》第22卷,第567页上—中。
② 智升:《开元释教录》卷七,《大正藏》第55卷,第517页中。
③ 僧祐:《出三藏记集》卷七,《大正藏》第55卷,第48页上。

即376年,慧常、进行、慧辩等委托别人(商人)将抄写好的经本送至南(东晋)北(前秦)双方设的"互市"即通商的市场,经本然后被送至东晋辖地襄阳。慧常后来回到长安,参与了长安的几次翻译活动,而有文献表明,他是道安的弟子。现在虽不能肯定道安文中的慧辩与《四分律序》中的慧辩是否为同一位僧人,但从西行时间等因素综合考虑,此序错记师承关系的可能大一些。

总之,鉴于上述文献记载的分歧,要完全准确说明《四分律》的翻译时间和过程较困难。但笔者以为,僧肇所写的《长阿含经序》所说是最可信的,也许《四分律序》仅仅是表明支法领及其弟子与这次翻译活动有关而已。

4.昙摩耶舍的佛典翻译

昙摩耶舍翻译经典两部,而且对禅法在中国的传播贡献很大。昙摩耶舍,意译应为"法明",罽宾人。"少而好学,年十四,为弗若多罗所知。长而气干高爽,雅有神慧,该览经律,明悟出群,陶思八禅,游心七觉,时人方之浮头婆䭾。"此中所说的弗若多罗很可能就是前文叙述的来长安受鸠摩罗什邀请一起翻译《十诵律》的罽宾高僧。后来,他"欲游方授道。既而踰历名邦,履践郡国。以晋隆安中,初达广州,住白沙寺。耶舍善诵《毗婆沙律》,人咸号为大毗婆沙。时年已八十五,徒众八十五人"①。此中所说的徒众八十五人一般以为是来中土之后皈依学法的本土人士。"时有清信女张普明,谘受佛法,耶舍为说佛生缘起,并为译出《差摩经》一卷。至义熙中,来入长安。时姚兴僭号,甚崇佛法。耶舍既至,深加礼异。会有天竺沙门昙摩掘多来入关中,同气相求,宛然若旧,因共耶舍译《舍利弗阿毗昙》,以伪秦弘始九年初书梵书文,至十六年翻译方竟,凡二十二卷。伪太子姚泓亲管理味,沙门道标为之作序。"②昙摩耶舍于东晋

---

① 慧皎:《高僧传》卷一,《大正藏》第50卷,第329页中。
② 同上书,第329页中—下。

隆安年(397—401)间来到广州,并在其地译出《差摩经》一卷。后来,他北上至长安,与天竺僧人昙摩掘多共同翻译出《舍利弗阿毗昙》二十二卷,时间是后秦弘始九年(407)至弘始十六年。

《出三藏记集》卷一〇所收释道标撰《舍利弗阿毗昙序》叙述了此论典的翻译过程:

> 会天竺沙门昙摩崛多、昙摩耶舍等义学来游,秦王既契宿心,相与辩明,经理起清,言于名教之域,散众微于自无之境,超超然诚韵外之致,悟悟然覆美称之实,于是诏令传译,然承华天哲,道嗣圣躬,玄味远流,妙度渊极,特体明旨,遂赞其事。经师本虽暗诵,诚宜谨备,以秦弘始九年命书梵文,至十年寻应令出。但以经趣微远,非徒关言所契,苟彼此不相悟,直委之译人者,恐津梁之要未尽于善,停至十六年,经师渐闲秦语,令自宣译。皇储亲管味,言意兼了,复所向尽,然后笔受。即复内逆止讨其烦重,领其指归,故令文之者修饰,义之者掇润,并校至十七年讫。若乃文外之功,胜契之妙,诚非所阶,未之能详,并求之众经,考之诸论。新异之美自宣之于文,惟法住之实,如有表里。[①]

根据此文,昙摩耶舍、昙摩崛多翻译的基本过程是:于秦弘始九年开始书写梵文原典,至弘始十年完成。此时,他们"直委之译人者,恐津梁之要未尽于善",于是停至弘始十六年,昙摩耶舍逐渐熟悉了秦语,于是自己"宣译",中土人士则作修正,然后笔受。这样的修饰过程一直延续至弘始十七年。从此可知,在《舍利弗阿毗昙》的翻译过程中,昙摩耶舍的作用更大。这不同于前秦时期的佛典翻译,充当主译的外来僧人如果来中土时间不长的话,翻译的质量实际上系于"译人"而不是"执胡本"者身上。鸠摩罗什的翻译之所以流传久远,重要的原因就是他是精通汉语的外来高僧。

东晋刘裕攻破长安,后秦灭亡。聚集于长安的僧人星散,"耶舍

---

① 僧祐:《出三藏记集》卷一〇,《大正藏》第55卷,第71页上。

后南游江陵,止于辛寺,大弘禅法。其有味靖之宾,披榛而至者三百余人"①。至刘宋元嘉中(424—453)辞还西域,不知所终。

关于昙摩耶舍的译籍,《历代三宝纪》卷八著录了两部,即《舍利弗阿毗昙》三十卷或二十卷合《差摩经》一卷。②根据《高僧传》的记载,《舍利弗阿毗昙》是二十二卷。这大概是传抄开合不同造成的。而智升则多出《乐璎珞庄严方便品经》一卷,他解释说:

> 《乐璎珞庄严方便品经》一卷,一名《转女身菩萨问答经》第三出,与法护《顺权方便经》等同本,李廓《录》云罗什译,准《经后记》云耶舍出,故移编此。③

智升依据《经后记》的记载,将此经归于昙摩耶舍的名下。

最后应该指出僧祐的一个误解。僧祐根据僧肇的《答刘遗民书》的文句,著录说:

> 《舍利弗阿毗昙》二十二卷,或二十卷。右一部,凡二十二卷。晋安帝时,外国沙门毗婆沙,为姚兴于长安石羊寺译出。④

费长房已经指出这是依照僧肇的文字著录的。僧肇的原文是:"毗婆沙法师于石羊寺出《舍利弗阿毗昙》胡本,虽未及译,时问中事,发言新奇。"⑤僧肇所说的"毗婆沙法师",如《高僧传·昙摩耶舍传》的记载,时人尊称昙摩耶舍为"大毗婆沙"。僧肇说,这位法师诵出了《舍利弗阿毗昙》胡本,来不及翻译。这与前引道标所说弘始十年(408)写出梵本,至弘始十六年开始翻译相合。另外,僧祐在《出三藏记集》卷二未出现昙摩耶舍的名字,可见他是误将其尊称当成法名来著录了。

---

① 慧皎:《高僧传》卷一,《大正藏》第50卷,第329页下。
② 参见费长房《历代三宝纪》卷八,《大正藏》第49卷,第77页中。
③ 智升:《开元释教录》卷四,《大正藏》第55卷,第517页中。
④ 僧祐:《出三藏记集》卷二,《大正藏》第55卷,第11页中。
⑤ 《肇论》,《大正藏》第45卷,第155页下。

三、圣坚与西秦译经

从僧祐的《出三藏记集》开始都著录了若干西秦国圣坚法师曾经翻译出几部佛典，但慧皎《高僧传》未曾提及，大概因为当时没有资料凭借。

隋费长房在《历代三宝纪》卷九写了几句，但从传记角度来说，没有多少实质性的内容。其文说：

> 乞伏国仁陇西鲜卑，世居苑川，为南单于。前秦败后，遂称秦王，仍都子城。尊事沙门，时遇圣坚行化达彼，仁加崇敬，恩礼甚隆。既播释风，仍令翻译。相承五主四十四年，为夏所灭。①
>
> 晋孝武世，沙门圣坚于河南国为乞伏干归译，或云坚公，或云法坚，未详孰是，故备列之。依验群录，一经江陵出，一经见赵录，十经见始兴录。始兴即《南录》，或竺道祖《晋世杂录》，或支敏度《都录》，或王宗或宝唱。勘诸录名，人似游涉，随处出经。既适无停所，弗知附见何代，世录为正，今且依法上《录》总入乞伏西秦世录云。②

从上述内容可以推理出几点：其一，当时还存世的史籍中对他有三种称呼，即圣坚、坚公、法坚。其二，从"一经江陵出，一经见《赵录》，十经见《始兴录》"推测，圣坚的译经地点遍及前赵或后赵③、东晋和西秦辖境。其三，费长房依据法上编辑的《经录》一并将圣坚所翻译的经典归结于西秦世录中。

关于圣坚的译籍，僧祐《出三藏记集》卷二著录如下：

> 《方等王虚空藏经》五卷，或云《大虚空藏经》。检经文与《大集

---

① 费长房：《历代三宝纪》卷九，《大正藏》第49卷，第82页中。
② 同上书，第83页下。
③ 此处暂以古人对《赵录》的看法表述之，因为费长房提及《赵录》都是如此说的。此录已经失传，但从古经录引用的情形来说，此录不应是指前赵、后赵。因为一般以为前赵政权不信佛，加之战乱，翻译条件不具备；而后赵时期道安亲身经历过，在其留存的著述中只见到他翻检以及抄写、寻找译籍的文句，未曾提及后赵的翻译活动。笔者以为所谓《赵录》之"赵"有另外的含义。

经》第八《虚空藏品》同,未详是别出者不别?《录》云河南国乞佛时沙门释圣坚译出。①

《虚空藏经》八卷,右一部,凡八卷。宋武帝世,河南国乞佛时沙门圣坚出。②

上引的文字,前者是僧祐在著录昙无谶译籍时写的,后者则是著录圣坚译籍时所写。僧祐的著录说明,僧祐阅读过五卷本《方等王虚空藏经》经文,经文上未曾署译者,而僧祐不能肯定昙无谶是否另外翻译出《方等王虚空藏经》。尽管僧祐未提及资料的来源,但可以肯定,僧祐看到的材料说此圣坚属于西秦,至少在僧祐看到的材料上署名西秦。至于僧祐所说"宋武帝世,河南国乞佛时"沙门圣坚译出《虚空藏经》八卷等等,显然属于僧祐的疏失,因为昙无谶翻译佛典是在西秦灭亡之后发生的。

这可以与隋法经的《众经目录》的著录参照看出。有学者以费长房对圣坚译籍的著录为例,竭力批评费长房有意作伪。而隋法经对圣坚译籍的著录恰好说明法经也看到了僧祐所未曾见到的有关圣坚译籍的材料,因此,不存在"费长房故意不提《祐录》,而以其所捏造或者别人无法寻见的《赵录》、《始兴录》、《上录》等等杜撰出一批圣坚的译经"③这样严重的问题。作者的指责可能源于未曾全面查阅法经《众经目录》,因为法经是将圣坚和法坚分开著录的。

法经《录》卷一以圣坚名著录译籍两部:

《罗摩伽经》三卷,《入法界品》,西秦乞伏仁世圣坚别译。④

《虚空藏所问经》六卷,是《虚空藏菩萨品》,或八卷,西秦乞伏仁世圣坚译。⑤

---

① 僧祐:《出三藏记集》卷二,《大正藏》第55卷,第11页中。
② 同上书,第11页下。
③ 谭世保:《汉唐佛史探真》,第193页,广州:中山大学出版社,1991。
④ 法经:《众经目录》卷一,《大正藏》第55卷,第119页下。
⑤ 同上书,第120页上。

法经说上述两部是西秦圣坚翻译,而僧祐在文中也已提及《录》云如何等,而法经文中未出现宋"武帝世",可见此四字很可能是僧祐画蛇添足之举。

法经《众经目录》卷一还著录了法坚的译籍七部:

《太子须大拏经》一卷,晋世沙门法坚译。①

《演道俗业经》一卷,晋世沙门法坚译。②

《无崖际持法门经》一卷,晋世法坚译。③

《睒子经》一卷,亦名《孝子睒经》,亦名《菩萨睒经》,亦名为《佛说睒经》,晋世法坚译。④

《妇人遇辜经》一卷,一名《妇遇对经》,晋世沙门法坚译。⑤

《阿难问事佛吉凶经》一卷,西秦乞伏仁世法坚译。⑥

此中,七部标注晋代法坚翻译,一部标注西秦法坚翻译。可惜,法经未曾注出依据。

费长房在《历代三宝纪》卷九著录圣坚译籍十四部,其中法经著录的八部除《罗摩伽经》三卷外费长房都已列入。法经未曾列入而费长房列入的是《孛经》一卷、《除恐灾患经》一卷、《菩萨所生地经》一卷、《贤首经》一卷、《僮迦叶解难经》一卷、《灌佛经》一卷、《七女本经》一卷等七部。

需要特别指出,费长房对于《虚空藏经》的看法使其漏掉了圣坚翻译的一部经:"《方等王虚空藏经》八卷,亦云《虚空藏所问经》,或五卷,六卷,第二出。与法贤所译《罗摩伽经》本同文异,见《晋世杂录》,出《大集经》。"⑦在此,费长房以《晋世杂录》的解释而相信圣坚的《罗摩伽经》也是如此。如上文所述,法经已经注出圣坚翻译的《罗摩伽经》三卷是《华严

---

① 法经:《众经目录》卷一,《大正藏》第55卷,第115页下。本经于本书本卷著录两次。
② 同上书,第116页中。本经于本书本卷著录两次。
③ 同上书,第116页下。
④ 同上书,第118页上。
⑤ 同上书,第128页上。
⑥ 同上书,第129页中。
⑦ 费长房:《历代三宝纪》卷九,《大正藏》第49卷,第83页中。

经·入法界品》的单译本。此本现存,内容确实如此。顺便指出,智升说这一结论见道宣《内典录》,说明智升并不大重视法经《众经目录》。智升在《开元释教录》卷四著录圣坚译籍十五部,就是在费长房著录的十四部再加上《罗摩伽经》。

叙述至此,需要强调一下《历代三宝纪》的下述文字:"《大子须大挐经》一卷,于江陵辛寺,庾爽笔受。见《始兴录》及《宝唱录》。应入晋世,随人附秦。"①这是唯一一条有翻译地点和笔受者名字的材料。从此见出,圣坚曾经在内地翻译过佛典。从标注"晋世沙门"的情形看,也许标注此字样的佛典应该是在东晋辖地完成翻译的。

圣坚的译籍现存十部:《罗摩伽经》三卷、《太子须大挐经》一卷、《睒子经》一卷、《摩诃刹头经》一卷、《无崖际总持法门经》一卷、《演道俗业经》一卷、《除恐灾患经》一卷、《佛说贤首经》一卷、《阿难分别经》一卷、《妇人遇辜经》一卷。

四、前凉、北凉的佛典翻译

根据经录记载,前凉时期佛典的翻译者仅有支施仑一人,出经四部六卷。关于北凉时期的佛典翻译,《开元释教录》卷四说:"北凉沮渠氏,初都张掖,后徙姑臧。自蒙逊(谥武宣王)永安元年辛丑至茂虔(魏封河西王)承和七年己卯,凡经二主三十九年,缁素九人,所出经律论等,并新旧集失译诸经,总八十二部,合三百一十一卷(于中二十五部二百九卷见在,五十七部一百二卷缺本)。"②道龚、法众、昙无谶、僧伽陀、浮陀跋摩、道泰、法盛、智猛、沮渠京声等九人,出经82部、311卷。此外,费长房列入的昙觉,其翻译的时间严格讲是在北魏灭掉北凉之后,智升将其列入北魏部分。在此,为方便总览河西佛典翻译的概况,姑且置于此节叙述之。鉴于

---

① 费长房:《历代三宝纪》卷九,《大正藏》第49卷,第83页中。
② 智升:《开元释教录》卷四,《大正藏》第55卷,第519页中。

昙无谶在中国佛教史上的重要地位,下文单列"目"作较为详细的论述。作为北凉王朝创立者的从弟,沮渠京声对于北凉佛教的推动作用是不容低估的。史籍记载,沮渠京声在北凉时期曾经翻译出《禅要》,但其主要的翻译成果是在逃亡刘宋时期完成的,因此将其置于刘宋时期论述。在此,仅将前凉支施仑以及北凉的其余七位翻译者的贡献论述于后。

1. 支施仑的佛典翻译

前凉政权存在76年,经录记载仅有一位外国优婆塞曾经翻译过佛典。唐智升《开元释教录》卷四著录了优婆塞支施仑的翻译成果。其文说:

> 优婆塞支施仑,月支人也。博综众经,特善方等,意存开化,传于未闻。奉经来游,达于凉土。张公见而重之,请令翻译。以咸安三年癸酉(从晋年号也)于凉州州内正厅堂后湛露轩下,出《须赖》等经四部,龟兹王世子帛延传语,常侍西海赵潚、会水令马亦、内侍来恭政三人笔受。沙门释慧常、释进行同在会证,凉州自属,辞不加文饰也。出须《赖经后记》及《首楞严经后记》。①

由此可见,智升是从两种译经后记中归纳出前凉这位月氏优婆塞的佛典翻译的成果的。

《出三藏记集》卷七载有"未详作者"的《首楞严后记》,其文说:

> 咸和三年岁在癸酉,凉州刺史张天锡,在州出此《首楞严经》。于时有月支优婆塞支施仑手执胡本,支博综众经,于方等三昧特善,其志业大乘学也。出《首楞严》、《须赖》、《上金光首》、《如幻三昧》。时在凉州,州内正听堂湛露轩下集。时译者归慈王世子帛延善晋胡音,延博解群,籍内外兼综。受者常侍西海赵潚、会水令马奕、内侍来恭政。此三人皆是俊德,有心道德。时在坐沙门释慧常、释进行。

---

① 智升:《开元释教录》卷四,《大正藏》第55卷,第519页中—下。

凉州自属辞,辞旨如本,不加文饰。饰近俗,质近道,文质兼唯,圣有之耳。①

对照可知,智升的著录基本来源于此文。

如此,智升列举的前凉优婆塞支施仑翻译的四部六卷佛典是《须赖经》一卷、《如幻三昧经》二卷、《上金光首经》一卷、《首楞严经》二卷,时间是东晋咸和三年(328)。当时以执胡本者为主译,因而其署名为优婆塞支施仑。四部中,《须赖经》一卷现存,其余三部已经散失。

2. 道龚、法众、僧伽陀的佛典翻译

关于释道龚,所译佛典见于经录,其生平事迹不详。《出三藏记集》卷二记载:"《宝梁经》二卷,右一部,凡二卷。晋安帝时,沙门释道龚出。传云于凉州出。"②《历代三宝纪》卷九则著录:"《悲华经》十卷,见《古录》,似是先译,龚更删改。《宝梁经》二卷,见竺道祖《河西录》。右二部合一十二卷,晋安帝世,沙门释道龚,于张掖为河西王沮渠氏出。"③对此,《开元释教录》卷四说:"《宝梁经》二卷,今编入《宝积》,当第四十四会。见竺道祖《河西录》及僧祐《录》。《悲华经》十卷,第三出,与法护《闲居经》及《大悲分陀利》、昙无谶《悲华经》等同本。房云见《古录》,似是先译,龚更删改。今疑即无谶出者是。"④在此,智升对于费长房所说的《悲华经》与昙无谶的译本的关系作了更进一步的怀疑。道龚的译籍,《宝梁经》二卷现存。

关于释法众的译籍,《出三藏记集》卷二著录:"《方等檀特陀罗尼经》四卷,或云《大方等陀罗尼》,右一部,凡四卷。晋安帝时,高昌郡沙门释法众所译出。"⑤而费长房所载与此一致。

对于道龚、法众翻译佛典的时间,经录记载很笼统。费长房仅说"晋

---

① 僧祐:《出三藏记集》卷七,《大正藏》第55卷,第49页中。
②⑤ 僧祐:《出三藏记集》卷二,《大正藏》第55卷,第11页下、12页上。
③ 费长房:《历代三宝纪》卷九,《大正藏》第49卷,第84页上。
④ 智升:《开元释教录》卷四,《大正藏》第55卷,第519页中。

安帝世"，而智升说"北凉河西王（蒙逊僭号）永安年间，于张掖为蒙逊译"，也仅是将时间限定在北凉正式称帝的时间之前，永安年即 401—411 年。

关于僧伽陀的译籍，最早见于费长房的著录。《历代三宝纪》卷九有文说："《慧上菩萨问大善权经》二卷，第二出。与法护译《善权方便经》同。见《始兴录》。一名《大善权经》，一名《大乘方便经》，一名《慧上菩萨经》。凡五名本并同。"①而智升沿袭了这一记载，并且说：

> 沙门僧伽陀，凉言饶善，西域人。意存兼济，化诱居怀，亦以永安年中，于张掖为蒙逊译《大善权经》一部，见《始兴录》及法上《录》。②

从西域来凉州的沙门僧伽陀于永安年（401—411），在张掖（今甘肃张掖）翻译出《慧上菩萨问大善权经》二卷。

沮渠蒙逊于东晋义熙八年（412）之前镇张掖，此后则移都姑臧。因此可以确定，上述三位僧人的翻译活动发生于永安年。

3. 浮陀跋摩、道泰的佛典翻译

根据文献记载，浮陀跋摩、道泰共同翻译出《大毗婆沙论》，有经录突出浮陀跋摩，有经录突出道泰。

浮陀跋摩，意译应作"觉铠"，西域人。《高僧传》卷三《浮陀跋摩传》记载：他"幼而履操明直，聪悟出群，习学三藏，偏善《毗婆沙论》，常诵持此部，以为心要。宋元嘉之中，达于西凉。先有沙门道泰，志用强果，少游葱右，遍历诸国，得《毗婆沙》梵本十有万偈，还至姑臧。侧席虚衿，企待明匠，闻跋摩游心此论，请为翻译。时蒙逊已死，子茂虔袭位，以虔承和五年岁次丁丑四月八日，即宋元嘉十四年，于凉州城内闲豫宫中请跋摩译焉。泰即笔受，沙门慧嵩、道朗与义学僧三百余人考正文义，再周方

---

① 费长房：《历代三宝纪》卷九，《大正藏》第 49 卷，第 84 页上。
② 智升：《开元释教录》卷四，《大正藏》第 55 卷，第 519 页下。

讫,凡一百卷。沙门道挺为之作序。"①依据此中的叙述可知,道泰西行求法获得梵文本的《大毗婆沙论》,后来到姑臧,北凉王沮渠茂虔邀请道泰翻译此论,道泰不敢独立翻译,恰好浮陀跋摩精通此论,遂以浮陀跋摩为主译,道泰笔受,沙门慧嵩、道朗等义学僧三百名校正文义。

《高僧传·浮陀跋摩传》所说的沙门道挺所作的序现保存于《出三藏记集》卷一〇。关于翻译的基本过程,现存的序文的叙述与《高僧传》一致,唯有翻译的时间有严重差异。《毗婆沙经序》说:

> 时有天竺沙门浮陀跋摩,周流敷化,会至凉境。其人开悟渊博,神怀深邃,研味钻仰,喻不可测。遂以乙丑之岁四月中旬,于凉城内苑闲豫宫寺,请令传译理味,沙门智嵩、道朗等三百余人,考文详义,务存本旨。除烦即实,质而不野。王亲屡回御驾,陶其幽趣,使文当理诣,斥言有寄。至丁卯岁七月上旬都讫,通一百卷。会凉城覆没,沦湮遐境,所出经本零落殆尽。今凉王信向发中,深探幽趣,故每至新异悕仰寄闻,其年岁首,更写已出本六十卷,令送至宋台宣布。未闻庶令日新之美,敞于当时;福祚之兴,垂于来叶。挺以后缘,得参听末,欣遇之诚,窃不自默,粗列时事,以贻来哲。②

《高僧传》所说的翻译时间是开始于北凉承和元年(437)岁次丁丑四月八日,未记载结束时间,而《毗婆沙经序》则记载以乙丑之岁(425)四月中旬开始,至丁卯岁(427)七月上旬完成。两种记载差距很大。

僧祐在《出三藏记集》卷二著录说:"《阿毗昙毗婆沙》六十卷,丁丑岁四月出,至己卯岁七月讫。"③这一记载开始时间与《高僧传》相同,而补充了《高僧传》省略了的结束时间己卯岁(439)七月。值得注意的是,《历代三宝纪》和《大唐内典录》和《开元释教录》的著录都与《出三藏记集》卷二

---

① 慧皎:《高僧传》卷三,《大正藏》第50卷,第339页上。
② 僧祐:《出三藏记集》卷二,《大正藏》第55卷,第11页中。
③ 僧祐:《出三藏记集》卷一〇,《大正藏》第55卷,第74页上一中。

相同，而都未曾提及此与《毗婆沙经序》的差别。通读《开元释教录》则可知，智升特别注意译经后记的收集以及经录记载的对照。智升说："《序》云'乙丑岁出'，即蒙逊玄始十四年也，'丁卯岁讫'即玄始十六年也。与《录》不同，未详何以。"①是否可以旁证现存的《出三藏记集》的本子所传的《毗婆沙经序》里的年代有传抄错误呢？

仔细阅读《毗婆沙经序》可知，此文是在此论传至建康不久就写成的，如文中所说"今凉王信向发中"和"今送至宋台宣布"等都是证据。而《高僧传》和僧祐的著录都要晚得多。依照一般原则，此序的可信度要高许多，但有传抄错误则需另当别论。《高僧传》和《出三藏记集》卷二以及《毗婆沙经序》都说到，此论翻译不久，凉城就覆没了，翻译出的一百卷论文，只留下来六十卷。《高僧传》说："有顷，魏虏拓跋焘西伐姑臧，凉土崩乱。经书什物，皆被焚荡，遂失四十卷，今唯有六十存焉。"②而《毗婆沙经序》中的这一句尤其有意味："会凉城覆没，沦湮遐境，所出经本零落殆尽。"③当时翻译完成抄写好的原本完全遗失了（"零落殆尽"），而"今凉王信向发中，深探幽趣，故每至新异悕仰寄闻，其年岁首，更写已出本六十卷"。凉王对于佛教很有信向，每有新译本，都喜好先睹为快，于是在"其年岁首"也就是翻译完成的那一年年初，另外抄写出一本六十卷。后来"送至宋台宣布"就是这一抄本或者复抄本。鉴于乙丑之岁至丁卯岁的凉王是沮渠蒙逊，此时距离北凉覆灭还有十二年，此论翻译出来后有足够多的时间制作出数种抄本。因此，从此论全本散失以及十六卷遗存的基本过程完全可以肯定，现存序文的翻译时间是传抄致误。

《高僧传》说，北魏拓跋焘攻入姑臧后，"跋摩避乱西反，不知所终"④。而关于道泰的行踪，未有明确的记载，但经录中记载道泰独立翻译了两部论典，而这两部论典现存。

---

① 智升：《开元释教录》卷四，《大正藏》第 55 卷，第 521 页中。
②④ 慧皎：《高僧传》卷三，《大正藏》第 50 卷，第 339 页上。
③ 僧祐：《出三藏记集》卷一〇，《大正藏》第 55 卷，第 74 页中。

隋法经《众经目录》卷五记载:"《大丈夫论》二卷,提婆菩萨撰,北凉世沙门道泰译。……《入大乘论》二卷,坚意菩萨撰,北凉世道泰译。"①对此,智升附注说:"《大丈夫论》二卷,提波罗菩萨造,见《翻经图》。《入大乘论》二卷,坚意菩萨造。见唐《旧录》,亦见《内典录》及《翻经图》。"②智升未曾注出法经《众经目录》,而注出《大唐内典录》,可见,他不大重视法经《录》。而道宣《大唐内典录》卷三则说:"《入大乘论》二卷,坚意菩萨撰。右一部,北凉世释道泰译,见唐《旧录》。"③可见,道宣也不大重视法经《录》,《历代三宝纪》则对此有不同著录:

《入大乘论》二卷,坚意菩萨造。

(元魏北台)《净度三昧经》一卷,第二出。与宝云译二卷者同,广略异耳。见道祖《录》,《付法藏传》四卷,见菩提流支《录》。

右三部合七卷,宋文帝元嘉二十三年丙戌,是北魏太平真君七年,太武皇帝信纳崔皓邪佞谄谀,崇重寇谦,号为天师,残害释种,毁破浮图。至庚寅年,太武遭病,方始感悟,兼有白足禅师来相启发,生愧悔心,即诛崔皓。到壬辰岁,太武帝崩,子文成立,即起浮图毁经,七年还兴三宝。至和平三年,诏玄统沙门释昙曜慨前凌废,欣今载兴,故于北台石窟寺内集诸僧众,译斯传经流通后贤,庶使法藏住持无绝。④

依据此说,北魏和平三年(462),诏玄统沙门释昙曜集合僧众于北台石窟寺内翻译出佛典三部,《入大乘论》二卷是其中之一。值得注意的是,《历代三宝纪》将《大丈夫论》二卷列入"大乘阿毗昙有译录",而未曾注明译

---

① 法经:《众经目录》卷五,《大正藏》第55卷,第141页中。
② 智升:《开元释教录》卷四,《大正藏》第55卷,第522页上。
③ 道宣:《大唐内典录》卷三,《大正藏》第55卷,第256页下。
④ 费长房:《历代三宝纪》卷九,《大正藏》第49卷,第85页上一中。此中宋版藏经为"元魏北台,《入大乘论》二卷,坚意菩萨造"。

者。① 稍后于《历代三宝纪》的《仁寿录》沿袭了法经的著录。

如果将这些材料综合考虑,似乎应该相信法经的著录有自己的根据,而费长房也是如此。二者的所据不一,因此作出不同著录。如果参照二者做推论,则可得出道泰与当时北凉一部分僧人一起被迁移至北魏的首都。尔后,道泰或主译或助译出《如大乘论》和《大丈夫论》两部论典,但时间上已经到了北魏时期。

4. 智猛、法盛的佛典翻译

智猛、法盛是西行求法归来在凉州停留期间从事翻译佛典活动的,因此一并叙述。

智猛法师是继法显之后又一位重要的西行求法且成功归来的高僧。他"以甲子岁发天竺,同行四僧于路无常,唯猛与昙纂俱还于凉州,译出《泥洹》本,得二十卷,以元嘉十四年入蜀。十六年七月七日,于钟山定林寺造《传》,猛以元嘉末卒"②。从这一记载推知,智猛以刘宋元嘉元年(424)出发,十余年后到凉州。关于《般泥洹经》二十卷的翻译时间,各种史籍说得很模糊,但从《出三藏记集·智猛传》的记述看,翻译时间一定是在宋元嘉十四年之前。如《出三藏记集》卷二著录:《般泥洹经》二十卷,"宋文帝时,沙门释智猛游西域还,以元嘉中于西凉州,译出《泥洹经》一部,至十四年赍还京都"③。

关于法盛,《高僧传》卷二在《昙无谶传》中仅仅提及一句:"时高昌复有沙门法盛,亦经往外国,立《传》,凡有四卷。"④法盛也是停留于北凉的高昌僧人,写有《传》四卷,内容应该是有关天竺游之类的。而智升依据自己看到的一则写于经后的附记断定,法盛曾经翻译出一部佛经。

现存《菩萨投身饴饿虎起塔因缘经》末尾有一段话:

---

① 参见费长房《历代三宝纪》卷一三,《大正藏》第49卷,第114页下。
② 僧祐:《出三藏记集》卷一五,《大正藏》第55卷,第113页下。
③ 僧祐:《出三藏记集》卷二,《大正藏》第55卷,第12页下。
④ 慧皎:《高僧传》卷二,《大正藏》第50卷,第337页中。

> 尔时，国王闻佛说已，即于是处起立大塔，名为"菩萨投身饿虎塔"，今现在。塔东面山下有僧房、讲堂、精舍，常有五千众僧四事供养。法盛尔时，见诸国中有人癫病，及颠狂、聋盲、手脚躃跛，及种种疾病，悉来就此塔，烧香、然灯、香湿涂地、修治扫洒，并叩头忏悔，百病皆愈。前来差者便去，后来輙尔；常有百余人，不问贵贱皆尔，终无绝时。①

上述文字，没有明显的后记标志，很容易被人忽略，而智升从中读出了此经乃法盛翻译的事实。僧祐《出三藏记集》、《历代三宝纪》都著录有此经，但未查出译者，这是因为此经不见于各种经录。《开元释教录》卷四著录如下：

> 《菩萨投身饿虎起塔因缘经》一卷，僧祐《录》云《以身施饿虎经》，见《经后记》。右一部一卷，其本见在。沙门释法盛，高昌人也。亦于凉代译《投身饿虎经》一卷。故前《高僧·昙无谶传》末云："于时有高昌沙门法盛，亦经往外国，有《传》四卷。"其《投身饿虎经后记》云……今详《僧传》之文及阅《经记》之说，法盛游于西域，此事不虚。复云亲睹灵龛，故应非谬。若非盛之自译，何得著彼经？终既能自往西方，岂有不传经教？考核终始，事乃分明。今为盛翻编载斯录。②

智升的说法是正确的。

5. 昙觉等与《贤愚经》的集成

释昙学，也作释慧觉，现存的《贤愚经》为其主持而"译出"。关于《贤愚经》，最先著录的是僧祐。他在《出三藏记集》卷二中写道："《贤愚经》十三卷，宋元嘉二十二年出。右一部，凡十三卷，宋文帝时，凉州沙门释昙学、威德，于于阗国得此经胡本，于高昌郡译出。天安寺释弘

---

① 《大正藏》第3卷，第428页上。
② 智升：《开元释教录》卷四，《大正藏》第55卷，第522页上—中。

宗传。"①此中叙述了此经的"译出"时间宋元嘉二十二年(445),地点是高昌郡(高昌故城位于今新疆维吾尔自治区吐鲁番市以东),经本是凉州沙门释昙学、威德从于阗国获得的。

对此,《出三藏记集》卷九载有僧祐亲撰的《贤愚经记》,其文说:

> 十二部典,盖区别法门旷劫因缘,既事照于本生智者得解,亦理资于譬喻,《贤愚经》者可谓兼此二义矣。河西沙门释昙学、威德等,凡有八僧,结志游方,远寻经典,于于阗大寺遇般遮于瑟之会。般遮于瑟者,汉言五年一切大众集也。三藏诸学,各弘法宝,说经讲律,依业而教。学等八僧,随缘分听,于是竞习胡音,折以汉义,精思通译,各书所闻。还至高昌,乃集为一部。既而踰越流沙,赍到凉州。于时沙门释慧朗,河西宗匠,道业渊博,总持方等,以为此经所记源在譬喻,譬喻所明兼载善恶,善恶相翻,则贤愚之分也。前代传经已多譬喻,故因事改名,号曰《贤愚》焉。元嘉二十二年,岁在乙酉,始集此经。京师天安寺沙门释弘宗者,戒力坚净,志业纯白。此经初至,随师河西,时为沙弥,年始十四,亲预斯集,躬睹其事。洎梁天监四年,春秋八十有四,凡六十四腊,京师之第一上座也。唯经至中国,则七十年矣。祐总集经藏,访讯遐迩,躬往谘问,面质其事。宗年耆德峻,心直据明,故标讲为录,以示后学焉。②

此文的基本内容与卷二的著录相同,在细节方面则有所补充。这段文字说明,《贤愚经》是河西沙门昙学、威德等八僧为寻觅经典,结伴西行求法,到达于阗(今新疆和田)时,值遇当地举办五年一度的般遮于瑟大会。在此会中听西域、中亚一带各宗派长老讲解经律,昙学等八人分头听讲、作成纪录、译成汉文。回到高昌后,汇集各自所闻,整理、编

---

① 僧祐:《出三藏记集》卷二,《大正藏》第55卷,第12页下。
② 僧祐:《出三藏记集》卷九,《大正藏》第55卷,第67页下—68页上。

纂成书。接着穿越沙漠,将此集带回凉州(今甘肃省武威),河西沙门慧朗为了区别当时已流传的譬喻类经典,即以贤代表善,愚代表恶,命名为《贤愚经》。

对僧祐的上述记载,费长房和智升都有沿袭,但也有新问题产生。费长房在《历代三宝纪》卷九写道:"《贤愚经》十五卷,右一部合十五卷。宋文帝世,凉州沙门释昙觉,一云慧觉,共威德于于填得此经梵本来,当元嘉二十二年,于高昌国天安寺译。见《宋齐录》。"①应该指出,费长房犯的错误是将天安寺误认为是高昌的佛寺,而实际上此寺是建康佛寺。

《高僧传》卷七《释道温传》记载,宋大明四年(460)后改中兴寺"禅房"为天安寺。孝建初,道温"被勅下都,止中兴寺。大明中勅为都邑僧主。路昭皇太后大明四年十月八日造普贤像成,于中兴禅房设斋,所请凡二百僧,列名同集,人数已定。于时寺既新构,严卫甚肃。忽有一僧晚来就座,风容都雅,举堂瞩目,与斋主共语百余许言,忽不复见。检问防门,咸言不见出入,众乃悟其神人。温时既为僧主,乃列言秣陵,白皇太后"②。道温写给皇太后的奏文中说:

> 斋主问曰:"上人何名?"答曰:"名慧明。""住何寺?"答云:"来自天安。"言对之间,倏然不见。阖席悚愧,遍筵肃虑,以为明祥所贲,幽应攸阐,紫山可觏,华台不远。盖闻至诚所感,还景移纬,澄心所殉,发石开泉。况帝德涵运,皇功懋洽,仁洞干退,理畅冥外,故上王盛士,克表大明之朝,劝发妙身,躬见龙飞之室,适若因陛下慧烛海隅,明华日月,故以慧明为人名,继天兴祚,式垂无疆;故以天安为寺称,神基弥远,道政方凝,九服咸太,万寓齐悦。③

---

① 费长房:《历代三宝纪》卷九,《大正藏》第49卷,第85页上。
② 慧皎:《高僧传》卷七,《大正藏》第50卷,第372页下。
③ 同上书,第372页下—373页上。

后经过京兆尹孔灵符"以事表闻,诏仍改禅房为天安寺,以旌瑞焉"①。

智升在《开元释教录》卷四说:

> 又长房、《内典》二录云:于其凉代,复有沙门昙觉于高昌国译《贤愚经》一部,即当宋元嘉二十二年也。今谓不然。元嘉十六年己卯凉国已绝,如何二十二年乙酉仍有译经?故知二录误也。今依靖迈《经图》编在元魏之代。魏、宋虽并,宋居建业,魏都恒安,以地而论合属魏录。②

在此,智升提出了一个疑问,即翻译此经的时间元嘉二十二年是否可疑?然智升没有说此时间记载有误,而是说此时应该属于北魏时期,所以此经应该编入"元魏录"而不是北凉录。

当今学者围绕此经的翻译时间讨论很多。其中最核心的是在僧祐《贤愚经记》中发现的一个不协调处。僧祐讲到梁天监四年(505)时,弘宗春秋八十四,而其十四岁时随师河西,由此上推七十年,是元嘉十二年(435)并非元嘉二十二年。如此则知,僧祐《贤愚经记》中的年代总归应有一个是错误的。

首先看看陈垣的解释。他在《释氏疑年录》卷一中说:"京师天安寺弘宗,梁天监十四年(五一五),年八十四(432—?)。《僧传》无传,今据僧祐撰《贤愚经记》、《出三藏记集》卷九。原作'天监四年,年八十四'。但上文言'元嘉二十二年乙酉,年始十四',则天监四年应年七十四。今云八十四,则天监十四年也。"③陈垣认为,天监四年与天监十四年的十年之差,显然是抄书漏字所致。据此可以断定,僧祐所记元嘉二十二年集成《贤愚经》是可凭信的。

日本学者望月信亨最早直接根据《贤愚经记》的下文推出此经的集

---

① 慧皎:《高僧传》卷七,《大正藏》第50卷,第373页上。
② 智升:《开元释教录》卷四,《大正藏》第55卷,第522页上。
③ 陈垣:《释氏疑年录》,第28页,北京:中华书局,1964。

成时间以"天监四年"逆推应为435年。① 而方广锠也认为,僧祐于梁天监四年采访曾去凉州的释弘宗,当时弘宗年已八十四岁。据此计算,弘宗十四岁随师到凉州"躬睹其事"时,正当435年,即宋元嘉十二年。因此,僧祐前所说元嘉二十二年很可能是元嘉十二年的讹误。②

以上所说看起来都有道理。赞成前者的还有一个理由是,僧祐说"元嘉二十二年,岁在乙酉,始集此经",元嘉十二年是乙亥之岁,如果是传抄错误,很难解释为何干支不错。但实际上,如果前述陈垣先生的解释成立,实际上需要改变的是两个时间,一个是僧祐撰写此文的时间,一个是弘宗的年龄。

关于弘宗,《续高僧传》卷五《智藏传》曾经提及过。此文说:智藏年十六,"代宋明帝出家,以泰初六年勅住兴皇寺,事师上定林寺僧远僧祐、天安寺弘宗。此诸名德,传如前述。藏禀依训范,敬义弘隆,尝遇师疾甚,不食多日,藏亦从之。待师进饮,藏还进饮。乃至平复,方从师好"③。首先指出,此中所说的"泰初六年"的年号属于传抄错误,刘宋时期没有此年号,学者习惯直接将其改为泰始六年(470)。如果根据《续高僧传》的记载可知,智藏以普通三年(522)九月十日卒于寺房,春秋六十有五,则其生年为458年,十六岁则是473年,对应的年号是泰豫元年。《宋书》卷八《明帝本纪》记载:"泰豫元年春正月甲寅朔,上有疾不朝会。以疾患未瘳,故改元。赐孤老贫疾粟帛各有差。"④参照此文可知,智藏在十六岁的时候,刚好赶上明帝因为疾病缠身而下诏"诏度"若干人出家以之为皇帝祈福之事而被允许出家,住于兴皇寺,分别向上定林寺向僧远、僧祐、天安寺弘宗学习。经查《高僧传》卷八《释僧远传》,僧远于齐永明二年(484)正月卒于定林上寺,春秋七十一,生年则为414年。而弘宗的生

---

① 参见《佛教大年表》,收录于《望月佛教大辞典》第6卷,世界圣典刊行协会发行,1936。
② 方广锠:《佛教典籍百问》,第31页,北京:今日中国出版社,1992。
③ 道宣:《续高僧传》卷五,《大正藏》第50卷,第465页下。
④ 《宋书》卷八,第169页。

年为422年,智藏从学时,弘宗已经五十多岁了。僧祐生于元嘉二十二年(445),僧祐在智藏出家时方才二十八岁。如果依照陈垣先生的主张,则弘宗的生年为432年。

从上述考辨可知,僧祐在年轻时候应该是认识弘宗的。在准备或者开始编写经录的时候,至少在《出三藏记集》定稿并且开始流通之前应该想起弘宗而去采访吧?也许他知道弘宗的经历比较晚,但晚到天监十四年也太晚了一些。这里有两个时间需注意:一是《出三藏记集》流通的时间,二是僧祐圆寂的时间。一般以为,至迟至天监十四年(515)此著作已经较为正式地流通了。如《历代三宝纪》卷一一记载:

> 《华林佛殿众经目录》四卷,右一录四卷,天监十四年。勅安乐寺沙门释僧绍撰。绍略取祐《三藏集记目录》,分为四色,余增减之。见《宝唱录》。①

僧祐于天监十七年圆寂于建康建初寺,享年七十四岁。

正如学者所指出的,元嘉二十二年时候,河西包括高昌已经不具备翻译佛典的基本条件。435年,为北凉沮渠牧犍统治时期,当时的沮渠牧犍,还继承父志,正醉心于他们的佛教事业之中。而445年,为北魏太平真君七年,此时,北凉灭亡不久,河西地区特别是西边的敦煌一带,直至442年时还处于战乱状态。此时,鄯善绝西域交通之道。445年,北魏又大兵西向,伐吐谷浑,吐谷浑逼破入于阗,杀其王,据其地,河西、西域又经过了一次大规模的战乱。更有甚者,北魏于444年(446年正式下诏灭佛)即下令王公以下至庶人不许私礼沙门,太武帝灭佛之心已显。试想,在这种情况下,昙学、威德等人怎么能西去于阗听法,再回高昌,在凉州集成《贤愚经》呢?换言之,445年左右,河西已失去了进行佛教活动的所有条件,至于那位为《贤愚经》题名的慧朗,可能早已不知去向了。②

---

① 费长房:《历代三宝纪》卷一一,《大正藏》第49卷,第99页中。
② 参见杜斗城《北凉译经论》第238页,兰州:甘肃文化出版社,1995。

从上述分析考辨可知,现存僧祐撰写的《贤愚经记》确实有一个错误。这个错误一旦改过来,围绕《贤愚经》"译出"或者"集成"的过程就比较清楚了。但这一错误是如何发生的呢?笔者不大赞成传抄笔误说。正如主张元嘉二十二年正确的学者所看重的,僧祐文中说"元嘉二十二年,岁在乙酉,始集此经",干支和年号相互印证,怎会有错呢?这确实是一个问题。然而,巧的是僧祐的生年正是此年,因而此句确实是僧祐所写不应该有错,唯一有可能出现失误的是人的记忆。因此,笔者以为是弘宗将元嘉十二年回忆成了元嘉二十二年,因为尽管是当时人的叙述,但事隔70年,在年代的问题回忆出错是正常的。

此外,还有一个《贤愚经》的性质问题,笔者赞成是由八位僧人在于阗听讲后,分别记录翻译成汉语,然后在高昌整理修订后完成的。所以,《贤愚经》是"集成"于元嘉十二年(435)的高昌城,尔后再被带入凉州城,由驰名河西的慧朗定名。

五、昙无谶的佛典翻译

北方的后秦政权瓦解之后,当时聚集长安的僧人或南下,或西行,南下者推动了刘宋佛教的兴盛,西行者则停留于西陲,逐渐形成以姑臧为中心的北凉佛教的短暂崛起。而推动其崛起的是《大般涅槃经》的翻译者昙无谶。

1. 昙无谶的行历

昙无谶(385—433),意译法护,中天竺人。六岁丧父,跟着母亲做织工过活。他母亲看到沙门达摩耶舍受人崇拜,得到丰富的供养,很为羡慕,就叫他去做达摩耶舍的弟子。十岁学念经,聪明特出,记忆力强,一天能背三百多颂。他本学小乘,后来遇到白头禅师,辩论了一百天,难不倒禅师,禅师便给他树皮写本《涅槃经》,他读了以后,便专攻大乘。到二十岁时,已熟习大小乘经典六万多颂。他受到《涅槃经》的启发才改小归大,后来他弘扬佛教即以《涅槃经》为主。《出三藏记集》记载:"谶明解呪术。所向皆验,西域号为大呪师。"①因此国王很优待他,但不久就淡薄了。后来,他因事触犯了国王,害怕受到惩罚,就带了《大涅槃经》前分12卷和《菩萨戒经》等逃到龟兹。那里的人都学小乘,不信《涅槃》,他只好又去敦煌,停留了几年。② 他在敦煌开始译经,现在《菩萨戒本》一卷就是当时的译品。

昙无谶何时到达姑臧?现存资料都说,昙无谶是在河西王沮渠蒙逊灭掉盘踞敦煌的西凉李氏政权之后随河西王至姑臧。参照相关史书记载,刘宋永初元年(420)沮渠蒙逊灭掉西凉政权,去酒泉、敦煌,然不久李恂复入敦煌。第二年三月,沮渠蒙逊率兵又攻克敦煌,并且屠灭敦煌城。昙无谶大概是在这一年随沮渠蒙逊至姑臧的,而此年即西凉玄始十年(421)。现在的疑难之处在于《出三藏记集·昙无谶传》记载:"蒙逊素奉大法志在弘通,请令出其经本。谶以未参土言,又无传译,恐言舛于理不许。于是学语三年,翻为汉言,方共译写。"③依据这一说法,昙无谶在姑臧译经的起始年应在西凉玄始十二年或十三年。

还有,昙无谶至姑臧之前是否有译经活动,也有不同说法。现存的宋元明刊刻的《出三藏记集》本卷二在罗列昙无谶所翻译的十一部经典之后加注了具体的年月。对此,汤用彤先生指出:"而《长房录》、《开元录》均无三板所注十年以前年月,则费氏及智升所见之《祐录》,均无此项年月可知。④ 不知何时,经伧人羼入宋元明版因之而误,实无根据也。"⑤这一证据是强有力的,而现存的数种《昙无谶传》也未提及昙无谶在敦煌有译经活动。慧皎一方面说昙无谶译经开始于玄始三年,一方面又说在

---

① 僧祐:《出三藏记集》卷四〇,《大正藏》第55卷,第103页上。
② 参见僧祐《出三藏记集》、《涅槃经序》及《记》。
③ 僧祐:《出三藏记集》卷一四,《大正藏》第55卷,第103页上。
④ 此是指《优婆塞戒》七卷而言。智升《开元释教录》卷四确实没有标注昙无谶所译佛典的具体年月,然对于《大般涅槃经》的译时,沿袭了慧皎《高僧传》的说法,并且批驳了玄始十年译竣之说。智升说,昙无谶在玄始三年开始翻译《大般涅槃经》,玄始十年完成,而至玄始十五年仍然在译经。(《大正藏》第55卷,第520页下。)
⑤ 汤用彤:《汉魏两晋南北朝佛教史》,第281页。

姑臧前三年未译经,慧皎显然未曾仔细地核实昙无谶至姑臧的时间。也许,慧皎以及僧祐《昙无谶传》所讲的昙无谶在姑臧学习汉语三年方才译经,应该是指敦煌时期。现存的几种《昙无谶传》在这一问题的记载连同语言表述都一致,恐怕是其来源文献同一且表达含混而引起了误解,当然也有可能来源文献本身表达明确而与事实不符。

总之,大约在北凉玄始十年(421),河西王沮渠蒙逊占领了敦煌地方,迎接昙无谶到姑臧。十月间,在河西王的邀请下,昙无谶开始了佛经的翻译。

昙无谶在北凉数年,北魏主拓跋焘听到昙无谶会种种法术,派人到北凉迎索昙无谶。鉴于魏国的强大,沮渠蒙逊不敢拒绝,又怕昙无谶去魏国之后对他不利,于是阴谋除掉昙无谶。恰恰昙无谶当时有再去西域求《涅槃》后分之意。沮渠蒙逊赞助昙无谶出发,暗中派刺客在路上杀害了他。时为北凉义和三年(433),昙无谶时年仅四十九岁。沮渠蒙逊也死于同一年,其子牧犍继位,自称河西王。建平三年(439)九月,牧犍亲缚出降北魏,北凉灭亡。

昙无谶的经历颇带神秘色彩,对政治的参与程度很深而且是失败的,这也招致后世包括当今很多人的讥评。《魏书·沮渠蒙逊传》曰:"始罽宾沙门曰昙无谶,东入鄯善,自云'能使鬼治病,令妇人多子',与鄯善王妹曼头陀林私通。发觉,亡奔凉州。蒙逊宠之,号曰'圣人'。昙无谶以男女交接之术教授妇人,蒙逊诸女、子妇皆往受法。世祖闻诸行人,言昙无谶之术,乃召昙无谶。蒙逊不遣,遂发露其事,拷训杀之。"①《北史》综合北四史而成,其卷九三《僭伪附庸传》依《魏书》全录此事,自不待言。

僧传的记载与《魏书·沮渠蒙逊传》不同。梁代僧祐著《出三藏记集》卷一四有《昙无谶传》说,蒙逊担心足智多谋的昙无谶为北魏重用,于

---

① 《魏书》卷九九,第2208—2209页。

己不利,遂将昙无谶秘密杀害。《法苑珠林》卷七九《冤魂志》为昙无谶鸣不平,说蒙逊的左右常白日见昙无谶持剑击蒙逊,蒙逊因此病死。《魏书·李顺传》也如此记载:"初,蒙逊有西域沙门昙无谶,微有方术。世祖召顺令蒙逊送之京邑。顺受蒙逊金,听其杀之。"①苏晋仁教授根据僧传的记载,断定昙无谶绝无教授男女交接术之类的秽迹,是李顺受贿赂而将蒙逊的诬陷之辞谎报世祖,《魏书·沮渠蒙逊传》属于误记。

尽管如此,昙无谶仍然是中国佛教史上一位卓越的影响深远的译经大师。

2. 昙无谶的译籍

昙无谶所译的经,依据《出三藏记集》为12部、117卷,《历代三宝纪》记载24部、151卷,《开元释教录》刊定为19部、131卷。

关于《出三藏记集》所记载的昙无谶的译籍部卷数字,今人著作中以讹传讹者颇常见,特加以说明。现今最流行的藏经《大正藏》中正页上标为11部、104卷,但根据其他版藏经加注说"117卷"。经查,现存碛砂藏本写作"右十一部,凡一百一十七卷"。而苏晋仁、萧鍊子点校本《出三藏记集》也未加核校而沿袭了碛砂藏本的写法。②但是经过查对,无论是碛砂藏版还是《大正藏》版所列译籍实际都是12部。发生这一舛误的原因,仔细考察,可能源于注文中对于《虚空藏经》是否单译的存疑,但如果不算《虚空藏经》5卷之数,就不能凑够117卷之数。因此,笔者断定,《出三藏记集》所列昙无谶的译籍部数为12部、117卷。

《出三藏记集》所列的12部如下:《大般涅槃经》36卷、《方等大集经》29卷、《方等大云经》4卷或6卷、《方等王虚空藏经》5卷、《悲华经》10卷、《金光明经》4卷、《海龙王经》4卷、《菩萨地持经》8卷、《菩萨戒本》1卷、《优婆塞戒》7卷、《菩萨戒经》8卷、《菩萨戒优婆戒坛文》1卷。③ 尽管

---

① 《魏书》卷三六,第833页。
② 苏晋仁、萧鍊子点校本:《出三藏记集》,第52页。
③ 僧祐:《出三藏记集》卷一,《大正藏》第55卷,第11页中。

僧祐在《出三藏记集》卷一仅仅列出昙无谶上述 11 卷、104 卷译品,但他在同书卷一四的《昙无谶传》中,在叙述完其译出《大般涅槃经》的经过之后,又说:"而次译《大集》、《大云》、《大虚空藏》、《海龙王》、《金光明》、《悲华》、《优婆塞戒》、《菩萨地持》,并前所出《菩萨戒经》、《菩萨戒本》,垂二十部。"①此与卷一相同的是仍仅列出 12 部,但却说其翻译的总数是 20 部。

隋代的《历代三宝纪》在列出数量为 24 部的名目外,还著录了翻译年代,与《出三藏记集》相同的 12 部如下:

1.《大般涅槃经》四十卷,玄始三年于姑臧出,至十年方讫。此经凡有三万五千偈,于凉减百万言,今所译者万余偈,三分始一耳。见竺道祖《凉录》。

2.《大方等大集经》三十一卷,第三出。与汉世支谶所出二十七卷,秦世罗什所出三十卷,广略小殊。或二十九卷或三十三不定者,由初出未勘定,即抄写致本不同,今翻验矣。见《竺道祖录》。

3.《悲华经》十卷,第二出。见《竺道祖河西录》,又《古录》亦载。此前道龚已出,虽处年不同,等是凉世出。疑前译不善精故,有两文异,似再翻。

4.《菩萨地持经》十卷,或称论亦八卷。见《竺道祖河西录》。

5.《优婆塞戒经》十卷,承玄元年四月二十三日于凉州城内出。道俗等五百余人同听,沙门道养笔受,或六卷七卷,大小不定。

6.《方等大云经》六卷,一名《方等无相大云经》,一名《大云无相经》,一名《大云密藏经》,于凉州内苑寺出。见僧叡二秦及李廓《录》,《吴录》亦载。

7.《虚空藏经》五卷,第二出。与西秦世圣坚译《方等王虚空藏经》同本异出,出《大集经》。

---

① 僧祐:《出三藏记集》卷一四,《大正藏》第 55 卷,第 103 页中。

8.《海龙王经》四卷,玄始七年出,是第二译。与竺法护出者同本别译,见竺道祖《河西录》。

9.《菩萨戒经》八卷。

10.《金光明经》四卷,第一出,十八品。见竺道祖《河西录》。

11.《菩萨戒本》一卷,第二出。

12.《菩萨戒坛文》一卷,亦云《优婆塞戒坛文》,见《宝唱录》。①

多出的12部如下:

1.《佛本行经》五卷,第二出。

2.《楞伽经》四卷。

3.《无为道经》二卷,世注为疑。

4.《信善经》二卷,或云《善信女经》,祐云疑。

5.《胜鬘经》一卷,亦云《胜鬘师子吼大乘大方便经》。

6.《罗摩伽经》一卷,第二出。与魏世安法贤者有三卷,广略异。

7.《须真天子经》一卷,见《吴录》。又云罗什出,似再译。

8.《居士请僧福田经》一卷,见《别录》,祐云疑。

9.《文陀竭王经》一卷。

10.《功德宝光菩萨经》一卷。

11.《腹中女听经》一卷,一名《不庄校女经》

12.《决定罪福经》一卷,世注为疑。②

上述十二部中,《无为道经》二卷、《信善经》二卷、《居士请僧福田经》一卷、《决定罪福经》一卷四种,费长房明确注出有可能为"疑经",即不一定是昙无谶所翻译。如此一来,被费长房完全肯定属于昙无谶译籍的共20部。

而《开元释教录》卷四则罗列了19部、135卷,其中智升说当时"见

---

①② 费长房:《历代三宝纪》卷九,《大正藏》第49卷,第84页上一中。标号为笔者所加。

在"的共12部，其中8部是与《出三藏记集》、《历代三宝纪》共同记载的，而《腹中女听经》一卷、《文陀竭王经》一卷、《佛所行赞经传》等三部是《历代三宝纪》所记载，《大方广三戒经》则是《开元录》所独有。而标明"缺本"的七部，《海龙王经》四卷、《菩萨戒优婆塞戒坛文》一卷则是《出三藏记集》、《历代三宝纪》共同记载的，而《胜鬘经》一卷、《罗摩伽经》一卷、《楞伽经》四卷、《须真天子经》一卷、《功德宝光菩萨经》一卷等五部则是《历代三宝纪》所记载。

依上可知，经智升确认的昙无谶19部译籍，有10部是《出三藏记集》所著录，18部为《历代三宝纪》所著录。而为《出三藏记集》所著录而未被智升所载录的两部译籍是《菩萨戒经》八卷和《虚空藏经》五卷。经过查考，智升之所以将这两种译籍从昙无谶的译籍中剔出，是有道理的。他说："《菩萨戒经》八卷，祐、房等录并云谶译，今以是《地持》之别名，故不双载也。《虚空藏经》五卷，祐、房等录亦云谶译，今以即是《大集虚空藏品》析出别行，今载别生录中，此不复存也。"①

僧祐尽管在《出三藏记集》卷一将《虚空藏经》著录在昙无谶译籍目录之中，但在同书卷二说："《方等王虚空藏经》五卷，或云《大虚空藏经》。检经文，与《大集经》第八《虚空藏品》同，未详是别出者不？《别录》云：'河南国乞佛时沙门释圣坚译出。'"②同书卷九又说："又检录，别有《大虚空藏经》五卷，或者即此经《虚空藏品》，当是时世有益甄为异部。"③当时流行有不同署名的《虚空藏经》，昙无谶译本是其中之一。

经查现存的昙无谶所译《大集经》，其《虚空藏品》恰好是五卷。可见，智升遵从僧祐的判断应该是对的。而关于《菩萨戒经》，僧祐在《出三藏记集》卷九中也有一个说明：

又《菩萨地持经》八卷，有二十七品，亦分三段。第一段十八品，

---

① 智升：《开元释教录》卷四，《大正藏》第55卷，第521页上。
② 僧祐：《出三藏记集》卷二，《大正藏》第55卷，第11页中。
③ 僧祐：《出三藏记集》卷九，《大正藏》第55卷，第63页中。

> 第二段四品，第三段五品，是晋安帝世昙摩忏于西凉州译出。经首"礼敬三宝"，无"如是我闻"，似撰集佛语，文中不出有异名。而今此本或题云《菩萨戒经》，或题云《菩萨地经》，与三藏所出《菩萨善戒经》二文虽异，五名相涉，故同一记。又此二经明义相类，根本似是一经，异国人出，故成别部也。并次第明六度，品名多同，制辞各异。祐见《菩萨地经》一本，其第四卷第十戒品，乃是《地持经》中《戒品》，又少第九《施品》，当是曝晒误杂，后人不悉，便尔传写。其本脱多，恐方乱惑。若细寻内题，了然可见。若有《菩萨地经》缺无第九《施品》者，即是误本也。①

可见，智升对于此经的处理是吸取了僧祐的意见。由此可知，智升对于僧祐所确定的昙无谶的译籍是认可的，是将《出三藏记集》的记载全部吸收了。

关于昙无谶译籍总数的问题，关键是如何看待费长房的著录。如前所说，费长房在《历代三宝纪》中尽管将四部一般被当作"疑经"的译籍列入昙无谶的译籍，但也作了说明。这与他编集此书的宗旨一致，即保存资料以待后来者考辨，而智升则将这四部直接剔出。如果对照《开元释教录》和《历代三宝纪》的记载，则可知智升实际上是将费长房在僧祐著录之外明确肯定为昙无谶译籍的八部，全部列入了他所统计的昙无谶的译籍数目之中。

智升在僧祐、费长房著录之外，提出了两部可列入昙无谶译籍之中的译品，一部是《大方广三戒经》三卷，一部是《优婆塞戒本》一卷。关于前者，智升说："《大方广三戒经》三卷，初出，与《宝积三律仪会》同本，见《法上录》。"②智升是将此律本列入当时"见在"的昙无谶译籍中的，可见，当时流行的此律本就是如此署名的。而关于后者，智升则说："《优婆塞

---

① 僧祐：《出三藏记集》卷九，《大正藏》第55卷，第63页上。
② 智升：《开元释教录》卷四，《大正藏》第55卷，第519页下。

戒本》一卷,《宝唱录》云'谶译',复云'出《优婆塞戒经》,今亦载别生录中,不别存也'。"①可见,这一戒本是从昙无谶翻译的《优婆塞戒经》中抄录出别行的,依照智升的标准不能将其当作单本译籍列入昙无谶译品目录中。

由上述考辨可知,关于昙无谶的译籍总目,以智升的 19 部较为准确。然也应该知晓,这 19 部,依据《出三藏记集》者 10 部,依据《历代三宝纪》者 8 部,智升自己列入者 1 部,也有 3 部从昙无谶译籍中抄录出来单独流通的经律译本。此外,又有一度标名昙无谶翻译,但由于依据不足而应该列入怀疑译者的"疑经"之列者 4 部。

上述译本大致有三类,即涅槃类、大集类和戒律类。其中属于如来藏经典的有两部,即《大般涅槃经》、《楞伽经》、《方等大云经》,而奠定其历史地位的就是《大涅槃经》的翻译。

3. 昙无谶的译经助手

如前所述可知,昙无谶的华语水平较为有限,因而翻译的助手显得尤为重要。关于这一问题,现有资料有限。《出三藏记集·昙无谶传》记载,在昙无谶翻译《大般涅槃经》时,"是时沙门慧嵩、道朗,独步河西。值其宣出法藏,深相推重,转易梵文。嵩公笔受,道俗数百人疑难纵横,谶临机释滞,未常留碍"②。而《出三藏记集》卷八所载道朗《大般涅槃经序》则说:"谶手执梵文,口宣秦言。其人神情既锐,而为法殷重,临译敬慎,殆无遗隐,搜研本正,务存经旨,唯恨胡本分离,残缺未备耳。余以庸浅,豫遭斯运,夙夜感戢,欣遇良深,聊试标位,叙其宗格,岂谓必然窥其宏要者哉?"③可见,慧嵩、道朗是昙无谶翻译《大槃涅槃经》的主要助手。这两位僧人并非等闲之辈,在当时非常有影响。

经过检索资料发现,僧祐《出三藏记集》、慧皎《高僧传》以及唐道宣

---

① 智升:《开元释教录》卷四,《大正藏》第 55 卷,第 521 页上。
② 僧祐:《出三藏记集》卷一四,《大正藏》第 55 卷,第 103 页上—中。
③ 僧祐:《出三藏记集》卷八,《大正藏》第 55 卷,第 59 页下—第 60 页上。

《续高僧传》中有十几处出现过慧嵩的名字,而且《续高僧传》卷七还有《齐彭城沙门释慧嵩传》。经查考,道宣所记的北齐慧嵩为高昌僧人而后进入内地,时代晚于昙无谶译经时期很多,因而可以肯定与上述参与昙无谶译场的慧嵩并非同一人。而僧祐《出三藏记集》、慧皎《高僧传》所记载的慧嵩则基本可以肯定就是参与昙无谶译场的慧嵩,也有几处写作"惠嵩"、"智嵩"的,前者是古人的习惯性写法,后者则是笔误。①

《出三藏记集》、《高僧传》都记载,前秦时期在长安翻译佛典的僧伽跋澄、昙摩难提译场中有一位叫慧嵩的僧人担任笔受。《出三藏记集·僧伽跋澄传》记载:僧伽跋澄于"苻坚之末,来入关中。先是大乘之典未广,禅数之学甚盛。既至长安,咸称法匠焉。坚秘书郎赵政,字文业,博学有才章,即坚之琳瑀也,崇仰大法,常闻外国宗习《阿毗昙毗婆沙》。而跋澄讽诵,乃四事礼供,请译梵文。遂共名德法师道安集僧宣译,跋澄口诵经本,外国沙门昙摩难提笔受为胡文,佛图罗刹宣译,秦沙门智敏笔受为汉文,以伪建元十九年译出,自孟夏至仲秋方讫。初,跋澄又赍《婆须蜜》胡本自随。明年,赵政复请出之。跋澄乃与昙摩难提及僧伽提婆三人共执胡本,秦沙门佛念宣译,慧嵩笔受,安公、法和对共校定"②。从这一记载可知,慧嵩参加了由道安组织的译场,并且担任了《婆须蜜》十卷论本的笔受,时间为前秦建元二十年(384)"三月十五日出,至七月十三日讫"③。《出三藏记集》卷一〇收有《〈僧伽罗刹经〉序》一文:"以建元二十年,罽宾沙门僧伽跋澄赍此经本,来诣长安。武威太守赵文业请令出

---

① 《出三藏记集》卷一〇载释道梴作《毗婆沙经序》说:"时有天竺沙门浮陀跋摩,……遂以乙丑之岁四月中旬,于凉城内苑闲豫宫寺,请令传译理味。沙门智嵩、道朗等三百余人,考文详义,务存本旨。……至丁卯岁七月上旬都讫,通一百卷。"(《大正藏》第55卷,第74页上。)而隋费长房《历代三宝纪》卷九则说:《阿毗昙毗婆沙论》60卷,"沙门浮陀跋摩,或云佛陀,凉言觉铠,于凉州城内闲预宫寺,永和五年,为逊子虔译。沙门道泰笔受,慧嵩、道朗与名德僧三百余人,考正文义,再周方讫,凡一百轴。沙门道梴制序"。(《大正藏》第49卷,第84页下—85页上)此后,唐智升《开元释教录》等沿袭了费长房的说法。
② 僧祐:《出三藏记集》卷一三,《大正藏》第55卷,第99页上—中。
③ 僧祐:《出三藏记集》卷二,《大正藏》第55卷,第10页中。

焉。佛念为译,慧嵩笔受。正值慕容作难于近郊,然译出不襄。余与法和对检定之,十一月三十日乃了也。"①可见,同年,慧嵩还承担了《僧伽罗刹经》翻译的笔受工作。

关于《僧伽罗刹经》翻译的具体时间,同书同卷署"未详作者"的《僧伽罗刹集经后记》则说:"大秦建元二十年十一月三十日,罽宾比丘僧伽跋澄于长安石羊寺口诵此经及《毗婆沙》,佛图罗刹翻译,秦言未精。沙门释道安、朝贤赵文业研核理趣,每存妙尽,遂至留连。至二十一年二月九日方讫。"②此文明确说,《僧伽罗刹集经》的翻译开始于前秦建元二十年十一月三十日,完成于第二年二月九日。此文透露作者也参与了译经活动,但其说却与前述文章矛盾。道安圆寂于前秦建元二十一年二月五日,而且此文将数种译时略有不同的经文的翻译混在一起说,文句别拗,因此应以《僧伽罗刹经序》一文所说为是。

这位慧嵩也参加了当时在长安译经的昙摩难提译场。《出三藏记集·昙摩难提传》记载:昙摩难提"以苻坚建元二十年至于长安。先是中土群经未有四《含》。坚侍臣武威太守赵政,志深法藏,乃与安公共请出经。是时慕容冲已叛,起兵击坚。关中骚动,政于长安城内集义学僧写出两经。佛念传译,慧嵩笔受。自夏迄春,绵历二年方讫。具二《阿含》凡一百卷"③。此中所说"二《阿含》是指《中阿含》六十卷和《增一阿含》四十六卷"。《出三藏记集》收载有道安亲撰的《增一阿含序》,其文说:昙摩难提"以秦建元二十年来诣长安,外国乡人咸皆善之。武威太守赵文业求令出焉。佛念译传,昙嵩笔受。岁在甲申夏出,至来年春乃讫。为四十一卷,分为上、下部。上部二十六卷,全无遗忘;下部十五卷,失其录偈也。余与法和共考正之,僧略、僧茂助校漏失,四十日乃了"④。此中的

---

① 僧祐:《出三藏记集》卷一〇,《大正藏》第55卷,第71页中。关于此文的作者,高丽藏本等作"未详作者",而碛砂藏本等版本作"道安法师"。从文意看,应该是道安所撰。
② 僧祐:《出三藏记集》卷一〇,《大正藏》第55卷,第71页中。
③ 僧祐:《出三藏记集》卷一三,《大正藏》第55卷,第99页中。
④ 僧祐:《出三藏记集》卷九,《大正藏》第55卷,第64页中。

"昙嵩笔受"应为"慧嵩"抄写致误。

从上述资料的比对观之,充任昙无谶译场之笔受的慧嵩就是当年在道安于长安组织的译场中充当笔受的慧嵩。显然,在前秦灭亡之后的某个时间,慧嵩西行至河西。不过,由前秦灭亡至北凉于姑臧设立译场,其间相隔三十余年,长安并且发生了后秦立国迎请鸠摩罗什至长安译经的大事。这一时段,慧嵩的行踪、可查找的资料缺载,只能付之阙如,但笔者相信,这并不足以动摇我们将这样两段事迹确定为同一个慧嵩所为的判断。

河西道朗曾经参与了鸠摩罗什的译场,尽管南北朝一直到隋唐的文献不大强调这一点,但从流传后世的观点看,河西道朗是精通《中论》、《法华经》的,特别是对于昙无谶所翻译的《大般涅槃经》的解释在很长时间内都被当作有代表性的观点,一直到唐宋的文献中还在引用,尽管其所撰写的著作已经失传。

隋吉藏在《中观论疏》中说:"作《中论序》非止一人。昙影制《义疏序》,河西道朗亦制《论序》。而叡公文义备举,理事精玄。兴皇和上开讲常读,盖是信而好古,述而不作。"①可见,河西道朗确实曾经撰写过《中论序》。吉藏在《中观论疏》中说:

> 此下四偈结破四缘,名之为略。什公云:"会指无卷为略,散指亦无为广。"河西道朗师:"破四缘为略,破六因为广。"昙影云:"破四缘合生法为略,四缘各生法为广。"②

这里将罗什、道朗、昙影的解释并列。而从吉藏的叙述语气看,显然将河西道朗当作鸠摩罗什的弟子看待。

河西道朗曾经撰有《法华经疏》,并且颇得好评。隋天台智𫖮在《法华经文句》中说:

> 昔教被废,故方便门开;一理既彰,真实相显也。私谓此解乃是

---

① 吉藏:《中观论疏》卷一,《大正藏》第42卷,第1页上。
② 吉藏:《中观论疏》卷三,《大正藏》第42卷,第52页上。

破方便,非开方便也。河西道朗云:"直谄三为方便,即是开方便门。昔不言三是方便,故方便门闭。今谄为方便,即示一为真实也。"私谓此释符文。①

在同书卷九解释《无量品》的宗旨时,智𫖮说:

> 先出异解。叡师序云:"寿无量劫未足以明其久,分身无数不足以异其体。然则寿量定其非数,分身明其不异。普贤显其无成,多宝明其不灭耳。"河西道朗云:"明法身真化不异,存没理一。《多宝》现明法身常存,《寿量》明与太虚齐量。"道场观云:"会三归一乘之始也,灭影澄神乘之终也。灭影谓息迹,澄神则明本,故迹无常而本常也。"注者云:"非存亡之数曰寿。出修夭之限称量,法身非形年所摄,使大士修践极之照,不以伽耶为成佛百年为期颐也。"②

这一则材料中,智𫖮将河西道朗对于《法华经》的解释置于罗什的弟子僧叡、慧观之间,似乎也可作为河西道朗曾经为罗什门下的证据之一。关于此点,最有力的证据是吉藏则在《法华玄论》卷三中所说:

> 评曰:叡公亲承罗什制斯序者,即明常其明证,盖是法华宗本,不得不依之矣。
>
> 次,河西道朗对翻《涅槃》,其人亦著《法华统略》,明说《法华经》凡有五意。第四意云:"为明法身,真化不异,存没理一,如《多宝品》说。而群生不解,为显此义故说斯经。"又云:"《多宝塔》现明法身常存,《寿量品》明与大虚齐量。"
>
> 评曰:道朗著《涅槃疏》,世盛行之。其所解《法华》理,非谬说。明常之旨,还符叡公。一理既彰,真实相显也。③

---

① 智𫖮:《法华经文句》卷八上,《大正藏》第34卷,第111页中。
② 智𫖮:《法华经文句》卷九下,《大正藏》第34卷,第127页上。
③ 吉藏:《法华玄论》卷三,《大正藏》第34卷,第376页下—377页上。

智顗与吉藏所引的文句颇有相同之处,可见河西道朗所著《法华统略》至少在隋代时仍旧在流通。

河西道朗确实曾经进入鸠摩罗什译场,尽管由于罗什门下高僧云集,他的英名被别人的光芒所掩,但其事迹仍然有蛛丝马迹可寻。特别是在后秦政权瓦解之后,道朗西行至河西,其后参与昙无谶的译场,为北凉佛教的一时兴盛作出了一定的贡献。吉藏在《大乘玄论》中说:

> 河西道朗法师与昙无谶法师共翻《涅槃经》。亲承三藏,作《涅槃义疏》,释佛性义正以中道为佛性。尔后诸师,皆依朗法师《义疏》。①

此外,史籍中还保存下来一则他接受昙无谶授受菩萨戒的事情。《高僧传·昙无谶传》记载:

> 时沙门道朗振誉关西,当进感戒之夕,朗亦通梦。乃自卑戒腊,求为法弟,于是从进受者,千有余人。传授此法,迄至于今,皆谶之余则。②

此引文中所讲的"进"是指"道进"求取菩萨戒的事情。文中说道朗"自卑戒腊,求为法弟",昭示道朗出家时间超过昙无谶。

第三节 东晋时期的佛典翻译

东晋的佛典翻译成就很大,并且获得了朝廷和士大夫大力支持。尽管与这一时期北方出现的鸠摩罗什大师的翻译成就相比,东晋时期南方的佛典翻译有点黯然失色。但是,这一时期,在建康和庐山还是翻译出了在当时引起轰动且对中国佛教的发展产生重大影响的几部佛典。六十卷《华严经》、《涅槃经》、"毗昙类"经典以及律本的传译,都是中国佛教

---

① 吉藏:《大乘玄论》,《大正藏》第45卷,第35页下。
② 慧皎:《高僧传》卷二,《大正藏》第50卷,第336页下—337页上。

发展史上划时代的成就。

关于东晋时期译者,《历代三宝纪》卷七总结说:"自元皇建武元年丁丑创都,至恭帝元熙元年己未禅宋,其间一百四载,华戎道俗二十七人,而所出经并旧失译,合二百六十三部五百八十五卷。"①《开元释教录》卷三则说:"东晋司马氏都建康(亦云南晋),从元帝建武元年丁丑至恭帝元熙二年庚申,凡一十一帝一百四年,缁素十六人,所译经律论并新旧集失译诸经总一百六十八部四百六十八卷,八十五部三百三十六卷见在,八十三部一百三十二卷缺本。"②在译者总数方面的差别主要原因在于费长房列入了沙门康法邃、释慧远、释僧敷、释昙诜、沙门支遁、沙门竺僧度、释道祖、沙门支敏度、沙门康法畅、沙门竺法济、释昙微等十一位严格地讲应该属于助译者或者注释者于其中。而沙门帛尸梨蜜多罗、沙门支道根、沙门竺昙无兰、沙门瞿昙僧伽提婆、沙门迦留陀伽、沙门康道和、康法邃、沙门佛陀跋陀罗、沙门昙摩、沙门卑摩罗叉、沙门释法显、沙门只多蜜、居士竺难提、沙门竺法力、沙门释嵩公、沙门释退公、沙门释法勇等十七人才是东晋公认的佛典翻译者。这十六人中,鉴于法显西行求法的特殊影响,其翻译成就一并置于后文专论法显时叙述,居士竺难提属于晋宋之际的译者,也置于刘宋时期再论。在此,仅将其余十五位的翻译成就作些叙述。如前文所交代的,如沙门瞿昙僧伽提婆、沙门佛陀跋陀罗等在北方时期也曾经翻译过佛典,上文叙述十六国时期的佛典翻译时未曾叙述,在此一并叙述。

一、帛尸梨蜜、支道根的佛典翻译

尸梨蜜,西域人,时人呼之为"高座"。他于东晋初至建康,很受士人的尊敬,成为东晋初期谈玄的重要人物之一。《出三藏记集》和《高僧传》

---

① 费长房:《历代三宝纪》卷七,《大正藏》第 49 卷,第 68 页下。
② 智升:《开元释教录》卷三,《大正藏》第 55 卷,第 502 页下。

都有传，内容大致相同。

当时有传说，说他是国王之子，"当承继世，而以国让弟，阇轨太伯，既而悟心天启，遂为沙门。蜜天资高朗，风骨迈举，直尔对之，便自卓出于物"①。从"帛尸梨蜜"的称呼推测，他是龟兹人。

帛尸梨蜜于永嘉年(308—313)中来到建康，"止建初寺。丞相王导一见而奇之，以为吾之徒也。由是名显，太尉庾元氷、光禄周伯仁、太常谢幼玙、廷尉桓茂伦，皆一代名士，见之终日累叹，披衿致契"②。从文中的表述看，他到达建康数年之后，司马睿在江南建立政权，此后因为获得当时最有权势的王导的赏识，很快获得东晋士人的推崇。现存文献中记载了数十位名士重臣对其赞赏有加。传文中说："周顗为仆射，领选临入，过视蜜，乃抚背而叹：'若使太平世，尽得选此贤辈，真令人无恨。'俄而顗遇害。蜜往省其孤，对坐作胡呗三契，梵响凌云；诵呪数千言，声高韵畅，颜容不变。既而挥涕拭泪，神气自若。其哀乐废兴，皆此类也。"③此事说明他精通佛教的梵呗和诵咒，他的表现合乎中土玄谈人士的作风。然而，他又有高深莫测的一面，"蜜性高简，不学晋语，诸公与之语言，蜜因传译。然而神领意得，顿尽言前，莫不叹其自然天拔，悟得非常。蜜善持呪术，所向皆验"④。

关于尸梨蜜的译籍，《出三藏记集》著录了两部，即《大孔雀王神呪》一卷、《孔雀王杂神呪》一卷，并且说是晋元帝(317—323)时所翻译。⑤ 然现存《灌顶经》九卷，从费长房开始标注为尸梨蜜翻译。《历代三宝纪》卷七："《灌顶经》九卷，见《杂录》。"⑥《开元释教录》卷三著录说："《大灌顶经》十二卷，或无'大'字。《录》云九卷，未详。房云见《杂录》。"⑦现在藏经中的是十二卷，从智升所说来看，他所见的已经是十二卷本。

---

①② 僧祐：《出三藏记集》卷一三，《大正藏》第55卷，第98页下。
③④ 同上书，第99页上。
⑤ 参见僧祐《出三藏记集》卷二，《大正藏》第55卷，第10页上。
⑥ 费长房：《历代三宝纪》卷七，《大正藏》第49卷，第69页上。
⑦ 智升：《开元释教录》卷三，《大正藏》第55卷，第503页上。

值得注意的是僧祐在《出三藏记集》卷四"新集续撰失译杂经录"著录了十一部经,其名为:《灌顶七万二千神王护比丘呪经》一卷、《灌顶十二万神王护比丘尼呪经》一卷、《灌顶三归五戒带佩护身呪经》一卷、《灌顶百结神王护身呪经》一卷、《灌顶宫宅神王守镇左右呪经》一卷、《灌顶冢墓因缘四方神呪经》一卷、《灌顶伏魔封印大神呪经》一卷、《灌顶摩尼罗亶大神呪经》一卷、《灌顶召五方龙王摄疫毒神呪经》一卷、《灌顶梵天神策经》一卷、《灌顶普广经》一卷。此后有一说明:

> 本名《普广菩萨经》或名《灌顶随愿往生十方净土经》,凡十一经,从《七万二千神王呪》至《召五方龙王呪》凡九经,是旧集《灌顶》,总名《大灌顶经》,从《梵天神策》及《普广经》、《拔除过罪经》凡三卷,是后人所集,足《大灌顶》为十二卷,其《拔除过罪经》一卷,摘入疑经录中故,不两载。①

从这一叙述可知,僧祐看到了九部被集成而总名《大灌顶经》的佛典,但仍然将其单独著录。此外还有三经三卷,僧祐认为是后人所集,两种合起来即成12卷《大灌顶经》。从僧祐编《出三藏记集》的过程看,这一著录是他从收集到的经本中得来的,原写本未署译者名,因而僧祐将其归入失译录中。此后,隋代法经则将《大灌顶经》九卷和其他几种分别著录。②

从上述叙述可知,《大灌顶经》九卷本久已存在,十二卷本则可能晚出。特别是,僧祐曾指出:"《灌顶经》一卷,一名《药师琉璃光经》,或名《灌顶拔除过罪生死得度经》。右一部,宋孝武帝,大明元年,魅陵鹿野寺比丘慧简依经抄撰。此经后有续命法,所以偏行于世。"③僧祐说,《拔除过罪经》是由比丘慧简于宋大明元年从某种经中抄出改编的,此经后面部分"续命法",在当时单独流行。

---

① 僧祐:《出三藏记集》卷四,《大正藏》第55卷,第31页中。
② 参见《众经目录》卷一、卷二。
③ 僧祐:《出三藏记集》卷五,《大正藏》第55卷,第39页上。

尸梨蜜于成帝咸康年(335—343)中卒,八十多岁。

史籍中提及尸梨蜜有一位弟子,法号觅历。梁僧祐《出三藏记集》卷一三《尸梨蜜传》说他"又授弟子觅历高声梵呗,传响于今"①。同书卷一二则记载曾经有《觅历高声梵记》的文章,并说"呗出《须赖经》"②。慧皎在《高僧传》卷一三"经师"篇的论赞中说:"爰至晋世,有高座法师,初传觅历,今之行地印文即其法也。"③可见,尸梨蜜所传的梵呗至梁代还在流行。同书卷五又著录:"觅历所传《大比丘尼戒》一卷,缺。"④同书卷一一载文对此批评说:"而戒是觅历所出寻之殊,不似圣人所制法。汰、道林声鼓而正之,可谓匡法之栋梁也。"⑤而隋法经《众经目录》卷五则得知:"《比丘尼戒本》一卷,此尸梨蜜弟子觅历所传。诸录皆疑,故附伪。"⑥可见,作为尸梨蜜的弟子,觅历曾经在律本中摘抄出一部《大比丘尼戒》。

关于支道根的材料很少。费长房依照竺道祖《晋世杂录》而著录,智升沿袭之。《开元释教录》卷三:

> 《阿閦佛刹诸菩萨学成品经》二卷,太康年出,第二译。与汉支谶译者,大同小异。见竺道祖《晋世杂录》。

> 《方等法华经》五卷,咸康元年译。见竺道祖《晋世杂录》,第四出,与法护《正法华》等同本。

> 右二部七卷其本并缺。沙门支道根,履味游方,怀道利物,以成帝咸康元年乙未译《阿閦佛刹》等经二部。长房等《录》并云《阿閦佛经》太康年译,其太康年在西晋武帝代,与咸康相去向六十年,同是一人两朝出经者,恐时太悬也。此应传写差误,多是咸康耳。⑦

---

① 僧祐:《出三藏记集》卷一三,《大正藏》第55卷,第99页上。
② 僧祐:《出三藏记集》卷一二,《大正藏》第55卷,第92页中。
③ 慧皎:《高僧传》卷一三,《大正藏》第50卷,第415页中—下。
④ 僧祐:《出三藏记集》卷五,《大正藏》第55卷,第38页下。
⑤ 僧祐:《出三藏记集》卷一一,《大正藏》第55卷,第81页中。
⑥ 法经:《众经目录》卷五,《大正藏》第55卷,第141页上。
⑦ 《开元释教录》卷三,《大正藏》第55卷,第503页中。

依据这些材料可知,支道根曾经在东晋咸康元年(335)翻译出《阿閦佛刹诸菩萨学成品经》二卷、《方等法华经》五卷两部佛经。

二、昙无兰、迦留陀伽、康道和的佛典翻译

从隋唐经录的著录来看,昙无兰属于整个东晋时期翻译佛典较多的僧人之一。关于昙无兰的生平却所知有限,从经录所记载的竺昙无兰的名号及其所行事推知,他来自于天竺,孝武帝时期在建康翻译了几十种佛典。

《出三藏记集》卷一一所收载的竺昙无兰撰《大比丘二百六十戒三部合异序》是有关昙无兰的珍贵文献,从中可以窥知其简历及学修梗概。其文说:

> 兰自染化,务以戒律为意。昔在于庐山中竺僧舒许得戒一部,持之自随。近二十年,每一寻省,恨文质重。会昙摩侍所出戒,规矩与同,然侍戒众多,施有百一十事,尔为戒有二百六十也。释法师问侍。侍言:"我从持律,许口受一一记之。莫知其故也。"……余因闲暇,为之三部合异,粗断起尽,以二百六十戒为本,二百五十者为子。以前出常行戒全句系之于事末,而亦有永乖不相似者,有以一为二者,有以三为一者。余复分合,令事相从。然此二戒,或能分句失旨,贤才聪叡,若有揽者,加思为定,恕余不逮。①

这篇序文中还涉及到几种律本的若干差别,引文从略。归纳上述引文,可得如下要点:

其一,昙无兰出家后特别注意戒律问题,常常收集律本。他曾经在庐山从"竺僧舒"处获得一部戒律律本,依照当时的惯例,此法号或者是天竺僧人,或者其师是天竺僧人。不论如何,此律本应该是梵文。可举

---

① 僧祐:《出三藏记集》卷一一,《大正藏》第55卷,第80页下—81页上。

一例作旁证。竺法汰撰《比丘尼戒本所出本末序》一文说:"吾昔得《大露精比丘尼戒》,而错得其药方一枒,持之自随二十余年,无人传译。近欲参出,殊非尼戒,方知不相开通,至于此也。"①这是说,他昔日曾经从某处获得一部时人说之为《大露精比丘尼戒》的"外文"律本,一直保存二十年,无从翻译。近日想请人翻译,经人阅读方知是"药方一枒"。而上文所说昙无兰所获律本,二十年"每一寻省"云云,如果是汉语且与昙摩持本接近,昙无兰不拿出流通而等待昙摩特的一本出来再来合校,于情理不合。

其二,文中说的昙摩侍也称昙摩持,他于前秦建元十五年(379)在长安翻译出《比丘大戒》一卷;文中的"释法师"就是释道安。从此文叙述中推出所谓"三部合异"中的两部,一部是自己从天竺僧人处得到的律本,一种是昙摩侍所翻译出的《比丘大戒》,第三种不明,也许是竺法汰所删改过的昙摩侍译本。文中说:"而此戒来至杨州,汰法师嫌文质重,有所删削。此是其本未措手,向质重者也。"②这三本中,第一本一定是梵文。所以,昙无兰编订此本的过程有一定的翻译属性,至少是现代意义上的"校译"。

其三,在合校工作完成后,"比丘僧祥定后,后从长安复持本来,更得重挍。时有损益,最为定"③。可见,昙无兰的严谨态度是一贯的。

其四,此文最后一段说:"晋泰元六年岁在辛巳六月二十五日,比丘竺昙无兰,在杨州丹阳郡建康县堺谢镇西寺,合此三戒,到七月十八日讫。故记之。"④由此文的写作时间太元六年(381)上推二十年则为东晋升平五年(361),此时前后,昙无兰在庐山且从同在庐山的竺僧舒处获得梵文律本,这说明昙无兰至迟在此年之前已经来到中土。隋唐经录著录于他名下的译籍有百部之多,在东晋朝是罕见的。

---

①③ 僧祐:《出三藏记集》卷一一,《大正藏》第55卷,第80页上。
②④ 同上书,第81页中。

对于隋唐经录著录如此众多的昙无兰译籍,现代学者之所以怀疑者众,主要是因为僧祐仅仅著录了昙无兰译籍二种。《出三藏记集》卷二记载:

> 《三十七品经》一卷,晋太元二十年岁在丙申六月出。
> 《贤劫千佛名经》一卷。
> 右二部,凡二卷。晋孝武帝时,天竺沙门竺昙无兰,在杨州谢镇西寺撰出。①

这一记载有一错误。太元二十年不是丙申年。关于《三十七品经》,僧祐自己编的书中就载有昙无兰自己写的序文。序文先介绍了三十七品的内容,文后则说:"序二百六十五字,本二千六百八十五字,子二千九百七十字,凡五千九百二字,除后六行八十字不在计中。晋泰元二十一年岁在丙申六月,沙门竺昙无兰在杨州谢镇西寺撰。"②可见,上述年代也许是传抄错误,但隋唐经录都沿袭了这一错误。另外,《三十七品经》久逸,但是2008年从敦煌遗书中发现了抄本,现存于南京博物院。③

隋代费长房在《历代三宝纪》卷七说:"右一百一十部合一百一十二卷,孝武帝世,西域沙门竺昙无兰,晋言法正,于杨都谢镇西寺。兰取世要、略大部出。唯二经是僧祐《录》载,自余杂见《别录》。虽并有正本,既复别行,故悉列之,示有所据。"④费长房在此除列出昙无兰译籍的总数和依据之外,还解释了昙无兰的习惯做法及"取世要、略大部",也就是从中土的信仰、修行出发,取最急需而篇幅不大的经籍去翻译。因此,其部数大多为一卷本,仅一部是二卷。

---

① 僧祐:《出三藏记集》卷二,《大正藏》第55卷,第10页中。
② 僧祐:《出三藏记集》卷一〇,《大正藏》第55卷,第70页下。
③ 根据报道,方广锠先生说,《佛说三十七品写经卷》件写经卷上写有两篇经文,后一篇是《三十七品经》,前一部还在研究当中。卷上写的《三十七品经》是一部小经,143行半,讲了37种佛教徒修行的行为规范,是告诉佛徒修行的方法和道路。方先生认为这件文物是东晋写经。(《扬子晚报》2008年1月23日《失传1200年佛经重现南博 三十七品经首次曝光》。)
④ 费长房:《历代三宝纪》卷七,《大正藏》第49卷,第70页中。

智升在《开元释教录》卷三中对费长房的做法作了修正。他说：

> 沙门竺昙无兰，晋云法正，西域人也。以孝武帝太元六年辛巳至太元二十年乙未，于杨都谢镇西寺译《采莲违王》等经六十一部。见长房《录》。又长房等《录》更有四十八经，亦云法正所译，今以并是别生抄经，或是疑伪，故并删之。①

智升所说昙无兰的翻译经典的时间有误，应该是从太元六年（381）至太元二十一年。智升发现了《出三藏记集》的干支与年号纪年不符，但未核对昙无兰的原文，所以也改错了。应该特别指出，如前文所指出的，昙无兰来中土时间相当长，圆寂时间也未见记载，而经录所记载的昙无兰翻译活动的起止时间可能是以现存的昙无兰的两篇序文界定的。总之，太元六年不一定是他开始翻译的时间，太元二十一年也不一定是他结束翻译活动的时间。因此，隋唐经录记载的昙无兰的译籍数量不见得就是虚构。

昙无兰的译籍中，智升看到且现存的 24 部、24 卷②，名称如下：《采莲违王上佛授决号妙华经》一卷、《陀邻尼钵经》一卷、《摩尼罗亶经》一卷、《玄师颰陀所说神呪经》一卷、《寂志果经》一卷、《铁城泥梨经》一卷、《阿耨风经》一卷、《梵志頞罗延问种尊经》一卷、《泥犁经》一卷、《戒德香经》一卷、《四泥黎经》一卷、《国王不犁先尼十梦经》一卷、《水沫所漂经》一卷、《玉耶经》一卷、《五苦章句经》一卷、《自爱经》一卷、《中心经》一卷、《见正经》一卷、《大鱼事经》一卷、《阿难七梦经》一卷、《呵雕阿那含经》一卷、《新岁经》一卷、《比丘听施经》一卷、《佛般泥洹摩诃迦叶赴佛经》一卷。

此外，还有一种是智升未见因而未能收入藏经却保存于敦煌文献中的《三十七品经》一卷。

---

① 智升：《开元释教录》卷三，《大正藏》第 55 卷，第 504 页中。
② 同上书，第 503 页中—504 页中。

太元年间,外国沙门迦留陀伽也曾经翻译过佛典。《历代三宝纪》卷七记载:"《十二游经》一卷,第二出,与强梁译者小异。右一卷,孝武帝世,外国沙门迦留陀伽,晋言时永,太元十七年译。见竺道祖《晋世杂录》及《宝唱录》。"①智升沿袭了这一著录,此经现存。

太元年间,外国沙门康道和也曾经翻译过佛典。《历代三宝纪》卷七记载:"《益意经》三卷,第二出。右一部合三卷,孝武帝世,沙门康道和太元末译,见竺道祖《晋世杂录》。"②《开元释教录》卷三沿袭了这一著录,并说是太元二十一年(396)译。③ 此经现在不存。

三、僧伽提婆的佛典翻译

僧伽提婆是中国佛教史上重要的翻译家之一。在东晋时期,他由北到南,先在长安,后至庐山,最后在建康,于三地翻译佛典。他精通毗昙学,对毗昙学在中国的传播作出了重大贡献。

僧伽提婆,意译为"众天",罽宾(今克什米尔地区)人,俗姓瞿昙。出家后,笃志好学。梁慧皎《高僧传》卷一《晋庐山僧伽提婆传》说他"入道修学,远求明师,学通三藏,尤善《阿毗昙心》,洞其纤旨。常诵《三法度论》,昼夜嗟味,以为入道之府也"④。这说明僧伽提婆不仅精通三藏,而且对"毗昙学"有精深的研究。

关于僧伽提婆到达长安的时间,《出三藏记集·僧伽提婆传》和《高僧传·僧伽提婆传》记载得很模糊,然释道安撰《阿毗昙序》明确说:"建元十九年,罽宾沙门僧迦禘婆,诵此经甚利,来诣长安。"⑤以建元十九年(383)四月二十日至十月二十三日翻译出《阿毗昙八捷度》。《出三藏记

---

① 费长房:《历代三宝纪》卷七,《大正藏》第49卷,第70页中—下。
② 同上书,第70页中。
③ 参见智升《开元释教录》卷三,《大正藏》第55卷,第505页中。
④ 慧皎:《高僧传》卷一,《大正藏》第50卷,第328页下。
⑤ 僧祐:《出三藏记集》卷一〇,《大正藏》第55卷,第72页上。

集·婆须蜜集序》记载,秦建元二十年翻译《婆须蜜》之时,"佛念译传,跋澄、难陀、提婆三人执胡本,慧嵩笔受,以三月五日出,至七月十三日乃讫"①。由此可知,僧伽提婆在长安时期已经从事翻译活动。淝水之战后,关中大乱。"后山东清平,提婆乃与冀州沙门法和俱适洛阳,四、五年间,研讲前经。居华岁积,转明汉语,方知先所出经,多有乖失。法和叹恨未定,重请译改,乃更出《阿毗昙》及《广说》;先出众经,渐改定焉。顷之,姚兴王秦,法事甚盛,于是法和入关,而提婆渡江。先是庐山慧远法师,翘勤妙典,广集经藏,虚心侧席,延望远宾,闻其至止,即请入庐岳。以太元十六年,请译《阿毗昙心》及《三法度》等经。"②《出三藏记集》叙述有错误,姚兴称秦王是在东晋太元十八年(393),而如引文所叙述,僧伽提婆于太元十六年就受庐山慧远的邀请到达庐山,翻译《阿毗昙心》及《三法度论》等,而此时前秦的统治者是姚苌。依此推测,僧伽提婆可能是早于法和离开洛阳的。从太元十六年逆推,僧伽提婆与法和离开长安到达洛阳的时间是在太元十一年,即道安圆寂的第二年。

从太元十六年(391)开始,僧伽提婆在庐山停留五六年,"乃于波若台,手执胡本,口宣晋言,去华存实,务尽义本"③,完成了《阿毗昙心论》及《三法度论》的翻译。

东晋至隆安元年(397),僧伽提婆"游于京师。晋朝王公及风流名士,莫不造席致敬。时卫军东亭侯王珣,雅有信慧,住持正法,建立精舍,广招学众。提婆至止,珣即迎请,仍于其舍讲《阿毗昙》,名僧毕集,提婆宗致既精,辞旨明析,振发义奥,众咸悦悟"④。当时庐山与建康佛教的联系密切,大概僧伽提婆在庐山的表现已经引起京城僧俗的关注,所以他一到建康,即引起了京城僧俗学习《毗昙》的兴趣。

隆安元年(397)冬天,王珣召集京都义学沙门四十余人,"更请提婆

---

① 僧祐:《出三藏记集》卷一〇,《大正藏》第55卷,第71页下—72页上。
②③④ 僧祐:《出三藏记集》卷一三,《大正藏》第55卷,第99页下。

于其寺,译出《中阿鋡》,罽宾沙门僧伽罗叉执胡本,提婆翻为晋言。至来夏方讫"①。僧伽提婆到建康后,住于东亭寺,《中阿含经》就是在此寺翻译的,历时近一年。

关于僧伽提婆的译籍,《出三藏记集》著录如下:

《中阿鋡经》六十卷,晋隆安元年十一月十日于东亭寺译出,至二年六月二十五日讫。与昙摩提所出大不同。

《阿毗昙八捷度》二十卷,一名《迦旃延阿毗昙》,建元十九年出。

《阿毗昙心》十六卷,或十三卷,苻坚建元末于洛阳出。

《鞞婆沙阿毗昙》十四卷,一名《广说》,同在洛阳译出。

《阿毗昙心》四卷,晋太元十六年在庐山为远公译出。

《三法度》二卷,同以太元十六年于庐山出。

右六部,凡一百一十六卷,晋孝武帝及安帝时。罽宾沙门僧伽提婆所译出。②

上述六部译籍,长安时期、建康时期僧祐各列入一部,洛阳时期和庐山时期僧祐分别列入两部。

费长房是将僧伽提婆在北方和南方的译籍分开著录的。《历代三宝纪》卷七在著录了僧伽提婆东晋时期的译籍五部。《中阿含经》六十卷、《阿毗昙心论》四卷、《三法度论》二卷三部与《出三藏记集》相同的,而不同的是:

《增一阿含经》五十卷,隆安元年正月出是第二译,与难提本小异,竺道祖笔受。或四十二,或三十三,无定。见道祖及《宝唱录》。

《教授比丘尼法》一卷,见《别录》,亦在庐山出。③

《历代三宝纪》卷八著录僧伽提婆在北方的译籍:

---

① 僧祐:《出三藏记集》卷一三,《大正藏》第55卷,第99页下—100页上。
② 僧祐:《出三藏记集》卷二,《大正藏》第55卷,第10页下。
③ 费长房:《历代三宝纪》卷七,《大正藏》第49卷,第70页下。

《阿毗昙八犍度》三十卷，建元十九年出。亦名《迦旃延阿毗昙》，竺佛念传语，沙门慧力、僧茂等笔受。佛灭后三百余年迦旃延阿罗汉造，或二十卷。

《阿毗昙心》一十六卷，建元末于洛阳出，见僧叡《二秦录》。

《毗婆沙阿毗昙》一十四卷，亦云《广说》，同在洛阳出。见《二秦录》。①

费长房共著录僧伽提婆译籍八部。

智升与费长房一样也是按照北方、南方分开著录的。《开元释教录》卷三著录僧伽提婆在长安时期译籍《阿毗昙八犍度论》30卷、《阿毗昙心》16卷两部。而关于"《鞞婆沙》十四卷，准安公《序》是跋澄译，今此除之"②。

将上述三家的著录比较可知，僧祐著录六部，费长房著录八部，智升著录七部，发生争论的是《增一阿含经》五十卷、《教授比丘尼法》一卷和《毗婆沙阿毗昙》十四卷。前两者是僧祐所无而被费长房和智升列入，后者则仅仅智升否认。

如前文叙述，沙门昙摩难提在竺佛念的协助下，于前秦建元二十年（384）至建元二十一春在长安译出《增一阿含经》三十三卷和《中阿含经》五十九卷。而道安写的《增一阿含序》中未提及僧伽提婆。僧祐和慧皎都仅记载僧伽提婆在建康翻译《中阿含经》的事，而未提及修订或者重译《增一阿含经》的事情。而费长房则依据道祖及《宝唱录》说，《增一阿含经》五十卷是隆安元年（397）正月译出的，笔受者是编写经录的竺道祖。此外，费长房又根据《别录》说，僧伽提婆在庐山曾经翻译出《教授比丘尼法》一卷。

关于《阿毗昙八犍度》三十卷的翻译过程，道安撰《阿毗昙序》记述说：

---

① 费长房：《历代三宝纪》卷八，《大正藏》第49卷，第76页上。
② 智升：《开元释教录》卷三，《大正藏》第55卷，第511页上—中。

以建元十九年，罽宾沙门僧迦禘婆诵此经甚利，来诣长安。比丘释法和请令出之，佛念译传，慧力、僧茂笔受，和理其指归。自四月二十日出，至十月二十三日乃讫。其人检挍译人，颇杂义辞，龙蛇同渊，金鍮共肆者，彬彬如也。和抚然恨之，余亦深谓不可，遂令更出。凤夜匪懈，四十六日而得尽定，损可损者四卷焉。至于事须悬解起尽之处，皆为细其下。胡本十五千七十二首卢（四十八万二千三百四言）秦语十九万五千二百五十言。其人忘《因缘》一品，云言数可与十门等也。①

从此文看，僧伽提婆来华时间很短，汉语水平不高，初译存在不少问题。而文中所述的"忘《因缘》一品"是说，僧伽提婆无法回忆出此品，不能根据记忆写出梵文本，所以只能缺译。《出三藏记集》收载了《八揵度阿毗昙根揵度后别记》（未详作者）说明此事："斯《经序》曰，其人忘《因缘》一品，故缺文焉。近自罽宾沙门昙摩卑暗之来经密川，僧伽搛婆译出此品《八揵度文》具也。而卑云：'八揵度是体耳，别有六足，可自百万言。'卑诵二足，今无译可出，慨恨良深。泰元十五年正月十九日，于扬州瓦官佛图记。"②

关于《鞞婆沙阿毗昙》，确实如智升所说，道安撰《鞞婆沙序》中未曾提及僧伽提婆，但《高僧传·僧伽提婆传》记载，僧伽提婆在洛阳与法和一起更出《阿毗昙》及《广说》，因而经录说《鞞婆沙阿毗昙》即《广说》。智升疏于检索而致误。

关于《阿毗昙心论》的翻译，《阿毗昙心序》（未详作者）一文有记述："释和尚昔在关中，令鸠摩罗跋提出此经，其人不闲晋语，似偈本难译，遂隐而不传，至于断章，直云修妬路。及见提婆，乃知有此偈。以偈检前所出，又多首尾隐没，互相涉入。译人所不能传者，彬彬然。是以劝令更

---

① 僧祐：《出三藏记集》卷一〇，《大正藏》第55卷，第72页上—中。
② 同上书，第73页中。

出,以晋泰元十六年岁在单阏贞于重光,其年冬于寻阳南山精舍,提婆自执胡经,先诵本文,然后乃译为晋语,比丘道慈笔受。至来年秋,复重与提婆校正,以为定本。时众僧上座竺僧根、支僧纯等八十人,地主江州刺史王凝之、优婆塞西阳太守任固之为檀越,并共劝佐而兴立焉。"①现署名释慧远的《阿毗昙心序》则主要概括其思想,慧远说及自己"实而重之,敬慎无违"②,可见慧远也是翻译的参与者。

关于《三法度论》,现存慧远所撰《三法度序》在概括阐述此论典的思想之外,对于僧伽提婆的翻译大加赞赏。其文说:他"昔在本国豫闻斯道,邪玩神趣,怀佩以游。其人虽不亲承二贤之音旨,而讽味三藏之遗言,志在分德,诲人不倦。每至讲论,嗟咏有余。远与同集劝令宣译,提婆于是自执胡经,转为晋言。虽音不曲尽,而文不害意,依实去华,务存其本。自昔汉兴,逮及有晋,道俗名贤,并参怀圣典,其中弘通佛教者,传译甚众,或文过其意,或理胜其辞。以此考彼,殆兼先典。后来贤哲,若能参通晋胡,善译方言,幸复详其大归以裁厥中焉。"③此外,《出三藏记集》卷一〇收录的《三法度经记》即《出经后记》行文很独特:

> 比丘释僧伽,先志愿大乘,学三藏摩诃鞞耶伽兰,兼通一切书。记此《三法度》三品九真度,撰说出此经,持此福祐一切众生,令从苦得安,见谛解脱。④

此文不同于一般对于翻译过程的交待,或者在介绍思想的基础上交待翻译过程。文体极像发愿文,而抬头标"比丘释僧伽",笔者以为此文是僧伽提婆所亲撰。

总之,现在署名僧伽提婆翻译的佛典,有些是他自己首译的,有些则

---

①④ 僧祐:《出三藏记集》卷一〇,《大正藏》第55卷,第72页中。
② 同上书,第72页下。
③ 同上书,第73页上。

是改译当时长安时僧伽提婆在数位外来僧在道安主持下的译作,情况看起来较为复杂。但总体上说,他翻译了八部佛典,还是可信的。

四、佛陀跋陀罗的佛典翻译

佛陀跋陀罗(359—429),又作佛大跋陀、佛度跋陀罗、佛陀跋陀,意译作"觉贤"、"佛贤"。古印度迦毗罗卫国(今尼泊尔境内)人,族姓释迦,是释迦牟尼叔父甘露饭王的后裔。五岁丧父,十七岁出家。据说他背诵经典,一日能完一月之业。曾与同学僧迦达多游罽宾,与后秦僧人智严同从大禅师佛大先(觉军)受禅法。应智严之请东来,佛陀跋陀罗在后秦弘始八年(406,另有九年或十年之说)至长安。因与鸠摩罗什不和,佛陀跋陀罗被迫与弟子慧观等四十余人赴庐山,备受慧远欢迎。佛陀跋陀罗留居庐山年余,译出《达磨多罗禅经》两卷。佛陀跋陀罗大概于义熙七年离开长安南下庐山,在庐山一年余又至荆州。在荆州遇见时任太尉的刘裕,"太尉请与相见,甚崇敬之,资供备至。俄而太尉还都,便请俱归,安止道场寺"①。根据《宋书·本纪二》记载,义熙"九年二月乙丑,公至自江陵"②。因此可知,佛陀跋陀罗是在此年(413)二月至建康住锡道场寺的。而在此时,从天竺归来的法显南下至建康。于是,佛陀跋陀罗与法显一起合作翻译法显从天竺带回来的梵文本经律。据《出三藏记集》卷二记载,法显从天竺、师子国带回建康的十一部经律,法显与佛陀跋陀罗一起合作译出六部,凡六十三卷。

东晋义熙八年(412)赴荆州。义熙九年,他又到建康(今江苏南京)常住道场寺译经。元嘉六年(429),佛陀跋陀罗卒,春秋七十一岁。

关于佛陀跋陀罗所翻译的佛典,《出三藏记集·佛陀跋陀罗传》记载了十一部,除六十卷《华严经》之外,"其先后所出,六卷《泥洹》、《新无量

---

① 慧皎:《高僧传》卷二,《大正藏》第50卷,第335页中。
② 《宋书》卷二,第29页。

寿》、《大方等如来藏》、《菩萨十住》、《本业》、《出生无量门持》、《净六波罗蜜》、《新微密持》、《禅经》、《观佛三昧经》，凡十一部"①。慧皎则又特意补充了与法显等译出的《摩诃僧祇律》四十卷以及《修行方便论》等，构成"凡一十五部，一百十有七卷"②。隋代费长房所见与此大体一致，只是少计两卷，"《高僧传》云，贤出《泥洹》及《修行》等一十五部凡一百一十七卷。依《宝唱录》足《无量寿》及《戒本》，部数虽满，尚少二卷，未详何经"③。可见，佛陀跋陀罗所译佛典的数量和名目大致不差，应是十五部、一百一十七卷。

五、昙摩、卑摩罗叉、竺法力的佛典翻译

关于昙摩三藏，经录本身的记载分歧很大。但从几种文献记载看，也不便否定此僧及其翻译活动的真实性，姑且将材料罗列并略作分析。

根据经录记载，隆安四年（400），昙摩曾经在建康译出过一部律本。《历代三宝纪》卷七著录说：

> 《众律要用》二卷，人、处不同，文亦大异。见《别录》。
>
> 右一部二卷，安帝世隆安四年三月二日，沙门释僧遵④等二十余德，于扬州尚书令王法度精舍，请三藏律师昙摩晋言法善，译出《律事》，《序》具卷首，明佛法僧物互相交涉分齐，差殊甚要，须善防护。④

依据此说，在东晋隆安四年（400）三藏律师昙摩在建康翻译出《律事》即《众律要用》二卷。对这一记载，《大唐内典录》等经录都作了沿袭，但对昙摩之名的意译说法不同，道宣注为"法泽"。⑤

---

① 僧祐：《出三藏记集》卷一四，《大正藏》第55卷，第104页上、下。
② 慧皎：《高僧传》卷二，《大正藏》第50卷，第335页下。
③④ 费长房：《历代三宝纪》卷七，《大正藏》第49卷，第71页中、71页上。
④ 在现存的史籍中查找到一位法号僧遵的僧人，也是律师，但记载的活动时间要晚于隆安年。《高僧传》卷一二《释法进传》所记载，法进弟子僧遵将受菩萨戒的一种仪轨传入南方，但时间已经在高昌的北凉，大致在444年之后了。
⑤ 道宣：《大唐内典录》卷三，《大正藏》第55卷，第246页下。

《开元释教录》卷三著录为"沙门昙摩,晋翻云法善,于律学①,以安帝隆安四年庚子三月二日,于杨都尚书令王法度精舍,沙门释僧遵等二十余德,请译《杂问律事》,《序》具卷首,明佛法僧物互相交涉,分齐差殊甚要,须善防护。"②在同书卷一五,智升对此作了推测:

> 房《录》又云,昙摩译者,明佛法僧物互相交涉,分齐差殊甚要,须善防护。今藏中有《五百问事经》一卷,有三十三纸,亦明佛法僧物不得参涉事,然名目不同,莫知所以。余录云出《十诵律》者,即《五百问经》中明三十九夜受日等事。即与《十诵》符同,但以名目有殊,未为克定,后诸博见,详而正之。③

智升的这一分析是想将此典与同时出现的从《十诵律》中摘录出来的《杂问律事》二卷作些区分。但当时译本已不存在,仅凭费长房摘抄的几句介绍,是不能说清楚的。

卑摩罗叉,意译为"无垢眼",罽宾人。《高僧传》卷二《卑摩罗叉传》叙述其事,其文说:

> 出家履道,苦节成务。先在龟兹弘阐律藏,四方学者竞往师之,鸠摩罗什时亦预焉。及龟兹陷没,乃避地焉。顷之,闻什在长安大弘经藏,欲使毗尼胜品,复洽东国。于是,杖锡流沙,冒险东入。以伪秦弘始八年达自关中,什以师礼敬待,又亦以远遇欣然。及罗什弃世。又乃出游关左,逗于寿春,止石涧寺。律众云聚,盛阐毗尼。罗什所译《十诵本》五十八卷,最后一诵谓明受戒法及诸成善法事,逐其义要名为"善诵"。又后赍往石涧,开为六十一卷,最后一诵改为"毗尼诵"。故犹二名存焉。④

由这些叙述可知,卑摩罗叉是鸠摩罗什在西域时的老师,精通律本。在

---

① 此处缺字,应为"晋翻云法善,善于律学"。
② 智升:《开元释教录》卷三,《大正藏》第55卷,第506页下—507页上。
③ 智升:《开元释教录》卷一五,《大正藏》第55卷,第648页下—649页上。
④ 慧皎:《高僧传》卷二,《大正藏》第50卷,第333页中—下。

鸠摩罗什卒后,南下至寿春,住于石涧寺。后来,他又"南适江陵,于辛寺夏坐,开讲《十诵》。既通汉言,善相领纳,无作妙本,大阐当时。析文求理者,其聚如林;明条知禁者,数亦殷矣。律藏大弘,叉之力也。道场慧观深括宗旨,记其所制内禁轻重,撰为二卷,送还京师。僧尼披习,竞相传写。时闻者谚曰:'卑罗鄙语,慧观才录。都人缮写,纸贵如玉。'"①慧观所记"其所制内禁轻重"而成的著述,即经录著录的《杂问律事》二卷。②

《历代三宝纪》卷七记载:"《毗尼诵》三卷,是《十诵》后'善诵'。《杂问律事》二卷(《众律要用》)。并见《二秦录》。"③对此,智升作了较为准确的解释:

《十诵律毗尼序》三卷,亦云《十诵律序》。今合入《十诵》,末后三卷是房云《毗尼诵》,注云是《十诵》后"善诵",非也。其"善诵"有四卷,是《十诵》中第十诵也。见《二秦录》。

《杂问律事》二卷,《众律要用》第二出。见《二秦录》。④

关于前者,智升是从当时流行的全本来作说明的;而费长房依据《二秦录》的记载,恐怕叙述的是卑摩罗叉补译的部分单独传抄的卷数。

很遗憾,僧传叙述卑摩罗叉的晚年时有疏漏。在叙述完他在江陵的活动之后说:"其年冬,复还寿春石涧,卒于寺焉。春秋七十有七。叉为人眼青,时人亦号为'青眼律师'。"⑤从慧观等人在江陵活动的时间大致推断出,他的卒年大约在东晋义熙十四年(418)前后。

关于竺法力,现存史籍中记载非常少。《历代三宝纪》卷七著录说:"《无量寿至真等正觉经》一卷,一名《乐佛土经》,一名《极乐佛土经》。右一经一卷,恭帝元熙元年二月,外国沙门竺法力译,是第六出。与支谦、康僧铠、白延、竺法护、鸠摩罗什等所出本大同,文名少异。见释正度《录》。"⑤智

―――
① ⑤ 慧皎:《高僧传》卷二,《大正藏》第50卷,第333页下。
② 参见费长房《历代三宝纪》卷七,《大正藏》第49卷,第70页中—下。
③ 同上书,第70页下。
④ 智升:《开元释教录》卷三,《大正藏》第55卷,第507页上。
⑤ 费长房:《历代三宝纪》卷七,《大正藏》第49卷,第72页上。

升沿袭了这一载录。恭帝元熙元年(419)二月,竺法力翻译出《无量寿至真等正觉经》一卷,从经题推测,内容是有关弥陀净土的。文中说其来自于外国,从"竺"可知,法力来自天竺。

六、不明时代的佛典翻译家

祇多蜜、释嵩公、释退公、释法勇四位僧人属于不明时代的佛典翻译家,因而一并叙述如下。

关于祇多蜜,僧祐在《出三藏记集》卷二仅仅写了一句:"《普门经》,竺法护出《普门品》一卷,祇多蜜出《普门品》一卷,右一经,二人异出。"①而费长房则著录了25部合46卷,"西域沙门祇多蜜,晋言诃友译。诸《录》尽云,祇多蜜晋世出。译名多同,计不应虚。若非咸洛,应是江南,未详何帝。一部见僧祐《出三藏记集》,已外并出《杂》、《别》诸录所载"②。费长房说,祇多蜜不是全部在洛阳译出,就是有一部分在江南译出。换言之,他是西晋还是东晋时期的译家,也不知晓。

对于费长房所著录的25部译籍,智升说:"又有《宝施女经》出《大集经》,《摩调王经》出《六度集》,既是别生,删之不录。"③因此认定了祇多蜜23部、45卷,《菩萨十住经》一卷、《宝如来三昧经》二卷现存,其余散失。

关于释嵩公,《历代三宝纪》卷七说:"《迦叶结集戒经》一卷,《渐沙王五愿经》一卷,亦名《弗沙王经》,《日难经》一卷,即是《越难经》,后说事小异。右三经合三卷,群录并云晋末,不知何帝年。沙门释嵩公出,或云高公。见《赵录》及《始兴录》载。"此中的嵩公不知道是否外来僧,也不知道与北凉时期于凉州助译的嵩公是否为同一僧人。

关于释退公,《历代三宝纪》卷七说:"《迦叶禁戒经》一卷,一名《摩诃比丘经》,一名《真伪沙门经》。右一经一卷,晋末,未详何帝年。云沙门

---

① 僧祐:《出三藏记集》卷二,《大正藏》第55卷,第14页中一下。
② 费长房:《历代三宝纪》卷七,《大正藏》第49卷,第71页下。
③ 智升:《开元释教录》卷三,《大正藏》第55卷,第509页上。

释退公出,见《始兴录》。"①

关于法勇,费长房著录说:"《佛开解梵志阿颰经》一卷,出《长阿含》第十三卷异译,见《赵录》。右一部一卷本缺。沙门释法勇,译《梵志阿颰经》一部,云晋末出,亦未详何帝之年。"② 这位法勇未知与《高僧传》卷三《释昙无竭传》所记载的西行求法的法勇是否为同一位?初步分析,应该不是。因为西行的法勇主要活动是在刘宋时期,但也有学者坚持说是一人。

---

①② 费长房:《历代三宝纪》卷七,《大正藏》第49卷,第72页上。

第四章 两晋时期的佛教僧团

两晋时期外来僧人仍然是佛教弘传的主体。在这一时期的外来僧人中,大多数僧人的主要贡献是翻译佛典和讲经授徒;另外,如佛图澄和鸠摩罗什以及佛陀跋陀罗等大师,其学有专长,弘传有方,来中土后,徒众非常多,而且这三位高僧得到了朝廷上下的支持,在其弘法历程中,实际上形成了一个以其为"领袖"的僧团。另一方面,从西晋晚期开始,本土出家人逐渐增多,特别是出现了不少可堪领袖僧众的高僧,最突出的是道安及其弟子庐山慧远,分别形成了道安僧团和庐山慧远僧团。

从历史时期而言,西晋末期及此后的后赵政权统治时期,出现了佛图澄僧团;而佛图澄的弟子道安则是跨东晋统治区和前秦统治区的僧团领袖。接续前秦的后秦政权,以鸠摩罗什到达长安为标志,形成了以其为核心的长安僧团。道安的弟子慧远遵循其师的教诲,另立弘法地域,于庐山创立以其为核心的庐山僧团。这三大僧团分别在不同时期、不同方面对中国佛教的发展作出了重大贡献。本章将在上一章概括叙述西晋、十六国佛教的基本情况的基础上,重点突出这一时期对于佛教中国化曾经产生了关键作用以及做出了突出贡献的四大僧团以及比丘尼"僧团"。

第一节　佛图澄及其僧团

后赵时期佛法的传播和佛教影响的扩大，系于一人，那就是佛图澄。尽管在此之前，也有一些外来僧人获得过中土人士的尊崇，但达到如此高的地步，确实是前无古人的。特别是，以他为核心，形成了一个庞大的僧团，僧团中的不少僧人后来都成为中国佛教叱咤风云的人物，如道安、竺法汰等等，都对佛教的发展作出了重大贡献。佛图澄及其僧团的努力和表现，在某种程度上迅速改变了佛教在中国传播的低迷局面，佛教由此进入了一个快速发展的通道，佛图澄和他的弟子们居功至伟。

一、佛图澄的行历及其弘法活动

佛图澄（232—348），西域人，本姓帛，以姓氏论，应是龟兹（今新疆库车）人。也有文献称其为天竺人，本姓湿。佛图澄出身王族，据称自幼出家，"清真务学，诵经数百万言。善解文义"①。进入内地之前，他曾经在敦煌住过，如《世说新语·言语篇》注引用《澄别传》说："道人佛图澄，不知何许人，出于敦煌。"②由此背景可知，他虽不一定读过此土儒家经典和史书，但也了解中国文化的大要。文献记载他"与诸学士论辩凝滞，皆暗若符契，无能屈者"，他曾两度到罽宾学法，"受诲名师"，以致"西域称得道"③，其学问功底应该很深。

佛图澄传承属于佛教中什么流派，过去很少有人注意。据现存资料推论，如果佛图澄是西域人，本姓帛，那么他当出身于龟兹王族（龟兹国王姓帛或白）。当时龟兹盛行小乘说一切有部。如果佛图澄是天竺人，《魏书·释老志》又云："少于乌苌国就罗汉入道。"④乌苌国在北印度，当

---

①③ 慧皎：《高僧传》卷九，《大正藏》第50卷，第383页中。
② 《世说新语》卷二《言语篇》。
④ 《魏书》卷一一四，第3029页。

时盛行大小乘佛教,而"罗汉"为小乘最高果位,故当主要受持小乘佛教,他自谓"再到罽宾受诲名师",而罽宾特别盛行说一切有部。佛图澄曾在敦煌长期停留,以致《世说新语》注谓其"出于敦煌"。敦煌在西凉时为般若学者"敦煌菩萨"竺法护译经场地之一,大乘佛教比较流行。佛图澄的师承渊源应是小乘说一切有部。但当时敦煌一带又是大乘般若学流行的地区,佛图澄也有可能受到大乘般若空宗的影响,其弟子道安、僧朗、法汰都为般若学者。①

佛图澄于晋怀帝永嘉四年(310)来到洛阳,欲在洛阳立寺传法。当时已经七十九岁了。永嘉五年,匈奴人刘曜、刘粲攻陷长安,佛图澄立寺的愿望没法实现,只好潜泽草野以观世变。当时,"石勒屯兵葛陂,专以杀戮为威,沙门遇害者甚众。澄悯念苍生,欲以道化勒,于是杖策到军门。勒大将军郭黑略素奉法,澄即投止略家。略从受五戒,崇弟子之礼"②。根据史书记载,永嘉六年(312)二月石勒屯兵葛陂(今河南新蔡北),准备南攻建业,数月后,回军河北,六月进据襄国(今河北省邢台)。佛图澄大概是于此年在葛陂至石勒部将郭黑略门下。因为郭黑略本身信奉佛法,且是石勒的亲信之一。郭黑略是石勒"十八骑"之一,不是汉族,郭氏是匈奴姓氏,也是屠各姓氏。③ 对此,《高僧传·佛图澄传》记载说:

> 略后从勒征伐,辄预克胜负。勒疑而问曰:"孤不觉卿有出众智谋,而每知行军吉凶,何也?"略曰:"将军天挺神武,幽灵所助。有一沙门,术智非常,云'将军当略有区夏,已应为师'。臣前后所白,皆其言也。"勒喜曰:"天赐也。"召澄问曰:"佛道有何灵验?"澄知勒不达深理,正可以道术为征,因而言曰:"至道虽远,亦可以近事为证。"即取应器盛水,烧香呪之,须臾生青莲花,光色曜目。勒由此信服。

---

① 参见任继愈主编《中国佛教史》第135页。
② 慧皎:《高僧传》卷九,《大正藏》第50卷,第383页中—下。
③ 参见陈连庆《中国古代少数民族姓氏研究》第31页,长春:吉林文史出版社,1993。

澄因而谏曰:"夫王者德,化洽于宇内,则四灵表瑞;政弊道消,则彗孛见于上。恒象著见,休咎随行,斯乃古今之常征,天人之明诫。"勒甚悦之,凡应被诛余残,蒙其益者,十有八九。①

佛图澄之所以能够取得如此成功,首先得力于他与后赵的最高统治者石勒、石虎的特殊关系。佛图澄以道法取得石勒信任之后,被称为"大和尚"。"勒登位已后,事澄弥笃",不但将其稚子多养于寺中,而且"有事必谘而后行"②,让佛图澄直接参与军政要务。石虎即位后,"倾心事澄,有重于勒"。佛图澄在后赵所获得的政治地位,其他僧人是难以企及的。

由于现今流传的关于佛图澄的传记材料过于注重他的神通事迹,如说他志弘大法,善诵神咒,能役使鬼神,彻见千里外事;又能预知吉凶,兼善医术,能治痼疾,应时疗损,为人所崇拜。因此,关于他的义学和戒行反为神异事迹所遮蔽,以致于有学者评价说:"佛图澄传播的佛教,充塞着妖妄;他的一生行事,多由诡秘的预言构成。"③然而,从其重视戒学以及弟子佛学思想的深度来看,佛图澄不应该仅仅是如此形象。佛图澄的学说,史无所传,但从他的弟子如释道安、竺法汰等的理论造诣来推测,佛图澄之佛学思想一定是很渊深的。

佛图澄又重视戒学,平生"酒不踰齿,过中不食,非戒不履,无欲无求"④,并以此教授徒众。佛图澄对于古来相传的戒律,多所考校。道安在《比丘大戒序》中说:"大法东流,其日未远,我之诸师,始秦受戒。又之译人考校者尠,先人所传相承谓是,至澄和上多所正焉。余昔在邺,少习其事,未及检戒,遂遇世乱,每以怏怏,不尽于此。"⑤从道安所述看,其对于戒律的追求与谨严的作风,是深受其师影响的。此外,比丘尼安令首

---

① 慧皎:《高僧传》卷九,《大正藏》第50卷,第383页下。
② 同上书,第384页中。
③ 杜继文主编:《佛教史》,第161页,北京:中国社会科学出版社,1991。
④ 慧皎:《高僧传》卷九,《大正藏》第50卷,第387页上。
⑤ 僧祐:《出三藏记集》卷一一,《大正藏》第55卷,第80页上一中。

是石赵时兵部令徐冲的女儿,由佛图澄化度为弟子,后从佛图澄和净检尼受戒。安令首尼博览群籍,思致渊深,"因其出家者二百余人,又造五六精舍,匪惮勤苦,皆得修立。石虎敬之"①。可见,佛图澄也是戒学的弘扬者和实践者。这一点,也深深地影响到他的弟子,佛图澄一系的道安僧团、庐山慧远僧团等都以戒律严谨著称于世,自然是继承了佛图澄的作风。

东晋穆帝永和四年(348)十二月八日,佛图澄卒于后赵首都邺宫寺,春秋117岁,"仍窆于临漳西紫陌,即虎所创冢也"②。

佛图澄又是一位博学的高僧。《高僧传》说,佛图澄"妙解深经,傍通世论。讲说之日,止标宗致,使始末、文言昭然可了"③。佛图澄识见超群、学识渊博并热忱讲导。从312年起跟随石勒集团,佛图澄在长达三十七年的弘法传教生涯中,皈依弟子不可胜计。《高僧传》说,佛图澄"受业追游,常有数百,前后门徒,几且一万。所历州郡,兴立佛寺八百九十三所。弘法之盛,莫与先矣!"④佛图澄及其弟子修建佛寺893所,数量惊人。弟子中,有天竺、康居名僧佛调、须菩提等不远数万里,足涉流沙,来从他受学。此土名德如释道安、竺法雅等,也跋涉山川来听他讲说。可见,以佛图澄为中心已经形成了一个庞大的佛教僧团。这一僧团的活动,不但推动了佛教在后赵的迅速发展,也为佛教的发展培育了人才和文化土壤。

关于佛图澄在中国佛教发展史上的地位,梁代的僧祐在《高僧传》卷八《义解论》有中肯的评论:"中有释道安者,资学于圣师竺佛图澄,安又授业于弟子慧远,惟此三叶,世不乏贤,并戒节严明,智宝炳盛;使夫慧日余晖,重光千载之下,香吐遗芬,再馥阎浮之地,涌泉犹注,寔赖伊人。"⑤可见,东晋十六国佛教是以佛图澄的传教活动为起始的,他本人以及直传弟子、再传弟子对东晋十六国以至于南北朝佛教都产生了十分深远的

---

① 宝唱:《比丘尼传》卷一,《大正藏》第50卷,第935页上。
② 慧皎:《高僧传》卷九,《大正藏》第50卷,386页下。
③④ 同上书,第387页上。
⑤ 慧皎:《高僧传》卷八,《大正藏》第50卷,第383页上。

影响。可以说，佛图澄是鸠摩罗什来华之前，对中国佛教影响最为深远的外国僧人。

二、佛图澄的外来弟子

作为蜚声天竺、西域的佛教大师，佛图澄来到汉地后，也有数十名天竺、康居的僧人不远数万里足涉流沙，来到后赵首都从他受学。《高僧传》卷九《佛图澄传》记述说："佛调、须菩提等数十名僧，皆出自天竺、康居，不远数万之路，足涉流沙，诣澄受训。"①可惜，文中仅仅提供了两位僧人的法号，而须菩提仅见于此文，竺佛调则于《高僧传》卷九有本传。

竺佛调，未详氏族，或云天竺人。《高僧传·竺佛调传》记载：竺佛调"事佛图澄为师"，后来"住常山寺积年，业尚纯朴，不表饰言，时咸以此高之"。② 文中没有明确说竺佛调入住常山寺是在佛图澄圆寂之前还是之后。因为传文也写竺佛调其圆寂于此寺，依照常理推之，在其师圆寂之后的可能性很大些。关于常山寺地域，首先肯定不在后赵曾经的首都邺城。因为此城经过后赵、冉魏、前燕之间的厮杀，此城基本被毁灭，依以下记载可略知一二：

> 常山有奉法者兄弟二人，居去寺百里，兄妇疾笃，载至寺侧以近医药。兄既奉调为师，朝昼常在寺中咨询行道。异日，调忽往其家，弟具问嫂所苦，并审兄安否。调曰："病者粗可，卿兄如常。"调去后，弟亦策马继往。言及调旦来，兄惊曰："和上旦初不出寺，汝何容见？"兄弟争以问调，调笑而不答，咸共异焉。③

经查考文献，此寺不在邺城④，而在现在的恒山。

首先，从引文"常山"二字的用法即可知，"常山寺"位于常山，此常山

---

① 慧皎：《高僧传》卷九，《大正藏》第 50 卷，第 387 页上。
②③ 同上书，第 387 页下。
④ 张弓《汉唐佛寺文化史》（中国社会科学出版社 1997 年版）将此传中的常山寺列入邺城，但未给出依据。参见其书第 34 页。

就是河北曲阳西北的恒山。而更重要的证据是北魏崔鸿撰《十六国春秋·前燕录》的记载。崔鸿此书至北宋时就大部散失,百卷仅剩二三十卷。而唐徐坚撰《初学记》卷五《地理上》引用此书的一段话:

> 《史记》曰:赵简子谓诸子曰:"吾藏宝符于常山中,往得者立为后。"诸子皆竞往,无所得。无恤曰:"常山临代,代可取也。"简子曰:"是知符矣。"遂立之。崔鸿《前燕录》曰:慕容俊寿光二年,常山寺大树根下得璧七十,圭七十三,光色精奇,有异常玉。俊以为神岳之命,以太牢祠之。

上引文字在《晋书》卷一一〇《慕容儁载记》也有,但少了一关键词"寺":"常山大树自拔,根下得璧七十,珪七十三,光色精奇,有异常玉。俊以为岳神之命,遣其尚书郎段勤以太宰祀之。"①笔者以为,《初学记》的记载更准确。其一,唐朝编修《晋书》时,《十六国春秋》是重要参考资料,可以推知《晋书》的上述记载的原始依据就是《十六国春秋·前燕录》。如此可知,《初学记》与《晋书》的这一段文字同源,而唐玄宗时期,《十六国春秋》仍存世,因此徐坚《初学记》上述引文应该是直接从《十六国春秋·前燕录》中摘抄的。其二,两种引文都说前燕主以为此为"神岳之命",也就是神山之瑞兆,因此才须派遣尚书郎段勤以太宰祀之,可见此事发生地的常山一定是在"山"而不在"城"。其三,此事发生于慕容俊寿光二年(358)三月,而在寿光元年十一月时,慕容儁已经将都城从蓟城迁到邺城。这也许是容易将常山寺解释为邺城的缘由。其四,常山距离前燕首都蓟城较近,因而此山某寺的瑞祥,易于引起正式称帝不久的前燕统治者的注意。

《高僧传·竺佛调传》后文的记述,也证实竺佛调的隐士作风。"调或独入山,一年半岁赍干饭数升,还恒有余。有人尝随调山行数十里,天暮大雪,调入石穴虎窟中宿,虎还共卧窟前。调谓虎曰:'我夺汝处,有愧

---

① 《晋书》卷一一〇,第 2839 页。

如何?'虎乃弭耳下山,从者骇惧。"①这种描述,在《高僧传》同类型僧人的传记中也很常见。

《高僧传》未记载竺佛调的卒年和年龄,但却较为详细地叙述了其圆寂时的所为:"调后自克亡日,远近皆至。悉与语曰:'天地长久,尚有崩坏,岂况人物而求永存?若能荡除三垢,专心真净,形数虽乖而必同。'契众咸流涕固请,调曰:'死生,命也。其可请乎?'调乃还房端坐,以衣蒙头,奄然而卒。"这些对话,有佛教教义在内,而死生有命的观念却出自于中国传统观念。

总而言之,竺佛调所显示的"神奇",与现存史传中塑造的佛图澄很相似。竺佛调是佛图澄弟子中一个类型的代表,而道安、法汰等所显示的则是佛图澄弟子的义学等类型。

三、佛图澄的中土弟子

众所周知,佛图澄最伟大的弟子是释道安。鉴于他的重要性,本章专列一节叙述他的事迹和贡献,在此,将史籍记载的佛图澄除道安之外的出家弟子叙述于后。竺法雅的生平留待下章论述。在此,仅将竺僧朗、竺法汰、释法和、法首、法祚、法常、法佐、僧慧、道进等九位比丘僧人以及安令首比丘尼的行历及其贡献略作叙述。

1. 竺僧朗

慧皎在《高僧传·佛图澄传》和《竺僧朗传》中都未提及僧朗是佛图澄的弟子,然北魏郦道元在《水经注》明确说,僧朗是佛图澄的弟子。

竺僧朗,京兆(今陕西西安)人。②"少而游方问道,长还关中,专当讲说。"这是说,僧朗年轻时外出游方各地,至年长一点则回归关中宣讲经

---

① 慧皎:《高僧传》卷九,《大正藏》第50卷,第388页上。
② 道宣在《集神州三宝感通录》卷二记载"有沙门释僧朗者,姓李,冀人"。(《大正藏》第52卷,第414页上。)

论,具体年月不详。而他"常蔬食布衣,志耽人外",于是以前秦苻健皇始元年(351),"移卜泰山,与隐士张忠为林下之契,每共游处。忠后为苻坚所征,行至华阴山而卒"。《高僧传》记载:"朗乃于金舆谷昆仑山中,别立精舍,犹是泰山西北之一岩也。峰岫高险,水石宏壮。"①

关于僧朗住锡的具体地点,《水经注》卷八"济水"条下说:

> 济水又东北,右会玉水。水导源太山朗公谷,旧名琨瑞溪。有沙门竺僧朗,少事佛图澄,硕学渊通,尤明气纬,隐于此谷,因谓之朗公谷。故车频《秦书》云:苻坚时,沙门竺僧朗尝从隐士张巨和游。巨和常穴居,而朗居琨瑞山,大起殿舍,连楼累阁,虽素饰不同,并以静外致称,即此谷也。水亦谓之琨瑞水也。

此中说,僧朗是佛图澄的弟子,隐居泰山金舆谷昆仑山(琨瑞山),后来因其名而被称为朗公谷。当时有隐士张忠穴居此山,《晋书》卷九四《张忠传》记载:"张忠,字巨和,中山人也。永嘉之乱,隐于泰山。恬静寡欲,清虚服气,餐芝饵石,修导养之法。冬则缊袍,夏则带索,端拱若尸。无琴书之适,不修经典,劝教但以至道虚无为宗。其居依崇岩幽谷,凿地为窟室。弟子亦以窟居,去忠六十余步,五日一朝。其教以形不以言,弟子受业,观形而退。立道坛于窟上,每旦朝拜之。食用瓦器,凿石为釜。左右居人馈之衣食,一无所受。"②从这一记述看,他是先于僧朗至泰山隐居的,也年长于僧朗。

唐道宣《集神州三宝感通录》卷二记载说:僧朗"与湛、意两僧俱入东岳,卜西北岩以为终焉之地"③。此中说,与僧朗一起至泰山的还有两位僧人。对此,唐道宣在《续高僧传》卷二五《僧意传》的最后说:"有说云,僧意、志湛,即朗公同侣。"④确实如道宣所说的,这仅仅是一则传闻。他

---

① 慧皎:《高僧传》卷五,《大正藏》第50卷,第354页中。
② 《晋书》卷九四,第2451页。
③ 道宣:《集神州三宝感通录》卷二,《大正藏》第52卷,第414页上。
④ 道宣:《续高僧传》卷二五,《大正藏》第50卷,第647页上。

在《续高僧传》所立的《僧意传》和《志湛传》似乎表明,这两位僧人与僧朗并非同一代僧人。

《续高僧传·僧意传》记载:"释僧意,不知何人,贞确,有思力。每登座讲说,辄天花下散在于法座。元魏中,住太山朗公谷山寺聚徒教授,迄于暮齿,精诚不倦。"①道宣在此文写了僧意圆寂之时的瑞相,而未写其生卒年。在此传最后,道宣说:"前传缺之,故今缉缀。湛得初果,其塔见存,在泰山灵岩寺侧,见别传。"②这是说,在最初编写的僧传中未曾写入僧意,现在得以补入。而志湛则早先已经写有"别传",此传中所说的僧意时代不详,但称其元魏时入住泰山谷山寺,显然不可能是与僧朗一起至泰山的。

《续高僧传》卷二八《释志湛传》记载:

> 释志湛,齐州山茌人,是朗公曾孙之弟子也。立行纯厚,省事少言,仁济为务。每游诸禽兽而群不为乱,住人头山邃谷中衔草寺,寺即宋求那跋摩之所立也。读诵《法华》,用为常业。将终之日,沙门宝志奏梁武曰:"北方山茌县人住今衔草寺须陀洹果圣僧者,今日入涅槃。"杨都道俗闻志此告,皆遥礼拜。故湛之亡也,寂无余恼,端然气绝,两手各舒一指。有西天竺僧解云,若二果者舒两指,验湛初果也。还收,葬于人头山,筑塔安之。石灰泥涂,鸟狩不敢凌污,今犹存焉。③

依据此文所说,这位志湛是僧朗的"曾孙之弟子",时间间隔在七八十年以上。

僧朗在泰山经常宣讲《放光般若经》。而《高僧传·释僧叡传》记载:僧叡至年二十二"博通经论,尝听僧朗法师讲《放光经》,屡有机难。朗与

---

① ② 道宣:《续高僧传》卷二五,《大正藏》第 50 卷,第 647 页上。
③ 道宣:《续高僧传》卷二八,《大正藏》第 50 卷,第 686 页上—中。

贤有濠上之契,谓贤曰:'叡比格难,吾累思不能通。可谓贤贤弟子也。'"①僧叡年十八出家为僧贤法师的弟子,僧贤则与僧朗为至交,僧叡在僧朗门下学习两年后离开了泰山。

其后,前秦的国君苻坚、东晋孝武帝、后燕王慕容垂、南燕王慕容德、后秦国君姚兴等人纷纷派人致意。前秦苻坚下诏征召僧朗,其文说:"皇帝敬问太山朗和上:……朕以虚薄,生与圣会,而隔万机,不获辇驾。今遣使人安车相请,庶冀灵光,回盖京邑。今并送紫金数斤,供镀形像,绢绫三十匹,奴子三人,可备洒扫。至人无违,幸望纳受。想必玄鉴,见朕意焉。"对于苻坚请他去长安的邀请,僧朗推辞说:"如来永世,道风潜沦,悉在出家,栖心山岭。精诚微薄,未能弘匠,不悟陛下远问山川,诏命殷勤,实感恩旨,气力虚微,未堪跋涉。愿广开法轮,显保天祚。僧朗顿首顿首,蒙重惠赐,即为施设。福力之功,无不蒙赖。贫道才劣,不胜所重。"②尔后,苻坚"月月修书、嚓遗"。苻坚沙汰众僧,特别下诏说:"朗法师戒德冰霜,学徒清秀,昆仑一山不在搜例。"③

东晋孝武帝也曾经写信慰问僧朗。《广弘明集》收载的《晋天子司马昌明书》中说:"皇帝敬问太山朗和上:……昔刘曜创荒,戎狄继业。元皇龙飞,遂息江表,旧京沦没,神州倾荡,苍生茶蓼,寄在左衽。每一念至嗟悼,朕心长驱魏赵,扫平燕伐。今龙旗方兴,克复洢洛,思与和上同养群生。至人通微,想明朕意,今遣使者,送五色珠像一驱、明光锦五十匹、象牙簟五领、金钵五枚,到愿纳受。"④从文中对当时政治形势的叙述可知,此诏书应该是在淝水之战后不久写成的。

后燕王慕容垂也遣使慰问。现存的《燕天子慕容垂书》说:"皇帝敬问太山朗和上:澄神灵绪,慈荫百国。凡在含生,孰不蒙润?朕承借纂

---

① 慧皎:《高僧传》卷六,《大正藏》第50卷,第364页上。
② 道宣:《广弘明集》卷二八,《大藏经》第52卷,第322页中。
③ 慧皎:《高僧传》卷五,《大正藏》第50卷,第354页中。
④ 道宣:《广弘明集》卷二八,《大藏经》第52卷,第322页上。

统,方夏事膺。昔蜀不恭,魏武含慨。今二贼不平,朕岂获安?又元戎克兴,征扫暴乱,至人通灵,随权指化。愿兵不血刃,四海混伏,委心归诚,久敬何已?今遣使者,送官绢百匹、裂裟三领、绵五十斤,幸为呪愿。"僧朗也作了答书:"……贫道忝服道味,习教山林,岂惟诏旨,谘及国难?……贫道穷林,蒙赐过分。僧朗顿首。"①从后燕王的书信看,此事应该是慕容垂即位初期发生的。根据史书记载,慕容垂以东晋太元八年(384)自称大将军、大都督、燕王,承制行事,建元"燕元"。太元十一年,正式称帝,定都中山,"赦其境内,改元曰建兴,置百官,缮宗庙社稷,立宝为太子"②。上文称为"燕天子",应是在建兴年间(386—395)发生的。

北魏皇帝也派使者至泰山慰问僧朗。《广弘明集》卷二记载:"太祖平中山,经郡国见沙门皆致敬,禁军旅,无有所犯。有沙门僧朗,与其徒隐于泰山。帝致书,以缯素、毡罽、钵、锡为礼。今犹号朗公谷焉。天兴元年下诏曰:'夫佛法之兴,其来远矣。济益之功,冥及存没。……'"③道宣这一段记述,与《魏书·释老志》相同:"太祖平中山,经略燕赵,所迳郡国佛寺,见诸沙门、道士,皆致精敬,禁军旅无有所犯。帝好黄老,颇览佛经。但天下初定,戎车屡动,庶事草创,未建图宇,招延僧众也。然时时旁求。先是,有沙门僧朗,与其徒隐于泰山之琨瑞谷。帝遣使致书,以缯、素、旃罽、银钵为礼。今犹号曰朗公谷焉。"④这两种著述,都将道武帝遣使者向僧朗致敬之事系于太武帝平中山之后、天兴元年(398)之前。根据史书记载,道武帝彻底平定中山是在北魏皇始二年(397)十月。关于此事,《广弘明集·北代魏天子拓跋珪书》说:"皇帝敬问太山朗和上:承沙圣灵,要须经略,已命元戎。上人德

---

① 道宣:《广弘明集》卷二八,《大藏经》第 52 卷,第 322 页中。
②《晋书》卷一二三《慕容垂载记》,第 3086 页。
③ 道宣:《广弘明集》卷二,《大藏经》第 52 卷,第 101 页下。
④《魏书》卷一一四,第 3030 页。

同海岳,神算遐长,冀助威谋,克宁荒服。今遣使者,送素二十端、白毡五十领、银钵二枚,到愿纳受。"①从北魏王朝奉佛的历史过程来讲,这是其最初的表现之一。

后秦姚兴也遣使向僧朗问好。《广弘明集·秦天子姚兴书》说:"皇帝敬问太山朗和上:勤神履道,飞声映世,休问远振,常无已已。朕京西夏思济大猷,今关未平,事唯左右,已命元戎克宁伊洛,冀因斯会,东封巡省。凭灵仗威,须见指授。今遣使者,送金浮图三级、经一部、宝台一区。庶望玄鉴,照朕意焉。"②从文中的叙述看,此事发生于前秦攻克洛阳前不久。根据史书记载,弘始元年(399),姚兴率兵攻打东晋,一举攻陷洛阳,迫使晋军南撤,晋之淮、汉以北纷纷降秦,前秦统治疆域迅速扩大。可见,姚兴派使者慰问僧朗与姚兴政治野心有密切关系,文中所说"冀因斯会,东封巡省"就是此意。

南燕政权成立之后,也与僧朗建立了较为密切的联系。《晋书》卷一二七《慕容德载记》记载:

> 沙门朗公素知占候,德因访其所适。朗曰:"敬览三策,潘尚书之议可谓兴邦之术矣。今岁初,长星起于奎娄,遂扫虚危,而虚危,齐之分野,除旧布新之象。宜先定旧鲁,巡抚琅邪,待秋风戒节,然后北围临齐,天之道也。"德大悦,引师而南,兖州北鄙诸县悉降,置守宰以抚之。存问高年,军无私掠,百姓安之,牛酒属路。③

> 德遂入广固。四年,僭即皇帝位于南郊,大赦,改元为建平。设行庙于宫南,遣使奉策告成焉。④

398年,慕容德(336—405)率众自邺徙滑台(今河南滑县东),自立为燕王,史称南燕。滑台处于北魏和东晋之间,南北两面受敌,南燕所能控制

---

① 道宣:《广弘明集》卷二八,《大藏经》第52卷,第322页上。"拓跋"二字原文误抄为"招拔"。
② 同上书,第322页下。
③《晋书》卷一二七,第3166页。
④ 同上书,第3168页。

的不到十城,滑台还一度被魏军占领。究竟于何处可得安定,朝臣有三策。僧朗支持了尚书潘聪的建议,东进夺取青州,在广固(今山东益都西北)建都,是年为东晋隆安四年(400)。慕容德在即位之后,大概是为了答谢僧朗的建言,发书信慰问僧朗。《广弘明集·南燕天子慕容德书》说:"皇帝敬问太山朗和上,遭家多难,灾祸屡臻。……朕以无德,生在乱兵,遗民未几,继承天禄。幸和上大恩,神只盖护。使者送绢百匹,并假东齐王,奉高、山茌二县封给。书不尽意,称朕心焉。"燕王欲封僧朗为"东齐王",并且将奉高(今山东省泰安)、山茌(今山东省长清)二县的租税赐给僧朗。僧朗回信说:"……陛下信向三宝,思旨殊隆,贫道习定,味静深山,岂临此位?且领民户,兴造灵刹,所崇像福,冥报有归。"①僧朗推辞了王号"而取租税为兴福业"②。对此,道宣叙述说:

  泰山神通寺,南燕主慕容德为僧朗禅师之所立也。事见前传。燕主以三县民调,用给于朗,并散营寺,上下诸院,十有余所;长廊延袤,千有余间。三度废教,人无敢撤。③

道宣的叙述有小误,非三县赋税而是二县。但从道宣著作中几处对神通寺历史的叙述看,此寺大规模的扩建确实是在获得燕王支持后完成的。正是从这个意义上,后世说此寺是"南燕主慕容德为僧朗禅师之所立"。南燕持续时间不长,于410年就亡国了。此后上述两县统辖权屡变,慕容德这一诏令起作用的时间不会太长。

  在东晋十六国数个政权并立的环境下,僧朗能够几乎同时获得五大政权的礼遇,确实很特殊。这一方面说明了佛教在当时已经有了重大的社会影响,另一方面也与僧朗谨守佛教立场,对政治采取不即不离的态度有关,当然这些帝王之所以纷纷如此礼敬僧朗,也与僧朗在当时所具

---

① 道宣:《广弘明集》卷二八,《大藏经》第52卷,第322页下。
② 慧皎:《高僧传》卷五,《大正藏》第50卷,第354页中。
③ 道宣:《续高僧传》卷一〇,《大正藏》第50卷,第506页下—507页上。

有的"神秘异术"有一定关系。

道宣记载,朗公寺有七国赠送的金铜佛像。《续高僧传·僧意传》记载:"寺有高骊像、相国像、胡国像、女国像、吴国像、昆仑像、岱京像,如此七像并是金铜,俱陈寺堂。堂门常开,而鸟狩无敢入者,至今犹尔。"①道宣记叙说:"朗供事尽礼,每陈祥瑞。今居一堂,门扉常开,鸟雀莫践,咸敬而异之。其寺至今三百五十许岁,寺塔基构,如其本焉。"②这是说,此七国所供佛像至唐初仍然存在。

作为佛图澄弟子的僧朗,与同门道安似乎也有联系。当僧朗隐居泰山时,道安等在赵地避难。后来,道安到达长安,曾经于东晋太元六年(381)东行到佛图澄昔日授徒的邺城停留过,而据《高僧传·法和传》记载,道安、法和曾经有泰山金舆谷之会。尽管文献未提及僧朗,但依照常理判断,此会很大可能与僧朗有关。

竺僧朗"后卒于山中,春秋八十有五"③,慧皎未记载其卒年。

2. 竺法汰

竺法汰(320—387),东莞(今山东沂水)人,少与道安、竺法雅等师事佛图澄。

关于竺法汰与道安的关系,一般视为道安的弟子。《高僧传·竺法汰传》说:"竺法汰,东莞人,少与道安同学,虽才辩不逮,而姿貌过之。"④而《出三藏记集·道安法师传》则说"四方学士,竞往师之,受业弟子法汰、慧远等五百余人。及石氏之乱,……遂率众入王屋女机山"⑤。此中将竺法汰当作道安的弟子。而同样叙述避难之事的《高僧传·道安传》仍然说:"顷之,与同学竺法汰俱憩飞龙山。"⑥由此可见,略先于《高僧传》

---

① 道宣:《续高僧传》卷二五,《大正藏》第 50 卷,第 647 页上。
② 道宣:《集神州三宝感通录》卷二,《大正藏》第 52 卷,第 414 页下。
③ 慧皎:《高僧传》卷五,《大正藏》第 50 卷,第 354 页中。
④ 同上书,第 354 页中—下。
⑤ 僧祐:《出三藏记集》卷一五,《大正藏》第 55 卷,第 108 页上。
⑥ 同上书,第 351 页下。

写成的《出三藏记集》以竺法汰为道安的弟子,而略晚一些的《高僧传》则以为竺法汰与道安是"同学"关系。慧皎明确说:"或有言曰汰是安公弟子者,非也。"①从现存于《出三藏记集》所收道安和法汰的几篇文章中也看不出二者是师徒关系。因此,笔者以为,竺法汰与道安都师承于佛图澄,在佛图澄圆寂之后,在以道安为核心的僧团逐渐形成的背景下,竺法汰与道安形成的是"亦师亦友"的关系,不能以严格的师徒关系来描述他们之间的法谊。

根据《高僧传·道安传》记载,竺法汰曾经在佛图澄圆寂之前与道安一起至飞龙山避难,而根据《高僧传·释僧先传》的记载,此事一定是发生在佛图澄圆寂之后的。从《高僧传·道安传》的记述看,竺法汰从此开始追随道安,直至他们到达新野。《高僧传·竺法汰传》记载:竺法汰"与道安避难,行至新野。安分张徒众,命汰下京。临别谓安曰:'法师仪轨西北,下座弘教东南。江湖道术,此焉相望矣。至于高会净因,当期之岁寒耳。'"②这一对话如果完全是实,则可旁证竺法汰和道安是以师兄弟之礼相处的。《高僧传·道安传》记述说:

> 行至新野,谓徒众曰:"今遭凶年,不依国主,则法事难立。又教化之体,宜令广布。"咸曰:"随法师教。"乃令法汰诣扬州,曰:"彼多君子,好尚风流。"法和入蜀,"山水可以修闲"。安与弟子慧远等四百余人渡河。③

这一段文字中引起误解的是道安"谓徒众曰"中的"徒众"二字。但后文又讲,竺法汰"乃与弟子昙一、昙二等四十余人沿江东下"④,而根据《法和传》记载,法和"因石氏之乱,率徒入蜀"⑤。由此可见,这次新野(今河南新野)"分张徒众"实际上是道安、法汰、法和三位师兄弟各自率领自己的徒弟"分张"至建康、蜀地弘法。

---

① 慧皎:《高僧传》卷五,《大正藏》第 50 卷,第 355 页上。
②④ 同上书,第 354 页下。
③ 同上书,第 352 页上。
⑤ 同上书,第 354 页上。

《高僧传》卷五《竺法汰传》记载:竺法汰与弟子昙一、昙二等四十余人沿江东下,遇疾停阳口,"时桓温镇荆州,遣使要过,供事汤药。安公又遣弟子慧远下荆问疾。汰病小愈诣温,温欲共汰久语。先对诸宾,未及前汰。汰既疾势未歇,不堪久坐,乃乘舆历厢回山。相闻与温曰:'风痰忽发,不堪久语,比当更造。'温忽忽起出,接与归焉"①。首先指出,如汤用彤已经指出的是,《竺法汰传》所说的桓温似乎应作桓豁。根据正史记载,兴宁元年(363),朝廷加桓温都督中外诸军事、录尚书事,第二年又加扬州牧。兴宁二年七月,桓温下驻芜湖西南之赭析,遥领扬州牧之事。兴宁三年,桓温又移驻姑孰(今安徽当涂)。而兴宁三年二月,东晋朝廷以右将军桓豁领南蛮校尉,任荆州刺史。当时的镇所在江陵(今湖北荆州)。现在的问题是,竺法汰到达江陵的时间是在兴宁二年七月之前还是兴宁三年二月之后?一般以为,道安到达襄阳的时间是兴宁三年,因为《高僧传·释道安传》说:"四方学士竞往师之。时征西将军桓朗子镇江陵,要安暂往。朱序西镇,复请还襄阳,深相结纳。"②此中所述显然发生于兴宁三年桓豁(字朗子)任荆州刺史不久,而从"安公又遣弟子慧远下荆问疾"来看,竺法汰见的应该是桓豁。然而,为何后来传言是桓温,大概因为竺法汰在建康城立足的过程中,桓温在其中也起了重要作用。这则故事是弥漫于两晋时期玄谈风气的体现,僧传所说"汰形长八尺,风姿可观;含吐蕴藉,词若兰芳",正是对这一故事的背景所作的说明。

　　竺法汰在北方时期就对于般若思想有深刻了解,也形成了自己的独特解释。当时在荆州有一位法号道恒的僧人,"颇有才力,常执心无义,大行荆土。汰曰:'此是邪说,应须破之。'乃大集名僧,令弟子昙一难之。据经引理,析驳纷纭。恒仗其口辩,不肯受屈。日色既暮,明旦更集,慧

---

① 慧皎:《高僧传》卷五,《大正藏》第50卷,第354页下。
② 同上书,第352页中—下。

远就席,设难数番,关责锋起,恒自觉义途差异,神色微动。麈尾扣案,未即有答。远曰:'不疾而速,杼轴何为?'座者皆笑矣。"①由此可见,竺法汰以"本无"来反对"心无"义,这是突出一例。

竺法汰到达京师建康,住于瓦官寺。竺法汰入住瓦官寺后,"更拓房宇,修立众业。又起重门以可地势",扩建了房舍以容纳更多的僧人,修"重门"使得佛寺显得高敞。"汝南世子司马综第去寺近,遂侵掘寺侧,重门沦陷。汰不介怀,综乃感悟,躬往悔谢。汰卧与相见,傍若无人。"②此中所说司马综是武陵王司马晞的儿子。在与桓温的斗争中,武陵王父子失败,于咸安元年(371)十一月被免官而归藩。因此,此事一定是在此前发生的。

简文帝在位时期,竺法汰声名更加卓著。《高僧传·竺法汰传》记载:

  晋太宗简文皇帝深相敬重,请讲《放光经》。开题大会,帝亲临幸,王侯公卿,莫不毕集。汰形解过人,流名四远。开讲之日,黑白观听,士女成群。及诸禀门徒,以次骈席。三吴负袠至者千数。③

简文帝在位仅一年半,为咸安元年(371)十一月至咸安二年七月,因而此事应发生在这一年中。竺法汰也获得了当时朝臣的尊敬,"领军王洽、东亭王珣、太傅谢安,并钦敬无极"④。这些人在朝廷举足轻重,在士族中影响更大,他们的尊崇,对竺法汰弘法很有助力。

竺法汰圆寂于太元十二年(387),春秋六十八。孝武帝下诏褒奖说:"汰法师,道播八方,泽流后裔。奄尔丧逝,痛贯于怀。可赙钱十万,丧事所须随由备办。"孙绰写赞:"凄风拂林,鸣弦映壑,爽爽法汰,校德无怍。"⑤

从史籍简略记载推知,竺法汰应该有不少著述。《高僧传·竺法汰传》记载:"汰所著义疏,并《与郗超书论本无义》,皆行于世。"⑥而《出三

---

① 慧皎:《高僧传》卷五,《大正藏》第50卷,第354页下。
②④⑤⑥ 同上书,第355页上。
③ 同上书,第354页下—355页上。

藏记集》卷一二则著录了三种:"《本无难问》,郗嘉宾、竺法汰难并郗答往反四首。"①"《问释道安三乘并书》,竺法汰。"②"《问释道安神》,竺法汰。"③其中第一种即《高僧传》所说的《与郗超书论本无义》。可惜,这些著述早已散失。

《出三藏记集》卷一一著录的《比丘尼戒本所出本末序》,从文意推断应该是竺法汰的文章。此文前有注说:"出戒本前,晋孝武帝世出。"这是说,这篇文章是置于《比丘尼戒本》前的,写作时间是东晋孝武帝时期,与竺法汰活动年代相合。尤其是文中说:

> 大法流此五百余年,《比丘尼大戒》了于其文。以此推之,外国道士亦难斯人也。法汰顷年,鄙当世为人师,处一大域而坐视令无一部僧法。推求出之,竟不能具。吾昔得《大露精比丘尼戒》,而错得其药方一柙。持之自随二十余年,无人传译。近欲参出,殊非尼戒,方知不相开通至于此也。赖僧纯于拘夷国来得此戒本,令佛念、昙摩持、慧常传,始得具斯一部法矣。然弘之由人,不知斯人等,能尊行之不耳?④

上述文字符合古人的自述语气,应该是竺法汰所撰。

《出三藏记集》卷一一还有一篇《关中近出尼二种坛文夏坐杂十二事并杂事共卷前中后三记》是汇集关于比丘尼戒的翻译流通以及若干问题的记载的文章,其中也提及竺法汰。文中记载说:

> 吴土虽有五百戒比丘尼,而戒是觅历所出。寻之殊,不似圣人所制。法汰、道林声鼓而正之,可谓匡法之栋梁也。法汰去年亦令外国人出少许,复不足。慧常凉州得《五百戒》一卷,直戒戒复之,似人之所作,其义浅近。……⑤

---

① 僧祐:《出三藏记集》卷一二,《大正藏》第 55 卷,第 83 页上。
② 同上书,第 83 页下。
③ 同上书,第 84 页上。
④ 僧祐:《出三藏记集》卷一一,《大正藏》第 55 卷,第 80 页上。
⑤ 同上书,第 81 页中一下。

此文可与上文互证。

竺法汰弟子不少,见于记载的有道壹、昙一、昙二、道生四位高僧。

《高僧传·竺法汰传》记载:"弟子昙一、昙二,并博练经义,又善《老》、《易》,风流趣好,与慧远齐名。昙二少卒,汰哭之恸曰:'天丧回也。'"①

《高僧传》卷五《竺道壹传》记载:"竺道壹,姓陆,吴人也。少出家,贞正有学业,而晦迹隐智,人莫能知,与之久处,方悟其神出。琅琊王珣兄弟,深加敬事。晋太和中出都,止瓦官寺,从汰公受学。数年之中,思彻渊深,讲倾都邑。汰有弟子昙一,亦雅有风操,时人呼昙一为大一,道一为小壹,名德相继,为时论所宗,晋简文皇帝深所知重。"②法汰圆寂之后,道壹前往虎丘山。"后暂往吴之虎丘山。以晋隆安中,遇疾而卒,即葬于山南,春秋七十有一矣。"③

竺道生是法汰最有影响的弟子。《高僧传》卷七《竺道生传》记载:"竺道生,本姓魏,巨鹿人。寓居彭城,家世仕族,父为广戚令,乡里称为善人。生幼而颖悟,聪哲若神,其父知非凡器,爱而异之。后值沙门竺法汰,遂改俗归依,伏膺受业。"④法汰圆寂之后,道生先至庐山,后至鸠摩罗什门下受学,成为法门龙象。

3. 释法和

关于法和,《高僧传·释法和传》记述很简单,《出三藏记集》在《释道安传》中也只作为附传作了简要叙述。

《高僧传》卷五说,法和是荥阳人,而《出三藏记集》则称"法和,冀州人"⑤,"冀州道人释法和"⑥。对此差异,汤用彤先生解释说,"'冀州道人'者,和原游学河北也"⑦。关于其师承,《高僧传·释法和传》也说:法

---

① 慧皎:《高僧传》卷五,《大正藏》第50卷,第355页上。
② 《大正藏》第50卷,第357页上。
③ 同上书,第357页中。
④ 同上书,第366页中。
⑤ 僧祐:《出三藏记集》卷一五,《大正藏》第55卷,第109页中。
⑥ 僧祐:《出三藏记集》卷九,《大正藏》第55卷,第63页下。
⑦ 汤用彤:《汉魏两晋南北朝佛教史》,第145页。

和"少与安公同学,以恭让知名,善能标明论纲,解悟疑滞"①。《出三藏记集》所记相同,一般都以为二人"同师受学"②之师是佛图澄。

《高僧传·释法和传》叙述说:法和"因石氏之乱,率徒入蜀。巴汉之士,慕德成群",此文叙述太简,中间的许多环节都省略。而《高僧传·释道安传》的记载则补充了细节:道安等行至新野时,与师弟法汰、法和等奔赴不同地域弘扬佛教。竺法汰东下建康,而法和则入蜀,"山水可以修闲"③。此事发生的时间是东晋兴宁三年(365),而《高僧传·释法和传》记载说:法和"闻襄阳陷没,自蜀入关,住阳平寺"④。这一叙述跨度极大。从道安行历可知,道安在襄阳被前秦攻陷之后,北上到长安。时为前秦建元十五年(379)二月。

道安、法和等曾经有泰山金舆谷之会。《高僧传·法和传》说:

> 后于金舆谷设会,与安公共登山岭,极目周睇。既而悲曰:"此山高耸,游望者多,一从此化,竟测何之?"安曰:"法师持心有在,何惧后生? 若慧心不萌,斯可悲矣。"⑤

根据道安行历可知,此事发生于前秦建元十七年(381)。后文将要叙述的法和在长安协助道安组织翻译佛典等等活动,表明法和从蜀地到长安,是因为道安到长安的感召而来的。因而,住阳平寺的时间肯定不是他离开蜀地入关后就发生的。而《出三藏记集》对阳平寺的叙述是:"后游洛阳,又请提婆重出,广说等经,居阳平寺。"⑥此事有译经后记佐证,发生于前秦建元二十一年(385)后的三四年。

总之,现存的几种法和传记材料对于法和入关后的住寺的叙述断点很多。最主要的是,此寺在何处? 首先,肯定不在长安,一是现有南北朝的材料中都没有记载长安有所寺额为阳平寺的佛寺;二是法和在长安主

---

① ④ 慧皎:《高僧传》卷五,《大正藏》第50卷,第354页上。
② ⑥ 僧祐:《出三藏记集》卷一五,《大正藏》第55卷,第109页中。
③ 慧皎:《高僧传》卷五,《大正藏》第50卷,第352页上。
⑤ 同上书,第354页中。

要是和道安在一起协助西域、天竺来僧翻译佛典,而现存的译经后记中没有有关此寺的记载。其二,此寺最大的可能是在蒲坂,传记中显示法和晚年是在此地度过的,并且圆寂于此地某寺。其三,从上引《出三藏记集》的叙述推测,也有可能是在洛阳。

从上述考辨中可知,法和出家后在佛图澄门下求学,然后与道安一起在今河北山中避难,后南下至新野与道安分手,带领自己的弟子前往蜀地。从东晋兴宁三年(365)开始,至东晋太元四年(379)二月后不久,法和在蜀地弘法。从东晋太元四年(379)二月后不久,法和到达长安,协助道安组织译场翻译佛典,此事一直延续到前秦建元二十一年(385)。前秦建元二十一年(385)后的三四年,法和在洛阳协助僧伽提婆等修订佛典译本。

对于法和在翻译佛典方面的作为,现存经录和译经后记中有不少记载。《出三藏记集》卷一五有一总体概括:道安"常与沙门法和铨定音字,详核文旨,新出众经,于是获正"。在道安圆寂之后,关中大乱。"提婆乃与冀州沙门法和俱适洛阳,四五年间,研讲前经。居华岁积,转明汉语,方知先所出经,多有乖失。法和叹恨未定,重请译改,乃更出《阿毗昙》及《广说》;先出众经,渐改定焉。顷之,姚兴王秦,法事甚盛,于是法和入关,而提婆度江。"①根据记载,僧伽提婆于太元十六年(391)就受庐山慧远的邀请到达庐山,翻译《阿毗昙心》及《三法度》等。姚兴称秦王是在东晋太元十八年,太元十六年时前秦的统治者是姚苌。从文中语气推测,僧伽提婆可能是早于法和离开洛阳的。而从太元十六年逆推,僧伽提婆和法和离开长安到达洛阳的时间是在太元十一年,即道安圆寂的第二年。

后秦建立政权,长安渐趋稳定。东晋太元十八年(393)十二月姚兴称秦王,此后不久,法和离开洛阳至长安。此后,法和在长安停留的时间

---

① 慧皎:《高僧传》卷一,《大正藏》第50卷,第329页上。

似乎很长,因为《高僧传·鸠摩罗什传》中记载了罗什写给法和的一首偈语。《高僧传》卷二记载:

> 什尝作颂赠沙门法和云:"心山育明德,流熏万由延。哀鸾孤桐上,清音彻九天。"凡为十偈,辞喻皆尔。①

此中"哀鸾孤桐"是罗什自况,以之表达契悟玄旨幽赜者太少的感慨。文中说共十偈,僧传仅引用了一偈。可见,此偈颂篇幅不算短。罗什以如此篇幅的偈颂赠送法和,可见法和的德高望重,也体现了两人的深厚友谊,从年资和学修上足可与罗什相比。罗什到达长安的时间是后秦弘始三年(401)十二月二十日,如果以394年法和从洛阳到达长安来算,法和这次在长安停留至少近十年。现存有关鸠摩罗什翻译活动的文献中都没有法和作助译的记录,因此法和可能并未参与罗什的翻译活动。

关于法和的晚年,《高僧传·释法和传》的叙述跳跃性很大。其文在叙述完法和与道安"详定新经,参正文义"之后就说:

> 顷之,伪晋王姚绪请住蒲坂讲说。其后少时,勅语弟子:"俗内烦恼,苦累非一。"乃正衣服,绕佛礼拜,还坐本处,以衣蒙头,奄然而卒,时年八十矣。②

《出三藏记集·道安传》附传在叙述完法和在洛阳与僧伽提婆校经之后说:法和"居阳平寺③,年八十余,为伪晋公姚绪所请,集僧斋讲,勅其弟子曰:'俗内烦恼,苦累非一,无常甚乐。'乃正衣服,绕塔礼拜,还诣坐所,以衣覆首,忽然而卒"④。此二传的共同点就是,法和受后秦晋王姚绪的邀请至蒲坂(今山西永济)讲经,不久就于此地圆寂,时年八十岁。

从上述法和与鸠摩罗什的交往等事项推测,法和圆寂的时间应该在

---

① 慧皎:《高僧传》卷二,《大正藏》第50卷,第332页中—下。
② 慧皎:《高僧传》卷五,《大正藏》第50卷,第354页上。
③ 将此句如此标点,则意味着此寺是在蒲坂。而将此句与上句相连,则意味着此寺是在洛阳。
④ 僧祐:《出三藏记集》卷一五,《大正藏》第55卷,第109页中。

后秦末年,即罗什来华的401年之后的五六年至姚兴弘始十七年(415)之间。

此外,晋宋之际的建康瓦官寺"又有释法和者,亦精通数论,致誉当时。为宋高祖所重,勅为僧主焉"①。这位僧人与上述法和并非同一僧人。

4. 佛图澄的其他弟子

法首、法祚、法常、法佐、僧慧、道进六位僧人是仅见于《高僧传·佛图澄传》的佛图澄弟子,事迹简略,而比丘尼安令首则是见于《比丘尼传》的佛图澄弟子。

关于法首,见于有关佛图澄在襄国寻找水源的叙述中。《高僧传》卷九:襄国城堑水源在城西北五里团丸祀下,其水暴竭,佛图澄于是"与弟子法首等数人至泉源上"②,最后,佛图澄通过法术使泉水奔涌而出。石勒于永嘉六年(312)到达襄国。此事大概发生在石勒到达襄国(今河北邢台)不久。由此可见,法首是佛图澄早期弟子之一。

关于法祚,初见于有关佛图澄预言刘岳必败的叙述中。《高僧传·佛图澄传》说:光初八年(325),刘曜遣从弟中山王刘岳将兵进攻石勒。"澄与弟子自官寺至中寺,始入寺门,叹曰:'刘岳可悯。'弟子法祚问其故。澄曰:'昨日亥时,岳已被执。'果如所言。"③法祚一直跟随佛图澄。《高僧传》关于佛图澄圆寂的叙述中也提及法祚:佛图澄"还房谓弟子法祚曰:'戊申岁祸乱渐萌,己酉石氏当灭,吾及其未乱先从化矣。'即遣人与虎辞曰……至十二月八日,卒于邺宫寺。"④此年为348年。

关于法常,初见于有关郭黑略的叙述中。《高僧传·佛图澄传》记载:"后郭黑略将兵征长安北山羌,堕羌伏中。时澄在堂上坐,弟子法常在侧,澄惨然改容曰:'郭公今厄。'唱云:'众僧呪愿。'澄又自呪愿。须臾

---

① 慧皎:《高僧传》卷七,《大正藏》第50卷,第369页上。
②③ 慧皎:《高僧传》卷九,《大正藏》第50卷,第384页上、384页中。
④ 同上书,第386页下。

更曰:'若东南出者,活。余向则困。'复更呪愿。有顷曰:'脱矣。'后月余日,黑略还。"①根据《晋书》卷一○四《石勒载记下》的记载,此事应该发生在东晋咸和四年(329)石季龙征讨关中、河西的战争中。但《高僧传·佛图澄传》将此事置于石虎太子石邃叛逆之后。究竟如何,待考。

法常一直跟随佛图澄至邺城。《高僧传·佛图澄传》记载:"澄时止邺城内中寺,遣弟子法常北至襄国,弟子法佐从襄国还,相遇在梁基城下共宿,对车夜谈,言及和上。比旦各去,法佐至始入觐澄。澄逆笑曰:'昨夜尔与法常交车共说汝师耶?……'佐愕然愧忏。"②后赵于335年迁都于邺,此事即发生于迁都之后。法佐仅见于此文。

关于道进,《高僧传·佛图澄传》记载:

> 澄有弟子道进,学通内外,为虎所重。尝言及隐士事,虎谓进曰:"有杨轲者,朕之民也。征之十余年,不恭王命。故往省视,傲然而卧。朕虽不德,君临万邦,乘舆所向,天沸地涌,虽不能令木石屈膝,何匹夫而长傲耶?昔太公之齐,先诛华士,太公贤哲,岂其谬乎?"进对曰:"昔舜优蒲衣,禹造伯成,魏轼干木,汉美周党,管宁不应曹氏,皇甫不屈晋世,二圣四君共加其节,将欲激厉贪竞,以峻清风。愿陛下遵舜禹之德,勿效太公用刑。君举必书,岂可令赵史遂无隐遁之传乎?"虎悦其言,即遣轲还其所止,差十家供给之。进还具以白澄,澄晥然笑曰:"汝言善也。但轲命有所悬矣。"后秦州兵乱,轲弟子以牛负轲西奔,戎军追擒,并为所害。③

从此叙述可知,道进对于石虎还是很有影响的。

佛图澄有弟子僧慧,《高僧传·佛图澄传》记载:

> 石邃荒酒,将图为逆。谓内竖曰:"和上神通,傥发吾谋。明日

---

① 慧皎:《高僧传》卷九,《大正藏》第50卷,第385页上。
② 同上书,第384页下。
③ 同上书,第386页上—中。

来者，当先除之。"澄月望将入觐虎，谓弟子僧慧曰："昨夜天神呼我曰：'明日若入，还勿过人。'我傥有所过，汝当止我。"澄常入必过邃，邃知澄入，要候甚苦。澄将上南台，僧慧引衣。澄曰："事不得止。"坐未安便起，邃固留不住，所谋遂差。还寺叹曰："太子作乱，其形将成。"欲言难言，欲忍难忍，乃因事从容箴虎，虎终不解。俄而事发，方悟澄言。①

此事发生于后赵建武三年(337)七月。

关于佛图澄弟子安令首比丘尼，《比丘尼传》卷一有本传。

安令首，本姓徐，东莞人。其父徐忡为后赵外兵郎。"令首幼聪敏好学，言论清绮，雅性虚淡，不乐人间，从容闲静，以佛法自娱，不愿求娉。"徐忡以之问佛图澄。佛图澄说："君归家，洁斋三日竟，可来。"徐忡从之。"澄以茵支子磨麻油傅忡右掌，令忡视之，见一沙门在大众中说法，形状似女，具以白澄。澄曰：'是君女先身。出家益物，往事如此。若从其志，方当荣拔六亲，令君富贵。生死大苦海，向得其边。'忡还许之，首便剪落从澄。乃净捡尼受戒立建贤寺，澄以石勒所遗剪花纳七条衣及象鼻澡灌与之。博览群籍，经目必诵，思致渊深，神照详远。一时道学，莫不宗焉。因其出家者二百余人，又造五六精舍，匪惮勤苦，皆得修立。石虎敬之，擢父忡为黄门侍郎、清河太守。"②此尼出家于邺城，为后赵女性出家的先导。

第二节 道安与道安僧团

作为佛图澄最著名的弟子，道安一生的佛教活动反映了当时全国佛教的发展状况。道安是当之无愧的具有全国影响的佛教领袖，对中国汉地僧团以及佛教理论体系的形成有着深远的影响。本节通过对道安行历、道安佛学思想以及道安重要弟子的贡献等方面内容的叙述、分析，彰

---

① 慧皎：《高僧传》卷九，《大正藏》第50卷，第384页下—385页上。
② 宝唱：《比丘尼传》卷一，《大正藏》第50卷，第935页上。

显道安对于中国佛教的卓越贡献。

一、道安行历及其弘法活动

道安,俗姓卫,常山(郡治在今河北正定南)扶柳人。关于道安的生卒年代,现存史料的记载不太一致。《出三藏记集》卷一五和《高僧传》卷五的《道安传》所载道安的卒年相同,皆为前秦建元二十一年(385)二月八日,《高僧传》和《名僧传抄·道安》还注明道安世寿七十二岁。据此,道安当生于西晋建兴二年(314)。然而,道安在其所撰《四阿含暮抄序》中说:

> 余以壬午之岁八月,东省先师寺庙,于邺寺令鸠摩罗佛提执胡本,佛念、佛护为译,僧导、昙究、僧叡笔受,至冬十一月乃讫,此岁夏出《阿毗昙》,冬出此经。一年之中,具二藏也,深以自幸。但恨八九之年,始遇斯经,恐韦编未绝,不终其业耳。若加数年,将无大过也。①

"壬午之岁"为前秦建元十八年(382),此序写于建元十九年,此年道安自述"八九之年"即七十二岁。道安撰《鞞婆沙序》中说,建元十九年四月至八月,弗图罗刹等人译《鞞婆沙》,道安说"恨八九之年,方窥其牖耳。愿欲求如意珠者,必牢庄强伴,勿令不周仓若之实者也"②。据此推断,道安卒于建元二十一年,当为七十四岁,其生年为西晋永嘉六年(312)。③

道安的一生分为四大阶段:

第一阶段,北方求法时期(312—348年)。

由于世乱,早丧父母,从小就受外兄孔氏的抚养,道安七岁开始读书,到十五岁的时候,对于五经文义已经相当通达,就转而学习佛法。十二岁

---

① 僧祐:《出三藏记集》卷九,《大正藏》第55卷,第64页下。
② 僧祐:《出三藏记集》卷一〇,《大正藏》第55卷,第73页下。
③ 参见《中国佛教史》第二卷第149—150页的考证。

出家。因为形貌黑丑,不为他的剃度师所重视,叫他在田地里工作,而他一点也没有怨色。几年之后,道安向剃度师要佛经读,由于他有惊人的记忆力,使他的师父改变了态度,就送他去受具足戒,还准许他出外任意参学。大约在他二十四岁的时候(东晋成帝咸康元年,335年),在石赵的邺都(今河南临漳县境),道安遇见了佛图澄。佛图澄一见到他就非常赏识,对那些因他丑陋而轻视他的人说,此人有远识,不是你们所能及。道安于是就师事佛图澄。《高僧传》说:"澄讲,安每覆述,众未之惬。咸言:'须待后次,当难杀昆仑子。'即安后更覆讲,疑难锋起。安挫锐解纷,行有余力。时人语曰:'漆道人,惊四邻。'"①从佛图澄圆寂之后,佛图澄的一些重要弟子又进入道安僧团等事实看,在佛图澄僧团,道安具有很高威望和地位。

第二阶段,北方避难传法时期(349—365年)。

佛图澄死后(348)不久,石虎死,后赵发生争位动乱,北方大乱。道安就在这时离开河南到山西的濩泽(今临汾县境)。道安在濩泽住了不久,又和同学法汰至飞龙山(今河北涿鹿境),与僧光等相遇。这时道安已经放弃了"格义"的方法,《高僧传·僧光传》所记载的一段辩论很为珍贵,其文如下:"安曰:'先旧格义,于理多违。'光曰:'且当分析逍遥,何容是非先达?'安曰:'弘赞理教,宜令允惬,法鼓竞鸣,何先何后?'"②僧光认为格义是先达传下来的一种方法,只可应用,不必再问是非。道安就不以为然,他以为弘扬教理,首先要求正确,先达不先达的问题可以不必理会。"格义"是当时佛教界普遍使用的理解诠释佛教义理的方法,是以中土固有的儒道书中的名词概念对应解释佛经中的名相。道安在此时已经看出了"格义"方法的局限,力图改变它,日后即孜孜于这一方向。

大约在东晋永和十年(354)左右,道安来到太行恒山(今河北阜平西)创立寺塔传教。③ 东晋升平元年(357),道安又回到邺,住于受都寺。

---

① 慧皎:《高僧传》卷五,《大正藏》第50卷,第351页下。
② 同上书,第355页上。
③ 参见《中国佛教史》,第158页。

然而三年之后，前燕发生内乱，道安大概就在此时率众前往邺都西北的牵口山。后来，又进入王屋女林山（今河南济源西北），渡河抵达陆浑（今河南嵩县东北）。

东晋兴宁三年（365），道安率领徒众经新野投奔东晋治下的襄阳。行至新野，道安对徒众说："今遭凶年，不依国主，则法事难立。又教化之体宜令广布。"道安于是"乃令法汰诣扬州，曰：'彼多君子，好尚风流。'法和入蜀，'山水可以修闲。'安与弟子慧远等四百余人渡河夜行。"①终于抵达襄阳。

从佛图澄圆寂之后算起的十七年间，道安经历了后赵内部的变乱，冉闵（魏）的民族仇杀，慕容燕与冉魏、东晋的大战，辗转逃亡，历尽艰险。然而，道安所到之处，总是研习佛理，教授学徒，成为当地传播佛教的热点，聚集在其周围的僧众日渐增多，由数百直达上千人；而从其师兄弟竺法汰、竺法和等人一直跟随道安的情形看，道安僧团实际上是对佛图澄僧团的继承。道安在这一时期，实际上已经成为南北方共同的佛教领袖。道安在这一时期研习的主要是汉安世高所译的有关禅观方面的经典，如《阴持入经》、《修行地道经》和《大十二门经》，并分别为其作了注解。对于般若学，道安也极为留意，曾经找到竺法护所译的《光赞般若经》的残本一品加以研习。

第三阶段，襄阳弘法时期（365—379年）。

东晋兴宁三年（365）四月五日，道安还在南阳之时，江南名士习凿齿写信邀请道安，信中说："又闻三千得道俱见南阳，明学开士陶演真言；上考圣达之诲，下测道行之验，深经并往，非斯而谁？怀道迈训，舍兹孰降？是以此方诸僧，咸有倾想。"②于是道安率领弟子慧远等四百余人到襄阳，先住白马寺，后又创立檀溪寺。道安住锡襄阳近十五年，宣讲、研究《般

---

① 慧皎：《高僧传》卷五，《大正藏》第50卷，第352页上。
② 僧祐：《弘明集》卷一二，《大正藏》第52卷，第77页上。

若经》,整理众经目录,制订僧团应该遵守的戒律规范,对佛教做出了很大贡献。

在襄阳时期,道安着力于《般若经》的弘扬,如道安在长安时自述说:"昔在汉阴(即襄阳),十有五载,讲《放光经》岁常再遍。"[1]道安在襄阳宣讲三十几遍的《放光般若经》,凡二十卷,是西晋无罗叉、竺叔兰等共译的。此经在般若思想的传播方面功绩甚伟,但正如梁代的僧祐所说:"初,经出已久,而旧译时谬,致使深义隐没未通,每至讲说,唯叙大意,转读而已。"[2]道安为了探求佛经的真义,采取了将不同译本进行对比研究的方法。

早在河北时,道安就获得了竺法护所译的《光赞般若经》第一品的译文,但未能得到全本。此时,慧常、进行、慧辩等僧人前往天竺,路经凉州,即抄出竺法护译本,托人辗转而送到长安,以东晋太元元年(376)五月二十四日又送达襄阳,交与道安。道安详读此译本,"寻之玩之,欣有所益"[3]。由此可以见出道安研习佛教义理的笃实精神。道安在襄阳的成就,如僧祐所说:

  安穷览经典,钩深致远,其所注《般若》、《道行》、《密迹》、《安般》诸经,并寻文比句,为起尽之义,及析疑、甄解,凡二十二卷。序致渊富,妙尽玄旨,条贯既序,文理会通,经义克明,自安始也。[4]

据《出三藏记集》等的记载,道安在襄阳为《道行品经》作《集异注》一卷,为《放光般若经》作《析疑难》一卷、《析疑略》二卷、《起尽解》一卷,为《光赞般若经》作《析中解》、《抄解》各一卷,此外还撰有《合〈放光〉、〈光赞〉随略解》等。这些著作早就遗失,但从书名以及流传下来的若干资料判断,道安的研究方法和著作体例都有许多创新。如上面所引的"起尽

---

[1] 僧祐:《出三藏记集》卷八,《大正藏》第55卷,第52页中。
[2] 僧祐:《出三藏记集》卷一五,《大正藏》第55卷,第108页上。
[3] 僧祐:《出三藏记集》卷七,《大正藏》第55卷,第48页上。
[4] 僧祐:《出三藏记集》卷一五,《大正藏》第55卷,第40页上。

之义"，其实就是现在所说的科判。吉藏《法华义疏》讲到注疏的体例时，有"预科起尽"①的说法。良贲《仁王经疏》说：

> 昔有晋朝道安法师，科判诸经以为三分，序分、正宗、流通分。故至今巨唐慈恩三藏译《佛地论》，亲光菩萨释《佛地经》，科判彼经以为三分，然则东夏、西天处虽悬旷，圣心潜契，妙旨冥符。②

道安法师用科判的方法把佛经的内容分章分节标列清楚，研究起来就容易抓住它的中心环节；同时再用"析疑"、"甄解"的方法，对于每一个名词或每一种句义加以分析推详，自然就"文理会通，经义克明"了。道安就以这样的治学方法进行研究和撰写著作，养成佛教界朴实谨严的学风，开创了纯正的佛学研究。因此，道安的学说在当时起了砥柱中流的作用。

道安一直非常注意收集各种不同的译本，积累了大量的资料，于是着手编制翻译佛经目录。道安自述说："此土众经出不一时，自孝灵光和以来，迄今晋康宁二年，近二百载。值残出残，遇全出全，非是一人，难卒综理，为之录一卷。"③康宁二年为宁康二年（374）之误，道安大概在此年初步编订出《综理众经目录》。

《综理众经目录》的内容共七部分：经论录、失译经录、凉土失译经录、关中失译经录、古异经录、疑经录、注经及杂志经录。这样的分法，综合了以前经录的优点而又有所发展，一方面以有译人的按时代排列，使佛学的派别和演变有线索可寻，一方面把散失译人的和摘译别出的分开，以便于了解考察。对于疑伪之经严加区别，不使真伪混淆，自撰的著

---

① 《法华义疏》卷一说："寻天竺之与震旦著笔之与口传敷经讲论者，不出二种：一者，科章门。二者，直解释。如天亲解《涅槃》有七分，龙树释《般若》无章门，盖是天竺论师开、不开之二类也。河西制《涅槃疏》开为五门，道融讲新《法华》类为九辙。至如集解《净名》之说，撰注《法华》之文，但拆其玄微，又不豫科起尽。盖是震旦诸师开、不开两义也。"（《大正藏》第34卷，第452页中。）
② 良贲：《仁王经疏》卷一，《大正藏》第33卷，第435页中。
③ 僧祐：《出三藏记集》卷五，《大正藏》第55卷，第108页上。

作则附之于末。对遗失译人的,都"校练古今,精寻文体"①,就其译语和译风比较研究,查勘为某人所译,或非某人所译。并对译人的译笔优劣,道安也有所评定。这些评语是适当中肯的,故梁释慧皎撰《高僧传》多加以引用。僧祐说:"爰自安公始述名录,诠品译才,标列岁月,妙典可征,实赖伊人。"②道安把经录从内容到形式,大大向前推进一步,使经录得到比较完整的定型,作用因而大显。此录重要内容被《出三藏记集》收入后,终至佚失,然其面貌在《出三藏记集》中还可以依稀见到。

道安在襄阳建造了巨大的无量寿佛像,影响很大。《释迦方志》卷二记载:

> 东晋孝武宁康三年二月八日,沙门释道安盛德昭彰,擅名宇内,于襄阳郭西,铸丈六无量寿像。明年季冬,严饰成就。像乃西行,上于万山。于时乡邑惊嗟,迎归本寺。仍以其夕出住寺门,刺史郗恢乃改名金像寺。③

此像建造于东晋宁康三年(375),在周武帝灭佛(577)中被毁,历时二百余年。

道安在襄阳期间,不但得到了东晋王公名士的尊敬,而且北方的国君对他也很是尊崇。东晋的封疆大吏如桓朗子、朱序、杨弘忠、郗超等都非常尊重道安,有的请他去开示,有的供养食米千斛,有的送铜万斤。道安创立檀溪寺,"建塔五层,起房四百",工程浩大。前秦的苻坚是东晋的敌人,也遣使送来外国的金箔倚像、金坐像、结珠弥勒像、金缕绣像、织成像各一尊。东晋孝武帝曾经下诏书表扬道安,并且要当地政府供给他如王公一样的俸禄。这都说明道安在襄阳十五年,以他为核心的僧团不断在壮大,其一代佛教领袖的地位是名符其实的。

---

① 僧祐:《出三藏记集》卷一三,《大正藏》第55卷,第95页下。
② 僧祐:《出三藏记集》卷二,《大正藏》第55卷,第5页下。
③ 道宣:《释迦方志》卷二,《大正藏》第51卷,第971页中。

第四阶段,长安时期(379—385年)。

东晋孝武帝太元三年(378)春,前秦将领苻丕率军围攻襄阳。道安在兵临城下的情形下,再次分散徒众,如昙翼、法遇去江陵,后成为荆楚之地的佛教领袖;昙徽至荆州,"每法轮一转,则黑白奔波"[1];慧远入庐山,不久成为统摄南北的佛教领袖。道安本人则与守将朱序等共镇城池,第二年二月,苻丕攻陷襄阳。关于这次战役,《高僧传·道安传》说:"苻坚素闻安名,每云:'襄阳有释道安,是神器,方欲致之以辅朕躬。'后遣苻丕南攻襄阳,安与朱序俱获于坚。坚谓仆射权翼曰:'朕以十万之师取襄阳,唯得一人半。'翼曰:'谁耶?'坚曰:'安公一人,习凿齿半人也。'"[2]由此可见,道安在当时所受的尊敬与所拥有的影响力。

道安到达长安后被安排在长安五重寺,"僧众数千,大弘法化"[3],苻坚"勑学士内外有疑,皆师于安。故京兆为之语曰:'学不师安,义不中难。'"[4]显然,道安仍然具有统领北方佛教的领袖风范。因为道安及其僧团的弘教活动,长安如同道安住锡时的襄阳一样,成为当时中土的佛教中心。

道安在长安,仍然每年讲两遍《般若经》。除此之外,道安最主要的活动是组织西域、天竺来的僧人翻译佛教经律。如昙摩难提翻译《中阿含经》、《增一阿含经》、《三法度论》,僧伽提婆翻译《阿毗昙八键度论》,鸠摩罗跋提翻译《毗昙心论》、《四阿鋡暮抄》,昙摩蜱翻译《摩诃钵罗蜜经抄》,耶舍翻译《鼻奈耶》,道安都亲自和竺佛念、道整、法和等参加了翻译工作,有时对于不正确的译文还加以考正或劝令重译。道安在长安主持译经10部、187卷,百余万言。尤其是,他在《摩诃钵罗蜜经抄序》上所说的翻译有"五失本"、"三不易",都是他的经验之谈,为后来的译经工作指出了正确的道路。过去的佛典翻译都是由民间人士

---

[1] 慧皎:《高僧传》卷五,《大正藏》第50卷,第356页中。
[2][3] 同上书,第352页下。
[4] 同上书,第353页上。

组织的,规模小,难于持久。由于有朝廷的大力支持,道安的翻译活动是第一次真正的官办译场,这一组织形成的示范效应直接促成了后秦鸠摩罗什译场的诞生。在长安时期,道安还多次敦促苻坚迎请鸠摩罗什。据说,鸠摩罗什尚在龟兹的时候,就风闻道安的高名,以"东方菩萨"美誉道安。

在政治方面,道安也颇得苻坚信任,曾经借机多次劝说苻坚不要贸然南下进攻东晋,未能奏效。前秦建元十九年(383)八月,苻坚亲率大军九十万,经淝水一战,大败而归,前秦政权随即土崩瓦解。苻坚建元二十一年(385)二月,道安圆寂于长安五重寺。

道安的著作,现存的除了收于各大藏内的《人本欲生经注》一卷外,有《出三藏记集》所收录的经论序十四篇,又《出三藏记集》标名"未详作者"而可肯定为道安所作的经论序七篇,《出三藏记集》所载的《综理众经目录》原文两段。此外,还有《鼻奈耶》卷首的《序》一篇。道安还注经作序,据史书记载共有著作约六十多种,其中佚失约四十种,现存二十多种。

此外,最近发现的日本金刚寺写本《安般守意经》,很可能含有已经失传的释道安所撰的《小十二门禅经注解》。

二、僧尼规范的制订和译经思想

道安对于中国佛教的贡献是多方面的。除前文已经论说强调的之外,以下三点对于中国佛教的发展,尤其重要:其一,僧尼规范的制订;其二,"五失本"、"三不易"翻译原则的提出;其三,"本无"思想的形成。道安思想方面的贡献留待下章论述,在此仅将前二项贡献略作论述归纳。

道安在河北恒山建寺传法时,就已经形成了以其为核心的僧团,南投襄阳时有弟子四百余人。僧团的形成与壮大,迫切需要完善戒律。道安在《比丘尼戒本序》中说:"云有五百戒,不知何以不至?此乃最急。四

部不具,于大化有所缺。"①道安便依据当时已有的戒律文本,为僧团制订出戒规——"僧尼轨范"。据《高僧传·道安传》说:

> 安既德为物宗,学兼三藏。所制"僧尼轨范"、"佛法宪章",条为三例:一曰"行香定座,上经上讲之法";二曰"常日六时,行道、饮食、唱时法";三曰"布萨、差使、悔过等法"。②

三条轨范如下:一是讲经说法的仪式和方法;二是日夜六时的行道、食住的规定;三是说戒忏悔仪式以及安居结束之后举行的各种仪式。道安法师所制定的这些轨范,在当时已见到很好的效果。如习凿齿致谢安的书信中说:"来此见释道安,故是远胜,非常道士,师徒数百,斋讲不倦。无变化技术可以惑常人之耳目,无重威大势可以整群小之参差,而师徒肃肃,自相尊敬,洋洋济济,乃是吾由来所未见。"③这是习凿齿亲自所见的事实。道安的风范对当时佛教界的影响一定很大,所以"天下寺舍,遂则而从之"④。

道安制定的可以为天下永久效法的规范是沙门的姓氏问题。《高僧传》记载:"初,魏晋沙门依师为姓,故姓各不同。安以为大师之本,莫尊释迦,乃以释命氏。后获《增一阿含》,果称四河入海,无复河名。四姓为沙门,皆称释种。既悬与经符,遂为永式。"⑤自道安这样规范后,后世中土僧尼逐渐采用了以"释"为姓氏的称呼,至今未曾改变。

道安在长安时期,除了统领僧团、讲说佛经之外,最重要的是组织翻译活动。在这个过程之中,他总结历来佛教经典翻译的经验,提出了"五失本,三不易"的说法,为后世的翻译事业指出了正确的方向。道安虽不谙梵语,但他在多年佛典研究基础上,对佛经翻译有了深刻的认识,道安所作的多篇经序都显现他对翻译的思考。他采用以数种译本对照的方

---

① 僧祐:《出三藏记集》卷九《渐备经十住梵名并书叙》,《大正藏》第50卷,第62页下。
②④ 慧皎:《高僧传》卷五,《大正藏》第50卷,第353页中。
③ 同上书,第352页下。
⑤ 同上书,第352页下—353页上。

式,易于发现翻译过程中隐含的问题。在多年的研究实践和思考的基础上,道宣提出了在佛教史上影响深远的"五失本"、"三不易"的看法。

在《摩诃钵罗蜜经抄序》中,道安说:"译胡为秦,有五失本也。一者胡语尽倒而使从秦,一失本也。二者胡经尚质,秦人好文。传可众心,非文不合,斯二失本也。三者胡经委悉,至于叹咏,丁宁反复,或三或四,不嫌其烦,而今裁斥,三失本也。四者胡有义说,正似乱辞,寻说向语,文无以异。或千五百刈而不存,四失本也。五者事已全成,将更傍及,反腾前辞,已乃后说,而悉除此五失本也。然《般若经》三达之心,覆面所演,圣必因时。时俗有易,而删雅古以适今时,一不易也。愚智天隔,圣人叵阶,乃欲以千岁之上微言,传使合百王之下末俗,二不易也。阿难出经,去佛未,尊者大迦叶令五百六通叠察叠书。今离千年,而以近意量截。彼阿罗汉乃兢兢若此,此生死人而平平若此,岂将不知法者勇乎?斯三不易也。涉兹五失、经三不易,译胡为秦,讵可不慎乎?"①

"五失本"是指佛经翻译之中五种失去或改变原来经论表达方式的情况,"三不易"则是指在翻译《般若经》中三种很不容易处理的情形。道安的这一总结,是从其多年对于中土佛经翻译的历史状况的细致考察中得来的,具有很强的针对性。他对当时能够找到的佛教经论译本作了仔细检阅,编定出中土第一部佛教经录。

三、道安的弟子

作为一代佛教领袖,道安的弟子不计其数,尤其是他培养了一批非常出色的僧人,在南北朝佛教的发展中起了重大作用。现可考知的道安弟子有昙翼、慧远、慧持、慧永、法遇、昙徽、昙戒、僧富、道立、僧叡、僧辀等,其中,最为出色的弟子无疑是庐山慧远。关于慧远、慧持、慧永、僧叡、僧辀,下文当分别在庐山僧团和鸠摩罗什僧团部分专门叙说。在此

---

① 僧祐:《出三藏记集》卷八,《大正藏》第55卷,第52页中—下。

将昙翼、法遇、昙徽、昙戒、僧富、道立等六位僧人的行历作些论述。

1. 昙翼、法遇

昙翼、法遇是道安早期弟子。

释昙翼,姓姚,一说是羌人,一说是冀州人。《高僧传》卷五《释昙翼传》记载:昙翼"年十六出家,事安公为师。少以律行见称,学通三藏,为门人所推"①。从昙翼在荆州的表现看,他是道安在河北时期所收的弟子。

昙翼从北方跟随道安到襄阳,住于檀溪寺。这时,"晋长沙太守腾含,于江陵舍宅为寺,告安求一僧为纲领。安谓翼曰:'楚士庶始欲师宗,成其化者,非尔而谁?'翼遂杖锡南征,缔构寺宇,即长沙寺是也。"②道安于是委派弟子昙翼去住持。如前文所考证,昙翼在桓冲移镇上明时,从江陵南下,于其地修造佛寺;至"群寇既荡"之后,回到江陵开始修复长沙寺。如此,"上明寺"是东晋太元三年(378)底开始建造的。太元八年十月,东晋军队在淝水大败前秦军队,荆州的危险解除。大概在此时,昙翼又回到江陵继续修造长沙寺。

大概在淝水之战后,昙翼从上明回到江陵长沙寺,以数年或者十年时间扩建长沙寺,使此寺成为荆州影响最大的佛寺。

首先,他为此寺感得舍利。昙翼"丹诚祈请,遂感舍利,盛以金瓶,置于斋座。翼乃顶礼立誓曰:'若必是金刚余荫,愿放光明。'至乎中夜,有五色光彩从瓶渐出,照满一堂。举众惊嗟,莫不以翼神感"。长沙寺于是有了舍利供养的光环。

其次,昙翼为修造长沙寺而入巴陵君山伐木。《高僧传·释昙翼传》记载说:

> 后入巴陵君山伐木,《山海经》所谓洞庭山也。山上有穴,通吴之苞山。山既灵异,人甚惮之。翼率人入山,路值白蛇数十,卧遮行

---

①② 慧皎:《高僧传》卷五,《大正藏》第50卷,第355页下。

辙。翼退，还所住，遥请山灵，为其礼忏。乃谓神曰："吾造寺伐材，幸愿共为功德。"夜即梦见神人，告翼曰："法师既为三宝须用，特相随喜，但莫令余人妄有所伐。"明日更往，路甚清夷。于是伐木，沿流而下，其中伐人不免私窃。还至寺上，翼材已毕，余人所私之者，悉为官所取。①

从这些描述看，昙翼亲自带人到人迹罕至的深山伐木，修造佛寺。可见，在太元末，昙翼扩建长沙寺的步伐一致未曾停歇。

其三，昙翼为长沙寺迎来阿育王像。昙翼常感叹："寺立僧足，而形像尚少。阿育王所造容仪神瑞，皆多布在诸方，何其无感，不能招致？"于是，他"专精恳恻，请求诚应。以晋太元十九年甲午之岁二月八日，忽有一像现于城北，光相冲天。时白马寺僧众先往迎接，不能令动。翼乃往祇礼，谓众人曰：'当是阿育王像降我长沙寺焉。'即令弟子三人捧接，飘然而起，迎还本寺，道俗奔赴，车马轰填"②。由此，长沙寺迎来传说中的阿育王所造佛像，时间为东晋太元十九年（394）二月八日。

《高僧传》记载，昙翼曾经前往成都弘法，"刺史毛璩一遇相重，便饷米千斛。为设中食，饭内得一粒穀，即择取先噉。璩叹曰：'此沙门岂弃人供养者邪？'遂厚加赠遗"③。关于此事，《高僧传》置于随道安居襄阳之前。《名僧传抄》则叙述说：

> 一年功毕，名长沙寺。后游盖部，刺史毛璩一遇相重，便饷米千斛，为设中食。饭内得一粒穀，即择取先噉。璩叹曰："此沙门岂弃人供养者邪？"遂厚加赠遗。寻归荆州。及丘贼入境，抄掠汉南，江陵阖境，避难上明，翼又于上明造东寺。④

参照正史记载可知，上述两种记载都不大正确。东晋太元十年（385）二

---

①③ 慧皎：《高僧传》卷五，《大正藏》第50卷，第355页下。
② 同上书，第355页下—356页上。
④ 《续藏经》第77册，第352页下。

月,东晋从前秦手中收复蜀地,毛璩于此后任益州刺史,直至义熙元年(405)二月,谯纵领兵入据成都,益州刺史毛璩被杀。由此可知,昙翼至成都,只能在太元十年至义熙元年之间。

《高僧传·释昙翼传》记载,昙翼"年八十二而终"①,但未明确标明年代。从上文所说"年十六出家,事安公为师"可大致推出其生存年代,后文将叙。昙徽十六岁随道安出家,时为339年,此时佛图澄尚未圆寂。从道安在襄阳优先派出昙翼南下江陵独立住持一寺来看,昙翼十六岁出家为沙弥的时间,可能与昙徽相差无几。如此则可知,《名僧传抄》说昙翼圆寂于"义熙中卒"是对的,但应该不会早于义熙十一年(415)。

昙翼入道安门下甚早,在《高僧传·慧远传》中有一旁证。释道安立寺于太行恒山时,慧远礼拜道安为师。慧远"精思讽持,以夜续昼,贫旅无资,缊纩常缺,而昆弟恪恭,终始不懈。有沙门昙翼,每给以灯烛之费。安公闻而喜曰:'道士诚知人矣。'"②可见,昙翼皈依道安门下要早于慧远。

法遇,《高僧传·法遇传》未提及还有其他法号。《名僧传抄》则说:"《别传》云昙遇,又《别记》云道遇也。"③而僧祐著录的陆澄撰《法论》目录中有一篇《三十二字十住义》署名"释昙遇"。④

《高僧传·法遇传》说:"释法遇,不知何人",籍贯不明。对于其早期经历,《高僧传·法遇传》说:法遇"弱年好学,笃志坟素。而任性夸诞,谓傍若无人"⑤。此文写得较抽象。《名僧传抄》则叙述说:"少而慷慨,养素自居,邻豪妻之以女,郡守征以为吏,皆不从,专慕大法。"⑥文中的描述颇有出世之态。"后与安公相值,忽然信伏,遂投簪许道,事安为师。既沐

---

① 慧皎:《高僧传》卷五,《大正藏》第50卷,第356页上。
② 慧皎:《高僧传》卷六,《大正藏》第50卷,第358页上。
③ 《续藏经》第77册,第352页中—下。
④ 僧祐:《出三藏记集》卷一二,《大正藏》第55卷,第84页下。
⑤ 慧皎:《高僧传》卷五,《大正藏》第50卷,第356页上。
⑥ 《续藏经》第77册,第352页下。

玄化，悟解非常，折挫本心，谦虚成德。义阳太守阮保闻风钦慕，遥结善友，修书通好，施遗相接。"①法遇在道安门下，进步很大，《高僧传》将义阳太守阮保对法遇的礼敬置于法遇离开襄阳之前，即法遇在道安门下时期。《名僧传抄》也是如此，且补充了一位继任者："义阳太守陈笛、阮保，闻风钦悦，修书通好，信使往还，果有嚫遗。"②义阳即现在河南省的信阳市，与法遇随道安居住的襄阳和后来长期住锡的江陵长沙寺，都有一定的距离，所以称"遥结善友"，须"信使往还"。

东晋太元三年（378）二月，前秦军队包围襄阳，道安分张徒众，法遇"乃避地东下，止江陵长沙寺，讲说众经，受业者四百余人"。如前文所叙述，长沙寺初建于太元二年，而在昙翼先至江陵，法遇等随后赶到。太元三年底，桓冲移镇上明时，昙翼随桓冲离开江陵，而法遇则主持长沙寺。

《高僧传》记载了法遇住持长沙寺发生的一件事：

> 时一僧饮酒，废夕烧香，遇止罚而不遣。安公遥闻之，以竹筒盛一荆子，手自缄封，题以寄遇。遇开封见杖，即曰："此由饮酒僧也。我训领不勤，远贻忧赐。"即命维那鸣槌集众，以杖筒置香橙上。行香毕，遇乃起出众前，向筒致敬。于是伏地，命维那行杖三下，内杖筒中，垂泪自责。时境内道俗，莫不叹息，因之励业者甚众。③

此事一方面体现了道安对僧团戒律执行的严格，另一方面也体现了法遇与远在长安的道安之间一直有着紧密的联系。道安对于徒众的严格管理，代代相承，影响深远。关于此事，法遇写信给慧远说："吾人微暗短，不能率众，和上虽隔在异域，犹远垂忧念，吾罪深矣。"④

---

①③ 慧皎：《高僧传》卷五，《大正藏》第50卷，第356页上。
② 《续藏经》第77册，第352页下。
④ 慧皎：《高僧传》卷五，《大正藏》第50卷，第356页上—中。

法遇卒于江陵,卒年失载。《高僧传》说,法遇春秋六十而卒,《名僧传抄》说卒年六十一。而从前述昙翼事迹叙述中可知,其卒年应在太元年中期,因为太元年后期昙翼又回长沙寺住持此寺。

2. 昙徽、昙戒

释昙徽(323—395),河内人。"年十二,投道安出家。安尚其神采,且令读书。二三年中,学兼经史。十六,方许剃发。"[1]昙徽跟随道安的地点,应该是在邺都。昙徽"于是专务佛理,镜测幽凝。未及立年,便能讲说。虽志业高素,而以恭推见重"。昙徽宣讲佛经的水平很高,但在道安门下,以谦逊见称。

东晋兴宁三年(365),昙徽跟随道安至襄阳,"符丕寇境,乃东下荆州,止上明寺"。在道安这次分张徒众中,昙徽也与法遇等一起南下荆州。不过,《高僧传》的上述叙述有遗漏的环节。荆州的州镇在江陵,僧传明确说法遇到达江陵住长沙寺。如前文所考证,上明寺是州镇迁移至上明后由昙翼主持修造的,时间在太元三年(378)底至太元四年初。襄阳城破,道安北上,是在太元四年二月。从这些时间的排列可推知,一种可能是僧传叙述有遗漏,昙徽是先到江陵或其他地方,后来才到上明的;另一种可能则是,他离开襄阳较晚,因而直接前往上明,与昙翼会合。

《高僧传》又说:"每法轮一转,则黑白奔波,常顾解有所从。乃图写安形,存念礼拜。于是江陵士女,咸西向致敬印手菩萨。"这一叙述,与前文联系,很容易使人以为上明寺就在江陵。此有两种可能,一是"江陵士女"为"荆州士女"之误,另一种可能则是昙徽后来又去了江陵。从《高僧传》目录标为"荆州上明释昙徽"来说,前者可能性更大。

《高僧传》也叙述了昙徽对其师道安的崇敬,他绘制道安的画像,"存

---

[1] 慧皎:《高僧传》卷五,《大正藏》第50卷,第356页中。

念礼拜",并且使得荆州江陵士女都向西致敬"印手菩萨"。从文字推知,此时道安仍然在世,住于长安,所以"西向致敬"。此传中还有一段对话:

> 或问:"法师道化何如和上?"徽曰:"和上内行深浅,未易可测。外缘所被,多诸应验。在吾一渧,宁比江海耶?"①

昙徽圆寂于东晋太元二十年(395),春秋七十三。著《立本论》9篇,《六识旨归》12首,并行于世。

释昙戒,一名惠精。姓卓,南阳人,晋外兵部棘阳令卓潜之弟。《高僧传》卷五的本传很简要,而《名僧传抄》所存的《昙戒传》可补充其不足。

关于昙戒的出家因缘,《名僧传抄》记载比《高僧传》稍细致:

> 幼而家贫,无衣着,不得从师友。负薪炙火,披玩六籍。后闻于法道讲《放光经》,借衣听焉。告其兄曰:"始悟儒浅近,道教虚旷。不能复驰骋方内,政欲自放人外耳。"潜曰:"诚复人各有心,何能独善其志?"年十九,投释道安。②

此文所说的于法道,生平事迹不详。《高僧传》卷四《于法兰传》仅有数句提及:"又有竺法兴、支法渊、于法道,与兰同时比德。兴以洽见知名,渊以才华著称,道以义解驰声矣。"③从昙戒出家前的家庭境况推知,其兄此时似乎也未发迹。

昙戒19岁出家,皈依道安,"安待为同学,甚相知敬。游方请业,数四年中,忽请安曰:'世间之苦,难可大堪。百年俄顷,复不待人。虽苦之速,德行为先,精学足以导心,今就行道去。'安曰:'兼之为胜,如不能兼,各从其志,吾助尔熹。诵经五十万言,礼佛为业。'时禅法未传,依经独

---

① 慧皎:《高僧传》卷五,《大正藏》第50卷,第356页中。
② 《续藏经》第77册,第357页上。
③ 慧皎:《高僧传》卷四,《大正藏》第50卷,第350页上。

坐。晋临川王雅相礼待,资给四事。"①这是《名僧传抄》的叙述,《高僧传》很简要:"伏事安公为师,博通三藏,诵经五十余万言,常日礼五百拜佛。晋临川王甚知重。"②二者的共同点是,昙戒以诵经礼佛为业。差别在于,《高僧传》没有记载时间,而《名僧传抄》则有所暗示。尤其须注意的是,《名僧传抄》说他在道安门下四年之后就"依经独坐"。这一叙述显示了昙戒独特的修行门径。然而,如果这一行为与"晋临川王雅相礼待,资给四事"接续的话,则有一个问题,他是否离开道安而单独修行,是在何地诵经礼佛?

先从东晋临川王入手去考察。临川郡自三国吴太平二年(257)建立,根据《晋书》卷九《孝武帝本纪》记载,宁康二年(374)春正月,追封谥故会稽世子司马郁为临川献王③;太元九年(384)春正月,封武陵王孙司马宝为临川王。④《晋书》卷六四记载:"临川献王郁,字深仁,幼而敏慧。道生初以无礼失旨,郁数劝以敬慎之道。道生不纳,郁为之流涕,简文帝深器异之。年十七而薨。久之,追谥献世子。宁康初,赠左将军,加散骑常侍,追封郡王,以武陵威王曾孙宝为嗣,追尊其母胡淑仪为临川太妃。"⑤据此可知,在司马郁 17 岁死后不久,孝武帝追封司马郁为临川王。尔后,又以武陵王之孙司马宝继承临川王。《晋书》卷六四记载:"将军宝,字弘文,历秘书监、太常、左将军、散骑常侍、护军将军。宋兴,以为金紫光禄大夫,降为西丰侯,食邑千户。"⑥

将东晋临川王的沿革搞清楚,即可对《名僧传抄》的上述记载作出一点解释。其一,昙戒十九岁在道安座下出家,四年之后确定以诵经礼佛为基本修行方法。其二,从临川王对其供养之事来说,似乎应该是在道安北上至长安(379)之后,因为临川王之封发生于太元九年(384)。当

---

① 《续藏经》第 77 册,第 357 页上。
② 慧皎:《高僧传》卷四,《大正藏》第 50 卷,第 350 页上。
③④ 《晋书》卷九,第 225、233 页。
⑤⑥ 《晋书》卷六四,第 1732 页。

然,也不能排除司马宝以其他身份供养昙戒而被后世以临川王身份追记。其三,如果排除了昙戒是在道安在襄阳时期就获得司马宝的礼遇的话,则可以得出道安北上时昙戒留在了东晋辖区。对此,《高僧传》和《名僧传抄》正文没有提及,而《高僧传》卷一四的目录标的是"晋长沙寺释昙戒"①,这一记载表明,昙戒曾经在江陵长沙寺住锡过。由此可见,昙戒确实曾经在长沙寺期间获得临川王的礼遇的。

应该注意的是,《名僧传抄》这一段叙述是《高僧传》所没有的:昙戒"与安同憩长安太后寺。安卒后,隆安中疾病,口诵弥勒"。《高僧传·昙戒传》仅仅记载了其弥勒信仰的情形,而无昙戒曾经与道安一起住于长安太后寺以及在隆安中卒的情况。经查,《高僧传》卷一一记载:"释慧通,关中人,少止长安太后寺。"②可见,昙戒跟随道安住锡于长安太后寺的记载是可信的。此外,道安卒于东晋太元十年(385),而从此年至隆安年(397—401)长达十年。特别是,道安卒后的数年,长安大乱,僧人大多南下或西逃,想必昙戒也会离开长安。如果将这一情况与前述《名僧传抄》的记载联系起来,似乎可以得出在道安圆寂后,昙戒南下至江陵长沙寺住锡的结论。

昙戒的圆寂地是长安,这是《高僧传》和《名僧传抄》一致记载的,尽管叙述含混,但文末都说昙戒是葬于道安墓右的。根据《名僧传抄》的记载,昙戒圆寂于隆安年间(397—401),享年七十岁。如以隆安五年(401)计算,昙戒跟随道安出家为沙弥的时间为351年,当时道安在河北。

最后,也应指出,在鸠摩罗什助译僧中,有一位法号慧精的僧人。长安释僧叡撰《大品经序》记载:"以弘始五年岁在癸卯四月二十三日,于京城之北逍遥园中出此经。法师手执胡本,口宣秦言,两释异音,交辩文

---

① 慧皎:《高僧传》卷一四,《大正藏》第50卷,第420页上。
② 慧皎:《高僧传》卷一一,《大正藏》第50卷,第398页下。

旨。秦王躬揽旧经,验其得失,谘其通途,坦其宗致。与诸宿旧义业沙门释慧恭、僧䂮、僧迁、宝度、慧精、法钦、道流、僧叡、道恢、道摽、道恒、道悰等五百余人,详其义旨,审其文中,然后书之。以其年十二月十五日出尽,校正检括,明年四月二十三日乃讫,文虽粗定。"①此中所说的"慧精"不知是否与《名僧传抄》所说的"惠精"(昙戒)为同一僧人? 后秦弘始五年为403年,与隆安年相去不远,而且《名僧传抄》的叙述仅仅说"隆安中疾病,口诵弥勒,未尝懈息",然后是师徒一段对话,"语毕,即有光照于身,容颜更悦,俄而迁化"。② 这一叙述也不排除昙戒于隆安年,病中竭力诵念弥勒而数年后圆寂的可能。

3. 僧富、道立

与昙戒相同,僧富、道立都属于跟随道安进入关中的弟子。

释道立,不知籍贯。"少出家,事安公为师,善《放光经》,又以庄老三玄微应佛理,颇亦属意焉。性澄靖,不涉当世。后随安入关,隐覆舟山,岩居独处,不受供养。"从此文叙述可知,道立是随道安住锡长安的,因而覆舟山应该不是建康的覆舟山。他"每潜思入禅,辄七日不起,如此者数矣"。可见,道立的禅观功夫很深。"后夏初,忽出山,鸠集众僧,自为讲《大品》。或问其故,答云:'我止可至秋,为欲令所怀粗讫耳。'自恣后数日,果无疾而终。时人谓知命者矣。"③他对《般若经》的熟悉也正是道安之所重,显示出道安僧团的特色。

释僧富,姓山,高阳人。其父山霸曾经为蓝田令。"富少孤居贫,而笃学无厌,采薪为烛以照读书。及至冠年,备尽经史,美姿容,善谈论。后遇伪秦卫将军杨邕资其衣粮,习凿齿携共志学。及听安公讲《放光经》,遂有心乐道,于是剃发依安受业。安亡后,还魏郡廷尉寺,下帷潜

---

① 僧祐:《出三藏记集》卷八,《大正藏》第55卷,第53页中。
②《续藏经》第77册,第357页中。
③ 慧皎:《高僧传》卷五,《大正藏》第50卷,第356页中。

思,绝事人间。"①根据这一记述,僧富是道安在长安之后的弟子。"后不知所终"。

四、道安僧团的兜率信仰

道安信仰弥勒净土之事,在佛教史上曾经产生过重大影响。慧皎《高僧传·道安传》记载:"安每与弟子法遇等,于弥勒前立誓愿生兜率。"②《名僧传抄》记载:"尝与弟子法遇等八人于弥勒像前立誓愿,同生兜率。"③此八人,在《高僧传》能够找到明确记载的是竺僧辅、法遇、昙戒、道愿等四位僧人和名士王嘉,此外参照《高僧传·昙戒传》的记载,八人中应该包括道安在内。关于八人发愿的地点,汤用彤说:"立誓往生兜率,必在襄阳。盖法遇于苻秦取襄阳,即与其师别也。"④

现存文献中,对道安弥勒信仰记载最详的是《高僧传·道安传》:

> 安每与弟子法遇等于弥勒前,立誓愿生兜率。后至秦建元二十一年正月二十七日,忽有异僧,形甚庸陋,来寺寄宿。寺房既迮,处之讲堂。时维那、直殿,夜见此僧从窗隙出入,遽以白安。安惊起礼讯,问其来意。答云:"相为而来。"安曰:"自惟罪深,讵可度脱。"彼答云:"甚可度耳。然须臾浴圣僧,情愿必果。"具示浴法。安请问来生所往处,彼乃以手虚拨天之西北,即见云开,备睹兜率妙胜之报,尔夕大众数十人悉皆同见。安后营浴具,见有非常小儿伴侣数十,来入寺戏,须臾就浴,果是圣应也。至其年二月八日,忽告众曰:"吾当去矣。"是日斋毕无疾而卒。⑤

---

① 慧皎:《高僧传》卷一二,《大正藏》第50卷,第404页中。
② 慧皎:《高僧传》卷五,《大正藏》第50卷,第353页中。
③ 《续藏经》第77册,第352页上。此本的《名僧传抄》为"以人",金陵刻经处版为周叔迦于1937年校定本改"以人"为"八人"。与此同时,出版于1938年的汤用彤《汉魏两晋南北朝佛教史》也是如此认为的。
④ 汤用彤:《汉魏两晋南北朝佛教史》,第155页。
⑤ 慧皎:《高僧传》卷五,《大正藏》第50卷,第353页中—下。

此外，道安弘法时也常常雕凿弥勒像，记载颇多，不赘述。

竺僧辅，邺人。《高僧传》卷五《竺僧辅传》记载："少持戒行，执志贞苦。学通诸论，兼善经法。道振伊洛，一都宗事。值西晋饥乱①，辅与释道安等隐于濩泽，研精辨析，洞尽幽微。后憩荆州上明寺，单蔬自节，礼忏翘勤，誓生兜率，仰瞻慈氏。时琅琊王忱为荆州刺史，借辅贞素，请为戒师，一门宗奉。"②依据此中所说可知，竺僧辅在年轻时就已经蜚声洛阳。而石氏战乱时，与道安一起隐于濩泽飞龙山中。关于此事，道安在《地道经序》中说：

> 予生不辰，值皇纲纽绝，玁狁猾夏，山左荡没，避难濩泽，师殒友折，周爰咨谋，顾靡所询。时雁门沙门支昙讲、邺都沙门竺僧辅，此二仁者，聪明有融，信而好古。冒崄远至，得与酬酢，寻章察句，造此训传。③

可见，僧辅是道安研习经论的益友。《高僧传·竺僧辅传》中未提及是否与道安一同南下至襄阳。但从文中叙述"后憩荆州上明寺"等事实来推理，僧辅似乎应该是从襄阳南下的僧人之一。此传中所说的"时琅琊王忱为荆州刺史"为王忱之误。

根据《晋书》等文献记载，荆州刺史桓冲于太元九年（384）二月卒，经谢安推荐，东晋朝廷以桓石民为荆州刺史，镇上明。太元十四年六月，荆州刺史桓石民死。当年七月，朝廷以王忱为荆州刺史。关于王忱在任时荆州刺史的任所，一般以为，王忱一到任就将镇所迁移至江陵。如《南齐书》卷一五《州郡志下》："太元十四年，王忱还江陵。江陵去襄阳步道五百，势同唇齿，无襄阳则江陵受敌，不立故也。自忱以来，不复动移。"④而上引《高僧传》卷五《竺僧辅传》说，荆州刺史"请为戒师，一门宗奉"，而僧

---

① 此中所说的"西晋饥乱"有误，道安生于314年，西晋灭亡时才三四岁。
② 慧皎：《高僧传》卷五，《大正藏》第50卷，第355页中。
③ 《出三藏记集》卷一〇，《大正藏》第55卷，第69页下。
④ 《南齐书》卷一五，第273页。

传称其为"晋荆州上明竺僧辅",且圆寂后"因葬寺中,僧为起塔",可见竺僧辅至荆州后,一直住锡上明。经查,《宋书》和《晋书》都记载一首歌谣,预言荆州刺史的更替。《宋书》卷三一记载:"桓石民为荆州,镇上明,百姓忽歌曰'黄昙子'。曲终又曰:'黄昙英,扬州大佛来上明。'顷之而桓石民死,王忱为荆州。'黄昙子'乃是王忱字也。忱小字佛大,是'大佛来上明'也。"①这些都可证明,王忱移镇江陵是在上明任职一段时间之后的。太元十七年十月,王忱死于荆州。

《晋书》卷八四《殷仲堪传》记载:十一月,"帝以会稽王非社稷之臣,擢所亲幸以为籓捍,乃授仲堪都督荆益宁三州军事、振威将军、荆州刺史、假节、镇江陵"②。《高僧传·竺僧辅传》在叙述完王忱礼请僧辅为戒师且"一门宗奉"之后,直接叙述僧辅圆寂的情形:"后未亡二日,忽云明日当去。至于临终,妙香满室,梵响相系,道俗奔波来者万数。是日后分,无疾而化,春秋六十。因葬寺中,僧为起塔。"③如果僧传的这一叙述没有间断的话,则可推知,僧辅应该是圆寂于王忱移镇之前或者移镇不久。再参之以道安的年资则可知,这一推理大致不谬。道安圆寂于太元十年,时年七十二岁,而僧辅圆寂时仅仅六十岁。假定僧辅圆寂于太元十六年(391),则可推出道安与僧辅的年龄相差十六七岁。而从上引僧传文字可知,二僧不是师徒关系。实际上,僧辅比道安弟子释昙徽年龄还要小一些。

关于法遇、道愿信仰弥勒之事,已难得其详。唯《高僧传·昙戒传》记载稍详:

> 后笃疾,常诵弥勒佛名,不辍口。弟子智生侍疾,问:"何不愿生安养?"戒曰:"吾与和上等八人同愿生兜率,和上及道愿等皆已往生,吾未得去,是故有愿耳。"言毕,即有光照于身,容貌更悦,遂奄尔

---

① 《宋书》卷三一,第917—918页。
② 《晋书》卷八四,第2194页。
③ 慧皎:《高僧传》卷五,《大正藏》第50卷,第355页中。

迁化。①

此文中所说的"和上及道愿等皆已往生",似乎是说连同道安在内的八人中,除自己之外的七人都已经圆寂了。经过查考,道安、竺僧辅、法遇、道愿等四位僧人和名士王嘉确实都圆寂于隆安之前。

第三节　庐山慧远行历及其庐山僧团

东晋时期,南方形成了以慧远为领袖的庐山僧团。当鸠摩罗什来长安后,庐山僧团与长安罗什僧团南北呼应,一时蔚为大观。而无论在佛教义学还是在佛教信仰方面,庐山慧远都对中国佛教产生了深远的影响。

一、庐山慧远行历

作为东晋影响巨大的高僧之一,慧皎《高僧传》中的《慧远传》篇幅不小,记述也算详尽。尽管如此,对于中国史学中最关心的生卒年和籍贯问题仍然有异说。

慧远(334—416),俗姓贾。对于慧远的籍贯,《出三藏记集》和《高僧传》都记载为"雁门楼烦人",但雁门楼烦具体是何地,学界看法并不统一,分别有山西省代县、宁武、原平或崞县等说法。楼烦本为一少数民族部落名称,西汉雁门郡统领十四县,楼烦为其中之一。东晋十六国时,据《晋书·地理志》载,雁门郡统辖八县,并无楼烦,此时楼烦已不是县治单位,而是以城邑形式存在。近年有学者考证②,慧远的出生地雁门楼烦,按现今行政区划,即为今山西省原平市大芳乡茹岳村。

《高僧传》卷六《慧远传》记载:"义熙十二年八月初动散,至六日困

---

① 慧皎:《高僧传》卷五,《大正藏》第 50 卷,第 356 页下。
② 参见张育英《慧远大师籍贯考》,《世界宗教研究》2000 年第 3 期。

笃。……乃命律师令披卷寻文得饮与不，卷未半而终。春秋八十三矣。"①《出三藏记集·慧远传》记载："义熙末，卒于庐山精舍，春秋八十有三。遗命露骸松下，同之草木。既而弟子收葬，谢灵运造碑墓侧，铭其遗德焉。"②谢灵运撰《庐山慧远法师诔》说："春秋八十有四，义熙十三年秋八月六日薨。"③依照一般的史学原则，应当以谢灵运这篇诔文来认定慧远的生卒年。现今学者一般采纳的是《高僧传》的说法，原因之一是《世说新语》刘孝标注引用的时人张野撰的《远法师铭》说，慧远"年八十三而终"。总之，现存早期文献中大多称慧远八十三岁卒，因此谢灵运撰《庐山慧远法师诔》的说法发生传抄错误的可能性就大一些。

此外，还有一个慧远家世的问题。刘孝标注引张野《远法师铭》说："沙门释慧远，雁门楼烦人。本姓贾氏，世为冠族。"④而《高僧传·慧远传》和《出三藏记集·慧远传》没有此语，现代学者怀疑此说的很多。笔者以为，此中的"冠族"不代表高门贵族。现代怀疑这一记载者大多从高门望族来理解这一叙述，因而产生很多枝节性解释。从慧远兄弟少年时所受的教育即可证知，其家族背景并非"庶族"。

《高僧传·慧远传》记载：慧远"弱而好书，珪璋秀发。年十三，随舅令狐氏游学许、洛，故少为诸生，博综六经，尤善庄老，性度弘博，风鉴朗拔。虽宿儒英达，莫不服其深致"⑤。这一段文字将其早期的儒学和玄学修养的来源交代得清清楚楚。二十一岁时(354)，他原想到南地从豫章名儒范宣子去隐居，适值战事，道路不通，没有成行。当时，高僧释道安在太行恒山建寺弘法，名闻各地，他前往参见，极为推崇，从之出家。从此，他常以立宗弘法为己任。关于慧远皈依道安出家的过程，《高僧传·慧远传》叙述说：

---

① 慧皎：《高僧传》卷六，《大正藏》第50卷，第361页中。
② 僧祐：《出三藏记集》卷一五，《大正藏》第55卷，第110页下。
③ 《广弘明集》卷二三，《大正藏》第52卷，第267页上。
④ 《世说新语》卷二。
⑤ 慧皎：《高僧传》卷六，《大正藏》第50卷，第357页下。

时沙门释道安立寺于太行恒山,弘赞像法,声甚著闻。远遂往归之,一面尽敬,以为真吾师也。后闻安讲《波若经》,豁然而悟,乃叹曰:"儒道九流,皆糠秕耳。"便与弟慧持,投簪落彩,委命受业。①

这一叙述本来很清楚,但有些学者以为与《出三藏记集》的叙述有些出入。《出三藏记集·慧远传》记载:慧远"乃于关左遇见安公,一面尽敬,以为真吾师也,遂投簪落饰,忘质受业"②。将二者对照,有学者以为《高僧传》的记述不妥。"慧远见到道安后过了一段时间才入门,这令人感到不自然。特别是其时的道安专心于禅观的研究和实践,而倾心于《般若经》的讲义是道安移住襄阳以后之事,因而《高僧传》云云有失妥当。"③这一看法根据不足。首先,依照佛教仪轨,跟随某师出家不是一厢情愿的事情,是一个"双选"的过程。以"白衣"身份跟随某师活动一段时间后才剃度,这样的记载比比皆是。其次,道安对《般若经》的研究和讲习并非在襄阳才开始,早在北方时期已经开始了,并且形成了自己的独特解释。否则,就很难理解下文将要叙述的慧远参与的对道恒"心无义"的反驳。

关于慧远、慧持出家的时间,依据《高僧传·慧远传》上文叙述可直接得出慧远与其弟慧持于晋永和十年(354)至太行恒山拜道安为师的结论。但《高僧传·慧持传》却说:慧持"年十八出家,与兄共伏事道安法师,遍学众经,游刃三藏"④。从此记述可知,慧远、慧持兄弟于355年在道安门下出家,随后一直跟随道安。对于此中一年的差距,在当代史学家来说可能是个大事,但仔细想想,出现如此差别叙述,恰恰说明,此二传的作者忠于自己所见的原始资料,而差别之所以产生则源于叙述对时间精度的要求不同。《高僧传·慧远传》上引文字所出现的慧远21岁的

---

① 慧皎:《高僧传》卷六,《大正藏》第50卷,第357页下—358页上。
② 僧祐:《出三藏记集》卷一五,《大正藏》第55卷,第109页中。
③ [日]横超慧日:《大乘大义章研究序说》,[日本]木村英一编《慧远研究·研究篇》第104页,创文社,1962年版。转引自曹虹《慧远研究》第36页,南京:南京大学出版社,2002。
④ 慧皎:《高僧传》卷六,《大正藏》第50卷,第361页中。

记述，是为了突出他思想的转变，而此后一系列事件直至出家为沙弥，也许会延续至第二年初才可望完成。

慧远出家后，勤诵精思，昼夜研习，"厉然不群，常欲总摄纲维，以大法为己任。精思讽持，以夜续昼。沙门昙翼，每给以灯烛之费。安公闻而喜曰：'道士诚知人矣。'远借慧解于前，因资胜心于旷劫，故能神明英越，机鉴遐深。无生实相之玄，般若中道之妙，即色空慧之秘，缘门寂观之要，无微不析，无幽不畅，志共理冥，言与道合。安公常叹曰：'使道流东国，其在远乎？'"①这是《出三藏记集·慧远传》的叙述，此文比《高僧传》多出"无生实相之玄"一句，而这正表示慧远早在河北、山西山中已经在道安门下研习般若学了。慧远年二十四，即358年，便开始宣讲经论，"尝有客听讲，难实相义，往复移时，弥增疑昧。远乃引《庄子》义为连类，于是惑者晓然。是后，安公特听慧远不废俗书"②。这就是一般所说的"格义"方法。

东晋兴宁三年（365），慧远随道安至襄阳。竺法汰准备东下至建康，遇疾停留于阳口，"安公又遣弟子慧远，下荆问疾"。当时在荆州有一位法号道恒的僧人，"颇有才力，常执心无义，大行荆土。汰曰：'此是邪说，应须破之。'乃大集名僧，令弟子昙一难之。据经引理，析驳纷纭。恒仗其口辩，不肯受屈。日色既暮，明旦更集，慧远就席，设难数番，关责锋起，恒自觉义途差异，神色微动。麈尾扣案，未即有答。远曰：'不疾而速，杼轴何为？'座者皆笑矣。"③这充分反映了慧远对经义的卓越理解和杰出的辩论才能。

太元三年（378），前秦攻打襄阳，道安分张徒众，慧远受命东下，先至荆州住上明寺，后于太元六年路经浔阳（今江西九江）登上庐山。慧远到达庐山之前，道安弟子慧永已经在庐山修建了西林寺，慧永邀请慧远在庐山同住。慧远后来在西林寺之旁修建龙泉精舍居住修道。太元十一

---

① 僧祐：《出三藏记集》卷一五，《大正藏》第55卷，第109页中。
② 慧皎：《高僧传》卷六，《大正藏》第50卷，第358页上。
③ 慧皎：《高僧传》卷五，《大正藏》第50卷，第354页下。

年，江州刺史桓伊为慧远另外建立了一座寺院，因其在西林寺之东，故称东林寺。慧远"于是率众行道，昏晓不绝，释迦余化于斯复兴。既而谨律息心之士，绝尘清信之宾，并不期而至，望风遥集"①。慧远从此就在庐山传教、修道、著述，在其周围很快聚集了数千信众，在庐山形成了一个以慧远为领袖的佛教僧团。

慧远僧团徒众虽多，但在当时却是相当整肃的，因此而得到时人的尊重。东晋的许多权臣贵族都曾经前往庐山拜见慧远，慧远都能够应付自如，博得他们的尊敬。如太元十七年(392)，殷仲堪出任荆州刺史路过庐山，专程到东林寺拜访慧远大师，并与其散步至庐山之北涧松林下，共同谈论《易经》之"体"，终日忘倦。殷仲堪会见后赞叹慧远说："识信深明，实难为庶。"②后来，桓玄征殷仲堪，也途经庐山，他是当时的权臣且骄横不可一世，要慧远出虎溪会面，慧远则说有疾不堪出寺。桓玄则自己入山，桓玄见了慧远之后佩服至极，不自觉地致敬。尽管如此，桓玄在谈话中，还是问难慧远说："不敢毁伤，何以剪削？"慧远回答说："立身行道。"③元兴二年(403)，桓玄下令沙汰僧人，凡不能讲经传道者，勒令还俗，但却说："唯庐山道德所居，不在搜简之例。"④不仅如此，当时北方少数民族的政权对于慧远也是备加尊重，"秦主姚兴钦德风名，叹其才思，致书殷勤，信饷连接。赠以龟兹国细缕杂变像，以申欸心。又令姚嵩献其珠像。《释论》新出，兴送论并遗书曰：'《大智论》新译讫，此既龙树所作，又是方等旨归，宜为一序以申作者之意，然此诸道士咸相推谢，无敢动手，法师可为作序以贻后之学者。'"⑤后来，慧远作《大智度论抄》20卷并撰写了《序》。由这些事实，已经可以见出庐山慧远僧团在当时所具有的横贯南北的崇高声望。

---

① 僧祐：《出三藏记集》卷一五，《大正藏》第55卷，第109页下。
② 慧皎：《高僧传》卷六，《大正藏》第50卷，第359页上—中。
③④ 同上书，第360页中。
⑤ 同上书，第360页上。

太元十六年(391)，罽宾(今克什米尔一带)沙门僧伽提婆南游到了浔阳，慧远迎之入山，请译《阿毗昙心论》、《三法度论》两论。对慧远思想来说，这两论有极大的意义，它们为慧远提供了提出"法性论"的理论根据。《阿毗昙心论》属于"九分毗昙"的摘要，是对小乘佛教基本概念如有漏、无漏、色法、十八界、十二因缘、三十七道品等进行论释的。慧远在《阿毗昙心论序》说：

> 又其为经，标偈以立本，述本以广义；先弘内以明外，譬由根而寻条，可谓美发于中，畅于四枝者也。发中之道，要有三焉：一谓显法相以明本，二谓定己性于自然，三谓心法之生必俱游而同感。俱游必同于感，则照数会之相因；己性定于自然，则达至当之有极；法相显于真境，则知迷情之可反；心本明于三观，则诸玄路之可游。①

可以看出慧远对《阿毗昙心论》的看法集中于"显法相以明本"、"定己性于自然"、"心法之生必俱游而同感"等"三观"上，而通过这"三观"能得到"心本"，进而可游"玄路"。而且《三法度论》是与道安翻译的《四阿含暮抄解》二卷的同本异译②，其依据四《阿含经》，说德(施、戒、修三真度)、恶(恶行、爱、无明三真度)、依(阴、界、入三真度)等三法九真度，并阐释解脱之道。真度，为梵语之音译，又作"犍度"。《三法度论》是属于犊子系贤胄部的论书，此论主张"胜义我"。在十八部中，只有犊子部如此主张。他们认为有"我"与佛说"无我"并无冲突，因为他们主张的"胜义我"属于不可说法一类。③ 这"胜义我"的主张传译过来之后，即对当时的学说产生了巨大的影响。从佛学传入中国开始，对于"人我"问题本来说得不大清楚，正如僧叡说："此土先出诸经，于识神性空，明言处少，存神之文，其处甚多。"④慧远大力宣扬《三法度论》、《阿毗昙心》两论，并为两论作序，

---

① 慧远：《阿毗昙心论序》，梁僧祐《出三藏记集》卷一〇，《大正藏》第55卷，第72页下。
② 参见吕澂《中国佛学源流略讲》第73页。
③ 同上书，第72页。
④ 僧叡：《毗摩罗诘堤经义疏序》，《出三藏记集》卷八，《大正藏》第55卷，第59页上。

标举宗旨,推重提倡,遂开南地毗昙学的端绪。

鸠摩罗什于东晋安帝隆安五年(401)被后秦王姚兴迎入关中,此后在长安设立译场,开始翻译大小乘经典。403年,刘裕遣大参军至长安诣姚显请求通和。姚显遣吉默报之,自是聘使不绝。在这种南北畅通的情况下,慧远立即致书通好。其后慧远闻罗什有返回西域之意,乃又寄书说:

> 去月法识道人至,闻君欲还本国,情以怅然。先闻君方当大出诸经,故来欲便相谘求,若此传不虚,众恨可言。今辄略问数十条事,冀有余暇一二为释。此虽非经中之大难,欲取决于君耳。并报偈一章曰:"本端竟何从,起灭有无际。一微涉动境,成此颓山势。惑想更相乘,触理自生滞。因缘虽无主,开途非一世。时无悟宗匠,谁将握玄契?来问尚悠悠,相与期暮岁。"①

信中充满相惜之情与挽留之意。而他与鸠摩罗什也常有书信往来,探讨大乘教义。这些内容由慧远提问,罗什作答,尔后编成《大乘大义章》三卷。慧远对罗什的才学深表钦佩,而罗什对慧远亦称赞备至。罗什说:"夫才有五备——福、戒、博闻、辨才、深智,兼之者隆,未具者凝滞,仁者备之矣。"②可见,罗什对于慧远也表示了充分的尊重,而罗什所翻译的中观学经典确实对慧远产生了不小的触动和激发。

与其师道安一脉相承,慧远也十分重视佛教戒律文本的翻译、搜求以及佛教制度的建设。在定居于庐山当年,慧远深感南方佛典不全,尤其是禅、律之不足,特遣弟子法净、法领等西行,寻求众经,并取得《方等》等新经200余部,加以传译。罽宾律师弗若多罗在长安翻译《十诵律》,没有译完而去世。后来,慧远听说有昙摩流支来华,亦精于律藏,就致书劝请其补译,从此《十诵律》得以有完备的译本。慧远书信如下:

> 佛教之兴,先行上国,自分流以来四百余年。至于沙门德式,所

---

① 慧皎:《高僧传》卷六,《大正藏》第50卷,第359页下—360页上。
② 同上书,第359页下。

缺尤多。顷西域道士弗若多罗,是罽宾人,甚讽《十诵》梵本,有罗什法师通才博见,为之传译。《十诵》之中,文始过半,多罗早丧,中途而寝。不得究竟大业,慨恨良深。传闻仁者赍此经自随,甚欣所遇。冥运之来,岂人事而已耶?想弘道为物感时而动,叩之有人,必情无所恪。若能为律学之徒,毕此经本,开示梵行,洗其耳目,使始涉之流,不失无上之津,参怀胜业者日月弥朗。此则慧深德厚,人神同感矣。幸愿垂怀,不乖往意一二,悉诸道人所具。①

慧远也因应时势,创制了若干新的制度,史载他曾经制定过《社寺节度》、《外寺僧节度》、《比丘尼节度》等,可惜资料的散佚今人已难得其详。慧远曾经说:"经教所开,凡有三科:一者,禅思入微。二者,讽味遗典。三者,兴建福业。三科诚异,皆以律行为本。"②慧远对于节律的重视可见一斑。慧远及其僧团之所以在当时具有崇高的威望,其重要的原因也在于慧远执行戒律的身体力行。《高僧传·慧远传》在记载慧远圆寂前的情形时说:

> 以晋义熙十二年八月初,动散,至六日困笃。大德耆年皆稽颡,请饮豉酒,不许。又请饮米汁,不许。又请以蜜和水为浆,乃命律师令披卷寻文,得饮与不。卷未半而终。③

在病笃弥留之际,慧远仍然严持戒律,丝毫不马虎。正是在慧远如此言传身教之下,庐山僧团才博得了当时以及后世人们的长久尊重。

慧远又一再遣使到长安,迎中印度禅师觉贤到庐山,劝请其传译禅经。东晋义熙五年(409),当慧远知晓觉贤在长安因误会被摈,他就写信给姚兴和长安僧众,为之调解。慧远的昔日弟子慧观陪伴觉贤南下,慧远乃迎请觉贤至庐山,并恭请译出《达摩多罗禅经》。义熙六年此经译

---

① 慧皎:《高僧传》卷二,《大正藏》第50卷,第333页上一中。
② 僧祐:《弘明集》卷一二《远法师与桓太尉论料简沙门书》,《大正藏》第52卷,第85页中。
③ 慧皎:《高僧传》卷六,《大正藏》第50卷,第361页中。

讫,慧远并为之撰写《序》。觉贤停留于庐山只有一年多,而此禅经的译出,对南方禅法之振兴有很大的贡献。《出三藏记集·慧远传》记载:"所以禅法、经戒皆出庐山几且百卷。初,关中译出《十诵》,所余一分未竟,而弗若多罗亡,远常慨其未备。及闻昙摩流支入秦,乃遣书祈请,令于关中更出余分。故《十诵》一部具足无缺。晋地获本,相传至今。葱外妙典,关中胜说,所以来集兹土者,皆远之力也。"①僧祐对慧远在禅法、戒律和译经方面的贡献,评价很高。

阐发弥陀净土的佛典,是慧远对中国佛教的重大贡献,慧远时期已经译出的弥陀净土经典有《无量清净平等觉经》、《无量寿经》和《佛说阿弥陀经》。据《高僧传》卷六《慧远传》载:

> 远乃于精舍无量寿像前,建斋立誓,共期西方。乃令刘遗民著其文曰:"惟岁在摄提秋七月戊辰朔二十八日乙未,法师释慧远,贞感幽奥,宿怀特发,乃延命同志息心贞信之士,百有二十三人,集于庐山之阴,般若台精舍,阿弥陀像前,率以香华敬荐而誓焉。"②

这就是佛教史上著名的"十八高贤"建立白莲社之事。不管后来所传的十八人名单是否确实,而慧远与当时的同道共修往生西方是确定无疑的,这一事件对于后来净土宗的形成影响很大。

慧远隐居庐山,历三十余年,影不出山,迹不入市,平时经行、送客常以虎溪为界。晋室重臣桓玄,威震一时,过浔访晤,钦佩慧远之为人,致书请他罢道从政,他答辞坚决,不为所动。桓玄后下令甄别众僧,加以裁汰,独尊"庐山为道德所居"③,视为例外。桓玄又欲令沙门一律对王者尽敬,先写信给慧远,征求意见。他恳切作答,提出异议,同时撰《沙门不敬王者论》五篇。桓玄终于感悟,没有坚持执行。这次争议,在中国佛教史

---

① 僧祐:《出三藏记集》卷一五,《大正藏》第55卷,第110页上。
② 慧皎:《高僧传》卷六,《大正藏》第50卷,第358页下。
③ 慧远:《桓玄辅政欲沙汰众僧与僚属教》,《弘明集》卷一二,《大正藏》第52卷,第85页上。

上留下了极深远的影响。在佛教出世间的理论和统治阶级世间的礼法制度关系上,慧远一方面推崇佛法为"独绝之教,不变之宗"①,坚持所谓世内、世外的原则,强调名教只能行于世间之内,不能约束世外;一方面又主张"内外之道,可合而明"②。慧远认为佛教与儒学并行不悖,潜相影响,互为补充,表现了儒佛融合的思想倾向。

义熙十二年(416),慧远卒于东林寺,年八十有三。慧远的著述,见于著录的有《大智度论要力量》二十卷,《问大乘中深义十八科》并《罗什答》三卷,《法性论》二卷,《文集》十卷,现仅存《大乘大义章》。此外,在《出三藏记集》、《弘明集》、《广弘明集》中收录有慧远部分论、序、赞、书等,此中以《沙门不敬王者论》影响较大。

二、庐山慧远的佛学思想

慧远的佛教思想是丰富多彩的。慧远早期追随道安学习般若学,可能接受了道安的"本无义"。定居庐山之后,他先是随僧伽提婆研习毗昙学,后来又受罗什思想的影响;同时也接受佛陀跋陀罗的禅法,并且信仰弥陀净土。慧远曾经与戴逵讨论因果报应论,与何无忌辩沙门袒服问题,与桓玄争论沙门不敬王者,罗什来华译介中观典籍之后,他又专门致书与罗什探讨法身、法性等问题。慧远的法性以及神不灭思想很重要,留待下节专门讨论,在此仅将"沙门拜不拜王者"、净土信仰以及慧远对于佛教制度建设的贡献等略述一二。

1."神不灭论"与因果报应

轮回报应思想并非始自佛教,早在佛陀创立佛教之前就已经是婆罗门教的基本教义了。佛教在反对印度教把大梵作为宇宙万物的创始主的同时,又采取了婆罗门教的轮回业报学说。但佛教的轮回思想与婆罗

---

① 慧远:《沙门不敬王者论·体极不兼应》,《弘明集》卷五,《大正藏》第52卷,第31页中。
② 同上书,第31页上。

门教不同，它否定轮回的主体，以轮回为方便说。但是，既讲轮回又否认轮回的主体，在理论上便会面临许多难题。后来的佛教沿着不同的方向发展试图解决这一问题，如印度经量部所言的"胜义补特伽罗"，犊子系立"不可说补特伽罗"，都承认轮回主体的存在。

中土也有祸福报应的思想，而且历史悠久。《周易》就有"积善之家，必有余庆；积不善之家，必有余殃"①的说法，曾子也说过："人之好善，福虽未至，去祸远矣；人之为恶，祸虽未至，去福远矣。"②在民间则有更多的关于祸福报应的传说。但是，中国的报应说与印度佛教的报应说不同，佛教的报应是业报、自报；中国的报应是通过上帝鬼神的赏善惩恶来实现的，这是其一。其二，报应的主体不同。佛教由原来的不承认主体发展到后来以"不可说补特伽罗"、"胜义补特伽罗"等为报应的承担者，再其后普遍地采用"中阴识"作为轮回的主体；中土报应的主体一直是由灵魂和鬼神来承当的。第三，印度佛教的报应说多采用理论的形式，注重繁琐的分析论证；中土传统的报应说多带有经验的、实践的性质，因此在理论解释现实问题的有效性与全面性问题上存在不少问题。既深明佛理，又精通世典的慧远清楚地看到了两种报应说的利弊短长，因此对二者进行了糅合，形成他的"三业"、"三报论"。

就承认报应是业报、自报，而不是通过上帝鬼神的奖惩来实现这一点来说，慧远采用了印度佛教的说法，根据佛教经典的说法，提出了"三业殊体，自同有定"③的说法，主张报由于业、业必然得报。尽管慧远的论说大多引用佛经中的说法，但在运用报应理论去解释现实人生问题上，其"三报论"仍然显得很有圆融性。《三报论》一文起首就说："业有三报：一曰现报，二曰生报，三曰后报。现报者，善恶始于此身，即此身受。生报者，来生便受。后报者，或经二生三生百生千生，然后乃受。"④ 此一"三报说"对

---
① 《周易·坤·文言》。
② 道宣：《广弘明集》卷一〇，《大正藏》第52卷，第157页中。
③④《弘明集》卷五，《大正藏》第52卷，第34页中。

于解释社会人生问题,特别对于解释业报反常的现象,显得更为圆融。例如,《三报论》说:"世或有积善而殃集,或有凶邪而致庆,此皆现业未就,而前行始应。"①今生之业不一定今生得报,因此今生之祸福殃庆,不一定就是今生之业所致,而可能是前生乃至百生千生前的行业的报应。慧远进一步指出,世人之所以"谓积善之无庆,积恶之无殃,感神明而悲所愚,慨天丧之于善人,咸谓名教之尽无宗于上,遂使大道翳于小成,以正言为善诱,应心求实,必至理之无此。原其所由,由世异典以一生为限,不明其外"②。慧远深知,中国传统的报应学说之所以缺乏说服力,正是因为多囿于视听、经验,而缺少如同佛教般的视听、经验之外的玄想式的论说。因此,慧远以为,佛教业报因果理论确实可以弥补中土报应说的局限。

但是,慧远报应说中更值得注意的还是他对于报应主体的看法。对此,慧远更多地采用中国传统的思想,把它赋予不灭之神,从而形成"形尽神不灭"论。

慧远从"不变之性"的"法性"论出发,宣扬人的精神是永恒长存的。而此一永恒不变之神,既是报应的承担者,又是成佛的根据。一般人处于生死流转之中,这是"顺化"。佛教的宗旨是"反本求宗",当人的精神反本与法性本体冥合之时,就进入涅槃境界,精神就转化为法身。慧远在描述通过坐禅而达到与法性本体合一的状态时说:"运群动以至壹而不有,廓大象于未形而不无,无思无为而无不为。"③当人的精神通过修禅而达到"无思无为而无不为"的状态时,就进入冥神绝境的涅槃境界。在《佛影铭》中,慧远把法身视作"灵应"之所在,也即把法身视作独存之精神。晋宋之际的宗炳是慧远的忠实信徒,对慧远神即法身说极为赞赏,并作了进一步发挥,明确指出"无身而有神,法身之谓也"④,"精神极则,

---

① 《弘明集》卷五,《大正藏》第 52 卷,第 34 页中。
② 同上书,第 34 页下。
③ 慧远:《庐山修行方便禅经序》,《出三藏记集》卷九,《大正藏》第 52 卷,第 65 页下。
④ 宗炳:《明佛论》,《弘明集》卷二,《大正藏》第 52 卷,第 10 页下。

超形独存,无形而神存,法身常住之谓也"①。

既然法身是独存之精神,精神与本体合一即可进入涅槃境界,精神是否能永恒不灭,或者将随着形体之坏死散灭而消失,就成为众生能否成佛的关键所在,由此衍生出南北朝的一场形神之争。慧远作为东晋佛教的领袖,在维护当时佛教学说的理论支柱之一的"神不灭论"方面是不遗余力的。

首先,慧远以"本无说"为根据,把"神"作为世界万物的本体,他说:"神也者,圆应无生,妙尽无名,感物而动,假数而行。感物而非物,故物化而不灭;假数而非数,故数尽而不穷。"②这是说,"神"是无生、无名的,它感应万物而自身又不是物,所以万物化尽,它自身并不失灭。

其次,慧远接触过古代的精气说,但他反对这种学说中"精粗一气,始终同宅"以及"形神俱化"的唯物成分,而是把精气与"神"、"灵"联系起来。慧远早年在《沙门不敬王者论·形尽神不灭五》对于"神"的含义有较为详细的界定:"夫神者,何耶? 精极而为灵者也。精极则非卦象之所图,故圣人以妙物而为言。虽有上智,犹不能定其体状,穷其幽致。"③神是一种极精而无一名状的"精灵",因而圣人虽然有上智,也不能体察其形体,穷其幽微。而且,此种"精灵"与粗之形体是截然不同的,不但有"妙物之灵",而且可以不与粗同尽。

第三,慧远将"情"与"神"的功能作了对照区分。他说:"化以情感,神以化传。情为化之母,神为情之根。情有会初之道,神有冥移之功。"④"神"是一种可以离开情化的独立的实体。这与他"反本求宗"的思想是一致的。慧远曾说过:"是故反本求宗者,不以生累其神。超落尘封者,不以情累其生。不以情累其生,则生可灭。不以生累其神,则神可冥。冥神绝境,故谓之泥洹。"⑤超越"肉体生命",达至"冥神"的绝对境界

---

① 宗炳:《答何衡阳书》,《弘明集》卷三,《大正藏》第52卷,第21页上。
②③④ 慧远:《沙门不敬王者·形尽神不灭五》,《弘明集》卷五,《大正藏》第52卷,第31页下。
⑤ 慧远:《沙门不敬王者·求宗不顺化三》,《弘明集》卷五,《大正藏》第52卷,第30页下。

就是涅槃。慧远对于涅槃的解释,与中观学以"般若智慧"把握"空性"、获得"实相"涅槃观,差距是显然的。

第四,慧远又以薪火来比喻神:"夫情数相感,其化无端,因缘密构,潜相传写,自非达观,孰识其变?请为论者验之以实。火之传异薪,犹神之传异形。前薪非后薪,则知指穷之术妙。前形非后形,则悟情数之感深。"①慧远以为,精神就如同火,人的形体如同薪,薪与薪之间有一个不变的实体,所谓"情数相感"、"潜相传写"是慧远对于轮回的理解。显然,慧远在此相信轮回是有主体的,并且将此主体设定为神或曰灵魂。应该指出,先秦的庄子就有"薪火"的比喻。《庄子·养生主》说:"指穷于为薪,火传也,不知其尽也。"而佛教经典中也屡屡演技"薪火"的譬喻。《那先比丘经》就曾以火传薪作为譬喻叙说轮回,《法句经》也曾以雀器、火薪譬喻形神分离。慧远说:"火木之喻,原自圣典。失其流统,故幽兴莫寻。微言遂沦于常教,令谈者资之以成疑。"②这说明,内典外书、释教儒道都曾经以薪火之喻来论说形神关系,所不同的是,慧远取其所需,把古代中国传统思想及印度佛教中的有关说法糅合起来,为其神不灭论作论证。

2."法性"与"法身"

慧远运用神不灭论其实就是为了说明,可以反归此一不灭的神并与法性合一,从而进入涅槃境界。可见,"神不灭"其实是慧远佛性学说的组成部分。从整体观之,慧远的这一理论是与晋宋之际流行的涅槃佛性学说是有重要的区别的,而将"法性"理解为实体化的"神"也不符合中观学的本义。当罗什至长安弘扬宣译纯正般若学后,慧远与之通信探讨,其说发生了些许变化。慧远在读完《大智度论》之后撰写的《大智度论钞序》中说:

---

① 慧远:《沙门不敬王者·形尽神不灭五》,《弘明集》卷五,《大正藏》第52卷,第31页下—32页上。
② 同上书,第31页下。

> 有而在有者,有于有者也。无而在无者,无于无者也。有有则非有,无无则非无,何以知其然?无性之性,谓之法性。法性无性,因缘以之生。生缘无自相,虽有而常无,常无非绝有,犹火传而不息。夫然,则法无异趣,始末沦虚,毕竟同争,有无交归矣。①

慧远的这段话,与罗什所弘扬的中观学颇为接近。但是,从慧远晚年的不少著述看,"法性"与"不灭之神"的区别到底在何处,而尤其是离开"神"的轮回主体到底何以可能,这些问题慧远仍然难于向罗什的答案靠拢。

"法性"即诸法的真实不变的体性,在印度般若学中则指性空或中道。然而,魏晋时期流行的"法性"说,与此有所不同。据《高僧传·释慧远传》载:

> 先是中土未有泥洹常住之说,但言寿命长远而已。远乃叹说:"佛是至极,则无变。无穷之理,岂有穷耶?"因著《法性论》曰:"至极以不变为性,得性以体极为宗。"②

这里的"极"和"至极"均指"涅槃",慧远以为涅槃应以不寂不变、不空不有为其真性,只要体悟获得此真性即可成佛。不过,慧远所言之"法性"实际上是一实体概念,与般若中观学之性空大相径庭。慧远从"不变之性"的法性论出发,宣扬精神实体之长存不变。此一不变之"性"既是报应的承担者,又是成佛的根据,所谓"无形而神存,法身常住之谓也。"③此中"神不灭"倾向昭然若揭。

慧远在《阿毗昙心序》中说:"己性定于自然,则达至当之有极。"④一

---

① 《出三藏记集》卷一〇,《大正藏》第55卷,第76页上。
② 慧皎:《高僧传》卷六,《大正藏》第50卷,第360页中。
③ 《答何衡阳书》,《弘明集》卷三,《大正藏》第52卷第21页上。
④ 僧祐:《出三藏记集》卷一〇,《大正藏》第55卷,第72页下。

切法之自性得自天然,是不改不变的,只有体认此不变之性,才能通至当之极,这与《法性论》所讲是一致的。元康在《肇论疏》所引慧远《法性论》的文句曰:"问云:性空是法性乎? 答说:非。"①此何其明确耶? 慧远从"不变之性"综合而言,慧远的法性理论显然带有双重品格。当慧远把法性视为不变的法真性,执法性本体为实有,承认有一报应主体时,慧远的法性论更接近玄学的本无说和灵魂不灭论;当慧远从性空、无性释法性,视法性为非有非无、空有相实时,其法性论又带有大乘般若色彩。庐山慧远的这一倾向,实际上成为中国佛教对于法性、轮回报应的典型理解。

从承认"法性"实有、不变这个基本思想出发,慧远的佛性学说承认了一个主体的"人我",这个"人我"思想主要体现在他的"因果报应"说和"形尽神不灭"论之中。

3. 慧远与罗什的佛学对话

关于慧远与鸠摩罗什之间往来问答的大致过程已见上文叙述,在此则依据后人编订的《大乘大义章》对二位大师所讨论的问题作大致论述。

《大乘大义章》三卷,又称《大乘义章》、《鸠摩罗什法师大义》、《法问大义》、《问大乘中深义十八科》。此书上卷有六问,中卷有七问,下卷有五问,共编成十八章。

上卷六问如下:第一,初问答真法身,主要问法身如何可见? 对佛陀法身说法的事不能理解。第二,重问答法身,法身依什么道理而得? 属于真法身的法性虽然由妙行而成立,但是其中的理由不能理解。第三,问答法身像类,佛的形状为什么一律端正无比光明? 真法身是沙门的像吗? 还有如来的真法身只有十住菩萨能看见吗? 第四,问答法身寿量,法身菩萨的寿命为什么有定数? 又为什么能够自誓不灭? 另外不明白十住菩萨千生补处和一生补处的区别。第五,问答三十二相,众生为得

---

① 元康:《肇论疏》卷上,《大正藏》第45卷,第165页上。

到佛陀的三十二相而修行,那么法身菩萨如何修成三十二相?第六,问答受决,菩萨接受佛陀的授记时,是接受真法身佛的授记还是变化身佛的授记?

中卷七问如下:第一,问答法身感应,法身菩萨即无四大、五根,如何显现神通妙用?第二,问答法身尽本,菩萨烦恼已尽,为什么尚有残习?另外声闻、独觉、菩萨这三乘的区别是由烦恼还是由残习?第三,问答造色法,色为地、水、火、风四大而造,色能否再造色?第四,问答罗汉受决,罗汉灭度时如何具体受决为佛?《法华经》中说阿罗汉受决作佛,其根据是什么?第五,问答观佛三昧,念佛三昧于定中见佛,是内中自生还是自外而感应?第六,问答四相,四相(生、住、异、灭)有穷尽还是无穷尽?有无割断?第七,问答如来法性真际,法性常住究竟是有是无?为什么有如来、法性、真际的不同说法?

下卷五问如下:第一,问答实法有,《大智度论》为什么以色香味触为实法有?第二,问答分破空,极微是有还是无?第三,问答后识追忆前识,前识与后识是续是断?后识为什么能追忆前识?第四,问答遍学,菩萨遍学之道为什么须经声闻、独觉两阶段才能得空?第五,问答经寿,诸佛菩萨住寿为什么可能?

上述十八问,实际上囊括了东晋佛教界最关心的佛教教义,准确地反映了东晋佛教徒的思想动向和修行中面临的困惑。法身问题是提问的重点,所占的比例也很大。其次是关于菩萨修行成佛的问题,再次则是大乘和小乘的区别以及阿罗汉受记成佛的问题。慧远法身思想已经上文论述,其他三个问题,限于篇幅,不再赘述。

三、慧永、慧持

慧永和慧持都是与庐山慧远有关联的高僧,其中,慧持是慧远的弟弟。二位高僧也都应该属于庐山僧团的重要成员。

释慧永(332—414),姓潘,河内人。《高僧传》卷六《释慧永传》

记载:慧永"年十二出家,伏事沙门竺昙现为师,后又伏膺道安法师"①。这一记述颇为简单,而竺昙现《高僧传》未见记载。而现存的《西林道场碑》记载:

> 先有昙现比丘,俗姓竺氏,本伪赵良将,以匡阜灵岳,萃止幽栖,及迁神即化,藉岳早间。有息慈慧永,河内繁氏,高足称首,异香入室,猛兽驯阶,绍隆主业,安禅结宇,晋光禄乡浔阳□范,缔建伽蓝,命曰西林,是岁晋太和之二年也。②

此碑为隋太常博士渤海欧阳询撰,立于大业十二年(616)十月十五日。根据此碑,竺昙现为赵之良将,后来出家。从慧永生卒年来推算,慧永皈依竺昙现出家的时间为344年,尔后他又服膺道安法师。因为道安法师离开河北的时间是365年,因此慧永跟随道安问学应该是在道安隐居山林时期。

《高僧传·释慧永传》又说:慧永"素与远共期,欲结宇罗浮之岫。远既为道安所留,永乃欲先踰五岭,行经浔阳,郡人陶范苦相要留,于是且停庐山之西林寺"③。慧永与慧远约定,南下至广东罗浮山。慧远被道安挽留,慧永则独自南下,路过浔阳(今江西九江)时,受陶范邀请,停留于庐山,并且修造西林寺,是为东晋太和二年(367)。现在有两细节需要注意:一是《庐山记》说,慧永之师竺昙现先已隐居庐山,此不见于《高僧传》,而见于隋代的《西林道场碑》;二是慧永于何时何地与道安、慧远分手的? 东晋三年(365)道安到达襄阳,从道安行踪看,慧永可能是在襄阳出发欲前往罗浮山的。

慧永留在庐山,后来慧远也留住庐山,此后庐山成为东晋时期南方佛教的中心。《高僧传·慧永传》记载:慧永"贞素自然,清心克己,言常含笑,语不伤物,耽好经典,善于讲说,蔬食布衣,率以终岁。又别立一茅

---

①③ 慧皎:《高僧传》卷六,《大正藏》第50卷,第362页上。
② 陈舜俞:《庐山记》卷一,《大正藏》第51卷,第1029页中。

室于岭上,每欲禅思,辄往居焉"。① 关于慧永所造禅房,《高僧传·慧永传》未载其名,而《名僧传抄》则记述:"永以北岭下尚多喧动,移于南岭之上,筑茸房宇,构起堂殿,与烟霞交接,名曰凌云精舍。"②《高僧传·慧永传》记载叙述慧永在此精舍的修为:

  时有至房者,并闻殊香之气。永屋中常有一虎,人或畏者,辄驱令上山。人去后还,复驯伏。永尝出邑,薄晚还山,至乌桥。乌桥营主醉,骑马当道,遮永不听去。日时向晚,永以杖遥指马,马即惊走,营主倒地,永捧慰还营,因尔致疾。明晨往寺,向永悔过。永曰:"非贫道本意,恐戒神所为耳。"白黑闻知,归心者众矣。③

慧永与慧远的作风截然不同,《高僧传·慧永传》有一叙述:

  后镇南将军何无忌作镇浔阳,陶爱集虎溪,请永及慧远。远既久持名望,亦雅足才力,从者百余,皆端整有风序,及高言华论,举动可观。永恬然独往,率尔后至。纳衣草屦,执杖提钵,而神气自若,清散无矜。众咸重其贞素,翻更多之。远少所推先,而挹永高行,身执卑恭,以希冥福。④

慧永与慧远的共同点是信仰弥陀净土,以往生西方为务,如僧传所说:"永厉行精苦,愿生西方。"

关于慧永的卒年,《高僧传·慧永传》记载为晋义熙十年(414),而《名僧传抄》却记载:"虽遇疾病,而长齐不疲。春秋八十三,晋泰元五年卒。"⑤依照这一记载,慧永圆寂于380年,此时慧远未到庐山。《名僧传抄》显系误抄。另外,《名僧传抄》所录的《名僧传》的目录"第二十二兼学苦节第一"中有"晋浔阳庐山西寺惠永"⑥,而"第二十三感通苦节第二"中

---

① 慧皎:《高僧传》卷六,《大正藏》第50卷,第362页上。
②⑤《续藏经》第77册,第357页上。
③ 慧皎:《高僧传》卷六,《大正藏》第50卷,第362页上—中。
④ 同上书,第362页中。
⑥《续藏经》第77册,第349页上。

又列有"晋浔阳庐山陵云寺释惠永"①,似乎是一僧两传。

对慧永圆寂时的情形,《高僧传·慧永传》记载:

> 以晋义熙十年,遇疾绵笃,而专谨戒律,执志愈勤。虽枕痾怀苦,颜色怡悦。未尽少时,忽敛衣合掌,求屣欲起,如有所见,众咸惊问。答云:"佛来。"言终而卒,春秋八十有三。道俗在山,咸闻异香,七日乃歇。②

这一情节被历代净土信仰者当作往生西方的祥瑞,广泛传播。

慧持(337—412)是慧远的弟弟。《高僧传》卷六《释慧持传》记载:慧持"冲默有远量,年十四学读书,一日所得,当他一旬,善文史,巧才制"③。关于此,《名僧传抄》的"说处"有一条目:"惠持九岁随兄同为书生,俱依释道安,抽簪落发事。"④慧持九岁时与兄一起读书,后来又一起皈依道安出家。而《高僧传·释慧远传》记载:慧远"弱而好书,珪璋秀发。年十三,随舅令狐氏游学许、洛,故少为诸生,博综六经,尤善庄老"⑤。慧远的生年一般认定为334年,年长慧持三岁。慧远十三岁外出读书,此年慧持应为十岁,而《名僧传抄》所记为九岁。其实,相差一岁不是什么错误,从古以来年龄表达上虚实相差一二岁很正常,更何况刘孝标注引张野《远法师铭》说:"沙门释慧远,……年十二,随舅令狐氏游学许、洛。"⑥可见,《名僧传抄·慧持传》所记的这一件事是确切的,反而是《高僧传·释慧持传》所记"年十四学读书"句中由于省略环节过多而易于引起误解。

慧持"年十八出家,与兄共服事道安法师,遍学众经,游刃三藏"。从此记述可知,慧持于355年在道安门下出家,随后一直跟随道安。"及安在襄阳遣远东下,持亦俱行。初憩荆州上明寺,后适庐山,皆随远共止。"

---

① ④《续藏经》第77册,第349页中、360页中。
② 慧皎:《高僧传》卷六,《大正藏》第50卷,第362页中。
③ ⑤ 慧皎:《高僧传》卷六,《大正藏》第50卷,第361页中。
⑥《世说新语》卷二。

东晋太元三年(378),慧远与慧持一起从襄阳南下,至荆州上明县(今湖北松滋)住锡上明寺,后随慧远至庐山。

慧持随慧远于东晋太元六年到达庐山,"持形长八尺,风神俊爽,常蹑革屣,纳衣半胫。庐山徒属,莫匪英秀,往反三千,皆以持为称首"。他在庐山僧团中堪称楷模,地位很高。

《高僧传·慧持传》记载:"持有姑为尼,名道仪,住在江夏。仪闻京师盛于佛法,欲下观化,持乃送姑至都,止于东安寺。晋卫军琅琊王珣深相器重。时有西域沙门僧伽罗叉,善诵四《含》,珣请出《中阿含经》,持乃校阅文言,搜括详定。"①《出三藏记集》卷九记载:"会僧伽提和进游京师,应运流化,法施江左。于时,晋国大长者尚书令卫将军东亭侯优婆塞王元琳,常护持正法,以为己任,即檀越也。为出经故造立精舍,延请有道释慧持等义学沙门四十许人,施诸所安,四事无乏。又豫请经师僧伽罗叉,长供数年。然后乃以晋隆安元年丁酉之岁十一月十日,于扬州丹阳郡建康县界在其精舍,更出此《中阿鋡》,请罽宾沙门僧伽罗叉令讲胡本,请僧伽提和转胡为晋,豫州沙门道慈笔受,吴国李宝唐化共书,至来二年戊戌之岁六月二十五日,草本始讫。"②此事开始于隆安元年(397)十一月,第二年六月二十五日结束。此后不久,慧持回到庐山。

《高僧传·慧持传》将慧持受豫章太守邀请至豫章讲经论之事系于隆安二年(398)至三年之间:

> 后还山,少时豫章太守范宁请讲《法华》、《毗昙》,于是四方云聚,千里遥集。王珣与范宁书云:"远公、持公孰愈?"范答书云:"诚为贤兄弟也。"王重书曰:"但令如兄,诚未易有,况复弟贤耶?"③

然而,将此中记载与范宁任豫章太守的时间相联系,就会发现这一记载

---

① 慧皎:《高僧传》卷六,《大正藏》第 50 卷,第 361 页中。
② 僧祐:《出三藏记集》卷九,《大正藏》第 55 卷,第 64 页上。
③ 慧皎:《高僧传》卷六,《大正藏》第 50 卷,第 361 页中—下。

是错误的。

根据《资治通鉴》记载:"太元十四年十一月,中书侍郎范宁、徐邈为帝所亲信,数进忠言,补正缺失,指斥奸党。……国宝大惧,与道子共谮范宁出为豫章太守。"①而《晋书》卷七五记载:"江州刺史王凝之上言曰:'豫章郡居此州之半。太守臣宁入参机省,出宰名郡,而肆其奢浊,所为狼藉。……宁若以古制宜崇,自当列上,而敢专辄,惟在任心。州既闻知,既符从事,制不复听。而宁严威属县,惟令速立。愿出臣表下太常,议之礼典。'"②这就是史书后来所说的范宁被王凝之诬陷事件。"以此抵罪。子泰时为天门太守,弃官称诉。帝以宁所务惟学,事久不判。会赦,免。"③范宁因此而被免除豫章太守的职务,后于隆安五年(401)卒,终年六十三。

在《晋书》等正史中没有查到范宁被免豫章太守的具体时间,而从上引其子范泰辞去天门太守之职专为其父伸冤之事可以大致考知一二。《宋书》卷六〇《范泰传》记载:"荆州刺史王忱,泰外弟也,请为天门太守。……会忱病卒,召泰为骠骑谘议参军,迁中书侍郎。"④王忱于太元十七年(392)死于荆州任上。《晋书》说范泰为其父"弃官称诉",而《宋书》说范泰于王忱病死后又被召为骠骑谘议参军,显然此时范泰父亲的事情已经发生且已经获得解决。由此可见,范宁任豫章太守的时间是太元十四年至太元十七年,而慧持至豫章弘法必然在此期间。

慧持在豫章的弘法活动,除《高僧传·慧持传》所记载的事项之外,《辩正论》卷三记载说:"豫章太守范甯,檀舍不倦,结志慧持,于鹄岭山造栖禅寺。"⑤而《世说新语》记载:

范宁作豫章,《中兴书》曰:"宁字武子,慎阳县人。博学通览,累

---

① 《资治通鉴》卷一〇七,第3391—3392页。
②③ 《晋书》卷七五,第1988页。
④ 《宋书》卷六〇,第1616页。
⑤ 《大正藏》第52卷,第505页中。

迁中书郎、豫章太守。"八日请佛有板。众僧疑,或欲作答。有小沙弥在坐末曰:"世尊默然,则为许可。"众从其义。①

这是关于范宁在四月八日奉佛事宜的记叙。在东晋时期,范宁以抨击玄学、弘扬儒学为目标,而对佛教则有所信仰。其子范泰在刘宋时期是著名的奉佛士人,其来有自。

《高僧传·慧持传》又记载:"兖州刺史琅琊王恭致书于沙门僧检曰:'远、持兄弟,至德何如?'检答曰:'远、持兄弟也。绰绰焉,信有道风矣。'"②此中的僧检《高僧传》未有本传,也无其他记载。而王恭是当时的权臣,《晋书·孝武帝本纪》记载:太元十五年(390)"二月辛巳,以中书令王恭为都督青兖幽并冀五州诸军事、前将军、青兖二州刺史"③。王恭于隆安二年(397)被杀,因此王恭写信应在此时间段内。

《高僧传·慧持传》记载:"罗什在关,遥相钦敬,致书通好,结为善友。"——这是鸠摩罗什与庐山僧团密切来往的佐证。

慧持于隆安三年(398)离开庐山,前往蜀地弘法。这是其师道安分头弘化教诲的最好实践。《高僧传·慧持传》记载:

> 持后闻成都地沃民丰,志往传化,兼欲观瞩峨嵋,振锡岷岫,乃以晋隆安三年,辞远入蜀。远苦留不止,远叹曰:"人生爱聚,汝乃乐离,如何?"持亦悲曰:"若滞情爱聚者,本不应出家。今既割欲求道,正以西方为期耳。"于是兄弟收泪,悯默而别。④

慧持告别哥哥等,"行达荆州,刺史殷仲堪礼遇欣重,时桓玄亦在彼,玄虽涉学功疏,而一往神出,见持有邻几,独绝尤叹,是今古无比,大欲结欢。持既疑其为人,遂弃而不纳。殷、桓二人苦欲留之,持益无停意。临去与玄书曰:'本欲栖病峨嵋之岫,观化流沙之表,不能负其发足之怀,便束装

---

① 《世说新语》卷二。
②④ 慧皎:《高僧传》卷六,《大正藏》第50卷,第361页下。
③ 《晋书》卷九,第238页。

首路。'玄得书惆怅,知其不可止"①。在荆州,受到殷仲堪、桓玄的竭力挽留,慧持去意已决,不为所动。

慧持到达蜀地成都,"止龙渊精舍,大弘佛法,井络四方,慕德成侣。刺史毛璩雅相崇挹。时有沙门慧岩、僧恭,先在岷蜀,人情倾盖,及持至止,皆望风推服。有升持堂者,皆号登龙门。恭公幼有才思,为蜀郡僧正。岩公内外多解,素为毛璩所重"②。慧持很快与蜀地高僧慧岩、僧恭结成道友,也受到益州刺史毛璩的敬重。

慧持到达成都五六年之后,"蜀人谯纵,因锋镝之机,攻杀毛璩,割据蜀土,自号成都王"。东晋安帝义熙元年(405),益州刺史毛璩起兵三万欲东下击荆州江陵的桓振。毛璩令参军谯纵及其将侯晖领诸县氐人从涪江东下。蜀兵不愿东征,侯晖遂与巴西杨昧合谋,发动兵变,以武力逼谯纵为主,并出兵攻杀毛璩弟西夷校尉毛瑾于涪城(今四川绵阳市东北涪江东岸)。谯纵遂自称梁、秦二州刺史,兵指西南的成都。毛璩闻变,"乃集僧设会,逼请岩公,岩不得已而赴。璩既宿昔檀越,一旦伤破,睹事增悲,痛形颜色,遂为谯纵所忌,因而被害"。谯纵很快兵抵成都,杀了毛璩,自称成都王,于是"举邑纷扰,白黑危惧"。慧持避难于郫县(今属四川)佛寺,"纵有从子道福,凶悖尤甚。将兵往郫,有所讨戮,还过入寺,人马浴血。众僧大怖,一时惊走。持在房前盥洗,神色无忤。道福直至持边,持弹指漉水,淡然自若。福愧悔流汗,出寺门,谓左右曰:'大人故与众异。'"③面对慧持的临危不惧,焦纵之子焦纵道福不敢杀害慧持。"后境内清怗,还止龙渊寺,讲说斋忏,老而愈笃。"局势平缓之后,慧持又回到成都住于龙渊寺。

晋义熙八年(412),慧持卒于龙渊寺,春秋七十六。"临终遗命,务勖律仪,谓弟子曰:'经言,戒如平地,众善由生。汝行住坐卧,宜其谨哉。'

---

①② 慧皎:《高僧传》卷六,《大正藏》第50卷,第361页下。
③ 同上书,第361页下—362页上。

以东间经籍,付弟子道泓。在西间法典,嘱弟子昙兰。泓业行清敏,兰神悟天发,并系轨师踪焉。"①慧持对蜀地佛教的发展贡献很大。后来有传闻说,峨眉山佛教圣地的兴盛也与他有关。

四、庐山慧远的弟子

慧远一生教人无数,门下弟子非常多。见于《高僧传》和《出三藏记集》等早期佛教史籍中的知名僧人有十余个,其中以道祖、昙顺、慧观、僧济、昙邕、僧彻最为著名。

1. 道祖、僧迁、道流

从《高僧传》所叙述的慧远弟子之传记中推测,道祖是慧远早期最出色的弟子,也是在慧远生前就备受称赞的高僧。僧迁、道流的事迹仅见于《高僧传·释道祖传》,所以一并叙述。

释道祖(347—419),吴国(今江苏苏州)人。《高僧传·释道祖传》记载:"少出家,为台寺支法齐弟子。幼有才思,精勤务学。后与同志僧迁、道流等共入庐山七年,并山中受戒,各随所习,日有其新。"②一般而言,少年出家受沙弥戒,至二十岁时受具足戒。然而,以《道祖传》所说,道祖是在庐山七年之后受的戒。推算时间则应为东晋太和二年(367)前后受具足戒,此时在庐山的是慧远的同门慧永,西林寺也建于此年。而慧远到达庐山的时间是太元六年(381),而后文又说"迁、流等并年二十八而卒",计算下来,根本对不上。如果换一个角度看待这些记述,则大致可知,道祖、僧迁、道流三人早在慧远上庐山前已经在庐山修习,道祖受戒的时间也在慧远上庐山之前。正因为如此,《高僧传·释道祖传》并未明确说道祖等三人是慧远的弟子。但从文中桓玄将道祖与慧远进行比较,尤其是,慧皎在此传中附了几位慧远弟子的事迹,知后世甚至包括当时

---

① 慧皎:《高僧传》卷六,《大正藏》第50卷,第362页上。
② 同上书,第363页上。

都是将道祖当作慧远弟子看待的。

《高僧传·释道祖传》记载了慧远对道祖的赞语：

> 远公每谓"祖等易悟，尽如此辈，不复忧后生矣！"迁、流等并年二十八而卒，远叹曰："此子并才义英茂，清悟日新，怀此长往，一何痛哉！"①

此中说的僧迁、道流都在二十八岁卒，如果以前引此传所说三人一起受具足戒来推算，年代对不上。如果二十八岁不存在传抄错误，则道祖年长僧迁、道流至少十年。

《高僧传·释道祖传》记载："祖后还京师瓦官寺讲说。桓玄每往观听，乃谓人曰：'道祖后发愈于远公，但儒博不逮耳。'及玄辅正，欲使沙门敬王，祖乃辞还吴之台寺。"由此可知，道祖后来到建康瓦官寺讲经，当时的权臣桓玄曾经去听讲，并且将其与慧远作比较。在桓玄于安帝元兴二年（403）提出令沙门礼敬王者之事后，道祖离开建康，重回吴郡（郡治在今江苏苏州）台寺。"有顷，玄篡位，勅郡送祖出京。祖称疾不行，于是绝迹人事，讲道终日。"桓玄篡位后，命令郡守护送道祖到京师，道祖称疾不去。道祖晚年一直在此寺住锡讲经，直至晋元熙元年（419）卒，春秋七十三。

《高僧传·释道祖传》又记载："道流撰《诸经目》未就，祖为成之，今行于世。"②由此可知，道祖曾经在道流所撰未完稿的基础上完成了一部译经目录，后来的经录称之为《竺道祖经录》。

《高僧传》卷七《释昙鉴传》记载：释昙鉴"少出家，事竺道祖为师，蔬食布衣，律行精苦，学究群经，兼善数论。闻什公在关，杖策从学。什常谓'鉴为一闻持人'，后游方宣化"③。从文中叙述的基本情况和年代推知，竺道祖与释道祖并非一僧。

2. 昙顺、昙诜、僧翼

昙顺、僧翼二位僧人同为慧远弟子，尔后又都投罗什为师，而昙顺、

---

①② 慧皎：《高僧传》卷六，《大正藏》第50卷，第363页上。
③ 慧皎：《高僧传》卷七，《大正藏》第50卷，第370页上。

昙诜又同见于《高僧传·释道祖传》附传,因而一并叙述。

关于昙顺,慧皎仅在《释道祖传》提及而未列本传,但唐代僧人神清却对其评价很高:

> 夫澄至安,安至远,远至昙顺,顺至僧慧,凡五世价重帝王,风动四方,事标史册(书曰四方风动,唯乃之休),其或立德也(谓禅观之行者),立功也(翻译流传),立言也(讲说著述),为天下之人也。①

此文从佛图澄始,之后从道安至慧远,从慧远至昙顺,从昙顺至僧慧,建立了五代高僧之间的传承系统。这一说法颇有意味。从竺道生的生平得知,慧远圆寂后,庐山似乎陷入群龙无首的局面,于是力邀当时被建康僧人摈出首都居虎丘的竺道生来庐山主持大局。种种迹象表明,慧远圆寂之后,庐山僧团的代际传承似乎并不顺畅。而《北山录》的这一煞有介事的"法统"尽管意义不明,但也从一个侧面说明,在慧远苦心经营下的庐山僧团,不同于隋唐佛教宗派的地方就在于缺乏明确地的"法统"观念和实际传承。

《高僧传·释道祖传》记载说:

> 远又有弟子昙顺、昙诜,并义学致誉。顺本黄龙人,少受业什公,后还师远,蔬食有德行。南蛮校尉刘遵于江陵立竹林寺请经始,远遣徙焉。诜亦清雅有风则,注《维摩》及著《穷通论》等。②

如前文所考证,竹林寺是在义熙六年(410)至义熙八年四月刘遵任南蛮校尉时修造的。这一简短记述颇难解释,特别是"少受业什公,后还师远",此中的"少"和"还"的解释不同,意义则大不相同。此中的意思是,昙顺原本之师是慧远,后来则北上至长安跟从鸠摩罗什学习,时间不长,又回到了慧远身边。当刘遵在江陵修造竹林寺请求慧远派弟子住持时,慧远就派出昙顺前往。从独立主持一方的角度考虑,《北山录》将昙顺当

---

① 神清:《北山录》卷四,《大正藏》第52卷,第597页上。
② 慧皎:《高僧传》卷六,《大正藏》第50卷,第363页上。

作"传法"弟子似乎也是有依据的。后期的文献,如宋陈舜俞《庐山记》卷三等记载:昙顺"入庐山,从远师同修西方净社,志道不群,利济为本"。这些文献,将昙顺叙述成弥陀净土的信仰者。

昙顺弟子僧慧(408—486),姓皇甫,《高僧传·释僧慧传》记载:"本安定朝那人,高士谧之苗裔。先人避难,寓居襄阳,世为冠族。慧少出家,止荆州竹林寺,事昙顺为师。顺庐山慧远弟子,素有高誉。慧伏膺以后,专心义学,至年二十五,能讲《涅槃》、《法华》、《十住》、《净名》、《杂心》等,性强记,不烦都讲,而文句辩折,宣畅如流。"①僧慧在南朝,"与玄畅同时,时谓黑衣二杰"。僧慧圆寂于齐永明四年(486),春秋七十九。

僧慧于昙顺门下25岁出师,已经是刘宋元嘉九年(432)。从这一记载推知,昙顺在刘宋元嘉九年仍然在竹林寺弘法。②《高僧传》称僧慧为"齐荆州竹林寺释僧慧",而《高僧传》卷八《释僧慧传》又记载说:"后有释慧敞者,亦志素贞正,代慧为僧主,续有功劾焉。慧弟子僧岫,亦以学显,力精致血疾而终。"③可见,僧慧一直住锡于竹林寺。

释僧翼(371—450),"本吴兴余杭人,少而信悟,早有绝尘之操。初出家,止庐山寺,依慧远修学。蔬素苦节,见重门人。晚适关中,复师罗什,经律数论。并皆参涉,又诵《法华》一部。"以晋义熙十三年(418),"与同志昙学沙门,俱游会稽,履访山水。至秦望西北,见五岫骈峯,有者阁之状,乃结草成庵,称曰法华精舍。太守孟顗、富人陈载,并倾心挹德,赞助成功。"④僧翼乃庐山慧远的高足,后至长安跟从鸠摩罗什为师,尤其精通专诵《法华经》。大概因此而命名其住锡的精舍为法华精舍。僧翼"蔬食涧饮,三十余年",以宋元嘉二十七年(450)卒,春秋

---

① 慧皎:《高僧传》卷八,《大正藏》第50卷,第378页中。
② 这也可间接证明,《十八贤传》所说昙顺圆寂于元嘉二年(425)是不成立的。
③ 慧皎:《高僧传》卷八,《大正藏》第50卷,第378页下。
④ 慧皎:《高僧传》卷一三,《大正藏》第50卷,第410页中。

七十。

3. 慧观、道温

慧观在南朝晋宋之际的佛教界是一个大家,在佛典翻译、戒律弘传、禅法的传播等等方面都做出了积极的贡献。

释慧观,姓崔,清河人。《高僧传》卷七《慧观传》记载:"十岁便以博见驰名。弱年出家,游方受业。晚适庐山,又谘禀慧远。"从此叙述看,他至庐山拜慧远为师时已经成年,具体时间不明。"闻什公入关,乃自南徂北。访核异同,详辩新旧。风神秀雅,思入玄微。"慧观在罗什门下成为著名弟子之一。"时人称之曰:'通情则生、融上首,精难则观、肇第一。'"此中的"观"就是慧观。在罗什门下,慧观"著《法华宗要序》以简什。什曰:'善男子,所论甚快。君小却,当南游江汉之间,善以弘通为务。'"《高僧传·慧观传》说:鸠摩罗什圆寂后,慧观乃"南适荆州,州将司马休之,甚相敬重,于彼立高悝寺"①。而慧观之所以离开长安,是因为他在长安礼佛驮跋陀罗修禅,而佛驮跋陀罗被罗什的弟子们摈出长安,慧观于是随之南下。当时,罗什并未圆寂,《高僧传·慧观传》说"什亡后,乃南适荆州",不妥。

《出三藏记集》卷一四《佛驮跋陀罗传》记载:佛驮跋陀罗以义熙八年(412),到达荆州,"倾境士庶竞来礼事。其有奉施,悉皆不受。持钵分卫,不问豪贱。时陈郡袁豹,为宋武帝太尉长史,在荆州。佛贤将弟子慧观诣豹乞食。豹素不敬信,待之甚薄,未饱辞退。豹曰:'似未足。且复小留。'佛贤曰:'檀越施心有限,故今所设已罄。'豹即呼左右益饭,饭果尽。豹大惭。既而问慧观曰:'此沙门何如人?'观答曰:'德量高邈,非凡人所测。'豹深叹异,以启太尉。太尉请与相见,甚崇敬之,资供备至。俄而太尉还都,请与俱归,安止道场寺。"②如前所叙,高悝寺很大可能在义

---

① 慧皎:《高僧传》卷七,《大正藏》第50卷,第368页中。
②《大正藏》第55卷,第104页上。

熙九年(413)或者十年初建。

《高僧传·慧观传》记载：慧观在高悝寺住锡，"使夫荆楚之民，回邪归正者，十有其半。宋武南伐休之，至江陵，与观相遇，倾心待接，依然若旧。因勅与西中郎游，即文帝也。俄而还京，止道场寺。"①义熙十一年三月，刘裕讨伐司马休之，与慧观相见，"倾心待接，依然若旧"，说明刘裕与慧观当初在江陵是见过面的。而《宋书》卷二《武帝本纪中》记载，在江陵期间，朝廷封刘裕"第三子义隆为北彭城县公。以中军将军道怜为荆州刺史。八月甲子"②，刘裕从江陵出发回到建康。从这些材料分析，刘裕在江陵曾经令慧观陪同刘义隆游谈。后来，慧观则随刘义隆到达建康，住于道场寺。

关于慧观在建康的活动，《高僧传·慧观传》记载说："既妙善佛理，探究老庄，又精通《十诵》，博采诸部，故求法问道者，日不空筵。元嘉初三月上巳，车驾临曲水燕会，命观与朝士赋诗。观即坐先献，文旨清婉，事适当时。琅瑘王僧达、庐江何尚之，并以清言致欵，结赏尘外。"③

慧观圆寂于宋元嘉中，春秋七十一。"著《辩宗论》、《论顿悟渐悟义》及《十喻序赞》诸经序等，皆传于世。"④

释道温(397—465)，姓皇甫，安定朝那人，高士谧之后也。《高僧传·释道温传》记载：释道温"少好琴书，事亲以孝闻。年十六，入庐山，依远公受学。后游长安，复师童寿"⑤。童寿即鸠摩罗什。此传文说，道温"宋太始初卒，春秋六十有九"⑥，而参照他十六岁"依远公受学"以及后游长安师童寿的几个时间计算下来，只有卒于泰始元年(465)，并且在十六岁(412)依学于慧远没几月随即离开庐山北上长安，他才能有可能赶

---

① ③ ④ 慧皎：《高僧传》卷七，《大正藏》第50卷，第368页中。
② 《宋书》卷二，第35页。
⑤ 慧皎：《高僧传》卷七，《大正藏》第50卷，第372页中。
⑥ 同上书，第373页上。

得上师从鸠摩罗什数月或者数十日。因为如果这一记载完全可靠,则佐证了鸠摩罗什卒于东晋义熙九年(413)四月十三日的说法是正确的。此材料出于慧皎《高僧传》,正可厘清慧皎自己在《鸠摩罗什传》中对罗什卒年的困惑①,而罗什真正的卒年正是慧皎自己抄自有关道温的材料中所暗示的后秦弘始十五年(413)。

尽管从名分上说,道温既是慧远的弟子,也是罗什的弟子,但从时间上推究,他跟从二师的学习时间最多也就是数月,而且当时他也只有十六七岁。然而,对于道温真正的师承,《高僧传·释道温传》却只字未提,大概是慧皎所见的资料已经隐没不传,慧皎无从下笔。接续前引文字的是:"元嘉中,还止襄阳檀溪寺。善大乘经,兼明数论。樊邓学徒,并师之。"②元嘉元年(424)距罗什圆寂之年已相隔九年,而至此年,道温也仅仅二十七岁。

道温一到襄阳即彰显出擅长大乘经典和小乘毗昙的高僧形象。《高僧传·释道温传》记载:

> 时,吴国张邵镇襄阳,子敷随之。敷听温讲,还,邵问:"温何如?"敷曰:"义解足以析微,道心未易可测。"邵躬往候之,方挹其神俊。后从容谓曰:"法师傥能还俗,当以别驾相处。"温曰:"檀越乃以桎梏诱人。"即日辞,往江陵。邵追之不及,叹恨。③

根据《南史》卷三二《张邵传》记载:"元嘉五年,转征虏将军,领宁蛮校尉、雍州刺史,加都督。……及至襄阳,筑长围,修立堤堰,创田数千顷,公私充给。丹、淅二州蛮属为寇,邵诱其帅并出,因大会诛之,遣军掩其村落,悉禽。既失信群蛮,所在并起,水陆路断。七年,子敷至襄阳定省,当还都。群蛮欲断取之。会蠕蠕国献使下,蛮以为是敷,因掠之。邵

---

① 慧皎在《高僧传》卷二中写道:"以伪秦弘始十一年八月二十日,卒于长安。是岁晋义熙五年也。……然什死年月,诸记不同。或云弘始七年,或云八年,或云十一年。寻七与十一字或讹误。而译经录中,犹有一年者,恐雷同三家,无以正焉。"(《大正藏》第50卷,第333页上。)
②③ 慧皎:《高僧传》卷七,《大正藏》第50卷,第372页下。

坐,降号扬烈将军。江夏王义恭镇江陵,以邵为抚军长史、持节、南蛮校尉。"①由此记载可知,张邵镇襄阳在元嘉五年(428)至元嘉七年。而张敷听道温讲经也就在元嘉六年前后,此时道温仅三十一二岁。

道温在江陵住了二十余年,孝建(454—456)初年,"被勅下都,止中兴寺。大明中,敕为都邑僧主"。大明四年(460)"十月八日,造普贤像成,于中兴禅房设斋"②,引出瑞相而改中兴寺禅房为天安寺。"温后累当讲任,禀味之宾,填委相属,精勤导物,数感神异。帝悦之,赐钱五十万。时人为之语曰:'帝主倾财,温公率则。上天怀感,神灵降德。'"③

道温于刘宋太始初年(465)卒,春秋六十九。

4. 昙邕、僧济、法安

释昙邕,姓杨,关中(今陕西中部)人。昙邕早年为道安弟子,道安圆寂后,又跟从慧远。《高僧传》卷六《释昙邕传》记载:"少仕伪秦,至卫将军。形长八尺,雄武过人。太元八年,从苻坚南征,为晋军所败,还至长安,因从安公出家。安公既往,乃南投庐山,事远公为师。"④他在太元八年(383)跟从苻坚南征,太元九年八月,前秦军队在淝水之战中大败而逃。大概在逃回长安后,这位卫将军皈依道安。然而第二年二月,道安于长安圆寂,昙邕就南下至庐山拜慧远为师。

昙邕"内外经书,多所综涉,志尚弘法,不惮疲苦。后为远入关,致书罗什,凡为使命,十有余年。鼓击风流,摇动峯岫,强悍果敢,专对不辱"。从385年起,昙邕在慧远门下学习。从401年罗什到达长安后,昙邕又充当慧远和罗什间的行使十余年。"京师道场僧鉴,挹其德解,请还扬州。邕以远年高,遂不果行。然远神足高扰者,其类不少,恐后不相推谢,因以小缘,托摈邕出。"从这一段叙述推知,慧远晚年,罗什已经圆寂,

---

① 《南史》卷三二《张邵传》,第825页。
② 慧皎:《高僧传》卷七,《大正藏》第50卷,第372页下。
③ 同上书,第373页上。
④ 慧皎:《高僧传》卷六,《大正藏》第50卷,第362页下。

信使的任务已经完成,东晋京都建康道场寺僧人僧鉴邀请昙邕到建康,昙邕以其师年老而回绝。后来,慧远考虑到其门下弟子众多,怕在自己圆寂之后,弟子们不尊敬昙邕,以小错为借口,将昙邕摈除。"邕奉命出山,容无怨忤,乃于山之西南,营立茅宇,与弟子昙果,澄思禅门。"①昙邕于是单独在庐山西南自筑茅宇修禅。"至远临亡之日,奔赴号踊,痛深天属。"②在慧远圆寂之后,昙邕前往荆州江陵。慧远圆寂于东晋义熙十二年(416)。从此记载推知,大概在其师慧远圆寂之后,昙邕离开庐山,至江陵竹林寺,后来圆寂于此寺。

释僧济,籍贯不明。僧济的独特在于,在慧远圆寂之前,先师一步往生。《高僧传·释僧济》记载:"晋太元中来入庐山,从远公受学。大小诸经及世典书数,皆游炼心抱,贯其深要。年始过立,便出邑开讲,历当元匠。"③三十岁刚过,僧济就单独到外地去宣讲经论。慧远对僧济说:"共吾弘佛法者,尔其人乎?"从后文记载,僧济单独宣讲经论十五年。

对于僧济圆寂过程的叙述,成为后来净土宗不断引用的典型叙述。《高僧传·释僧济》记载:

> 后停山少时,忽感笃疾。于是要诚西国,想象弥陀。远遗济一烛曰:"汝可以建心赡养,竟诸漏刻。"济执烛凭机,停想无乱。又请众僧夜集为转《无量寿经》,至五更中,济以烛授同学,令于僧中行之。于是暂卧,因梦见自秉一烛乘虚而行,睹无量寿佛,接置于掌,遍至十方。不觉欻然而觉,具为侍疾者说之。且悲且慰,自省四大,了无疾苦。至于明夕,忽索履起立,目逆虚空,如有所见,须臾还卧,颜色更悦。因谓傍人云:"吾其去矣。"于是转身右胁,言气俱尽,春秋四十有五矣。④

---

① 慧皎:《高僧传》卷六,《大正藏》第50卷,第362页下。
② 同上书,第363页上。
③④ 同上书,第362页中。

慧远于东晋义熙十二年(416)圆寂。依此推知：假定僧济比其师早一年圆寂，则可知僧济最迟的生年为370年。

释法安，一名慈钦，籍贯不详。《高僧传·释法安传》记载：释法安"远公之弟子也。善戒行讲说众经，兼习禅业。善能开化曚，拔邪归正。晋义熙中，新阳县虎灾。县有大社，树下筑神庙，左右居民以百数。遭虎死者，夕有一两。安尝游其县，暮逗此村。民以畏虎，早闭闾。安径之树下，通夜坐禅。向晓，闻虎负人而至，投之树北。见安如喜如惊，跳伏安前，安为说法授戒，虎踞地不动，有顷而去。旦，村人追虎至树下，见安大惊，谓是神人。遂传之一县，士庶宗奉，虎灾由此而息。因改神庙，留安立寺，左右田园，皆舍为众业"①。依据此文记载，法安于新阳县所建佛寺位于乡间，且是民间自发修建。而修建时间是在庐山慧远圆寂之前，也就是义熙十二年(416)之前。

法安"后欲作画像须铜青，困不能得。夜梦见一人迁其床前，云：'此下有铜钟。'觉即掘之，果得二口，因以青成像。后以铜助远公铸佛"②。这是说，法安所得的青铜除用于其寺铸像之外，还运至庐山帮助其师慧远造佛像。法安后不知所终。

5. 僧彻、法庄、慧要等

僧彻(383—452)，本姓王，"本太原晋阳人，少孤，兄弟二人寓居襄阳。彻年十六，入庐山造远公。远见而异之，问曰：'宁有出家意耶？'对曰：'远尘离俗，固其本心，绳墨镕钧，更唯匠者。'远曰：'君能入道，当得无畏法门。'于是投簪委质，从远受业。"③从其生卒年推知，此事发生于东晋隆安三年(399)。

僧彻出家后，"遍学众经，尤精《波若》。又以问道之暇，亦厝怀篇牍。至若一赋一咏，辄落笔成章。尝至山南攀松而啸，于是清风远集，众鸟和

---

① 慧皎：《高僧传》卷六，《大正藏》第50卷，第362页中—下。
② 同上书，第362页下。
③ 慧皎：《高僧传》卷七，《大正藏》第50卷，第370页下。

鸣,超然有胜气。退还谘远:'律制管弦,戒绝歌舞,一吟一啸可得为乎?'远曰:'以散乱言之,皆为违法。'由是乃止。至年二十四,远令讲《小品》,时辈未之许。及登座,词旨明析。听者,无以折其锋。远谓之曰:'向者勍敌,并无遗力。汝城隍严固,攻者丧师,反轸能尔,良为未易。'由是门人推服焉。"僧彻二十四岁即 407 年。

《高僧传·僧彻传》记载:"远亡后,南游荆州,止江陵城内五层寺。晚移琵琶寺。彭城王义康、仪同萧思话等,并从受戒法,筵请设斋,穷自下馔。"①庐山慧远卒于东晋义熙十二年(416),在东晋末年,僧彻达江陵住于五层寺。至刘宋时,彭城王刘义康、仪同萧思话都跟从他受戒。刘宋元嘉二十九年(452),僧彻卒,年七十。荆州刺史南谯王刘义宣为他造坟圹。

释法庄,姓申,淮南人。《高僧传·释法庄传》记载:"十岁出家,为庐山慧远弟子。少以苦节标名,晚游关中,从叡公禀学。"②从其卒年前推,他出家为沙弥的时间在 391—394 年。在慧远门下,他以"苦节"即修"头陀行"著名。文中所说的"叡公"应该是指罗什的弟子僧叡。

法庄于刘宋元嘉初年到京都建康,住于道场寺。《高僧传·释法庄传》记载:法庄"性率素,止一中而已。诵《大涅槃》、《法华》、《净名》,每后夜讽诵,比房常闻庄户前,有如兵仗羽卫之响,实天神来听也"③。

《高僧传·释法庄传》记载,法庄于宋大明初卒于寺,春秋七十六。刘宋大明年共七年半,大明初可具体化为大明元年至三年(457—459),如此则知法庄的生年在 381—384 年之间。

早期文献中,关于法庄的记载仅此而已。然唐代僧人慧详《弘赞法华传》卷六却说:"释宝庄,或云法庄"④,不知依据何在?

《高僧传·释道祖传》附传记载了六位慧远弟子,除前文已经叙述的

---

① 慧皎:《高僧传》卷七,《大正藏》第 50 卷,第 370 页下。
②③ 慧皎:《高僧传》卷一二,《大正藏》第 50 卷,第 407 页中。
④ 慧详:《弘赞法华传》卷六,《大正藏》第 51 卷,第 27 页中。

昙顺、昙诜之外,还有四位,一并叙述如下:

慧远的弟子慧要,"亦解经律而尤长巧思,山中无刻漏,乃于泉水中立十二叶芙蓉,因流波转以定十二时,晷景无差焉。亦尝作木鸢,飞数百步"①。

慧远又有弟子"法幽、道恒、道授等百有余人。或义解深明,或匡拯众事,或戒行清高,或禅思深入,并振名当世,传业于今"②。此中的道恒,并非《高僧传》所记载的罗什弟子道恒。

此外,道汪也是慧远晚期弟子。

释道汪(? —465),姓潘,长乐人,"幼随叔在京。年十三,投庐山远公出家,研综经律,雅善《涅槃》,蔬食数十余年"③。后至四川弘法,圆寂于刘宋泰始元年(465)。由于《高僧传》未记载道汪的年岁,不能确定13岁出家后跟从慧远的久暂,但从其善《涅槃经》来看,应该另有师承,兹不详述。

---

① ② 慧皎:《高僧传》卷六,《大正藏》第50卷,第363页上。
③ 慧皎:《高僧传》卷七,《大正藏》第50卷,第371页下。

人名索引

安世高 66,95,115,150,159,161,165,167—171,173—176,178,181,184,186,205,206,215,218,238—245,247,248,250,252,254—261,263,267,292,561

安玄 66,104,162,165,168,174,181—184,187,192,193,197,238

宝唱 136,190,192,193,195,213,287,303,304,311,312,369,377,380,431,439,451,460,468,469,472,473,482,485,498,504,507,521,523,524,528,537,558

宝云 320,321,491

帛尸梨蜜多罗 312,313,325,513

帛远 279,284,410,437,456

达摩 6,25,239,435,476,499,588

道安 80,86,167,169—171,173,174,177,180,182,188,189,195,197,201,209,211,213,214,219,245—247,255,256,260,263,267,279,299,316,350,356—360,372—376,381,405—407,428,435,441,442,444,456,461—463,465,466,468,472—474,478,479,482,508—510,518,521,522,524,525,527,533—537,540,547—549,551—555,558—584,586,587,590,597,598,600,603,607,612

道恒 359,412,549,577,583,584,616

道猛 300

道融 321,413,563

道生、竺道生 134,263,310,316,321,322,323,326,412,413,552,575,607

道猷 339

道渊 319,320

道祖 190—193,203,204,331,332,361,362,370,432,433,436,440,468,482,487,491,503,504,513,516,521,523,524,605—607,615

法和 412,464—466,468,508,509,522,525,540,547,548,552—556,561,565

法护 204,289,290,441,443,445—

617

449,451,452,455,458,481,487,488,499,516

法朗 428

法立 430,431,452—454,456

法上 133,134,136,137,178,193,195,482,488,506

法显 33,55,58,70,76,77,81,95,99,320,321,398,492,513,527,528

法勇 513,531,532

法云 132,145,399

佛护 50,51,462,463,474,559

佛图澄 88,90,228,283,284,381,391—401,427,428,456,463,533—538,540,541,547,548,553,554,556—558,560,561,571,607

佛陀跋陀罗 470,513,527,528,533,590

佛陀耶舍 14,27,412,470,476—478

顾恺之 308,316—318

慧持 319,376,568,583,597,600—605

慧达 291,303,313,327,336,337

慧光 134,329

慧皎 88,115,131,132,137—140,143—145,147—150,155—163,169—171,175,176,179,182,184,185,187—190,192,194,195,198,201—203,206,211,212,279,281,283,284,287—292,298,302,308—318,321,324,327,329—350,356,358,359,361,362,367,369,370,372,374,376,378,380,381,389,392—396,398—400,404—408,410,420—424,429,437—442,448—450,453,454,456,457,462,464,467,471,474—477,479,481,482,488,490,492,495,500,501,507,508,512,516,521,524,527—530,534—543,546—550,552—558,560,561,564,565,567,569—585,587—589,595,597—601,603—616

慧琳 310,320

慧叡 322,323,413

慧永 568,584,597—600,605

慧远 256,263,271,305,306,309,310,321,332,334,340,341,351,354,355,357,359,361,362,369,376,412,475,513,522,526,527,533,537,547—549,552,554,561,565,568,571,572,581—601,605—616

迦叶摩腾 209,212

畺良耶舍 313

鸠摩罗什、罗什 15,26,36,42—46,70,95,212,223,266,267,320,321,326,329,332,339,340,341,362,372,381,405—408,410—414,416,420—422,425,430,445,459,470,474—476,479,480,481,503,504,510—512,527,529,530,533,538,552,555,566,568,576,581,587,588,590,594—596,603,606—612,615,616

沮渠京声 423,485,486

康僧会 67,117,130,141—151,154,155,157—163,168,170,182,189,193,200—203,230,231,256,260—262,311,351

康僧铠 67,95,162,189,190,192,530

康僧渊 312,457

刘遗民 481,589

刘义庆 315,366

牟子 91,107,108,115,117,225—238

菩提流支 491

求那跋摩 99,542

求那跋陀罗 26,99,243,244

僧伽提婆 216,217,240,242,247,256,459,460,464,469,508,513,521—527,554,555,565,586,590

僧朗 535,540—547

僧诠 330,429

僧叡 412,462—465,468,473,503,511,524,542,543,559,568,576,577,586,615

僧祐 70,80,81,88,89,104,105,108,109,111,115,127,130,131,137,138,140,148,154—159,161—163,166—171,173—190,192—199,201,203,205,206,208,210—214,219,225,239,245,255,256,260—262,268,285,286,289,290,300—302,306,357,411,412,420,431,432,434—438,441—447,449,450,452—463,465—469,471—475,477,478,480—484,487,489,490,492—503,505—509,514—519,521—526,528,531,536,537,547,551—553,555,559,561—564,566,568,571,577,582—586,588,589,595,601

僧肇 321,411,412,477—479,481

孙绰 139,163,308,312,439,450,550

昙摩迦罗 133—135

昙摩耶舍 370—372,411,470,479—481

昙无谶 14,321,423,430,459,483,485—487,492,493,499—508,510,512

昙无竭 532

昙曜 491

昙影 412,510

习凿齿 299,357,360,405,561,565,567,577

萧衍、梁武帝 76,155

萧子良 368

谢灵运 309,310,321,325,582

许询 307,338

严佛调 104—106,110,162,167,168,174,181—184,228,238,248,436,451

于道邃 312,345,346

于法开 302,308,312,345—347

于法兰 281,344—347,574

笮融 106—111,116—119,127,130,150,228—230

真谛 99

支谶 115,167,175—181,206,213,266—268,457,503,516

支遁、支道林 302,308,312,315,319,324,327,328,338,342,344,346,347,349,513

支亮 156

支娄迦谶 79,95,134,156,157,165,167,168,175—181,184,185,187,188,206,207,238,263—268,271,277,458

支愍度、支敏度 154—156,177,178,206,207,213,214,312,430,431,440,456—458,482,513

支谦 134,141—144,147—151,154—158,185,188,193,195—200,203,205—210,216,217,220,223,230,231,267,351,436,457,458,474,530

智藏 300,497,498

智猛 485,492

智严 313,321,527

朱士行 76,80,106,110,131,137—139,175,187,213,228,255,433,434

竺道潜 302,308

619

竺道壹 331,552

竺法护 131,134,154,259,268,283,284,286,289,290,308,430—433,436,440—444,446—450,455—458,504,530,531,535,561,562

竺法慧 292,356

竺法兰 90,91,158,209,211—213,308,472

竺法汰 302,303,312,314—316,331,359,461,472,518,534,536,540,547—553,561,584

竺法雅 537,540,547

竺佛念 14,27,267,460,462,464—466,468—474,477,524,565

竺佛朔 115,138,165,176,179

宗炳 78,80,88,592